安徽历史文化研究文库·第二辑

淮河文化新探

——"第三届淮河文化研讨会"论文选编

主　编　程必定　魏　捷

副主编　祁家云　刘学忠

洪永平　刘　宏

合肥工业大学出版社

图书在版编目(CIP)数据

淮河文化新探:"第三届淮河文化研讨会"论文选编/程必定,魏捷主编. —合肥:合肥工业大学出版社,2006.9

ISBN 7-81093-353-1

Ⅰ. 淮… Ⅱ. ①程…②魏… Ⅲ. 淮河—流域—文化史—文集 Ⅳ. ①K295-53②K296-53

中国版本图书馆 CIP 数据核字(2006)第 118009 号

淮河文化新探

——"第三届淮河文化研讨会"论文选编

程必定 魏 捷 主编　　责任编辑 章 建 朱移山

出 版	合肥工业大学出版社	版 次	2006 年 10 月第 1 版
地 址	合肥市屯溪路 193 号	印 次	2006 年 10 月第 1 次印刷
邮 编	230009	开 本	710×1000 1/16
电 话	总编室:0551-2903038 发行部:0551-2903198	印 张	32.75
		字 数	622 千字
网 址	www.hfutpress.com.cn	发 行	全国新华书店
E-mail	press@hfutpress.com.cn	印 刷	安徽省新华印刷股份有限公司 图书印装分公司

ISBN 7-81093-353-1/K·35　　定价:45.00 元

如果有影响阅读的印装质量问题,请与出版社发行部联系调换

前言

积极推动和广泛关注安徽区域文化研究，已成为我省学术界的共识。省社科联业已把弘扬历史文化传统，积极组织开展区域文化研究，提升安徽历史文化的影响力，为我省建设和谐社会服务，作为常年开展的一个工作重点，每年举办一次大型区域文化研讨会，出版一部论文集，从而形成对历史文化持续深入开展研究的机制，并力争成为我省学术界的品牌。这一举措也得到省内各高校、科研单位的积极响应和大力支持。

继1998年蚌埠首届淮河文化研讨会和2003年宿州第二届淮河文化研讨会之后，安徽省社科联和阜阳师范学院于2005年11月20～22日在阜阳市共同举办了第三届淮河文化研讨会，来自全省高校、科研院所，沿淮各市和京、沪、苏、粤等地专家学者和领导共120多位代表参加研讨会，收到论文86篇。这次研讨会无论是规模和规格，还是论文数量和质量都超过了以往两届，在国内产生了较大影响。这次研讨会表明对淮河文化多学科综合研究的格局初步形成，淮河文化研究进入了新阶段。为了较客观记载这次会议的成果，我们会后对与会论文作了进一步梳理，部分作者也进行了修订，汇编成集出版。

《淮河文化新探》作为安徽省社科联《安徽历史文化研究文库》的第二辑，由安徽省社科联与阜阳师范学院联合编辑出版。安徽省社科联党组书记、副主席程必定研究员、阜阳师范学院党委书记魏捷教授任主编，省社科联副主席祁家云同志、阜阳师范学院副院长刘学忠教授、省社科联学会处处长洪永平同志、皖北文化研究中心副主任刘宏教授任副主编。合肥工业大学出版社的领导和编辑，皖北文化研究中心的领导和老师对论文集编辑出版付出了辛勤劳动。

淮河文化研究方兴未艾并任重道远。我们相信，对包括淮河文化在内的区域文化的持续不懈的研究和探讨一定会取得硕果，必定会促进社会科学事业的繁荣发展，促进社会主义先进性文化建设。

编　者

2006年9月

目　录

前　言 …………………………………………………………………………… (1)

一、淮河文化研究的意义

整合资源　深入研究
——"第三届淮河文化研讨会"开幕词 …………………………… 祁家云 (3)
创阜阳师院特色　迎淮河文化盛会
——"第三届淮河文化研讨会"欢迎辞 …………………………… 胡鹤玖 (5)
昔日三清贯颍　今朝名家云集
——在"第三届淮河文化研讨会"开幕式上的讲话 ……………… 杜长平 (7)
淮河文化的弘扬与淮河流域的崛起
——"第三届淮河文化研讨会"的学术总结 ……………………… 程必定 (9)
集众家智慧　出文化精品
——"第三届淮河文化研讨会"闭幕词 ………………………… 郑　禹 (14)
继往开来　展淮河灿烂文化
——"第三届淮河文化研讨会"综述 ……………… 马鸿雁　刘　宏 (16)

二、淮河文化的内涵与特征

关于淮河文化研究的几点意见 ………………………………………… 李良玉 (25)
淮河文化的概念与内涵 ………………………………… 陈立柱　洪永平 (30)
试论淮河文化的水文化特质 ………………………………………… 亓　龙 (38)
安徽淮河流域的中华文明之光 ……………………………… 臧志攀　王　政 (51)

漫漫文化路　悠悠两淮情
——评《两淮文化》 …………………………………………… 赵欢欢（59）

三、老庄哲学与淮河文化

论楚淮文化对道家生命哲学形成的影响 ……………………… 李　霞（67）
从清静无为到奋发有为
——《淮南子》思想研究 ………………………………………… 王国良（75）
魏文帝曹丕之“慕通达”及其原因与影响考论 ……………… 王永平（80）
《淮南子》的“无为”论 ………………………………………… 史向前（92）
元代艺术思想中的庄子哲学 ………………………………… 孙小力（97）
老庄哲学与构建和谐社会的冲突 …………………………… 李晓元（107）
曹植与汉魏之际文化变迁 …………………………………… 胡秋银（113）
和声无象　哀心有主
——论嵇康的音乐美学思想 …………………………………… 黄毓任（121）
浅谈淮河道家美学思想 ……………………………………… 武培权（132）
老子治国思想及其对构建和谐社会的意义 ………………… 汪增相（139）
美在自然与美是道德
——庄子康德美学追求之比较 ………………………………… 常　娟（147）

四、语言文学与淮河文化

曹植创作“情兼雅怨”说略 …………………………………… 刘跃进（159）
曹植札记（三题） …………………………………………… 顾　农（163）
《淮南子》文艺审美思想述评 ………………………………… 吴建民（171）
三曹文书的文学色彩 ………………………………………… 魏宏灿（177）
乡村叙事与皖北文化寻踪
——王安忆小说的一种解读 …………………………………… 朱育颖（185）
试谈欧阳修苏轼的颍州诗词 ………………………………… 王秋生（195）

"抱利器而无所施"
——曹植后期表之不足 …………………………………………… 王启才（202）
"白战体"与颍州之关系 ………………………………………… 张明华（210）
"淮河文学"生成浅论 …………………………………………… 方　川（215）
试析钟嵘《诗品》对曹丕的品评 ……………………………… 刘　飞（220）
追摹汉魏各有心
——谢灵运与江淹拟建安诗之比较 ………………………… 郑虹霓（226）
阜阳方言的名量词 ……………………………………………… 魏锦虹（232）
"鸡""鸭"在阜阳方言中的变调考察 ………………………… 苏锡育（242）
小议临泉方言中比喻格式"给……唧" ……………………… 于　芹（248）

五、历史地理与淮河文化

淮域形势与六朝历史（提纲）………………………………… 胡阿祥（255）
元代济州河的兴建及其作用 …………………………………… 张金铣（257）
古代战乱之际淮北居民的外徙 ………………………………… 吴海涛（264）
论曹操开发江淮、经略合肥 …………………………………… 周怀宇（269）
明代凤阳一府的赈灾 …………………………………………… 周致元（280）
淮河流域黄患与徐州城市变迁 ……………………… 赵明奇　周玉涛（288）
关于刘锜研究中的几个问题 …………………………………… 李兴武（296）
对捻军运动两个学术观点的新探讨 …………………………… 徐修宜（302）
十年来捻军运动史研究 ……………………………… 唐俊峰　于文善（310）
建国以来淮河流域水患灾害及其治理 ……………… 于文善　胡亚魁（318）
明代河图与黄淮水利 …………………………………………… 王大庆（327）
论清代前期淮河流域航运的管理 ……………………………… 蒲　霞（340）
明初帝后与明代妇学
——以《仁孝文皇后内训》为中心 ………………………… 邱瑰华（348）
宋金和战期间两淮路水利事业的兴废 ………………………… 陈　艳（354）
从考古资料看龙山时期淮北地区的水灾现象
——兼论龙山时代该地区经济与气候之关系 ……………… 冀　和（362）

李景聃在安徽寿县的考古调查 …………………………………… 张爱冰（375）
齐鲁史前文化与地理环境的关系
——兼论考古学与历史地理学的结合 …………………………… 孙天胜（381）
“腰斩”之痛：探究淮北衰退之谜
——评吴海涛著《淮北的盛衰——成因的历史考察》……… 马俊亚（387）
关注淮北　发展淮北　以昨天为鉴
——评吴海涛《淮北的盛衰——成因的历史考察》
……………………………………………………… 苏亚平　于文善（393）
淮河流域历史地理学研究的若干设想 ………………………… 张文华（396）
魂牵梦绕淮河情
——评《淮河传》 ……………………………………………… 余　璐（399）
古蔡国三次迁都与其联姻外交 ………………………………… 孙友虎（405）

六、社会经济与淮河文化

存同求异：近代江南淮北社会文化的比较观 ………………… 池子华（415）
淮河流域近代水旱灾害对社会经济的危害 ……………………… 唐元海（427）
《老子》“法律思想”质疑 ……………………………………… 李良玉（434）
管仲为政的思想是改革旧序与孝悌伦理的绾合 ……………… 陆　琳（439）
晚清两淮地区灾荒与民间秘密结社 …………………………… 梁家贵（443）
明清社会对蚌埠演变轨迹的影响 ……………………………… 郭学东（453）
基督教信仰与农民问题的调查与研究
——以皖西北农村为个案研究 ………………………………… 王申红（459）
论老庄的道德观与我国中小学德育内容建构 ………………… 伍德勤（467）
江淮地区婚嫁习俗的传承与变异 ……………………………… 刘家富（472）
淮河流域安徽省部分县域经济竞争力评价 …………………… 汪燕敏（480）
阜阳劣质奶粉事件的文化原因分析 …………………………… 石经海（491）
欠发达地区固定资产投资与经济增长关系的实证分析
——以阜阳市为例 ……………………………………… 郇红艳　朱剑峰（502）
近十年来淮河流域经济史研究述评 …………………………… 朱正业（508）

一、淮河文化研究的意义

整合资源 深入研究

——“第三届淮河文化研讨会”开幕词

安徽省社科联副主席 祁家云

各位领导、各位来宾、各位专家学者：

由安徽省社会科学界联合会和阜阳师范学院联合主办、皖北文化研究中心承办的“第三届淮河文化研讨会”，在省直有关部门、各高校和阜阳市委、市政府的大力支持下，经过精心筹备，今天在皖西北中心城市阜阳隆重开幕了。我代表省社科联对研讨会的召开表示热烈的祝贺！向出席这次会议的全体代表，特别是远道而来的兄弟省市的专家学者表示热烈的欢迎！向长期关心支持淮河文化研究的新闻出版界的朋友们表示衷心感谢!

随着经济的发展，文化对经济的激活作用，文化与经济的相互作用日益融合，并迸发出巨大的推动力，文化就是推动力、导向力、凝聚力，越来越被社会所认识和重视。人们非常注重开掘文化潜力，使之内化为人的一种价值取向和行为规范，成为一个地方发展的内在动力，因此，近年来，地域文化愈来愈受到关注，地域文化研究渐成为学术界热门。在省委、省政府的关心重视下，在省社科联和各高校、研究机构及淮河流域各市的共同努力和推动下，特别是经过1998年和2003年两届淮河文化研讨会的举办，对淮河文化的研究取得了长足进步，淮河文化的影响不断扩大，研究队伍不断加强，研究机构不断发展，研究成果不断丰富。就淮河文化研究领域而言，已有多项国家和省级社科项目立项，不少成果荣获省部级社会科学成果奖，阜阳师院建立了省级研究基地。与此同时，国内尤其是淮河流域省市也有不少研究力量。可以说，淮河文化研究呈现出欣喜的局面。

同时，我们必须清醒地看到，淮河文化研究的状况还有待于进一步的加强。一方面，从多学科、多层次研究淮河文化的内涵、特色的成果尚不多见；系统性、标志性的具有重大影响的成果鲜有产生；研究队伍、研究力量还较为分散；资源整合、互相合作、协同攻关不够。另一方面，尽管四省淮河流域的经济得到快速的发展，但仍然是所在省区相对落后的地区。过去主要从经济层面上思考多、从文化层面上思考少，而深入到文化层面上的认识往往才能认识到事物的本质。因此，深入研究淮河文化，把握其本质，对于加快淮河流域经济社会的发展具有重要意义。从这个意义上说，深入研究淮河文化，不仅具有学术价值，更具有现实意义。这次研讨会我们确定了加快淮河流域经济发展对策研究、淮河灾害及社会变迁研究、老庄哲学与构建和谐社会等专题，力求从历史与现实结合的角度，对淮河文化作出新的发掘。希望与会专家学者畅所欲言，广泛深入交流，以期取得丰硕成果。

近年来省社科联致力于推进我省地域文化研究，每年举办一至两次较大规模的研讨会，得到社科界的广泛称赞。不少高校也非常支持和积极参与这一研讨活动。本次研讨会由阜阳师范学院与我们联手，也是优势互补、整合资源、共同发展的一个很好的形式。今后我们将继续与各高校加强合作，完善和推进这一有益的学术研究机制。我们相信，对包括淮河文化在内的地域文化的持续不懈的研究和探讨一定会取得硕果，也必将会促进社会科学事业的繁荣发展，促进社会主义和谐社会的建设和实现安徽的崛起。

最后，预祝会议圆满成功！

谢谢！

创阜阳师院特色　迎淮河文化盛会

——“第三届淮河文化研讨会”欢迎辞

阜阳师范学院纪委书记　胡鹤玖

尊敬的省社科联领导，各位专家、学者：

值此金菊盛开时节，“第三届淮河文化研讨会”今天在我院隆重召开。在此，我谨代表阜阳师范学院党政向莅临大会的省社科联领导和来自省内外的各位专家、学者表示诚挚的欢迎，向大会的成功召开表示衷心的祝贺！

阜阳师范学院作为皖西北唯一的一所省属本科师范院校，其前身为1956年成立的阜阳高师速成班，1974年更名为安师大阜阳分校，1977年恢复高考招收第一届本科生，1978年经国务院批准建院，并获学士学位授权。2001年一次性通过教育部本科教学工作合格评估。目前学院普通在校学生15000余人、成人在籍学生7000多人，新老校区共占地1362亩，在职教职工近千人，专任教师580人，其中教授62人，副教授168人，具有博士、硕士学位的教师191人，另有120余位教师在职攻读博士、硕士学位。学院有11人享受国务院或省政府津贴，24人分别被授予全国和省优秀教师称号。学院聘请了中国工程院院士郑守仁、中国工程院副院长刘德培教授等兼职教授80余人。学院现有13个系34个本科专业，13个科学研究机构，设有二级学院、成人教育学院和继续教育中心。

近年来，学院党政坚持依托皖北，立足安徽，全力实施“特色立校、人才兴校、科研强校”三大发展战略，不断提升学院的人才培养质量和综合实力。学院先后被中宣部、教育部、省委、省政府授予“安徽省党建和思想政治工作先进高等学校”、“安徽省文明单位”等荣誉称号。2005年，学院先后获国家级教学成果二等奖一项；获2005年度国家社会科学和自然科学基金项目各一项，在人文社科研究领域取得了突破性进展。2006年学院将以举办50周年庆典为契机，不断夯实基础，凝练特色，全面提升教育质量和办学水平，为地方经济建设和社会发展作出应有的贡献！

各位领导、各位专家，承蒙安徽省社会科学界联合会的大力支持，“第三届淮河文化研讨会”由我院“皖北文化研究中心”承办，这既是省社科联对阜阳师范学院的信任和支持，也是对我院人文社科研究的鞭策和激励。“皖北文化研究中心”是我院第一个省级人文社科重点研究基地，它主要开展与皖北区域文化关系密切的古代文化方面的学术研究，目前已经在老庄哲学与道家文化、三曹与建安文学、皖北区域经济等方面取得一定的研究成果，并初步形成了具有地方特色的研究方向和学术团队。

淮河流域孕育了许多思想大家和文化名人。这里是“三子”（老子、庄子、管子）、“三曹”（曹操、曹丕、曹植）、华佗、陈抟等历史文化名人的故里，有着深厚的历史积淀和丰厚的人文底蕴。我们坚信，通过研讨会，一定会更好地促进我院与兄弟单位在人文社科研究领域的交流、沟通与合作，一定会在淮河文化研究方面取得实质性的研究成果，为促进淮河流域经济社会和谐发展作出应有的贡献！同时我也恳请在座的各位领导和各位专家学者在会议期间，对我们在教学、科研、管理等方面存在的不足之处提出宝贵意见。由于条件所限，本次大会在接待服务等方面一定会有许多不周之处，但是请大家放心，阜阳人民历来热情好客，我们将竭尽全力做好服务。

最后，我衷心预祝各位领导、各位专家学者在阜阳期间，生活愉快，身体健康，工作顺利，预祝大会取得圆满成功！

谢谢大家！

昔日三清贯颍　今朝名家云集

——在“第三届淮河文化研讨会”开幕式上的讲话

阜阳市副市长　杜长平

各位专家代表、各位来宾、同志们：

今天，“第三届淮河文化研讨会”在我市隆重举行，作为东道主，我们感到十分荣幸。在此，我谨代表阜阳市人民政府向大会表示热烈的祝贺，向莅临会议的各位来宾、专家学者表示热烈的欢迎。

阜阳地处安徽省西北部，南拥长淮，北倚中原，既是东西结合的过渡带，也是南北交通的重要枢纽。全市辖颍州、颍泉、颍东三区和临泉、太和、阜南、颍上四县及界首市，人口920多万，面积9775平方公里，是安徽省人口大市。阜阳古称颍州，春秋时期为胡子国国都，是管仲、鲍叔牙、嵇康、甘罗、吕蒙、刘福通等历史名人的故里。北宋时期，欧阳修、苏轼曾在这里为官，留下许多称颂颍州的优美诗文。文峰塔、魁星阁、管鲍祠等名胜古迹闻名遐迩，颍州西湖历史上曾与杭州西湖齐名，颍上的小张庄、八里河风景区先后被联合国环境保护署命名为“全球500佳”。

阜阳交通便捷，京九铁路纵贯境内，阜阳编组站为京九线上最大的编组站。铁道部已将阜阳列为全国10大铁路枢纽之一重点建设。2008年，阜阳将有4条高速公路全面通车。阜阳资源丰富，盛产小麦、水稻、棉花、大豆、红薯和中药材，是国家重要的商品粮、优质棉、肉类生产基地和全国山羊皮重点产区。境内蕴藏有煤、铁、石油等，煤储量高达80亿吨。近几年，阜阳经济步入了快速发展的轨道，财政收入逐年增加，今年将实现财政收入25亿元，经济社会持续发展，对外开放不断扩大，综合实力逐步增强，已形成农副产品加工、化工、医药、煤电、纺织服装、机械电子等六大支柱工业，拥有上千个各类专业批发市场，其中国家级和省级市场10多个。

淮河文化源远流长，具有鲜明的地方特色。千百年来，孕育了许多圣哲贤士，“三子”（老子、庄子、管子）、“三曹”即是其中的杰出代表。作为管子的故乡，阜阳大地与淮河文化有着密不可分的深厚关系。对阜阳人民而言，淮河既是母亲河，又是苦难河。是她，养育了500多万沿淮儿女，也是她，不断给沿淮人民带来水患与灾难。但不管是爱还是恨，阜阳人民在与淮河共生共存的过程中，养成了不屈不挠、乐观向上的阜阳精神。为此，阜阳人民永远感谢淮河。

一方水土养育一方百姓。这水土既指自然的物质水土，也包括孕育其中的文化。我们相信，随着研究的不断深入，淮河文化固有的丰厚内涵将被发扬光大，并将在新的历史条件下与现代文明对接，更多地造福淮河两岸的人民，为沿淮大地社会经济快速发展做出贡献。

最后，预祝研讨会取得圆满成功！

淮河文化的弘扬与淮河流域的崛起

——“第三届淮河文化研讨会”的学术总结

安徽省社科联党组书记　程必定

各位专家、学者，朋友们：

我们这次研讨会马上就要结束了，大家带着丰硕的研究成果而来，又会带着丰硕的会议成果而回到各自的岗位上。下面我要讲的，与其说是会议的概括，不如说是我这个外行，拜读会议论文、听取会议交流的一些体会。我想讲三个问题：

一、本次会议的特征和主要成果

本次会议作为第三届淮河文化研讨会，与1998年、2003年的前两次淮河文化研讨会相比，有三个突出的特征：

一是会议的规模更大了，与会学者的面更广了。这次会议有近百人参加，不仅层次高，会议规模也超过上两次，更为可喜的是，江苏、上海、北京、广州等地也来了学者，突破了过去是以安徽学者为主的局面；尤其是江苏的学者第二次也参加了，但这次来的人数更多了；中国社科院、上海大学等地的学者光临会议，我们这次会议几乎可以成为一次带有全国性的会议了。这个特征反映了淮河文化的研究经过两次研讨会的交流、宣传，已引起我国学术界的广泛关注。

二是会议的准备比较充分，不仅是会议主办者、特别是阜阳师范学院及皖北文化研究中心对会议的筹备工作周到细致，而且，50多位与会者学者、专家向会议提交了论文，这些论文学术水平都比较高，反映了大家在会前作了充分的学术准备，大家有备而来，为提高会议的学术质量提供了保证。

三是会议交流深刻，讨论活跃。昨天下午三个小组的发言都很热烈，而且还有认真的评议，刚才，三个小组召集人所作的讨论综述也很深刻，充分反映了我们这次会议的深度与活跃程度。大家相互交流、热烈讨论，为深化淮河文化的研究奠定了新的学术基础。

关于会议的主要成果，我作为一个外行，觉得大家提供的每一篇文章都很新鲜。第二次研讨会我参加了，也出了论文集，与第二次研讨会相比，本次研讨会的研究成果更为丰厚，综合起来看，主要研究成果的特征有四个方面：

一是研究成果涉及的面比较广泛。从论文集上反映的，涉及到社会、文化、政治、语言、文学、教育、历史、地理、经济等9个方面。说明大家的研究视野开阔了，更说明淮河流域的悠久历史为我们提供了丰富的研究资源，淮河文化的研究引起了学界的广泛关注。

二是研究的深度又有新的拓展。当然不可能是齐头并进的拓展，但在一些关键的理论问题上有拓展。我认为，以下几个方面的拓展是很突出的：

(1) 关于淮河文化的概念与内涵。这个问题，上次会议已经提出了，引起了有关学者的注意，并加以研究，这次研讨会就有这方面的学术论文。

(2) 关于淮河文化中思想性问题的研究，主要是对《老子》、《淮南子》的研究，以及对哲学思想、法律思想、艺术思想、美学思想、经济开发思想等方面的研究。

(3) 关于对淮河流域历史事件的研究，例如对历史上的水灾、战乱以及对发生在近代的捻军的研究。

(4) 关于对淮河流域重要人物的研究，如对老庄、三曹、刘安、刘锜以及相关人物的研究。

(5) 关于对淮河流域民俗文化特别是方言的研究，可以说是填补了空白。

三是历史文化研究与经济社会发展现实问题研究相结合，特别是从文化方面解析淮河流域经济发展的兴衰，有的是从大时空的角度作出分析，有的是对个案的深入分析，都很有启迪意义。

四是对淮河文化研究成果的评价，这是过去没有的。近年来，关于淮河文化研究的学术专著不断推出，对这些成果进行评价，是学界的重要任务。我们可喜地看到了，不少学者已注意到这个问题，这是很有价值的，也是我们应该提倡的。

上述四个方面（当然还会有其他方面），我以为是本次研讨会的主要学术成果。这些成果反映了近两年来各位与会者对淮河文化的研究更加深入了，并出现了三个重要的转化：一是由分散到系统研究的转化，二是由一般研究到重点研究的转化，三是个体研究到团队研究的转化。这三个转化标志着淮河文化的研究已走上了一个新的平台。

二、我对淮河文化的一点粗浅认识

我们说的淮河文化是个广义的概念。淮河流域面积26万平方公里，人口1.8亿，在历史发展过程中，应该形成自己的区域文化。这个文化是中华文化的一个重要组成部分，它是否成立，关键在于它是否具有独特性。我以为，独特性是区域文化区别于中华文化的一个重要标准，也是一个区域文化区别于另一个区域文化的基本标准。

为此，我们可以把区域文化分为两个层次：一是它的“神”，二是它的“形”。“神”是它的特征，反映的是区域文化思想层面的东西；“形”是它的外延，反映区域文化的外在表现，包括政治、经济、艺术、语言、风俗、习惯等等。

我以为，淮河文化的“神”或它的特质是水文化。空气、阳光、水，是生命的三大必要条件，水与人类生死相关，水是人的生命之源。人类的发展史，可以说就是利用水之利，克服水之害的历史；而人类与水的这部历史，在淮河流域表现的最充分，也最精彩。

淮河流域的水，铸就淮河流域的历史，培育淮河流域的文化。淮水给人以利益，淮水也给人以灾难，淮河流域的人们在利用水、战胜水害的历史过程中，产生了启迪和思想。这种思想，就是淮河文化的“神”。在淮河文化发展史上，具有奠基意义的思想，是老庄创造的道家思想。道家思想可以水为标志，美国一些信奉道学的人，用一个水的波浪号作为徽章，我以为这是对道家思想本质的深刻领悟。

阜阳市委办公室亓龙先生提交到这次会议的论文，主题是讨论淮河文化的水文化特质，给我以很大的启迪。他讲了五点：一是一脉佳水，淮河文化之源；二是淮夷弄水，淮河文化之神；三是先哲论水，淮河文化之智；四是名士咏水，淮河文化之韵；五是淮人乐水，淮河文化之本。我认为这是一种经典性的概括。我还可以加两条：淮水之灾，淮河文化之衰；淮水之治，淮河文化之兴。难道历史不是这样的吗？可以说，淮河之水，影响到淮河流域经济、社会、文化、政治等各个方面，是不是可以这样说，水文化的特质，应该是淮河文化之“神”。

我们常讲，淮河流域的人们重消费，不重积累，这与淮河水的特征是有关系的。因为淮河流域经常发生水灾，水患一到，财物全丢，不如收多少吃多少，来年再说。年复一年的水灾，可能是造成淮河流域人们这种习俗的重要原因。实际上，在南宋以前的年代，淮河流域的人们并不是这样，广为流传的“走千走万，不如淮河两岸”的民谣，就是历史的写照。现在，随着淮河治理不断取得成效，这种习俗也正在改变。

我们安徽有三大文化圈，三者的文化特质是不一样的。去年，在首届皖江文化研讨会上，安徽大学朱万曙教授用山与水，对徽文化与皖江文化（他说是安庆文化）的区别作了很形象的比喻，认为：徽州处于崇山峻岭之中，山多而地少，在文化上，徽文化是山文化——稳定、凝重；皖江地区有长江，皖江文化是水文化——变动、飘逸。我基本赞成他的观点，特别赞成他用“山文化”对徽文化特质的准确而又深刻的概括，对皖江文化特质的概括，是否可以给一点修正：因为皖江地区不仅有水，也有山，有山就造就了佛教文化，而长江之水则孕育着具有皖江特点的水文化，这样，更准确地讲，皖江文化应该是“山水文化”，而淮河文化更是真正的水文化。这样，用山、水的比喻，就可以形象地把安徽三大文化圈的特质给区别开来。

针对淮河流域成为“经济凹地”问题，1994 年我获得了一项国家社会科学基金课题：淮河流域经济综合开发战略。我研究的结果，归根到底还在水。我提出，淮河流域水多了不行——会发生水灾，水少了不行——会发生干旱，水不多、不少也不行——污染导致水质很差。因为淮河是通过运河流入长江的，严格地说，淮河没有下游，下游是“寄生”在长江上的，所以我建议开挖入海水道，沿苏北灌溉干渠开拓淮河的下游。新华社《内参清样》摘登了我的主要观点，转给国家有关部门和安徽、河南、山东、江苏四省的省委书记。在多方面的呼吁下，国家决定开挖入海通道，现在，这个通道已经建成了，减轻了淮河的压力，在前几年的淮河流域洪涝灾害期间，发挥了很大作用。从区域经济发展的角度看，淮水之治，就是淮河流域经济文化之兴。

山、水把安徽分成三大块，山、水造就了安徽多样性的地域文化。这既反映了安徽地域文化丰富、多彩的独特性，又给我们如何促进三大文化的交融、在文化上增强全省的凝聚力提出了新的课题。我们看到安徽有一个现象：皖北、皖南地区风俗不同，人们的性格、行为方式也不一样，在社会层面上的交往不多，有时候还很难，甚至会出现文化上的“冲突”，这是否会影响全省的文化整合性和凝聚力从而成为安徽落后的一个原因？我觉得，这个问题值得研究。我们在研究三大文化圈的时候，虽要研究它们的特质区别，更要研究它们的融合，从文化层面增强全省的凝聚力。

地域文化具有区域性，但是，优秀的地域文化是超地域的，甚至具有全国性的影响；历史文化具有时代性，但是，优秀的历史文化是超时代的，会发生长远的作用；地域历史文化是成型的，但是，优秀的地域历史文化又总是随着时代的发展不断地成长，因而不能简单地说已完全成型。淮河文化、皖江文化和徽文化就是这样的地域文化，值得我们去研究，去融合，去弘扬，去发展。

三、弘扬淮河流域文化，促进淮河流域的奋力崛起

以水为“神”的淮河文化，反映了人们对自然规律认识、利用和保护自然资源而为人类服务的思想，应该是进步的文化、积极的文化，有许多优秀的文化传统值得我们去弘扬。用优秀文化传统引导民风，提高人民素质，为淮河流域崛起提供文化保障。历史与现实都证明，一个地区的崛起，应该注重文化的崛起。可以说，只有文化的崛起，才有淮河流域经济的崛起。而文化的崛起，弘扬优秀的地域文化传统是绝对不可忽视的。

2004 年 10 月份，时任德国总理的施罗德曾对中国驻德大使说：“中国经济的发展，人们是不会怀疑的，但是，中国文化的发展，应该引起注意。”他说，他们到中国去访问，看到中国在许多方面有美国化的倾向。再过 20 年，中国经济发展上去了，如果中国文化丢掉了，到处是美国化，人们又怎样看中国呢？他说，这个问题是对中国领导人的严峻挑战。一个西方政治家能看重中国文化，并且提出这样的忠告，是难能可贵的。实际上，我们十分珍惜自己的文化，研究中国历史文化、地域历史文化更受到中央的重视。比如，2005 年 5 月 18 日，政治局常委会就批准了中国社科院成立“中国文化研究中心”，有计划地组织研究中国的传统文化，这对继承和弘扬中华民族的优秀传统文化，促进中国和平崛起具有重要的战略意义。

在这种情况下，我们安徽省的社会科学界应该高度重视地域文化的研究。安徽历史悠久，地域文化资源非常丰富，三大文化圈在中国文化史上具有重要的地位。梁启超曾把安徽与江苏、浙江并列，称“一代学术，几为江浙皖三省独占”，但我们与江浙相比，乃至与山东、河南相比，我们安徽经济发展落后了，而对地域文化的研究也同样是落后的。所以，我们省社科联决定，要有计划地组织、协调全省社科界，开展对三大文化圈的研究。基于淮河文化、皖江文化的研究相对滞后于徽文化的研究，所以，我们重点抓淮河文化、皖江文化的研究，隔年分别召开一个研讨会，这是从文化建设上，促进安徽的奋力崛起。

在皖江文化研究方面，我们争取了国家一个大项目：国家清史编纂委员会下达的桐城派研究。一些这方面的优秀专家、学者组成了课题组，正在抓紧工作，很快会出一批成果。在淮河文化研究方面，我们虽然开了三次研讨会，但还有许多局限性，主要还是局限在安徽。今天的会议，江苏的学者来了不少，开始突破了这种局限。江苏的学者建议，淮河流域四省的学者都要参加这样的研讨会，而且可以四省轮流开，这个建议非常好，我们应该积极努力，希望下一次研讨会，来的面更广泛一些。

非常感谢各位学者的支持，在百忙之中参加这次研讨会，非常感谢阜阳师院、皖北文化研究中心为联办这次研讨会做了大量工作，非常感谢阜阳市委、政府、宣传部的关心。“第四届淮河文化研讨会”计划由安徽大学历史系与我们联办，期待着在下一次研讨会上，有更多的朋友会面，有更多的成果问世。

集众家智慧 出文化精品

——“第三届淮河文化研讨会”闭幕词

阜阳师范学院党委副书记 郑 禹

各位来宾，各位代表：

大家好！在历史名城、皖北重镇，三子、三曹故里阜阳召开的“第三届淮河文化研讨会”，经过三天的紧张交流与研讨，即将胜利闭幕。我谨代表阜阳师范学院感谢安徽省社会科学界联合会的信任，与我院共同主办了这次全国性高层此的学术会议。感谢阜阳市委、市政府对此次会议的关心和支持。来自省内外各高校，科研机构、政府部门的代表们，这么多关心、热心、倾心淮河文化研究的专家学者来到我院，真是高朋满座、校园生辉。有你们的参与，才会有本次大会的成功！有你们的参与，才有淮河文化研究的兴旺！在此，我代表院党政衷心感谢各位专家对此次会议的热情参与和扶持！

淮河文化这个共同的话题，使我们相聚相识相知，共同来促进淮河文化的发展。本次会议是淮河流域文化研究的一次盛会，共收到省内外论文 80 多篇，到会代表 100 多人。会议通过大会交流、小组讨论，大家对淮河文化的诸多问题发表了自己富有创造性和建设性的见解。组委会在会后将会把这次会议的研讨成果结集出版。三天会议报告、研讨、交流的时间虽然短暂，但圆满达到了交流成果、沟通感情，促进淮河文化研讨的预期目的。

本次会议有两个鲜明的特点：

第一，大会显示了学术界、政府部门等对淮河文化发展的密切关注。专家学者们不仅探讨了三子、三曹等古代历史文化名人的哲学思想、文学成就对构建淮河两岸和谐社会和地方特色文化的积极意义；而且从淮河流域自然灾害及社会变迁的回顾中，对现阶段淮河流域经济社会发展提出了富有建设性的发展对策。多学科、多层面共同研讨一个主题，充分体现了研究淮河文化古为今用的思想。

第二，新生研究力量正在淮河文化研究中发挥越来越重要的影响，大批具有博士、硕士学历的年轻研究者与会，壮大了本次会议的研究力量，他们所提交的论文显示出良好的学科训练和研究能力。他们以活跃的姿态积极参与学术讨论，给与会者以深刻印象，也为淮河文化及其发展的学术研讨带来了新的学术活力。

这次会议的成果表明，淮河文化学术研究在前两届研讨会成果的基础上又迈出了前进的一步。当然，从研究成果的质量、解决实际问题等方面还有更大的发展空间，还需要更多的淮河文化的追随者们把研究工作作为自己的事业，着力出精品，使淮河文化研究进入“国家队”。让我们携手共同努力，为繁荣淮河文化发展而奋斗！

大会组委会和我院皖北文化研究中心的同志们，为本次会议的成功举行付出了辛勤劳动，让我们以掌声向他们表示感谢！由于学校条件限制，还有一些服务不到位的地方，恳请同志们提出宝贵的意见和建议，以便我们改进和提高。

最后，祝大家考察愉快！衷心祝愿各位专家学者健康幸福，事业成功。我们期待着“第四届淮河文化研讨会”的召开，期待着大家的再次相聚！

现在我宣布，“第三届淮河文化研讨会”胜利闭幕！

谢谢大家！

继往开来 展淮河灿烂文化

——“第三届淮河文化研讨会”综述

皖北文化研究中心 马鸿雁 刘 宏

2005年11月21日至22日，由安徽省社会科学界联合会和阜阳师范学院主办，皖北文化研究中心承办的“第三届淮河文化研讨会”在阜阳师范学院召开。来自北京、上海、广州、南京、苏州、徐州等地和安徽省内的高等院校与人文社会科学研究机构的120多位专家学者出席了本次研讨会，其中教授、研究员、编审40余人，会议共收到论文80多篇。这是一次跨省区合作、多学科融合的全国性学术研讨会。与会学者通过大会发言和分组研讨就淮河文化的概念内涵，淮河流域的历史地理、语言文学、经济发展等诸多方面进行了广泛而深入的学术交流。现将这次学术会议的主要成果综述如下：

一、哲学、文化研究

淮河流域哲学与文化问题是此次研讨的一个热点问题，在哲学层面上主要探讨了“淮河文化”的核心——老庄道家哲学，在文化层面上则研究了“淮河文化”的概念内涵及研究的方法意义等问题。

淮河流域是道家文化的发源地，更是其代表人物老子、庄子等的出生地或生活地。道家创始人老子生于春秋末期的宋国相地，老子思想的重要继承发展者庄子生活于战国中期的楚国蒙地，都在今淮河支流涡河流域。淮河流域的地理位置和独特的自然环境决定了老子等道家奠基者特有的理论兴趣和致思方向，这就是对生命的产生和存在颇为关注，从而为其生命哲学的形成提供了必要的土壤。安徽大学哲学系李霞教授就此发表了专论，并从楚淮文化（淮河流域在春秋战国时期属于楚文化圈）所具有的浓厚生命意蕴角度深入探讨其对老子、庄子等人的长期文化浸染，使得他们具有浓烈的生命关怀，由此导致了道家生命哲学的形成。上海大学中文系孙小力教授着重梳理了元代艺术思想中的庄子哲学，探寻其传承关系，认为元代文人“聊以自娱”的艺术理念源于庄子的“无情说”；“不求形似”的审美标准来自庄子的“形神观”和“相对论”；所谓“抒写逸气”和“畅神”等等则与庄子的“养气说”、“游心说”有着或明或暗的联系。这一问题的展开丰富了老庄哲学在各个朝代艺术思想中的传承接受研究。还有部分学者古为今用，探讨老子“以民为本”等治国思想对构建和谐社会的意义，分析老庄哲学在人与自然、人与社会、人与人等关系层面上与构建和谐社会的冲突，在异同比较中希望我们从盲目的“老庄情结”中走出来，正确传承传统文化。而产生于淮河大地的《淮南子》是在佛教未传入之前，儒道思想在江淮地区的一次大融合的结晶。有的学者就其中反映出的人与宇宙、人与自然、人与社会的自然和谐观进行了分析，从中看出道家“崇尚自然”和儒家“和合”思想的精华。安徽大学“中国哲学与安徽思想家研究中心”主任王国良教授从书中《要略》、《原道训》、《修务训》等篇章中分析求证《淮南子》思想从清静无为到奋发有为的转化，否定了过去仅仅视其为老庄道家学说的片面看法，肯定了该书是儒道在积极意义上的结合。

本次会议还主要探讨了“淮河文化”这一人文地理概念的学术定位问题，这也是与会专家共同关注的一个议题。自第一届淮河文化研讨会召开以来，已经先后出现了“淮河文化”、“淮文化”、“淮学”等概念。此次会议多数学者认为这是一个需要仔细推敲、不断完善的概念。苏州大学社会学院池子华教授认为既然有吴文化、齐鲁文化、燕赵文化等学术界说，为了避免歧义，他主张用“淮文化”代替“淮河文化”与“淮学”。南京大学历史系李良玉教授认为淮河文化应当是讲淮河流域的人民的文化，是在淮河为主体环境因素的自然条件下淮河流域人民在生存发展过程中所形成的一系列反映他们的生存方式、生活经验、观念、价值与思想的文化遗产。同时，淮河文化作为一种河流文化，应该提高到解释历史发展的中心环节来认识，审视江河在国家权力的起源、人与自然关系等方面对人类文明形成以及发展的影响力。南京大学历史系胡阿祥教授把淮河文化形象地比喻成一幕戏剧，研究人员必须熟悉这幕戏剧的舞台、剧情和演员设置。安徽省社科联党组书记程必定研究员在大会总结发言中指出，淮河文化是个广义的概念，有着独特的区域文化性。这一区域文化的“神”是水文化，“形”则是它的外延，包括政治、经济、艺术、语言、风俗等。作为真正水文化的淮河文化圈，它与山文化的徽文化圈、山水文化的皖江文化圈应该区别开来，以其特色反映安徽地域文化的多样性、独特性。

除此之外，部分学者较多关注淮河流域的民风民俗等问题，池子华教授撷取文武之尚、衣食习惯、住行方式、语言风格等方面进行比较，揭示近代江南淮北社会文化的差异性，力求探究个中原因。有的学者通过古代传统婚姻习俗与近代江淮地区婚嫁习俗的对比，分析近代江淮地区对古代婚俗的传承变异，这从一个侧面反映出近代江淮地区社会生活的变迁。还有的学者主张学术界在对皖文化中的皖江文化、徽文化以及淮河文化给予较多关注的同时，应对皖文化的整体性研究引起足够重视，关注皖文化的历史发展、特点及其生成原因等问题。

二、语言、文学研究

语言、文学问题是此次研讨会的重点和热点之一。前两次研讨会多是历史学、地理学、经济学、水利学等方面学者参会，这次会议增加了语言文学领域的研究力量，使淮河文化研讨会的学术研究范围又有了新的扩展。

在语言学领域，此次会议主要探讨了皖北方言及其下属的阜阳方言。许多学者本身就生活或工作在皖北，因此他们在皖北方言上的研究可谓占尽“天时地利人和”。与会学者的论文涉及文字、音韵、词汇、语法、修辞等方面，热烈探讨了方言区域的划分、方言词汇的溯源等问题。有的学者古今结合，考察了今天皖北方言中保留的大量古语词，有的学者则详细考察研究了诸如阜阳方言的名量词、阜阳方言的特殊语法现象以及“鸡”、“鸭”在阜阳方言中的变调、临泉方言中的一种比喻格式等具体问题。这些学术问题有如淮河文化这幕大戏中的台词，对它们的研究探讨将理清皖北方言在历史发展中的变迁，直接有利于普通话在皖北地区乃至整个淮河流域的推广。

在文学研究视野中，此次会议在兼及古今的同时偏重古代文学领域的学术研究。部分学者从不同角度共同探讨了建安文学中的曹氏家族创作，涉及曹氏父子其人、其作、家族传统以及古代文学批评中有关三曹的品评问题。曹操、曹丕、曹植父子是出生在淮河流域的历史文化名人，他们的文学主张及创作活动对当时政治文化均产生了重大影响。扬州大学中文系顾农教授通过考证辨析曹植《朔风》的创作时间地点、《七步诗》的真伪以及曹植本人晚年在诗歌音乐美创作中对当时民间唱诵佛教经偈的调子——“渔山梵唱”的借鉴，以札记的形式解决了曹植诗作研究中遗留的细节问题以及曹植诗歌富有音乐之美的成因。中国社会科学院文学研究所的刘跃进研究员根据钟嵘《诗品》中对曹植创作“情兼雅怨，体被文质”特点的概括，分析其《蝙蝠赋》、《鹞雀赋》、《令禽恶鸟论》三篇另类之作中表现出的下层文化的质朴通俗风格，认为这与其“起自幽贱”的家世有着直接的关系。这就从曹氏家风的个案反观了东汉时期三元文化的冲突与融合，也为建安文学的繁荣找到了进一步的成因分析。有的学者则总结曹丕“通达”的种种言行，考论其原因与影响，认为这不仅与汉末以来社会文化变动的大背景相关，而且直接源自于其家族的寒门文化传统。作为统治者的曹氏父子行为“通达”必然造成风气，有力地促进了魏晋文化风尚的变化，正所谓“魏文慕通达，而天下贱守节”。几位学者从不同的个案研究出发，都把原因归结为曹氏家族的寒门文化传统，可谓殊途同归。与会专家还就曹植后期表文之不足及其奏表在奏议文体发展史上的作用地位，钟嵘《诗品》对曹丕的品评问题，谢灵运与江淹拟建安诗作比较，曹植任性自适的行为方式与汉魏之际文化变迁的关系问题一一作了研讨。

除了建安文学的三曹研究外，此次会议还就老庄思想对古代美学、文学批评等方面的影响作了探讨，比如老庄思想与古代审美体验论、淮河道家美学思想、《淮南子》文艺思想等。另外，学者们不仅关注出生于此的文化名人，也关注生活于此的宋代文人欧阳修、苏轼等。他们与皖北的颍州（今安徽省阜阳市）有着密切的关系，欧阳修曾在这里为官、退隐并终老于颍，苏轼继恩师欧阳修之后知颍州。有的学者全面搜集整理了二人在颍州所写以及所写关于颍州的诗词，并且结合北宋时期的历史社会状况、欧苏本人的人生经历和创作特点，分析这部分诗词的创作、版本及历代注释情况。有的学者则详细论述了与颍州关系密切的形成于北宋时期的“白战体”诗歌，证明了这种体裁不仅正式诞生于颍州、得名于颍州，而且创作的中心也在颍州，这就把宋代文学与淮河地域文化联系起来，使我们看到淮河流域的地方文化对宋代文学的繁荣所起到的积极作用，对古代地域文学研究有所开拓。

在现当代文学研究中，出生在淮河岸边颍上县的著名女作家戴厚英以及曾在安徽五河县插队落户的当代女作家王安忆成为几位学者关注的对象。阜阳师范学院中文系朱育颖教授通过对王安忆乡村系列小说的解读，思考王安忆与皖北乡村难以割裂的精神牵系，探讨她对乡村生活内质的关怀与寻找，揭示“我们庄”的自然生态和文化心态，寻觅这部“乡土文明志”中皖北文化的印记与审美形式。皖北文化研究中心刘宏教授打通古今，研究皖北地方戏曲的兴衰，从中探讨民俗文化在戏曲发展中的决定作用。文章对“民俗文化”概念作了新的界定，列举了其中的复杂内涵、观念信仰及其表现，正是这些观念信仰构成了戏曲文学中最常见的主题思想。作者对我国古代戏曲产生发展的历史加以审视，选取皖北地方戏曲兴衰作为其缩影，探讨界首、阜阳、亳州等地的戏剧活动从繁荣到衰落的历史转变过程及其原因，并为今天仍有代表性和艺术生命力的地方剧种的发展指出了一条常青之路。

三、史地、经济研究

历史、地理、经济问题是历届淮河文化研讨会的传统议题，也是淮河文化研究中的重头戏。大会主要讨论了淮河流域的社会文化、历史变迁和经济兴衰等问题，为淮河流域社会经济文化发展以及治淮寻求方略。

淮河流域自有历史记载以来，即是四战之地、南北中心转移之枢纽。有学者从历史地理学角度对淮河流域进行理论探讨，分析以流域为单元的历史地理研究的意义与方法、淮河流域历史地理研究的主要内容以及这种研究的特殊性，从宏观上建构了淮河流域历史地理学研究的框架。也有学者全面研究了淮域形势与六朝历史，认为淮河流域牵系六朝国运、朝代更迭、军事、文化、民族等多个方面。同时，部分学者深入研究不同朝代淮河的水利航运情况，如探讨明代河图与黄淮水利、元代济州河的兴建及其作用、宋金和战期间两淮路水利事业的兴废、清代前期淮河流域航运的管理机制等，为我们再现了各朝代淮河流域真实的水利航运情形。另外，淮河流域所属下的合肥、蚌埠、徐州、凤阳、泗州、涡阳等都是与会学者们的重点瞩目城市，他们研究这些城市在不同历史时期的战略部署、城市沿革变迁、赈灾情形以及农民起义等，以微观领域的细致研究说明淮河流域的历史变迁。

淮河流域由盛而衰是历史发展进程中回避不了的事实。在其衰落的问题上，有的学者着重分析了农业水利建设和航运由盛转衰、自然灾害多发及由此引起的生态环境恶化、战乱频繁及其造成的居民外徙等诸多因素，认为这些因素对淮河流域由盛转衰有决定性影响。阜阳师范学院历史系吴海涛教授的新著《淮北的盛衰——成因的历史考察》将研究对象具体到淮北这一典型地区，不仅明确揭示了淮北盛衰之变的历史成因，而且还引起与会学者对这一既有研究成果的再评价。有学者认为书中对淮北历史上水利史的研究做了较好的综述，并通过长时段的观察，准确把握了各代水利事业的成败之处；同时从考察灾害入手，指出人类急功近利的开垦活动是“自然”灾害发生的重要原因之一，对人类正确认识自身的能力、约束自身的活动有着借鉴意义。作者从对淮北人口流向（迁进与徙出）及流出人口素质的研究，考察了战乱和自然灾害所造成的精英流失问题。

淮河治理是一个古已有之的历史遗留问题。有学者根据考古发现把淮河水灾，尤其是淮北地区的水灾现象上溯到新石器时代的大汶口文化和龙山文化时期。从当时人们的食物来源、聚落遗存及地层现象、建筑遗迹、生活用具和生产工具以及生态和农业等相关考古资料综合分析研究，认为淮北地区龙山时期的社会经济出现反常，与历史发展阶段不相符合是由于当时的气候变化在这个地区形成严重洪涝灾害性自然环境引起的。治理淮河是一项长期的工作，新中国成立以后淮河流域就发生过九次以上的洪涝灾害，给流域内社会经济的恢复、发展带来严重的影响，造成人民生命财产的重大损失，为此，党和人民政府采取了一系列治理措施。有文章对近代淮河流域的水患灾害发生的情况、特点、对社会经济的危害及其治理对策等进行了分析和总结，使我们更加明确今后的治淮任务。

淮河流域的经济发展问题也是本次大会讨论的热点。有文章总结了近十年来淮河流域的经济史研究情况，全面综述了农业及农田水利、手工业、商业和城市、自然灾害以及综合性研究成果。也有学者对淮河流域内安徽省 31 个县（市）的经济竞争力进行综合评价，从主要成分上分析县域经济竞争力形成的原因，并给出了相应的政策建议。指出欠发达地区固定资产投资与经济增长关系也需要研究，并以阜阳市为例，通过建立误差修正模型来反映二者之间长期均衡和短期波动关系，证明固定资产投资能有效地拉动当地经济的增长。

为期两天的“第三届淮河文化研讨会”胜利闭幕了，它为我们留下了丰硕的学术成果。与会学者一致认为这次大会是一次成功的全国性学术交流研讨会议。安徽省社科联党组书记程必定研究员在总结大会上指出，这次会议规模较大、层次较高、学科较广、会前准备和会上交流十分充分，所取得的成果也很丰富，如科研方法进一步创新拓展、加强了对淮河文化中重大历史事件、重要人物的研究、重视对过去研究成果的再评价等。这是一次真正意义上的跨地域合作、多学科融合的全国性学术会议。然而美中不足的是，同属淮河流域的豫东南和鲁西南等地的专家学者未能与会，这也说明了跨区域文化经济研究与合作仍需进一步推动。大会提交的论文涉及到政法、教育等领域的较少，这说明研究领域仍需拓展。随着淮河文化研究的不断深入，学者们共同期待跨区域的全国性淮河文化研究机构的建立，以此推进区域文化合作研究，促进淮河流域尽快走出“经济低谷”，步入和谐发展的康庄大道！

二、淮河文化的内涵与特征

关于淮河文化研究的几点意见

李良玉

一

我们应该提高对河流文化研究的认识，应该把对河流文化的研究放到解释历史发展的中心环节来认识。这一点可能涉及到历史观的根本性问题。我们过去在解释历史时，看到最多的常常是政治的作用、政权的作用、经济的作用、帝王的作用、政党的作用，这些因素当然是我们研究历史必须明了的。对这些问题的解释，自然也有许多有价值的成果，我们不需要一概予以否定。但是我们是否可以想得更多一点、更深刻一点，把历史的发展更多地与河流、与水联系起来。昨天胡阿祥教授在讲话中提到，他们正在准备编写关于河流文化的丛书，并且提到了一个关于河流文化的概念。他认为没有大江大河的地方自然也会有人类，也会有历史，但是如果离开了江河，不可能有成熟的文明。这个看法很深刻。这里所说的还只是人类依水而居形成了江河文明带这个现象，还没有涉及到关于江河对整个文明史、意义的解释。我这里说的是我们研究中国历史，对江河影响因素的说明，是正确说明历史的关键环节之一。

过去我们对江河的研究，多半停留在水利史的角度上，缺乏关于江河对整个文明史影响力的说明，换一句话说，我们也可以从对整个文明史、对整个历史的影响力的大角度来研究江河文化。比如说，国家的形成，是历史发展演进上的一个重要阶段，也是一个重要的因素。应该说，早期国家的形成，是一个漫长的过程。二十世纪七十年代，在江苏南通地区海安县一个偏僻的乡下农村里，发现了距今大约六千年到五千年之间的人类生活遗址。在出土文物中，有一件非常值得注意的东西，是一柄陶制的斧头，包括斧头和斧柄，被鉴定为国家一级文物。这究竟是一个什么样的东西呢？有专家认为，它是远古时期的权杖，这也就意味着当地在距今大约六千年到五千年之间已经出现了权力的象征。它是那个时期当地统治阶级、统治阶层已经出现的标志。据《史记》记载，禹的儿子启，把“公天下”变成了“家天下”，夏王朝成为三代中的第一个王朝，把它确认为我们早期国家已经成型的标志，大约是不成问题的。从历史发展的阶段来讲，还有更早的标志。我们知道黄帝族、炎帝族和蚩尤族经过长期的战争，形成了炎黄部落的统一。统一的手段是什么呢？是战争。战争说明军队已经有了，国家暴力的形式已经有了。但是从另一个层面看，尧、舜、禹三代与水进行了长期斗争，禹的父亲就是因为治水不力而被舜杀掉。禹的治水是成功的，这在历史上已经成为一个确定的事实。恰恰是经过禹的成功的治水，他的儿子启建立了家天下，开创了夏王朝。这说明治水和中国早期国家的形成是有关系的，同时也说明了战争和治水是中国早期国家权力合法性的来源。

除了早期国家权力的形成以外，我们从人与自然的关系上，还可以看到江河对人类文明形成，以及对文明发展的影响力。人当然是自然的产物，人是必须要尊重自然、爱护自然的。但是我们不可能排除人与自然的关系有矛盾的一面。人必须消耗自然资源，必须接受自然条件的制约，包括自然条件对人的生存秩序的破坏和冲击。在这里可以说，水灾，尤其是江河水灾对人类的威胁，是其它所有自然灾害不能相比的，是影响力最大的。无论哪一种自然灾害，在历史上都没有水灾来得那么广泛、经常和恐惧。中国有一句古话，叫“兵来将挡，水来土掩”，很典型地说明了“兵”和“水”是威胁人们生活的最大隐患。过去历史上的统治者，也把水的作用与统治经验联系起来总结，“水可载舟，亦可覆舟”。从尧、舜、禹到毛泽东，历代统治者、领导者都把治水放在非常重要的位置上，看作国家的大事。这说明我们仅把江河的问题放在水利史的位置上是不够的。

除了国家权力的起源、人与自然的关系以外，我们还应该看到江河对于文化的发展有非常重要的意义。比如，今天看历史上的唐宋文化，唐诗、宋词，三大名楼（武汉的黄鹤楼、南昌的滕王阁、岳阳的岳阳楼），再看唐宋时期的城市经济和城市文化，西安、南京、开封、扬州、杭州、苏州等，这些城市群的繁荣起来，其中很重要的因素就是由于运河的开通，沟通了长江水系，由此形成了一江两河（包括长江、运河和淮河）交通网络。因此，我曾经说，我们前面所讲的“城市文化带”，是唐宋时期的一江两河文化走廊。

也许有人会问，传统时代的江河治水问题是那么重要，在今天，科技发展已经到了很高的水平，它是不是仍然重要？应该看到，今天江河包括湖泊的治理问题，更是关系到历史发展兴衰的大问题。今天我们要解决的已经不仅是水利和水患的问题，我们面临的已经是江河湖泊全面污染的严重局面。中国现在有三分之一以上的人口居住在城市，他们不仅面临着可能缺水的问题，更面临着可能喝污染水的问题，甚至广大的农村中也有相当一部分人面临着喝污染水的问题。治水、治水患、治水荒、治水污染，应该成为中国人当前刻不容缓的头等大事，是关系到我们民族生死存亡的大事。我个人认为，我们已经面临着又一个大禹治水的时代。从这个意义上看，通过水的角度来说明和解释历史，应该是一个新的视角。

二

对“淮河文化”的定义，或者说关于“淮河文化”概念的看法。我对这个问题没有什么研究，昨天听了一个下午的发言，感到很受教益。我们这次会议是“淮河文化讨论会”，“淮河文化”自然是会议的一个关键词。在我们的会议上，或者说自从第一次讨论会以来，已经先后出现了“淮河文化”、“淮文化”、“淮学”、“淮河的文化”、“淮河流域文化”等等不同的定义或概念。对这些定义或概念的讨论有没有必要呢？或者说有没有意义呢？我个人认为是有意义的。我认为“淮河文化”的定义，是一个需要仔细推敲、不断完善的概念。我对这个问题说不清楚，说不准确。有些东西一旦加上“文化”这个概念或者其他结论性的提法，可能就变得复杂起来。比如，我们说，黄河是中华民族的母亲河，一讲“母亲河”这个提法，问题就出现了。除了黄河流域以外，是不是其他地方没有我们的先民呢？中国文明是不是只起源于黄河流域呢？也就是说，“黄河是中华民族的母亲河”这句话对不对呢？反过来说，中华民族的相当大的一部分人群，是生活在、繁衍在黄河两岸的，是喝黄河水的，说“黄河是母亲河”不为过。我们到四川，四川人说岷江是成都平原人民的“母亲河”。当然，中华民族的母亲河不止一条，长江也可以说是我们的母亲河。但是人们不可能有两个母亲，如果有两个母亲，那么必然有一个是继母，没有血缘关系。另一方面，我们说“黄河是母亲河”，与“黄河文化”的定义又有含义上的一定区别。在这里，我们还可以提到中国文化、中华文化这样的概念。我个人认为，说中国文化是通的，说中华文化也是通的。中国文化即中国人民的文化，中华文化即中华民族的文化。这里所揭示的本质，是文化和人的关系，人是文化的主体，因此，它们是通的。但我们说，黄河、长江、淮河都是自然的水系，自然的水系有什么文化？所谓文化，一定是人的文化，不可能是物的文化。物是文化的产物，它背后的活的东西一定是人。所以我们讲“淮河文化”，当然是讲淮河流域的人民的文化，或者进一步说，是淮河流域人民在淮河为主体环境因素的自然条件下生存发展过程中所形成的一系列反映他们的生存方式、生活经验、观念、价值与思想的文化遗产。在这里，我们必须强调，淮河文化的主体不是淮河，而是生活于、繁衍于、斗争于淮河流域的人民。

除了认识淮河文化的主体性之外，我们还应该进一步认识它的时空性。任何文化都是一定时空的产物，换句话说，时空变了，文化也会变。虽然我们讨论的是淮河流域人民的生活经验、思想、价值等等，但是不同的历史时期，这个地区的人口结构变了，淮河的自然状况变了，淮河与人民的关系变了，这些因素所综合形成的文化的内容自然也会跟着变，不会一成不变。比如说，老子有“崇尚自然”的思想，有“无为”的思想，对这些思想的真实含义，可以有不同的解释，我们是可以讨论的。老子也提到水，老子的这些思想和老子当时所见到的淮河有没有关系？有的同志说，今天淮河人民群众中有安于现状、不求进取、缺乏开拓的不良观念、习惯和态度。这些东西是不是老子当年的那种观念和态度？研究这样的问题，讨论的空间可能是相当大的。从另外一个意义上来讲，淮河的状况变坏，已经有很长的历史时期，这种可怕的自然灾害的状况，当然对淮河流域人民的心理素质会发生强大影响，会形成某种比较稳定的心理素质方面的内容。但是这种稳定的内容是不是就完全是负面的意义呢？比如说，淮河流域人民群众中间有好斗、聚众上访的现象，这里我丝毫不是赞扬人民群众中间的好斗和上访，好斗和上访与我们建设和谐安定的社会发展目标是不一致的。但我们在评价这一问题时，应该包含客观评价历史的整体性观点。淮河的恶劣条件，带来了一些负面的影响，人们无力抵抗自然灾害对生活秩序的冲击，自然会引申出安平乐道的生活态度。但是，恶劣的环境也会激发出他们的生存欲望，包括对自然的抗争、对社会的抗争和对暴政的反抗。过去的历史已经证明，人民反抗暴政的权力是历史进步的重要因素之一，是人民与国家互动关系的重要内容之一。我们应该站在这样的高度，更多地看到淮河人民精神素质中那些积极有为的内容，更多地拥有分析历史的辩证法。

三

关于从技术的角度来研究水、研究淮河文化。一部关于淮河的历史文化，当然首先是淮河与人民群众关系的历史。我个人认为，从技术层面上分析这些东西，会帮助我们获得更多的历史信息。比如，我们去看四川的都江堰，这是一个伟大的创造，当时主持修建都江堰的李冰，就成功地总结了很多深刻的治水经验，提出了“深淘滩、低筑堰”的三字经，还总结出了“遇弯截角，逢正抽心”的八字方针。这个三字经和八字方针就是一种技术的层面，实际上，这个技术的层面就是人与水的关系所产生的人的伟大智慧。研究河流的文化，根本的宗旨就是揭示人与河的关系，揭示这种关系的演变所产生的人的智慧。这个智慧很大一部分就是治水的技术。我们研究河流文化，从技术层面上去说明它，恐怕要比我们抽象地讨论文化来得更有意义。比如，洪泽湖边上有一个被水淹掉的泗洲城，我对泗洲城没有研究，说不出什么好的意见来，但我看到一个材料，说泗洲城被淹掉，前后经历了几十年时间，泗洲城的人民与水进行了几十年的斗争。一次一次的遭到水的洗劫，又一次一次地进行着恢复家园的努力。但是，在最困难的时刻里，泗洲城的人民只剩下了三分之一，他们还要按百分之百的人丁数交纳赋税，所以在《泗洲志》里，保存了一份当时的地方官要求减免赋税的奏章。我们从这样一个角度去透视历史，从这样一个技术层面上去透视历史，就会去分析当时这个地方人们治水的经费是从哪里来的？他们与国家的关系是一种什么样的状态？进一步说，我们从这个角度去透视当时的国家财政，也会有许多新的看法。治水在国家财政里占多少比例，有多少钱用在这里，它的效益怎么样？过去我们研究历史，研究近代史，说光绪皇帝为了让慈禧太后退休，动用了300万两银子修建颐和园，这只是一笔开支。我们看到一份材料说，1874年光绪皇帝登基，花了550万两银子，在他大婚的时候又花了多少万两的银子。那么在这之前的同治皇帝死掉花了多少银子呢？后来光绪与慈禧太后先后相差不到几天都死掉，又花了多少银子呢？我们把这些帐算出来，一笔一笔地算出来，就可以看到历史的另外一个层面、另外一种价值，就会改善我们的历史意识，改善我们的历史观念，有利于我们重新认识江河的文化，重新认识我们国家的文化、民族的文化。

从技术的层面来研究文化，不仅要注意从技术的切口上切进去，而且要用技术性的手段和眼光来进行。比如，我曾经到过淮河边的一个地方，这是一个长期比较穷的地方。当地人告诉我，他们民间流传说，朱元璋到了这里说过："河水向东流，七座山八个头，财主三代不到头，此地不可久留。"我问他们，这个民间传说的真实性如何？这句话又是什么意思？这些话是在什么样的语境下说的？他看到了什么讲这样的话？我一直弄不清楚。我觉得像这样一个简单的事情，我们也不好轻易下结论，应该汇集更多的历史学家，包括古代史的专家、地方史的专家、文献学的专家、民俗学的专家来共同揭示它的真实含义，揭示它和淮河的关系。

从技术的层面来研究淮河的文化，还应该注意基本的技术手段，因为我们调整了思路，调整了视角以后，必然需要用坚实的材料来加以说明。这里，我特别呼吁，要积极利用明清档案，当代档案，包括淮河水利委员会的档案来研究淮河问题。对文化的研究、对历史的研究，首先是与材料的开发联系在一起的。通过挖掘新的材料，我们一定会发现新的问题、新的领域、新的结论和新的成果。

（本文系作者2005年11月22日在阜阳出席"第三届淮河文化研讨会"的大会发言）

（作者系南京大学历史系教授，博士生导师）

淮河文化的概念与内涵〔1〕

陈立柱　洪永平

“淮河文化”概念是蚌埠市的同志为了当地社会发展的需要于20世纪80年代首先提出来的〔2〕，学术界关注它则是在这之后。这就是说对于学者们而言，“淮河文化”是一个已经存在的概念，不是一个在学理讨论过程中从逻辑上预设的概念。因此作为研究者的任务是要讨论它作为一个概念能否成立的问题，不是要不要提出这个概念的问题。

一个概念一旦提出，对于今天的人来说，意味着回答它是什么的问题已经不可避免〔3〕，即便是极初步的回答都是需要的。至于它之成立与否以及会有怎样的历史命运（使命），要看它所置身其中的社会环境以及关注它的人的思想方式如何随时变通。出于这样一种理解与认识，“淮河文化”成为我们两年来经常思考的一个东西。它已经诞生，它的存在是一个事实，面对它我们常常感觉到历史脉搏的跳动，仿佛可以看到淮河人面对富丽堂皇、兴了又败的中央王朝的感叹声，感受到洪水扑面、刀枪相加的悲壮怒哀。我们无法不去表达我们对于它的理认与感慨。我们的工作主要在两个方面：怎样去说它是合适的，或者说是恰当的，以及它在哪些层面是有意义的，或者说值得去说的。我们研究它的方式是从历史到现实，而叙说之则是回溯的。

一、如何去说一个文化概念的成立是合适的

“淮河文化”概念提出后不久即在学术界引起争论，赞成者有之，不以为然者亦有之，一些人对于它之概念与内涵还进行了讨论，大体上可以分为这样几种情况。一是考古类学者，他们大多相信并使用“淮河文化”这个概念，可以举

---

〔1〕 本文系安徽省社科联2005年度课题。课题号：A200535

〔2〕 参郭学东：《坚持淮河文化研究为社会经济服务的方向》，《学术界》2004年增刊。

〔3〕 强调“今天的人”的意义在于，有些时候的人并不这么思考问题，“是什么”的发问是我们这个时代特别喜好的发问方式。

出高广仁、邵望平[1]、阚绪杭[2]等。高广仁、邵望平讨论了“淮系文化”的早期源头，追溯到新石器时代早期的裴李岗文化、贾湖文化等，而阚绪杭则认为侯家寨文化是早期淮河文化的典型代表与源头。二是地理与水利方面的研究者，如唐元海[3]、曹天生[4]等。淮河流域水系发达，古代独流入海，内部各地交往密切，地理上自成一个单元，地理上的独在性很容易让人感到在此之上创造的文化的整体性与特殊性。三是一些地方上从事社会经济与文化发展工作的同志[5]，为了促进地方社会文化发展的需要，认为淮河文化是一个有价值的概念。四是一些从事历史研究的学者，如李修松[6]等，认为淮河流域地域广大，东部、中部和西部、淮南和淮北的历史文化都是有差别的，不构成一个独立而自成体系的文化区域，因而作者宁愿使用“淮河流域历史文化”这样的表述。

此外，在讨论淮河文化概念与内涵的过程中，有些学人还提出了“淮学”、“淮文化”、“淮系文化”、“淮河流域文化”等等说法，大都基于同行对于“淮河文化”的质疑，尤其是这个概念的内涵未曾很好地进行讨论这种形势而言之的，一般缺少系统的分析。

从以上我们所知道的情况已可看出，“淮河文化”能否成为一个有价值的概念存在着很大的争议，成立与否还需要进行更深入的讨论。问题在于，如何来说一个区域或流域文化概念的成立是合适的。翻检有关方面的论著，这个问题似乎较少触及，学人们大都从自己研究的学科视角提出看法，而“文化”是一个较为宽泛的概念，不少学科尽管也都涉及，而各个学科实际上触及的只是文化的一个方（层）面，以管窥豹尽管也是一种研究方式，终究不是全面的讨论，难免会有以偏概全甚至盲人摸象之嫌。虽然如此，相关研究还是为进一步的思考奠定了基础，提供了借鉴。我们的理解是，文化是历史时期人们的创造，但这种创造是被今天的人们认识与感觉到的，联系着认识者的知识与价值理念，也体现在今天生活于斯的人们的身上，因此这也同时意味着它必然和现实问题联系在一起，指示着或为了现实的需要而存在。蚌埠市的同志首先提出“淮河文化”概念可以说明这一点。

若然，则一种地域或地区文化概念的成立与否，就需要进行四个方面的

---

[1] 高广仁、邵望平：《试论淮系史前文化及裴李岗文化的主源性》，《燕京学报》新17期（2004年）。

[2] 阚绪杭：《淮河文化探源论》，载《蚌埠涂山与华夏文明》，黄山书社2002年版。

[3] 唐元海主编：《淮河三百问》，黄河水利出版社1999年版。

[4] 曹天生：《关于淮河流域文化定义问题的探讨》，《学术界》1998年增刊。

[5] 这里主要指蚌埠市的一些同志，参前引郭学东文。

[6] 李修松主编：《淮河流域历史文化研究·前言》，黄山书社2001年版。

研究。

（一）文化是为历史的积淀，任何一种文化的生成都是其长期的历史孕育的结果，其历史时期的文化创造有无自身的特点？

（二）特点都是在比较中显现出来的，淮河文化和周围地域文化如黄河文化、长江文化相比有无自身的特点？这里有两点需要说明。一是淮河文化的比较对象最好是邻近的流域文化，因为越是邻近越能显示出比较的意义，若是拿珠江流域或尼罗河流域等文化相对比，不做多少工作就可以知道各自必有特点了。这样，比较的意义就减弱了。二是比较视角尽可能是相同的，即淮河文化最好不要和齐鲁文化、楚文化、吴越文化或中原文化之类进行对比，尽管都是地域文化，但淮河文化是由水系网确定的地域文化，与齐鲁文化之类以国族为名的地域文化视角有别。视角不同意味着文化呈现方式与内涵会很不一样。过去这方面的比较研究过于宽泛，不甚严格。

（三）一种文化即是一种价值观念的体现，这种价值观念表现于该文化的拥有者对待生存与发展的态度与方式是否与其他文化背景中的人们有所不同？

（四）一种地域文化能够成立，其内部各层面应有某种共通的东西可以将之联为一体，从而可以用一个更一般的概念加以概括，“淮河文化”是否具备这些条件？

以上这些方面涉及到历史时期的文化创造，比较研究方法的运用，该文化拥有者的生存理念，以及概括的视角与能力等方面，即关系到该文化的过去、现在与未来，可以归结为历史——文化——发展的认识视角与比较研究的方法，也是一种综合性研究。以下考察淮河文化可以成立的基本依据。

二、淮河文化概念可以成立的几个依据

（一）自然地理方面，自成一个相对独立的地理单元。

淮河流域位于我国东部，西起伏牛山、桐柏山，东临黄海，北屏黄河南堤与沂蒙山脉，同黄河流域接壤，南以大别山和皖山余脉与长江流域为界。三面有山一面临海的形势使淮河流域成为一个相对独立的地理单元。

从地形上讲，淮河流域西高东低，西部、西南与东北部为山区，高程多在200～500米，丘陵则为山区的延伸部分，其余大都是平原地区，约占总面积的一半以上。气候方面，淮以北属暖温带半湿润季风气候区，淮南则为亚热带湿润季风气候区，自南而北形成亚热带向暖温带过渡类型，季风显著，四季分明。过去常说：“南人吃米，北人食面；北人骑马，南人驾船”，一定程度上可以反映淮河流域社会生活的特点。不过，由于淮河水系呈不对称的羽状，南部的支流短而流急，北部支流长而平缓，淮以北的面积大大超过淮河以南，因而地理与文化

上都形成了以北部为主体的特点。从历史的角度看，淮河水系古今是有变化的，12世纪以前，淮河独流入海，后黄河南犯夺淮入海，淮水被迫南下从长江口附近入海，淮河中下游地区形成许多湖泽，泗、沂、沭河也因淮河改道而与干流脱离。但从整体上看，12世纪以前洪泽湖以西的淮河流域与今天的情况大体相近，惟是下游水道有所改变，而自地理上讲不过扩大了一些范围而已。

（二）早期新石器时代的淮河文化已经有了自己的特点。

据高广仁、邵望平二人的研究，大量考古资料表明，淮河流域确实存在一个相对独立的史前文化系统，它与黄河文化、长江文化系统呈三分天下之势。这一文化系统的主源是裴李岗文化，同时地理上的中介性使淮河文化对黄河、长江史前文化又具兼容性。淮系史前文化的发展大体可分为四个时期。第一时期以贾湖文化、裴李岗文化为代表，年代约在公元前7500～5000年。第二时期是淮系文化普遍发展的时期，也是裴李岗文化在淮河流域史前文化形成过程中呈现主源性作用的时期，时代为公元前5000～3500年，这一时期出现明显的文化互动现象，即已开始了族群的迁徙。第三阶段以大汶口文化中晚期为代表，时间为公元前3500～2600年，其时黄、淮、江三大流域史前文化面貌开始迅速地趋同，表现为社会变革的同步进行，各地区间和平、非和平互动的加强，发生了大规模的族群重组与迁徙，在淮河流域有率先进入文明的良渚文化北上至淮河岸边的遗存，而大汶口文化人的迁徙影响使淮北地区出现了一系列地方性文化类型。第四时期是龙山文化时代，时间为公元前2600～2000年，社会大分裂进一步深化，迁徙过程更加频繁，淮河流域文化遗存普遍增多，进入了早期文明时代〔1〕。简单地说，新石器时代早中期淮河流域形成了裴李岗文化为主源的文化特征，后期则进入文化族群迁徙互动的时期，本地区成为四方文化风会影响之地。

过去，因为大家重视黄河流域、长江流域的文化创造，常常把淮河流域视为过渡地带而不予关注，很多淮河流域的文化创造被说成是黄河文化的内容。苏秉琦指出，“不能把黄河流域、长江流域的范围扩大到淮河流域来”，“淮河流域史前文化有自己的源和流，有自己的古代文明和发展规律。”〔2〕这个意见无疑是值得重视的。

（三）历史时期，淮河流域自身发展特点突出。

首先，夏商周三代淮河流域的主要居民是淮夷。淮夷的族源、社会生活与文化精神都有其自身的特点。春秋以后楚国东侵，淮夷文化染上楚文化的特色，后人重视楚文化而少言淮夷文化，实则楚文化与淮夷文化有很多相近处，故而文化

---

〔1〕 前引高广仁、邵望平文。

〔2〕 苏秉琦：《略谈我国东南沿海地区的新石器时代考古》，《文物》1978年第3期。

上融合得较好。

其次，秦以后淮河流域与中央王权所在的黄河流域相近邻，同时又是中国经济中心南移的过渡地带，处在北方的政治中心与南方的经济重地之间，时代不同随之演出的历史剧情也不断翻新，这个特点使得淮河流域成为中古中国最最辉煌的历史剧的演出地。整体看，淮河流域四战之地的形势未变，南北两个中心联系的纽带逐渐形成，是南北方交通、经济、文化与争战的交会区。

（四）现代淮河流域的社会发展特色鲜明。

和长江、黄河流域相比，今天的淮河流域表现为明显的“欠发达”，苏鲁豫皖四省沿淮淮北地区的社会经济水平都是所在省区最落后的，并且也低于全国平均水平，经济学家形容它为“经济谷底”〔1〕。在知识观念与社会治安方面，由于教育水平的相对落后，本地区人们的科学知识与法律观念相对较为淡薄，缺少遵纪守法的习惯，重亲情讲义气，遇事好感情用事而少理性对待情况还很多，官场腐败突出，环境污染严重，争斗现象较多，如此之类不一而足。文学艺术上，表达苦难主题的花鼓灯会、拉魂腔等仍然是地方文艺的主流形式。整体上看，现代淮河流域的社会发展、思想观念与情绪表达都比邻近地区改变得慢一些。

以上四个方面，自然地理区域广大又相对独立，文化源头上早已形成自己的特点，历史时期的社会发展明显有别于长江、黄河流域，现代社会发展存在较多问题，由这四个方面构筑、形成一种独具特点的文化样式，应该说不会有什么问题。部分研究者之所以不承认淮河文化的独特性，主要是过于在意了它之过渡性与区域的广大性，以及相信中国文明由长江、黄河两大文明构成的成说。殊不知成说不一定就是真理，而过渡性本身也是特点。西亚两河流域古代文明自成一格没有人会怀疑，而这里也正是古代南北西东的一个过度地带，所谓“走廊”地区。在这走廊里走来走去的人多了，这个走廊也就有了自身的特点，形成了自身的文化特色。

讨论了淮河文化形成的基本条件之后，历史时期的文化创造有无自身的特点就成为该文化可以成立的最重要的考察对象。

三、淮河流域历史文化发展的阶段性

历史是文化之源，文化则是历史之果。从历史角度去认识一种文化的特点与价值无疑是合适的，而阶段性则意味着历史感，或者说对于历史穷变通久的自觉。以此，我们把淮河流域历史文化的发展分为四个阶段，两大时期，前期到后期文化上由盛而衰，后期文化具有“贫困文化”的特点。

---

〔1〕 宋豫秦等：《淮河流域可持续发展战略初论》，第5页，化学工业出版社2003年版。

（一）先秦时期。这一时期淮河流域古国甚多，现在所知西周至春秋时期的国族差不多以百数计，其中陈、宋、鲁、徐等为大国，但从全国的角度看又不过二、三流国家而已，其余更是弱小而少为人注意。从社会经济角度看，淮河流域大部分地区属于低度发展地区，大多数国家处在部族共同体阶段。由于河湖泽薮过于密集，交通工具用船较多。春秋以后湖泽不断收缩，这里又成为大国争夺的战场，小国纷纷亡灭，稍大一些的国家则处在大国争斗的前沿，渐渐衰弱下去，以至最后被吴楚越齐等邻国所并吞。

本地区国家虽然弱小不发达，但地处黄河、长江与汉水的中间地带，和周王室以及各大国都有经常性的密切的接触，对发达国家的历史文化甚具反省意识，反而成就了本地区文化上的繁荣昌盛，出现了老子、孔子、墨子、孟子、庄子等等创发中国文化精神的大思想家，影响中国几千年。

（二）两汉至北宋时期。这一时期淮河流域历史发展波澜壮阔，出现了一大批政治、文化、思想、文艺方面的巨人，构成中古中国文化最为灿烂辉煌的篇章。可举出四个典型例子。一是淮河流域出现了汝颍奇士、谯沛俊彦等等很多影响中国历史文化的文人干才。二是造就出了曹操这样文才治功集于一身也是卓绝古今的奇才，中国历史上政治方面大有作为文学上也能开创新局面引领一个时代的大才，曹操而外迄未之见。三是中国文艺史上最具代表性也是产生最早的几部文艺批评（理论）著作，如《典论·论文》（作者曹丕，安徽亳州人）、《文心雕龙》（作者刘勰，山东莒县人）、《诗品》（作者钟嵘，河南长葛人）的作者都贯籍于淮河流域。文艺批评著作是为理性意识对于情感作品的评论之作，也可以理解为理性与感性的交合融会。文艺理论作品的早出与众多是淮河流域兼有南北精神与风格的明显表现。四是中国经济文化的中心在中古时期开始从北方向南方的转移，淮河流域恰好处在这一转移的枢纽或转轴的位置，其重要性不言而喻。

（三）南宋至民国时期。这一时期由于天灾人祸的影响，淮河流域社会经济开始走下坡路，长期的灾难深重与过于贫困使得淮河流域文化上的创造力开始衰退，并且形成影响后来发展的“贫困文化”。所谓“贫困文化”是现代社会学的名词，为国外的学者首先提出，国内学者借以表达那些影响落后地区社会经济发展的人文因素，如重义轻利，知足常乐，安贫乐道，听天由命，得过且过，好逸恶劳，好吃懒做，轻死易斗等等观念。“穷日子安分”，“十亩地一头牛，老婆孩子热炕头”等，是这种文化意识的典型代表，而所有这些在淮河流域都有非同一般的表现〔1〕。淮河流域这一时期文化上没有多少特别的建树，有些地方还是

---

〔1〕 参辛秋水、吴理财：《文化的贫困与贫困文化》，陕西人民出版社2004年版；陈立柱：《淮河文化研究要为流域经济发展服务》，《学术界》2004年增刊。

国家重法整治区，说明这里的社会问题宋以后就很突出了。

（四）中华人民共和国成立以来。这一时期淮河流域的自然灾害已经有了很大的改观，与其他地方相比水灾并不显得特别突出，但社会经济发展却比周围地区的都慢，为什么？有的人从区位、政策等层面找原因，显然是皮相之论。我们认为贫困文化因素在其中的影响是重要的，就是说作为人文环境贫困文化的存在不利于现代发展理念深入人心，影响了人们发家致富的主动性与自觉性，从而在经济建设上表现出了缓慢的态势。江浙地区家有几万元钱就想着办工厂做生意，而淮北人常常是有钱就大吃大喝与摆阔。这些不同讲到底是风俗传统即文化因素在起作用〔1〕。

不同时代人们对于生存与发展的理解与认识是不一样的，这就形成各个时代的内在追求与精神趋向不会一样。每一时代历史环境适合其内存精神的抒发畅达，则其文化创造就会表现为生机盎然，蓬勃向上；相反，当历史环境与其内在追求处处不协，社会发展与文化创造就会衰微败落。以此，我们又把淮河流域的历史文化发展分为两个时期，即宋以前的繁荣昌盛时期，宋以后的衰微败落时期。前期文化的内在精神可以用“内观”与“自省”来形容。其时社会发展水平都不高，人们更愿意把精神的满足与内在的充实作为主要的追求，因而出现了“不患寡而患不均”的思想与“一箪食，一瓢饮，回亦不改其乐”的颂扬，人性、道义成为这个时代的主旋律。可以看出这一时期的历史环境是适宜于这种精神的抒发畅达的，因而文化上表现出了繁盛的特点。宋以后社会开始重事功与财富，“外游”与“进取”成为这个时代的追求与发展方向。然而，淮河流域的社会环境此后却进入了黄河不断南犯、淮河流域“大雨大灾，小雨小灾，无雨旱灾”的时期，人事方面这里又是南北方面你争我夺的主战场。这些情况都不利于“进取”精神的舒展发达，因而文化上也就没有了特别的建树，反而形成贫困文化这样不利于社会发展的人文环境。《列子·仲尼》有一段话：“内观者取足于身，游之至也；外游者求备于物，游之不至也。”这是列子教人内观自省，不要妄求身外之物的，正可以拿来说明两个时代的精神追求。早期社会内观自省，人们向内追求用功夫，外部环境与之协和，因而“游之至也”，文化上表现出了繁荣的景象。宋以后“求备于物”而外在环境不利于它的展开，因而“游之不至也”，再也没有出现老庄那样仰头思考、鼓盆而歌的思想家，历史的步伐又走到了一个新的驿站，这就是“求备于物”的时期。物之不济，新文化的发展没有了社会基础，衰败下来就是命定的了。

---

〔1〕 陈立柱：《文化再造：淮河流域发展的新视角》，《咨政》第19期（2005年）。

四、淮河文化的一些重要方面（初步看法）

（一）淮河流域地处南北交汇之地，易得风气之先，因而富有灵性，成为众多文人干才生养之地；又因为不是都邑之区、经济中心，所生养之才人外出发展的特点明显，形成“大才多成于外”的局面，这在汉以后表现得尤其突出，今天尚没有彻底改变。

（二）淮人富有反省意识与批判精神，与他们早期特别注意观察富强而多不义的大国以及中央王权兴兴衰衰的历史相关系，常常反其道而思之，形成他们追求自然质朴、道义为先、念慈守弱、古道是尚、反对“强梁”、崇尚平和等等方面的文化追求，这些也是中国文化的基本精神与主要方面。

（三）时代不同，文化内涵也有差别。不尚竞争、安贫乐道、民风粗悍、轻死易斗、重农轻商、重道德而轻技艺、知性不足质朴有余，等等，是淮河流域在宋以后时期形成的文化方面的重要内容，其中既有早期文化的因子，也有后来历史积淀的成果，既有值得称道的地方，也有不利于社会发展的消极因素。

拥有一个概念即是知道正确使用一个语词。这句话有三个方面的含义：概念成立要进行充分地讨论；概念的功能在于它的解释力，即它在多大程度上能帮助拥有它的人提出问题与解决问题；使用一个概念意味着时刻注意到当初对于它之成立的各种预设。“淮河文化”概念对于理解与认识淮河流域历史创造中带有整体性的一些问题，以及解决当前社会发展面临的种种难题，都具有重要意义，是一个有价值也可以成立的概念。但“淮河文化”与“淮河流域”不同，它不是一个事实性概念，而是一个设定性概念，即它是我们拿来表达某种理解与认识的一个话语，因此它存在合适不合适或恰当不恰当的问题，需要进行认真细致地讨论。目前要做的工作是我们从文化这个视角对淮河流域的历史与现状能获得哪些认识，这也是任何一项研究首先必须做的初步性工作。基于此，我们没有在“淮河文化是……”的方式中思考它，而是在如何去说它是合适的，以及它拥有哪些内涵的层面去认识它。真诚希望有人对于我们的思考提出令人感到振奋的批评。

（陈立柱系安徽省社会科学院历史研究所副研究员；洪永平系安徽省社科联学会处处长、安徽省徽学学会秘书长）

试论淮河文化的水文化特质

亓 龙

水滋润万物，孕育生灵。它既是生命的源泉，也是智慧和文化的源泉。淮河作为中国古代四渎之一，它同样养育了华夏民族，培育了中国文化。笔者认为，淮河文化具有典型的水文化特质。

一、一脉佳水，淮河文化之源

“长淮绿于苔，飞出桐柏山”。淮河，古称淮水，又称东渎，发源于河南桐柏山主峰太白顶。此处58股清浅如线的细水奔流汇聚，容纳百川，直奔东海，终于与西渎黄河、南渎长江、北渎济水并称为中国古代四大水系。

淮河的支流纵横交错、密如蛛网，其中一级支流120多条，二级支流460多条，跨省的河流就有100多条。古代淮河流域湖泊众多，主要有洪泽湖、南阳湖、独山湖、昭阳湖、微山湖、骆马湖、射阳湖、白马湖、博芝湖等，另外还有荥泽、圃田泽、孟诸泽、菏泽、大野泽、雷泽等称为“泽”的湖。据古志记载，颍水、汝水一带有36个湖沼陂塘，其中位于河南正阳、息县、新蔡交界处的鸿却陂方圆达400里之广。

许慎在《说文解字》中这样解释：“淮，水。出南阳平氏桐柏大复山，东南入海。从水，隹声。”隹是美好之意，三点水和一个隹字合成“淮”，可见淮水是佳水、美水、好水。从甲骨文“淮”字的构造来看，是形声加会意，由一只水鸟和一条河流构成。古淮河流域河道众多，沼泽密布，四季分明，气候适宜。所以，“淮河”是水鸟的天然乐园，“淮”则表示众多水鸟在水面上欢叫飞翔。

淮河之源奇峰竞秀，溪谷幽深，飞瀑流泉，林木葱茏，植被繁茂，水质甘洌清凉。淮河源的一种说法是自天而降，即有一条通天河，从60多米高的绝壁之上飞泻而下，自然形成水帘，将绝壁之上的一个天然石洞遮掩，这就是著名的水帘洞。这里的水清澈见底，纯净甘洌，四季不涸，冬温夏凉，胜过诸多名泉，被道家称为天下第四十一福地、三十六洞天。还有一说是淮河源于地下的“淮井”，《辞源·水部》注曰：“淮水之源，自胎簪山伏流数十里，涌出三泉，因浚之为井，名曰淮井。在河南桐柏县西。”淮河从海拔1140米的桐柏山主峰，潜流地中，至淮源自三井奔涌而出。东为六角井，西为圆井，中为方井，共称“淮井”。有书记载：“太白顶北侧的‘小淮井’，深不过5尺，井底有数处针泉，整日汩汩外冒，虽枯旱而不涸，甘甜清冽，便是淮河之源所在。”在桐柏山北麓江淮分水岭上，并列着两清一浊三口池塘。相传远古时代，桐柏缺水，东部落首领桐花姑娘邀西部落首领柏子同往太白顶寻找水源，历尽千辛万苦，终于挖出像河一样的泉水，但二人却由于多日劳累困昏倒于地。柏子之妻寻夫至此，见状怀疑二人有染，桐花和柏子为彰显自己的清白，瞬间化为清池，柏子之妻羞悔交加，也含恨化为池水，但池水却浑浊不清。大禹导水至此，生发感叹：清者自清，浊者自浊，不宜合流。于是便导清水向东，成为淮水，导浊水西去，注入汉水。

唐代诗人李义《饯唐州高使君赴任》云：“淮源之水清，可以濯君缨。”唐代茶圣陆羽遍访天下名泉，也曾到过桐柏，他在《水品》中将淮河源头之水评为“天下第九佳水”。与其同时代的刘伯刍也曾品鉴天下名水，他将淮水列为第七。淮源桐柏山高水也高，即使在海拔千米以上掘石凿井，依然泉水旺盛。这里不仅泉多，而且各呈异彩。有的泉水养颜，有的泉水治病，有的泉水通灵。在桐柏深山里，有用青葱沾泉水轻拂婴儿脑袋和用泉水洒在新娘新郎衣裳上的风俗。据说可以使儿童文思如泉、聪明透顶，使姑娘小伙婚后欢笑百年、永无忧愁。唐代诗人刘禹锡曾赋诗赞美：“八公山下清淮水，千骑尘中白面人。”传说正直的男人喝了淮河水，长得威武健壮而又智慧过人，善良的女人喝了淮河水长得美貌而又聪颖。

宋代之前，淮河整个流域的水都是一脉佳水。出生于淮河之滨的宋代诗人徐积有一首词专门评价淮水：“淮之水，春风吹，春风洗，青于蓝，绿染指，鱼不来，鸥不起。潋潋滟滟天尽头，只见孤帆不见舟。”南宋诗人戴复古也有《频酌淮河水》诗云：“有客游濠梁，频酌淮河水。东南水多咸，不如此水美。”地处淮河中游的怀远城郊有一著名的白乳泉，一泓碧液，清澈透明，泠泠如镜，毛发可鉴，因泉水甘美呈乳色而称白乳泉。白乳泉原名白龟泉，相传唐贞元年间，泉内曾有白龟流出，因此得名。宋元祐七年，诗人苏东坡和他的两个儿子苏迨、苏过从河南赴杭州经过此地，见泉水奇特，誉为“天下第七泉”，并留下《游涂山荆山记所见》诗：“荆山碧相照，楚水清可乱。刖人有余杭，美石肖温瓒。龟泉木杪出，牛乳石池漫。”淮河南岸的八公山上有珍珠泉、玛瑙泉、瑞泉、碧沙泉、岚秀泉、浣泉、云宾泉、无女泉等二十四泉。其中的珍珠泉为我国古代十大名泉之一，数十股泉水从池底上涌，状如贯珠，阳光下晶莹绚丽，而且澄清味甘，终年不竭。

淮河被誉为“华夏风水河”。夏商开始，历代帝王都派大臣祭祀淮神，祈求风调雨顺，国泰民安。秦始皇在淮河源头修建了“淮渎庙”，此后历代都有修葺，以致规模宏大，巍巍壮观，千百年来香火不绝，享祭不已。汉宣帝神爵元年

（公元前61年），第一次在淮水发源地的河南桐柏县平氏镇举行了祭祀淮渎神仪式。明清时因黄河夺淮，造成淮河出口严重不畅，致使淮河经常泛滥为害，因而祭祀淮神活动也随之骤增，甚至连皇帝即位、出巡、寿诞、驾崩等重大事件，朝廷都要派员祭告淮神。清康熙32年，朝廷还委派礼部员外郎、内阁中书敬奉康熙亲笔题写的“灵渎安澜”匾额刻石前来淮渎庙祭祀。雍正皇帝也曾御笔亲书“惠济河漕”赐予淮庙，乾隆皇帝还亲自书写了《淮渎神庙碑记》。

“东南自古衣冠地，桐柏山前淮水春”。从淮河源头走来，向淮河历史溯去，我们可以毫无愧色地说，淮源是文化之源，淮水是文化之水。

二、淮夷弄水，淮河文化之神

居住淮河流域的部落自古就被称为淮夷，由畎夷、于夷、方夷、黄夷、白夷、赤夷、玄夷、风夷、阳夷等九个强大夷族组成。淮夷曾在淮河流域治水、用水，依赖淮水而生存、发展和壮大。

相传当年大禹治水，遇到巫支祁在淮河兴风作浪，大禹就命令太阳神之子庚辰用定水神针将巫支祁拿住，用铁链锁于淮井之中。这位治水功臣娶了淮河女儿涂山氏为妻，但为了疏导淮水，曾三过家门而不入，受到淮河人民的万分爱戴，淮河流域的不少地方都建起了禹王庙。大禹治水成功之后，功成身退，化而为熊，妻子也化而为石，最后石破天惊，生出了夏朝的第一个帝王夏启。《太平广记》载：“禹理水，三至桐柏山，惊风走雷，石号木鸣，五伯拥川，天老肃兵，不能兴。禹怒，召集百灵，搜命夔、龙、桐柏千君稽首请命。禹因囚鸿蒙氏、章商氏、兜卢氏、犁娄氏，乃获淮涡水神，名无支祁。”这个淮河水怪无支祁“形若猿猴，缩鼻高额，青躯白首，金目雪牙，颈伸百尺，力逾九象”，被禹“用颈锁大索，鼻穿金铃，徙淮阴之龟山之足下，俾淮水永安流注海”。

许慎《说文》解释“夷”：“从大、从弓，东方之人也。”可见淮夷以使用弓箭见长，是有着精湛射艺、勇敢剽悍的部落。淮夷的先人，曾在淮河之畔演绎过一部部波澜壮阔的战争史剧。从夏、商、周开始，这里战争就连绵不断。淮夷部落与夏朝的少康、商朝的纣王、周朝的穆王，都发生过大规模的征战。这里也是吴楚争雄的主战场，战争持续一百多年。陈胜、吴广曾在这里振臂一呼，发动了中国历史上第一次大规模农民起义，发出“壮士不死即已，死即举大名耳，王侯将相宁有种乎”的壮烈呐喊！汉朝开国皇帝刘邦曾在这里酒酣击筑，即兴作歌：“大风起兮云飞扬，威加海内兮归故乡，安得猛士兮守四方！”集军事家、政治家、文学家于一身的曹操，既是一代枭雄，又是旷代文豪，他“外定武功，内兴文学”，其文韬武略无人能与之比肩，连一代伟人毛泽东也对他青眼有加，发出“魏武挥鞭，东临碣石有遗篇”的感叹。

“秋风淮水白苍茫，中有英雄泪几行。”（宋赵崇嶓《淮河水》）淮河多次成为南北割据的分界线，历代军阀逐鹿中原，都曾在淮河流域摆开战场。南宋经学家胡安国说：“守江必须先守淮，淮东以楚州、泗州、广陵为表，可遮蔽京口和秣陵；淮西以寿春、历阳为表，可遮蔽建康与姑孰。”诗人杨万里也说过：“固国者以江而不以淮，固江者以淮而不以江”。由此可见淮河在军事战略中的重要地位。历史上曾有许多风云人物在淮河流域施展雄才大略，导演出一幕幕威武雄壮的史剧。齐鲁长勺、宋楚泓水、齐魏桂陵、秦晋淝水、楚汉垓下、袁曹官渡之战和秦末陈胜吴广、西汉赤眉、唐末黄巢、北宋宋江、元末红巾军、清末捻军起义，以及当代著名的孟良崮、淮海战役，都发生于此。公元383年东晋8万将士在淝水迎战前秦90万大军，凭借八公山与淮河的有利地形，使得秦军感到“风声鹤唳、草木皆兵”，纷纷夺路投水，相互绊踏，死者十有七八，尸体蔽野塞川，淮水为之不流，可见淝水之战的残酷和激烈。梁武帝曾于公元516年在淮河筑了一座铁石大坝浮山堰，试图用淮水淹没魏军，结果“淮水暴涨，堰坏，其声如雷，闻三百里，缘淮城戍村落十余万口，皆漂入海”。南宋刘琦在颍水之畔率3万将士和颍州百姓同心协力，打垮金兀术的10万金兵，使顺昌大捷成为中国战争史上的著名范例，也使淮河成为保卫南宋的屏障。淮河流域的最后一次战役是20世纪40年代的淮海大战，中国人民解放军歼灭国民党军队55万，为夺取全国胜利奠定了基础。

淮夷部落不仅用生命保卫这片土地，而且用智慧治理淮河，开拓疆土。战国时期的吴王夫差于公元前486年开挖了沟通长江与淮河的邗沟，这是中国历史上第一条人工运河，成为一条黄金水道，对淮河流域的经济社会发展起到了重要作用。魏惠王则于公元前361年开始修建鸿沟，连接了黄河、济水、颍水、淮水及泗水五大水系，既有灌溉之利，又有航运之便。楚庄王时孙叔敖修建的寿县芍陂灌溉工程，是中国历史上第一个大型水利工程，有36个水口可以吐纳川流。据北魏郦道元《水经注》载，古芍陂“经百里，灌万顷”，引水种植水稻，开创了中华民族的“水利文明”。这个泽及当时、功施后世的水利工程发挥效益、惠及百姓2500多年，是中华民族水文化发展史的缩影。

更为难得的是，淮夷还将水利建设上升为理论。颍水之畔的管子被称为战国时期的水利专家，《管子·度地》篇反映了我国古代十分卓越的水利科学技术，在世界水利建设史上占有很高的地位。它强调除水害兴水利是治国的首要问题，指出：“善为国者必先除五害。水一害也，旱一害也，风雾雹霜一害也，疠一害也，火一害也，此谓五害。五害之属水为大。”2000余字的《度地》篇在渠系规划、水利设计、防洪工程、施工组织诸方面均有建树。

《管子》一书还对如何利用河川选择居住城市作了论述。《度地》篇云：“圣人之处国者，必于不倾之地，而择地形之肥饶者，乡山左右，经水若择”。《乘马》篇说：“凡立国都，非于大山之下，必于广川之上。高毋近旱而水用足，下毋近水而沟防省”。这就要求既用水方便，又排水畅通，强调把平原广阔、交通便利、水源丰富、地形高低适中、气候温和、物产丰盈作为城市选址的基本原则。

受管子理论的启发，淮河儿女为了适应在河湾低洼地域的生存，还创造了独特的庄台文化。他们将村庄的庄基垒土垫高，形成一个个较大的台子，沿淮人民世世代代就在这种台子上生活。这些庄台平时像一座座城堡，到了洪水时节就成为一个个孤岛。庄台的设计和建造，凝聚了历代淮河人民的智慧、心血和汗水。据考证，淮河沿岸发现的西周时期遗址多呈“台形”，说明淮河沿岸建造庄台的历史十分久远。淮河沿岸村落的名称也很能体现庄台文化的特点，如“朱台孜”、“李台孜”、“部台孜”、“胡台孜”、“吕大台孜”、“高小台孜”等。

淮水东去，逝者如斯。尽管斗转星移，物是人非，但淮河儿女始终与淮水相依为命，依靠淮水而生存，凭借治淮而安澜。他们治水、用水的辉煌历史，已经成为中国古代文化的重要组成部分。

三、先哲论水，淮河文化之智

我国古代，从淮河流域走出许多思想大家，他们像耀眼的星辰，光照千古。值得称道的是，这些淮水之畔的先哲们对水情有独钟，他们敬水、爱水、论水，流连于佳水之间，诉说心声，抒发胸怀，探求真谛，陶冶情操，用水的腾挪跌宕、九曲回肠和聚合离分，来论述人生的酸甜苦辣、嬉笑怒骂和荣辱得失，视点独到、鞭辟入里。

淮河下游泗水河畔诞生的孔子，是中国古代最伟大的思想家和教育家，被历代尊称为“圣人”，他在黄淮之间周游列国留下了《论语》这部博大精深的著作，有人曾称半部《论语》可治天下。孔子一生与水结下了不解之缘，其博大精深的文化思想中蕴涵有丰富的水文化因子。孔子通过对水的观察、体验和思考，从社会、历史的层面和哲学思辨的角度，阐发了对水的深刻理解和认识。孔子有句名言：“仁者乐山，智者乐水。”朱熹注曰：“智者达于事理而周流无滞，有似于水，故乐水”。孔子还把他偶尔的失意之情寄托于水，感慨“道不行，乘桴浮于海”（《论语·公冶长》）。孔子见大水必观焉，曾“亟称于水，曰‘水哉，水哉！’”《韩诗外传》对孔子“见大水必观焉”的原因这样解释，大意是：水滋润万物而无私，似德；所到之处给大地带来勃勃生机，似仁；由高处向低处流，舒缓湍急皆循其理，似义；奔腾向前，冲过千山万壑，似勇；有深有浅，浅可流行，深者不可测，似智。孔子在鲁桓公庙观看弟子往欹器中注水，从“中而正，满而覆，虚而欹”的实践中，喟然而叹：“吁，恶有满而不覆者哉?”（《荀子·宥坐》）孔子也曾望着滚滚奔流的河水发出“逝者如斯夫，不舍昼夜”（《论语·子罕》）的感叹，引发对时间、人事与万物，犹如水一般奔流不息、无法挽留的哲思，告诫人应该像滔滔的江水那样，锲而不舍、与时俱进。

喝颍河水长大的管子，是我国春秋时期著名的平民政治家和思想家，以其超人的智慧、独到的眼光和卓越的才能，辅佐齐桓公励精图治，终使齐国“九合诸侯，一匡天下”。《管子》一书关于“水”的论述蕴涵着丰富的“水文化”内容。《水地篇》说：“水者何也?万物之本原，诸生之宗室也，美恶、贤不肖、愚俊之所产也。”这就把水看作世间万物的根源，生命的根蒂，人性的所宗。管子还把水看成是万物之准、诸生之淡、违非得失之质：“准也者，五量之宗也；素也者，五色之质也；淡也者，五味之中也。是以水者，万物之准也，诸生之淡也，违非得失之质也。”管子极力推崇水，盛赞水是“具材”，是“神”，要求人们取法于水。“水，具材也，何以知其然也?曰：夫水淖弱以清，而好洒人之恶，仁也。视之黑而白，精也。量之不可概，至满而止，正也。唯无不流，至平而止，义也。人皆赴高，己独赴下，卑也。”这就给水的仁、精、正、义、卑五种品质找了依据。管子还曾经纵论春秋诸国之水：“夫齐之水，遒躁而复；楚之水，淖弱而清；越之水，浊重而洎；秦之水，淤滞而杂；晋之水，枯旱而浑；燕之水，萃下而弱，沉滞而杂；宋之水，轻劲而清。”

出生在涡河岸边的道学家老子，曾骑一头青牛飘然而出涵谷关，留下一本仅五千言的《道德经》，成为中国思想史上的不朽之作，至今仍令中外学者叹为观止。涡河之畔留下的三座太清宫，让万世之人顶礼膜拜。在老子眼里，自然之水成了“哲学之水”、“社会之水”和“人生之水”。老子把水人格化了，“上善若水，水利万物而不争，处众人之所恶，故几于道。”（《老子·八章》）这是老子人生哲学的总纲和人生观的集中体现，以此来昭示人们，要像水那样培育一种默默奉献的精神，造就一种不计得失的人格。老子从深不可测的水中领悟渊不可测的“道”，并借水来阐述“道”：“天下莫柔弱于水，而攻坚强者莫之能胜，以其无以易之。弱之胜强，柔之胜刚，天下莫不知，莫能行。”（《老子·七十八章》）“天下之至柔，驰骋天下之至坚。”（《老子·四十三章》）在老子看来，世间没有比水更柔弱的，然而攻击坚强的东西，却没有能胜过水的东西。从水的“大盈若冲”，老子阐述了一系列对立统一的辩证关系，如“大成若缺”、“大直若屈”、“大象无形”、“大巧若拙”、“大辩若讷”、“大音稀声”等等。

同样在涡水之滨吸足了日月精华的庄子，用哲学家的目光、诗人的语言，来解说道教理论，更是大气磅礴，汪洋恣肆。其浪漫主义的天才想象，成为后世取之不尽、用之不竭的灵感源泉，孕育了一代又一代文学英豪。庄子喜欢通过对水的感悟来表达深邃的哲理，展示“道”与水的奇妙关系。“万物无足以铙心者，故静也。水静则明烛须眉，平中准，大匠取法焉。水静犹明，而况精神圣人之心静乎！天地之鉴也，万物之镜也。夫虚静、恬淡、寂寞、无为者，天地之平而道德之至，故帝王圣人休焉。休则虚，虚则实，实则备矣。虚则静，静则动，动则得矣。”（《天道》）“水之性，不杂则清，莫动则平；郁闭而不流，亦不能清。天德之象也。故曰：纯粹而不杂，静一而不变，淡而无为，动而天行，此养神之道也。”（《刻意》）这是要人们效法水之静，来保持人性的安静，以一种不偏不倚、公正无私的心态认识和对待万事万物，从而达到虚静、恬淡、寂寞、无为的人格修养。

汉代淮南王刘安在淮水之滨的八公山招贤纳士，讲经论道，著书立说，编撰了名著《淮南子》。这是一部集众家学派理论而归于道学，兼及哲学、政治、历史、地理、军事学、教育学等学科的百科全书。其《原道训》这样论述水的“至德”：“天下之物，莫柔弱于水。然而大不可及，深不可测；修极于无穷，远沦于无涯；息耗减益，通于不訾；上天则为雨露，下地则为润泽；万物弗得不生，百事不得不成；大包群生而无好憎，泽及蚑蛲而不求报，富赡天下而不既，德施百姓而不费；行而不可得穷极也，微而不可得把握也；击之无创，刺之不伤，斩之不断，焚之不然；淖溺流遁，错缪相纷而不可靡散；利贯金石，强济天下；动溶无形之域，而翱翔忽区之上，邅回川谷之间，而滔腾大荒之野；有余不足，与天地取与，授万物而无所前后。是故无所私而无所公，靡滥振荡，与天地鸿洞……与万物始终。是谓至德。”

走笔至此，我已说不清楚是神奇的淮水给了先哲们无穷的智慧，抑或是先哲们非凡的智慧使淮河文化如此的厚重。

四、名士咏水，淮河文化之韵

自古以来，生于淮水之畔和在淮水之滨游历的文人墨客，用他们的生花妙笔歌咏和赞美淮水，借水抒情，以水传情，在水里找媒介、找寄托、找知音，用淮水来表现他们的失意和愁怨，以及他们的情思和寄托，给淮河文化平添了诸多神韵。

《诗经》上就有诗篇描写淮水。“鼓钟将将，淮水汤汤，忧心且伤。淑人君子，怀允不忘。鼓钟喈喈，淮水湝湝，忧心且悲。淑人君子，其德不回。鼓钟伐鼛，淮有三洲，忧心且妯。淑人君子，其德不犹。鼓钟钦钦，鼓瑟鼓琴，笙磬同音。以雅以南，以龠不僭。”（《诗经·小雅·鼓钟》）诗中通过钟声的铿锵、淮水的奔腾来表达心中的忧伤，感叹人生的悲观和生活的沉重，令人思绪联翩。“遵彼汝坟，伐其条枚。未见君子，惄如调饥。遵彼汝坟，伐其条肄。既见君子，不我遐弃。”（《诗经·周南·汝坟》）这是一位妇女在汝河岸边一边砍柴一边思念远征未归的丈夫，窃窃怨语化作了缕缕情丝，见诸于字里行间，纯真感人。

唐代有许多诗人吟咏淮河。“混沌本冥冥，泄为洪川流。雄哉大造化，万古横中州。”长孙佐辅这首《楚州盐壒古墙望海》描写的是古代奔腾入海的淮河，从盘古开天的冥冥混沌中一泻千里，横贯中原，直奔东海，可谓是气贯长虹；“今日转船头，金乌指西北。烟波与春草，千里同一色。”刘禹锡的《淮阴行》，写的是淮河下游淮北平原水草共绿的千里春色；“沧波一望通千里，画角三声起百忧。”（《宿淮阴南楼酬常伯能》）皇甫冉眼里的淮河更是有声有色，撩人思绪；“白头波上白头翁，家逐船移浦浦风。一尺鲈鱼新钓得，儿孙吹火荻花中。”郑谷的《淮上渔者》通过行船、钓鱼、烹鱼等生活描写，道出了淮上渔家的欢乐；白居易有一首《长相思》云：“汴水流，泗水流，流到瓜洲古渡头，吴山点点愁。思悠悠，恨悠悠，恨到归时方始休，月明人倚楼。”这里的汴水、泗水都是淮河的支流，白居易用水的蜿蜒曲折来形容女子低回缠绵的愁思，其背景是汴水、泗水，而非其他的水，使朦胧月色之下的淮水充满了韵味，也增添了淮河浓厚的文化氛围。

宋人关于淮河的诗篇也是洋洋大观。“浩荡平波欲接天，天光波色远相连。风鸣两桨初离浦，岸转青山忽对船。”这是“苏门四学士”张耒《将至寿州初见淮山二首》的其中一首，描写了秋高气爽之时，硖山一带淮河平波如镜、水光接天、船行桨动、青山叠翠的美丽风光；“霜落邗沟积水清，寒星无数傍船明。菰蒲深处疑无地，忽有人家笑语声。”秦观的《秋日三首》之一，写的是淮河上船户的生活情景，描绘了一幅深秋之夜的淮河船居图；“渺渺孤城白水环，舳舻人语夕霏间。林梢一抹青如画，应是淮流转处山。”这首《泗州东城晚望》则描写了泗水之滨泗州城傍晚的美景；“望中白处日争明，个是淮河冻作冰。此去中原三里许，一条玉带界天横。”杨万里的《登楚州城望淮河》写的是冰雪淮河的壮丽景色；“好在长淮水，十年三往来。功名真已矣，归计亦悠哉。今日风怜客，平时浪作堆。晚来洪泽口，悍索响如雷。”范仲淹的《淮上遇风》通过对淮河风浪的描写，抒发了对仕途险恶的万般感慨；“船离洪泽岸头沙，人到涂河意不佳。何必桑乾方是远，中流以北即天涯。刘岳张韩宣国战，赵张二相筑皇基。长淮咫尺分南北，泪湿秋风欲怨谁？两岸舟船各背驰，波浪交涉亦难为。只余鸥鹭无拘管，北去南来自在飞。中原父老莫空谈，逢着王人诉不堪。却是归鸿不能谈，一年一度到江南。”杨万里的《初入淮河四绝句》，面对宋、金划淮而治的现实即景生情，抒发感慨，以“天涯”、“鸥鹭”、“归鸿”作喻，含蓄曲折地写出了国土沦丧、南北分裂的悲愤心情，表达了收复失地、统一祖国的强烈愿望。

宋代著名文学大家苏轼曾数次途径淮河，并在淮河之滨的汝州、颍州担任州官，他对淮河情有独钟。“淡月倾云晓角哀，小风吹水碧鳞开。些生定向江湖老，默数淮中十往来。”这首《淮上晓发》历数在淮上的漂泊，抒发了自己忙忙碌碌的感慨。“我性喜临水，得颍意甚奇。到官十日来，九日河之湄。吏民笑相语，使君老而痴。使君实不痴，流水有令姿。绕郡十余里，不驶亦不迟。上流直而清，下流曲而漪。”这首《泛颍》诗，记载了苏轼对淮河颍水的赞美和在颍水之滨留下的欢乐。苏轼还和弟弟苏辙一起为颍州择胜亭作记，由衷地赞美颍水：“维古颍城，因颍为隍。倚舟于门，美哉洋洋！如淮之甘，如汉之苍，如洛之温，如浚之凉，可侑我客，可流我觞。”多情的苏轼还在多情的淮水之滨留下许多送别之作。“波声拍枕长淮晓，隙月窥人小。无情汴水自东流，只载一船离恨向西州。竹溪花浦曾同醉，酒味多于泪。谁教风鉴在尘埃？酝造一场烦恼送人来!”这首《虞美人》写的是与好友秦观的淮上送别，以水喻愁，惜别依依，感情真挚，催人泪下。其实，哪里是汴水无情呢，实在是生活无奈。“清颍东流，愁来送、征鸿去翮。情乱处，青山白浪，万重千叠。孤负当年林下意，对床夜雨听萧瑟。恨此生长向别离中，彫华发。”这首《满江红怀子由作》写的是对弟弟苏辙的怀念，借助东流的颍水抒发离情别意，更是令人潸然。“细雨斜风人小寒，淡烟疏柳媚晴滩。入淮清洛渐漫漫。雪沫乳花浮午盏，蓼茸蒿笋试春盘。人间有味是清欢。”这首《浣溪沙》是苏轼途径泗州时所作，面对逶迤的淮水，环绕的青山，东坡居士回顾多年来颠沛流离的生活，感到哪里也不如在这淮水之畔，品一盏清茶，尝一盘鲜笋，过一种味淡而清欢的恬静生活。

好一个“人间有味是清欢”！若非清澈照人、欢快流淌的淮水，苏轼如何能有此深切的感受，写出这般神韵的诗句。换个角度思考，若非众多的文人名士饱蘸淮水润笔疾书，淮河文化又焉能有如此无穷的韵味。

五、淮人乐水，淮河文化之本

一方水土养一方人，一方人创造一方文化。淮河流域是我国开发较早的农区。5000年前，炎帝神农氏在此尝百草、种五谷，教人们学习农耕，开创了中国农业和医药的先河。据《淮南子·修务训》记载：“古者民茹草饮水，采树木之实，食蠃蚌之肉，时多疾病毒伤之害，于是神农乃始教民播种五谷，相土地燥湿肥硗高下，尝百草之滋味、水泉之甘苦，令民知所避就。”《亳州志》称这里“地平壤厚，得中土之和气，百物以蕃，众庶以集”。《颍州志》称其“土壤沃饶，风雨和会”，“有鱼稻之饶”。沿淮人民世代在这里生息繁衍，创造了灿烂的历史，在华夏民族的发展史上做出了重要贡献。

淮河流域与黄河流域一样是中国古文明的发祥地，有“盘古开天地，血为淮渎”之说佐证。传说盘古开天辟地，血液流成了淮河，毛发长成了森林，骨架形成了山脉，双目生成了日月。相传伏羲氏和女娲的氏族部落就活动在淮河上游的颍河岸边。考古发现，早在距今四五十万年前就有沂源人在淮河两岸繁衍生息，与“北京猿人”同期的“南召猿人”用石器在淮河流域打造了旧石器时代的文明。

据2001年对淮河上游沙河水系河南舞阳贾湖遗址考古发现，9000多年前，生活在淮河流域的贾湖人就已经创造出相当发达的文化。贾湖人获取植物类食品的主要手段是稻作农业，栽培尚处于原始状态的偏粳形稻。出土的大量炭化稻和稻壳印痕以及粮食加工工具，可以推断淮河上游地区是粳稻的初始起源地之一，是中国稻作农业起源地的重要组成部分。贾湖人的制石工艺，也达到了比较成熟和完善的程度，许多石制品规整、精致而又锋利。贾湖人的制骨工艺发达，骨器种类繁多，制作精致而规整。贾湖人在饮食方面，也具备了煮、蒸、烧、烤等几种基本的食品加工工艺。出土的龟甲、骨、石、陶器上契刻符号的发现表明，贾湖刻符很可能与汉字起源有关。在此发现的二十多支五孔、六孔、七孔和八孔骨笛，经研究已具备了四声、五声、六声和七声音阶，可能是后世管乐器的祖制，它的发现将改写中国的音乐史。在贾湖遗址部分陶器内还发现有酒精饮料的残渣，考古界认为这一发现可以将中国酿酒史追溯至公元前7000年，也就是距今9000年前的石器时代。美国人通过对这种酒精饮料残渣的分析研究，推出了“贾湖城”牌啤酒。贾湖文化的发现，向世人展示了八九千年以前人类社会的绚丽画卷，再现了淮河上游地区八千年前的辉煌。

位于淮河涡河水系的蒙城尉迟寺遗址是我国目前保存最为完整、规模最大的原始社会新石器晚期聚落遗存，总面积约为10万平方米。中国社会科学院考古研究所先后进行了8次大规模发掘，揭露面积7000多平方米，共清理出红烧土房41间，墓葬217座，以及灰坑、祭祖坑、兽坑、活动广场等遗址，出土陶、石、骨等文物近万件，被史学界专家称为“中国原始第一村”。文化遗物按质料分有石、骨、蚌、角和陶器等，石器和骨器大部分加工精细，器表经过磨光，钻孔技术成熟，器型规整。具有典型特征的生产和生活用具有：石钺、楔形石锛、石刀、骨凿、蚌刀和蚌镰，陶纺轮不仅数量多而且以其一面多刻画图案为特色。出土的陶器数量最多、型制稳定、特点突出，主要器物有鼎、罐、长颈壶、短颈壶、高柄杯、缸、尊、钵、碗、盆、豆、甑、筒形杯、器盖等。特别是其中一个陶制鸟形“神器”的出土，被专家称为是一个惊天的发现。这是迄今为止发现的最为完整的图腾，将对研究早期的陶器史、聚落考古史、宗教、图腾等具有重要意义。

淮河流域是我国豆类种植较早的地区，《淮南子》记述了豆类的种植时间和生长规律。我国制造豆腐始于西汉淮南王刘安，他用淮河之畔八公山泉水制造的八公山豆腐，做工精细、质地优良、风味独特、功效神奇，被称为“养育龙钟的济世之物，盖世之宝。”这种豆腐口感细腻绵滑，触之细若凝脂，观之洁白如玉，托于手中晃动而不散塌，掷于汤中久煮而不沉碎。据《清异录》记载，当时人们称呼豆腐为“小宰羊”，认为豆腐的白嫩与营养价值可与羊肉相提并论。苏轼赞美：“煮豆为乳脂为酥，高烧油触斟蜜酒”。明代有《咏豆腐》诗赞曰：“传得淮南术最佳，皮肤退尽见精华。一轮磨上流琼液，百沸汤中滚雪花。瓦罐浸来蟾有影，金刀剖破玉无瑕。”时至今日，淮南八公山豆腐仍在全球享有盛誉。世人把豆腐称为“东方的龙脑”。美国《经济展望》杂志竟称：“未来十年，最成功、最有潜力的并非是汽车、电视机或电子产品，而是中国的豆腐。”

古往今来，淮河人民在淮水之滨繁衍生息，既留下了许多炫耀千古的创造之乐，也留下了许多令人羡慕的生活之乐。在淮源桐柏，人民群众创造了被称为中国影戏四大流派之一的桐柏皮影，融文学、美术、歌舞、音乐为一体，用黄牛皮雕绘人物和场景，造型古朴典雅，栩栩如生。表演时，生旦净末丑各具特色，幽默中透溢夸张，大俗中包含大雅，为淮河儿女带来年节的喜庆与丰收的欢乐。桐柏山歌也具有浓厚的地方特色和乡土气息，常见的有古人歌、劳动歌、放牛歌、生活歌、情歌、对歌、三弦、渔鼓、对花等，旋律独特，辽阔高昂。《帝乡纪略》记载：淮河之滨的凤阳府泗州“插秧之时，远近男女，击壤互歌”。由此而发展成为流传至今的凤阳花鼓，融独舞、双人舞、三人舞、群舞和独唱、对唱为一体，集歌舞、杂技、武术、戏曲、锣鼓、吹奏表演于一身，是中华民族最具代表性的民间艺术，以其曲调优美、节奏明快、音乐流畅、气势恢弘而享誉中华，被誉为“东方芭蕾”、“河畔幽蓝”、“民族舞蹈的国宝”。淮河流域的皖北、淮安、淮阴一带，源于巷口、场上的民间“老淮调”，又称老淮蹦子，唱起来情绪悲愤，色彩鲜明，扣人心弦、催人泪下。在此基础上发展起来的淮剧，曾与徽剧、京剧同台演出，较多地吸收了两个剧种的表演程式，同时又保持了民间小戏和说唱艺术的特色，是我国著名的地方剧种。此外，淮河流域流传较广的地方戏曲还有淮北梆子、嗨子戏、沙河调、泗州戏、四句推子、琴书等。

淮人乐酒，饮酒的历史颇为悠久。在淮河下游的下草湾，发现了1500～1200万年前的古猿化石，定名为“双沟醉猿”。古猿曾醉酒于双沟，足见淮人与酒的渊源久长。当年淮夷迎战前来掠地的周人时就曾举觞别长淮。据传，古代有名的酒仙刘伶、阮籍、嵇康和造酒的祖师杜康都是淮人。《晋书》上说阮籍曾一口气“饮酒二斗”，也曾经一“醉六十日”才醒。刘伶更是嗜酒如命，曾经一醉三年，并留下了咏酒的传世之作《酒德颂》，专写醉酒的好处：“无思无虑，其乐陶陶。兀然而醉，豁然而醒。静听不闻雷霆之声，熟视不睹泰山之形。不觉寒暑之切肌，利欲之感情。”嵇康的酒名虽然次之，但他也曾发出“浊酒一杯，弹琴一曲，志愿毕矣”的感叹，并留下了著名的《酒会诗》。淮人爱酒，他们祭祀时喝：“河伯抛钱祭，风神酹酒呼”（元杨基《发淮安》）；丰收时喝：“水绿城边放野航，一尊新酒麦秋凉”（清张养重《再彭城西放舟》）；离别时喝：“缆解河桥杨柳密，酒沽村店杏花新”（元萧国宝《饯张大使游淮》）；重逢时也喝：“人生会合能几何，莫辞痛饮三百斛”（明潘亨《淮南遇故人》）。淮人的酒量也很大，宋朱翌《猗觉寮杂记》载：“淮以南，酒家以升计，淮之北，以角计。”而当时一升曰爵，四升曰角，角是升的四倍。从众多考古发现来看，六七千年前，淮夷就已制作了红砂陶杯等酒器。宋代泗水岸边的双溪镇上“南街到北巷，三步两槽坊。”成书于宋代的《天工开物》云：“凡燕、齐黄酒曲药，多从淮郡造成，载于舟车北市。”明代有首民歌唱道：“淮上行船望双溪，但闻酒香十里堤。未饮先有三分醉，不知何日是归期。”这些都足以见证淮河流域酒业的兴盛。淮河流域盛产美酒，亳州的古井贡酒“颜色如水晶，香醇如幽兰”；阜阳的醉三秋酒体晶莹剔透，口感绵甜香醇；临泉的文王贡酒绵甜爽口，甘美无比；阜南的焦陂酒酒体丰满，余香悠长；萧县的优质葡萄酒清明透亮、果香浓郁、柔和爽口而又回味绵长；淮北口子酒有“隔壁千家醉，开罐十里香”之誉。另外，“淮安之豆酒、苦蒿酒，高邮之五加皮酒，扬州之雪酒，……中州之西瓜酒、柿酒、枣酒”（《客座赘语》卷9）等，都是酒中之珍品。

由于淮河流域地处在我国南北气候的过渡地带，气候温和，土地肥沃，雨量适中，光照充沛，适应多种农作物生长，加上历代淮河人民的辛勤开发，因而这里的物产极为丰富。明正德《颍州志》所载的“珍珠秫”，是迄今为止我国关于玉米种植的最早记录。产于大别山区的著名绿茶六安瓜片鲜绿清香，历来是宫廷贡茶。此外，新郑大枣、许昌烟叶、砀山酥梨、怀远石榴、符离集烧鸡、太和香椿、阜南柳编、临泉贡柿、太和樱桃、明光绿豆、巢湖银鱼、洪泽湖螃蟹等都是驰名国内外的著名特产。

淮人还是著名的美食家，他们创造的淮扬菜与鲁菜、川菜、粤菜并称为中国四大菜系。淮扬菜始于春秋，兴于隋唐，盛于明清，素有“东南第一佳味，天下之至美”的赞誉。淮扬菜在制作上讲究刀工，菜品形态精致，在烹饪上讲究火功，微火、文火、武火兼备，同时重视调汤，做到原汁原味、风味清新，集中了华夏烹调技艺的精华，凝聚着吴楚饮食文化的神髓，创造了“清鲜平和，浓淳兼备，咸甜适度，南北皆宜”的风味特色。行家评价淮扬菜肥而不腻、甘而不喉、醒而不酷、辛而不烈、咸而不过，食之有“绵嫩、滑嫩、活嫩、酥嫩、松嫩”之美感。用黄鳝制作的淮安“长鱼席”久负盛名，是淮扬菜的杰出代表之一。据《淮安府志》记载：“淮安长鱼，肉嫩性纯”。清咸丰元年，厨师张恺创制出名扬海内外的108样长鱼席。长鱼席通常为八大碗、八小碗、十六个碟子、四个点心。每天一席，每席三十六样，可连续三天不同花样。仅一个长鱼席就囊括了烧、烩、炒、炸、溜、爆、煸、炖、煮、煎、炝、拌等所有的烹饪技术。清人徐珂在其《清伯类钞·饮食类》中记载："淮安多名庖，治鳝尤有名"，"且能以全席之肴，皆以鳝鱼为之，多者可致数十品。盘也，碗也，碟也，所盛皆鳝也。而味各不同，谓之全鳝席。号称一百有八品者。"真可谓林林总总，变化万千。

"走千走万，不如淮河两岸"；"收了淮河湾，富甲半边天"。这是淮河儿女自豪的传唱，也是国人对淮河由衷的赞美。这传唱和赞美，都是淮河文化的外现。

淮河是华夏的血脉。自古以来，人们在淮河流域滨水而居、渔猎采集、种稻养鱼、植果树桑、渔歌唱答，淮水中流淌着中华儿女的梦想和希冀、温馨和浪漫。

淮河是文化的摇篮。淮河的浪迹波痕，见证了中国的兴衰与荣辱，流动着华夏的传统和习俗。淮河的精灵魂魄，已经化作了文化和精神，深入到我们民族的骨髓里。

文化是淮河的吟唱。淮河的奔腾和咆哮、倾诉和呜咽，都已经融进了浩瀚的中国文化。淮河文化使我们感受到了崇高和雄魂、悲恸和沧桑、俊美和幽韵。

淮河文化是一种水质文化，是顺着淮水流淌出来的文化，是用淮水酿造出来的文化。淮河之水已经凝聚成永世不息的文脉，流淌在淮河儿女喷涌的文思里。

淮河文化将像淮水东流一样，光耀千秋，泽被万代。

（作者系阜阳市委常委、秘书长）

安徽淮河流域的中华文明之光

臧志攀　王　政

已故著名上古史专家徐旭生先生曾经描绘了一张中国上古时代华夏、东夷、苗蛮三大族系集团的分布图。从他的图上看，淮河中上游地段以及大别山以东、长江以北的整个安徽西部地区，处于东夷文化圈与华夏、苗蛮文化圈交界的特殊位置上。

这个特别的位置应该引起我们的特别注意，它反映着安徽淮河流域及西部地域（即那张图中所标的“涂山”这一块）是三大文化族团进行“文明融合”从而构成“中华文明”发祥起源的“中心部位”。这种接触或融合的“部位”在西方文化学上叫作“交互作用圈”，“圈”中一般会生成出较有生命力、较有综合性、较有新质地的“文明或文化形态”。因此，从这个意义上重新估价安徽淮河流域在中华文明发祥过程中的特有作用和地位，就显得十分必要亦颇具趣味了。

一、禹对安徽淮河流域的文明播化

（一）治淮。依据文献传说，和世界上其他民族普遍存在的洪水世纪一样，中国上古也确实有过洪水泛滥的时代。它的泛滥区主要在黄河和淮河两个水系的中下游。由于华夏族团聚居在河南陕西一带，洪水对他们来说是首当其冲，所以治水也就成了他们的当务之急。《孟子·滕文公（上）》讲，“当尧之时，天下犹未平。洪水横流，汜滥于天下……尧独忧之，举舜而敷治焉。舜使……禹疏九河，瀹济漯而注诸海；决汝汉，排淮、泗而注之江。然后中国可得而食也。”可见华夏族团的治水关键是对黄河下游诸支流疏引，但同时也连带了对淮河中下游的开浚。因为只有使淮河本身不再向北泛滥才会给黄河下游减轻压力。大禹作为华夏族的治水首领在淮河流域的动作主要是引泗水入淮，然后疏淮水入长江。这个“疏淮入江”，即是后来吴王夫差在淮水与长江间开成邗沟通航的基础。

（二）与涂山氏族通婚。当时东夷皋陶族团生活在山东曲阜一带，东夷的淮夷部族则生活在淮河流域。华夏族大禹的治水与他们利益相关，故东夷族团由皋陶之子伯益辅佐大禹治水。《史记·秦本纪》载，“大费与禹平水土。已成，帝锡玄圭。禹受曰：‘非予能成，亦大费为辅。’”这个大费即伯益。也可能由于伯益的媒介之因，也可能是禹为了赢得淮河流域及江淮间大别山以东地区众多夷人部族的支持，禹在治水活动进入淮河流域的初期，娶了淮夷土著涂山族系的女子女娇为妻，实现了华夏族首脑人物与东夷族支系部落的政治联姻。《吴越春秋·越王无余外传》记，“禹三十未娶。行至涂山，恐时之暮，失其度制……因娶涂山谓之女娇。”这一婚娶的意义非同一般，它是华夏族文明与东夷文明融合的渠道。融合给淮河流域原存在的“淮夷文化圈”注入了中原文化的血液，并标志着在共同创造“中华文明”的漫长历史进程中，东夷族、华夏族两大“集团的合作达到接近理想的地步”。〔1〕大禹的淮岸涂山之恋也给江淮间的文化史留下生动优美的篇札。《吕氏春秋》载，“禹娶涂山氏女，不以私害公，自辛至甲，四日，复往治水，故江淮之俗，以辛壬癸甲（为嫁娶）日也。”〔2〕安徽淮河两岸，特别大别山以东、巢湖以西地区的皖人婚俗，爱选辛壬癸甲四天为喜迎之日，原来是从禹娶涂山女的“原典”中派生出来的。《吕氏春秋·季夏纪·音初》载，禹娶妻仅四天就离开了涂山女，在整个治淮中三过家门而未入，其妻涂山女让侍妾在涂山之阴等候禹之路过，女乃作歌，歌曰：“候人……”这就是中国音乐韵文史上最早的南方篇章（“南音”）。后来周公、召公时期广泛收集采风，是“为《周南》《召南》。”按此，中国文化史上开篇的诗歌典籍《诗经》中的《周南》《召南》两组诗篇，竟也蕴含了淮河女子（大禹之妻妾）思念丈夫的缠绵情思。真可谓千载风流，长垂余韵。

更加神奇的是禹与涂山女婚后仅四日，儿子启就诞生了。禹为了治水平土，没有尽父亲的义务就离开了他们母子（即史载大禹自己承认的“予不子”），《尚书·益稷》“娶于涂山，辛壬癸甲，启呱呱而泣，予弗子，惟荒度土功。”照此说来，后来做了夏王朝第一代国君的启竟是淮岸女子养育的“天子骄子”，这和后来安徽凤阳出了一个朱元璋开创明王朝当上皇帝，正是千载辉映的无独有偶，真的唤起安徽淮人的骄傲！

二、大禹涂山会诸侯：夏代文明由河南“中心”向安徽淮河流域推进的一个标志

翻开《中国历史地图册》，在夏朝地图上，古淮河岸边只有“六”和“涂山”两个地名。“六”即今日六安，涂山在怀远附近的淮河东岸。史载禹正是在涂山这个地方大会诸侯。《左传·哀公七年》大夫对孟孙讲，“禹会诸侯于涂山，执玉帛者万国。”《国语·鲁语》讲，“禹致群臣于会稽之山，防风氏后至，禹杀

---

〔1〕 徐旭生：《中国古史的传说时代》，第152页，科学出版社1960年版。

〔2〕《吕氏春秋》无此文，据《水经·淮水注》引。

而戮之。”徐旭生认为“今会稽在浙江中部，可是当时的会稽实为今安徽的涂山。”

“禹会诸侯”这是中华文明史扉页上一件具有特别意义的事件，犹如一个王朝开国庆典的仪式预演，标志着华夏族政治集团与东夷族各军事部落、乃至南方苗蛮部分部族，已以“朝会”的宗教政治形式共同拥认了酋邦盟主式的人物——大禹。中华文明史上第一个“大一统”的夏王朝的实际基础已经奠定了。而这一次伟大的“朝会”又恰恰放在与大禹联姻的涂山氏地域进行，其光辉、影响也就使淮河流域以及整个安徽西部地区文明形态与中原华夏族文明的交汇，大大加快了前行的步履。同时，说明当时淮河流域的涂山氏族有较强的实力，它成为禹政治、军事上所倚重的力量。原本以河南伊洛地区为中心的华夏族团已将政治、军事的势力范围拓进、引伸到了安徽西部及淮河流域的广大地区。从而华夏文明有了一块新的“根据地”，以至后来禹的子孙把夏王朝闹败了，夏桀还要逃回其母系妣祖（涂山氏族）的疆域（南巢），以求得母亲邦族的庇护与支持。

三、文明形态的具体显现

（一）巫术文化。著名历史学家吴泽先生说，殷墟卜辞中就有“淮”字“霍”字。“淮是淮河，霍地近淮，当即今安徽之霍山，并有霍县，附近且有霍邱，霍即霍山无疑。”[1]所谓“霍山”“霍邱”的霍字原指一个古老的淮岸氏族，这个氏族“当以雨鸟为图腾”。[2]也就是说在远古的六、霍丘陵山地，生活着一支“以鸟求雨”的巫术信奉部族。因为雨水是原始先民生存中重要的因素。而他们以为向上天求雨水，往往与一种鸟有关系，鸟可携来云雨或雨水。《孔子家语·辨政》记载，齐国有种一只腿的鸟落于朝堂，齐侯派使者请教孔子。孔子说“此鸟名商羊，水祥也。昔童儿谣曰：‘天将大雨，商羊鼓舞。’”这就是用鸟祭天求雨的遗留。六、霍山地人信奉以鸟求雨的图腾意识，反映到部族及地名上就成了“霍”字（霍字下部，即是远古的鸟字）。“以鸟求雨”的原始巫术现象在良渚文化、大汶口文化、西南铜鼓文化中均有考古学的反映。安徽淮河流域及西部地域虽然没有考古学的证明，但从上古地名民俗学的材料中已获得平行的结论，说明新石器时代这里“以鸟求雨”的原始宗教意识已同样起源了，已和其他大的知名的“中华文明源”处于同一水平。

上古时代六安庐江盛产大龟（特别是一种绿毛龟）。甲骨卜辞中就有：“戊戌卜…祀六来龟三？一。”“戊戌卜……贞祀六来龟（三）？三。”《史记·龟策

〔1〕 吴泽：《殷代世系地理与殷族的建国》，载《中国历史大系·古代史》。
〔2〕 何光岳：《东夷源流史》，第98页，江西教育出版社1992年版。

列传》“神龟出江水中，庐江郡常岁时生龟，长尺二寸者，一十枚输太卜官。”所以商王朝长期要求此地邦族向王朝贡龟，以用于他们的巫术卜筮。在考古发现中，肥西大墩子、含山大城墩、孙家岗、亳州牛市集古堆、寿县斗鸡台均有占卜龟甲出土。且占卜龟甲备于操作，表面都呈修整状态。含山凌家滩出土玉龟可以标志淮河流域新石器时代巫术占卜的基本方式。据俞伟超先生的研究，它的方法“大概是先由巫师（或祭司）当众口念占卜的内容，然后在玉龟空腹内放入特定的占卜物品，固定玉龟。加以摇晃，再分开玉龟，倾倒出放入的占卜物品，观其存在的形式，以测吉凶。可以认为。这是一种最早期的龟卜方法。”[1]

从史料记载看，六安这个地方巫人的巫技在当时也享有盛誉，以致他们在商王朝中仍能担任一定地位的巫卜专职人员。甲骨卜辞有载：“戊戌帚（妇）六示夕，箙。”“丁巳（妇）六示夕，岳。”这里的“妇六”就是由六安这个地方输送给商王做妃子的女子，她们所肩负的具体宫廷职业是担任祭祀和管理卜骨。淮夷部族中巫人的巫技也极高。他们中有的人后来归附周王朝，还被封为“亲信巫祝”。《逸周书·王会解》说：“祝淮氏、荣氏”，注：“淮、荣，三祝之氏也。”这里这个“淮祝”，即淮夷部族中当上周朝巫祝的显要人物。

实际上退回来说，皋陶其人，本身就是一个大巫师。皋陶面色乌青，脸形如削瓜，声喉发出嘶哑的讲话语调，非常符合上古巫觋特征（上古巫觋一般都有生理上的禀异或残疾）。中国古代巫师一般都有一种神奇的动物作为役使或助手或坐骑。皋陶的动物助手即独角兽（神羊）。他的神羊决狱的方式也是古代巫师常用的现在仍然流行于少数民族地区的“巫术神判”的方式。皋陶的儿子伯益与禹的儿子启争位，伯益也用巫术的方式进行活动。他用皮袋盛血浆当作启的偶像，然后用箭射杀，这叫模拟巫术。原始时代的人认为只要射杀或伤害了一个人的偶像，这个人的本身身体必然有灾病、必然灭亡。伯益用模拟巫术的方式去魇制禹子启，可见他也是个巫性十足的人物。巫术是他们父子传承的“文化衣钵”。

（二）图腾遗风。在中华文明初步形成后，龙凤图腾一直是一个主要标志。皋陶部族及其封迁到安徽淮河以南西部的族裔，主要对凤图腾的贡献较为明显。古史家田昌五说，上古东夷远祖少皋（也作昊）以及皋陶的皋，“表示太阳经天而行的意思。”[2]而古人以为太阳的升起是由鸟载托的，（《山海经·大荒东经》：“一日方至，一日方出，皆载于乌。”）少皋、皋陶的原居地山东大汶口文化所出陶文符号就有“太阳鸟”从海波上（或峰巅）升起的形象。可见少皋集团、皋

---

〔1〕《文物研究》五辑，第53页，黄山书社1989年版。

〔2〕田昌五：《古代社会形态研究》，第120页，天津人民出版社。

陶部族原以“太阳鸟”为邦族图腾，这种神异的太阳鸟应是凤鸟图腾的原型。根据《淮南子·修务训》的说法，皋陶的面像长得像“马喙”。龚维英先生分析，称马嘴为“喙”似乎不对劲，按《经籍纂诂》“喙，鸟口也”，讲皋陶“马喙”可能是“鸟喙”之讹；若讲“皋陶鸟喙”就对了，因为就吻合了“他隶属于东夷鸟图腾集团”的事实。[1]皋陶的长子叫伯益，益又作翳，翳即翳鸟，也称鸾，在古代又叫“锦凤”。所以，皋陶长子伯益实以凤凰之一种的“锦凤”为部族图腾。皋陶后裔中有一个支系叫“孟戏”。孟戏族系以孟鸟为图腾。孟鸟即灭蒙鸟（“孟”字快读为“孟”，慢读为“灭蒙”），乃凤凰的别种。皋陶氏鸟图腾的原型，随其后裔移到淮河以南安徽西南部后，广泛地遗存着变异着。其中群舒之舒即舒雁，乃鹅的别名。也就是说，舒人以舒雁（鹅）为氏族图腾。稍后，舒氏族在与其他氏族通婚中，产生了群舒（舒龚、舒庸、舒龙、舒鲍等），即以舒雁为徽帜的联盟；而舒鸠、舒鹨、巢等小方国仍然维持了皋陶鸟图腾的原型因子。由于上述原因，安徽淮河流域及皖西南地区新石器时代遗迹中鸟形符号多有发现。怀远双古堆遗址出有夹砂陶鸟形器耳，蚌埠双墩出有鸡冠状附加堆纹釜，鸭嘴形鼎足，薛家岗遗址出有鸡冠状扳手的钵鬶，鬶的把也做成似鸟喙的锥尖形；这些正是皋陶部族后裔或东夷鸟图腾邦族的图腾痕印。

（三）文化符号。距离淮河北岸约 40 公里的定远侯家寨新石器时代遗址是淮夷土著先民较早的文化遗存，出土的外红里黑的软炭陶器底部刻有许多符号：几何形、三角形、梯形、树叶、猪、鹿等等。从艺术风格上约相当于河姆渡文化时期，距今已有七千年左右。1985 年 5 月，蚌埠双墩新石器遗址中出现大量陶器刻画符号。符号中鱼的题材比例较大。从鱼的符号看，当时淮河水中的鱼多为小头、小尾，扁肥身体，并出现了八种捕鱼工具的符号。此种情况与《禹贡》记载“淮夷蠙珠暨鱼”正相一致。符号中猪的符号神态憨实温顺，除嘴部稍长保留野猪特征外，身体其他部位和家猪相似，表明淮岸先民饲养家猪的历史已相当悠久。刻画符号中还有围猎野猪的图案，用“几”字形，表示已挖好虚饰敷盖着的陷阱，一只中箭的野猪被驱赶着逃向陷阱。

桑蚕符号也已出现，有符号作蚕吐丝状。符号中有些造型与甲骨文“丝”“束”十分相似，反映了淮河中游先民在新石器时代已有养蚕束丝的活动。在内蒙古阴山，新疆呼图壁，江苏连云港，广西右江岩画中大量出现的“人面像”图形，在双墩遗址符号中也有发现，且人形面孔刻画得十分清楚。这是原始时代祖先崇拜最典型的文化代码。徐大立同志曾将双墩陶文符号与甲骨文字形进行比较，发现象井、田、甲、鹿、卜、风、网、丘、系、八、十等等符号，字形上竟

---

〔1〕《皋陶与六安》，第 36 页，黄山书社 1995 年版。

是一致的。这也就意味着，淮河中游先民和仰韶、大汶口、巴蜀先民一样在新石器时期已经走到了“符号文字”阶段——文明发生的主要标志的阶段。

淮河流域新石器时代玉器上也出现了重要的“文化符号”——“凌家滩玉牌符号”。符号以图案的形式刻在一块长方形的玉面上。中间有两个同心圆构成的太阳的形象，小圆中间是一个八角徽号，小圆与大圆之间分别为八个区位，每个区伸出圭形的指示箭头。大圆外又刻出四个圭形的指示箭头。俞伟超先生认定小圆大圆中间的八圭形指示箭头是八个树叶，即《淮南子·坠形训》上讲的天地之间的“八极”“八方”的含义。他分析说“《淮南子》中的许多内容，往往是淮河流域一带的风情，而含山凌家滩正是在淮河流域。这就使我们进一步相信玉牌上的八树图案，确定表现了一种八方的观念，并从而可知我国古代的八方观念大概正出现于这片淮河流域的地区，而这在当地至少延续了三千年以上。”有的考古学者则把玉牌上的符号称之为“原始八卦”，国际汉学专家饶宗颐教授最后十分惊异，惊异神话传说中的“河图洛书”“元龟衔符”等原始八卦图起源的荒诞说法，竟在淮河流域原始文化发现中得到证实与印证，“真是‘匪夷所思’”![1]

淮河流域及皖西南地区考古资料中，植物崇拜的符号也不乏其例。肥西古埂下层出有枫叶形鼎足，侯家寨的彩陶上绘着白衣黑彩的草叶花瓣纹饰，薛家岗陶器表饰上流行树叶或花叶的叶脉刻纹，一些镂孔器上有压花形附加堆纹。最典型的是薛家岗出土石斧，斧上绘有花叶萼果的图案，正是一种农耕文明之前的采集时代的生动写照。另外，皋陶之母，其名为“华”，说明皋陶母系中存在着采集时代遗留下来的植物图腾印记，所以在皋陶南迁部族中，处于皖西与湖北交界的“英”，即是其远祖母系徽号的承嗣。今霍邱古称蓼国，史载也为皋陶之后，《读史方舆纪要》卷二十一“寿州霍邱县”条记：“蓼县城，在县西北接固始县界，古蓼国，皋陶之后封此。”这也是皋陶母系氏族（华族，植物族徽）采集文明在迁皖支系中的反映，所以《左传·文公五年》中臧文仲听到蓼国被楚国灭亡时叹道：哀哉，皋陶今后没人祭祀了。

淮河流域的农耕文化一样远源流长。史传“舜耕历山”，历山在山东平原，反映了舜部族在山东平原农作文化兴起发达的史影。后来这种“舜耕”的农作文化模式传播、播迁或引起淮河流域东夷人的效法，因此，在淮南八公山区也留下了“舜耕山”之名称。姚治中先生说：“近年皖西多处新石器遗址中出之石刀、蚌镰、砺石……公元前23到公元前21世纪，皖西有个农业生产的发展时期。”[2]这种分析恰好与“舜耕山”的“文化积淀”相拍合。

---

〔1〕《文物研究》六辑，第62页，黄山书社1990年版。

〔2〕《皋陶与六安》，第16页，黄山书社1995年版。

研究欧洲文明史的剑桥大学科林·伦福儒教授在《文明的起源》中给文明下定义："野蛮的猎人居住在一个许多方面与野兽没有什么不同的环境，而文明人则住在一个差不多是他自己创造出来的环境。在这种意义上，文明乃是人类自己创造出来的环境，他用来将他自己从纯自然的原始环境中隔离开来。"科林·伦福儒讲的"人创造的环境"是文明发生的主要因素。"人创造的环境"是指人创造的人自己的"居处环境"，所以从人的"居处环境"的角度观察淮夷人与皖西地区文明生成状态至关重要。孟子曾描述过受洪水侵害的上古先民的居处条件，那是"水逆行，泛滥于中国，民无所定，下者为巢，上者为营窟。"（《孟子·滕文公（下）》）"庐舍为洪水所冲没，洪水未退，无法重建，在低地方只好在树上巢居，在高地方可以作相连的窟穴。"[1]孟子这里说的"巢居"的方式就正是东夷人、淮夷土著以及安徽西南部上古先民的居住方式。专家们考出，涂山氏族，群舒氏族，江淮间的徐族以及后来迁到南方去的"畲族"，它们最早都有一个族根，那就是"族徽"中都有个"余"字。何光岳先生说："余字，很像树上的鸟巢，后来原始人们仿鸟类亦在树上搭巢而居，以避野兽的袭击"，"善于这种建筑物的人群，便叫作余。"在另一处又说：舒（人）是徐（人）的分支，徐既象征一个人在建筑高脚楼，那么舒字金文象征人扛着一根树木在土台上建庐舍，舒的偏旁舍字，下方象征建了土台；上方象征屋顶，中竖立木柱，建于土台上。"舒字的出现，也象征古人已由树居转变为舍居，确系居住方面的一大进步。"[2]著名考古学家徐中舒也说"余，徐，舍等字，都是古代南方民族巢居的象形。"董其祥先生考证，余、舒、徐，涂等字，"都是巢居，干阑式建筑象形。""《广雅》：'涂者，圬也，既也。'巢居的进一步发展就是地面建筑。先形成结构，再用草泥涂抹墙壁谓之涂。考古证明，从新石器时代以来，南方的建筑多用芦苇捆扎为壁，外面涂抹草拌泥作为墙，以避风雨。"[3]由上面可以看出，淮河流域"涂山氏族"，安徽西部"群舒"氏族，是新石器时代就能够营造自身居处环境的部族，且很有影响，他们已将创造居处条件这文明的行为与技艺特点反映到他们的"徽族"（"余"字）上去了。

（四）玉器与青铜。在安徽淮河流域和皖西南地区新石器时代遗址发掘中，玉器的出现不断增多。到含山凌家滩墓地，玉器开始占主要倾向，并且出现了代表族系首领神权意义的玉钺。从以陶器为主的随葬，到以玉器为主的随葬，这种葬俗的转变，借鉴于红山文化、良渚文化参照系来观察，也就不能不"认为已

〔1〕 徐旭生：《中国古史的传说时代》，第152页，科学出版社1960年版。

〔2〕 何光岳：《东夷源流史》，第83页，江西教育出版社1992年版。

〔3〕 董其祥：《涂山新考》，载《重庆师范学院学报》1982年1期。

闪耀着文明的曙光”，也不能不得出“安徽地区五千年前后，与其他地区的史前文化是同步发展着的”[1]结论。俞伟超先生则指出，凌家滩玉器技术风格所显示的淮河流域文明水平，“远远超过中原”，它可以说“居于我国各古文化中的最高峰”，只有当时北方的红山文化玉器才能和它相媲美。后来中原殷商玉器的水平虽然“后来居上”，但从源流上看，它们显然接受了淮河流域在内的东方的影响才发达起来的。[2]俞先生的评价，对真正认识并重估淮河流域文明在中华文明史上“前导”地位是有启发意义的。

另外，文献反映夏代淮河流域有丰富的青铜资源利用。《禹贡》讲“厥贡惟金三品”，郑玄注：“金三品者，铜三色也。”这和后来西周王朝说淮夷对他们“大赂南金（铜）”实一脉相连。肥西大墩孜夏代遗址曾出一件单扉铜铃。铜铃为弓形钮，中间有方孔，素面无纹饰，与河南偃师二里头遗址出的铜铃相同。

四、结语

考古学家吴汝祚先生1989年指出，考古学发现不断提示了中国文明起源于多元文化的观点，各大考古学文化，如红山、良渚、龙山、齐家、马家浜、河姆渡等等这些代表着一定文化部落或部落联盟的组织，依据其自身的发展规律，各自在不同的地域内，进入文明时代。这个文明时代出现或将要出现的年代，大约在距今五千年以前；在距今四五千年之间，中国各地区内可能较普遍先后进入文明时代。[3]这种多元的“中华文化文明发祥论”的观点已经逐步为人们所接受。根据这一观点，中华文明的发祥不是在某一种文化，也不是在一地，而是有多点多处在成熟后陆续进入文明的阶梯。从我们上面文章所分析的情况看，处于东夷部落集团大背景之中的淮夷土著文化、安徽西部的涂山文化、皋陶南迁氏族文化在受华夏族文化影响中，其文明形态的诸种要素发育得较为齐备较为成熟，它已经毫不逊色地作为一种“文明的版块”出现在新石器时代中华文明发祥的版图上，像“仰韶”版块、“红山”版块、“龙山”版块、“良渚”版块一样，为后来中华文明的定型形态——殷周辉煌，放出了夺目的光焰。

（臧志攀系淮北煤炭师范学院中文系研究生；王政系淮北煤炭师范学院中文系教授）

---

〔1〕《皋陶与六安》，第54页，黄山书社1995年版。

〔2〕《文物研究》五辑，第59页，黄山书社1989年版。

〔3〕《文物研究》五辑，第113页，黄山书社1989年版。

漫漫文化路　悠悠两淮情

——评《两淮文化》

赵欢欢

“在我们这块古老的土地上，在悠久的历史进程中，中华大地各族人民用自己的劳动智慧创造了自己的文化，形成了至今犹存的独特社会文化风貌。”

——《两淮文化·序》

一、题　引

黄河是中华民族的母亲河，孕育出华夏大地璀璨的文化明珠。然而在地域辽阔的多民族统一的大国中，不同地域经济和文化的发展带有明显的地区特点和民族特色。两淮地区也不例外，自古以来，两淮人民就在这块土地上劳作、生息，在创造了灿烂辉煌的物质文明的同时，也留下了不朽的精神遗产。春秋战国时期皖北的老庄学派、三国时期曹氏父子（曹操、曹丕、曹植）的“建安文学”、明清时期的徽州经学和桐城派，在学术宗旨和研究方法上都有着自己的鲜明特色。就古代地域文化而言，由于淮河两岸独特的自然环境地理位置，两淮文化已经像齐鲁文化、秦晋文化、吴越文化、荆楚文化、巴蜀文化那样形成既相对独立又内在统一的地域文化圈。

长久以来，研究及详细介绍的两淮文化的书籍缺乏，两淮地区的悠久历史和文化更是鲜为人知。为此《两淮文化》（辽宁教育出版社，1998 年版）的出现，恰恰填补了这一空白，出生在淮河南岸的陈广忠先生，对两淮地区的风土人情、历史文化有着较深的认识和了解，也是怀着对淮河故土的深切热爱，呕心沥血完成了这部书的创作。笔端流淌的是对淮河两岸的深厚感情，记下的是两淮的悠久历史、两淮的人杰地灵、两淮的璀璨文化瑰宝。作者的不懈努力，让如今仍生活在这片土地上的我们可以更自豪的去了解我们的祖先在这片土地上的辛勤劳作和丰功伟绩，让更多地人了解淮河两岸，让我们去热爱自己脚下的土地。

细读《两淮文化》，淮河两岸的历史缓缓映入我们的眼帘。时空相隔数千年，我们依然可以听见书中传来上古人民辛勤劳作的号角，依稀看见春秋战场的硝烟弥漫，依稀听见淮河岸边学者诗人的低吟和咏唱。不仅如此，作者以他渊博的知识为基石，在书中贯穿了地理学、文献学、文字学等相关专业知识，送给我们的是一笔宝贵的精神食粮。书的首节作者给了我们一个明确的地理概念，两淮流域是指今安徽中部、江苏北部、山东及河南南部广大地区。在远古时代，被称为淮夷部落。作者别出心裁从对淮、夷两字的字形分析中向我们描叙出远古淮河流域的自然环境和生态特点。“淮”字是水和鸟组合而成，“夷”在甲骨文中像带绳的利箭。我们仿佛可以想象山清水秀的淮夷一带，鸟兽恣行，人们手持利器捕捉猎物。正因为如此，淮夷部落就形成了自由强悍的性格，英勇善战。在以后的漫长历史发展中，我们总能看到淮夷人的勇敢和聪明智慧。

二、历史画卷般的《两淮文化》

作者以朴实而又生动的语言向我们展示出一幅幅栩栩如生的历史画卷，淮水之畔，从古至今，多少惊天地，泣鬼神，气壮山河的英雄业绩，至今为人所称颂。

当华夏大地还处在蛮荒时代，伟大的治水英雄禹在治理江河时来到了淮水之畔，在今安徽怀远淮河之畔的涂山迎娶了涂氏之女，但面对淮河肆虐的洪水，禹告别妻子，用自己的聪明智慧制服了淮河，造福一方，为人民所歌颂。直至今日，涂山之巅，还矗立着禹王庙，记载着大禹的丰功伟绩。

禹之子启建立了中国历史上第一个奴隶制国家，使中国古代社会的发展，进入到一个新的历史时期。然而，在两淮流域早已存在着一个个部落小国，并形成大大小小的政治、经济、文化中心。它们的存在，并且依赖着两淮肥沃的土壤不断的壮大自己的实力，这一切都会引起自夏以来各代君主的惶恐不安。夏朝曾多次征讨淮夷部落，商王多次东侵，周王大战淮夷。远古的两淮大地更多的号角连天，硝烟弥漫。但通过战争，我们却看到中原地区先进的生产方式的传播，南北文化的交流，以及各民族间的融合。促进了两淮地区文明的进程。

纵观春秋战国五百年，是兵家纷争的年代，两淮大地也是英雄辈出。既有治国之智者管仲，也有治世之能臣孙叔敖；他们均以自己的聪明智慧协助明君称霸诸侯，安邦定国，造福百姓，对春秋战国局势风云变幻的发展起了举足轻重的作用。

由于两淮之地独特的地理位置历来为兵家所必争，华夏文明经历的种种历史画卷无不在江淮大地上引起强烈的激荡和反响：当两淮流域处在秦的残暴统治之下时，英勇的淮人举起了反抗的大旗。秦二世元年，中国历史上第一次大规模的农民起义在淮水之畔吹响了战斗的号角。生于两淮地区的陈胜领导起义大军将战火烧遍全国，为推翻秦朝的残暴统治立下汗马功劳。之后的刘邦崛起于草莽，成为西汉开国之君。同样也是发迹于畎亩之中的和尚皇帝朱元璋曾评价：“汉高起布衣，宽大善驾驭，遂帝天下。”他们笃信得人心者得天下的智者之言，礼贤下士，使不少江淮豪杰慕名而来，投奔麾下。

在东晋和前秦的较量中，淮河凸显其重要地位，东晋以淮河为屏障，重兵布防。淝水之战中，东晋力挫前秦百万之众，而这场战役的主要将领均出身于涡河上游的谢氏和涡河下游的桓氏。历史的车轮滚滚向前，当勇敢的两淮人看到富庶的淮河再次遭到元朝的残暴践踏，战火再次点燃，爆发于淮水之畔的农民起义最终推翻了元朝统治。

两淮的各代豪杰在作者细腻刻画下栩栩如生，他们的丰功伟绩和人格魅力让我们为之折服。特殊的历史环境造就出伟大的历史人物。作者不仅揭示出人物与历史环境的密切关系，同时从两淮流域的地理民风人口的研究分析中，深刻总结出淮河流域古代民风“剽疾”的特点，即轻疾剽悍，容易发怒，清廉刻苦，重视诺言。陈胜，项羽成如此，败亦如此。作者从《史记》的记载中，找到了陈胜剽疾、轻率，找到了项羽的强悍和剽轻。他们虽有着过人的胆识，却缺乏远见和谋略，注定要走上失败的道路；他们给后人留下了不朽的功名，也留下了耐人寻味的教训，让后世人反观其身，引以为鉴。

三、包罗万象的《两淮文化》

《两淮文化》一书记载的不仅是重要的历史事件和历史人物，它更着重的是淮河两岸的文化瑰宝和风土人情。富饶的淮河流域以其山川景物之美、文化学术之盛孕育了丰富多彩的两淮文化。数千年来，两淮大地上人才辈出，涌现出一大批政治家、思想家、文学家、艺术家和科学家，他们活跃在各个历史时期的社会舞台上，或以文治武功流芳千古，或以学术思想启迪人心，或以诗文蜚声文苑，或以丹青驰誉艺林，或在科学技术园地大放异彩，他们对中国文化作出了不可磨灭的贡献。

两淮地区的文学成就可以追溯到原始社会末期口头创作的民歌。相传夏禹治水经过涂山（怀远县境内），与涂山氏之女相爱，禹因为淮水肆虐，匆匆离别，涂山氏之女作《候人兮漪》表达思念之情。淮河民歌至西周时已经十分流行，并传入中原，登上大雅之堂。我国第一部诗歌总集《诗经》中，冠十五国风之首的《周南》《召南》相传为周、召二公征“淮夷”时，采撷淮河民歌修饰而成，《小雅·钟鼓》中所描绘的也多是淮河风光。

春秋战国数百年，在中原文化、楚文化和吴越文化在两淮地区的相互交汇中，楚文化构成淮河地域文化的主体，因此楚辞的兴盛也成为历史的必然。在这里，作者深究了楚辞得以在淮河流域兴盛的根源，由于淮夷文化中的歌舞内容丰富，盛行有着悠久传统的民间歌舞，所以楚辞能够很快地融入淮夷文化中，用以歌舞演唱、比较短小的民间音乐“楚声”便在两淮地区流传开来。出身于淮水流域的汉初皇帝、王侯将相、号令天下的霸王、农民起义的领袖，由于他们受到地域文化的熏陶，随着在政治舞台上的大显身手，淮水流域的“楚声”被推向了全国。以至后来，楚辞成为中国乃至世界文化的瑰宝。

春秋战国的诸侯纷争，让道家的创始人从传统礼教的枷锁中挣脱出来，去思考纷繁复杂的社会现象、设计理想的社会模式，并升华为对宇宙生成及万物本源问题的研究。在战乱纷争的年代，杀伐与统治者的疯狂搜括，使两淮人民处于水深火热之中而又无可奈何，于是，道家思想为社会各阶层普遍接受。老庄独特的自由开放的思维方式，蔑视王权、天命、神权的性格，尊重人的自主创造精神，鄙视仁义道德和强烈的自然主义观念，在这块具有独特文化素养的沃土上生根发芽。伴随着黄老学派的继承者追随刘邦夺取天下，黄老思想很快风靡一时，久盛不衰。道家之大成《淮南子》也成为百家争鸣数百年后的唯一不朽之作。作者对作为三大中国传统文化之一的道家学派作了深刻研究，叙述详尽而细致，结合大量的史料记载，清晰地理出道教的产生和发展脉络。让我们对这一传统文化有了全新的认识。

四、治学严谨的《两淮文化》

这不是一部专门性的历史著作，但作者陈广忠先生以严谨的治学态度，对两淮地区数千年的历史进行了详细的考察和了解。在搜集资料方面花了一定功夫，有关的原始文献和著作，大体上都进入了作者的视野。在提出个人观点时，总是佐以大量的历史文献的例证。

以考察豆腐起源问题为例，不仅起源地域有争议，创制者也是说法不一。从地域上来说，有西汉淮南国之八公山、江苏扬州、四川等地；从时代上说，则有西汉、唐代、五代之别；对于创制者，则有淮南王刘安、淮河流域的农民、刘长之妾等多种说法。然而经过作者不遗余力地考证，认为中国豆腐源于西汉初期的淮南王刘安，出自这位饱学的宗族与其众门客之手。在本书有关介绍八公山豆腐的章节中，囊括了陈先生收集来的二十余种记载刘安发明豆腐的史料。较早的有五代时的《宋拾遗录》，宋朱熹所作的《次刘秀蔬食豆腐韵》，元代吴瑞的《日用本草》以及明李时珍《本草纲目》等，其中均有记载豆腐的制作及其发明者。不仅有书籍文献的考证，作者还把视线扩展到出土文物之外证上，并根据出土石磨的年代和发现地址，可以说明，在刘安前后的时代里，石磨、陶磨石是十分普及和分布很广的一种食物加工机械，用来磨制豆类，制作豆腐应当是不足为奇。大量文献的考证及文物的考察，使我们有理由相信作者的观点和论断。

“日市豆腐数个，邑人呼豆腐为小宰羊。”这条源于宋人所著《清异录》中的记载，描述了五代时两淮地区集市销售豆腐的情况。可见早在古代，由西汉淮南王刘安所创制的豆腐已深受人们的喜爱。明代的宫廷名菜——凤阳酿豆腐，至今风行沿淮一带。岁月变迁，人们对豆腐的喜爱丝毫不减，如今，八公山依然屹立在淮河岸边，豆腐却已走出了国门，形成别具风格的豆腐文化，引起世人的关注。

在陈先生的笔下，两淮的儿女是勤劳善良的，是心灵手巧的。不然凤阳花鼓怎能唱响千年，八公山豆腐享誉海内外呢？一首“说凤阳，道凤阳”的凤阳花鼓词，记下了旧中国劳动人民的悲惨遭遇，也感动了千千万万炎黄子孙，而凤阳花鼓这一朵生长在淮河之滨的艺术之花，也同这首凤阳歌传遍了千家万户。如今，凤阳花鼓依然在歌唱，歌唱社会的巨大变迁，歌唱美好的新生活。

一部《两淮文化》带我们走入淮河两岸的心灵深处，字里行间洋溢着对两淮的热情，流露出对历史的敬畏。我们认识了历史，了解了过去，难以忘却祖祖辈辈在这里洒下的汗水，难以抹去两淮曾经沧桑的痕迹。

水有源，树有本，文化也有根。时间逝而不返，它带走了壮景，淘尽了英雄，也湮灭了平民，留下的只有散在的文化遗迹和如峰的圣典。对于如此悠久而又丰富复杂的传统文化，作者以严谨的姿态和孜孜不倦的学术追求，把它清晰地呈现在我们的面前。当我们拂去岁月的风尘，步入淮河两岸文明的千年古殿，一种无名的压迫之感充盈于心头。曾经的辉煌已远去，在自豪惊叹之余，每个人都应该思索，我们该为故土的文化做些什么。新世纪的钟声早已敲响，历史在前行，我们也应开始新的起步，在传统历史文化的山峰上不断努力，向上攀登。

（作者系安徽大学中文系研究生）

三、老庄哲学与淮河文化

论楚淮文化对道家生命哲学形成的影响

李 霞

道家哲学本质上是一种生命哲学，道家生命哲学既是古老的历史文化传统积淀的产物，也是特定的自然环境和文化背景的产物。就其自然环境来说，道家生命哲学是在淮河流域这块特定的土壤中产生的；就其文化背景来说，它植根于楚文化之中。

一、道家文化发源地：淮河流域

文化不仅依赖于人的创造，也依赖于自然的环境；不仅具有民族性，而且具有地域性，这是人们的共识。中国文化具有鲜明的地域性，在不同的地域，由于自然环境和社会结构的差异，导致经济活动、风俗民情、宗教信仰、价值取向乃至人的性情心态都有不同的特征，而这些因素的综合差异便使得中国传统文化表现出明显的地域之分。反过来说，要从深层次上揭示和把握一种文化的特质，有必要追寻这种文化所产生的地域，因为任何文化的形成都受制于它赖以产生的地域的自然环境、政治特点、经济类型及民俗传统。那么道家文化产生于何地呢？

若将道家文化主要代表人物的出生地或生活地一一分列于地图，我们会惊异地发现这样一个现象：他们都是淮河流域的人。道家创始人老子生于春秋末期的宋国相地，后来宋国为楚国所侵占，相又成为楚国领土，其地在今淮河支流涡河流域。老子思想的重要继承和发展者庄子生活于战国中期的楚国蒙地，在今淮河北岸的安徽蒙城县。《黄老帛书》是老子之后道家学派的重要代表作，关于其作者，有关学者考证是西楚淮河流域人，具体地点可能在淮南一带。冠子是战国末期的楚国隐士，也是淮河流域的西楚人。《淮南子》是西汉黄老之学的集大成之作，其作者是淮南王刘安。汉末魏初名士中凡受道家思想影响较深者也是淮河流域人。譬如，率性放达的汉末名士戴良是淮河支流汝河之南人；魏初“三曹”是淮河之北的沛国谯（今安徽亳州）人；建安七子中的王粲亦是淮河流域的山阳人。魏晋玄学新道家中，首开正始玄学之风的何晏是淮河流域的南阳人；正始之风的推动者夏侯玄是沛国谯人；正始玄学的主要代表王弼亦是淮河流域的山阳人；竹林玄学的主要代表嵇康、阮籍也生活于淮河流域，嵇康是谯郡 人，位于淮河支流的涣水之滨；阮籍则是陈留尉氏人。此外，深受道家自然主义影响的竹林名士刘伶是沛人（在今安徽濉溪县西北）。上述情况足以说明，淮河流域是道家文化的发源地，道家文化的形成与淮河流域有着斩不断的内在联系。〔1〕

那么，淮河流域为何能孕育出道家文化呢？在淮河流域的滋养下产生、成长起来的道家文化又为何特别重视对生命问题的思考和探讨呢？要弄清这些问题，就必须了解淮河流域的地理位置和自然环境。

二、淮河流域的自然环境对道家生命哲学形成的影响

从地理位置和自然环境来看，淮河发源于今河南省桐柏山的太白顶，流经河南、湖北、安徽，进入江苏省洪泽湖，分两路入江、海；流域面积 27 万平方公里，涉及河南、湖北、安徽、江苏、山东五省。从自然环境和条件来看，淮河流域的特点之一是支流众多，湖泊罗布，温泉无数，雨水充足。这一特点与生命的孕育和成长息息相关，它使得生活在淮河流域的人们对水的特性与作用及其同生命的密切关系有着特别的关注。

水与生命有着天然的联系，它可以是生命的孕育者和滋养者，也可以是生命的威胁者。对于水与生命的这两方面联系，淮河流域的人们都有着切身的体验。一方面，从水对生命的威胁来看，由于特殊的气候条件和地形地貌，淮河流域是我国历史上水灾最严重的地区。从气候条件来看，淮河流域位于北纬 31～36 度、东经 112～121 度之间，处于我国南北气候过渡带，降雨量的年内和年际分配不均匀，多集中在夏秋之间。加之这里容易受台风影响而产生强降雨，因而为水灾多发地带。从地形地貌来看，淮河流域三面为山区丘陵，平原面积大，众多支流源短流急，淮河干支流中下游地势低洼，河道平缓，每逢降水，洪水就汇集中下游受阻，极易引起水灾。严重的水灾对人民的生命构成极大威胁，每当灾害来临，无数生灵转眼之间便为洪水所吞噬。在强大的洪水面前，生命显得那么脆弱，那么不堪一击，再强硬的生命也抵挡不住洪水的侵袭。但另一方面，水也是生命之源、生命之本。没有水，任何生命都不可能产生，更不可能存在。是水孕育了生命、滋养了生命，生命自始至终都离不开水。所以，生于颍水之滨的管子说："水者何也？万物之本原也，诸生之宗室也。"〔2〕对水的这两种特性和作用，生活于淮水之滨的老子同样有着深刻的体认。前者引起了他的感叹：水看起来那么柔弱，却有那样大的力量！他说："天下莫柔弱于水，而攻坚强者莫之能胜。"〔3〕后者引起了老子对水的赞美："上善若水。水善利万物而不争，处众人之所

〔1〕 孙以楷、陈广忠：《道家文化寻根》，安徽人民出版社 2001 年版。

〔2〕《管子·水地》，《诸子集成》本，中华书局 1958 年版。

〔3〕《老子》第 78 章，《诸子集成》本，中华书局 1958 年版。

恶，故几于道。”[1]将水看作是“上善”，可见老子是尚水的。综观老子之论水，其尚水的原因不外乎两点：第一，水善利万物而不争。他认为，水既有利物之功，又有不争之性。而水的不争之性之所以为“上善”，实因其“善利万物”。所谓水善利万物，是指其善于滋孕、养育万物，成为万物生长的必要条件；指其能将自己的生命力灌注到万物之中，使万物获得生机。这表明，老子之尚水，既是贵其不争之性，也是推崇其利物之功，包含着对水作为生命之源的价值肯定。第二，水有柔韧之力，能以柔克刚。水的柔力之所以为老子所崇尚，是因为在他看来，柔力与生命是紧密相连的，它属于“生之徒”，即生命之力，所谓“人之生也柔弱，其死也坚强；草木之生也柔脆，其死也枯槁。”[2]可见老子尚水，乃是对水的柔弱不争之性中所蕴涵的顽强生命力的崇尚。当然，老子尚水，决不意味着他对水对人类生命构成的威胁持认可态度。在他看来，水之所以对人类造成危害，是因为人类没有因水之性而引导它；若能因任水的自然之性，则可化害为利。

淮河流域自然环境的第二大特点是地势平坦，土地肥沃，气候温和，这一自然条件决定了这一地区的经济以农业为主。考古资料表明，早在7000年前，淮河流域的原始农业就已经发展到相当成熟的阶段。当时，淮河以北地区以种植粟、黍和水稻为主，而淮河以南则以种植水稻为主。生活在以农业经济为主的淮河流域的人们，对土地的旺盛生命力及其对作物生长和人类生活的决定性影响有着深切体认。曾盛赞水为万物之本源的管子对土地的作用也有充分认识，说“地者，万物之本原，诸生之根菀也”。[3]的确，水和地均为生命之本源。淮河流域水原文化不仅激发了管子对水地生命力的赞誉，也同样启迪着老子对水地生命力的玄思。所以，老子既尚水，也崇地，主张“人法地”。《老子》中“地”字共17见，老子表现出赞叹之情的有两种情形，一是赞叹其生命力之久，所谓“天长地久”[4]；二是赞叹其创生力之强，所谓“天地相合，以降甘露。”[5]可见老子主张人法地，一个重要方面是从地的生命力上着眼的，是要人从地的生命力中受到启示。以上情况表明，淮河流域独特的自然环境决定了老子等道家奠基人物特有的理论兴趣和致思方向，这就是对生命赖以产生的条件有着深刻的体认，对生命的成长过程有着细致的观察，对生命的存在颇为关注。这种理论兴趣促使老子认真思考了生命问题，力图为人类的生命存在寻找终极依据并提供理论

---

〔1〕《老子》第8章，《诸子集成》本，中华书局1958年版。

〔2〕《老子》第76章，《诸子集成》本，中华书局1958年版。

〔3〕《管子·水地》，《诸子集成》本，中华书局1958年版。

〔4〕《老子》第7章，《诸子集成》本，中华书局1958年版。

〔5〕《老子》第32章，《诸子集成》本，中华书局1958年版。

指导；这种致思方向决定了老子的理论创造主要是在生命领域进行的，决定了他的哲学本质上是生命哲学，也决定了他的生命哲学的特有指向。

三、楚淮文化的生命意蕴对道家生命哲学形成的影响

从文化渊源来看，淮河流域与黄河、长江一样，是我国远古人类的发祥地之一。考古资料表明，最晚在四、五十万年前，沂源人就在淮河流域活动。到旧石器时代中晚期，人类活动遗迹已遍布全流域。传说中我国原始古人类分为三大集团，即华夏集团、东夷集团和苗蛮集团。淮河流域地处三大集团之间，有其特殊的地理位置。淮河以北的河南西北部属于华夏集团势力范围，淮河以南的豫南和皖西大部分地区属于苗蛮集团，其余地区均属东夷集团。道家发源地属于东夷集团的势力范围。从国别来说，春秋以前，淮河流域诸侯国林立。到了春秋时期，楚国势力北扩，淮河两岸许多地区为楚国占领。战国时，楚国的都城北迁至淮河岸边的寿春（今安徽寿县）。所以，道家文化的发源地从大的地理位置来说是在淮河流域，属于东夷文化；从国别来说是在楚国，是楚文化的重要组成部分。楚文化滥觞于中原，楚王族最初是从黄河流域的中原地区迁徙到南方江汉一带的。楚族的祖居地在今河南濮阳，此地正处于华夏集团和东夷集团的交界地。在承受了华夏、东夷文化的多方滋养后，楚文化又南迁江汉，与苗蛮文化融合。楚文化在南方发展壮大、孕育成熟之后，又向北扩展，与东夷文化相融合，并在春秋战国时期成为淮河流域的主体文化。基于这种复杂关系，本文将道家文化产生的背景文化称为“楚淮文化”。

楚淮文化充满了生命意蕴，这在其宗教信仰、风俗习尚、文化特质中都有明显体现。

在宗教信仰方面，楚淮文化盛行“太一”崇拜。楚人和东夷人尊“太一”为最高神，又称其为“东皇太一”。“太一神”指的是什么神？对此学术界有争议，或说指北极星，或说指日神，本人赞同后一种观点。因为第一，“太一神”之所以又称“东皇太一”，是因为楚人以“太一”配东帝，故置其祠于楚之东，而东方正是日出之地；第二，“皇”最初即指日神，晚周后才指一般神；第三，太阳乃古人所见天体之最大者，而“太一”恰有最大、唯一之义，以“太一神”指称日神是合乎情理的；第四，楚淮之地素有崇日之风俗，此地将新年第一天定为鸡日，因为鸡在神话思维中乃是东方日出之象征。据此四点，“太一神”在楚淮文化的原始信仰里应指日神。这种“太一”崇拜对生活于此地的道家诸子都有很深影响。譬如老子，《庄子·天下》篇将他与关尹的学说归结为“主之于太一”。众所周知，老子学说是主之于“道”，深得老学要旨的庄子不可能不知此，但他却说老子之学是“主之于太一”，这表明“太一”与老子之“道”有极大

关系或者指的就是“道”。查阅秦汉道家两部总结性著作《吕氏春秋》和《淮南子》，同样存在以“太一”释老子之“道”的情形。事实上，此三书之所以同以“太一”诠释老子之“道”，正是触及到了老子之“道”产生的文化背景，这就是楚淮文化中的“太一”崇拜。老子生活于楚淮地区，又有强烈的崇古意识，他接受该地的传统信仰，以“太一神”为原型进行理性抽象，概括出“道”范畴，是极有可能的。并且，老子明确表示要“执古之道，以御今之有”，认为“能知古始，是谓道纪。”[1]这表明他所谓“道”并非自己独创的，而是“古之道”，其原型可能就是“太一神”或日神。对比老子之“道”与太阳的自然特性，两者颇为一致。太阳的自然特性一是永恒运动，二是动有规律，即东升西落，周而复始。这两大特性在老子之“道”中全部得到体现：“道”也是永恒运动的，所谓“周行而不殆”；“道”的运动也有规律，也是周而复始，所谓“反者道之动”。这表明，老子之“道”与楚淮文化中的“太一神”即日神崇拜确有不解之缘。那么，日神崇拜的深层意蕴是什么？根据有关神话学家的研究，日神崇拜与生命崇拜有直接联系。这是因为太阳东升西落的运动规律被联系到人生领域，被赋予生命意义：日出日落所带来的昼夜明暗之分被认同为生命现象的生死存亡之别，日出被理解为生命的诞生，日落被视同于生命的死亡。这样在楚淮文化里，“太一神”既是日神，也是生命之神。人们崇拜“太一神”，是因为相信它能给人们带来光明、温暖和春天等生的气象和条件，能带来新的生命，故楚淮文化的“太一”崇拜中包含了生命崇拜的成分。老子对这一古老的文化信仰进行了理性提升，丢弃了神学外衣，保留了其中包含的生命意蕴。

在风俗习尚方面，楚淮文化尚东、尚左。与周文化“坐者南向，死者北首”不同，楚淮文化在东南西北四方位中以东为尊。《新序》卷一记载楚人昭奚接待秦国使者时说：“君，客也，请就上位东面”。所谓“上位东面”，就是以坐西向东的位子为最尊。又如，楚国贵族的墓葬，头向一般都是朝东。而楚人尚东又来源于其日神崇拜，日出东方，故以东为贵。而楚人崇日的深层心理动意，上文已分析过，那就是反映了一种生命崇拜意识。这种意识的高度提升，就凝聚成老子的崇“道”意识。此外，在方向的左右之分上，楚人尚左。《左传·桓公八年》记载随国季梁之言曰：“楚人上（尚）左”。譬如，楚国的职官，有左司马、右司马，以左司马为上；有左尹、右尹，以左尹为上；有左史、右史，以左史为上。楚人尚左，归根到底也是由其崇日心理决定的。古人认为左阳右阴，左边面阳，阳光多；阳光多则气候温暖，适宜于万物生长，即所谓阳生而阴杀。所以，尚左与尚东、崇日一样，它所反映的均是楚人的生命崇拜意识。楚文化尚左，这

---

〔1〕《老子》第14章，《诸子集成》本，中华书局1958年版。

对老子也有影响。老子说："君子居则贵左，用兵则贵右。……吉事尚左，凶事尚右。偏将军居左，上将军居右。"[1]这里将居左、居右与吉凶之事及用兵打仗联系起来进行对比，尤其反映出老子承自楚文化的尚左习俗中所包含的生命意识。君子平日以左方为贵，这是因为左方朝阳，与生命相联系；用兵打仗之所以以右方为贵，是因为打仗会导致对生命的残杀，而右方也是朝阴而主杀的，两者一致。前者为吉事，后者为凶事。所以遇有吉庆之事以左方为上，遇有凶丧之事以右方为上；地位低的偏将军杀人少，战功小，故居左边；地位高的上将军杀人多，战功大，故居右边。可见，老子的这种尚左心理所反映的是一种生命意识。

在文化特质方面，楚文化是一种典型的巫鬼文化。在人类文明的洪荒时代，面对变化万千的大自然，先民们自然会产生神秘感，尤其是疾病、死亡来临之时，人们更会从对大自然的神秘感中产生出恐惧、敬畏乃至崇拜的情感。楚国社会是直接从杂草丛生的蛮荒之地建立起来的，楚国先民们筚路蓝缕，跋山涉水，几经迁徙，开拓疆土，其生命经常遇到大自然的威胁。同时，在以原始农业为主要生活来源的楚国，人们对大自然的依赖也更强。这两种情况都使得楚人相信有某种超自然的力量在冥冥中主宰着人类的生命，操纵着生老病死的进程，所以楚文化从产生之日起就具有强烈的鬼神信仰气息。在科学技术尚不发达、人们无法了解自己的生命现象和生老病死之信息的上古时代，人们不得不求助于鬼神，所以早在殷商时期，就兴起了占卜之风，商人几乎每事必卜。在众多的占卜内容中，自然也包括对生老病死问题的占卜，又由这种占卜中产生出专门以超现实的手段治疗疾病的巫术。人们相信，人与鬼神之间存在着某种奇特的联系，这种联系非一般人所能了解与沟通，只有那种被认为无所不知的人才能了解、沟通人与自然、人与鬼神之间的联系，这种人就是巫。《国语·楚语下》中记载观射父对楚昭王说："民之精爽不携贰者，而又能齐肃衷正，其智能上下比义，其圣能光远宣朗，其明能光照之，其聪能听彻之，如是则明神降之，在男曰觋，在女曰巫。"巫在中国古代很多民族中都有，但楚国的巫风尤盛，巫的地位很高。观射父是楚国大夫，也是楚国第一大巫，被楚国当作第一国宝。楚昭王凡有不明之事，都要请教于他。楚巫文化的主旨在于追求人神之间的直接沟通。在楚国，民神杂糅，家为巫史，人人都有直接面对神灵的权利，巫鬼神灵观念是楚人精神世界的重要内容，它长于幻想，又富有思辨，注重在宇宙万物之间、在人与自然之间寻找并建立某种联系。道家哲学为何特别关注生命问题？这就要考察楚巫的一个特点——巫医结合。

楚国的巫往往就是医，《国语·楚语下》载"巫彭作医，巫咸作筮"。巫彭

---

〔1〕《老子》第31章，《诸子集成》本，中华书局1958年版。

和巫咸正是楚人崇奉的两位神巫，连称“彭、咸”。巫与医紧密结合，在楚国是普遍现象，连生活在北方鲁地的孔子也了解这一点，说“南人有言曰：‘人而无恒，不可以作巫医。’善夫!”〔1〕南人即楚人，巫与医在楚国往往是一身二任，所以合称“巫医”，这在《山海经》、《荆楚岁时记》等早期历史、医药、民俗文献中均有记载。巫医结合的情形在战国时期的楚国医书《五十二病方》中有具体反映，该书共载有283方病方，其中巫祝方有36方，涉及对14种病症的治疗，大部分为单纯的巫祝法，亦有些巫祝方为祝由与药物或按摩并用，这可看作是古代心理治疗与药物、理疗的有机配合。巫医结合的传统还积淀到了楚国民俗之中。据《荆楚岁时记》记载，楚人在春节和端午节时，都要用某种巫术来达到除病避疫的目的。如楚人在端午节要“以五彩丝系臂，名曰辟兵，令人不病瘟。”这种遗风至今仍存在于楚地民间。巫医结合使得楚人产生了这样的看法：巫不仅可以交鬼神，而且可以寄生死。同时，巫医的结合使得巫术在楚文化中不仅具有宗教性质，而且具有人文关怀，它是楚人同疾病、同灾祸、同死亡作斗争从而保卫生命的一种手段。巫术的活动虽然不能达到除病消灾的目的，却是人类企图用自身的法术并借助于某种特殊的自然力来控制并影响环境的一种追求，是人类医学和生命科学发展的原始基础。所以，楚巫文化中充满了生命关怀。

从文化背景上说，道家生命哲学正是这种深含生命关怀的楚巫文化孕生的。道家创始人老子出身于史官，这已为学术界所公认。还有一种情况也是许多学者早已注意到的，这就是，古代是巫史不分，史官也掌有巫官之职，反之亦然。最早记载这一现象的是《周易》。《周易·巽卦》九二爻辞为：“巽在床下，用史巫纷若，吉，无咎。”高亨解释说：“古史巫之职不分，故《易》史巫并言。”〔2〕《礼记·礼运》篇说：“祝嘏辞说，藏于宗祝巫史，非礼也。”《汉书·地理志》也有“好祭祀，用史巫”之言。巫史不分的情形在楚国同样存在。《国语·楚语下》记载观射父描述古代楚国宗教信仰情形时说：“民神杂糅，不可方物；夫人作享，家为巫史，无有要质。”总之，巫史不分在中国古代是普遍现象。老子作为史官，对巫的职责、活动，对巫术等等有关巫文化的内容应当十分熟悉，巫文化同史文化一样对老子应有影响，且这种影响在老子思想中也确有反映。较早揭示这一点的是闻一多先生。闻一多说：“我常怀疑这哲学或玄学的道家思想必有一个前身，而这个前身很可能是某种富有神秘思想的原始宗教，或具体点讲，一种巫教。”〔3〕李泽厚先生也有同感，他认为“老子的‘道’有某种原始巫术神话

〔1〕《论语·子路》，《诸子集成》本，中华书局1958年版。

〔2〕高亨：《周易古经今注》重订本，中华书局1984年版。

〔3〕闻一多：《神话与诗·道教的精神》，古籍出版社1954年版。

的存留感，以致后世可以发展为奉老子为教主的道教。”[1]关于老子究竟在哪些方面受到了巫文化的影响这一问题，学术界有不同看法。有的认为这种影响表现在老子之“道”的原始混沌性上，有的认为表现在老子提出的诸如“抟气致柔”等修炼方法上，还有的认为老子的“无”即起源于巫者之“舞”。笔者认为，老子受楚巫文化的影响，倒未必体现在某些具体的概念或观念上，而是体现在某种意识上。意识较之概念或观念，其涵盖性要大，它具有整体性。就是说，老子受楚巫文化的影响是整体性的，他是在楚巫文化的熏陶下成长起来的，他所接受的楚巫文化的影响是在基本精神层面，而不限于某种具体的巫术。楚巫文化的基本精神是什么？就是前文论及的生命关怀、生命意识。正由于无论是其从小生活的楚文化背景，还是成年后所从事的史官职业，都与这种生命关怀密不可分，所以老子对生命问题特别关注，形成了颇具特色的生命哲学。

（作者系安徽大学哲学系主任，教授）

〔1〕 李泽厚：《中国古代思想史论·孙老韩合说》，人民出版社。

从清静无为到奋发有为

——《淮南子》思想研究

王国良

《淮南子》成书于西汉文景之世黄老清静无为思潮风行数十年之后，武帝“罢黜百家、独尊儒术”政策实施之前，以思想自由、兼容并包之气度，总结概括西汉前期百家流行之学，以道家老庄之学为基础，融合儒、道、墨、法、阴阳、兵家、天文、地理之学，气势宏伟，文辞瑰丽，其主题表现为从清静无为到积极有为的转化，是产生于淮河大地的重要著作，在中国古代思想史与哲学史上具有重要地位。

一

《淮南子》的《要略》篇对《淮南子》二十篇的题旨与内容作了提要钩玄式的概括说明，同时也对先秦各家学说的产生作了评述，涉及太公、周公以及孔、墨、管、晏、纵横、申、商诸子。在《淮南子》成书之前，已有不少著作对百家学说进行批评总结，如《荀子·非十二子》，《庄子·天下》，《韩非·儒墨》，《吕氏春秋·不二》，司马谈的《论六家要旨》等。他们大多是从维护自己学说观点的立场出发，对各家学说的特点作出说明，批评其不足，而没有表现出博采众家之长的胸襟与气度。《要略》篇对先秦文化史的评述有两个特点，一是能够从社会历史条件中，分析某种学说产生的原因和作用；二是不囿于一曲、一节、一隅、一迹，不拘泥于小辩、小利、小艺、小见，融汇众家之长，欲建立能够统贯天地人、能够普遍“与世推移”的大学问，表现出伟大学说应有的开放兼容的胸襟与气度。

《要略》对孔墨两家学说及其渊源关系的论述，比较符合历史实际：“孔子修成康之道，述周公之训，以教七十子，使服其衣冠，修其篇籍，故儒者之学生焉。墨子学儒者之业，受孔子之术，以为其礼烦扰而不说，厚葬靡财而贫民，久服伤生而害事，故背周道而复夏政。”太公谋略的产生，是因为纣为天子，赋敛无度，杀戮无止，文王试图战胜殷纣王，“欲以卑弱制强暴，以为天下去残除贼而成王道”；“管子之书生”是服务于桓公除中国之患，平夷狄之乱，“广文武之业”；齐景公好声色犬马，政事荒殆，“故晏子之谏生”；晚世之时，六国诸侯力争征权，合纵连横，故纵横学说应运而生；三晋变法，故礼未灭，新法又出，

“新故相反，前后相缪，百官背乱，不知所用，故刑名之书生焉”；秦国之俗，贪狼强力，寡义趋利，威刑劝赏，“故商鞅之法生焉”。

《要略》能把各家学说放在一定社会历史背景中加以考察，虽然说不上具有历史唯物主义的观点立场，但给人面目一新的感觉。《要略》对各家学说采取这种表述方式还有一个目的，就是要说明各家之学虽各有所长，却是具体特定历史环境下的产物，因而具有局限性，唯有《淮南子》自己的学说才是不拘系于一时一地的具有普适意义的基本原理。《要略》中对道家学说未加以评述，似乎作者自己是代表道家或是以道家为主来综合各家学说。实则不然，作者自称是“刘氏之书”，是刘氏之学，声称自己“作为书论”的目的是“所以纪纲道德，经纬人事，上考之天，下揆之地，中通诸理”，是超越一家一派而建立的适应治国安邦、有益社会人生的普遍原理学说。我们不妨将《庄子·天下》篇中庄子自述的道家之学与《淮南子·要略》中的“刘氏”自述作一比较就能明显看出二者的差别。

《庄子·天下》述庄子之学：“寂寞无形，变化无常，死与！生与！天地并与！神明往与！芒乎何之？忽乎何适？万物毕罗，莫足以归！古之道术有在于是者，庄周闻其风而悦之，以谬悠之说，荒唐之言，无端崖之辞，时恣纵而不傥，不以犄见之也：以天下为沈浊，不可与庄语，以卮言为曼衍，以重言为真，以寓言为广，独与天地精神往来，而不敖倪于万物；不谴是非，以与世俗处；其书虽瓌玮而连犿，无伤也；其辞虽参差而諔诡，可观。彼其充实，不可以已，上与造物者游，而下与外死生无终始者为友；其于本也，弘大而辟，深闳而肆；其与宗也，可谓调适而上达矣。虽然，其应于化而解于物也，其理不竭，其来不蜕；芒乎昧乎，未之尽者。”

《要略》称“刘氏之书”曰：“若刘氏之书，观天地之象，通古今之事，权事而立制，度形而施宜。原道之心，合三王之风，以储与扈冶玄眇之中，精摇靡览。弃其畛挈，斟其淑静，以统天下，理万物，应变化，通殊类，非遁一迹之路，守一隅之指，拘系牵连之物，而不与世推移也。故置之寻常而不塞，布之天下而不窕。”

将庄学与淮南刘氏之学相比较，可以看出，庄学是游戏人生，无意治世，独与天地精神相往来的学说，而刘氏之学则是“原道之心，合三王之风”，“统天下，理万物”的有意治国安天下的学说，不可仅以老庄之道家学说视之，而是儒道在积极的意义上相结合的、从无为向有为转化的学说。

二

前人一般认为，《淮南子》是以道家学者为主、儒道合作而写成的，全书以老庄哲学为基础，融冶儒、法、阳阳各家思想，主要倾向是道家。据统计，全书引《老子》达52次，引《庄子》28篇次，并且在《要略》篇中首次“老庄”并称（“考验乎老庄之术”）引《诗》30次，引《易》10多次，对《礼》、《乐》、《春秋》等也大量征引，且多发挥《六经》的微言大义。《淮南子》成书之时，朝廷对学术发展尚未作直接干预，五经博士制度也未成立，各家学说自由发展，相互渗透，由此可约略窥见当时学术流行的概略状况。由于各家学说（主要是儒道两家）在书中均有体现，故书中不免时常出现相互对立矛盾的观点与表述。对此，前人多对《淮南子》以“杂家”视之。例如范文澜认为“《淮南子》虽以道为归，但杂采众家，不成为一家言”（《中国通史》第二卷），侯外庐在《中国思想通史》第二卷中说“其书意多杂出，文甚沿复。”冯友兰说“无中心思想”，胡适甚至说“主旨所在，实是神仙出世的理论。”

本文认为《淮南子》作为有计划、有系统的著作，博大而条贯，其主旨表现为从清静无为向积极有为的转化。全书开篇《原道训》主要表述道家思想，全书最后一篇《泰族训》则主要表现儒家思想，《泰族训》同时是全书的总结篇。所谓“泰族”，就是把古今之道、万物之理汇聚为一类。这并不是说，《淮南子》一书是从道家转向儒家，实际上，全书的各篇都有诸家融合的特色，有的以道家思想融合儒家及其他诸家，有的则以儒家为主融合道家及其他各家。如《原道训》讲“无为”，但也谈“无不为”，对儒家的圣人尧舜禹也大加颂扬；《修务训》、《泰族训》以儒家思想为主，但也利用道家“无为”概念，赋予“无为”以积极有为的内涵，而把超过人的能力所限，违反自然规律的行动称作“有为”。

《淮南子》成书前夕，汉初经过几十年的休养生息，民力复苏，国力蒸蒸日上，政权基本稳定，黄老清净无为思潮行将结束历史使命，时代精神表现出一个伟大民族积极进取、蓬勃向上的气息。当此之时，思想家们都在思考寻求长治久安之策，努力构造新的理论体系。《淮南子》的作者也是不失时机的总结百家学说和秦汉以来治乱兴衰的经验教训，为统一帝国的长远统治提供一个较为完备的理论学说。

《原道训》的道家思想，主要表现为圣人理想与对清静无为的认识。

“泰古二皇，得道之柄，立于中央，神与化游，以抚四方。”

“圣人守清道而抱雌节，因循应变，常后而不先；柔弱以静，舒安以定；”

“至人之治也，掩其聪明，灭其文章，依道废智，与民同出于公。”

“无为为之而合于道，无为言之而通乎德；恬愉无矜而得于和，有万不同而便于性。”

“是故达于道者，反于清净；究于物者，终于无为。以恬养性，以漠处神，则入于天门。”

但同时作者也肯定舜禹是圣人。他们所说的“无为”也不全是“寂然不动”的“无为”，“无为”某种意义上就是符合自然人事规律：“循道理之数，因天地之自然，则六合不足均也”。“万物固以自然，圣人又何事焉!”作者把禹之决渎、神农之播谷，舜耕于历山，理三苗，朝羽民，徙裸国，都看成是因循自然，还有“禽兽有艽，人民有室；陆处宜牛马，舟行宜多水；匈奴出秽裘，于越生葛絺；各生所急，以备燥湿，各因所处，以御寒暑；并得其宜，物便其所。”这种各因所处、物便其所的治理方法与儒家已很接近，而且也符合作者所说的“无不为”。“无不为”，也就是儒家的“有为”。“漠然无为而无不为也；所谓无不为者，因物之所为。所谓无治者，不易自然也。所谓无不治者，因物之相然也。”因此可以说，《淮南子》中的道家思想，已经渗透了儒者的精神。另一方面，儒家又改造道家学说，赋予新的内涵。

《修务训》说：“或曰：无为者，寂然无声，漠然不动，引之不来，推之不往；如此者，乃得道之像。吾以为不然。”作者站在儒家立场，首先确定“无为”不是四肢不动，思考不用，“若吾所谓无为者，私志不得入公道，嗜欲不得枉正术，循理而举事，因资而立功，推自然之势，而曲故不得容者，事成而身弗伐，功立而名弗有；非谓其感而不应，迫而不动者。”这与道家的“无为而无不为”的内涵实际就吻合了。那么什么是“有为”呢?作者认为超越人的能力、违背自然规律才是“有为”，如以火熯井，以淮灌山，用已而背自然，故谓之“有为”。至于因势利导，因高为田，因下为池，“此非吾所谓为之”。对“无为”赋予积极有为的内涵，《泰族训》有更详细的论述，特别突出因其自然，还要辅之以人力，“天地四时非生万物也，神明接，阴阳和而万物生之。圣人之治天下非易民性也，拊循其所有而涤荡之。故因则大……夫物有以自然，而后人事有治也。……故先王之制法也，因民之所好而为之节文者也”。因其好色而制婚姻之礼，因其喜音而正雅颂之声，此皆人之所有于性，而圣人之所匠成也。“故无其性不可教训，有其性无其养不能遵道。……人之性有仁义之资，非圣人为之法度而教导之，则不可使向方。”

《修务训》热情讴歌了我先民勤劳有为、创业垂统的伟大精神：“尝试问之矣：若夫神农、尧、舜、禹、汤，可谓圣人乎？有论者必不能废。以五圣观之，则莫得无为（指寂然不动之无为——引者），明矣。”神农尝百草，遇七十毒，教民播种五谷；舜作室筑墙茨屋，辟地树谷，令民皆知去岩穴，各有室家；禹栉风雨，凿龙门，决江疏河，平治水士。还有苍颉作书，容成造历，胡曹为衣，后稷耕稼，仪狄作酒，奚仲造车，等等，都是因其自然，人必加功，勤奋有为的象征。《淮南子》中还有大量的神话传说，赞颂改造自然、积极有为的精神，如女娲补天、鲁阳挥戈、大禹治水、后羿射日的故事，表现汉初思想家富有勃勃生气的原创力。

三

《淮南子》提倡积极有为的精神，还表现在勤奋学习方面，认为人必须通过学习，才能提升人性，传承文明。“世俗废衰，而非学者多；人性各有所修短，若鱼之跃，若鹊之驳，此自然者，不可损益。吾以为不然”（《修务训》）。譬如马，筋骨形体，所受于天不可变。必待良御教之，掩以衡扼，连以辔衔，则虽历险超堑弗敢辞。“马不可化，其可驾御，教之所为也。马，聋虫也，而可以通气志，犹待教而成，又况人乎？”（同前）宝剑初铸，不能劈刺，必须加之砥砺，摩其锋锷，明镜须磨砺，方能鉴人，人必须学习，有如砥砺，方为有用之才。作者对“偷慢懈惰”之人加以批评，提倡“自强而功成”。

按照老庄的观点，人应绝圣弃智，知识越多，人越可能流于邪僻。《修务训》的作者辩解说：有子弑其父者，然天下人莫疏其子，何也？爱父者毕竟是多数。有人流于邪僻，就放弃学习，那是因噎废食。况且，如果不学习，先人所创造的知识技艺，如何能传承下来？社会如何进步？作者特别提出，无知无识，精神并非真的自由，必须通过知识学习，以通事物终始远近之情，精神才能得到真正的自由解放。

总之，《淮南子》中表现的积极有为精神，值得珍视与弘扬。

（作者系安徽大学“中国哲学与安徽思想家研究中心”主任，教授）

魏文帝曹丕之“慕通达”及其原因与影响考论

王永平

提起魏文帝曹丕，人们无不崇敬他在文学艺术上的贡献与成就。作为封建帝王，谈及他的军政业绩，一般皆以“乏善可陈”概之，少有专论。明人张溥在《魏文帝集题辞》中说：“魏王帝业无足称，惟令宦人为官，不得过诸署令；诏群臣家不得奏事太后；后族家不得常辅政任，石室金策，可宝万世。”所谓“魏王帝业无足称”，代表了人们的一般看法，明显带有轻视之意。尽管这一看法不无片面，我们也许可以列举出几则并非无力的反证[1]，但作为政治家，曹丕确实难称杰出。

不过，从文化角度客观地考察汉晋之间社会文化变迁，曹丕的言行及其相关政策，具有不可忽视的重要作用。对此，西晋时期著名的政论家傅玄有一段评论指出：“先王之临天下也，明其大教，长其义节；道化隆于上，清议行于下，上下相奉，人怀义心。亡秦荡灭先王之制，以法术相御，而义心亡矣。近者魏武好法术，而天下贵刑名；魏文慕通达，而天下贱守节。其后纲维不摄，而虚无放荡之论盈于朝野，使天下无复清议，而亡秦之病复发于今。”[2]所谓“近者魏武好法术，而天下贵刑名，魏文慕通达，而天下贱守节”，正指出了曹操、曹丕父子的政策对社会文化变革的深刻影响。有鉴于此，本文专论魏文帝曹丕“慕通达”之表现及其对世风的影响。

一、曹丕“通达”之言行

何谓“通达”？作为一个词组，现代汉语表示明晓事理、看得开、听其自然的意思。不过，在中古时代，“通达”一词则具有特定的文化内涵，与“通脱”（通侻）、“放达”等词意思相近或相同，表示或形容一种比较随意、自然的生活作风与人生态度，其特点主要是超凡脱俗，不拘小节，甚至有意识地对抗和破坏

---

〔1〕 其实，这只是一方面，魏文帝推崇汉文帝的“黄老政治”，注重修身养息，为此后曹魏国力的增强和北方经济的复苏奠定的基础，不能说一无是处。

〔2〕《晋书》卷四七《傅玄传》。

儒家礼法制度。[1] 当时比较流行的语义相近的词语还有“简易”、“放荡”、“佚荡”、“轻易”、“轻佻”、“佻易”、“轻薄”、“任性”、“浮华”等，都是相对于严格的儒家礼乐规范而言。

两汉以来，统治阶级推崇儒家学说，造成了所谓的“经学极盛之时代”。传统的儒家学说特别讲究礼法，士君子的言行举止应当庄重，孔子有言：“君子不重则不威”，要求士人“非礼勿视，非礼勿听，非礼勿言，非礼勿动”[2]。但汉末以降，世风骤变，特别是曹魏统治集团倡导“通达”，影响很大，其中魏文帝曹丕以其特殊的地位，成为一位历史上不多见的“名士化”的帝王。

1. 戏弄言诵，类似徘优

曹丕在称帝之前，甚至在正式被立为太子之前，他的言行便表现出明显的“通达”特征。他与部属友朋在一起，喜欢恶作剧式的“戏弄”，将严肃正经的场合或气氛弄得颇为荒诞。这方面的记载颇多，《三国志·魏书·武帝纪》注引《魏略》：“王忠，扶风人，少为亭长。三辅乱，忠饥乏噉人，随辈南向武关。……拜忠中郎将，从征讨。五官将知忠噉人，因从驾出行，令俳取冢间髑髅系著忠马鞍，以为笑乐。”曹丕随军出征，竟然带着徘优，寻找将领的趣事作为素材，即兴创作，并加以表演，“以为笑乐”。中郎将王忠曾经“饥乏噉人”，曹丕得知此事，于是“令俳取冢间髑髅系著忠马鞍”。谚云“军中无戏言”，曹丕以徘优戏弄将领，显然有违军礼。

不仅如此，曹丕主持朋友的丧礼也很反常。《世说新语·伤逝篇》有一则十分典型的记载：“王仲宣好驴鸣。既葬，文帝临其丧，顾语同游曰：‘王好驴鸣，可各作一声以送之。’赴客皆一作驴鸣。”王仲宣就是“建安七子”之一的著名文士王粲。丧礼的气氛应当是十分沉痛的，当时曹丕尚未立为太子，他一点不怕舆论的压力，随心所欲地表达情感，几乎将肃穆的丧葬仪式变成了游戏，这与两晋时期的任诞名士做派相同。曹丕之所以以这种方式来追悼王粲，主要在于他们平时游乐宴饮、飞鹰走狗，习以为常，所谓王粲素“好驴鸣”，正是如此。

对他们的这一生活状况，曹丕与诸文士留下了不少记录宴游的诗文，颇为生动地反映出当时的情形。如曹植《侍太子坐》一诗很具代表性：“白日曜青春，时雨静飞尘。寒冰辟炎景，凉风飘我身。清醴盈金觞，肴馔纵横陈。齐人进奇乐，歌者出西秦。翩翩我公子，机巧忽若神。”由曹植赞美曹丕“翩翩”与“机

[1] “通脱”一词出现于汉魏之际，至于其含义，《三国志》卷二一《魏书·王粲传》载粲因避祸荆州，依刘表，“表以粲貌寝而体弱通侻，不甚重也”。裴松之注云：“貌寝，谓貌负其实也。通侻者，简易也。”

[2] 《论语·学而》、《论语·颜渊》。

巧”的表现，可见，曹丕是当时邺城文士的领军人物，常召集他们雅集，而他们聚会的一个重要内容便是利用徘优表演捉弄人的喜剧“小品”，甚至自己充当主演。

曹丕常以严肃的话题作为嘲戏的由头。《三国志·魏书·徐邈传》载，曹操曾“科禁酒，而邈私饮至于沈醉”，时邈为尚书郎，曹操遣“校事”赵达问以曹事，邈答曰：“中圣人。”曹操甚怒，度辽将军鲜于辅为之开脱：“平日醉客谓酒清者为圣人，浊者为贤人，邈性修慎，偶醉言耳。”曹丕称帝后，竟以此事开玩笑，问邈曰：“颇复中圣人不?”邈对曰：“昔子反毙于谷阳，御叔罚于饮酒，臣嗜同二子，不能自惩，时复中之。然宿瘤以丑见传，而臣以醉见识。”曹丕大笑，顾左右曰：“名不虚立。”曹丕以其父亲惩处的人或事作为谈笑之资，显得很随便。在这里，徐邈的表现类似徘优。

对亲信大臣的游乐聚集，曹丕有时虽未亲自参加，但他实际上暗中支持。如吴质，他是曹丕争嗣的主要谋士之一，后外任，久不得见，曹丕特资助他设宴，插荤打科，戏虐文武朝臣，以再现当时邺城雅集之盛。《三国志·魏书·王粲传》注引《吴质别传》载：“质黄初五年朝京师，诏上将军及特进以下皆会质所，大官给供具。酒酣，质欲尽欢。时上将军曹真性肥，中领军朱铄性瘦，质诏优，使说肥瘦。真负贵，耻见戏，怒谓质曰：‘卿欲以部曲将遇我邪?’骠骑将军曹洪、轻军将军王忠曰：‘将军必欲使上将军服肥，即自宜为瘦。’真愈愤，拔刀瞋目，言：‘徘敢轻脱，吾斩尔。’遂骂坐。质案剑曰：‘曹子丹，汝非屠几上肉，吴质吞尔不摇喉，咀尔不摇牙，何敢恃势骄邪?’铄因起曰：‘陛下使吾等来乐卿耳，乃至此邪!’质顾叱之曰：‘朱铄，敢坏坐!’诸将军皆还坐。铄性急，愈愤，还拔剑斩地。遂便罢也。”

吴质召优伶说“肥瘦”，以别人的生理特征开玩笑，曹洪、王忠等人则乘机起哄。必须指出，这出闹剧的导演是魏文帝曹丕，不仅由“大官给供具”，可以看出魏文帝曹丕的资助，而且由“陛下使吾等来乐卿耳”，更可见文帝鼓励他们放肆。吴质如此，其他文士莫不如此。清人王鸣盛认为以建安七子为代表的文士集团皆行为不端，“后世文人浮华轻薄之习，七人开之”，以致“一时风气流荡若此”。[1]

特别出格的是，在这类聚会中，曹丕有一个保留的压轴节目，即让自己宠爱的妃后出来与臣属亲切见面。《水经·谷水注》引《文士传》：“文帝之在东宫

〔1〕《十七史商榷》卷四〇“五人俱逝”条。关于曹氏兄弟与其文学侍从的宴乐，这从他们的诗歌可以看出。如曹丕《孟津诗》、应玚《侍五官中郎将建章台集诗》、刘桢《公宴诗》、陈琳《宴会诗》、王粲《公宴诗》、曹植《公宴诗》等，诸人皆以深情的追忆来描写当年宴乐逍遥、任性纵欲的情形。

也，宴诸文学，酒酣，命甄后拜座。坐者咸伏，唯刘桢平视之。太祖以为大不敬，送徒隶簿。”[1]又，《三国志·魏书·王粲传》注引《吴质别传》：“帝尝召质及曹休欢会，命郭后出见质等。帝曰：‘卿仰谛视之。’其至亲如此。”曹丕的这一做法，在当时是严重违礼的，但他完全是有意为之。上有所好，下必甚焉。由于曹氏统治者这样做，当时上层交际活动中，形成了一种风气。[2]

2. “猎胜于乐”：曹丕喜游猎

曹丕自幼喜欢打猎，这与其父亲的影响有关。曹操文武兼备，《三国志·魏书·武帝纪》注引《魏书》载操“才力绝人，手射飞鸟，躬禽猛兽，尝于南皮一日射雉获六十三头。”对诸子弟，曹操自幼培养他们的骑射能力，曹丕在《典论·自叙》中介绍自己五岁始便学射，并学骑，八岁能骑射，“是以少好弓马，于今不衰；逐禽辄十里，驰射常百步，日多体健，心每不厌。”他自称“善左右射”，颇为自负地说以箭射静物，“虽每发辄中，非至妙也。若驰平原，赴丰草，要狡兽，截轻禽，使弓不虚弯，所中必洞，斯则妙矣。”

曹丕早受熏习，游猎成为他一生的爱好。《三国志·魏书·崔琰传》：“太祖征并州，留琰傅文帝于邺。世子仍出田猎，变易服乘，志在驱逐。”崔琰是儒学士大夫的杰出代表，上书进谏曰：“盖闻盤于游田，《书》之所戒，鲁隐观鱼，《春秋》讥之，此周、孔之格言，二经之明义。……今邦国殄瘁，惠康未洽，士女企踵，所思者德。况公亲御戎马，上下劳惨，世子宜遵大路，慎以行正，思经国之高略，内鉴近戒，外扬远节，深惟储副，以身为宝。而猥袭虞旅之贱服，忽驰骛而陵险，志雉兔之小娱，忘社稷之为重，斯诚有识所以恻心也。惟世子燔翳捐褶，以塞众望，不令老臣获罪于天。”曹丕回信，说：“昨奉嘉命，惠示雅数，欲使燔翳捐褶。翳已坏矣，褶亦去焉。后有此比，蒙复诲诸。”这里，曹丕表示焚毁捕猎工具，但实际上，他依然如故。

又，《三国志·魏书·高堂隆传附栈潜传》载，“初，任城栈潜，太祖世历县令，尝督守邺城。时文帝为太子，耽乐田猎，晨出夜还。潜谏曰：‘王公设险以固其国，都城禁卫，用戒不虞。……若逸于游田，晨出昏归，以一日从禽之娱，而忘无垠之衅，愚窃惑之。’太子不悦，然自后游出差简。”可见，曹丕对儒学朝臣的进谏，虽表面上接受，但内心里很不满。

大量的材料表明，他与诸位文士在邺城及其周围聚会，一个重要内容便是驰

---

〔1〕《世说新语·言语篇》注引《典略》、《三国志》卷二一《魏书·王粲传》注引《典略》也载有此事。

〔2〕《三国志·魏书·卫臻传》载：“夏侯惇为陈留太守，举臻计吏，命妇出宴，臻以为‘末世之俗，非礼之正。’惇怒，执臻，既而赦之。”夏侯惇“命妇出宴”，其行为与曹丕一样。可见由于统治者的提倡，以致人们仿效，形成风气。

骋竞技。他本人的诗文便多有回忆当年“驰骛”、“旅食”的诸多情形。最典型的是曹丕《与吴质书》：“每念昔日南皮之游，诚不可忘。既妙思六经，逍遥百氏，弹棋间设，终以博弈，高谈娱心，哀筝顺耳。驰骛北场，旅食南馆，浮甘瓜于清泉，沈朱李于寒水。……余顾而言，兹乐难常，足下之徒，咸以为然。今果分别，各在一方。”[1]在诸多的游乐项目中，“驰骛北场”是重要的内容。《典论·自叙》记载他在邺西的一次捕猎情况：“建安十年，始定冀州，濊、貊贡良弓，燕、代献名马。时岁之暮春，勾芒司节，和风扇物，弓燥手柔，草浅兽肥，与族兄子丹猎于邺西，终日手获麋鹿九，雉兔三十。”他详细记述这次围猎之事，给他的诗文作出最好的注解。

应该说，曹丕称帝前，对朝臣的谏诤，虽心存不悦，但至少在表面上还予以包容。等到他称帝后，其态度更为强硬，公然打压阻碍他游猎的大臣。据《三国志·魏书·文帝纪》，黄初元年，“长水校尉戴陵谏不宜数行弋猎，帝大怒；陵减死一等。”第二年春正月，他又“校猎至原陵”。四年六月，他一度“校猎于荥阳，遂东巡。”[2]仔细检索史实，可见魏文帝游猎无度，引起儒学朝臣的批评。《三国志·魏书·王朗传》：“及文帝践阼，改为司空，进封乐平乡侯。时帝颇出游猎，或昏夜还宫。”王朗上疏希望曹丕遵守礼教，“显至尊，务戒慎，垂法教”，批评他“近日车驾出临捕虎，日昃而行，及昏而反，违警跸之常法，非万乘之至慎也。”《三国志·魏书·辛毗传》亦载：“文帝践阼，迁侍中，……尝从帝射雉，帝曰：‘射雉乐哉！’毗曰：‘于陛下甚乐，而于群下甚苦。’帝默然，后遂为之稀出。”王朗、辛毗二人是当时儒学朝臣中年辈较高的代表人物，对他们的批评意见，曹丕不便发作，故应之以“默然”的态度。而对一般的臣属，稍有违抗，往往会遭到严惩。《三国志·魏书·苏则传》又载：“后则从行猎，槎桎拔，失鹿，帝大怒，踞胡床，悉收督吏，将斩之。则稽首曰：‘臣闻古之圣王不以禽兽害人，今陛下方隆唐尧之化，而以猎戏多杀群吏，愚臣以为不可。敢以死请。’”可见，影响他“行猎”计划的人，是有生命之虞的。

不仅如此，对士大夫以儒家礼乐文化传统批评其游猎，曹丕明确表示不予理睬，甚至公开扬言“猎胜于乐”，蔑视儒家礼乐文化，这在历代统治者中也是不多见的。《三国志·魏书·鲍勋传》：“文帝受禅，勋每陈‘今之所急，唯在军旅，宽惠百姓。台榭园囿，宜以为后。’文帝将出游猎，勋停车上疏曰：‘臣闻

---

〔1〕《三国志》卷二一《魏书·王粲传附吴质传》注引《魏略》。

〔2〕《宋书》卷三〇《五行志一》“貌不恭”条有言：“魏文帝居谅暗之始，便数出游猎，体貌不重，风尚通脱。故戴凌以直谏抵罪，鲍勋以迕旨极刑。天下化之，咸贱守节，此貌之不恭也。”何焯在《义门读书记》卷二六“《三国志·魏志·文帝纪》”条引《宋书·五行志》这一记载，并作按语曰：“此可见魏氏礼制之缺，不独一事之征。”

五帝三王，靡不明本立教，以孝治天下。陛下仁圣恻隐，有同古烈。臣冀当继踪前代，令万世可则也。如何在谅暗之中，修驰骋之事乎！臣冒死以闻，唯陛下察焉。’帝手毁其表而竟行猎，中道顿息，问侍臣曰：‘猎之为乐，何如八音也?’侍中刘晔对曰：‘猎胜于乐。’勋抗辞曰：‘夫乐，上通神明，下和人理，隆治致化，万邦咸乂。移风易俗，莫善于乐。况猎，暴华盖于原野，伤生育之至理，栉风沐雨，不以时隙哉？昔鲁隐公观鱼于棠，《春秋》讥之。虽陛下以为务，愚臣所不愿也。’因奏：‘刘晔佞谀不忠，阿顺陛下过戏之言。昔梁丘据取媚于遄台，晔之谓也。请有司议罪以清皇朝。’帝怒作色，还罢，即出勋为右中郎将。”

这不仅是曹丕对待游猎与谏诤的态度问题，而且关系到他的根本思想观念的问题。后来，曹丕最终寻机将鲍勋处死，可见在游猎问题上，他与儒学朝臣之间的斗争之激烈。[1]

魏文帝不仅自己游猎无度，还注意以此影响其后代。魏明帝曹叡自幼受到熏陶。《三国志·魏书·明帝纪》注引《魏末传》：“（明）帝常从文帝猎，见子母鹿。文帝射杀鹿母，使帝射杀鹿子，帝不从，曰：‘陛下已杀其母，臣不忍复杀其子。’因涕泣。文帝放弓箭，以此深奇之，而树立之意定。”此事又见载于《世说新语·言语篇》注引《魏末传》，文字稍异，大意相同，意在说明明帝得以定嗣的原因，但透露出文帝出猎常带曹叡，自然会培养他这方面的爱好。曹丕这样做，正像乃父曹操当年对他们兄弟的培养一样，使曹氏这一门风得以传衍下来。

古代帝王“校猎”，当然有训练军队等目的，但对于魏文帝曹丕来说，以上材料表明其主要在于爱好。曹丕的爱好不少，本人精于多种技艺。他在《典论·自叙》中自称精习击剑，“阅师多矣”。此外，他还精于弹棋，每与友朋聚会，总是“弹棋间设”。《典论·自叙》中说：“余于他戏弄之事少所喜，唯弹棋略尽其巧，少为之赋。昔京师先工有马合乡、东方安世、张公子，常恨不得与彼数子者对。”[2]《三国志·魏书·文帝纪》注引《博物志》曰：“帝善弹棋，能用手巾角。时有一书生，又能低头以所冠著葛巾角撇棋。”《世说新语·巧艺篇》也载：“弹棋始自魏宫内，用妆奁戏。文帝于此戏特妙，用手巾角拂之，无不中。有客自云能，帝使为之。客箸葛巾角，低头拂棋，妙逾于帝。”这里所谓“弹棋

[1] 据《三国志》卷一二《魏书·鲍勋传》，鲍勋的建议代表了整个儒学世族朝臣的一致看法。正因为如此，文帝将其罢职后，陈群等人建议重新启用他。后来文帝找借口处死他，太尉钟繇、司徒华歆、镇军大将军陈群、侍中辛毗、尚书卫臻、守廷尉高柔等“求请勋罪”，文帝不许。《三国志》卷二四《魏书·高柔传》载：“帝以宿嫌，欲枉法诛治书执法鲍勋，而柔固执不从诏命。帝怒甚，遂召柔诣台；遣使者承指至廷尉考竟勋，勋死乃遣柔还寺。”双方斗争之激烈，于此可见。

[2] 《艺文类聚》卷七四引录有曹丕《弹棋赋》，生动地记述弹棋的过程及其紧张、欢快的气氛。

始自魏宫内”，当然不实，但称“文帝于此戏特妙”云云，则确不为虚。此外，文帝自称弋猎、弹棋之外，其他“戏弄之事少所喜”，这是有意掩饰，实际上，他对音乐、舞蹈等也很有兴趣。[1]

3. “非礼之甚”：曹丕违背礼乐制度

宗族的祭祀礼仪是儒家文化的核心内容。曹操是曹魏的奠基者，建安十八年五月，曹操为魏公，同年七月“始建魏社稷宗庙”[2]。依《礼记·礼器》：“天子七庙，诸侯五，大夫三，士一。”曹操为公，在邺城所设当为五庙。但曹丕称帝后，并未立七庙，甚至没有立即在洛阳建立家庙。《宋书·礼志三》：“魏文帝黄初二年六月，以洛京宗庙未成，乃祠武帝于建始殿，亲执馈奠如家人礼。何承天曰：‘案礼，将营宫室，宗庙为先。庶人无庙，故祭于寝。帝者行之，非礼甚矣。’”文帝营洛，不以宗庙为先，竟然“祠武帝于建始殿，亲执馈奠如家人礼”，这显然不合礼制。后来的儒者则对魏文帝失礼多加指责，如南朝刘宋何承天批评他“非礼之甚”[3]。《晋书》卷二七《五行志上》载魏文帝黄初四年，水灾严重，史臣以为“此简宗庙废祭祀之罚也。”天人感应，不可尽信，但这表明了后来史家对魏文帝无礼的不满。胡三省在《通鉴》卷六九对此有注云：“建始殿，帝所起，以建国之始命名。父为士，子为天子，安有用家人礼者哉！”其实，当时已有大臣建议曹丕在洛阳建宗庙。《三国志》卷二四《魏书·韩暨传》载：“时新都洛阳，制度未备，而宗庙主祏，皆在邺城。暨奏请迎邺四庙神主，建立洛阳庙，四时蒸尝，亲奉粢盛。崇明正礼，废去淫祀，多所匡正。”韩暨的看法代表了儒学朝臣集团的普遍意见，但曹丕并未采纳。曹魏洛京家庙，直到明帝太和三年十一月才正式建成。景初元年六月，有司奏定七庙之制。

曹丕违背礼法的另一个表现是丧不废乐。曹操死前，自定终制，一切要求简化，其后继者自然可以不必恪守三年之丧的陈规。不过，依照儒家礼法的精神，适当的克制与追思则是必须的。实际上，曹丕连简单的形式都不顾及，《三国志·魏书·文帝纪》载延康元年七月甲午，“军次于谯，大飨六军及谯父老百姓于邑东。”注引《魏书》载：“设伎乐百戏，令曰：‘先王皆乐其所生，礼不忘其本。谯，霸王之邦，真人本出，其复谯租税二年。’三老吏民上寿，日夕而罢。丙申，亲祠谯陵。”并立《魏大飨碑》即记此事。其时距曹操去世仅半年，曹丕

---

〔1〕《全三国文》卷七《魏文帝》（四）录《答繁钦书》说：“披书欢笑，不能自胜，奇才妙伎，何其善也！”曹丕极力描写年仅15岁的民间女孩王孙琐“善歌舞”的情形，最后说：“吾练色知声，雅应此选，谨卜良日，纳之闲房。”其实，曹魏宫廷中，有大量的倡伎，她们演奏的多是通俗歌舞。曹魏统治者的喜好，造成了当时音乐文化风尚的深刻变化。

〔2〕《三国志》卷一《魏书·武帝纪》。

〔3〕《宋书》卷三二《礼志三》

便按捺不住，公然举行大规模的飨礼，两个月后受禅，又纳汉献帝二女为妃。裴松之注引孙盛曰：“昔者先王之以孝治天下，内节天性，外施四海，存尽其敬，亡极其哀，思慕谅暗，寄政冢宰，……魏王既追汉制，替其大礼，处莫重之哀而设飨宴之乐，居贻厥之始而坠王化之基，及至受禅，显纳二女，忘其至恤以诬先圣之典，天心丧矣，将何以终！是以知王龄之不遐，卜世之期促也。”这里指斥曹丕“天心丧矣”，这是很严厉的批评。《宋书·礼志二》载：“魏武以正月崩，魏文以其年七月设伎乐百戏，是魏不以丧废乐也。”

不仅如此，魏文帝服丧期间，还向孙吴索取珍奇玩弄之物。《三国志·吴书·孙权传》注引《江表传》：“是岁魏文帝遣使求雀头香、大贝、明珠、象牙、犀角、玳瑁、孔雀、翡翠、斗鸭、长鸣鸡。群臣奏曰：‘荆、扬二州，贡有常典，魏所求珍玩之物非礼也，宜勿与。’权曰：‘……彼所求者，于我瓦石耳，孤何惜焉？彼在谅闇之中，而所求若此，宁可与言礼哉！’皆具以与之。”曹丕尚处于“谅闇”之中，竟向邻国索取珍异，连本身并不守礼的孙权也可以嘲笑他一番[1]。

更有甚者，曹丕在乃父死后不久，即将其后宫美色占为己有。《世说新语·贤媛篇》：“魏武帝崩，文帝悉取武帝宫人自侍。及帝病困，卞后出看疾。太后入户，见直侍并是昔日所爱幸者。太后问：‘何时来邪？’云：‘正伏魄时过。’因不复前而叹曰：‘狗鼠不食汝余，死故应尔！’至山陵，亦竟不临。”余嘉锡在《世说新语笺疏》此条下有按语云：“卞后言此，斥丕之所为，禽兽不如也。”其实，曹丕早有与父争妇人之举。《世说新语·惑溺篇》：“魏甄后惠而有色，先为袁熙妻，甚获宠。曹公之屠邺也，令疾召甄，左右白：‘五官中郎已将去。’公曰：‘今年破贼正为奴。’”刘孝标注引《魏氏春秋》：“五官将纳熙妻也，孔融与太祖书曰：‘武王伐纣，以妲己赐周公。’太祖以融博学，真谓书传所记。后见融问之，对曰：‘以今度古，想其然也。’”孔融此言，正是讥讽曹操父子的无礼。

此外，在婚姻观念上，曹丕也延续着其家族“自好立贱”的传统，而与世族社会重视门望与德行不同，任性而行，“因爱登后”。据《三国志·魏书·后妃传》，曹丕之郭后，“早失二亲，丧乱流离，没在铜鞮侯家”，因有智数，助曹丕争太子位有功，黄初二年得立为后。曹丕之为帝，不与大族通婚，这引起了士人的非议，中郎栈潜便上疏曰：“昔帝王之治天下，不惟外辅，亦由内助，治乱所由，盛衰从之。……是以圣哲慎立元妃，必取先代世族之家，择其令淑以统六宫，虔奉宗庙，阴教聿修。……由内及外，先王之令典也。今后宫嬖宠，帝亚乘舆。若因爱登后，使贱人暴贵，臣恐后世下陵上替，开张非度，乱自起也。”这

[1] 胡三省在《通鉴》卷六九《魏纪一》文帝黄初二年此条下有注云：“史言帝为敌国所窥。”

明了儒学士人反对曹丕不守礼法的态度，但曹丕“不从”，仍以郭氏为后，“使贱暴贵”。

二、魏文帝“慕通达”之家族文化背景及其社会影响

由上文考述可知，魏文帝曹丕崇尚“通达”，身体力行，成为历史上颇具个性的“名士化”帝王。尽管他称帝后有下诏祭祠孔庙、恢复太学等举措，但他的行为和爱好，在本质上实在是离儒家的礼法规范相去甚远。宋人叶适《习学记言序目》卷二七“《三国志·魏志·文帝纪》”条针对建安十年曹丕邺西捕猎事有评论云：“文墨之士多以为壮。余观《大叔于田》、《还》、《猗嗟》，其技艺材敏有过于此，而诗人刺之，以为亡国之形也。今曹氏虐用其民，挟持杀戮，骄竖騃子，乘坚驱良，凭势作威以自快其得意；而风声气俗之所熏炙，更百千余年，有志之士，不复古人之大全，直可悲尔！”清人何焯《义门读书记》卷二六“《三国志·魏志·文帝纪》”条对裴注所引《典论·自叙》有按语云：“观其自叙，所谓望之不似人君，已不堪张子布见况。立石太学，甚矣。魏人之不知耻矣！”这都是站在儒家卫道的立场上，对曹丕之“通达”言行表示不满。不过，停留在道德和情感层面上所作出的抨击，往往难免失之简单，有碍于人们对问题本质的探讨。关键在于，我们必须抱着“理解之同情”的态度，揭示曹丕崇尚“通达”之客观原因及其影响。

关于曹丕之“慕通达”，其背后当然具有特定的时代与深刻的思想文化转变的因素，这是根本性的问题。东汉中晚期以来，思想文化与社会风尚经历着深刻的变革，及至魏晋，士风与学风出现了诸多新风貌。余嘉锡先生在《世说新语笺疏·德行篇》“王戎、和峤同时遭大丧”条下有按语云：“盖魏晋人一切风气，无不自后汉开之。”同书《伤逝篇》“王仲宣好驴鸣”条下，他据《后汉书·逸民传》所载名士戴良每为驴鸣以悦其母事，案曰：“此可见一代风气，有开必先。虽一驴鸣之微，而魏、晋名士之嗜好，亦袭自后汉也。况名教礼法，大于此者乎?”确实如此，没有一种历史变化是没有渊源与过程的，就汉末魏晋士风之变化，我们首先应当探究其历史与时代原因。

不过，作为个案研究，总是附会“时代背景”，其解释必然显得空泛而不切实际。具体就曹丕之“慕通达”，除了时代变迁的大背景外，当与其阶级出身及阉宦背景有关。曹氏宗族，就其阶级出身而言，应该属于寒门。当然，所谓“寒门”，并非指其经济上贫穷，而主要指其家族的文化和社会地位。若单就经济而言，曹氏的一些房支是颇为强盛的。《三国志·魏书·诸夏侯曹传》载：曹洪，曹操从弟，操起兵，“洪将家兵千余人”应之；同书《曹仁传》注引《英雄记》载曹操从弟曹纯“承父业，富于财，僮仆人客以百数，纯纲纪督御，不失

其理，乡里咸以为能。”从其家“富于财”和“家兵千余人”等情况看，应当属于地方豪强。至于曹丕祖父曹嵩以数亿钱购买“三公”之位，可谓豪富了。不过，从家族门望（由文化与仕宦所决定）看，曹氏最主要的房支是曹操一系，其兴起并无门第的依托，曹丕曾祖父曹腾为东汉后期宦官集团的重要代表人物，凭借他的影响，其子孙得以乘隙而起。这种寒门的阶级出身与内廷阉宦的背景，决定了曹氏家族的文化风尚。

关于汉末儒学士大夫社会与寒门阶层的文化差异，陈寅恪先生有过精辟的论述。他在《书<世说新语>文学类“钟会撰四本论始毕”条后》一文中指出：“东汉中晚之世，其统治阶级可分为两类人群。一为内廷之阉宦。一为外廷之士大夫。阉宦之出身大抵为非儒家寒族，……主要之士大夫，其出身则大抵为地方豪族，或间以小族，然绝大多数则为儒家之信徒也。职是之故，其为学也，则从师受经，或游学京师，受业于太学之博士。其为人也，则以孝友礼法见称于宗族乡里。然后州郡牧守京师公卿加以征辟，终致通显。故其学为儒家之学，其行自必合儒家之道德标准，即仁孝廉让等是。质言之，《小戴记》《大学》所谓修身齐家治国平天下一贯之学说，实东汉中晚世士大夫自命为其生活实际之表现。……然则当东汉之季，其士大夫宗经义，而阉宦则尚文辞。士大夫贵仁孝，而阉宦则重智术。盖渊源已异，其衍变所致，自大不相同。[1]”

与儒学士大夫为人“宗经义”、为学“贵仁孝”不同，寒门人物在儒家经学修养积累上还比较缺乏，在礼仪规范上还不够严格，虽有一定的文化建树，但主要致力于文辞与才艺，表现出“通达”的特征。

正因为如此，曹丕之父曹操早年进入士族社会交际圈的时候，屡遭人歧视[2]。袁绍在一篇檄文中斥责曹操为“赘阉遗丑，本无令德，僄狡锋侠，好乱乐祸”[3]。所谓“本无令德”，是指曹操缺乏儒家道德文化修养，这是世族社会的看法。当时，人们比较曹操与袁绍的差异，多首先指出二人文化上的不同。如郭嘉曾比较袁、曹优劣，其中说到：“绍繁礼多仪，公体认自然，此道胜一也”[4]。袁绍是东汉后期儒学世族精英分子的杰出代表，与之相比，更能看出曹操的文化特点。所谓“体认自然”，即不拘泥于礼法，实际上就是“通达”。因此，出自寒门的曹氏统治者一旦登上历史舞台，其种种“自然”的为人作风和文化取

---

〔1〕《金明馆丛稿初编》，第48、51页，三联书店2001年版。

〔2〕《世说新语·方正篇》：“南阳宗世林，魏武同时，而甚薄其为人，不与之交。及魏武作司空，总朝政，从容问宗曰：‘可以交未？’答曰：‘松柏之志犹存。’”又，《后汉书·许劭传》载劭乃汝南“月旦评”主持人，“曹操微时，常卑辞厚礼，求为己目，劭鄙其人而不肯对。”

〔3〕《三国志》卷六《魏书·袁绍传》注引《魏氏春秋》载檄州郡文。

〔4〕《三国志》卷一四《魏书·郭嘉传》。

向便充分地表现出来。史籍记载曹操“任侠放荡，不治行业”，“为人佻易无威重”[1]等等。曹操教育子弟，比较自由，《三国志·魏书·任城王曹彰传》载：“太祖尝问诸子所好，使各言其志”，并充分尊重他们的志向与选择。不仅如此，在“任性”、“自然”的为人作风方面，曹操还加以鼓励和培养，形成了曹氏独特的家教门风，曹丕兄弟深受熏染，特别是曹植，《三国志·魏书·曹植传》载其“性简易，不治威仪。舆马服饰，不尚华丽。每进见问难，应声而对，特见宠爱。……植任性而行，不自雕励，饮酒不节。”这是典型的名士做派。

作为汉魏之际的最高统治者，曹操及其子孙的文化品格绝非其个人喜好的问题，必然会深刻地影响到当时社会及文化变革。特别是曹丕，他作为曹操与卞后所生之长子，以其“世子”和“太子”的特殊身份，成为邺下文士群体的领袖，他们的行为举止造成并推动着浮华时尚的发展，形成了“尚流荡”的风气。因此，无论是曹氏家族门风的延续，还是曹氏门风的“社会化”，曹丕都是一个至关重要的传承环节。如果仅仅将曹丕的“通达”言行视为贵公子的享乐和放纵，那真是太肤浅了。

从当时的社会变迁看，曹魏统治者的推动可以说涉及到各个方面，其中以下两点至为关键。

其一，体现在曹丕用人观念与政治思想上，推动着士风的变化。

众所周知，曹操力纠汉代传统的以礼法、德行取士之弊，重视个人的才情，破格任用了一批被儒学世族斥为“不治行检”、“不修细行”、“通侻”、“阔达”、“疏诞”[2]之士。不仅如此，曹操在建安十五年、十九年和二十二年三次颁布了求贤令，第一次令文明言士人即使有“盗嫂受金”之过，亦应“唯才是举，吾得而用之”；第二次令文又说“有行之士，未必能进取，进取之士，未必能有行”，故不可求全责备；第三次令文说得更明白：“负污辱之名，见笑之行，或不仁不孝而有治国用兵之术，其各举所知，勿有所遗”[3]。这就是著名的“唯才是举”政策，陈寅恪先生以为“三令的颁布，是政治社会道德思想上的一大变革，并非仅至于是为了求才于一时”，主要的目的在于“摧陷廓清儒家豪族的金科玉律”，“可视为曹魏皇室大政方针的宣言”[4]。曹丕称帝后，虽对儒学世族社会有所妥协，采取了“九品官人法”，但依然因循着重才的标准，而与后来

[1] 《三国志》卷一《魏书·武帝纪》及注引《曹瞒传》。

[2] 详见《三国志·魏书》之《郭嘉传》、《王粲传》及《杜畿传》、《裴潜传》注引《魏略》。

[3] 引自《曹操集译注》，中华书局1987年版。

[4] 《义门读书记》卷二六“《三国志·魏书·武帝纪》”针对曹操的用人唯才诏令有按语云：“如此则所得者不过从乱如归之徒，虽取济一时，东汉二百年之善俄焉尽矣。由此篡乱相循，神州左衽，岂非中国礼教信义为操所斲丧而然耶！”可见正统儒家礼法之士对曹操政策影响的估量有多严重。

“门选”不同。

不仅如此，在政治观念上，曹丕明确表示是推崇汉文帝黄老道术的，不仅与儒家世族不同，与乃父的法术之治也有异。《三国志·魏书·文帝纪》注引《魏书》载：“……故论撰所著《典论》、诗赋，盖百余篇，集诸儒于肃城门内，讲论大义，侃侃无倦。常嘉汉文帝之为君，宽仁玄默，务欲以德化民，有贤圣之风。时文学诸儒，或以为孝文虽贤，其于聪明，通达国体，不如贾谊。帝由是著《太宗论》……其欲秉持中道，以为帝王仪表者如此。”很显然，曹丕是崇尚道家政治思想的。作为封建帝王，曹丕的这一政治思想，必然深刻的影响并促动社会风尚的变化。

其二，社会风尚的变化，进一步促使思想领域的变革和新文化因素的成长，从而造成文化多元局面的出现。

前引晋人傅玄所论已明确指出：“近者魏武好法术，而天下贵刑名，魏文慕通达，而天下贱守节。其后纲维不摄，而虚无放荡之论盈于朝野，使天下无复清议，而亡秦之病复发于今。”傅玄生活在玄风昌炽的西晋时代，离曹魏未远，他追溯“虚无放荡”风气的思想与政策源头，直言“魏文慕通达而天下贱守节”，其中的感受，自然比后人来得深切。

汉晋之间，儒家大一统的局面被打破，道家、法家、名家、墨家等学说都在新的历史条件下有所发展〔1〕；至于以往被斥为小道或末技的文学艺术和其他实用技艺，更取得了长足的进步。可以说，曹氏倡导“通脱”和“通达”，冲淡了礼法规范，直接促进了文学艺术的“自觉”和思想界玄风的兴起。近人刘大杰先生分析魏晋士风与学风变化的原因，他也指出曹丕的作用甚著：“爱好文学的人，大都是爱慕自由放达，不喜拘束，曹丕也是这样一个人。”又说：“他虽然自命备儒者之风，实际已接受道家的无为政治思想了。这样看来，荀粲、夏侯玄、何晏、王弼他们的崇尚老学，并不是什么偶然的事。一个爱好文学尊奉黄老精神的皇帝，给予当代士大夫的影响，自然会产生那种玄学和旷达的风气。”〔2〕当然，造成魏晋以降思想文化变革的因素非止一端，但出自寒门的曹魏统治集团倡导“通脱”和“通达”，是其中一个不可忽视的重要环节。

（作者系扬州大学社会发展学院历史系教授）

〔1〕 鲁迅先生在《魏晋风度及文章与药及酒之关系》（《而已集》，人民文学出版社1973年版）中也指出：“思想通倪之后，废除固执，遂能充分容纳异端和外来的思想，故孔教以外的思想源源引入。”（第82页）

〔2〕《魏晋思想论》，第5~6页，上海古籍出版社1998年版。

《淮南子》的“无为”论

史向前

一

作为汉初新道家的思想代表，《淮南子》的无为论是在继承和发挥道家自然天道观的基础上建立起来的。“道”是以老庄为代表的道家哲学的最高范畴，是宇宙的终极本原和万物的生成规律。“道”以“法自然”（《老子》第25章）为自己的存在形态，以“常无为”（《老子》第37章）为自己的作用方式。道之生成万物既没有先天预设的目的，也没有任何外在的规定，而是一个“辅万物之自然而不敢为”（《老子》第64章）的过程，万物生长化育的过程本身就是自然之道的充分绽放和实现。

秉承老庄道家之余韵的《淮南子》，同样以自然之道作为万物的“大祖”，以“无为”的概念说明自然之道的生成作用。该书首篇《原道训》曰：“夫道者，覆天载地，廓四方，拆八极，高不可际，深不可测，包裹天地，禀授无形。”“道者，一立而万物生矣。……其全也，纯兮若朴，其散也，混兮若浊。”以上关于道体的无限、无形、纯朴、混同的种种写状说的正是“自然”的存在状态。《原道训》又曰：“太上之道，生万物而不有，成化象而弗宰。……旋县而不可究，纤微而不可勤。”这里的“不有”、“弗宰”、“旋县”（微妙的样子）、“纤微”（细小的样子）描述的则是道体“无为”的生成作用。《泰族训》接着说道：“天致其高，地致其厚，月照其夜，日照其昼，列星朗，阴阳化，非有为焉，正其道而物自然。”这就是说，万物之所以各得其所、各尽其性，并非是一种有意的作为，而是道循大道，自然化生的结果。既然如此，人事的活动与安排就应该遵循自然之道，“是故天下之事不可为也，因其自然而推之。”（《原道训》）凡事不可任意妄为，应该因循自然，以无为的方式去行事。

二

《淮南子》虽然继承了老庄的自然无为之道，但并没有停留于此，而是“因阴阳之大顺，采儒墨之善，撮名法之要。”（司马谈《论六家要旨》）兼容并包，博采众长，作出了创造性的发挥。其思想的转换就是通过“不先物为”和“因物之所为”的解释，将老庄的“无为”明确指向了积极入世的方向，从而使先秦道家思想焕然一新。

在老庄那里，“无为”论虽然包含有一定的积极意义，但他们并没有对此作出具体的分析和说明。相反，更多的言论都是指向对各种“有为”或“人为”的批判，使得他们的无为论难免蒙上一层消极色彩。如果说老子的“道常无为”因其言意的简约抽象存在有一种消极自为的可能，那么，这种可能在庄子那里又得到了进一步的放大。庄子提倡的“心斋”、“坐忘”，就像《庄子》书中颜成子游所认为的，几乎就是枯木死灰般的不动不为。

《淮南子》首先对于这种以为“无为”就是无所作为的消极观念进行了批评：“或曰，无为者，寂然无声，默然不动，引之不来，推之不往，如此者，乃得道之象，吾以为不然。“（《修务训》）认为这种所谓的不动不为并不是真正得道的“无为”。接着又以上古神农、尧、舜、禹、汤这些公认为得道的圣王为例，列举了他们忧心百姓，操劳国事的种种事迹，说明他们并不是这种“寂寞”、“安逸”的无所作为，而是一种有所作为的积极的、真正的“无为”。在最后的《要略》篇中，作者还把上述这种一味消极顺随、无所作为的行为称作“塞而无为”，即是阻塞大道的行为；而把那种真正得道、有所作为的行为称作“通而无为”，即是通晓大道的行为。“无为”之称虽同，但其所以无为则异，二者有着本质上的区别。

接下来，《淮南子》便对真正的“无为”作出了具体说明。《原道训》曰：“所谓无为者，不先物为也；所谓无不为者，因物之所为也。”“无为而无不为”一说出自《老子》，人们对这一辩证命题往往有着自相矛盾的理解。《淮南子》则从理性的意义上对此作出了统一的解释。所谓“不先物为”，就是事物的自身开展还没有表现出来之前不要妄动。所谓“因物之所为”，就是事物自身的开展表现出来后再顺其而为。这样的“为”因为没有任何主观的妄为或外在的强加，所以是无为；又因为它完全符合了事物的自然本性和规律，达到了成已成物的目的，所以是无不为。《淮南子》的这一解释，似乎是同义反复，其实不然。这是分别从正和负两个方面对“无为”的具体阐述。如此一来，就把“无为”和“无不为”贯通一致起来了，同时也把“无为”的实践意义和积极意义充分显示出来了。《淮南子》还进一步对“无为”作出了全面的界定。《修务训》曰：“吾所谓无为者，私志不得入公道，嗜欲不得枉正术，循理而举事，因资而立功，权推自然之势，而曲故不得容者；事成而身弗伐，功立而名弗有。非谓其感而不应，攻而不动者。若夫以火灌井，以淮灌山，此用己而背自然，故谓之有为。……此非吾所谓为之。”这里的“私志不入”、“嗜欲不枉”，说的就是“不先物为”；“因资”、“循理”、“推势”等说的就是“因物之所为”。说明了道家讲的无为，一方面是不以人的主观意志和欲望去干涉或替代事物的客观情势，另一方面是要顺因事物的自然资质、条理和情势去努力成就事物，立功建业。总之，只有在没有任何主观意志或个人嗜欲情况下，在充分认识和掌握客观事物性质和规律的基础上，加以因势利导、积极辅助的行为，才是真正的无为。

值得注意的是，在上面所引的《修务训》这段话后面，作者还秉承道家的立场，对“有为”作出了明确的界定，即是出于私志，全然不顾自然法则的主观妄为。《俶真训》也说：“寂寞以虚无，非有为于物也。”对这种所谓的“有为”进行了否定。象“无为”一样，“有为”的概念也出自老子，并且是将二者作为一对矛盾范畴使用的。老子屡言：“民之难治，以其上之有为。”（《老子》第75章），“上德无为而无以为，下德为之而有以为。”（《老子》第38章）东汉道家学者王充也说道：“夫天道，自然也，无为；如谴告，是有为，非自然也。”表明了“有为”是和“无为”正相反对的一种违背自然的错误行为。可以说，主张无为，反对有为，是《淮南子》，也是整个道家思想的一个基本立场。有学者因为《淮南子》博采诸家之长，将道家无为思想引向了现实政治的方向，而认为《淮南子》就是将道家的“无为”改造发展到了有为，是主张有为。这是一种概念和思想上的混淆。

可见，通过以上“有为”和“无为”，以及“无为”的两种行为方式的对比，《淮南子》澄清了对于“无为”的种种混淆和误解，进一步明确了“无为”的要义和特点。

三

对“无为”的界定明确了人类应该如何作为，不仅如此，作者还说明了人类为何要有所作为的道理。这就是天地能生与人事有治的辩证统一关系。天地虽然能生化万物，但不能治理万物，而人类通过认识和掌握自然之道，能够进一步达到对万物的治理，即把客观事物及其规律从自在之物转化为为我之物。《修务训》曰：“夫地势水东流，人必事焉，然后水潦得谷行；禾稼春生，人必加功焉，故五谷得遂长。”水东流，禾春生，属于自然现象；欲使流水灌溉，春禾丰长，就必须加以人事的治理才能获得。《泰族训》也曰：“天之所为，禽兽草木；人之所为，礼节制度。”人为具有与天为相媲美、对万物达到治理和利用的独特能力。作者还通过大禹治水、后稷垦种、汤武革命等古代圣王所作所为的历史事实，总结出“因则大，化（疑为“作”）则细”的思想，即顺应自然规律去发挥人事，就会逐渐丰富、扩大事物；而任凭人的主观意志去行事，就会损害、减少事物。说明了自然之道的流行和绽放需要人的努力参与，需要通过人事的积极辅助和治理才能充分实现。

进一步而言，《淮南子》还根据“精气为人”回答了人类为何能够有所作为的道理。《淮南子》认为，人与万物虽然同生于道，具有与道相同的本质，但在道生气化的过程中，不同物类的自然禀赋又是不一样的。《精神训》论人与万物的产生说："古未有天地之时，惟象无形。……于是乃别为阴阳，离为八极。刚柔相成，万物乃形。烦气为虫，精气为人。"由精微之气构成的人与其他物类最大的不同就是具有独特的"心知"和"才力"。天地间不乏有爪牙锋利、筋骨强壮于人的动物，然而不免为人所制，原因就在于"知不能相通，才力不相一"(《修务训》)，它们缺乏和人同等的心知和才力。《淮南子》还认为，人所特有的这种心知和才力具有两面性，它一方面可能使人丧失真性，远离淳朴；另一方面也可以使人通晓大道，返于真性。关键就在于后天的教化和学习。《淮南子》因此继荀子之后又提出了"学不可以已"的思想，并以马为例说："马，聋虫也，而可以通气志，犹待教而成，又况于人乎?"(《修务训》)人因其这种特有的自然禀赋，不仅比其他物类易于受教，也只有通过学习和教育才能充分发挥自己的本质和天赋。所以说："欲弃学而循性，是谓犹释船而欲蹍水也。"(《修务训》)强调只有通过不断学习，发达心知，努力自强，才能完善自我，与道相合。

在"为学"与"为道"的关系问题上，以老庄为代表的先秦道家因为过分强调二者间的差异，表现出了"绝学无忧"、"弃圣绝智"的反学倾向。《淮南子》则将二者统一了起来，认为真正的无为并非单纯依赖人的自然本性，而是需要努力向学，获得发达的心知和才力。这种学以成性、学以致道的精神无疑是在更深层次上给予道家的无为思想注入了一种能动的文化内涵。

《淮南子》的"人事有治"、"学不可已"观念无疑是吸收了儒家赞天地之化育的光辉思想，体现了客观规律性和主体能动性的统一。但《淮南子》并没有因此走向儒家，特别是荀子的"天人相分"或后来的"天人相胜"方向，而是始终站在道家自然之道的立场上来论述人治和为学，是以"道治"来统治"人治"，以"为道"来统治"为学"的。关于为学，荀子从性伪之分出发，认为学习的过程是对自然本性的加工和改造，目的在于克服和变化人性，上达礼义。《淮南子》则认为学习是对人的固有心知和才力的开发，学习的目的在于返性达道，成就自然；关于人治，《淮南子》的立场更为鲜明，《泰族训》曰："夫物有以自然，而后有人事之治也。"人类治理万物只能是在因循自然之道的基础上才能得以实现和发挥。不仅如此，正如《俶真训》所说的："举事而顺于道者，非道之所为也，道之所施也。"人类之所以能够循道而行事，发挥出治理万物的作用，恰恰是道的施予，是自然之道本身伟大功用的表现。这不仅是因为人事之治需要因循自然之道，而且人事之治的能力同样是自然之道所赋予的。所以说"治在道，不在圣"(《原道训》)，不是人治，只有道治才是真正的、根本的治。

将道家的“无为”观念转向经世致用的政治方向，并凸显这一积极意义的，并非始于《淮南子》，先秦法家和汉初的黄老学者等道家后学都曾为此作出了贡献，并且先于《淮南子》提出了有关“因循”（慎子），“不先物为”（文子）等说法。《淮南子》是在通过兼收、集成前人思想的基础上形成了自己的新论，进一步实现了对道家“无为”思想的发展。这种发展用刘笑敢先生的话说，就是突出了“无为”的实践意义和理性倾向，或者说，“无为”观念在《淮南子》中得到了实践化和理性化的进一步发展。这里的“实践化”主要指“无为”的政治功能，“理性化”是指“无为”的含义界定。如果说“无为”的实践意义在前人那里还是一种构想，那么在《淮南子》这里则是一种社会现实。《淮南子》一书就是在经历汉初文景时代清静无为的政治实践中总结出来的，几乎就是一套“无为”的治国方案，其目的就是企图在武帝时代得到进一步的贯彻和实施。至于它对“无为”的定义也是在吸收前人思想的基础上形成的一种更为明确、全面的解释，并且对于有关“无为”的种种误解和混淆也给予了一一澄清，从而使道家“无为”思想达到了它所能达到的理论高峰。

总之，《淮南子》作为秦汉新道家的思想代表，一方面，它的“无为”新论，秉承先秦道家的自然主义，明确了“无为”和“有为”的思想界限，坚持了道家主张“无为”，反对“有为”的基本原则。另一方面，它突破了道家原有的批判意识和超越精神，将儒、法诸家所强调的充分发挥人事、人治的思想纳入到道家“因其自然”的范畴之中，实现了“无为”与“人为”的完美结合，使道家思想真正成为一种适用于现实政治的理性化的学说。

（作者系安徽大学哲学系及“中国哲学与安徽思想家研究中心”教授）

元代艺术思想中的庄子哲学

孙小力

一个时代的文艺，必然具有某种相似的品质和共通的精神。如果采用一两个简单的词语来概括元代的艺术思想，恐怕没有比“自娱”、“畅神”更为确切的了。无论在戏曲里，还是在诗文中，自我抒情、自我娱乐、自我表现的精神，都得到了充分的展示。而在这方面表现最为抢眼、变化最为迅速的，无疑是绘画。元代绘画的突出变化，主要在于文人画的正式形成和兴盛，或者说是绘画的文学化成为了主流思潮。元代绘画致力于表现艺术家主观的意兴心绪，强调“神”重于“形”、“意”先于“境”的艺术理念，变“工致”为“率意”，用“绘画”来“寄情”。李泽厚先生对此曾有过精辟的阐述，认为类似倪瓒、吴镇画论中所表现的美学指导思想，是宋代主流艺术所没有的〔1〕。

事实上，表现自我、展示精神，不仅是元代绘画的主流思想，也是整个元代艺术的重要特点。究竟是什么原因造成了这样的结果呢？以往的评论比较多的集中于元代的社会背景、文人心态的探讨，认为上述变化的原因，在于当时的异族政权、民族歧视，以及在此条件下的文人心理的变化。本文则集中于内在原因的探讨，集中于庄子哲学与元代艺术思想的传承关系以及元代文人相关思想的分析。

一、“不求形似”和“聊以自娱”

明季文豪兼书画鉴赏大师陈继儒曾说：先秦、两汉诗文具备，晋人清谈、书法，六朝人四六，唐人诗、小说，宋人诗余，元人画与南北剧，皆自独立一代〔2〕。

可见将元代绘画和戏曲作为一个时代的文艺代表，并非始于近、现代，明人已经具有这样的意识。元代文艺突出的表现及其时代意义和历史地位，早已有目共睹。元代的艺术思想或艺术品格，亦不断为后人所称道，尤其著名诗画家倪瓒的艺术观颇具代表性，以下这段语录脍炙人口：“仆之所谓画者，不过逸笔草

〔1〕 参见《美的历程·宋元山水意境》。

〔2〕《太平清话》卷一。

草，不求形似，聊以自娱耳。近迁游，偶来城邑，索画者必欲依彼所指授，又欲应时而得。鄙辱怒骂，无所不有，冤矣乎！讵可责寺人以髯也？是亦仆自有以取之耶。"〔1〕

倪瓒强调绘画首要的任务或目的，在于“自娱”。既然“自娱”是主要的，那么技巧如何，形似与否，都是次要的。反之，如果为了满足常人的欣赏习惯，追求绘画的技巧和形似，在枝叶细节方面浪费工夫，则是“拘于俗”，因为“形似”乃世俗画工追求的目标。

“拘于俗”的害处，其实不仅指丧失清高，更是指人的自然率真的天性因此受到损害。庄子认为要保全自然天性，就不能以世俗的好恶为好恶，因此经常强调人应该“无情”。然而庄子以提倡“无情”著称，闻一多却赞誉他为“开天辟地以来最古怪最伟大的一个情种”。〔2〕这又是为什么呢？原来以庄子为代表的道家学派认为，人是自然的一部分，人生的意义和价值，就在于任情适性，求得生命的自由发展。庄子主张“无情”，其实正是以此张扬“真性情”：一种不受世俗礼法束缚的任性率真之情。《庄子·渔父》篇说：“礼者，世俗之所为也；真者，所以受于天也，自然不可易也。故圣人法天贵真，不拘于俗。”

《庄子》外篇《田子方》中记载的一个“解衣盘礴”的“画史”，就是这样一个“法天贵真，不拘于俗”的个性人物。“解衣盘礴”，是真人真性的外在表现，而庄子更为注重的，是精神方面的追求。人的形（身）神（心）关系问题，是庄子最早提出来的。庄子虚构了许多形神不一致的艺术形象，诸如肢体残缺而才全德充的畸人，相貌奇丑而能令周围所有的人，不论男女贵贱，都恋恋不舍的异人，还有仅存其形、丧失其神而令猪崽惊恐逃窜的母猪等等〔3〕，以此强调他精神重于形体、内美胜过外美的观点。

所谓精神重于形体、内美胜过外美，并非是对美的否定，而是强调内在的、实质的、精神的美，才能给人以真正的美感。但是这种“精神的美”，并非俗人能够欣赏和理解的。有这样看法的人士，其实不止倪瓒一人。与倪瓒有相同看法的，当时不在少数。例如汤垕指出，正确的“看画”方式应该是先观气韵，次观笔意，然后骨法、位置、傅染，最后形似，此即所谓观画“六法”。汤垕认为，看画犹如欣赏美人，美人之所以引人注目，不仅仅在于其肌体之外貌，更为重要的，是其风神韵味。汤垕尤其赞同苏东坡论画诗“论画以形似，见与儿童邻。作诗必此诗，定知非诗人”的观点，所以他鄙视以形似论优劣的观画法，

〔1〕《清閟阁全集》卷十《答张藻仲书》。

〔2〕《古典新义·庄子》。

〔3〕参见《庄子·德充符》。

因为“拘于形似位置，则失神韵气象”。[1]

所谓“拘于形似，则失神韵”的观点，既来源于庄子的“形神观”，也受到庄子相对主义的认识论的影响。庄子认为，事物普遍蕴含矛盾，对事物的看法也存在着对立，然而这些矛盾或对立，归根结底都是虚妄。庄子指出，所谓事物等级优劣的区分，其实只存在于人们的观念之中，是浅薄的世俗的看法：“以物观之，自贵而相贱；以俗观之，贵贱不在己。”[2]如果从“道”的高度来看，其实并不存在“贵贱”的区别。庄子认为所谓“大小”、“尊卑”、“优劣”等等价值判断，并非是事物自身所固有的，这些观念的确立，完全取决于观察人和评判者，所以价值观念的不确定性，也就是不可避免的。庄子还认为，事物的彼此、言论的是非，都是相对产生而又相互依存的，就像事物的大小、人物的美丑、器物的制成和毁坏等等，似乎截然对立，其实是因为主、客观条件的限制，人们没能看到事物的两面性而拘泥于一面立论的缘故。比如说，丑女与美女相比，似乎是丑的，但与比她更丑的人相比，却又是美的，更何况所谓美丑的标准，本来就是出于人的主观成见，是没有定准的。

与此同理，绘画的“似”与“不似”，也是如此，既不可能有同一标准，也不可能固定不变。常人从“形”的角度观察，可能感觉“不似”；艺术家从“神”的角度要求，则认为十分真实。元代文人许有壬就是采用这样的观点来评判“神似”与“形似”的，他认为“神似”之所以比“形似”更为重要，原因就在于仅得其“形”者，仍属“不似”；而得其“神”者，即使“形”的描写有所欠缺，却依然保全了生动和真实[3]。

事实上，“似”也好，“不似”也罢，倪瓒根本不去关心，因为他画画只是为了“自娱”。在元代，文艺常常成为自我娱乐或自我表现的工具，因此，“以文艺为戏玩”的创作思想颇为流行，而且这样的创作理念，涉及各种艺术形式。

被誉为“明初四杰”之一的诗画家张羽，曾经总结概括历代绘画的特点。他认为如果将绘画按照时间划分，可以把南宋以前的绘画分为“三世”：西周以前为“上世”，西周至汉为“中世”，两晋至宋为“末世”，并且认为三世之画各自具有明显不同的特征：上世之画以之载道，中世之画以之纪事，末世之画以

---

〔1〕 汤垕：《画论》。

〔2〕 《庄子·秋水》。

〔3〕 《至正集》卷三十一《赠写真陈芝田序》：“人知芝田之工，而不知其得于笔墨之外者。且似者，形也；似之者，非形也，神也，形外而神内也。外而最著者，面也，形至焉；内而最微者，心也，神出焉。使心而见于面，内而暴于外，其为道不既渊乎！故有得其形矣，而识者不以为似；得其神，则虽眉目之有参差，容色之有浅深，望而知其为某也。”

之骋技〔1〕。张羽认为，"载道"之画是"圣人"所为，"纪事"之画是"智者"所为，"骋技"之画是"画工"所为。而他本人最为推崇的，则是"三世"之外的，是幽人逸士抒情写趣、不计工拙、聊以自娱的绘画。

张羽和倪瓒生活于同时同地，他所谓的"幽人逸士"，显然是有所指的。与倪瓒类似，梅花道人吴镇也常将绘画称为"墨戏"，认为它们都是"士大夫词翰之余，适一时之兴趣"的娱乐活动〔2〕。而张羽推崇的，正是类似倪瓒、吴镇那样的元代文人用于自娱的绘画。

绘画聊以自娱，戏曲也是如此。《录鬼簿》的作者、钱塘人士钟嗣成认为，以"戏玩"态度写作元曲的作家，十分值得关注："若以读书万卷，作三场文，占夺巍科，首登甲第者，世不乏人。其或甘心岩壑、乐道守志者，亦多有之。但于学问之馀，事务之暇，心机灵变，世法通疏，移宫换羽，搜奇索怪，而以文章为戏玩者，诚绝无而仅有者也。"〔3〕

也就是说，"以文章为戏玩"的元曲作家，其价值远远胜过饱读诗书的科举状元和安贫乐道的隐逸之士，因为这样的人物以前没有出现过。钟嗣成在《录鬼簿》中辟有专章记述了这一类"戏玩"作家。

戏曲之外，元代文人认为诗歌也可以而且应该是"玩笑"的产物。杨维祯在为其朋友贡师泰《玩斋诗集》撰序的时候，抓住"玩"字大做文章。杨维祯认为，由于韩愈"诗穷而后工"思想的误导，使得历代诗人"极诸思虑"、"专攻"、"精治"，丧失了轻松的心态，以至作品缺乏情性，失去自然，失去了《三百篇》自然谣音的性质。那么，在他看来，以"玩"的心态写诗，正是恢复《诗经》自然风格的绝好途径。

散文方面，效仿韩愈《毛颖传》的作品不胜枚举，钱、盐、酒、萝卜、乐器，都有名家为之作传。书画题跋风趣幽默，篆刻印章也不乏滑稽的内容和风格。幽默滑稽的艺术家当时备受欢迎，如以风趣著称的潘纯、一笑居士张昱等等，常常是各地名人大户邀请的贵宾。总之，元代的艺坛，自娱自乐的风气颇为盛行，随之而来的，当然是活跃的文艺思想和艺术创新。

因为认识到艺术的根本目的在于满足自我，所以元代文人更为看重自身的感受，至于他人的评价褒贬，常常不予关心。甚至历来受人仰慕的钟子期和伯牙的举动，也有人表示否定。当年伯牙因为知音钟子期去世而毁琴绝弦，终身不复弹琴，元代文人却认为这样的举动不可理解。因为弹琴在于自娱自乐，与别人无

〔1〕 参见《张来仪文集·画屏赞序》。
〔2〕 参见《赵氏铁网珊瑚》卷十一引录吴镇元至正八年题跋。
〔3〕《录鬼簿》"已死才人不相知者"条附注。

关；索求所谓知音的欣赏，则是俗人的举动〔1〕。上述倪瓒对于他人的批评或要求表示出不予理睬、甚至厌烦的态度，原因也在于此。

二、“逸气”和“畅神”

正是因为认识到艺术的首要功能在于自娱，所以元代文人常常不注重创作的结果，更为重视的，则是艺术创作的过程。倪瓒说：“以中每爱余画竹，余之竹聊以写胸中逸气耳！岂复较其似与非、叶之繁与疏、枝之斜与直哉？或涂抹久之，它人视以为麻，为芦，仆亦不能强辨为竹，真没奈览者何。但不知以中视为何物耳?”〔2〕

当时人批评指责倪瓒所画的竹，认为毛病在于走形。但是其友人以中先生对倪瓒的画竹却有所偏爱，是何道理呢？总不至于因为“不像”的缘故吧。以中偏爱倪瓒的画竹，究竟出于什么心理，我们从传世的资料里找不到直接的答案，但是从倪瓒的题跋和书信里，分明可以推测，以中先生所钟爱的，其实就在于画中表现出来的“逸气”。这“逸气”，既属于倪瓒笔下的竹子，属于倪瓒本人，同时必定也感染了以中先生。

所谓“逸气”，可以理解为飘逸洒脱之心性，也就是元代文人艺术家致力于展示的“气韵”。然而这气韵，并非人人都能欣赏的。倪瓒也认为他的艺术作品的妙处，唯有志同道合的友人才能认识，所谓曲高和寡，但并非没有知音。事实上，他也确实从以中先生和张藻仲那里获得了理解。“以中每爱余画竹”，恰恰证明“逸气”也不是无法捉摸的。

“逸气”，原先并非褒义词。《颜氏家训》卷上说：“凡为文章，犹人乘骐骥，虽有逸气，当以衔勒制之。”意思是说，在文艺创作的过程当中，或许文思泉涌，或许才情迸发，但此“逸气”不能随兴发挥，必须有所节制。“逸”在唐朝仍然不被视为优秀品格。当时朱景玄将绘画分成四等，“逸品”就被置于第四等，在“神品”、“妙品”、“能品”之后。其实朱景玄列入“逸品”的艺术家及其创作方式，与后来的文人画家如倪瓒、徐渭等等有颇多相似之处。例如其中列于“逸品”首位的画家王墨，绘画题材多为山水、松石、杂树，绘画方式则是先将墨泼于纸或绢上，然后“或笑或吟，脚蹙手抹，或挥或扫，或淡或浓。随其形状，为山为石，为云为水。应手随意，倏若造化”，〔3〕可以说完全符合后来人们对于浪漫派文人画家的印象和要求。但在当时的人们看来，显然是出

〔1〕《静修集》卷五《子期听琴图》：“琴瑟自吾事，何求人赏音？絶弦真俗论，不是古人心。”

〔2〕《清閟阁全集》卷九《跋画竹》。

〔3〕《唐朝名画录》。

“格”了。

到了宋代，“逸格”开始受到推崇。黄休复认为“逸”是最难达到的境界，因为它“拙规矩于方圆，鄙精研于彩绘，笔简形具，得之自然。莫可楷模，出于意表”，[1]因此黄休复将“逸格”置于“神格”、“妙格”和“能格”之前，被推到了最高地位。

不过黄休复的“逸”，主要还是强调超常和飘逸，是指“出于意表”，是指他人无从效仿；黄休复在强调“笔简”的同时，仍然指出不能放弃“形”的追求。然而到了倪瓒的笔下，“形”则成了无足轻重的标准，无须追求，更不必恪守，画家要做的，只是抒发“逸气”而已。

按理来说，“形”都抓不准，对于画家来说应属大忌，倪瓒非但不回避，甚至不以为然，因为他作画只是为了抒情，为了自娱。所以时而“逸笔草草”，时而“涂抹久之”，绘画的进程完全根据自己当时的心情来决定。然而正是在这一过程之中，艺术家的思想得到了自由，愁闷得到了释放，精神获得了愉悦。倪瓒所谓“不求形似，聊以自娱”；吴镇所谓“以墨为戏”；[2]王冕自称不顾终日饥饿，仍然“画梅作诗，读书写字”，只是为了“遣兴”等等[3]，都足以说明元代文人对于艺术“畅神”的快感，有十分迫切的需要和真切的感受。

元代文人认为，艺术创作首先注重的是艺术家本人的精神展示，或者是描写对象的气韵的表现。胡祇遹说，画工作画与文人作画的最大区别，在于前者循规蹈矩，犹如刚进婆家三天的新媳妇，心思细密，小心翼翼，因此丧失了浑全之气；而后者作画，仿佛书家挥洒草书，元气淋漓而足以引人入胜[4]。王恽则将气韵的表现与否，视为鉴赏的第一标准，认为“看画当观其气，次观神，而画笔又次之”。[5]

如果说，唐宋以前的文人更多的是采用诗歌抒情，通过诗歌，使作者感受到自己生命意识的存在，感受到了自己主体意识和主体力量的存在，那么，随着诗歌受到主流的正统意识的控制，逐渐受到程式化体制的约束，其抒情畅神功能明显削弱了。到了元代，由于各种各样的原因，越来越多的文人涉足绘画领域，在诗画兼长的艺术家手中，诗歌宣泄情感的功能就逐渐让位给了绘画。吴镇在其《梅谱》中说道：“（画与诗）名之虽异，意趣实同。古人以画为无声诗，诗乃有声画，是以画之得意，犹诗之得句，有喜乐忧愁而得之者，有感慨愤怒而得之

[1]《益州名画录》。

[2]《梅花道人遗墨》卷上《题竹二十二首》。

[3] 参见明·朱存理辑《铁网珊瑚·画品》卷三《王元章画梅》。

[4] 参见《紫山大全集》卷十四《跋贺真画》。

[5]《玉堂嘉话》卷二。

者，此皆一时之兴耳。”他还有题《画竹》诗说：“动辄长吟静即思，镜中渐见鬓丝丝。心中有个不平事，尽寄纵横竹几枝。”[1]可见绘画对于元代文人来说，是新兴的并且可以自由发挥的艺术形式，结合传统的诗歌，他们可以更加自由地表现自我，更加淋漓尽致地发泄情感。元季僧人本诚所谓“以喜气写兰，以怒气写竹。每画毕，辄喜题跋其上”[2]等等，证明当时的和尚画师也已经习惯于利用绘画来抒情畅神。

吴镇也曾说过：“写竹之真，初以墨戏，然陶写性情，终胜别用心也。”[3]所谓“陶写性情，终胜别用心也”，似乎是延续着朱熹“游艺”以“玩物适情”的理论，但是从上引诗文来看，他的着眼点分明不是“养心修身”，而是转移到了“随心任性”的“畅神”方面。

艺术具有“畅神”的功能，并不是元人首先认识到的。早在南朝刘宋年间，宗炳的《画山水序》对此就有过精妙的描写。宗炳晚年，将早年游历并且钟爱的荆楚山水画于屋内壁上，不时享受“卧游”的乐趣，并且深有感触地叹道：“余复何为哉？畅神而已。神之所畅，孰有先焉？”[4]

然而宗炳的“畅神”，与元代文人有所不同，比较接近的，则是庄子倡导的“游心”和“养气”。《画山水序》中，宗炳自称其“畅神”的过程和效果是：“闲居理气，拂觞鸣琴，披图幽对，坐究四荒。不违天励之丛，独应无人之野……圣贤映于絶代，万趣融其神思。”所谓“圣人含道应物，贤者澄怀味象”，宗炳的“畅神”，是朝着天人合一的目标努力，力求在与大自然的交流中，求得心灵的宁静和精神的舒畅。这也正是庄子有关的理论所提倡的。

庄子“重神轻形”、“游心”、“养气”的理论，主要着眼于养生。在庄子看来，人既然生而为人，当然有其形表，但“形”为宾，“神”为主，如果为“形”而伤“神”，则是本末倒置。因此，应当泯灭喜怒哀乐之情，保持无心、无知、无情、无欲的心境，避免是非彼此的世俗意识侵袭身心。这样才可以心灵清静，潇然无累，才可以与天地交流而遨游于自然。因此，庄子的“形神观”、“心斋”、“坐忘”、“静心”等等，本来是讲究保持心神的安宁，以不变应万变，为世人提供保命全身的处世良方。所谓“清而容物，远祸之基也；喜怒哀乐不入于胸次，进德之本也”，[5]这是后世人们从《庄子》一书中获得的宝贵经验。

然而元人的重“气”、重“神”，更多的是着眼于个体精神和自我生命的展

〔1〕《梅花道人遗墨》卷上《画竹十一首》之九。

〔2〕参见《元诗选·凝始子稿》。

〔3〕《梅花道人遗墨》卷下《竹谱》。

〔4〕《历代名画记》卷六《画山水序》。

〔5〕《清容居士集》卷四十六《题放翁訓子帖》。

示，因此往往崇尚真性真情的自由发挥，追求超凡脱俗、不拘一格的行为方式。通过艺术创作来抒发胸中的逸气，通过艺术的方式来自由抒情，通过艺术的成果来展示自己的人格和精神。因此，元代文人的“畅神”，不再是宗炳那样的幽静，而是充满了狂热的激情，所谓“有时泼墨动江浦，叱喝怒骂生风雨”〔1〕的场面是经常出现的。也正是因为这样的原因，郑所南用“露根兰”展示自己的骄傲，王冕即使忍饥挨饿，也不愿放弃吟诗作画，其著名的题《墨梅》诗说：“我家洗砚池头树，个个花开淡墨痕。不要人夸好颜色，只留清气满乾坤。”〔2〕与郑所南一样，在以绘画“畅神”的同时，王冕恰到好处地展示了自己不同凡响的人格和情操。

艺术可以调节人的情绪，可以转移人的性情。在这一点上，绘画主体的改变尤为重要。因为在元代以前，绘画的主体是画工。画工作画，是供他人观赏，绘画的对象是他人；而一旦文人成为绘画的主体，他们就自然而然地使绘画担负起了生活的润滑剂作用。

事实上，艺术地对待生活，本来就是中国传统文化的重要特色之一。中国人源于老庄思想的人生情调和处世哲学，在本质上更富于艺术意味。但是元代文人更加前进了一步，他们直接将各种艺术（包括戏曲、绘画、书法、篆刻、诗文、音乐等等）的创作和欣赏引入了现实生活，并且就此使它们成为了自己生活中不可或缺的一部分。在民族压迫、等级歧视极端严重的社会里，元代文人能够保持一种淡泊、潇洒的心态，选择一种逍遥、闲适的生活方式，艺术起到了至关重要的作用。与此同时，画家不再遭到鄙视，不再被认为属于工匠一流，相反却与圣贤将相、立德立功立言之人相提并论，认为可以“同宇宙而不朽也”〔3〕。对于文人来说，艺术才能的发挥，也使得他们的自尊和自信获得了保全或提升。

元代的艺术精神，并未随着元朝的结束而立刻消亡，作为一种文化传统，它仍然延续着，并且支撑着当时文人的精神。明初，吴地文人陈惟允被处死，临刑之前，陈惟允从容染翰，挥毫作画。后来其好友张羽见此“绝唱”，悲从中来，题诗一首：“若人悟悬解，委蜕顺天刑。慷慨赴东市，一日为千龄。李公悲上蔡，陆子喟华亭。识机若不豫，达生良可经。朱弦亦易絶，仄景不可停。从容洒芳翰，炳焕若丹青。好艺永传世，精魄长归冥。披图怀平素，涕泪缘零。”〔4〕

陈惟允的画作早已不传，但是从张羽的题画诗中，我们分明可以感受到作者

〔1〕 参见王冕《竹斋集》卷下《题温日观葡萄》。

〔2〕《竹斋集》续集《墨梅》。

〔3〕 参见元方回《桐江续集》卷三十三《铁瓶呉处士善画序》。

〔4〕《静居集》卷一《题陈长司画》（原注：是其临难时作）。

旷达而又潇洒、自信而又自豪的精神力量。值得注意的是，张羽诗中“悬解”、“委蜕”、“天刑”、“达生”等词语，多源出于《庄子》，其中隐含的生死观，又分明有道教思想的影子。

蒙元王朝疆域辽阔，统治范围空前扩大，各族各地人民的宗教信仰各有所异，为达到“因其俗而柔其人”的统治目的，蒙元统治者奉行的是多种宗教兼容并蓄的政策〔1〕。其中道教、尤其是全真教等新创派别的流行，引人注目。元代著名的书画家和艺术理论家，诸如赵孟頫、黄公望、吴镇、倪瓒、杨维祯、张雨等等，或身为道士，或与道教有着千思万缕的联系，他们的书画创作和书画理论，常常也与道教或道家思想有关。吴镇的题画诗文《调寄沁园春·题画骷髅》、《骷髅偈》，就是典型的例子。金元时期，有关“骷髅”的诗画一度流行，原因在于全真道创始人王重阳倡导的日常修行之法，就有所谓“骷髅观”。王重阳曾画骷髅，又作有《叹骷髅》诗词，全真七子之中，亦多作有咏叹骷髅的诗文。但是，如若追根溯源，《庄子·至乐》篇中庄子与“骷髅”的对话，则是最为久远和经典的。

道教昌盛的同时，《庄子》一书也十分流行。明初宋濂对此曾颇为感叹，认为《庄子》一书的盛传，影响恶劣，因为它给世上那些勇于放肆而不守礼仪规矩的人提供了理论武器，以至于世风日下、礼义败坏〔2〕。宋濂的抱怨，不啻绝好的反证，适足以证明世人对于庄子哲学思想的热衷。庄子思想的积极意义，更不是恪守儒家传统的宋濂们能够抹杀的。

我在这里还要强调的是，陈惟允视死如归、慷慨就刑，固然是“达生”的表现；倪瓒、吴镇、张羽等崇尚并追求“聊以自娱”的艺术生活，同样是“悟”得了“悬解”。

庄子认为，世人受财富、权势、野心、贪欲等社会人情的束缚，犹如身受倒悬之苦，而要摆脱这种束缚，就应当做到“物物而不物于物”，以此回复到人的“本性”，此即所谓“悬解”〔3〕。诸如此类的庄子哲学，在一定程度上可以使人忘怀得失、不计利害，超越种种现实计较和生活束缚，或高蹈远慕，或怡然自得，到活泼流动的自然社会中去觅取真趣，从中获得生活的力量和生命的意趣。它可以抚慰世人心灵的创伤，可以使元代那些生活在苦难和郁闷中的文人们获得某种安慰，也能够使人在一定程度上摆脱物欲的诱惑而追求真正的生存价值。尤

〔1〕 参见《元史·释老传》。

〔2〕《文宪集》卷二十七《诸子辩》：“其书（指《庄子》）盛传，世之乐放肆而惮拘检者，莫不指（庄）周以借口，遂至礼义陵迟，彝伦斁败，卒踣人之家国。不亦悲夫!”。

〔3〕 参见《庄子·山木》。

其对于痛苦失意的艺术家来说，庄子的人生观、形神说、相对论，更是难得的精神滋养。它常常促使艺术家大胆抒发自我的个性意识，以致能够或多或少地突破封建伦理道德的藩篱，从而催生出许多或含蓄、或优美、或奇崛、或旷放、或孤傲、或冲动的作品，使文学艺术大放异彩。我们从上述宋濂的抱怨中也不难发现，庄子哲学确实具有某种解放思想的作用。庄子的理想，庄子及其后学对于人格独立和精神自由的追求，在元代文人那里也确实得到了充分的继承和发挥。

（作者系上海大学文学院中文系教授）

老庄哲学与构建和谐社会的冲突

李晓元

在承传传统文化并将其应用于构建和谐社会的过程中，对老庄哲学的认识还存在误区，如认为老庄哲学的“天人和一”就是和谐社会人与自然的和谐发展关系，老庄哲学的“无争”、“弃智”思想可以缓解社会矛盾，取消生存压力，实现人生和社会的“和谐”。在和谐社会的构建过程中，还存在着回避矛盾冲突，以老庄哲学为精神依托和人生境界的实践倾向。老庄哲学在古代不是主流的国家哲学，但在处于自然经济关系的民众中根深蒂固；在构建和谐社会过程中，老庄哲学也不是社会主义的意识形态哲学，但在处于传统文化思维定势的民众中根深蒂固。对老庄哲学的认识误区和实践倾向在一定程度上遏制着和谐社会和人的发展的进程，时下的“老庄热”又使老庄哲学似乎成了一种无所不能的哲学，构建和谐社会必须从这种“老庄情结”中解脱出来。

研究老庄哲学与构建和谐社会的冲突问题，弄清老庄哲学意义的具体指涉，旨在科学对待传统文化，牢固树立和坚决落实科学发展观，进一步明晰构建和谐社会和人的全面发展的进路。老庄哲学与构建和谐社会的冲突表现在人与自然、人与社会、人与人三个关系层面，它不是构建和谐社会的人生观和发展观，而是人与社会发展过程中的机巧哲学。

一、人与自然的关系

用老庄哲学的“天人和一”诠释和谐社会人与自然的和谐关系，已成为一种普遍的意识现象，这是一个重大的误区。老庄哲学人与自然的关系是消解主体的“天人和一”关系。它与和谐社会人与自然的和谐发展关系有着根本的冲突：一是前者无主体、消解主体，后者以人为本，显摆主体及其创造性；二是前者的“天人和一”是把人和于自然，一中无二，是自然的单向度发展；后者是“天人和一，一中有二”，是人与自然的双向度共同发展。

和谐社会人与自然的关系是以人为本的和谐发展关系。人是这一关系的主体、建构者，人与自然是双赢的和谐发展关系。马克思通过论述人和动物的区别解释了人与自然的区别：“通过实践创造对象世界，改造无机界，人证明自己是有意识的类存在物，就是说是这样一种存在物，它把类看作自己的本质，或者说把自身看作类存在物。诚然，动物也生产。它为自己营造巢穴或住所，如蜜蜂、海狸、蚂蚁等。但是，动物只生产它自己或它的幼仔所直接需要的东西；动物的生产是片面的，而人的生产是全面的；动物只是在直接的肉体需要的支配下生产，而人甚至不受肉体需要的影响也进行生产，并且只有不受这种需要的影响才进行真正的生产；动物只生产自身，而人再生产整个自然界；动物的产品直接属于它的肉体，而人则自由地面对自己的产品。动物只是按照它所属的那个种的尺度和需要来建造，而人懂得按照任何一个种的尺度来进行生产，并且懂得处处都把内在的尺度运用于对象；因此，人也按照美的规律来构造。"〔1〕"物种的尺度"就是物种的"内在价值"。"美即和谐"，按美的规律创造就是要体现出物种的价值尺度和人的价值尺度的双重统一。与自然万物、社会的和谐是人区别于其他动物的本性。按美的规律创造就是以人为本的和谐创造，是价值主体、价值客体都参与的创造，是一种互动的创造。科学发展观继承和发展了马克思的这一思想，认为和谐社会人与自然的关系是以人为本的和谐发展关系。在人与自然的关系上，它远远地超越了把人归于自然的天人一体的老庄哲学。

老庄哲学人与自然的关系是无主体的天人和一关系。其一，和一关系。这种关系把人和于自然、归于自然，是自然的单向度发展，有悖于和谐社会人与自然和谐并存的发展关系。《庄子》的"混沌说"形象地表达了这一思想："南海之帝为倏，北海之帝为忽，中央之帝为浑沌。与忽时相与遇于浑沌之地，浑沌待之甚善。与忽谋报浑沌之德，曰：'人皆有七窍以视听食息，此独无有，尝试凿之。'日凿一窍，七日而浑沌死。"（《应帝王》）人与自然是混沌不可分的，只可显摆自然，不可展现人的存在。《老子》的"人法地，地法天，天法道，道法自然"，《庄子》的"万物与我为一"都是这种"和一"的反映。其二、无主体关系。这种关系消解了主体，是无我化的关系，有悖于和谐社会以人为本的价值目标。《吕氏春秋》"荆人遗弓"的故事形象而生动地说明了老子对主体的消解：荆国有人丢失了一张弓，他不肯去找，别人问他为什么不找，他说"荆人失之，荆人得之，又何必去找?"孔子听到后说："（在他的这番话中）把'荆'字去掉就可以了。"而老子听到后又说："（在他的这番话中）还可以把'人'字也去掉。"（《孟春纪·贵公》）。孔子剥去了荆人的荆，剥去了"荆人共同体"；老子剥去了孔子的"人"，剥去了"社会（人类）共同体"。剥到最后，人还剩下什么！孔子剥去了荆人的荆，同样也就剥去了赵人的赵、楚人的楚。没有荆人、赵人、楚人，整体的社会（人类）就成了抽象的社会。老子剥去了孔子的人，同样也就剥去了生物的生、植物的植、动物的动，自然就只剩下抽象的物。社会

〔1〕《马克思恩格斯选集》第1卷，第46~47页，人民出版社1995年版。

(人类)、自然以及荆人个人,都只有在“荆人共同体”中才是彼此联合的现实的“生活共同体”。老子没有超越孔子,孔子没有超越荆人,而“荆人”却因为超越了自我而成为本质的存在,即现实的与自然、他人、社会和谐发展的共同体人。

老庄哲学“崇尚自然”,强调自然规律和人的自然属性,有片面的生态价值意义。它消解人的主体性、创造性、理性,把人降低到自然物种的层面,这样,人就不能理解自然,就不能与自然和谐相融,就会丧失自然属性,规律就失去了它的价值意义。“天人和一”理论是整个老庄哲学的基石,由于缺乏现实性,这种和一的实质是无我化和非理性化的神秘体验。正如德国社会学家马克斯·韦伯所说:“老子也认为,最高的得救是一种心灵状态,一种神秘的合一……从外部看,这种状态同一切神秘主义一样,并不是理性的,而仅仅以心理为前提:普遍的无宇宙论的仁爱心情,是这种神秘主义者处在无动于衷的忘我状态中的无对象的快意的典型的伴生现象。”[1]

二、人与社会的关系

老庄哲学的“天人和一”把人归于自然,在人与社会的关系上,必然否定人的社会本质。它主张统治者无为,抑制人们的正常需求和欲望,让民众“绝圣弃智”,甚至主张取消法律制度和道德伦理,以此化解人与社会的矛盾。这与和谐社会“一心一意为民谋发展”、“人的全面发展”以及重视法制道德建设和“科教兴国”、“人才强国”战略是背道而驰的。

和谐社会人与社会的关系:一是和谐互动关系,二是和谐社会关系是人的本质。构建和谐社会的实质是构建以物质生产关系为基础的和谐社会关系,为人的发展造就和谐的社会环境,并通过人的发展推动社会的和谐发展。马克思指出:“正像社会本身生产作为人的人一样,人也生产社会。”[2]“个人力量(关系)由于分工而转化为物的力量这一现象,不能靠人们从头脑里抛开关于这一现象的一般观念的方法来消灭,而是只能靠个人重新驾驭这些物的力量,靠消灭分工的办法来消灭。没有共同体,这是不可能实现的。”[3]共同体就是消除了私有制异化关系的和谐的社会关系,就是人与人的联合、合作关系。在共同体中,“能够实现自己的充分的、不再受限制的自主活动,这种自主活动就是对生产力总和的

---

[1] [德]马克斯·韦伯:《儒教与道教》,第233页,王容芬译,商务印书馆1995年版。

[2] 《马克思恩格斯全集》第42卷,第121页,人民出版社1979年版。

[3] 《马克思恩格斯选集》第1卷,第118页,人民出版社1995年版。

占有以及由此而来的才能总和的发挥。”[1]构建和谐社会是马克思和谐社会共同体思想的实践，它以“共同占有生产力总和”为根基，以和谐社会关系为人的本质，是人与社会共同发展的互动过程。

老庄哲学人与社会的关系。老庄哲学强调人的自然本质，必然否定人的社会本质，否定人与社会的互动发展。其一，人与社会政治、教育的关系。《老子》说：“不尚贤，使民不争；不贵难得之货，使民不为盗；不见可欲，使民心不乱。是以圣人之治：虚其心，实其腹，弱其志，强其骨，常使民无知无欲，使夫知者不敢为也。为无为，则无不治。”（第三章）这些都远远地背离了和谐社会尊重知识、重视教育、重视科技生产力、重视人民群众的创造性和物质文化需求以及不断提高党的执政能力、一心一意为人民谋发展的思想，也不适应全球化时代和市场经济背景。这样做不但不能达到人与社会的和谐，而且会越来越落后，进而引起人与社会的对抗和冲突，甚至会造成动乱。其二，人与社会法制、道德的关系。《老子》说：“人多伎巧，奇物滋起。法令滋章，盗贼多有。故圣人云：我无为而民自化，我好静而民自正，我无事而民自富，我无欲而民自朴。”（第五十七章）《庄子》则明确地把“仁义”和“是非”等看成是加在人的自然本性之上的一种枷锁和酷刑。这与和谐社会重视法制和道德建设是格格不入的。马克斯·韦伯把这种思想斥之为不切实际的“冥想”，“在道教里根本找不到一点‘市民伦理’，这当然是不言而喻的。”[2]随着社会的发展，约束人的行为的制度、规范也会越来越繁多和严密，而这恰好是人的社会本质的体现和拓展。老庄指出社会法制、道德规范中有压制人性的方面，对于改进和建立更为合理的社会制度和规范有一定的进步意义。

三、人与人的关系

把人的本质归于自然，否定人的社会性，必然导致否定人与人的互动关系。老庄哲学试图通过遏制人与人的交往、利益、竞争关系来避免动乱，达到一种没有创新发展的和谐状态，这与和谐社会人与人的和谐发展关系是根本对抗的。

和谐社会人与人的关系。科学发展观继承发展了马克思的“共同体人论”，汲取了当代文化的交往、竞争和创新理念，重视人与人之间和谐关系特别是和谐物质关系的构建。“人的本质是社会关系的总和”，构建和谐社会关系的过程就是构建人与人的和谐物质关系、竞争关系、交往关系和精神文化关系的过程。马

〔1〕《马克思恩格斯选集》第1卷，第129页，人民出版社1995年版。

〔2〕［德］马克斯·韦伯：《儒教与道教》，第248页，王容芬译，商务印书馆1995年版。

克思指出："人们奋斗所争取的一切，都同他们的利益有关。"[1]人们的物质生产、物质利益关系的和谐是和谐社会人与人之间最基本的关系，它决定竞争、交往关系并与其互动发展。"一般地说人同自身的任何关系，只有通过人同其他人的关系才得到实现和表现。"[2]"在真正的共同体的条件下，各个人在自己的联合中并通过这种联合获得自己的自由。"[3]没有竞争、交往就没有和谐，就没有互动、创新、发展。哈贝马斯指出："沟通行动同时意味着社会统一和社会化的过程，在这里，生活世界完全以另外一种方式'经受着检验'，这些检验不是直接根据可以进行批判的运用要求进行衡量的，就是说，不是根据理性的尺度，而是根据成员联合的尺度，社会化个人同一性的尺度来进行衡量的。"[4]他把人与人交往沟通的程度看作是"联合的尺度"，又把联合的尺度看作检验生活世界价值意义的标准。现象学社会学家许茨指出："在这个世界中存在我通过各种社会关系与之联系起来的同伴。我不仅影响那些无生命的东西，而且也影响我的同伴，在他们的诱导下进行活动，并且诱导他们进行反作用。"[5]我们的生活世界是一个共同体的世界，这就意味着人与人之间的交往、互动、互助和共同发展，

老庄哲学人与人的关系。老庄哲学鄙视人的物质利益关系，反对交往、竞争和创新，认为只有这样才能避免动乱，达到和谐安定，这就远远地背离了和谐社会对人的全面发展的终极关怀。其一，反对交往。《老子》说："小邦寡民，使十百人之器毋用；使民重死而远徙，有车舟无所乘之，有甲兵无所陈之；使民复结绳而用之，甘其食，美其服，乐其俗，安其居，邻邦相望，鸡犬之声相闻，民至老死，不相往来。"（第八十章）其二，反对竞争和创新。《老子》说："夫唯不争，故天下莫能与之争。"（第二十二章）他把"不敢为天下先"奉为自己人生的一条根本准则，并把无欲和知足当作是最大的满足："罪莫大于可欲，祸莫大于不知足，咎莫大于欲得，故知足常足矣。"（第四十六章）《庄子》则把"争"斥之为"蜗角之争"，提出了"心斋"、"坐忘"的体道方法。"心斋"就是将心志凝聚为一，达到虚空的状态；"坐忘"就忘掉肢体的存在，摈弃才智物欲，与自然融为一体。

和谐社会关系中的人处在全球化的背景当中，人的全面、和谐发展离不开消解矛盾，化解冲突的实力和能力。和谐的产生、过程、结果都在竞争、交往与创

---

〔1〕《马克思恩格斯全集》第1卷，第82页，人民出版社1956年版。

〔2〕《马克思恩格斯全集》第42卷，第98页，人民出版社1979年版。

〔3〕《马克思恩格斯选集》第1卷，第119页，人民出版社1995年版。

〔4〕［德］哈贝马斯：《交往行动理论》第2卷，第191页，洪佩郁、蔺青译，重庆出版社1994年版。

〔5〕［美］阿尔弗雷德·许茨：《社会实在问题》，第295页，索昕译，华夏出版社2001年版。

新之中，人越是不争，就越落后，就越与先进的人生和社会相对抗，就越不能抵达和谐的境界。那种认为凭借老庄哲学的“不争”、“寡欲”就能缓解人与人的矛盾甚至社会矛盾进而抵达和谐境界的认识和言说是很不现实的。“不争”、“知足”、“不敢为天下先”都是暂时的、相对的、有条件的。“唯不争”把不争绝对化了，不可能达到“天下莫能与之争”的境界。不争是争过程中的一种艺术，寡欲是多欲过程中的一种机巧，无为是有为过程中的一种智慧。这些都表明，老庄哲学不是构建和谐社会的人生观和发展观，而是人与社会发展过程中的一种艺术、机巧和智慧，是一种机巧哲学，并具有片面的生态价值、个人修养价值。而这种机巧作用只有同马克思主义特别是科学发展观的作用融合一起，并同构建和谐社会的实践相链接才能发挥出来。

（作者系安徽科技学院文法学院教授）

曹植与汉魏之际文化变迁

胡秋银

曹植，生于汉献帝初平三年（192 年），卒于魏明帝太和六年（232 年），经历了建安、黄初、太和三个时段，而这一时期正值中国文化发生剧烈变迁之际。他以其细腻的笔触、敏感的心、带着丰富感情的眼向我们揭示了他的生活、感情、处境与想往。本文欲结合曹植其人其作品来分析其中所反映的汉魏之际文化变迁。

一

提起曹植，人们自然会想到他的文学成就。曹植很早就表现得聪慧异常，年十岁余，便诵读诗、文、辞赋数十万言，出言为论，下笔成章。曹操经过当场测试，才相信他的诗作并非请人代写，由此对他格外看重。这种文化素养与其成长环境密不可分。曹植自幼跟随曹操，而曹操“创造大业，文武并施，御军三十余年，手不舍书，昼则讲武策，夜则思经传，登高必赋，及造新诗，被之管弦，皆成乐章。”于军旅征战运筹谋略之余“兼览儒林，躬著雅颂”，且身边聚集一群文人雅士，这种浓厚的文化氛围对曹植影响很大。

曹植对自己的文才有着相当的自信。在《与杨德祖书》中，他慷慨激昂地评点当时的文人，认为王粲、陈琳、徐幹、应玚、杨修诸人各有所长，也各有所短，虽没有评价自己，但自信充溢于字里行间。其实，曹植具有多方面的才能。他十九岁时与邯郸淳戏剧性的相见向我们展示了曹植其人之性情与其文武全才：“植初得淳甚喜，延入坐，不先与谈。时天暑热，植因呼常从取水自澡讫，傅粉。遂科头拍袒，胡舞五椎锻，跳丸击剑，诵俳优小说数千言讫，谓淳曰：‘邯郸生何如邪？’于是乃更着衣帻，整仪容，与淳评说混元造化之端，品物区别之意，然后论羲皇以来贤圣名臣烈士优劣之差，次颂古今文章赋诔及当官政事宜所先后，又论用武行兵倚伏之势。乃命厨宰，酒炙交至，坐席默然，无与伉者。及暮，淳归，对其所知叹植之材，谓之‘天人’”。

曹植品评古今人物，论说辞赋文章，议论政治，谈论用兵，上至天文，下至人事，一一评说。其从容博识，怎能不令邯郸淳心服而从此结为腹心！谢灵运曾说：“天下才有一石，曹子建独占八斗，我得一斗，天下共分一斗。”谢灵运是很自信的，却对曹植如此推崇，可见曹植之才确实令人佩服。

史载曹植“性简易，不治威仪。舆马服饰，不尚华丽。”这种行为方式与曹操力矫汉代以来的奢侈之风、极力推行节俭不无关系。《三国志·武帝纪》注引《魏书》云：“（曹操）雅性节俭，不好华丽，后宫衣不锦绣，侍御履不二采，帷帐屏风，坏则补纳，茵蓐取温，无有缘饰。攻城拔邑，得美丽之物，则悉以赐有功，勋劳宜赏，不吝千金，无功望施，分毫不与，四方献御，与群下共之。”曹操的身体力行和严厉管制很大程度上带动了整个社会尚奢之风的转变。但另一方面，就曹植而言，这并不一定是他遵循曹操教令的必然结果，更应该说是他个人因任自然、不自藻饰的表现。

曹植是一个崇尚通脱的人。在《赠丁廙》诗中，他写道：“滔荡固大节，世俗多所拘。君子通大道，无愿为世儒。”世俗给人带来很多拘束，而曹植不愿为世俗所拘，不肯为一个平庸的俗儒，这样做正是为了通达大道。其《愍志赋》序云：“人有好邻人之女者，时无良媒，礼不成焉！彼女遂行适人。”对此，曹植感到非常愤慨，他在文中想象女子“迫礼防之我拘”以至于无法见到自己所爱的人一诉心扉、不得不忍受生离的痛苦，激烈地抨击礼教对自然人性的束缚和对纯真感情的伤害。曹植是这么想的，他也是这么做的。由前引他与邯郸淳的初见不难看出：曹植在邯郸淳面前毫无矫饰，一任本性，尽展个性和才情；而邯郸淳最终感叹其为“天人”，实际上正基于对曹植因任自然的人格精神的充分肯定和赞赏之情。南朝诗人谢灵运曾这样评价曹植：“公子不及世事，但美遨游。”他笔下反映的斗鸡走马、秦筝齐瑟、奇舞名讴等等的确是放纵情性、尽情享受生活的种种表现。但对这种生命本能的展现和欲望的实现，曹植具有明显的自我抑制的倾向，其《酒赋》云：“若耽于觞酌，流情纵逸，先王所禁，君子所斥。”《节游赋》中也表示：“愈志荡以浮游，非经国之大纲。”

《三国志·陈思王植传》载：“植任性而行，不自雕励，饮酒不节。文帝御之以术，矫情自饰，宫人左右，并为之说，故遂定为嗣。”显然，所谓曹植的“任性而行”是相对于曹丕的“矫情自饰”而言的，它意味着曹植因任性情而行动。因此他无视军令、法规的存在，而屡次触犯曹操的禁令：“植尝乘车行驰道中，开司马门出。太祖大怒，公车令坐死。由是重诸侯科禁，而植宠日衰。”这使一贯严格执行以法治国的曹操下令表示：“自临菑侯植私出，开司马门至金门，令吾异目视此儿矣。”以曹植如此通脱的性情，“缺乏政治家所需的成熟和老练”，恐怕难以担当起统治者的大任，所以不妨说，通脱使曹植失去了作为继承人的可能机会。关于此点，学界研究已多，本文无意置喙。

可以说，曹植的通脱与“任性”已经带有竹林名士“越名教而任自然”的意味。这种“任性而行”的行为方式不仅仅是一种个人生命意识的体现，更是某种人格精神的外在表现。有学者指出：曹植是自然人格的一个代表，“任性而行”是汉末崇尚任真自然的老庄人格的行为体现，是自然人格由汉末向魏晋的必然发展。此说相当正确。汉魏之际是一个“人的觉醒”的时期。个体的人从旧的种种束缚中脱离出来，极力展示个体的才性风神。曹植对于礼教的大胆指责正是时代潮流的结果，而其个性的充分展示、个人才能的充分发掘和施展正是人的觉醒的结果。对个体才能的重视并不限于各军事集团急于招揽人才以匡天下的政治意图，更主要的原因是才能自身表明了一个人的特出之处和其价值所在。曹植的才以及曹操的爱曹植之才——如果从这一角度来看待，就有了放大镜的效果——实际上是当时觉醒了的人重视个体才能的表现。

鲁迅先生在其《而已集·魏晋风度及文章与药及酒之关系》中指出：魏晋风度表现之一即是清峻、通脱、华丽、好看。虽然鲁迅是就魏晋文章风格而言的，但我们仍可视其为魏晋名士风度的表现。无论是曹植还是曹操，都明显具有通脱之风，这可以说是汉魏之际士风的一个表现。另一方面，曹植的通脱和“任性而行”是汉魏之际自然人格的代表，反映了当时儒道人格交替的趋势。

二

曹植被誉为“建安之杰”。钟嵘曾在其《诗品》中这样评价其诗歌：“骨气奇高，词采华茂，情兼雅怨，体被文质。”这是比较全面的评价。曹植的诗，感情真挚强烈，笔力雄健，体现了“雅好慷慨”的建安诗风。文学研究者认为，建安文学尤其是其诗歌特色即在于“建安风骨”。关于“建安风骨”的内涵，学术界迄今尚无定论，其中很有代表性的说法，主要从思想内容上着眼对建安文学做出了如下论述：“他们的创作一方面反映了社会的动乱和民生的疾苦，一方面表现了统一天下的理想和壮志，悲凉慷慨，有着鲜明的时代特色。”《文心雕龙·时序》云：“观其时文，雅好慷慨，良由世积乱离，风衰俗怨，并志深而笔长，故梗概而多气也。”这些都正确地指出了建安文学受到时代背景的重要影响。

建安文人们生于衰世，长于战乱，建安时代的社会与生活留给他们深刻的印象，成为他们笔下的内容。他们改变了两汉辞赋以歌颂帝王生活为主的文风，转而描写黑暗的社会现实。如曹操《蒿里行》：“铠甲生虮虱，万姓以死亡。白骨露于野，千里无鸡鸣。生民百遗一，念之断人肠。”王粲《七哀诗》说：“出门无所见，白骨蔽平原。路有饥妇人，抱子弃草间。”曹植“生乎乱、长乎军”，有着切身的时代感受，并把他的感受形诸笔端。其《送应氏》可谓是集中反映建安时代战乱、民生的代表作。这首诗作于建安十六年随军西征途经洛阳时，“步登北邙阪，遥望洛阳山。洛阳何寂寞，宫室尽烧焚。垣墙皆顿擗，荆棘上参天。不见旧耆老，但睹新少年。侧足无行径，荒畴不复田。游子久不归，不识陌与阡。中野何萧条，千里无人烟。念我平常居，气结不能言。”

这首诗描写了曾经盛极一时的东汉都城洛阳经董卓之乱后宫室残破、荆棘丛生、人烟稀少的荒凉景象以及诗人心中涌起的无限的感慨与激动，反映了汉末军阀混战所造成的社会大破坏。战火的无情没有使建安文人们走向消极遁世，反而促使他们热心于积极投身社会，一展济世宏图。曹操《短歌行》结句云：“山不厌高，海不厌深，周公吐哺，天下归心。”表达了他要像周公一样招揽人才、安定天下的雄心壮志。王粲眼见妇人弃子的惨景，便有“念彼泉下人，喟然摧心肝”的感慨，希望有贤君在位，使百姓安居乐业。曹植在《七启》中假设了玄微子与镜机子两个人物的对话。玄微子是一位否弃现世社会价值、离世而绝俗的道家人物，沉迷于无限自由的精神意境之中。他的住所“左激水，右高岑，背洞壑，对芳林”，远离俗世，难于接近，以至于镜机子不得不“攀葛藟而登，距岩而立”才能“顺风”而言。镜机子极力渲染肴馔之妙、容饰之妙、羽猎之妙、宫馆之妙、声色之妙都未能打动玄微子，而最后言及其时“霸道之至隆”、“雍熙之盛际”，从而打动了玄微子，玄微子因“天下穆清，明君莅国”而跟随镜机子返回俗世。这篇作品中洋溢着积极有为的主旋律：以积极用世的高昂情调呼唤才士乘时立功，弘扬大义，称“君子不遁俗而遗名，智士不背世而灭勋”、“君子乐奋节以显义，烈士甘危躯以成仁”，显示了希望入世有所成就的思想。这与应玚《释宾》所云“圣人不违时而遁迹，贤者不背俗而遗功”、陈琳《应讥》所云“达人君子，必相时以立功，必揆宜以处事”的意思近似，表现了对遁世的人生观的鄙视。

值得提出的是，“志深而笔长，故梗概而多气”的建安风骨之形成，与关注现世生活、有着深厚的悲悯情怀、提倡积极入世的儒家思想的影响密切相关。这一点，在曹植身上也有突出表现。尽管他曾批评礼教束缚人性，自己行为通脱，但这并不表明他绝对反对儒家思想。相反，即使在魏文帝和明帝时期，他经受着无可求告的困苦、焦虑和郁闷，儒家思想在其思想构成中占据的重要地位也并未动摇。

曹植《学官颂》对孔子有极高评价：“自五帝典绝，三皇礼废，应期命世，齐贤等圣者，莫高于孔子也”，并以“惟仁是凭，惟道足恃”概括孔子思想要旨。而从曹植作品看，他前、后期对于儒家的信仰是贯穿始终的。早期作品中，如：《赠徐幹》：“亮怀玙璠美，积久德愈宣。”其《画赞序》赞叹隐士之志节足以厉俗；《鹖赋》称赞鹖“体贞刚之烈性，亮乾德之所辅。……甘沈陨而重辱，有节士之仪矩”；《赠丁仪王粲》：“欢怨非贞则，中和诚可经。”《三良》：“忠义我所安。”后期作品中，如：《任城王诔》肯定任城王“孝殊闵氏，义达参商。

温温其恭，爰柔克刚"；《文帝诔》提及"生若浮寄，惟德可论"；《感节赋》云："匪荣德之累身，恐年命之早零。"对于儒家的道德规范和人生准则并没有放弃。更重要的是，无论前期后期，曹植最强烈的愿望就是想在政治上有所作为。在《与杨德祖书》中，他明确表示自己要"戮力上国，流惠下民，建永世之业，流金石之功"。太和时期，明帝对他管制较曹丕松，感情上显得稍多温情，使得曹植跃跃欲试地表示希望有被任用的机会。这种表白真切地反映在太和二年（228 年）的《求自试表》中："……窃不自量，志在授命，庶立毛发之功，以报所受之恩。……必乘危蹈险，骋舟奋骊，突刃触锋，为士卒先。……必效须臾之捷，以灭终身之愧，使名挂史笔，事列朝荣。……虚荷上位而忝重禄，禽息鸟视，终于白首，此徒圈牢之养物，非臣之所志也。……今志狗马之微功，窃自惟度，终无伯乐韩国之举，是以于悒而窃自痛者也。……干时求进者，道家之明忌也。而臣敢陈闻于陛下者，诚与国分形同气，忧患共之者也。"

文中所言"庶立毛发之功，以报所受之恩"及"志欲自效于明时，立功于圣世"等，充分表明曹植意在得到朝廷的任用，实现为国效力、建功立业的夙愿。在《自试表》中，他表示"将以补益群生，尊主惠民，使功存于竹帛，名光于后嗣。"他还上《陈审举表》和《谏伐辽东表》，就朝廷政治提出自己的看法，并就魏吴关系问题写信给司马懿。这一时期的他显得远较黄初时期活跃而有生气，其《薤露行》感叹自己"怀此王佐才，慷慨独不群"的悲凉际遇，而《杂诗》"仆夫早严驾"云："闲居非吾志，甘心赴国忧。"这正是他太和时期心境的写照。

《论语·述而》中云："子不语怪、力、乱、神。"曹植虽然未能彻底做到这一点，但他清醒审慎的理性使我们不得不佩服他不盲目追随世俗之见。其《相论》在指出天道与人事有不相应的现象并批判相术之无稽的同时，仍然半信半疑地说："天道之与相占，可知而疑，不可得而无也。"《说疫气》中注意到贫民遭受疫病之害的比率高于富人的现象，分析疫气流行是因为"阴阳失位、寒暑错时"。《辨道论》表现了他对于方术之好奇、怀疑、批评与对其养生延命之功效的肯定。《诰咎文》对于天人感应也表示怀疑："天地之气，自有变动，未必政治之所兴致也。"这种理性的精神或许来自儒家。

清人黄子云说："余谓孟德霸则有余，而子桓王则不足，若子建则駸駸乎有三代之隆焉。"在他看来，无论曹操还是曹丕都有所不足，而曹植才是完美的人。这应该是有感于曹植对于儒家思想的执著信守而得出的结论。

三

对于儒家思想的执著并不表明曹植的思想是单一的，曹植对于道家思想相当的熟悉，而他后期作品中所表现出来的对于自由的向往和对于神仙境界的神往更是其身世与际遇的产物。

汉魏之际社会的巨大变动引起了思想文化的变化：汉代独尊儒术的局面彻底改变，呈现出一种自由解放的趋势，道家思想逐渐占据了士人的心灵和思想空间。曹植早期的作品表现出他对于道家有相当深入的了解。《蝉赋》中以拟人的手法写蝉“实澹泊而寡欲兮，独怡乐而长吟。”前引《七启》中玄微子“隐居大荒之庭，飞遁流俗，澄神定灵，轻禄傲贵，与物无营，耽虚好静，羡此永生。独驰思乎天云之表，无物象而能倾。”镜机子以肴馔之妙、容饰之妙、羽猎之妙、宫馆之妙、声色之妙都未能打动“甘藜藿”、“好毛褐”、“乐恬静”、“耽岩穴”、“愿清虚”的玄微子。虽然最后玄微子因“天下穆清，明君莅国”而跟随镜机子返回俗世，象征着入世的儒家对避世的道家的胜利，但曹植对于玄微子怀素抱朴、追求虚静的性情和志向地描写是相当准确的，这说明他对于道家有着深刻的理解。

随着曹丕即位，曹植的生活有了彻底的改变。昔日自信的他失去了往日的风神，《封鄄城王谢表》中他自称“才陋”，与建安年间《与杨德祖书》所表现的自信与豪迈判若两人；《谢初封安乡侯表》更充分揭示了他的焦虑心态，其《杂诗》“高台多悲风”颇有阮籍《咏怀》之风。这种心境伴随着他度过曹丕统治时期，至曹睿统治时期稍有缓和。在其早期作品中已有端倪的对不自由生命的同情至此变得更为明朗。作于建安时期的《离缴雁赋》以传神之笔写中箭的雁被释放后“纵躯委命，无虑无求；饥食稻粱，渴饮清流”，过着自由自在而自足的生活。对自由的渴望成为他文学作品的主题之一。《白鹤赋》：“冀大纲之解结，得奋翅而远游。”《临观赋》云：“进无路以效公，退无隐以营私，俯无鳞以游遁，仰无翼以翻飞。”在这种情形下，道家思想在曹植心目中所占分量日益加重。《玄畅赋》突出反映了他对于未来人生态度的考虑：“匪逞迈之短修，长全贞而保素。弘道德以为宇，筑无怨以作藩。播慈惠以为圃，耕柔顺以为田。不愧景而惭魄，信乐天之何欲。”由此，就人生观而言，道家与儒家似乎实现了完美结合。但是，曹植是否真正实现了儒道结合呢？从其作品看，对自由的来自内心深处的呐喊和向往几乎贯穿着曹植后期的多数作品，他从来都没有达到心境的和平与安宁，因人生失意和不自由而有的压抑和焦虑始终表现在其作品中。如果他达到了互补，那么其心理焦虑应该有很大程度的缓解和消释。某些学者指出：曹植彻底实现了儒道人格的互补，真的如此吗？

实际的情形是：曹植日渐看出建功立业的渺茫，又不知道出路在何方，为缓解其焦虑，他转而表现出对于游仙和神仙道教的兴趣。《释疑论》改变其建安年间《辨道论》对于方术的否定态度，并表示“但恨不能绝声色，专心以学长生之道耳。”《释愁文》中借玄灵先生之口责备“我”并开出除愁药方：“方今大道既隐，子生末季，沈溺流俗，眩惑名位，濯缨弹冠，谘诹荣贵。……所鬻者名，所拘者利，良由华薄，凋损正气。吾将赠子以无为之药，给子以澹薄之汤，刺子以玄虚之针，灸子以淳朴之方，安子以恢廓之宇，坐子以寂寞之床。使王乔与子遨游而逝，黄公与子咏歌而行，庄子与子具养神之馔，老聃与子致爱性之方。趣遐路以栖迹，乘青云以翱翔。”

道家与道教混合在这里成了除愁妙药、养生妙方；于是，不仅养神，更要养生。作于黄初年间的《仙人篇》、《游仙》、《升天行》、《苦思行》，以及作于太和年间的《飞龙篇》、《桂之树行》、《平陵东》、《五游咏》、《远游篇》、《驱车篇》都是游仙诗。这些游仙诗“以道家的无为之乐化解儒家对功名的执著”，有学者指出：“文学中表现文人个体精神的游仙境界，往往是人与社会尖锐矛盾的产物，通过游仙的追求以摆脱社会。”对曹植而言，他通过游仙诗来表达他对于自由的渴望：既然现实中难以实现自由，姑且做精神上的自由人吧。

但是，这种对神仙道教的兴趣与信仰并不坚定，有时又带着犹疑。如《赠白马王彪》末章说：“苦辛何虑思？天命信可疑。虚无求列仙，松子久吾欺。变故在斯须，百年谁能持?”《秋思赋》：“松、乔难慕兮谁能仙？长短命也兮独何愆!”当他极度失望和悲伤的时候，他看不到现实矛盾有任何解决的可能，认识到神仙的虚无与欺骗性，进而加以否定。因此，曹植始终未能求得安顿自己的妙方。明人李梦阳在其《曹子建集十卷本序》中说：“余读植诗，至瑟调《怨歌》、《赠白马》、《浮萍》等篇，既观《求试》、《审举》等表，未尝不泫然出涕也。曰：‘嗟乎！植，其音宛，其情危，其言愤切而有余悲，殆处危疑之际者乎。’”李梦阳可谓是曹植千载后的知音，他的话深刻地反映了曹植作品风格与其“危疑之际”的生存处境之间的密切关系。

应该说，无论从曹植的个人性情、人生际遇还是其作品所反映的生存处境、矛盾心态以及思想来看，他都可以看作是透视汉魏之际社会风貌和文化变迁的典型代表。他看到混乱时代战争的破坏、民生的艰难而产生的对战争的反思，以及他对民生的同情、强烈的建功立业的理想、理想无法实现的困苦以及“危疑之际”的感慨万端实际上都代表了汉魏之际士人的心态、理想和生存处境，只不过，曹植有他异于常人的特殊的身份和人生境遇，他以其独特的诗性的语言向我们揭示了那一时代的社会风貌和士人的生存处境。另一方面，曹植的思想相当复杂。无论是他生活前期还是后期，儒家思想始终占据着主导地位。即使是在“处危疑之际”的后期，他转向道家和游仙世界寻求心灵的安慰，也时时不忘要毛遂自荐去建功立业。

此外，曹植还接受当时佛教和道教的影响。《异苑》卷五提及曹植与道教步虚和佛教梵呗的产生有直接关系。汉魏之际正是神仙道教形成的重要时期，前引曹植大量的游仙诗亦可说明他受到神仙道教的影响。《高僧传·经师篇》卷13指出："始有魏陈思王曹植，深爱声律，属意经音。既通般遮之瑞响，又感鱼山之神制。于是删制《瑞应本起》，以为学者之宗。"

曹植思想的复杂正反映了汉魏之际思想文化界的情形：儒学中衰后社会没有一个占据主导地位的思想来指导人们的观念，因而形成诸子思想复兴的局面；而日益频繁的战乱和严酷的政治环境使得士人把视野转向道家，道家逐渐占据思想界的主导地位，成为魏晋时期的主流思想。曹植作品中所反映的艰难的生存处境，虽然由于曹植身份特殊且产生于更为特殊的背景中，但也未尝不可视为汉魏之际个体意识觉醒了的士人的共同际遇；而其后期作品中所反映的日益浓厚的道家思想和游仙意识，如果结合正始玄风兴起的情形来看的话，可以说，正反映了黄初、太和年间道家思想复兴的势头以及神仙道教发展的趋势。

（作者系安徽大学历史系副教授）

和声无象　哀心有主

——论嵇康的音乐美学思想

黄毓任

嵇康的音乐美学思想主要体现在《声无哀乐论》中，这篇专论主要对音乐的本质以及音乐与情感的关系进行了思考。他的思考是在音乐的本体与欣赏两个层面上展开的。任何思想都从历史中来，因此要想较准确地理解一个人的思想，对历史进行沿波讨源是必要的。任何思想也必须放回历史中去，这样才能凸现其应有的历史位置。因此在进入对嵇康音乐美学思想的讨论之前，应对此前的有关历史做一简单回溯。

一

中国的音乐美学思想主要存于儒道两家。儒家音乐美学思想肇始于孔子，发展于荀子，完成于《乐记》。儒家认为音乐是人们情感的表现，是社会生活的反映，音乐反过来也能陶冶、塑造人们的心理情感，并进而影响社会风俗。这种思想在孔子那里主要还是侧重于情感本体的陶铸，但到后来却越来越把音乐视为伦理教化的工具和政治统治的附庸，并在理论上越来越把音乐与一些具体、限定的情感进行简单类比。

道家音乐美学思想肇始于老子。它一开始就以儒家对立面和补充面的身份出现，虽然老子很少直接对音乐进行议论，甚至还曾站在“为腹不为目”的实用立场上主张否定音乐，但他有关“道”的论述和“大音希声”观点的提出，却奠定了道家音乐美学思想的基调。老子认为，“道”是宇宙万物的本体，它的最根本特点便是“无”。“无”不是纯粹的一无所有，而是无规定性、无限定性，当然也无意志、无人格、无情感。由于对本体某一特征的突出强调，“无”后来在魏晋玄学那儿也获得了本体的地位。老子的“道”不仅是宇宙万物的本体，也是他的理想的音乐——“大音”的本体。所谓“大音”，就是“道”的声音。既然“道”是无具体规定性、无限定性、超越人的具体的情感意志的，那么“大音”也就不是那种“一致之声，偏固之音”[1]了，这也就是“大音希声”的意思。当然，“大音”也就超越了人的具体的哀乐等情感，所以说早在老子就

〔1〕 叶朗：《中国美学史大纲》，第32页，上海人民出版社1985年版。

开了“声无哀乐”的滥觞。

老子的这种思想到了庄子那里有了进一步发展。庄子同老子一样，也强调音乐的本体是“道”，而不是人的情感。他理想的音乐则是“天籁”。“天籁”“静而与阴同德，动而与阳同波”，[1]而“一阴一阳之谓道”[2]，因而“天籁”不是别的，正是无限的，自由的“道”。“夫吹万不同，而使其自已也，咸其自取，怒者其谁邪?”[3]它是超越的，绝对的，自然而然的。而庄子之所以赋予它以这样的品格，乃是因为“那是一个天崩地拆、美好的旧社会彻底瓦解，残酷的新制度已经来临的时代”，“人为物役”失去自由的时代。[4]所以庄子才渴盼自由，创造了一个自由的本体——“道”，一个自由的对象世界——“天籁”。庄子正是想通过与道合一、师于“天籁”而获得自己精神的自由。

总之，儒家音乐美学认为音乐的本体是人们的情感，他们侧重于音乐对人的情感的陶冶、培育以及由此而来的音乐的外在的社会功用（移风易俗、成人伦、助教化）的探讨。而道家音乐美学则由于把音乐的本体归结于某种超越的、无限的、自由的“道”，而“道”又是宇宙的生命节奏和自然规律的本体化，这就预示着道家音乐美学思想的逻辑发展必然侧重于对音乐自身的形式结构、审美规律的探讨。同时，由于庄子把音乐本体的“道”与人生自由境界的追求联系起来，这就缔造了对艺术与人的精神的自由解放（从各种有限的事功、情感的束缚和功名利禄的桎梏中超越出来）之间的关系进行深入思考的传统。

儒家是对音乐的形而下研究，道家是对音乐的形而上研究，与其说是对立的(这正是它们的历史形态)，倒不如说是互补的（从理论自身看)。他们从不同的起点出发，在不同领域，从不同的视角对音乐的本质、规律和功用进行了研究。

嵇康继承的正是道家的研究方向，并沿此方向把道家音乐美学思想向前推进了一大步。嵇康的音乐美学思想是道家美学的逻辑发展和深化。嵇康自己就曾说过：“老子，庄周，吾之师也”。[5]以老庄特别是以庄为师，这不仅表现在哲学、政治思想方面，同时也包括美学思想。

老庄特别是庄子的思想能成为嵇康美学思想的核心灵魂并不是偶然的，而是深深根源于他们相似的时代背景。魏晋与战国一样，也是一个“失范”的时代。一方面战乱频繁，生命无常（“魏晋之际，天下多故，名士少有全者”[6]），另

[1] 郭庆藩：《庄子集解》，第462页，中华书局1961年版。

[2] 黄寿祺，张文静：《周易译注》，第538页，上海古籍出版社1989年版。

[3] 郭庆藩：《庄子集解》，第50页，中华书局1961年版。

[4] 胡仔：《苕溪渔隐丛话前集》，第178页，人民文学出版社1984年版。

[5] 严可均：《全上古三代秦汉三国六朝文》，第1321页，中华书局1987年版。

[6]《文白对照二十五史精华》上册，第903页，海南出版社1993年版。

一方面传统儒家所信奉顶礼的那套伦理道德、价值规范又完全变得虚伪腐朽值得怀疑。于是外在的权威否定了，内在的人格觉醒了。这样，强调超越一切虚伪的仁义道德、名缰利锁，以追求绝对的人格精神自由为核心的庄学便自然而然成了魏晋名士们的精神家园。

然而，生命是那样的短促无常、毫无保障，而原先支撑我们生命的那套价值体系、意义标准又遭到普遍的怀疑和否定，既然如此，这转瞬即逝的生命究竟要托付到哪里呢？究竟到哪里才能寻得存在的新的意义和价值呢？精神的永恒和不朽的保障与寄托何在呢？

曹丕说，“文章经国之大业，不朽之盛事”。[1]这句话像一道闪电，在本已失去意义和价值的黑暗天空重新划出一片辉煌的价值领域——文学艺术。于是文艺不再是汉儒所说的雕虫小技，而成为新的意义之源，不再是“经夫妇、成孝敬、厚人伦、美教化、移风俗”的政教工具，而是独立自足的审美王国。这样，短暂有限的生命又有了新的永恒和不朽，彷徨无依的灵魂又有了新的归属和家园。人的觉醒最终带动了文的自觉、艺术的自觉。从散文到诗歌，从绘画到书法再到音乐，从《论文》到《文心雕龙》再到《诗品》，从《画山水叙》到《叙画》，从《画品》到《书品》……总之，从实践到理论都已汇聚成一条波澜壮阔的文艺自觉的洪流。嵇康的《声无哀乐论》正是这股洪流中涌起的一朵光彩夺目的浪花。

二

嵇康的音乐本体论是在对儒家的音乐本体论的批判中，继承了庄子的美学思想，在魏晋玄学的哲学基础上构建而成的。

儒家音乐美学思想认为音乐的本体是人们的思想情感，认为音乐是人们的心情意绪、社会风尚乃至政治兴衰的反映和表现，并由此把音乐视为政教工具，形成了根深蒂固的乐教传统。这种思想发展到汉末魏晋，不仅乐教本身已变得虚伪腐朽，失去了其历史存在的合理性的根据，更重要的是它已严重地束缚和禁锢了音乐自身的发展。作为杰出的思想家和音乐家的嵇康对此是深为不满的，为了把音乐从非音乐的状态中拯救出来，他坚决反对儒家的音乐美学思想，反对儒家对音乐的功利性理解。他认为，音乐并不反映人们的思想情感和社会风俗，音乐的本体不是情感，音乐的本质在于自然之和（详后）。他说，“声音有自然之和，而无系于人情”[2]，认为音乐与情感是不相关联的两个领域：“声之与心，殊涂

〔1〕 刘琦主编：《中国古代文学作品选》，第302页，南京大学出版社2003年版。

〔2〕 嵇康：《声无哀乐论》，第144～145页，人民音乐出版社1964年版。

异轨，不相经纬”[1]。嵇康对儒家的批判是通过对儒家的传统命题“声有哀乐”的批判来进行的。

他说：“声音自当以善恶为主，则无关于哀乐。哀乐自当以情感，则无系于声音”。[2]他认为“声音”只有“善恶”之分（这里的善恶当是审美范畴的美丑之意，非指道德范畴），而不含哀乐，哀乐只是情感判断。“夫喜怒哀乐，爱憎惭惧，凡此八者，生民所以接物传情，区别有属，不可溢者也。夫味以甘苦为称，今以甲贤而心爱，以乙愚而情憎。则爱憎宜属我，而贤愚宜属彼也。可以我爱而谓之爱人，我憎而谓之憎人？所喜则谓之喜味，所怒则谓之怒味哉？由此言之，则外内殊用，彼我异名。[3]又说，“酒以甘苦为主，而醉者以喜怒为用，其见欢感为声发，而谓声有哀乐，不见喜怒为酒使，而谓酒有喜怒之理也。”[4]

嵇康认为，“喜怒哀乐，爱憎惭惧”是人的主观情感，而“贤愚善恶甘苦”则是人或物的客观性质，不能因为人或物的客观性质引起主观的情感判断，便把主观的情感判断等同于物的客观性质。这样，嵇康就自然得出“声无哀乐”的结论，从而论证了音乐并不表现情感。而传统儒家谓“声有哀乐”，正是把主观的情感判断等同于物的客观性质，应该说，嵇康力求在人的主观情感判断与事物的客观性质间作出区别的努力，无论是在哲学认识论上还是审美观上，都是对传统的一次巨大突破。特别是其对语言的含义、概念的内涵所作的思辨分析，在我们这个不重分析、概念模糊不清的传统中尤其难能可贵。但常有些论者往往根据嵇康的“心之与声，明为二物”的说法而称之为“声心二元论”并加以否定，而看不到它在认识论和审美观的发展史上的重要意义，实在有失公允。

嵇康在批判了音乐表现情感，反映社会生活的儒家观点的同时，也驳斥了儒家学者常常用来证明他们观点的一些先秦就流传下来的传说。比如，介葛卢听到牛的叫声，就知道这条牛的三条子牛都已做了祭神的牺牲；师旷吹起律管，感到南风不强，就知道楚国打败仗；羊舌肝的母亲听到她的孙子杨食我出生时的哭叫声像豺狼，就知道羊舌氏的宗族要被他覆灭；包括所谓“季子听声，以知众国之风，师襄奉操，而仲尼睹文王之容”[5]等等。这些传说无一不把音乐与情感和社会生活进行简单机械类比，它们在理论上并没有什么力量，但却一直受到儒家学者的大肆宣扬，阻碍了人们对音乐的正确认识。但嵇康却以无畏的理论勇气一针见血地指出它们不过是“俗儒妄记，欲神其事而追为耳”，并对那些对音乐

〔1〕 嵇康：《声无哀乐论》，第40页，人民音乐出版社1964年版。

〔2〕 嵇康：《声无哀乐论》，第13页，人民音乐出版社1964年版。

〔3〕 嵇康：《声无哀乐论》，第13页，人民音乐出版社1964年版。

〔4〕 嵇康：《声无哀乐论》，第20页，人民音乐出版社1964年版。

〔5〕 嵇康：《声无哀乐论》，第19页，人民音乐出版社1964年版。

“未得之于心”的儒家学者表示了极大的轻蔑。嵇康这些观点在当时可以说起到了振聋发聩的作用，对于廓清人们对于音乐的模糊认识，功不可没。当然，我们今天指出嵇康这种思想的片面性是很容易的：把音乐与情感割裂，把音乐从社会生活中孤立出来，并有二元论嫌疑等等。但是我们对历史首先要有深刻的理解和同情，还要有基于此上的历史地分析，找出其存在的历史的合理性和必要性，然后才能评判前后是非功过。汉末魏晋，儒家礼法已极端虚伪腐朽，其推行的乐教传统也已日渐成为音乐艺术发展的桎梏，严重窒息了音乐艺术的生命力。音乐已完全陷入非音乐的境遇，沦为“成人伦、助教化”的政教工具，严重违背了其自由的本性。正是针对这种历史现状，嵇康才采取了如此激烈的反儒家态度，断然否定音乐与情感的关系，断然否认音乐“移风易俗”的社会作用——音乐担当不了如此重任。因此，嵇康的这种片面性是必要的片面性，深刻的片面性，有着历史的合理性，非如此则不能拯救音乐、解放音乐。

这只是从历史自身来看它的意义。再从纯理论角度来看，音乐真的是像我们平常认为的那样是情感的表现吗？或者说，音乐即使对情感有所表现，但这就是音乐的本质所在吗？十九世纪丹麦著名音乐美学家汉斯立克曾指出，传统音乐美学的通病在于总是不去思考音乐本身的美，而只是通过对倾听音乐时我们产生的情感进行描述去寻找音乐美的规律和本质，他说“任何真正的艺术作品都不能独占这种关系。因此，假如只是一般地通过它对情感的影响来描述音乐，那么关于音乐的美学原则我们一点也没有说出什么决定性的东西来。”[1]汉斯立克对西方传统音乐美学的批评与嵇康对传统儒家音乐美学的批评不正是相通的吗？也许他们自己也没有找出音乐美的本质和规律究竟在哪儿，但他们对传统美学仅仅从音乐与情感的关系来寻找音乐美的本质所作的怀疑本身应该给我们以启发。

既然嵇康认为音乐的本体不是情感，音乐的本质不在于情感的表现，那么音乐的本体是什么呢？其美的本质何在呢？嵇康说：“夫天地合德，万物贵生，寒暑代往，五行以成。故章为五色，发为五音。音声之作，其犹臭味在于天地之间。其善与不善，虽遭遇浊乱，其体自若，而无变也。”[2]他认为音乐是天地合德、阴阳变化的产物，即使遭遇什么浊乱，它的本体永远与自身同一（“其体自若”），不会改变。那么这个本体是什么呢？嵇康认为，“声音以平和为体”。[3]在他看来，音乐的本体就是“和”或“平和”。这似乎是老调重弹。因为以“和”论乐，是中国音乐美学的一贯主张。自从《国语》提出“乐从和”后，

---

〔1〕 朱狄：《当代西方美学》，第445页，人民出版社1984年版。

〔2〕 嵇康：《声无哀乐论》，第12页，人民音乐出版社1964年版。

〔3〕 嵇康：《声无哀乐论》，第40页，人民音乐出版社1964年版。

“和”就一直被视为音乐的本质。不过，对“和”的理解却各有不同。儒家论“和”，强调伦理情感的和谐以及现实社会关系的和谐；道家论“和”，则侧重于作为宇宙本体同时也是音乐本体的“道”的和谐以及宇宙自身的节奏秩序的和谐。嵇康继承并加以发展的正是道家论“和”的思想传统。

嵇康首先把道家的关于本体的“道”、“和”的思考引申和运用到具体的现实的音乐形式上，强调音乐自身形式结构、节奏旋律的和谐，即他自己所说的“宫商集化、声音克谐”。嵇康说，“声音有自然之和”，“五味万殊而大同于美；曲变虽众，亦大同于和。”“声音虽有猛静，猛静各有一和，和之所感，莫不自发。”[1]这些“和”皆可作如是解。前文说过，强调音乐自身形式的和谐、注重对音乐自身审美规律的研究，这是道家美学必然的逻辑发展。有人据此称嵇康为形式主义者，但对艺术自身的形式结构、审美规律注重研究与形式主义者并不是一回事。

不过，被嵇康赋予本体地位的“和”也并不仅仅指音乐形式的和谐这层意思——这只是“和”的最表层的含义。“和”作为本体，它的更重要和更根本的含义，是指一种超越各种具体情感、局部现实及有限感官的形上本体世界。这个世界是超越了一切“偏固之音”、“一致之声”的无具体声像而又有无限可能的自由的平和之境界。所谓“和声无象”，所谓“无主于喜怒、无主于哀乐”[2]皆此之谓也。这个意义上的“和”不仅是艺术的本体，同时也是人格本体。嵇康在《养生论》中认为养生的最高境界是“爱憎不栖于情，忧喜不留于意、泊然无感而体气和平”的“平和”境界。而这个人格本体意义上的“和”在魏晋玄学家那里一般又被表述为“无”。王弼说：“无状无象，无声无响，故能无所不通，无所不往。”[3]这和嵇康所说的“和声无象”、“至和之声无所不感”不正暗通消息吗？李泽厚说，玄学家们“所主张的‘以无为本’，是要求从种种具体的、繁杂的、现实的从而是有限的、局部的‘末’事中超脱出来，以达到和把握那整体的、无限的、抽象的本体”。[4]玄学家们所追求的这个超越的“无”的境界，不正是嵇康所追求的“和”的境界吗？所以说，“和”就其精神和实质来看乃是魏晋玄学家们的“无”。“和”与“无”是相通的。王弼曾一语道破此天机，“何晏以为圣人无喜怒哀乐……弼与不同，以为圣人茂于人者，神明也；同于人者，五情也。神明茂，故能体冲和以通无；五情同，放不能无哀乐以应物。

[1] 嵇康：《声无哀乐论》，第12页，人民音乐出版社1964年版。

[2] 嵇康：《声无哀乐论》，第26页，人民音乐出版社1964年版。

[3] 王弼：《王弼集校解》，第32~33页，中华书局1980年版。

[4] 李泽厚：《中国古代思想史论》，第194页，人民出版社1985年版。

然则圣人之情，应物而无累于物者也。”[1]圣人之所以为圣就在于能“体冲和以通无”。“和”“无”相通！

嵇康正是用玄学家们“无”的精神来进一步扩充传统的音乐本体“和”的内涵，使其更加丰富和深刻，并与时代相适应。以“无”释“和”，这就是嵇康对道家美学乃至先秦以来整个的中国音乐美学重要发展所在。因此，以“和”论乐，虽是旧调重弹，却也弹出了几分新意，弹出了时代的声音。

可以说，嵇康的美学思想，一方面固然是道家美学的继续和发展，另一方面也正是魏晋玄学在美学上的完成与落实。而实际上，魏晋玄学也正是道家哲学的复兴和发展。也正因此，魏晋玄学的最高范畴“无”与道家哲学的最高范畴“道”是血脉相通的。“道者，无之称也，无不通也，无不由也。况之曰道，寂然无体，不可为象”。[2]总之，道家的“道”、玄学家的“无”、嵇康的“和”三者是相通的，不过侧重点不同罢了。“道”是世界本体，“无”是人格本体，“和”则是艺术本体（自然这是就其主要方面说的）。但三者又有共同的品格：都是超越的、无限的、自由的而不是具体的、限定的、不自由的。当然这与它们（“和”与“无”）都发育于庄子思想这一母体是分不开的。由道家哲学发展到魏晋玄学以及二者具有的美学性质，由世界本体经人格本体到艺术本体的逻辑行程以及三者内在精神的一致，这些似乎都透露着某种规律或秘密：世界、人、艺术并不是彼此畛域分明的，而是内在的统一、一以贯之的。这个一以贯之的“一”应该是什么呢？道家庄子和嵇康等魏晋玄学家们似乎把无限超越的自由的人格本体当作这个“一”。当然，这也许是虚幻的，但是这样的一个贯穿三者统一的本体，是不是真的存在呢？换句话说，世界、人、艺术是否真像庄子以及魏晋玄学家们认为的那样应是三位一体的呢？如果是，这个“体”究竟是什么呢？如果是，应该在一个什么样的基础上把世界、人、艺术统一起来呢？这应该对我们有所启示。

三

古往今来，无数哲人、艺术家都认识到音乐有一个其他艺术所不具备的特点：它可以不假外力，直接而迅速地透入人的内心，唤起人的情感。黑格尔就曾说过：“在音乐中外在的客观性消失了，作品与欣赏者的分离也消失了，音乐作品于是乎透入人心与主体合而为一。”[3]儒家对此也深有认识，荀子就曾说过：

---

〔1〕 王弼：《王弼集校解》，第640页，中华书局1980年版。

〔2〕 王弼：《王弼集校解》，第633页，中华书局1980年版。

〔3〕 黑格尔：《美学》（第三卷上），朱光潜译，第349页，商务印书馆1995年版。

“夫声乐之入人也深，其化人也速。”[1]

但值得注意的是，作为儒家音乐美学思想的批判者，嵇康对此并不否认。不仅如此，他还相当强调这一点，他说：“声音和比，感人之最深者也，‘至和之声’，无所不感”。[2]这似乎与儒家无异，但仔细分辨，就会发现，他们的立论基础却是大不相同的。儒家认为音乐之所以能感动人心，在于它本身就是情感的表现，包含有哀乐的情感，这样才能“声使我哀，音使我乐”。[3]而嵇康则认为，音乐之所以能感人至深，并不在于它表现了哀乐之情，而完全在于它自身的“和比之音”。人们对于这“和比之音”有着天生的喜爱，他说：“及宫商集比，声音克谐，此人心至愿，情欲之所钟。”[4]然而人们在欣赏音乐时产生的或慷慨激昂或悲怆凄恻的情感体验又是从何而来呢？嵇康认为，这些并不是音乐传达给我们的，而是早已沉睡在我们内心的哀乐情感应感而发罢了。“夫哀心藏于苦心内，遇和声而后发；和声无象，而哀心有主。夫以有主之哀心，因乎无象之和声，其所觉悟，唯哀而已。”“至乎哀乐，自以事会，先适于心，但因和声以自显发。”[5]人生在世，总要经历风风雨雨，沧海桑田。或亲朋离散，家仇国恨；或怀才不遇，穷途末路。欣赏音乐的我们并不是一张空无所有的白纸，忠实而被动地记录着音乐传达给我们的信息。我们本身就是一首诗，一段音乐，一首经验无数悲欢离合的诗，一段浸透了泪水与欢乐的音乐。我们是带着我们整个的对宇宙、人生、历史的体验，感受、思考与音乐进行共鸣、交流、对话，而不是单纯地接受复写；我们是用我们全部的人生经验甚或某种原始的人类经验去重新解释它、理解它，而不是在心灵里机械地翻录变制，我们不仅是在领受、承纳，也是在回忆、发现、唤醒和巩固。回忆、发现那些曾经有过的痛苦和欢乐，唤醒并巩固着那些尘埋在个人无意识和集体无意识里的原始情怀、深层体验。

有一千个读者，就有一千个哈姆雷特。同样，随着人生经验的不同，随着各自胸襟情怀的不同，对于同一首音乐，每个人体验到的、创造出的审美境界也就随之不同，“人情不同，自师所解，则发其所怀。”[6]“是故怀戚者闻之，莫不憯懔惨凄，愀怆伤心。含哀懊咿，不能自禁；其康乐者闻之，则欨愉欢释，抃舞踊溢，留连烂漫，嗢噱终日；若和平者听之，则怡养悦愉，淑穆玄真，恬虚乐古，

〔1〕 郭庆藩：《庄子集解》，第255页，中华书局1961年版。

〔2〕 嵇康：《声无哀乐论》，第39页，人民音乐出版社1964年版。

〔3〕 嵇康：《声无哀乐论》，第19页，人民音乐出版社1964年版。

〔4〕 嵇康：《声无哀乐论》，第12页，人民音乐出版社1964年版。

〔5〕 嵇康：《声无哀乐论》，第20页，人民音乐出版社1964年版。

〔6〕 嵇康：《声无哀乐论》，第40页，人民音乐出版社1964年版。

弃事遗身。”[1]

审美主体的地位在嵇康这里被提到了一个空前的高度。不是艺术文本决定审美境界的产生，而是审美主体的阅历、审美情怀决定着审美境界的产生。审美主体不再是被动地接受，而是主动地参与创造，是审美主体决定了审美客体的实现程度。有人说，嵇康这里“否认欣赏者的美感是由艺术美所引起的，否认艺术美和欣赏者的美感之间的因果联系，否认艺术美的客观存在，这在理论上就错误了。”[2]但事实也许并非如此。首先嵇康并没有否认欣赏者的美感是由艺术美引起的。他一再说，“至和之声无所不感”、“夫哀心藏于苦心内，遇和声而后发”、“至夫哀乐…但因和声以自显发”，这些不都表明欣赏者的美感（哀乐）是“因和声”而显发的吗？不过嵇康倒的确“否认了艺术美和欣赏者的美感之间的因果联系。”但是，艺术美和欣赏者的美感是不是因果联系？艺术美与美感之间虽有“引发”关系，但问题是“引发”关系是“因果”联系吗？这些理论问题恐怕还有待探讨。至于说嵇康“否认艺术美的客观存在”，这就不知是从何谈起了。嵇康明明说：“音声之作，其犹臭味在于天地之间。其善与不善，虽遭遇浊乱，其体自若，而不变也。岂以爱憎易操，哀乐改度哉？”这难道不是肯定艺术美的客观存在？嵇康否认的不过是音乐中包含着情感这一传统说法而已。然而这与否认艺术美的客观存在不是一回事，因而说嵇康“这在理论上就错误了”值得商榷。

嵇康之所以能如此强调突出审美欣赏者的地位和作用，这与他的本体论思想是分不开的，可以说，他的审美欣赏论正是建立在音乐本体论上的。他说：“夫会宾盈堂，酒酣奏琴，或忻然而欢，或惨尔而泣。非进哀于彼，导乐于此也。其音无变于昔，而欢戚并用，斯非吹万不同耶？夫唯无主于喜怒，无主于哀乐，故欢戚俱见。若资偏固之音，含一致之声，其所发明，各当其分。则焉能兼御群理，总发众情耶？由是言之，声音以平和为体，而感物无常；心志以所俟为主，应感而发。”[3]这段话实在是理解嵇康音乐美学思想的关键。它既概括了嵇康的音乐本体论，又概括了他的音乐欣赏论，并且把二者连为不可分割的有机整体。正因为本体是“无主于喜怒，无主于哀乐”的“平和之体”而非“偏固之音，一致之声”，所以才能“兼御群理，总发众情”，才能“感物无常”“欢戚并用”，也就是说正是因为音乐超越了各种限定的具体的哀乐情感，而只是一个情感“空筐”，所以才能让每个欣赏者都得以挟带着他自己全部的人生经验、生命

〔1〕 嵇康：《声无哀乐论》，第60页，人民音乐出版社1964年版。

〔2〕 叶朗：《中国美学史大纲》，第197页，上海人民出版社1985年版。

〔3〕 嵇康：《声无哀乐论》，第40页，人民音乐出版社1964年版。

情怀去欣赏它、体验它、理解它、咀嚼它，从而创造无限丰富多样而又同样真实的审美境界。反过来，也正因为每个听者都能以自己独特的人生体验、胸襟情怀去理解音乐，解释音乐，创造出各种不同却可同时并存的审美感受，也正因为音乐事实上能够“兼御群理，总发众情”，才有根据说音乐的本体是无象之和声，是“无主乎喜怒，无主乎哀乐”的“平和”之体。客观存在的审美经验、审美现象，证明了他对本体的思考，而他对本体的思考又恰好解释了客观存在的审美经验和审美现象。

作为审美客体的音乐，它不包含任何具体限定的情感，从而为审美主体的自由的审美感和审美创造提供了客观条件；作为审美主体，其人生阅历、审美情怀又是万千殊致的，这样又为丰富多彩的审美实现提供了主观条件。然而对象和主体究竟是怎样联系起来的？作为审美对象的音乐虽然并不传达某种情感给我，但我的情感体验毕竟是由它从沉睡中唤醒的，那么它究竟是如何唤醒我的情感体验的呢？一句话，审美究竟是怎样发生的？审美的心理过程究竟是怎样的？这在今天也还是个谜。嵇康在那个时代当然不能作出令人满意的答复，不过，嵇康却也对它进行了思考，而他的思考最终又陷入了一种自相矛盾的尴尬境地。

他说：“盖以声音有大小，故动人有猛静也。琴瑟之体，闻辽而音埤，变希而声清，以埤音御希变，不虚心静听，是不尽清和之极。是以听静而心闲也。夫曲用不同，亦犹殊器之音耳。齐楚之曲多重，故情一；变妙，故思专。姣弄之音，挹众声之美，会五音之和，其体赡而用博，故心侈于众理。五音会，故欢放而欲惬。然皆以单、复、高、埤、善、恶为体，而人情以躁静专散为应。”[1]这段话多为研究者所忽略，其实这里也有着很重要的思想，是嵇康音乐美学思想体系的一个重要组成部分。实际上这句话正涉及到了个体的审美发生和审美过程的问题。嵇康认为，音乐的形式结构与人的生理心理上的状态有着某种对应关系。他先说明声音的大小会引起听者不同的生理心理状态，“盖以声音有大小，故动人有猛静也”。接着他以琴瑟为例进一步说明不同的乐器发生的不同的声音也会引起听者不同的生理心理状态。再由此推到随着乐曲的不同，欣赏者的心理生理状态也就随之发生不同的变化：“齐楚之曲多重，故情一；变妙、故思专”、“姣弄之音……五音会，欢放而欲惬。”总之，嵇康在这里已经认识到音乐与人们的生理、心理情感在形式结构上有着某种对应关系，这实际上已触及到审美过程的一个重要方面：异质同构。现代格式塔心理学认为，外在的物理世界，与人的生理世界和心理世界间有着异质同构关系。审美在很大关系上就是靠着这种同构关系的存在才得以发生的。沿着这条思路，嵇康本可以对音乐审美的过程作出更好

〔1〕 嵇康：《声无哀乐论》，第39页，人民音乐出版社1964年版。

的说明，但可惜的是，他为了贯彻他的“声无哀乐论”和“心之与声，明为二物”的观点，而不得不中断其逻辑思路。他说：“情之应声，亦止于静躁耳。”〔1〕认为音乐“以单、复、高、埤、善、恶为体，而人情以静躁专散为应”，“不可见声有躁静专散之应，因谓哀乐皆由声音也”。〔2〕之所以说他中断了自己的逻辑思路，正因为他这里所说的“躁静专散”等应声之“情”与其说是情感上的反应，更不如说是生理运动神经上的反应。很明显，他把异质同构仅限定在物理生理两世界间。这样他就陷入了自相矛盾的尴尬之境：一方面他以高度的思辨已敏锐地觉察到音乐的形式结构与人的心情情感的形式间有着同构现象（“齐楚之曲多重，故情一，变妙，故思专”、“……五音会，故欢放而欲惬”乃至“及宫商集化，声音克谐。此人心至愿，情欲之所钟”）。另一方面为贯彻其“声无哀乐”、“心之与声，明为二物”的观点又不得不把这种同构限定在物理和生理间。这是理论的体系与内容间的矛盾。许多思想家都曾遇到这种矛盾，嵇康解决这种矛盾的方法是牺牲正确的内容来维护整个体系的完美与统一。

综上所述，嵇康的音乐美学思想是一个从本体论到审美欣赏论的有机整体，是一个思辨性很强的完整的体系。这个思想体系是道家音乐美学的集大成者和完成者，也是魏晋玄学在美学理论上结出的一朵奇葩，它的地位应毫不逊色于中国音乐美学另一个经典之作——儒家音乐美学的集大成者和完成者：《乐记》。但是，它却一直受到不应有的冷遇。这是否与儒家一直在政治体制、生活方式以及日常观念等许多基本方面占主导地位和起支配作用有关？不管怎么说，今天我们固然要看到它的诸多片面性，但更要看到它的历史意义和历史功绩，更应继承他的理论成果特别是他无畏的理论勇气和思辨精神。

（作者系南通大学学报编辑部副教授）

〔1〕 嵇康：《声无哀乐论》，第 39 页，人民音乐出版社 1964 年版。
〔2〕 嵇康：《声无哀乐论》，第 39 页，人民音乐出版社 1964 年版。

浅谈淮河道家美学思想

武培权

春秋战国时期淮河流域的涡阳、蒙城产生了老子和庄子两位伟大思想巨人。他们的学说博大精深，对中华民族的思想文化产生了深远的影响。二千多年来人们对于老庄已经说了千言万语，今后大概也还会有万语千言要说。本文仅就淮河道家老庄的美学思想谈点自己的学习体会。

中国先秦时代以老子、庄子为代表的淮河道家学派，与以孔子、孟子为代表的儒家学派同为显学。由于处于人类思维发展的“轴心时代”，不论是儒家还是道家，其思维方式具有超越原始思维的理性思维的基本特点，与西方同一时期哲学家的思维方式相比，又具有东方哲学思维方式的共同特点，那就是都偏重于对思维对象的整体把握，带有经验性、直觉性。这两大学派在思想文化体系、学术理论主张方面是有明显差别的。儒家学派的思想文化体系以仁学为核心，其哲学思想从性质方面来讲属于主体哲学、人文美学范畴，偏重于从人与社会、人与人的关系方面来研究美和艺术；而道家学派的思想文化体系以道学为核心，其哲学思想从性质方面来说属于自然哲学、生命哲学，与之相关联，其美学思想也属于自然美学、生命美学范畴，偏重从人与自然的关系，从人的生命活动角度来研究美和艺术的本质特征。对中国古典美学和文艺思想的发展也产生了深远影响。如果说老子是道家美学的开创者、奠基者，庄子则是道家美学的完成者，是整个道家美学的最重要的代表。老子和庄子美学思想虽然有某些不容忽视的差别，可是从整体上看，二者确实存在诸多共同之处，保持着道家美学思想一脉相承的关系。我们在这里将它们综合在一起研讨，差异之处另行说明。

一、美在自然

在老子和庄子看来，道作为万物之源，是至高无上的。它先天地生，无始无终，是整个宇宙世界的根本。与它相比较，现实生活中的一切都是由它化育出来的，都是微不足道的，五色令人目盲，五音令人耳聋，根本就谈不到美。要是说到美，那就只能是道之美，它才是真正的美，是最高级的美，是最真实的美。它是一种自然而然的美，是一种“天籁”之美，“天乐”之美，是一种趋向于无限、普遍、绝对的美，是一种主体感官无从把握的抽象的大美。不论是老子所讲的偏向于物质形态的道之美，还是庄子所讲的偏向于精神形态的道之美，从本质上说都是这样一种道之美。

老子和庄子的道之美具有动、静两种属性。就是说，它既有“负阴而抱阳，冲气以为和”的“动”的属性和“道生一，一生二，二生三，三生万物”的“生”的属性，又有“致虚极，守静笃”的“虚”的属性和“静”的属性。从总体上看，从相对的意义上讲，老子更重道之美的“生”的属性和“动”的属性，而庄子则更重道之美的“虚”的属性、“静”的属性。在老子看来，宇宙世界，万事万物，它们之所以会运动、发展和变化，具有生命的活力，就是因为它们根源于道。道的本性就是生，就是化，就是育。它既能化育万物，又能推动万物的演化，所以它具“负阴而抱阳，冲气以为和”的动态之美，具有自然而然、化育万物的生命之美。这样一种动态之美和生命之美，并不是一种明晰的具象美，而是一种带有恍惚性、模糊性、朦胧性、不确定性的抽象美。这是因为，道作为先天地而生的“物”，尚处于“混成”状态，尽管它已有“象”，可是这个“象”并不是明晰而又具体的“象”，而一种恍兮惚兮、惚兮恍兮的“象”，是一种主体感官无从把握的“象”，是一种无象之象、无形之形、无状之状。当然，“无”并不是“没有”，而是主体的五官感觉难以把握。从这个意义上说，道之美就是一种混沌、模糊、朦胧的美，是一种无象的美、无形的美、无状的美，是一种只能意会难以言传的美。

庄子继承老子关于道为宇宙世界之本源的思想，也认为“道”为万事万物之本体。可是，他所说的“道”更多的是弥漫和流荡于宇宙世界之中的精神而不是那种恍兮惚兮的混成之物。从运动形式上看，他所说的道也更多地偏向于“致虚极，守静笃”，与老子之道也有较大的差别。庄子的道论的确存在着深刻的矛盾，即对于道的动静刚柔属性的认识矛盾。由于受到老子的影响，他也认为道的本性是运动、发展和变化，可是他又大大地发展了老子的以静制动的思想，强调道是一种虚静、恬淡、寂寞、无为的存在。所以在庄子那里，道既是一种动态的美，又更是一种静态的美。就一般道家哲学而言，老子的地位高于庄子，但就美学而言，庄子的影响却远远超过老子。还要指出，在庄子看来，道不论是从动的属性上说还是从静的属性上说，都是一种富有生命力的存在，所以他特别重视生命的美。他说：“夫天下至重也，而不以害其生，又况他物乎？”（《庄子·让王》）

庄子第一次突出了个体存在。庄子十分关心的是个体存在的身心问题。在庄子看来，人如果像“道”那样去行动，他就能达到自由和无限，而自由和无限的达到也就是美。“道”是一切美的根源，可是现实的人在日益被“物”所统治，“人为物役”。庄子认为，人如果处处为生活中的利害得失而担忧受怕，那末人的生活就将是一连串的无穷尽的痛苦。相反，人如果超出于利害得失之上，不为它痛苦忧伤，那么人就能保持自己的人格的自由，不为外物所支配，获得一种精神上的愉快。这种超出了功利的愉快，正是一种审美的愉快。

庄子说："故尝试论之，自三代以下者，天下莫不以物易其矣。小人则以身殉利，士则以身殉名，大夫则以身殉家，圣人则以身殉天下。故此数子者，事业不同，名声异号，其于伤性以身为殉，一也。……伯夷死名于首阳之下，盗跖死利于东陵之上，二人者，所死不同，其于残生伤性均也。"（《骈拇》）庄子深深悲叹人生一世劳碌奔波，心为形役，空无意义，有生如此，等于死亡。尽管从大夫到小人，从盗贼到圣贤，他们各为不同的外物所役使，或为名、或为利、或为家族、或为国事，奋斗，牺牲；但他们作为残害自己个体的身体生命，作为损害自己个体的自然"本性"，则完全相同，是同样可悲的，都是"人为物役"的结果。(异化)

庄子力求消除人的异化，达到个体的自由和无限，而异化的消除，个体的自由和无限的实现正是美之为美的本质所在。庄子力求消除人的异化，而它采取的方法既不是希求死后升天的宗教禁欲主义，也不是黑格尔式的绝对自由的理论思辨，而是一种对于生活采取一种超越于利害得失之上的情感和态度。这样一种态度恰好带有审美的特点，因为超出眼前狭隘的功利，肯定个体的自由的价值，正是人对现实的审美感受的一个极其重要的本质特征。它对我们民族的审美意识的发展产生了极为深远的影响。庄子不仅从对象上去考察美，而且从对象与主体之间所构成的某种境界上去考察美。在中国美学中占有重要地位的"意境"说，其最早的思想渊源也发端于庄子美学。

二、大美无言

不论是老子还是庄子，他们都鄙视现实美的形态，而推崇道之美的形态，这种道之美在本性上说，是一种趋向于无限、普遍、绝对、抽象的美，是一种理想的大美形态。大美就是道之美。道之美，从本性上说它是自然之美，是自然而然之美，是具有生命活力的美，又是虚静恬淡的美，从形态特征方面说它是大美，是无象之美，无形之美，无声之美，无音之美，是主体感官根本无从把握的美。一句话，它之所以被称为大美，就是因为更能见出趋向无限大的美的基本形态特征。老子说："有物混成，先天地生……吾不知其名，强字之曰道，强为之名曰大。"（《老子·二十五章》）由此可知，道是大的本体，大是道的形态，本体与形态是不可分的。在老子看来，道蕴含于万事万物之中，那些最能显现道之本性的事物，往往都具有大的形态特征。比如："大音希声，大象无形"，"大白若辱，大方无隅"（《老子·四十一章》），"大成若缺"，"大盈若冲"，"大直若屈，大巧若拙，大辩若讷”（《老子·四十五章》），所涉及的事物都是最能体道的事物，所以也都是具有大的形态的事物。老子认为，道趋向于无限大，它以“无”的形式出现，并具有普遍性和绝对性，是一种超感性的存在，具有“无状之状，无物之象”、“迎之不见其首，随之不见其后”的形态特征，即具有“大”的形态特征和“无”的形态特征。“大”就是“无”，“无”就是“大”，趋向于无限大，主体感官把握不了它，也说是“无”。作为最原初的存在，道还没有具体的规定性，所以也可以说是“无”，所以“大”与“无”都是指道而言。正因为道是以“大”和“无”的形态出现，所以它的美才既是无限大的美，又是无形无象、无声无音、无文无言的美。

庄子认为美不应局限在某个狭窄的范围之内，而应扩大到整个的宇宙，达到庄子所谓的“天地与我并生，万物与我为一”（《齐物论》）的境界。《秋水》中借河伯观水之美碰见北海若（北海之神）的寓言，说明了“大美”即无限之美远远高于有限事物的美。

“秋水时至，百川灌河，泾流之大，雨溪若之间不辨牛马。于是河伯欣然自喜，以为天下之美尽在己。顺流而东行，至于北海。东面而视，不见水端。于是焉河伯始旋其面目，望说向若而叹……”。（《秋水》）河伯以其巨大自以为美了，然而面向无崖溪不见水端的北海，便只好望洋兴叹，在无限面前羞愧了。《秋水》中还用浅井中的蛙自以为它所在“一壑之水”有无穷的美和乐趣，请“东海之鳖”前来观赏的寓言，再一次说明了无限之美高于有限之美。

《庄子》全书中，充满着对无限之美的赞颂。那被庄子极为生动地描绘出来的其背“不知几千里”，“怒而飞，其翼若垂天之云”，“水击三千里，扶摇而上者九万里”（《逍遥游》）的大鹏之美；那“其大蔽数千牛，挈之百围，其高临山十仞而后有枝，其可以为舟者旁十数”的“栎社树”的美（《人间世》），都是庄子所赞颂的“大美”。庄子理想之中的居于“藐姑射之山”的“神人”，是“肌肤若冰霜，绰约若处子”，美丽之致，并能“乘云气，御飞龙，而游乎四海之外”。（《逍遥游》）可见，庄子所谓的理想人物，都是一些“磅礴万物”、“大泽焚而不能热，河汉沍而不能寒，疾雷破山、飘风振海而不能惊”（《齐物论》）的人物。他们能“上窥青天，下潜黄泉，挥斥八极，神气不变”。（《田子方》）他们是无限宇宙的自由人，从不受琐屑外物的束缚，斤斤计较于卑微渺小的利害得物。在这些唯心主义虚幻的说法里，庄子肯定了人可以有等同于无限宇宙的力量，人能够达到这种无限的美。在扬弃了它的唯心主义的虚幻之后，是有积极意义的。庄子对“大美”即无限之美的肯定和赞颂，给了中华民族的审美意识和中国艺术的发展以极其深远的影响。屈原和汉代的赋，李白、杜甫、韩愈和苏轼的诗和文，张旭、怀素的书法，都有着庄子所赞颂的那种“磅礴万物”、“挥斥八极”的气势和力量。

三、美真统一

老子与庄子哲学思想体系的核心都是“道”。道作为“大”，作为“无”，作为“一”，其本性则是自然，即自然而然。所谓“道法自然”，就是说道要体现出自然而然的法则。在老子看来，道是至高无上的本性存在，是宇宙世界万事万物的本源，它的本性是自运动、自发展、自变化。这里完全是从宇宙本体论、自然本体论的意义上说的，是从素朴的唯物辩证法角度来把握的，虽然也有些抽象味道，可是并没有任何神学目的论的成分。它不是柏拉图所说的作为精神实体的神秘“理式”，也不是亚里士多德所说的作为第一推动力的神秘“形式因”，而是一种固行不殆的浑沌恍惚的物质存在及其运行规律。由于道是这样一种存在于主体之外，又不以主体意志为转移的客体存在，具有自身的必然性、规律性，所以它又可以称为一种“真”的存在，合规律的存在。与此相联系，道之美，也就是自然之美，生动地体现出美与真的统一。

在老子和庄子看来，一切感性具体的美，现实事物美，都不是真正的美，五色只能令人目盲，五音只能令人耳聋。这是因为它们往往虚假、不真实，往往是人工修饰的结果。真正的美是道本身的美，是纯任自然的美，是超向无限、绝对、普遍的最理想的大美。道之美，从本性上说是一种自然之美、生命之美；从形态上说是一种大美、无形的美。不论是从何种意义上看，它都是一种合规律的美，是最真实的美。可以说，美与真的统一，是道的基本特征。老子认为，道说是自然，说是真。只有合于道，合于自然，才可能是真实的、是美的，否则就是假的、是丑的。比如，在他看来，社会现实生活中充满苦难与罪恶、虚伪与丑恶，使人性扭曲，失去本真的、自然的性质，统治者争权夺利，相互攻讦，声色犬马，腐败堕落，还满口仁义道德，从而暴露了他们的虚伪与丑恶。所以，他愤激地说：“大道废，有仁义。智慧出，有大伪。”（《老子·十八章》）“信言不美，美言不信。”（《老子·八十一章》）在他看来，现实生活中所谓“美”的形态都是虚伪的、虚假的、粉饰太平的，毫无价值。真正有价值的美，是那些毫不造作雕饰的自然之美，是那种与道同体的无声无音、无形无象、无文无言的理想的大美。

庄子发展了老子的自然无为为美的思想。如果说以孔子为代表的儒家美学着重强调的是美与善的一致性，那么庄子美学所强调的则是美与真的一致性。《庄子》一书中极少谈到善，因为在庄子看来，美的本质在于自然无为，在于个体人格的自由的实现，这本身就是最高的善，最高的德。庄子所说的“真”虽然具有一般所说的合乎客观实际或客观真理的意思。但庄子美学所强调的美与真的一致性主要不在于此，而在于要求美必须符合于人的“性命之情”，也就是符合人的生命的自由发展的要求。

《秋水》中说：“牛马四足，是谓天；落马首，穿牛鼻，是谓人。故曰：无以人灭天，无以故灭命，无以得殉民，谨守而勿失，是谓反其真。”马生而有四足，可以自由自在地活动行走，这是天然如此的，是牛马的自然本性。而人却要羁勒马首，贯穿牛鼻，拘束控制牛马的行走，这就破坏了牛马的自然本性，破坏了“真”，也就破坏了“美”。人类的生活也应当一切纯任自然，不要人为地去破坏人的生命的自然发展，不要牺牲自己的自在自得的生活去求名求利。真正做到了这一切，就是返回到了“真”。由此可见，所谓“返其真”，“法天贵真”就是庄子所说的自然无为的“道”，获得和保持个体人格的自由，这也就是庄子说的美。

“牛马四足是谓天”，如果用人力加以干涉，“落马首，穿牛鼻”，那么自然生命就失去了它的自由，成为被外力所支配的东西，从而也就失去了美。在这里，庄子已经意识到了美是自然生命本身的合规律的运动中所表现出来的自由。庄子对于美与真的关系的这种认识，比老子要深刻得多。因为美的东西固然可以，能够而且应当是真实的，但一切真实存在着的东西却不就是美的。只有当问题涉及到了规律与自由的关系时，才真正涉及到了美与真的关系中最本质的问题。在中国美学史上，庄子第一个明确地涉及了这个问题，虽然只是处于萌芽阶段。但是庄子从规律与自由的统一中去把握美的本质，在这个意义上肯定了美与真的一致性，这是具有重大意义的深刻思想。

美作为规律与自由的统一，在不同时代、不同阶级中所强调的方面是不一样的。孔子赞叹周代的文化“郁郁乎文哉!”是一种辉煌盛大的人工美。相反，以自然无为为本的老庄赞赏的是“大巧若拙”、“大朴不雕”的不露人工痕迹的天然美。庄子认为“泽雉十步一啄，百步一饮”，神态自然优美，如果“畜乎樊中，神虽王，不善也”(《养生主》)。马“陆居则饮草食水，喜则交颈相靡，怒则分背相踢”，自得其乐，不是很美的吗？而自称“善治马”的伯乐却用“烧之剔之，刻之烙之”等等方法损害了马的“真性”，同时也就破坏了马的天然之美(《马蹄》)。鸟，让它“栖之深林，游之坛陆，浮之江湖”，自由自在，不也是很美的吗？而鲁侯养鸟却“御而觞之于庙，奏九韶以为乐，具太牢以为膳，”结果“鸟乃眩视忧悲，不敢食，不敢饮，三日而死”(《至乐》)。在庄子眼里，大自然的各种美的事物，都是自然无为的“天道”所“刻雕”出来的，人们应该与自然处在一种亲切和谐的统一之中。

庄子对天然之美的推崇，对后世发生了深远的影响。如赞赏“清水出芙蓉，天然去雕饰”的李白，“采菊东篱下，悠然见南山”的陶渊明，他们的审美理想都受到庄子很大的影响，而他们那些传诵千古的作品，都是富于天然之美的杰作。

综上可见，老子与庄子的美学思想，是一种以道家自然哲学为理论基础的美学思想体系。它以自然为美，以大美为理想美的形态，特别注重美与真的统一。它与以孔子仁学美学思想体系为代表的儒家人文美学思想体系既是一种互动的关系，又是一种互补的关系，都对中国美学思想和文化艺术的发展产生了深远影响。

（作者系蚌埠市社科联助理研究员）

老子治国思想及其对构建和谐社会的意义

汪增相

老子是春秋时期伟大的思想家，著有《道德经》一部（《道德经》，又称《老子》，共八十一章，五千余言，集中反映了老子的思想）。在该书中老子提出了一系列治国思想，其中一些对于我们今天构建社会主义和谐社会具有重要的借鉴意义，下面分别予以论述。

一、治天下尚“无为”

在《道德经》中老子将世界的本原（宇宙本体）称之为“道”，他认为“道”以及由“道”而衍生的天地万物包括人类社会的运行，都是“自然”，“人法地，地法天，天法道，道法自然”（《道德经》二十五章，简称“二十五章”，下同），“是以万物莫不尊道而贵德。道之尊，德之贵，夫莫之命而常自然。”（五十一章）“反者道之动”（四十章），即都是自身内部矛盾运动使然，没有任何外在的主宰和干预力量，即使是衍生天地万物的“道”，对于天地万物也是“长而不宰”（十章），“常无为”（三十七章）。

因此，老子主张人们在治理天下时，对于天地万物以及人类社会的发展，应当效法“道”的“无为”，而不应“有为”，也就是要顺其自然——顺应事物内部矛盾的变化的趋势，因势利导而不妄加干预。在他看来，治理天下，若能像“道”做到“无为”，就能“无不为”，“万物将自化”（三十七章）。

1. 人类不应妄加干预天地万物（即外界环境）的发展变化

老子认为“道生一，一生二，二生三，三生万物。万物负阴而抱阳，冲气以为和”（四十二章），“故道大，天大，地大，人亦大。域中有四大，而人居其一焉。”（二十五章）人类与天地万物都是由“道”衍生而来，都是自然界（“域中”）这个大系统中的一部分，是一个统一的整体，并且都由于自身的内部矛盾而发展变化着。人类对于天地万物（外界环境）的发展变化，是不能妄加干预的，也是不应妄加干预的，正确的态度应当是“辅万物之自然而不敢为”（六十四章），顺应外部环境的变化趋势并促进这种变化。

老子的这种环境思想在今天越发显得珍贵。当今世界生态环境危机日益严重，究其原因，最根本的就是：随着文明的进展，人类日益以自我为中心，把人类自身凌驾于天地万物之上，自认为是万物之灵，是天地万物的主宰。为了自身的欲望，不顾天地万物的发展规律而对之肆意地加以干扰破坏、掠夺和奴役，最终造成了生态系统的严重失衡、人与天地万物的紧张对立，从而使人类自身遭遇到了前所未有的生存危机——森林植被大面积减少，大量土地沙漠化、荒漠化；生物种类迅速衰减，许多珍稀物种濒临灭绝；空气和水污染问题突出；水旱灾害频仍；沙尘暴肆虐；非典、禽流感的爆发；全球气候变暖，水资源匮乏，印度洋海啸，大西洋飓风，……

在这种情况下，认真体会老子的环境思想，将会有助于我们正确认识并摆正人类在自然界中的位置，约束人类自己的行为，在处理与天地万物的关系时，能够尊重并顺应天地万物自身的发展规律，从而解决目前严峻的环境生态危机，恢复人类社会与天地万物的和谐，做到与天地万物为友，实现经济与人口、环境、资源相协调的可持续发展。

2. 统治者应当“无为”而不应扰动社会

老子认为人类社会也是由“道”衍生而来，并且与“道”一样，人类社会的发展也是一个由自身内部矛盾运动使然的自然过程。因此，他主张统治者治理社会应当“无为”，也就是对社会的发展不要妄加干预。老子非常推崇那些“处无为之事，行不言之教”（二章）的圣人，认为圣人治理天下做到了“为无为”，对社会的发展没有轻易干预，而是让社会按照自己的规律发展并达到“无不治”（三章），“我无为而民自化，我好静而民自正，我无事而民自富，我无欲而民自朴。”（五十七章）

在《道德经》中老子提出了一种区分统治者统治水平的办法：“太上，下知有之；其次，亲而誉之；其次，畏之；其次，侮之。信不足焉，有不信焉。悠兮，其贵言，功成事遂，百姓皆谓‘我自然’。”（十七章）他的依据仍然是看统治者能否做到“无为”。老子对那些能做到“无为”的统治者评价很高，认为他们是最上等的统治者，因为他们不扰动社会，而是让社会按照自己的规律发展；治理国家时悠然自得，很少去发号施令；国家治理好了，事业成就了，老百姓都说：“这是我们自己的成绩。”并不归功于统治者。

老子极力反对统治者对社会的扰动(“有为”)，“取天下常以无事；及其有事，不足以取天下。”（四十八章）他提出：“治大国若烹小鲜”（六十章），之所以把治大国比成烹小鲜，是因为“烹小鲜时搅之则乱”[1]，老子的意思是治大国应当像“烹小鲜”一样，不要搅动（扰动），应当“无为”，要让社会按照自己的规律正常发展，否则就会引起社会动乱，造成国家难以治理，“民之难

〔1〕张建业主编《李贽文集（第七卷）·老子解》，第22页，社会科学文献出版社2000年5月版。

治，以其上有为也，是以难治。”（七十五章）

老子在《道德经》中还提出了一些反对统治者“有为”的具体主张，诸如：“不尚贤，使民不争；不贵难得之货，使民不为盗；不见可欲，使民心不乱。是以圣人之治，虚其心，实其腹，弱其志，强其骨，常使民无知无欲。使夫知者不敢为也。为无为，则无不治。”（三章）“古之善为道者，非以明民，将以愚之。民之难治，以其智多。故以智治国，国之贼；不以智治国，国之福。”（六十五章）当然，老子的这些具体的主张，带有愚民主义、复古倒退的特征，是需要加以注意的。但是，认真分析一下，我认为其中又有一些合理的成分，对于我们今天建设和谐社会也是有益的。

在我看来，老子之所以反对尚贤，是因为他认为社会的发展，与“道”一样是一个自然的过程，贤者自贤，统治者只须“无为”，任社会自然发展就可以了，不需要统治者“有为”，不需要统治者的提倡，提倡了就会扰乱社会的正常进程，就会使得人民都想成为贤能之人，从而产生争斗之心，攀比之心，从而使国家难以治理。这就告诉执政者，由于自身所处的位置特殊，处理政事应该十分慎重，不应该轻易地提倡什么，反对什么，因为你所提倡的和反对的，会对人民产生很大影响，很容易形成“一窝蜂”的效应，会扰乱社会的正常进程，甚至会引起社会混乱。

“不贵难得之货，使民不为盗”这一句话，说得也有一定的道理。作为统治者，对民众有一种表率作用，“我无欲而民自朴”（五十七章），但如果统治者喜欢得到奇珍异宝，值钱的东西，上行下效，人民自然也会有这种欲望。统治者有钱可以购买，更可以凭借政权的力量得到满足。但人民经济力量有限，买不起，去偷去抢而沦为盗贼不也是很正常的事情吗？因此执政者要想肃正社会风气，使人民不偷不抢，的确首先要约束自身的欲望和行为，起到良好的表率作用。否则，统治者自身就是“窃国”的大盗，而要人民不为盗，这可能吗？

“不见可欲，使民心不乱”这一句，意思是：有好东西（可欲），却把它藏起来不向社会推出，原因是怕因此让人民看到后乱了民心，虽然有些消极，但仔细想来也很有意思。好东西当然人人都想要，但普通老百姓不一定能买得起，与其让老百姓见了，饱了眼福却乱了心绪，甚至会胡思乱想地做出一些不好的事情来，的确不如藏起来不向社会推出。人的欲望是不应该过分刺激的，否则刺激起来却满足不了，就会有问题，那些有智慧的人可能就会铤而走险，“智慧”就会产生很大的危害性。从这个意义上来理解，“是以圣人之治，虚其心，实其腹，弱其志，强其骨。常使民无知无欲。使夫知者不敢为也。”“古之善为道者，非以明民，将以愚之。民之难治，以其智多。故以智治国，国之贼；不以智治国，国之福。”这两句话，不也是有些些道理的吗？——如果社会不能无条件地满足人的欲望（将来的“各取所需”的共产主义也许能这样），保持民风的纯洁素朴并非是“坏事”。

老子上述关于统治者应当“无为”而不应扰动社会的思想，在历史上曾经产生过积极的影响。历史上的汉代初期，就是实行了这种无为政治，与民休息，最终达到社会和谐，出现了政治清明，经济繁荣，文化复兴，社会秩序安定，民风醇厚的太平盛世景象〔1〕，史称“文景之治”，司马迁指出“汉兴七十馀年之间，国家无事，非遇水旱之灾，民则人给家足，都鄙廪庾皆满，而府库馀货财。京师之钱累巨万，贯朽而不可校。太仓之粟陈陈相因，充溢露积於外，至腐败不可食。”〔2〕

老子上述“无为而治”的思想，对于我们今天构建社会主义和谐社会也是有意义的，我们今天的执政者应该可以从中得到启发：执政者，治理社会、管理国家必须“无为”，也就是一定要认识到社会和国家的发展，是社会和国家内部矛盾运动使然的自然过程；一定要尊重社会和国家自身的发展规律，切不可对社会和国家的发展妄加干预；制定政策和法令一定要慎重，以免扰乱社会的正常进程；政策和法令更不可朝令夕改，要保持一定的稳定性和连续性，否则人民会无所适从，造成社会混乱。

二、对统治者自身政治素质的要求

在《道德经》中，老子对统治者自身的政治素质提出了一些具体要求，主要包括：

1. 未雨绸缪

老子认为，在事物发生发展的过程中，存在着有无、治乱等矛盾，而且矛盾着的双方相互依存、相互转化，“有无相生”（二章）、“有生于无”（四十章），“有”可以转化为“无”，“治”也可以转化为“乱”。

作为统治者不但要看到这种矛盾转化的可能性，而且要认识到“其安易持，其未兆易谋。其脆易泮，其微易散”，做到“为之于未有，治之于未乱”（六十四章），也就是说要认识到当事物稳定（矛盾没有发生转化）时容易掌握，在它还没有出现变化的征兆时容易图谋；事物在脆弱时容易将它分解，在它微小时容易将它打散，从而做到未雨绸缪，预防为主。

2. 处柔、处弱

统治者治理国家，在老子看来，应当处柔、处弱，“柔弱胜刚强”（三十六

〔1〕 章海华：《从文景之治看黄老“无为”思想的现代意义》，《地方政府管理》2001 年 11 期。
〔2〕 司马迁：《史记·卷三十》，平准书第八。

章),“强大处下,柔弱处上”(七十六章)。老子主张处柔、处弱,首先是源于他对“道”的规律地把握。在他看来,“道”常以柔弱的形态作用于天地万物,“弱者道之用”。其次,是源于他对水的性质、力量和作用的认识。在《道德经》中,老子高度赞赏了水的力量和作用,认为水的性质是非常柔弱的,“天下莫柔弱于水”(七十八章),但水却能够以“天下之至柔,驰骋天下之至坚”(四十三章),而且“攻坚强者莫之能胜”(七十八章)。通过对水的力量与作用的观察和思考,老子因此总结出了“柔之胜刚,弱之胜强”的矛盾运动规律,希望统治者能够遵循。

不过,老子主张处柔、处弱,并不仅仅因为上述原因。通过对自然和社会的观察,他看到了这样一些现象:“人之生也柔弱,其死也坚强;万物草木之生也柔脆,其死也枯槁。”“兵强则灭,木强则折”,并由此得出结论,“故坚强者死之徒,柔弱者生之徒”(七十六章)。既然坚强等于死亡,柔弱等于生存,当然还是处柔、处弱来得好,也就是说“柔弱处上”。

3. 处小、谦下

老子认为天下之事都有一个从小到大的过程,大事必定以小事为基础,“合抱之木,生于毫末;九层之台,起于累土;千里之行,始于足下”(六十四章),“天下难事,必作于易;天下大事,必作于细”(六十三章)。做事情须“图难于其易,为大于其细”(六十三章),因此好的统治者,也就是所谓的“圣人”,在处理自己同人民的关系时,“终不为大,故能成其大”(六十三章),从来都是处小不为大,不把自己看得很高很大,结果他在人民心目中反而很高大。

老子的这种统治者应当处小不为大的思想,最早是在《道德经》的三十四章提出的。在这一章里,老子首先对“道”的特性进行了分析。他指出“道”无处不在,万物都靠它生长,但却能处小而不自以为大,“大道泛兮,其可左右。万物恃之而生而不辞,功成不名有。衣养万物而不为主,常无欲,可名於小。”然而,“道”终究是伟大的,“万物归焉而不为主,可名为大。”紧接着上述分析,老子又推及到人类社会,指出人类社会的圣人(好的统治者)也像“道”一样不自大而大,“是以圣人终不为大,故能成其大”。

此外,老子还希望统治者能够效仿江海和圣人,以谦下的态度对待人民,“江海之所以能为百谷王者,以其善下之,故能为百谷王。是以圣人之欲上民,必以言下之;欲先民,必以身后之。”认为统治者如果这样做了,与人民就能和谐相处,就会“处上而民不重,处前而民不害。是以天下乐推而不厌”(六十六章)。

4. 持三宝

这里所谓“三宝”,并非佛教所说的“佛、法、僧”,而是指老子所倡导的

“慈爱”、“节俭”和“退让”，“我有三宝，宝而持之：一曰慈，二曰俭，三曰不敢为天下先。慈，故能勇；俭，故能广；不敢为天下先，故能成器长。今舍慈且勇；舍俭且广；舍后且先。死矣！”（六十七章）我们通过这可以看出，老子所谓“三宝”实际上是指统治者应当具有的三种政治品质。在他看来，统治者只有具备了对人民的慈爱之心（人民才会支持他），他对敌时才能真正得勇气十足；只有懂得节俭，国家才会宽裕；只有懂得退让而不与天下人争抢，自己才能为天下人所拥戴而成为天下人的领袖，“是以圣人后其身而身先”（七章）。

老子认为，在“三宝”中，“慈爱”尤为重要，统治者治理国家，必须以慈爱之心对待人民，若能这样，（就会有人民的支持），作战就能取胜，防守就能坚固，“夫慈，以战则胜，以守则固。天将救之，以慈卫之”（六十七章）。

5. 不居功，不争功

老子认为，统治者治国应当不居功、不争功，他们应当效法圣人和水，圣人就是“功成而弗居”（二章），“功成而不处”（七十七章），“为而不争”（八十一章），水也是“善利万物而不争”（八章）。

在老子看来，不居功，不争功有很大的好处。圣人因为不居功不骄傲，所以功绩永存，“夫唯弗居，是以不去”（二章）；水由于不争功，不求私利，所以从来都不会有过失，“夫唯不争，故无尤”（八章）；圣人因为不争功，做到了不自我表现，不自以为是，不自我夸耀和自高自大，反而能使自己显明昭著，建功立业且功业长存，没有人能争得过他，“不自见，故明；不自是，故彰；不自伐，故有功；不自矜，故长。”“夫唯不争，故天下莫能与之争”（二十二章）。

而那些争功的人，其结局正好与愿望相反：“企者不立；跨者不行；自见者不明；自是者不彰；自伐者无功；自矜者不长”（二十四章）——本来踮起脚想站得高一点，结果反而站不稳；本来想大跨步前行，结果反而走不快；自我表现的人，反而不能显明；自以为是的人，反而不能昭著；自我夸耀的人，不会被认为有功劳；自高自大的人，不能建立不朽功业。

老子对统治者自身政治素质所提出的这些要求，今天看来，仍然有一定的积极意义，我们加强党的执政能力建设，维护社会和谐，应该可以从中得到一些有益的借鉴——党和政府对于一些容易引起群众不满的事情，要及时处理；对于生产安全隐患要及时排查，消除于未然；对于人民内部矛盾要及时疏导，予以解决，防止矛盾扩大，防止矛盾激化转化为对抗性矛盾；党政干部处理人民内部问题不应简单粗暴，甚至以武力相威胁，应该代之以耐心的说服教育，通过疏导予以合情合理合法的解决，否则就会激化矛盾，破坏社会和谐；党政干部对待人民不应高高在上，做老爷官，要柔和谦下（处下），要有公仆意识（处小），这样才会得到人民的尊重和信任，甚至是爱戴，我们的干群关系就会非常和谐；党政干部必须热爱人民，这样才会得到人民真心实意的拥护，国家就会空前的团结，就会不惧任何敌人；党政干部要始终保持艰苦奋斗的作风，不贪污，不浪费，廉洁从政；党政干部应该吃苦在前，享乐在后，应该“先天下之忧而忧，后天下之乐而乐”，在享乐问题上应该“不敢为天下先”；党政干部不应该居功自傲，不应该躺在功劳簿上睡大觉，争地位，争名次，而应该始终保持谦虚谨慎、不骄不躁的作风，去争取党和人民事业的更大成功，这样做也必将给自己带来更大的光荣。

三、主张社会平衡，强调以民为本

1. “损有馀补不足”的社会平衡的思想

老子这种社会平衡思想，是在《道德经》七十七章提出来的。在这一章里，老子首先分析了天道（即大自然的运行），他指出：大自然的运行是非常平衡的，能够做到“高者抑之，下者举之；有馀者损之，不足者补之。”老子接着又揭露到，与大自然的运行规律“损有馀补不足”相违背，人类社会实行的却是“损不足而奉有馀”。最后，老子希望那些有道的统治者，能够注意社会平衡，做到“以有馀奉天下”，消除社会过大的贫富差距。

老子的社会平衡的思想，为我们解决社会贫富严重分化的问题，提供了有益的思路，对于我们构建社会主义和谐社会有重要意义。众所周知，我国社会目前贫富两极差距比较大，“目前我国基尼系数已接近0.5，超过国际警戒线，财富收入高度集中在少数人手里”[1]，这种情况既与我们实现共同富裕的目标相背离，又造成了社会严重的不公平，不利于和谐社会的形成。如果任这种情况发展下去，不及时采取必要的措施，势必会形成激烈的社会动荡，到那时就根本谈不上社会的和谐，党的执政地位可能也会有危险！值得庆幸的是，党和政府已经认识到了问题的严重性，并正在积极谋求问题的解决。笔者认为，老子的“损有馀补不足”的社会平衡思想，应该不失为解决问题的一种有效的办法。一方面，政府要提高个人所得税的征收标准（政府已经在做了），并尝试开征遗产继承税，征收上来的资金可以用来资助贫困人口的发展，可以用来投资教育以减少普通老百姓的教育支出，可以用来创办公益事业，政府还可以在财政、金融等方面对那些极端“有馀者”实行某些政策限制；另一方面，政府则要加大对贫困人口的帮扶力度，给予他们的发展以各种优惠条件和政策以及人才、资金的扶持。

---

〔1〕 祁京梅：《2004年消费需求增长分析及2005年展望》，《体制改革》，人大复印资料，2005年第1期。

2. “以百姓之心为心”的民本思想

老子的社会平衡思想与他具有以民为本的思想有一定的关系。老子认为统治者应当以民为本，“故贵以贱为本，高以下为基。是以侯王自谓孤、寡、不谷，此非以贱为本邪?”（三十九章）但如何才能做到以民为本呢?老子认为，“圣人无常心，以百姓之心为心”（四十九章)。也就是说统治者应该没有自己的私心、私欲，他应该心系民众，自觉与民众的意愿和需求保持一致。

在《道德经》中，老子还对那些不以民为本，而以自己为本的统治者提出了严厉的批评，他指出:“民之饥，以其上食税之多，是以饥。民之难治，以其上之有为，是以难治。民之轻死，以其上求生之厚，是以轻死”（七十五章)。在他看来，正是由于这些统治者为满足自己的贪欲而征收苛税，才导致人民饥荒；正是由于这些统治者好大喜功、强作妄为，才导致人民的不满而难以治理；正是由于这些统治者为了自己的生活安逸，而不顾人民的死活，才导致人民的拼死反抗。

老子上述民本思想对于我们提高干部队伍的思想道德素质，形成良好的干群关系，具有一定的积极意义。老子希望执政者能够“以百姓之心为心”，这在剥削社会里只能是一种幻想，但在社会主义社会里，对以“为人民服务”为宗旨的共产党人来说，恰恰是应该做到的，它是宗旨的要求，是衡量真假共产党人的一个重要的标准，是实现干群关系和谐的重要条件。老子对于那些不以民为本的统治者的批评，可以说是振聋发聩的，对于我们的党政领导干部应该能起到一定的警醒教育作用。

参考文献:

王连龙:《老子及其理想国思想研究》，“中国期刊网”，中国优秀博硕士论文数据库，辽宁师范大学，2002-06-01。

姜兰娅:《〈老子〉“自然”智慧的生态伦理意义》，“中国期刊网”，中国优秀博硕士论文数据库，华南师范大学，2004-06-01

任继愈:《老子新译（修订本)》，上海古籍出版社1985年5月第2版。(本文所引《道德经》原文即依据该书)。

《老子.庄子.列子》，岳麓书社，1989年8月第1版。

肖萐父，李锦全:《中国哲学史》，人民出版社1982年第1版。

（作者系阜阳师范学院历史系讲师）

美在自然与美是道德

——庄子康德美学追求之比较

常　娟

“人与自然”的关系命题在中西文化史上都是备受瞩目的话题。在东西方哲学美学大家中，庄子与康德对此是思索良多，在探求人与自然的和谐之路上，他们不约而同地把目光聚焦于美学，以审美作为通往自由的途径（明确这一点是我们得以比较庄子康德的美学追求的前提）。

一、庄子康德都以审美为通向“人与自然”和谐共生的途径

在庄子的哲学体系中，“体道”作为实现人生理想的途径，是对精神自由的追求，所获得的是物我合一、超越现实的精神解放，从而进入人与自然融汇，逍遥于天地之间，忘乎所以，欣然自乐的自由精神王国。《大宗师》说：“是之谓真人。若然者……凄然似秋，煖然似春，喜怒通四时，与物有宜而莫知其极。”主体心灵与客体对象具有某种相通性和同构关系，人的心境情感和自然的节气质态处于同态对应的关系之中，达到了人与自然的内在契合关系，显示了人与自然的内在亲和性。真人不是没有任何情感的禁欲，而是让各种情感的流溢和自然界的规律和谐一致，自然而无矫饰。人与自然以情感为媒介，情往似赠，兴来如答，这种境界正是美的境界，也是道的境界，更是人与自然高度谐和的境界。

《秋水》篇“濠梁观鱼”的故事更是明确表现了庄子的审美的人生态度，在庄子和惠施的对答辩论中体现了在人与自然的关系中审美态度和认知态度所带来感受的巨大差异。庄子以审美的态度观鱼，移情于物，因而达到与鱼为一的状态，并在这种状态中体验到“乐”，这种“乐”实际上就是审美的愉悦。“鱼之乐”是人鱼同化时，人体验到鱼在水中悠然游动之乐，人鱼不分，其乐同享。惠子以科学探知的态度观鱼，我是我，鱼是鱼，主客分离，所以他感受不到鱼之乐，更无法理解庄子的人鱼同乐。庄子对天地万物所采取的态度是：“其与物也，与之为娱”（《则阳》）的审美态度。他认为审美的根本特征在于人与自然的和谐，主体与客体的交融，并通过与自然万物浑然一体的境界感到超凡脱俗、无所负累的真正自由，获得心灵的自由超越。

和庄子同样，康德也力图寻求人与自然的统一。在《实践理性批判》的结论部分，康德写道：“有两种东西，我们愈经常愈反复地加以思索，它们就愈给

人心灌注时时在翻新，有加无已的赞叹和敬畏：头上的星空和内心的道德法则。”〔1〕“头上的星空”和“内心的道德法则”分别代表了自然和人，如何让这二者和谐统一是康德毕生殚思竭虑的重大问题，他的一生几乎就可以说是在人与自然之间的通道上奋战的一生。

综观康德的哲学体系，他是通过把美作为一座桥梁，架设在人与自然之间，以实现两个世界的沟通的。为弥合两个世界的鸿沟，“我们就必须有一个作为自然界基础的超感觉界和在实践方面包含于自由概念的那些东西的统一体的根基。”〔2〕康德一方面为了追求其哲学体系的完整把认识能力把握的自然界和意志能力把握的自由界由对立拉向统一，一方面由于他所规定的实践理性要将其目的和道德律令在感性世界中加以实现的实践愿望，他最终寻找到了“判断力”作为统一体的根基，“判断力，按照自然的可能的诸特殊规律，通过它的判定自然的先验原理，提供了对超感性的基体（在我们之内一如在我们之外）通过知性能力来规定的可能性。但理性通过它的实践规律同样先验的给它以规定。这样一来，判断力就使从自然概念的领域到自由概念的领域的过渡成为可能的。”〔3〕康德敏锐地抓住了判断力所具有的判定自然的先验原理即“无目的的合目的性”这一重要的心理机能，作为连接自然与伦理的纽结。在实践理性的伦理世界中，是有目的的；自然界由于受必然律的支配，似乎不存在目的，但如果把自然界当作整体看，它就具有目的了。例如，花散发香味，就其本身看没有什么目的，但如果联系到蜜蜂循香采蜜，它就是有目的的了。这样从自然的整体看，我们在其机械观之外，可以发现一种目的观。因此在自然领域和自由（伦理）领域都存在着“目的”，提供了二者联系的前提和基石，而审美判断力所具有的无目的的合目的性，也称形式的（主观的）合目的性，一方面因自然的形式符合人的主观认识能力，使人产生愉悦和满足，产生了具有普遍性和必然性的美感；另一方面，又因为审美判断符合主观的目的，成了想象力自由活动的园地，所以它又是自由的。正因为这样，通过审美判断力的这一特征，自然和人、“必然和自由、现象界和物自体，终于在审美判断中沟通起来，取得了和谐与统一。”〔4〕

综观庄子与康德对人与自然关系的思考，我们发现他们都以审美为途径，追求人与自然的最终和谐并达至自由之境。但如果我们进一步深入考察，就会发现二者所追求的审美的至境却是不同的：庄子追求的美的旨归是自然，归于朴素，

---

〔1〕 康德：《实践理性批判》，关文运译，第158页，广西师范大学出版社2002年版。

〔2〕 康德：《判断力批判》（上），第13页。

〔3〕 康德：《判断力批判》（上），第35页。

〔4〕 蒋孔阳：《德国古典美学》，第70页，商务印书馆1980年版。

“朴素而天下莫能与之争美”（《天道》），讲求的是“游”与“忘”；康德则把追求美的理想的眼光投向人，美向崇高迈进，并最终成为“道德的象征”。

二、“朴素而天下莫能与之争美”与“美是道德的象征”

庄子将悟“道”的境界视为人生修养的最高境界，“道”的本质特征是“自然”，这个自然主要不是指自然界，而是自然而然之谓，即强调一切归于自然，一切顺乎自然。“道”化生万物也是自然而然的，不假任何外力。庄子的审美理想和最高境界即为“道”，所以在庄子心目中最高的美也必然是自然之美。一切事物只要是维持其自然天性就可以称得上是美的。因此“蹄可以践霜雪，毛可以御风寒，龁草饮水，翘足而陆”（《马蹄》）的马是美的；“栖之深林，游之坛陆，浮之江湖，食之鳝鱼攸，随行而列止，委蛇而处”（《至乐》）的鸟是美的，但如果对马“烧之，剔之，刻之，雒之”，或是“御而觞之于庙”，即使“奏九韶以为乐，具太牢以为膳”，鸟仍不免一死，因为这是违背其自然本性的。人也是如此，西施因病而皱眉，是出于真情，因而看上去很美，而东施效颦就不美了。自然之美的本性表现为“朴素”，天地之大美的最高境界便是“朴素”，而“游”是达于至美的方法，“忘”是获得至美的态度。

庄子讨论“朴”或“素朴”是在老子论“朴”的基础上进行的，老子书中视“朴”为宇宙世界呈现的难以名状的混沌状态，“道恒无名，朴，虽小，而天下弗敢臣”（《老子》三十二章）；“复归于朴”（二十八章）；进而“朴”成为人格修养的理想状态，“见素抱朴，少私寡欲”（十九章）。因此老子“朴”的对立面是无止境的个人世俗“欲求”，正是在这一点上，庄子继承了老子的思想，主张“明白太素，无为复朴，体性抱神，以游世俗之间”（《天地》），把“朴”视为至高之美的根本特征，这和“道”之自然是合拍的，正因为自然无雕饰是至高的境界，那就必然产生朴素平淡的审美特征。所以庄子肯定了“淡然无极而众美从之”（《刻意》）、“覆载天地刻雕众形而不为巧”（《天道》）的朴美。

庄子在艺术上主张“素朴”首先和最重要的就是不为“巧”，鄙弃人工雕琢，矫制物性，《天地》中讲：“百年之木，破为牺樽，青黄而文之，其断在沟中。比牺樽于沟中之断，则美恶有间矣，其于失性一也。”精美的酒器和弃入沟中之木的美丑是有差别的，但从丧失本性来看，它们却是一样的失去了原有的朴态，都是残缺不美的。因而庄子对毁弃自然的朴素本性是深恶痛绝的，发出了“纯朴不残，孰为牺樽！白玉不毁，孰为珪璋”（《马蹄》）的沉痛呼声。

当然，庄子并非绝对的反对一切艺术技巧，他反对的是背离事物本性的“巧”，要求“毁绝钩绳而弃规矩，攦工倕之指，”这样“天下始人含其巧也”

(《胠箧》),辩证地提出了艺术创造中的“大巧若拙”的观点。那么,如何才能使美获得朴素的特性呢?庄子采取的是“忘”的态度,“游”的方法。“游”与“忘”如同“朴”的两翼,通过“游”与“忘”使“朴”具象化,让“朴”的观念充实而丰富,有了这双翅膀,“朴”才能飞翔于天空,真正获得生命力。

庄子认为当人沉浸在天真自然的精神状态中时,人的心灵是空明灵觉的,但在现实中世俗欲望、情智道德遮蔽了人,日积月累,心灵被捆缚,蒙上尘垢,丧失了真我,难获真知。因此,恢复人的真正本性就要祛除这些遮蔽物(这其实与西方当代美学家海德格尔提出的所谓“去蔽”是有异曲同工之妙的),用“忘”的功夫使心回到空灵之态。《达生》篇中“梓庆削木为鐻”的寓言揭示了在审美活动中“忘”的三个层次,首先是忘利,“不敢怀庆赏爵禄”,摆脱利欲之心的诱惑;然后是忘名,“不敢怀非誉巧拙”,摆脱名欲之心的诱惑;这两个层次归结起来就是忘物外生,要求不受外物的束缚,摆脱世事纷争,以这两个层次为台阶才能跨上第三个层次:忘我,“辄然忘吾有四肢形体”,这个时候才能忘却自我的一切欲念,做纯粹的静心观照,因此到达这一层次才是归根复本。从另一角度看,“忘我”其实就是“无己”,做到“吾丧我”和“去累”。整个这样一个忘的过程,层次逐渐加深,难度也渐次加大,哀乐之情、利害之欲也在忘中渐次淡漠,这样才能创造出“见者惊犹鬼神”的艺术杰作。

《庄子》一书中多次提到“忘”字,如他说:“忘乎物,忘乎天,其名为忘己,忘己之人,是之为入于天。”(《天地》)又说:“养志者忘己,养性者忘利,致道者忘心。”(《让王》)总之,只有忘怀一切才能返归朴素自然的审美境界。“工倕旋而盖规矩”之所以能达到“指与物化”的境界,就在于它能精神专一,忘怀一切。“故其灵台一而不桎,忘足,履之适也;忘要,带之适也;忘是非,心之适也;不内变,不外从,是会之适也。始乎适而未尝不适者,忘适之适也。”(《达生》)因此,庄子十分强调“坐忘”的功夫,“坐忘”也就是忘欲、忘知、忘我。《在宥》篇谈及“心养”时说得更具体:“噫!心养!汝徒处无为,而物自化。堕尔形体,黜尔聪明,伦与物忘,大同乎涬溟,解心释神,莫然无魂。”只有具备了“解心释神,莫然无魂”的心胸态度,才能真正找到通往朴素之美的坦途。

值得我们注意的是,庄子的“忘”并不是忘却所有,“虽忘乎故吾,吾有不忘者存。”(《田子方》)庄子忘的是“成心”、“机心”、“滑乱之心”,是捆缚心灵的仁义道德,所不忘的是洁净、自由、富有创造力的朴素本心,“忘”——更进一步说——是精神的除旧布新和回归。这正如伽达默尔所说:“遗忘不仅仅是一种脱落和一种缺乏,而且像尼采所首先强调的,它是精神的一个生命条件,只有通过遗忘,精神才获得全面更新的可能,即获得用新鲜的目光去看待一切事物的能力，以致过去所信的东西和新见到的东西融合在一起，达到了多层次的统一。"[1]

达到朴美之境的态度是"忘"，而达此至境的方法则是"游"。庄子论"游"遍及全书，不唯表现于《逍遥游》中，而《逍遥游》作为《庄子》全书之首集中表现了庄子的"逍遥乎物外，任天而游无穷也"[2]的自由境界。在《庄子》中，"游"大致有三种含义：一是"游玩"之意。庄子崇尚自然，在书中有大量的游山玩水之词。如《山木》："庄周游于雕陵之樊"；如《渔父》："孔子游乎缁帷之林"等等。二是"游戏"之意。体现了庄子对现实生活和人生抱有的自适、无所干预的态度。如《齐物论》："圣人……游乎尘垢之外"；如《山木》："人能虚己以游世，其孰能害之！"司马迁也在《史记·老庄申韩列传》中高度赞扬了庄子的"宁游戏污渎之中以自快"的清高品性和自适的情怀。三是"游心"之意。所谓游心，指庄子之游重在精神、内心之游，是超出现实的虚拟、想象之游。《人间世》："乘物以游心"；《德充符》："游心乎德之和"；《应帝王》："游心于淡"等等。庄子的三种"游"的含义是相互联系的，对大自然的山水之游，虽是一般的游山玩水，但其中却蕴含了不同于一般现实生活的精神愉悦和价值取向，它和现实的实用态度区分开来，在山水赏会中体悟超越性的心灵自由，这其实就是"游戏"的实质（这和康德与席勒提出的游戏说是相通的，都具有超越功利的精神自由的指向）。庄子的游心的精神超越性品格是深藏于"游玩"和"游戏"的过程中的。从庄子的"游"所具有的三种含义看，显然庄子的"游"是趋向于审美的，尤其是"心游"和审美的特征与规律在不自觉间相契合，具有了审美所要求的解放感和自由感，但归根结底，这种解放感和自由感是从世俗社会解脱出来，在与大自然的亲和中寻找到的。因此，庄子的"游"最终仍然落足于对"天地之大美"的审美观照上，通过"乘物游心"、"神与物游"的方式方法体会到存于自然天地间的朴素之美。

和庄子不同，康德把人与自然的和谐的审美之途归于主体的道德。我们可以从康德的美学论述中看到一条从自然向人迈进的清晰路径，康德通过纯粹美和依存美的区分以及对崇高感的主体生成的限定，把美最终归于主体内部的道德感，这也是康德美学"桥梁"意义之所在。美（包括自由美和附庸美）和崇高都是构成这座从自然向人也是自由的桥梁的因素。

康德在"美的分析"部分，从"无目的的合目的性"的标准出发，把美区分为两种：纯粹美和依存美。从美的纯粹性，把美从诸多的混杂中（伦理道德、

---

〔1〕 伽达默尔：《真理与方法》，王才勇译，第19～20页，辽宁人民出版社1987年版。

〔2〕 王先谦：《庄子集解》，第1页，上海书店1987年影印版。

感官刺激、爱欲、利害关系等）分离出来的角度出发，康德是认为纯粹美高于依存美的，因为无论快适还是善，它们和美的结合都会妨碍鉴赏判断的纯粹性，使美不只涉及形式了。但康德更看重的是依存美，他把“美的理想”归于依存美。康德认为“最高的范本，鉴赏的原型，只是一个观念……观念本来意味着一个理性概念，而理想本来意味着一个符合观念的个体的表象。”〔1〕显然，和纯粹美的不涉及概念相比，只有依存美能获得审美理想的称号。更进一步，康德说出“只有‘人’才独能具有美的理想，像人类尽在他的人格里面那样；他作为睿智，能在世界一切事物中独具完满性的理想。”〔2〕由此，康德把美的理想归于人的主体之中，并点明“在人的形体上理想是在于表现道德”。〔3〕断定谁想判定和表现美，在他的身上就必须结合理性观念和想象力的巨大力量。于是，康德通过“纯粹美”和“依存美”的区分和把美的理想系于后者，为其最后能把美和道德结合起来长远地作了铺垫。接下来，康德进一步对“崇高”进行了分析，把崇高感和主体理性紧密的联系起来。

在康德看来，崇高是心灵理性观念对外物和表象的超越，崇高和美相比具有它的独特之处：首先，从对象的形式看，与美重在形式相比，崇高是无形式的，无形式指的是对象形式的无限性，如疾风骤雨、广延的宇宙空间等，它们的形式是无限的，由于它的宏大的无限性，使我们在直观的表象中远不能完成全面的把握，于是“构想力在这观念里达到它的顶点了，而在努力再把它扩张时就会回头沉落到自己里面，却因此陷进一种动人的愉快里。”〔4〕由无法把握的无限大，在想像力的扩张中产生愉悦感。其次，从产生的愉快的性质来说，和美感是单纯的直接的愉快相比，崇高所产生的愉快是一种间接的愉快，它“经历着一个瞬间的生命力的阻滞，而立刻继之以生命力的因而更加强烈的喷射”。〔5〕所以崇高不是像游戏那样所带来的愉快，而是想象力活动的严肃的情绪，不是被对象吸引，而是被反复地拒绝着。所以说，崇高包含着更多的崇敬和惊叹。“假使自然应该被我们评判为崇高，那么，它就必须作为激起恐惧的对象被表象着。”〔6〕也就是说，要产生崇高感，我们必须身处安全地带，面对令人恐惧的对象时，才会由痛感转化为快感。最后也是最重要的，崇高的特征是，它来自于主体的心灵，是主体理性观念的产物，对象的形式是无限的，对于想象力来说似乎无法企及，

〔1〕 康德：《判断力批判》（上），第70页。
〔2〕 康德：《判断力批判》（上），第71页。
〔3〕 康德：《判断力批判》（上），第74页。
〔4〕 康德：《判断力批判》（上），第91页。
〔5〕 康德：《判断力批判》（上），第84页。
〔6〕 康德：《判断力批判》（上），第100页。

但正是在这一点上，应该成为崇高，因为想象力调动了理性观念，把对象作为一个整体来把握，在情感上评价其为崇高。因此我们不能说对象是崇高的，“我们只能这样说，这对象是适合于表达一个在我们心意里能够具有的崇高性，因为真正的崇高不能含在任何感性的形式里，而只涉及理性的观念。”〔1〕总之，“关于自然界的美我们必须在我们以外去寻找一个根据，关于崇高只须在我们内部和思想的样式里，这种思想样式把崇高性带进自然的表象里去。”〔2〕

可以看出，康德从要求鉴赏自然美时的纯粹性发展为肯定依存美是美的理想，到对崇高感来源的探讨中，把人的位置放在了自然之上，已经在实现美向善的逐步靠近。在对崇高感情状的解释中，他又把崇高与“道德”自然而然的联系起来，他分析说，“心意对于崇高的情调要求着心意有一对于诸观念的感受性……事实上，若是没有道德诸观念的演进发展，那么，我们受过文化陶冶的人所称为崇高的对象，对于粗陋的人只显得可怖。”〔3〕在“关于审美反省判断力的解说的总注”中，康德进一步强调“对大自然崇高的感觉是不能令人思维的，假使不是把它和心情的一种类似道德的情调相结合着。”〔4〕由此可见，从“美”到“崇高”是审美领域从自然向自由过渡的一个大大的跨越。对此，吉尔伯特和库恩在《美学史》中就康德的崇高作了这样的说明：“崇高感开始于对自然界壮观景象的印象，之后却转向对人的道德尊严的认识，而道德尊严超过了自然界中任何量和力。……康德几乎是无人可以察觉地、悄悄地从美学领域滑向了道德领域。按照康德的意见，我们几乎可以说，崇高感是道德的一种规范。它是从美这个棱镜上反射出来的一种道德，是偷偷的返回到了它当初在康德著作中居首要地位的一种道德。”〔5〕这就是说，在康德的崇高理论中，康德对崇高的探讨是悄然从崇高快感向崇高观念过渡，由感性向理性发展，最后落脚于道德尊严上。

至此，通过层层铺垫，“美”和超感性的“道德”之间的关系已昭然若揭了，康德终于攀登到他的美的理想的顶峰：“美是道德的象征”。道德被象征地、间接地呈现为美，包含着两方面的含义：首先，从宏观和整体来看，道德被象征到内容上与其无关涉的事物上，即某种美的东西，这是通过想象力使理性在感性直观中的表象成为可能。康德还举了一些例子，如我们称建筑物或树木为壮大豪华，称田野为欢笑愉快，甚至色彩为清洁、谦逊、温柔等，它们能引起我们的与道德相类似的感觉，使美和道德表里一致。正因为此，美对自然和自由的联结起

〔1〕 康德：《判断力批判》（上），第84页。
〔2〕 康德：《判断力批判》（上），第85页。
〔3〕 康德：《判断力批判》（上），第105页。
〔4〕 康德：《判断力批判》（上），第109页。
〔5〕 吉尔伯特，库恩：《美学史》（下卷），第448～449页，上海译文出版社1989年版。

着不可替代的作用，完成了美向道德的过渡。其次，康德在论证“美是道德的象征”的过程中，还揭示了对美的鉴赏是和人的道德修养紧密相连的，这也应当是“象征”的重要内涵。在第29节中，康德举出沙福伊的农夫称雪山的爱好者为傻瓜的例子，说明有教养的人与粗俗的人在崇高感上的差异。这是由于道德观念在不同文化修养水平的人的心灵中所达到的层次是不同的，即达到什么样的文化道德修养高度就能欣赏什么样的美的事物。但甚为可惜的是，康德虽然有这样敏锐的发现，但由于他始终把人性孤立、抽象出来加以探究，所以继而他又返回头肯定道德律令“在人类的天性里有它的基础”，“对于（实践的）诸观念（即道德的诸观念）的情感是存在天赋里的”，[1]因此可以推断每个人都具有。康德为了建构起他的先验理性大厦，很快又把道德感的差异性推翻了。只有到后世发展到马克思主义才真正把人纳入现实、社会和历史之中加以考察，才能对此加以科学合理的解释。

纵观康德的美向道德迈进的足迹，它们是非常清晰的。康德最终证明了“美”是主体心灵的产物，根植于理性观念之上，而道德作为人的心灵的自然属性可以使美在直观中接近自身，并以道德为旨归，使美与人性的“崇高中的道德性”达到高度一致，这也是他美学思想的核心，是他对于人类终极价值的探寻和追求。

对比庄子和康德追求的人与自然的审美之途，我们发现其审美途径的内涵是大相径庭的。虽然他们两人都在力图实现人与自然和谐的基础上探讨人或自然，但他们的路径却是恰恰相反的：庄子竭力使人向自然回归，康德则走了一条自然向人生成的道路。笔者试图用关键词的形式将之表现出来：

	美的旨归	美的表征	美的途径
庄子	自然	朴素	游、忘
康德	道德	崇高	主体理性

从以上的分析可以看出，庄子要求人归于自然，要求人放弃任何外在的依托，包括虚名、包括功业、包括为己的私心，这样才能使自己的精神超越世俗的一切乃至超越自我，形成一个自然而又自由的个体生命，达到“天地与我并生，而万物与我为一”（《齐物论》）的“天人合一”境界。康德则以美为中介使自然向伦理过渡，这其实也就是“自然向人生成”的过程。康德将“人”的存在依据定位于人所具有的先天的认识机能，把人作为整个自然的最终目的，从而最

[1] 康德：《判断力批判》（上），第106页。

终建立起“文化—道德”的人，这也是康德美学发展的最高目标。

总之，庄子与康德虽都以审美为途径追求人类的自由境界，但由于他们的立足点不同，所处的社会文化背景不同，写作的目的也不同，导致了他们进行“自然—人”的关系建构时方向完全相反。而在当今学界很多人文主义者面对人类的生存困境时所提倡的人与自然的融合，其中就不乏庄子和康德的哲学沉思对我们的诸多启示了。

（作者系阜阳师范学院中文系讲师）

四、语言文学与淮河文化

曹植创作“情兼雅怨”说略

刘跃进

钟嵘《诗品》卷上“魏陈思王植”条：“其源出于国风。骨气奇高，词彩华茂，情兼雅怨，体被文质，粲溢今古，卓尔不群。嗟乎！陈思之于文章也，譬人伦之有周孔，鳞羽之有龙凤，音乐之有琴笙，女工之有黼黻。俾尔怀铅吮墨者，抱篇章而景慕，映余晖以自烛。故孔氏之门如用诗，则公幹升堂，思王入室，景阳潘陆，自可坐于廊庑之间矣。”这里特别值得注意的是“情兼雅怨，体被文质”八个字。“雅怨”与“文质”对举，说明是并列关系。

作为一个文论术语，以“雅”作为中心词，在《诗品》中凡六见：

嵇康：颇似魏文。过为峻切，讦直露才，伤渊雅之致。

颜延之：虽乖秀逸，是经纶文雅才；雅才减若人，则蹈于困踬矣。

鲍照：然贵尚巧似，不避危仄，颇伤清雅之调。故言险俗者，多以附照。

任昉：善铨事理，拓体渊雅，得国士之风，故擢居中品。

曹彪、徐幹：白马与陈思答赠，伟长与公幹往复，虽曰‘以莛扣钟’，亦能闲雅矣。

谢庄：气候清雅，不逮于范袁。

渊雅、文雅、清雅、闲雅等，其文意大抵与今天所说的“高雅”相近。应当不会有太大的分歧。问题主要在“怨”字。此字亦为《诗品》常见字，如：

序：嘉会寄诗以亲，离群托诗以怨。

古诗：“去者日以疏”四十五首，虽多哀怨，颇为总杂，旧疑是建安中曹王所制。

李陵：文多凄怆，怨者之流。

班姬：词旨清捷，怨深文绮，得匹妇之致。

左思：文典以怨，颇为精切，得讽喻之致。

秦嘉、徐淑：夫妻事既可伤，文亦凄怨。

郭泰机：泰机寒女之制，孤怨宜恨。

沉约：不闲于经纶，而长于清怨。

按照通常的理解，“怨”本于《论语》中所说的“诗可以怨”，对此，钱钟书先生《诗可以怨》一文有过详尽的讨论[1]。钟嵘《诗品》论曹植创作之“情兼雅怨”之“怨”，确有司马迁“发愤著书”之怨，这是一种常见的情感。譬如《赠白马王彪》、《洛神赋》、《九愁赋》等无不弥漫着这种哀怨之情。但是，作为文论术语，钟嵘所论“怨”还有其特殊的内涵。既然“雅怨”与“文质”对举，则这两组术语之间应当有某种内在的联系。就其显而易见的方面看，“雅”与“文”相近，而“怨”则与“质”对等。因此，“情兼雅怨”，实际蕴涵着曹植创作的“雅”与“怨”两种相辅相成的风格要素。雅与文，即文雅的风格，而怨与质则表现为质朴、通俗的特色。前者比较容易理解，相关的论述也比较多。这里，我想着重讨论曹植创作中所表现出来的质朴通俗的风格及其形成的原因。

根据赵幼文先生《曹植集校注》，曹植作品现存二百三十余篇。这里我想特别提出《蝙蝠赋》、《鹞雀赋》、《令禽恶鸟论》这三篇作品作为探讨的对象。《蝙蝠赋》有残佚，但其“嫉邪愤俗之词，末四句痛斥尤甚”（丁晏《铨评》）则非常明显。《鹞雀赋》则通过鹞和雀的对话，表现了当时社会以强凌弱的现象。《令禽恶鸟论》则论述伯劳之鸣与人的灾难没有必然联系且为伯劳鸣冤叫屈。这三篇作品在曹植的全部创作中显得很另类，而他们之间却有着共同的特色：第一，都通过鸟的形象来比喻社会现象，具有批判现实的色彩。第二，文字古朴，运用了很多当时的口语俗字。我们知道，用拟人手法写鸟的文学作品，以《诗·豳风·鸱鸮》为最早。汉代乐府诗，很多也常用鸟兽鱼虫作比喻。譬如《铙歌十八曲》中的《战城南》，通过即将死去的士兵和乌鸦的对话，表达了作者对战争的诅咒之情。相和歌辞中的《乌生》则描写乌鸦被人用弹射杀，乌鸦自叹藏身不密，又以白鹿、黄鹄和鲤鱼之死自我安慰，认为死生有命。杂曲歌辞中的《枯鱼过河泣》则以鱼喻人，告诫人们世情险恶，慎于出行。此外，1993年在江苏东海县尹湾村出土的《神乌赋》，描述了一个乌鸦之间的故事。一对乌鸦营造自己的爱巢，而“盗鸟”却窃取其筑巢材料。雌乌发现后，追逐盗鸟，与之论理。盗鸟不服，终至相斗。雌乌受了重伤，临死与雄乌诀别，要雄乌“更索贤妇．毋听后母，愁苦孤子”。为了不拖累雄乌，自投“污则（厕?）”而死，雄乌极其悲哀，“遂弃故处．高翔而去”。这篇赋与曹植的《蝙蝠赋》、《鹞雀赋》非常接近，基本上都用四言句式，内容都讲到不同类的鸟之间的争斗。这些以拟人手法写鸟的文学作品之间，大概存在着某种传承关系。裘锡圭先生《〈神乌傅〉初探》指出，它们可能都是以民间口头文学中的有关内容为创作基础，语言是相当通俗的，而且有些地方还显得相当笨拙。跟司马相如、扬雄、班

〔1〕 钱钟书：《诗可以怨》，见《七缀集》，上海古籍出版社1994年版。

固等名家的赋使用大量华丽瑰奇的辞藻而且句法比较灵活多变的情况相比，反差极为明显。显然作者是一个层次较低的知识分子，而且是在民间口头文学的强烈影响下创作此赋的〔1〕。曹植的创作以鸟兽作比喻，还不仅仅限于这三篇，如《赠白马王彪》："鸱枭鸣衡轭，豺狼当路啼"，就本于《诗·豳风·鸱鸮》；而《野田黄雀行》描写黄鸟无辜被捕杀，又与汉乐府《乌生》、《枯鱼过河泣》等有着相近的艺术构思。如果联系汉代乐府诗及《神乌赋》，并结合曹植其他创作，我们似乎可以作这样的推断：曹植创作这三篇作品，不像是率意为之，而是有意借鉴当时流行甚广的民间文学创作。因此，这三篇作品就给我们提供了清晰的启示，那就是，曹植不仅仅是贵公子孙，在他的精神世界还有着浓郁的下层文化的成分。

曹植创作所表现出来的这种下层文化特点，又与他的家世背景有着直接的关系。曹家为寒门，"起自幽贱"（《三国志·魏书·后妃传》）。因此，这个家族成员的生活方式、处世态度乃至人生追求就与豪门望族有着明显的差异。《三国志·杨阜传》载曹洪击败马超后，"置酒大会，令女倡著罗縠之衣，蹋鼓，一坐皆笑。"杨阜虽然表示不满又能怎样?!而曹植的生母卞氏也出身寒门，她自己就是"倡家，"也就是专以歌舞美色娱人的卖唱者。不仅如此，魏氏"三世立贱"〔2〕，所以《三国志·魏书·后妃传》载："初，明帝為王，始納河內虞氏為妃，帝即位，虞氏不得立為后，太皇后卞太后慰勉焉。虞氏曰：'曹氏自好立賤，未有能以義舉者也。'"

在这样的家族中成长起来的曹植，尽管其幼年、青年时期都得到了乃父的特别呵护，走马斗鸡，过着贵族子孙的放荡生活，但是其骨子眼里依然摆脱不了下层文化的强烈影响。《三国志·王卫二刘傅传》裴注引《魏略》记载曹植约见当时著名小说家邯郸淳，"延入坐，不先与谈。时天暑热，植因呼常从取水自澡讫，傅粉。遂科头拍袒，胡舞五椎锻，跳丸击剑，诵俳优小说数千言讫，谓淳曰：'邯郸生何如邪?'于是乃更著衣帻，整仪容，与淳评说混元造化之端，品物区别之意，然后论羲皇以来贤圣名臣烈士优劣之差，次颂古今文章赋诔及当官政事宜所先后，又论用武行兵倚伏之势。乃命厨宰，酒炙交至，坐席默然，无与抗者。及暮，淳归，对其所知叹植之才，谓之'天人'。"如果脱离了曹植的家世背景，脱离了当时整个社会世俗化的风气，我们就很难理解曹植的这些怪异举止。

---

〔1〕 裘锡圭：《〈神乌傅〉初探》，《文物》1997 年第 1 期。

〔2〕 周勋初：《魏氏"三世立贱"的分析》，见《魏晋南北朝文学论丛》，江苏古籍出版社 1999 年版。

曹氏家风以及曹植身上所表现出来的这种平民化、世俗化的倾向并非仅仅是个别现象。从东汉开始的中国文化思想界，经历了一场空前的文化变革：儒学的衰微，道教的兴起，佛教的传入，形成了三种文化的冲突与融合。第一是外来文化（如佛教）与中原文化的冲突与融合；第二是传统文化与新兴文化（如道教）的冲突与融合；第三是官方文化与民间文化的冲突与融合。正是这三种文化的交融，极大地改变了东汉的文化风貌。最明显的一个变化，就是东汉文化所呈现出来的平民化与世俗化的特点。正是这样一种特殊的文化氛围，才为出身寒微的曹氏家族脱颖而出创造了条件；反过来，曹氏家族当政后又为这种“风衰俗怨”的潮流推波助澜，逐渐推动了建安文学的繁荣。从这个意义上说，曹植的这三篇另类作品，也为我们解读“建安风骨”提供了一个形象具体的范本。

（作者系中国社会科学院文学研究所研究员）

曹植札记（三题）

顾 农

《朔风诗》

仰彼朔风，用怀魏都。愿骋代马，倏忽北徂。凯风永至，思彼蛮方。愿随越鸟，翻飞南翔。

四气代谢，悬景运周。别如俯仰，脱若三秋。昔我初迁，朱华未希。今我旋止，素雪云飞。

俯降千仞，仰登天阻。风飘蓬飞，载离寒暑。千仞易陟，天阻可越。昔我同袍，今永乖别。

子好芳草，岂忘尔贻。繁华将茂，秋霜悴之。君不垂眷，岂云其诚？秋兰可喻，桂树冬荣。

弦歌荡思，谁与销忧？临川慕思，何为泛舟！岂无和乐，游非我邻。谁忘泛舟，愧无榜人。

曹植这首《朔风》诗是他四言诗的代表作，曾被选入《文选》（卷二十九）。关于此诗的背景，旧说分歧很大，因此解读也就非常不同。《文选》李周翰注认为作者“时为东阿王在藩，感北风思归而作”；而刘履《选诗补注》则指出“必（黄初四年）还雍丘后作”；朱绪曾《曹集考异》订为“明帝太和二年还雍丘作”。近贤黄节先生在《曹子建诗注》中考订尤详，结论为“黄初六年在雍丘作”。诸说各有所据，亟待进一步予以讨论敲定。

这里可以采用排除法。首先可以排除的是“黄初六年在雍丘作”一说。黄节先生为此说提出的论据有三条：第一，“凯风永至”等四句是怀念白马王曹彪的，“《魏志》：彪五年改封寿春县，七年徙白马。则六年在寿春。雍丘即今杞县，寿春即今寿州，在雍丘之南。诗不曰‘南方’而曰‘蛮方’者，避下句‘南翔’字耳。”第二，“昔我初迁”二句，“谓四年七月后初徙雍丘也。朱华，芙蓉也，曰未希，则将希矣，当七月时也”；“今我旋止”二句，“盖六年正月北风飘寒之时也。本集《黄初六年自诫令》曰：‘及到雍，又为监官所举，亦已纷若，于今复三年矣。然卒归，不能有病于孤者，信心足以贯于神明也。’寻其令文，‘然卒归’句读，殆在雍时为监官所举，一如在鄄时为王机等所诬，既被迁废，至六年始还雍欤，故曰‘卒归’，诗所云‘今我旋止’也。”第三，“君不垂眷，岂云其诚”二句，“言我不诚，故君不眷耳。《六年令》曰：‘昔雄（原文如此，按当作“熊”，熊渠射石事见《新序·杂事》）渠李广，武发石开，邹子囚燕，中夏霜下；杞妻哭梁，山为之崩，固精诚可以动天地金石，何况于人乎。今皇帝遥过鄙国，旷然大赦，与孤更始，欣笑和乐以欢孤，陨涕咨嗟以悼孤’此即《魏志》黄初六年，帝东征还，过雍丘，幸植宫事也。诗犹《令》意，谓我以诚故，君终垂眷耳。”[1]这三条加起来，要害就是一条，即依《黄初六年令》，曹植在雍丘时曾被诬告，遂迁废，而到黄初六年又复归雍丘，《朔风》诗就作于此时。这里的问题在于，黄先生似乎误解了《黄初六年自诫令》中“然卒归不能有病于孤者”句，此句当一气读下，是说自己在雍丘期间虽然有监官诬告，但并没有对自己造成伤害。黄初四年至六年曹植一直在雍丘，其间并没有被“迁废”的事情发生；黄先生也没有提供任何材料证明有过那么一次“迁废”。

《三国志·魏书·陈思王传》载，黄初四年“徙封雍丘王。其年，朝京都”；“六年，帝东征，还过雍丘，幸植宫，增户五百。太和元年，徙封浚仪。二年，复还雍丘。”传文和曹植本人的作品都没有提到在黄初四年至六年之间他有过什么“迁废”的遭遇。现在还可以看到曹植的《黄初五年令》，略曰：“唐尧至仁，不能容无益之子；汤武至圣，不能养无益之臣。九折臂知为良医，吾知所以待下矣。诸吏各敬尔在位，孤推一概之平：功之宜赏，于疏必与；罪之宜戮，在亲不赦。此令之行，有若皎日。於戏，群臣其览之哉！”可见曹植正致力于在他小小的雍丘王国内加强纪律，厉行赏罚，哪里有一点“迁废”的迹象呢。

从推测此诗作年的角度说，“昔我初迁，朱华未希。今我旋止，素雪云飞”四句极其重要，因为这表明《朔风》写于曹植曾经一度离开后又复回的某地，另据“用怀魏都”句可知该地绝非魏都。拿这两条来衡量，只有雍丘符合，曹植黄初四年封雍丘王，到太和元年徙封浚仪；二年，复还雍丘。据诗意，他的徙封浚仪应在太和元年初秋“朱华未希”之时，而复回雍丘则当在次年已经下雪的严冬。解说此诗，唯朱绪曾说可取，而“为东阿王在藩”时作、“黄初四年（由洛阳）还雍丘作”二说皆可排除出局。至于晚出的《朔风》作于建安后期的说法[2]，就更加不能考虑了。

浚仪在今开封附近，地理人文环境要比雍丘好一点，魏明帝上台后不久将叔

〔1〕《曹子建诗注》，第48页，人民文学出版社1957年版。

〔2〕赵幼文：《曹植集校注》，第175页，人民文学出版社1984年版。

叔曹植迁至浚仪，大约是一种姿态，其背后也许还有卞太后的关怀在起作用；但曹植的存在对他始终是一份压力，所以不到二年又让他复还“下湿少桑”的雍丘，这无非是折磨人。到太和三年，在卞太后“慈母之念”的关心下，曹植改封东阿王，后来就没有再动迁了。曹植在《转封东阿王谢表》中说：“臣在雍丘，劬劳五年。左右罢怠，居业向定”从黄初四年到太和三年他彻底离开雍丘转去东阿，按曹植的习惯连头搭尾算，一共七年，去掉浚仪的两年，正好五年，其中包括黄初年间的四、五、六、七这四年，以及太和年间复回雍丘的一年。据此也可进一步证实，黄节先生关于曹植在雍丘时为监官所举，一度被迁废，至六年始还雍丘等等的假设，与曹植本人的回忆完全矛盾，难以成立。

太和二年复还雍丘之日，可以说是曹植一生中最困难最狼狈之时。但诗人伟大的心灵并没有被巨大的压力击夸，他仍然十分活跃，试图冲破黑暗的包围。诗的第一章说自己怀念魏都邺城，又说自己希望骑着代马到北方去，又想随着小鸟飞到南方去——诗人到处都想去，就是不愿意呆在这囚笼似的雍丘！《选诗补注》卷二云“黄初四年，子建始得自雍丘入朝，上《责躬》诗。是时待遇，礼甚傲，法甚峻。既而与白马王彪还国，欲同路款叙，不许，遂愤惋而别。此诗必还雍丘后作。故此章首怀魏都而兼思兄弟之国。按《魏志》是年彪为吴王，故称蛮方也。”《采菽堂古诗选》卷六也有类似的意见。但他们对“北徂”就不能作出任何说明。吴淇说“首四句，一南一北，写心之恍惚不定”（《六朝选诗定论》卷五），他的分析比那些一见到“蛮方”（南方）就往白马王曹彪所在的地方去找联系，是高明得多了，但尚未达一间，他对曹植奔放自由的思想不免有些估计不足。诗人虽然屡遭打击，近于囚徒，但他的思想是囚禁不住的。

第二章回到可悲的现实，讲自己在不足两年时间里被迁来迁去，转了一圈，又回到了雍丘。四时代谢，岁月不居，自己的生命就这么消磨殆尽！

第三章继续咏叹自己飘蓬似的命运，令读者想起他在《吁嗟篇》中的牢骚不平：“吁嗟此转蓬，居世何独然！长去本根逝，宿夜无休闲……流转无恒处，谁知吾苦艰……”尽管如此，诗人仍然坚信自己能够克服种种苦难，走出困境；只可惜许多好朋友（“同袍”，例如杨修、二丁等等，任城王曹彰也可以包括在内）已经去世，不能同自己一起奋斗了。

第四章说起尚存的同志（例如曹彪），很想为他们献上“芳草”，但总是遭到“秋霜”的威胁。尽管如此，我们仍然要以不畏风霜的秋兰桂树来砥砺自己。皇帝不眷念我们，我们自己仍然要诚信做人。这一章是全诗中调子最高昂的一段，与第一章的畅想遥相呼应。

第五章情绪再次跌入低谷，诗人痛感自己孤立无援，忧愁幽思，无可告语。在“愧无榜人”（榜人，相当于今之所谓“船老大”）的叹息声中匆匆结束了全诗。

来去无端的忧伤，回环起伏的诗情，道出了太和初年曹植内心的秘密。他既保持着高贵的激情，又深感自己的孤立无助。后期曹植正是在这一悲剧性的处境中备受煎熬，创作了许多感动古今无数读者的伟大诗篇。

《七步诗》

著名的《七步诗》是不是曹植的作品是一个有争议的问题，黄节先生撰《曹子建诗注》就未曾录入；但如以此诗为伪，那也缺少足够的根据，《世说新语·文学》第六十六则云：“文帝尝令东阿王七步中作诗，不成者行大法。应声便为诗曰：‘煮豆持作羹，漉豉以为汁。萁在釜下燃，豆在釜中泣。本自同根生，相煎何太急。’帝深有惭色。”

可知在刘宋时代，此诗已颇为人们熟知且有故事流传。又，《文选》卷六十任彦昇（昉）《齐竟陵文宣王行状》“陈思见称于七步”句下李善注引《世说》云：“文帝令陈思王七步成诗，诗曰：‘萁在灶下燃，豆在釜中泣。本是同根生，相煎何太急。’”

文字比较简略，这大约是李善在引用时随手有所删节，删得像一首唐人的五绝了。古人摘引文并不严格按照原文引录，往往有所省略，而为引文的通妥流畅起见，又往往改易少数几个字。这种作风到晚近以来还有，某些老派学者的引文有时不够准确，其原因在此。

与前引《世说》原文相比，李善注保留了它的主要内容而删去枝叶，最大的变化在于将诗的前两句“煮豆持作羹，漉豉以为汁”删掉了。删掉这两句，诗的妙喻仍在，主要意思也没有变化：拿豆秸草作燃料来煮豆子，本是同根生的东西如此相煎甚急——现在是亲兄弟相煎甚急，令人不胜感慨。此后更流行的文本则将首句改为“煮豆燃豆萁”（《诗纪》卷十四引“一作”本），将豆和萁一道率先提出，为下文张本，这样就比一上来就突如其来地说“萁在灶下燃”要稳妥自然一些。这一改动不知出于何人之手，其人实为高手。

曹植的原作显得比较古朴。这首诗的生长点在于燃豆萁煮豆子，那么干吗要煮豆子呢，诗的前两句说得很明白：“煮豆持作羹，漉豉以为汁”。这是当时的一种食品加工方法：先把豆子煮熟，然后让它发酵，加上盐和若干香料，做成“豆豉”或称“盐豉”，不加盐的则为淡豉，均为美味，其加工过程中产生的汁液，也是很有味道的调味品（详见《齐民要术》卷八《作豉》）。在魏晋时代，豆豉算是新兴的美味，所以曹植在诗中详细言之。而到唐人或更后的读者心目当中，“豆豉”乃是十分普通的东西，“煮豆持作羹，漉豉以为汁”这些话完全可以不去多说。改诗有时同科技水平的与时俱进也不无关系〔1〕。

检《世说新语·言语》第二十六则云："陆机诣王武子，武子前置数斛羊酪，指以示陆曰：'卿江东何以敌此?'陆云：'有千里莼羹，但未下盐豉耳!'"

北方贵公子王济（武子）看不起从南方来的"亡国之余"陆机〔2〕，以羊酪为天下美味，而陆机则以莼（莼）羹来与之对垒。做莼羹须下盐豉，味道才能勾得出来；陆机认为羊酪虽好，也就相当于未下盐豉的莼羹——北方的美味乃是二流货色。当时北人南人互有偏见，所以往往有这样斗法式的问答〔3〕，现在看去颇不足为训，但由此可知盐豉在魏晋时代的崇高地位，也可知曹植写与盐豉有关的诗为什么那样不惜笔墨。

这样看来，今天重编注曹植的诗，《七步诗》应予录入，并以《世说新语·文学》所引的六句本为准；至于后来的删节本（李善注所引者）、修改本（《诗纪》所引者），可以不管，也可以作为附录列入备考。

"渔山梵唱"

笔者在一篇旧作中说过："建安时代最优秀的诗人曹植，也具有非常良好的音乐素质，他在追求诗歌音乐美方面取得了更好的成绩。由于他不具备'魏之三祖'那样的地位，不可能有自己的音乐班子大规模地从事声、辞完全配合的创新试验，于是他转而从梵呗中寻找借鉴和出路，走上了一条更新的道路。这是要另文讨论的了。"〔4〕现在就来讨论此事。

成规模的音乐与歌词的配合，需要有专门的班子，有音乐方面的专家。《文心雕龙·乐府》引用曹植的话说："左延年闲于增损古辞，多者则宜减之，明贵约也"；刘勰又追加两句道："子建、士衡，咸有佳篇，并无诏伶人，故事谢管弦。俗称乖调，盖未思也。"左氏"妙于音"（《三国志·魏书·杜夔传》），乃是从事声、辞配合的专家，但其人专门为皇家服务，曹植用不上他。那么，为什么曹植那些"事谢管弦"也就是未尝用器乐伴奏过的诗篇仍然并非"乖调"呢，可见他有另外的途径。据文献记载，这就是向民歌学习，到晚年又找到了佛教吟

〔1〕 周勋初：《魏晋南北朝时期科技发展对文学的影响》，《魏晋南北朝文学论丛》，第282～298页，江苏古籍出版社1999年版。

〔2〕 前吴国官员蔡洪在吴亡后举秀才，入洛阳，洛中人问曰："幕府初开，群公辟命，求英奇于仄陋，采贤隽于岩穴。君吴楚之士，亡国之余，有何异才，而应斯举?"（《世说新语·言语》）在当时中原士人眼中，由吴地进京的士大夫皆为"亡国之余"。当时骂南方人常用的术语是"貉子"、"貉奴"之类侮辱性的词语。

〔3〕 顾农：《陆机与卢志》，《书品》2004年第2辑。

〔4〕 顾农：《建安时代诗——乐关系的新变动》，《广西师范大学学报》2002年第3期。

诵经文的调子——梵唱，从这里他得到了加强诗歌音乐美的启示。

关于曹植与梵唱的关系，最早的记载出于东晋、刘宋间刘敬叔《异苑》卷五：“陈思王曹植字子建，尝登鱼山，临东阿，忽闻巖岫有诵经声，清通深亮，远谷流响，肃然有灵气，不觉敛衿祗敬，便有终焉之志，即效而则之。今之梵唱，皆植依拟所造。一云，陈思王游山，忽闻空里诵经声，清远遒亮，解音者则而写之，为神仙声。道士效之，作步虚声也。”

道教徒历来喜欢剽窃佛教的东西，所以这里的“一云”与前文所叙并不矛盾。到萧梁时代，释慧皎《高僧传》卷十三《经师论》载：“始有魏陈思王曹植，深爱声律，属意经音。既通般遮之瑞响，又感鱼山之神制。于是删治《瑞应本起》，以为学者之宗。传声则三千有余，在契则四十有二。其后帛桥、支籥，亦云祖述陈思，而爱好通灵，别感神制，裁变古声，所存则一千而已……天竺方俗，凡是歌咏法言，皆称为呗。至于此土，咏经则称为转读，歌赞则号为梵呗。昔诸天赞呗，皆以韵入弦管，五众既与俗违，故宜以声曲为妙。原夫梵呗之起，亦肇自陈思，始著《太子颂》及《睒颂》等，因为之制声，吐纳抑扬，并法神授，今之‘皇皇顾惟’，盖其风烈也。”

“般遮”即佛教经典中所说的执乐神般遮翼，在佛前鼓琉璃琴为供养者。据《长阿含经》，他用来娱佛的偈歌译为汉语就是一首五言长诗，经他一唱，“悲和哀婉，感动人心”云。另据《杂宝藏经》，般遮所唱的偈颂，也有五言加七言拼合而成的。这些经典译出都比较晚。首先将佛教音乐及其唱辞传入中国内地的是西域高僧支谦，他翻译了著名的《佛说太子瑞应本起经》，译文中有典型的五言诗，又有《帝释乐人般遮琴歌呗》（见《出三藏记集》卷二、十二、十三），此外还制有《赞菩萨连句梵呗》三契。所谓“呗”，或称“梵呗”，指佛教音乐中歌咏经偈的部分，也就是一种特别的唱诗的方法；“契”则大体相当于汉语之所谓“章”，即歌唱中的一个段落。前引《高僧传》说曹植曾经“删治《瑞应本起》”，指的应当就是这部经典。按支谦译经在吴黄武初至建兴中约三十年（222—252年），其译文的流布恐已在曹植（192—232年）身后；此后又不断有善梵音的西域来华僧人将佛教唱经之法带入中国，为时当然就更晚。僧祐《出三藏记集》卷十二列举他所见到的二十一种关于梵呗的记录，首列《东阿王（曹植）鱼山梵声制呗记》与《支谦制连句梵呗记》，这里有着明确的时序先后。支谦是月支人的后裔，学过梵书，熟悉多种民族语言，且深谙音律；曹植不具备他那些特殊的素质。所以，古今都有人怀疑曹植是否有可能孤明先发地创制梵呗。荷兰籍佛教史家许理和更明确指出“这个说法显然是假的”[1]。

---

〔1〕《佛教征服中国》，李四龙等译，第76页，江苏人民出版社1998年版。

但是此事尚可予以讨论。“既通般遮之瑞响”一事虽然十分可疑，而“感鱼山之神制”则很可能确有其事。按鱼山（一作渔山）在今山东东阿县境，曹植曾为东阿王，他登此山时可能听到过某种中国式的唱诵佛经的方法，认为大可借鉴，借用来吟诵诗歌，其可能性很难排除。

按当佛教传入中国之初，佛教的呗赞音乐尚未正式传入，这就是《高僧传》卷十三《经师论》所说的“自大教东流，乃译文者众，而传声盖寡。良由梵音重复，汉语单奇。若用梵音以咏汉语，则声繁而偈迫；若用汉曲以咏梵文，则韵短而辞长。是故金言有译，梵响无授。”在这种情况下，中国的佛教信徒尽管从来华僧人那里学到了一些唱经的功架，甚至也多少吸收了一点外来音乐的成分，而基本上只能参用各地的民歌调子来唱诵佛教经典。佛教本来就主张开方便门，随时宣传，“入道场音，能随方俗，演出言辞，不可思议”（《度世品经》），所以从事佛教经偈而用中国唱法，看似奇怪，其实倒是深刻地符合佛教之根本精神的。这也就是说，给予曹植启示的应当是某种用来唱诵经偈的有中国特色的调子，而非印度原来的唱诵方式。“神制”云云当然是佛教徒的故神其说，“神制”仍然是人制，是某些在渔山一带从事佛教活动的中国僧人所制，只不过年代久远，知识产权的归属已经无法查明而已。

早期的中国佛教音乐基本应当是中国民间音乐的变形。著名音乐史家杨荫浏先生指出：“佛教音乐，既然是以中国的群众为对象，它就不得不从中国民间土生土长的音乐艺术出发，而且以此为主，进行创作。梁代僧人慧皎在他所写的《高僧传》中，曾经讲到当时佛教里面一些专长歌唱的僧人……可以看到，有的曾从民间学会了许多技术，又可以看出，他们并不一定死守旧的曲调，而有的人，是以善于创新，得到称道的。虽然，当时并不是没有少数几位专长音乐的外来僧人，他们的歌唱风格，对于中国的佛教音乐，并不是没有或多或少的影响，但比之中国僧人自己对本国民间音乐的吸收，以及他们在宗教音乐创作与发展上的贡献，则相形之下，究竟是次要的了”〔1〕。曹植受到这种出自民间的本土佛教音乐的启发，并不是没有可能的。

所以后来的记载就不再谈“既通般遮之瑞响”一事，单讲曹植在渔山的感悟。唐代释道世《法苑珠林》（完成于唐高宗总章元年，668 年）卷四十九有云：“至于末代修习，极有明验。是以陈思精想，感渔山之梵唱；帛桥誓愿，通大士之妙音。”

“又至魏时，陈思王曹植字子建，魏武帝第四子也，幼含圭璋，十岁属文，初不改定。世间术艺，无不毕善。邯郸淳见而叹服，称为天人。植每读佛经，辄

〔1〕《中国古代音乐史稿》上册，第 157 ~ 158 页，人民音乐出版社 1981 年版。

流连嗟玩，以为至道之宗极也。遂制转赞七声，升降曲折之响，世之讽诵咸宪章焉。尝游渔山，忽闻空中梵天之响，清雅哀婉，其声动心，独听良久，而侍御皆闻。植深感神明，弥悟法应，乃摹其声节，写为梵呗，撰文制音，传为后式。梵声显世，始于此焉。其所传呗凡有六契。”

这里有些佛教方面的宣传成分，姑置勿论，值得注意的是两段行文都不再涉及“既通般遮之瑞响”一说，专讲“感渔山之梵唱”，这样与佛教史的可信史料就不再发生矛盾；也不提什么“神制”，只说是曹植在渔山听到某种“梵天之响”或曰“梵唱”——这应当指中国佛教徒歌咏经偈的调子——从而得到诗歌音乐方面的启示，创制了六章“梵呗”（这当然仍是中国式的）。此说显然比较合于情理。

又，唐代窥基《妙法莲华经玄赞》也说：“陈思登渔山，闻崖岫诵经，清婉遒亮，远谷流响。遂拟其声而制梵呗，故今俗中谓之‘渔梵’，冥合西域三契七声。”曹植唱诗的方法是不是“冥合西域三契七声”，现在无从证实或证伪，但由此可以推测他的唱法中已多少有些外来的音乐成分——否则即无所谓“冥合”。

总之，曹植受到当时民间唱诵佛教经偈的调子的启发，在乐府诗诗配乐以外，找到了一条加强诗歌音乐美的道路。质言之，是曹植通过某种中国式“梵唱”的中介间接地从民歌以及某些外来音乐成分中得到了若干营养，而不是单一地从乐府的专业伶人那里寻求诗——乐配合的窍门。乐府所采制者本来虽然也是民歌，但一入官署，容易凝固僵化，失去活力。曹植对于外来的文艺和民间的文艺是相当熟悉并且非常尊重的，他青年时代会见文坛前辈邯郸淳时，曾卖弄本领，“科头拍袒，胡舞五椎锻，跳丸击剑，诵俳优小说数千言”（《三国志·魏书·王粲传》注引《魏略》），足见他对各种文艺都乐于吸收，一点也不保守。曹植又曾在著名的《与杨德祖书》中写道：“街谈巷议，必有可采；击辕之歌，有应风雅；匹夫之思，未应轻弃也。”他从“梵唱”中汲取营养，同样表现了广泛学习的兴趣和胸襟。曹植本人的诗歌创作极富于音乐之美[1]，是他历来重视外来文艺、民间文艺的成果，也是他晚年能够一听渔山“梵唱”而立即有所体悟的基础。

（作者系扬州大学人文学院中文系教授）

〔1〕 顾农：《建安文学史》，第203～204页，湖南教育出版社2000年版。

《淮南子》文艺审美思想述评

吴建民

《淮南子》是汉代皇室淮南王刘安主持下由他的门客编写的一部子书，又称《淮南鸿烈》。东汉高诱《淮南子序》说："此书其旨近老子，淡泊无为，蹈虚守静，出入经道。"此论表明《淮南子》主要是继承了道家的思想，但又吸收了儒家的思想成分。此书虽然是一部学术著作，但其中的文艺审美思想亦十分丰富，在古代文学批评史和美学理论史上具有极其重要的意义，其理论观点主要表现在如下方面。

一、审美感情产生与艺术创作

《淮南子》没有关于文艺创作的直接论述，但是很多地方都涉及文艺创作问题，所提出的见解十分精辟。综合全书的这方面言论，主要可概括为两个问题：一是审美感情的重要性及其产生根源；二是艺术创作的内在之"情"与外在之"文"的关系。

首先，《淮南子》高度重视审美感情的重要性，认为艺术创作是"发乎词，本乎情"的活动，"本乎情"说明审美感情是创作的关键。因为"文之所以接物也，情系于中，而欲发于外者也"。有情，才有艺术创作。此论对于中国古代文学来说特别重要，因为中国古代文学以抒情文学为主，抒情性的诗、词是古代文学的主流。

那么审美感情是如何产生的呢？《俶真训》云："且人之情，耳目应感动，心志知忧乐，……所以与物接也……今万物之来擢拔吾性，攓取吾情，有若泉源，虽欲勿禀，其可得邪。"此论是说耳目的功能在于应感而动，耳闻目见从而心感情动，心志的功能是知解忧乐，人的感情是与外物交接而产生的，外物是人之感情产生的本源。这就揭示了审美感情产生的原因：审美感情产生于外在之物的刺激，是艺术家之心感应外在之物的结果。外物刺激人之耳目感官，产生对应的感情冲动，从而导致创作发生。此番论述也揭示了文艺创作源于物、本于心的基本原理。此论对后世的文论家产生了深刻影响，如陆机、刘勰、钟嵘等理论家论创作发生，都持此观点，只是论述得更明晰罢了。

其次，《淮南子》对艺术家之情与文的关系作了深入探索。在《淮南子》看来，文艺创作是艺术家内在的审美感情表现于外的活动过程，也就是内在之情形成外在之文的过程。《本经训》云："必有其质，乃为之文"；《主术训》云："有充于内而成象于外"；《齐俗训》云："情发于中而声应于外"；《修务训》云："愤于中则应于外，故所以在感"。艺术家有"充于内"、"愤于中"的真情实感，"成象于外"，从而创作出感人的作品。《淮南子》认为，"充于内"的审美感情表现出来，就会形成一定的"象"，这种"象"包含着艺术家的思想感情，艺术家的思想感情借助于"象"而表现出来，这种"象"也就是艺术形象，这表明《淮南子》已意识到了艺术的形象特征。

《淮南子》还要求外在的"文"与内在的"情"必须统一，达到"文情理通"。《缪称训》云："文者所以接物也，情系于中而欲发于外者也。以文灭情者失情，以情灭文者失文。文情理通，则凤麟极矣。""以文灭情"是有文无情的形式主义之作，这类似刘勰《文心雕龙·情采》篇所说的"为文而造情"，这种作品是没有生命的。"以情灭文"与此相反，无"文"之作，即缺乏文采的作品也就谈不上是真正的文学作品。这两者都是极端，皆不可取。"文情理通"类似孔子所提倡的"文质彬彬"，也就是要求文艺作品既要有充实的思想内容，又要有完美的艺术形式。这些论述表明，文艺创作既要有真诚的感情，又要有对应的形式，二者应完美统一。

《淮南子》还提出，艺术家的审美感情应该真诚不伪，《齐俗训》云："且喜怒哀乐，有感而自然者也。故哭发之于口，涕之出于目，此皆愤于中而形于外也者也。譬若水之下流，烟之上寻也，夫有孰推之者？故强哭者，虽病不哀；强亲者，虽笑不和，情发于中而应于外。"此番论述显然与《庄子·渔父》所说的"真者，精诚之至也。不精不诚，不能动人"的思想是一致的。在《淮南子》看来，内在的审美感情表现于外是自然而然的。艺术品作为内在感情的表现，只有真诚，才能感人，"强哭"、"强亲"者，无法感动人。《淮南子》要求情真，抓住了艺术的真谛。这种要求具有普遍的意义，因为真实是艺术的生命，今天的文艺创作仍然以真为本。

二、艺术创作的规律特征与作家的才能

艺术创作有自身的独特规律，这种独特规律需要作家独特的才能。有才能的作家在创作中就能巧妙地运用技巧，从而创作出精美的作品。对于艺术创作过程中作家匠心独运的技巧运用，《淮南子》进一步发挥了庄子的观点，并体现于如下三方面。

其一，《淮南子》认为艺术创作离不开技巧。《齐俗训》说："工匠之斫削凿枘也……曲得其宜而不折伤。拙工则不然，大则塞而不入，小则窕而不周，动于

心枝于手而愈丑。”善于运技的工匠“斫削凿枘”时就能够得心应手，因他们有出神入化的技巧。成功的作品离不开这种技巧。而“拙工则不然”，他们缺乏技巧，“动于心枝于手”，只能创作出“愈丑”之作。此论也具有普遍之意义，因为古今中外的艺术创作都是如此。艺术创作虽然不是纯粹的技巧活动，但又离不开技巧。否定技巧，也等于否定艺术本身。

其二，这种技巧的获得在于长期的勤学苦练。《修务训》云：“今夫盲者目不能别昼夜，分白黑，然而搏琴抚弦，参弹复徽……不失一弦。使未尝鼓瑟者，虽有离朱之明，攫援之捷，犹不能屈伸其指。何则？服习积贯之所致。”目盲的乐师平时持之以恒地练习抚弦，因而掌握了高超的技巧；而“未尝鼓瑟者”，平时缺乏“服习积贯”，演奏时“不能屈伸其指”。所以，艺术家必须平时刻苦锻炼技巧。此论对于那些初入艺术之途者尤为重要。

其三，《淮南子》认为，出神入化的技巧具有不可传授的特点。《齐俗训》云：“庖丁用刀十九年如新剖硎。何则？游乎众虚之间。若夫规矩钩绳者，此巧之具也，而非所以巧也。故瑟无弦虽师文不能以成曲，徒弦由不能悲，故弦悲之具也，而非所以为悲也。若夫工匠之为连鐖运开，阴闭眩错，入于冥冥之眇，神调之极，游乎心手众虚之间，而莫与物为际者，父不能以教子。瞽师之放意相物，写神愈舞，而形乎弦者，兄不能以喻弟。今夫为平者准也，为直者绳也。若夫不在于绳准之中可以平直者，此不共之术也。……其于五音无所比，而二十五音皆应，此不传之道也。”艺术创造中的规矩技巧是“巧之具”，非“所以巧”。“所以巧”在于艺术家匠心独运地巧妙运用，是出自艺术家的心灵创造。这种“所以巧”可以“不在于绳准之中可以平直者”，即超越规矩技巧而达到无不合乎规矩技巧的境界。这种高超的技巧运用是一种“不共之术”、“不传之道”，是“父不能以教子”、“兄不能以教弟”的，而只能靠自己在长期的艺术实践过程中锻炼、把握。“巧之具”即艺术创作的一些基本方法、规则，如诗之基本格律、文之基本规范等，是可以学习掌握的。但是，对于艺术技巧的匠心独运和出神入化地自由创造，只能靠艺术家自己的独特发挥，这是无法传授的。此论与庄子道可得而不可传的思想是一致的。

此外，《淮南子》还提出了“中有本主”的命题，此命题体现了艺术贵在独创的思想，与艺术创作规律亦有一定的关系。《氾论训》云：“譬犹不知音者之歌也，浊之则郁而无转，清之则燋而不讴。及至韩娥、秦青、薛谈之讴，侯同、曼声之歌，愤于志，积于内，盈而发音，则莫不比于律，而和于人心。何则？中有本主，以定清浊，不受于外，而自为仪表也。”“不知音者”，对所歌之歌无法“定清浊”，心无“本主”，当然唱不好。而象韩娥、侯同等大歌唱家“中有本主”，对所歌之歌不但有准确把握，且有独特感受，“盈而发音”时能进行巧妙独特地发挥，唱出独特的风格，即“自为仪表”。真正的艺术家就是要“中有本主”，有自己独特的艺术感受，创作时就是要“不受于外”，要“自为仪表”，而不以别人之仪表为仪表。

三、关于艺术欣赏

《淮南子》对艺术欣赏亦有深入探索，并提出了如下几方面见解。

其一，“知音”之重要。正确的欣赏批评以“知音”为保障，《修务训》云：“夫无规矩，虽奚仲不能以定方圆；无准绳，虽鲁班不能以定曲直。是故钟子期死，而伯牙绝弦破琴，知世莫赏也。”艺术家创作需要掌握一定的“规矩”、“准绳”，读者的欣赏也需要懂得“规矩”、“准绳”，只有懂得艺术的“规矩”、“准绳”，才能进行艺术欣赏。钟子期是高度掌握“规矩”、“准绳”的知音者，但这样的“知音”，在实际欣赏批评中是很少的。

其二，审美意识。审美意识是欣赏的基础，若没有审美意识，也就没有艺术欣赏。《齐俗训》云：“《咸池》、《承云》……人之所乐也，鸟兽闻之而惊。”由于鸟兽没有审美意识，《咸池》、《承云》等优美的音乐对它们演奏等于对牛弹琴，只能使之“闻之而惊”。而人则“乐之”，因为人有审美意识。

其三，艺术欣赏力。欣赏力是艺术欣赏的前提，《泰族训》云：“三代之法不亡而世不治者，无三代之智也。六律具存而莫能听者，无师旷之耳也。故治虽在必待圣而后治，律虽具必待耳而后听。”这是说欣赏力是艺术欣赏的基本条件，若无欣赏力，再好的作品也没有意义，因为无法欣赏。这与马克思《1844年经济学—哲学手稿》中所说的“对于不辨音律的耳朵说来，最美的音乐也毫无意义”相类似。

其四，欣赏水平。欣赏水平不同，对同一作品就会产生不同的感受。《人间训》云：“夫歌《采菱》、发《阳阿》，鄙人听之，不若《延路》、《阳局》。非歌者拙也，听者异也。”艺术性高的《采菱》、《阳阿》歌曲不为“鄙人”所欣赏，他们只对艺术水平低的《延路》《阳局》感兴趣，这不是“歌者拙”，而是欣赏水平所致。欣赏对象与欣赏水平相对应，欣赏水平使欣赏者只欣赏与其水平相对应的对象。欣赏者必须努力提高自己的欣赏水平。

其五，心理情绪影响艺术欣赏。《诠言训》云：“心有忧者，筐床衽席弗能安也……琴瑟弗能乐也。患解忧除，……居安游乐。”《齐俗训》云：“夫载哀者闻歌而泣，载乐者见哭而笑，哀可乐者，笑可哀者，载使然也。”心理情绪忧伤者对音乐不感到快乐，甚至会“闻歌而泣”；当“患解忧除”，便可欣赏音乐了。心理情绪是艺术欣赏的一个重要因素，在一定程度上会影响欣赏效果。《淮南子》的上述欣赏观对后来的葛洪、刘勰都深有影响。

四、论“文”与“质”

文与质也就是艺术品的形式与内容。在文质观上，《淮南子》以道家思想为指导，重质轻文；又吸收了儒家重视文的思想，并不完全否定文。

其一，《淮南子》认为质重于文，文以质为本。《本经训》云：“心和欲得则乐，乐斯动，动斯蹈，蹈斯荡，荡斯歌，歌斯舞……故钟鼓管箫，干戚羽旄，所以饰喜也……兵革羽旄，金鼓斧钺，所以饰怒也。必有其质，乃为之文。”“心和欲得”的内在感情是乐舞艺术之“质”，乐舞则是心欲感情之“文”。“钟鼓管箫”、“金鼓斧钺”等乐器之声是喜、怒感情的表现形式。这些表现形式以人的内在之情为本，所以，“必有其质，乃为之文”。艺术以人之感情为“质”，感情作为艺术之质，当然比“文”即艺术形式更重要。《说林训》还以珠玉为喻，说明天然美质之重要，云：“白玉不琢，美珠不文，质有余也。”这种美质根本不需要“文”了。

其二，《淮南子》认为，文饰形式之美又十分重要。《修务训》云：“今夫毛嫱西施，天下之美人。若使衔腐鼠，蒙猬皮，衣豹裘，带死蛇，则布衣韦带之人过者，莫左右睥睨而掩鼻。尝试使之施芳泽，正娥眉，设笄珥，衣阿锡……则虽王公大人有严志颉颃之行者，无不惮悇痒心而悦其色矣。”毛嫱西施这样的天下美人若装饰丑陋，也只能使人掩鼻而过。若精心打扮，则能使品行端正的王公大人“痒心而悦其色”。这又高度肯定了文饰之美，表现出了儒家重文饰、重形式美的思想。

《淮南子》还论述了与文质相类的一对范畴：形与神，其原理亦与文质相似，重神而不否定形。《原道训》云：“夫形者，生之舍也；……神者，生之制也。”又云：“以神为主者，形从而利；以形为制者，神从而害。”人之生需形神兼具。形为“生之舍”，神离不开形，但形必须服从神，因为神为“生之制”，并且人的“别异同，明是非”都是“神为之使”，所以，《淮南子》格外重神。人之生命的这种形神原理与艺术原理相类，故《淮南子》将其推用于解释艺术。《说山训》云：“画西施之面，美而不可悦；规孟贲之目，大而不可畏，君形者亡矣。”“君形者”，即艺术品之“神”。画家若画不出西施孟贲之“神”，其画是失败之作。所以，艺术创作的根本不在形似，而在传神。《淮南子》的这一思想源于道家，又对后世艺术家所提倡的重神论产生了深远影响。

五、论美与丑

《淮南子》吸收了老庄美学思想的积极方面，又力图克服其消极方面，对美与丑作了新的阐发。

其一，《淮南子》接受老庄关于美丑的相对性观点，提出了“求美则不得美，不求美则美矣。求丑则不得丑，求不丑则有丑矣。不求美又不求丑，则无美无丑矣。是谓玄同”的观点，认为刻意求美或丑，则不得美或丑；不求美或丑，则得美或丑。所以不要斤斤计较美丑得失，以“无美无丑”的心态对待美丑，进入“玄同”的审美境界，反而能获得美。作家创作也应如此，若斤斤计较艺术成就的得失，反而不能发挥应有的艺术水平，作品反而不美。若放弃对成败得失的考虑，以自由心态创作，反而效果更佳。后来苏轼提倡艺术创作“无意于佳乃佳”的观点，其思想即与此一致。

其二，《淮南子》又认为美丑有一定的质的规定性。《说山训》云：“琬琰之玉在洿（污）泥之中，虽廉者弗释；弊箪甑瓾在袇茵之上，虽贪者不搏。美之所在虽污辱，世不能贱；恶之所在虽高隆，世不能贵。”美玉即便在污泥中，也不失其价值；瓦罐即便在袇茵上，也无法抬高其价值。美丑各有其质的规定。

其三，《淮南子》既肯定天然之美，又肯定人为之美。如云“白玉不琢，美珠不文”，天然之美不需文饰。《说林训》云：“绣以为裳则宜，以为冠则讥。”绣饰得当则美，不当则丑。毛嫱西施也需要装饰之美。这是对儒家重人工美思想的吸收。

总之，《淮南子》在古代文学理论史和美学史上都具有极其重要的意义，因为它对诸多文艺及审美理论的论述，都非常深刻，产生了极其深远的影响。它所提出的一些观点，如感情的真诚、艺术家的才能、艺术欣赏水平等，都具有普遍的规律性，因而在今天仍有重要的实际应用价值。它产生在西汉初，当时还鲜有这样全面论述文艺及审美问题的著述。它以道家为主，兼采儒家，显示着儒道合流的思想倾向。

（作者系徐州师范大学文学院教授）

三曹文书的文学色彩

魏宏灿

在我国书体文发展史上，魏晋南北朝时期是一个重要阶段。这时的书体文，有了长足的发展。它扩大了书体文的内容，有的论政，有的论学，有的记旅游，有的酬问答，成为一种广泛的应用文。同时在写作上，极大地加强了艺术色彩，仿佛书不仅是交流思想、传递信息，还要骋才华、托风采，令读者欣赏一篇美文，于是书体文也就不单是一种社会必需的应用文体，而成为一种文学创作，成为文学之林中的一种具有独立地位的文学样式，因此，当时的书体文，许多都是情文相生、趣味隽永、词藻明丽的佳作，堪称文学史上的名篇。诚如刘勰在《文心雕龙》中所言："详总书体，本在尽言，言以散郁陶，托风采，故宜畅以任气，优柔以怿怀；文明从容，亦心声之献酬"。阅读曹氏父子的章表书令之类的文书作品，常常为其华丽的辞采、真切的感情、独特的个性所感动，尤其是那些传颂不绝的千古名作如《求贤令》、《与吴质书》、《求自试表》等，以其艺术的感染力给人以美的享受，这种浓郁的文学色彩使其在古代书体散文中成为一道美丽的风景。

一

文书不仅是社会生活的交际工具，又是个人的创作活动，由于常常是采用第一人称来叙述，个人的性格气质、生活习性都会在文书中自然而然地表现出来，因此，文书往往带有作者强烈的个性特征。借助文书，作者的性格和内心毫发毕现，他们的言谈举止、音容笑貌，伸手可触，因此文书比一般作品更能打动读者的心灵，较之其他的文体能更清晰、更深刻地打上作者个人的烙印。颜之推《颜氏家训·杂艺》引江南谚语说："尺牍书疏，千里面目"，是说即是远隔千里，见到文书如见其人。亦诚如鲁迅先生所说："作者本来也掩不住自己，无论写的是什么，这个人总还是这个人，不过加了些藻饰，有了些排场，仿佛穿上了制服，写信固然比较随便，然而做作惯了的，仍不免带些惯性，……话虽如此，比起峨冠博带的时候，这一回可究竟接近于真实。所以从作家的日记或尺牍上，往往能得到比看他的作品更其明晰的意见，也就是他自己的简洁的注释。”[1]曹氏父子在生活方式上沾染了许多纵情任性的风气，助长了魏晋的放任之风。曹操在生活中有情有义，个性鲜明，不仅多才多艺，不拘俗礼，而且待人接物时态度洒脱，几近通俗；曹丕、曹植兄弟放达比其父有过之而无不及，傅玄曾说：“魏文慕通达，天下贱守节。”曹丕率诸文士学驴鸣为亡友王粲送葬，曹植初见邯郸淳时跳丸击剑等轶事便是很好的明证。三曹虽然在作品中流露出其浪漫主义的共同特色，但观其书体散文，个性却鲜明突出，毫无雷同之感。请读曹操《与荀彧书追伤郭嘉》一文：“郭拳教年不满四十，相与周旋十一年，险阻艰难，皆共罹之，不以其通达，见世事无所疑滞，欲以后事属之，何意座尔失之？悲通伤心，今表增其子满千户，然何益亡者，追念之感深，且奉孝乃知孤者也，天下人相知者少，又以此痛惜。奈何奈何！”

郭嘉，字奉孝，颍川阳翟人，由荀彧荐于曹操，曹操非常器重郭嘉，认为能使其成就大业的就是这个人，郭嘉出来后也高兴地说曹公正是他要效劳的人。郭嘉通于算略，达于事情，曹操以其为知己而非常重用他。后来郭嘉病死，曹操非常伤心，读曹操此书信，感觉他痛惜人才之失多于痛惜郭嘉之人，换言之，曹操完全是以政治家的身份、从是否有助于自身成就大业的角度来追悼郭嘉的。这封信虽然简短，但表现出他在散文创作方面具有的清峻通脱的特色。再如《让县自明本志令》，其文同他的诗歌一样，富有鲜明的个性。文中，作者秉笔直书，用简叙而通俗流畅的语言文字，把他一生的心事、一生的夙愿毫不掩饰地倾吐出来，详细地叙述了自己的思想发展过程：即在不同时期不同形势下产生的不同愿望，表现出作者的非凡气度。它不仅是研究曹操生平和思想发展的重要资料，也是一篇十分优秀的散文。文中的有些话如“设使国家无有孤，不知当几人称帝，几人称王”，“江湖未静，不可让位；至于邑土，可得而辞”等，简约严明，明率直爽，实话真情，毫不掩饰，非曹操是不能道的。

曹丕由于生活经历所限，他的文书创作没有其父胸怀广阔、以建功立业为大任的气势，除具有建安散文通脱自然的共同倾向外，清丽是其文书独具的特色，如他的《与吴质书》、《又与吴质书》、《与钟繇书》、《九日与钟繇书》、《答繁钦书》等，都写得情深意长、语词清丽。《答繁钦书》可为代表，语言巧丽，把音乐的艺术感染力渲染出来，使人如临其境，如痴如醉。

在诗作上“骨气奇高，辞采华茂”的“建安之杰”曹植，在书信体散文的创作上也极具个性特色，他的《与吴季重书》、《与杨德祖书》两篇书信表现出其前期的胸怀大志、欲建功立业以不朽的壮烈情怀，如他在前一篇中云：“若夫

[1] 《鲁迅全集·第六卷》，第414~415页，人民文学出版社1981年版。

觞酌凌波于前，萧笳发音于后，足下鹰扬其体，凤叹虎视，谓萧、曹不足俦，卫、霍不足侔也。左顾右盼，谓若无人，岂非吾子壮志哉!”后一篇中说：“辞赋之道，固未足以喻扬大义，彰示来世也。昔扬子云，先朝执戟之臣耳，犹称壮夫不为也。吾虽薄德，位为藩侯，犹庶几戮力上国，流惠下民，建永世之业，流金石之功，岂徒以翰墨为勋绩，辞颂为君子哉?”气势雄壮，读后令人血脉贲张。在艺术上则呈现出辞采华丽、注意修饰的特色，尤其是《与吴季重书》中“得所来讯，文采委曲，晔若春荣，浏若清风，申泳反复，旷若复面”几句，用“晔”和“浏”两个本身就华丽的词藻对吴质的作品进行了高度评价，更见其对艺术美的追求。正是因为此特色，书信这种用于个人交往的中介才能令人读时或忧或愁、或喜或乐、或怕或惧，达到它独特的艺术效果。

二

章表书令是写给特定对象读的，并为具体内容而发的人们交流思想感情的工具，由于它必须明确表达自己的意见，强烈抒写个人情怀，因而较之其作者其他文章更不加修饰，也较能客观地反映作者的真情实感。

早在先秦还未“私人化”的时候，章表书令就已经注意情感的审美化了，李斯的《谏逐客书》、荀子的《与春申君书》虽是公文，但极尽铺陈叙事之能事，旁征博引，动之以情，使行文洋洋洒洒，多彩多姿。汉代书信作为书信散文私人化的第一个高峰，作品中蕴含着浓郁的感情，如司马迁《报任安书》叙述了他遭李陵之祸后的屈辱和愤懑的心情，全文写得慷慨悲凉，淋漓尽致，把种种难言之隐和盘托出，恣意逞词，少有顾忌。杨恽的《报孙会宗书》则抒发了自己的满腹牢骚和不平，冯衍的《与妇弟任武达书》描写自己的辛酸与无奈，徐淑《答夫秦嘉书》中表达了自己的遗憾与思念等等。因为书信倾诉对象大部分都是自己熟悉的人，所以写起来更是无滞无留，如司马迁《报任安书》中所说：“人固有一死，或重于泰山，或轻于鸿毛”是作者自己内心感情的真实抒发，又是照耀千古的人格宣言。与秦汉相比，曹氏父子在文书创作上承两汉遗风，写得比较庄重，但已注重词藻，特别是即便在论政、论学时，也十分注意情致，往往有一股至性深情蕴藉其间，能做到楚楚动人。曹操的书信散文被前人誉之“有过人之处”，就是与他的抒情艺术分不开的。他的书信不为应用文的固定格式所囿，以之直抒情怀。他作品的抒情，是有其鲜明的特色，即善于通过简约严明的叙事说理，将自己所经历的事情“情意化”，质朴地抒发自己心灵的歌声。试看写于建安七年的《军谯令》：“吾起义兵，为天下除暴乱，旧土人民，死丧略尽，国中终日行，不见所识，使吾凄怆伤怀。其举义兵已来，将士绝无后者，求其亲戚以后之。授土田，官给耕牛，置学师以教之。为存者立庙，使祀其先人，魂而有灵，吾百年之后何恨哉！”

这篇短文，犹如一篇内容充实、感情真挚的抒情散文。它极其真切地表达了作者对酷烈战争灾难的感伤，对旧土人民的关切，对死亡将士的悼念，字里行间跳动着作者“念之断人肠”（《蒿里行》）的情感。这篇文章，旨在说理，却似叙事；似叙事，又是抒情。议论、叙事、抒情，兼而有之，而且理在情中，不言而喻，说理和抒情在这里达到了完美的统一。

《祀故太尉桥玄文》也是一篇真情流露的佳作，文章在叙述两人昔日的交情后，写道：“又承从容约誓之言：‘殂逝之后，路有经由，不以斗酒只鸡过相沃酹，车过三步，腹痛勿怪。’虽临时戏笑之言，非至亲笃好，故肯为此辞乎？匪谓灵忿，能诒已疾，旧怀惟顾，念之姜怆，奉命东征，屯次乡里，北望贵土，乃心陵墓。裁致薄奠，公其尚飨。”于感伤文字之中写上平日的戏笑之言。而这戏笑之言，融注着昔日两人的真挚情谊，字真意切，荡胸涤肠，袒露出情感的真挚美。这不仅使文章诙谐幽默，妙趣横生，而且更加亲切地抒发了抚今思昔的深情厚谊。祭文采用这种轻松自然的写法可谓前无古人，开后代回忆散文一路。

曹丕《与吴质书》、《又与吴质书》，虽然因为它评论“七子”的内容，历来被看作和《典论·论文》相类的文学批评著作，在文学批评史上有重要地位，但它却不是一篇单纯说理的文字，没有一点盛气凌人、评头品足之意，而是从怀旧、爱才出发，俯仰咏叹，一往深情地怀念对方，追忆亡友，抚今追昔，苦叹生命短暂，由人及己。因此，这篇书信抒情色彩浓厚，感情真挚深切。信中无论是对读信方的情感，还是对诸子的情感，都很凄婉、悱恻。而且这种情感的抒发，是毫不掩饰的，特别是对诸子的悼念，更是悱恻动人：“昔年疾疫，亲故多离其灾，徐、陈、应、刘，一时俱逝，痛可言邪？昔日游处，行则连舆，止则接席，何曾须臾相失！每至觞酌流行，丝竹并奏，酒酣耳热，仰而赋诗，当此之时，忽然不自知乐也。谓百年已分，可长共相保，何图数年之间，零落略尽，言之伤心顷撰其遗文，都（总编）为一集。观其姓名，已为鬼录。追思昔游，犹在心目，而此诸子，化为粪壤，可复道哉！”抒情气氛十分浓厚，就是连论文学问题的部分，也是以深情的笔调出之，无异于一篇具有生活气息和叙写真挚友情的抒情散文。虽为书信，宛如散文诗，读来荡气回肠，催人泪下。

曹植的《与吴季重书》，独有特点。在这封书信中，不论是称誉的语言，还是相思的言辞与勉励的话语，全是从肺腑中流出，看不出丝毫矫揉造作的痕迹，这固然是书信的特征所要求，但同时也看出曹植重友情、为人真诚的品德，尤其是在篇末谈及为政时指出：“且改辙而行，非良乐之御。易民而治，非楚郑之政”云云，不但看出对吴质倍加关切，而且也看出他为政要合乎民心，以民为本的思想，从而表现出对人民疾苦的关切与同情，这与他的著名诗篇《泰山梁甫行》所反映的思想感情是一致的。

抒情的生命在于真实，作者抒发的情感愈真实，就愈能见其真挚美。只强调抒情的技巧，则失其真，也必然失其美。曹氏父子的书体散文情真意美，就是因为他们倾吐的真心真话。

三

古人十分重视文章的辞采，在应用文与文学没有严格区分的前提下，应用文自然地蒙上一层绚丽的文学色彩。早在春秋时代的孔子就提出“言之无文，行而不远”的主张。处在汉魏之际的曹丕第一次明确提出了“奏议宜雅”的观点，稍后的陆机也说“奏平稳以娴雅”（《文赋》）。到了南朝，刘勰在《文心雕龙》中说“章表书记，则准的乎典雅”，即主张公文应当典雅，而要做到典雅就必须秉承儒家法典来制定形式；同时他强调应用文写作要注意“圣贤书辞，总称文章，非采而练”，即在古代应用文写作中要讲究文采。由此来看，讲究辞藻美是汉魏六朝书体文创作的重要方面。真正偏重于文采是从汉代开始的，不仅辞赋，其他文体也渐趋华丽，正如曹道衡所说，“到了汉代，许多政论文章和奏议等公文，字句也更趋整齐，我们看出，它们的作者很喜欢用排句，一般来说，当时同一作者所写的学术或历史著作，句子的长短还比较参差，而书信等应用文字排句就多些，不少句子的字数也常常差不多。”建安是文学自觉时代的开端，这时的文人已注意文章的形式美，具体表现为追求辞藻的华丽之美、句式的对仗美和音律的和谐美。

反对浮华，是曹操的文学思想中最突出的一点。曹操的创作，尤其是章表书令散文创作，与这种主张是一致的。内容和表达形式都比较质实，这确是曹操散文的一个重要特点。因而，刘勰说：“魏初章表，指事造实，求其靡丽，则未足美矣。”（《文心雕龙·章表》）但这并不意味着曹操的文章不讲究表达的形式。实际上，他是比较注重的。当然，他的文章不像儒家那样雍容华贵，追求文采，也不像道家那样铺张扬厉，离奇怪诞。只是要求文质相符，不加雕饰，不着脂粉，不单纯追求靡丽，在平易和朴素中显示出挺拔和新奇。

由于章表书令一类的文字，格式比较固定，约束力比较强，作者不大容易在其中发挥自己的独创性，因而就难于驰骋文采。然而，曹操不仅凭此写时事、论得失、明刑令、整风俗、褒功臣、怀故人、述情怀、示心志，内容和题材丰富多彩，而且在表达形式上也别具一格。曹操的散文，语言铿锵有力，具有鲜明的节奏感和畅达的气势；句式以散带骈，在简约自然中有一种整齐严明的美。试看《敕有司取士勿废偏短令》：“夫有行之士，未必能进取，进取之士，未必有行也。陈平岂笃行，苏秦岂守信邪？而陈平定汉业，苏秦济弱燕。由此言之，士有偏短，庸可废乎？有司明思此义，则士无遗滞，官无废业矣。”开头四句，兼用对偶和顶真，五四偶句相间而出，严明紧凑而有变化。接着四句两两相对又兼之以反问，语势严紧，语气不容置疑。由此得出士有偏短而不可废的结论。三个四字句组成的反问式的散文句式，既自然，又严明。最后三句，散中有骈，把取士勿废偏短的意义说得十分明确肯定。全文十四句，逻辑非常严密，行文十分紧凑，节奏异常鲜明，语势极为畅达。“骈俪之文起于东汉”。（王闿运《湘绮楼论文》）文章的骈偶化，是东汉至六朝文学形式发展的一种趋势。曹操的散文骈散兼行，表现了他对这种形式的吸收，而又以散带骈，表现了他对这种形式的大胆改革。既有吸收，又有改革，正表现了一个“改造文章的祖师”（鲁迅语）所应有的态度和魄力。

他的书体文结构也严整匀称，然而又修短随势，不拘一格，文随事异，各当其用，互不雷同。即以文体相同之作观之，章法变化多端，趣味各异。如先后发布于建安十五年、十九年、二十二年的三道求贤令，在一个统一的题目下，各有侧重而又互相补充，突出地表达了曹操求贤若渴的迫切心情，集中阐发了勿废偏短、唯才是举的人才观，而笔法章法不拘一格：或逐层单述如《求贤令》，或重点论述如《举贤勿拘品行令》，或融事于理而不着痕迹，或寓理于事以深入浅出，或长或短，或骈或散，既严明又自如，既不失统一风格，又巧于变化。这几篇令文，还都善于用事为共同特点，但既不为逞示富博，更不在夸饰奇赡，而是旨在说明事理，以古证今。这些古事的引用，既不铺张，又不局促，使文章显得明白晓畅，而又严肃庄重，具有独特的风格。

曹丕主张“奏议宜雅”，因而他的一些书体散文呈现出清新典雅的特点。无论写什么题材，总是以一个特定的角度，或由近及远，或由远及近，或由上而下，或由下而上，或由表及里，或由里及表，紧紧扣住所写事物的特征，通过一些典型细节的描绘，给人以鲜明的印象。其文纡回疏朗，用语贴切，又善于抒情，既表现了曹丕的个性特征，又体现了建安散文自然通脱的共同倾向与自己清丽的文风，所以刘勰赞赏地说道：“魏文帝下诏，词义多伟。”其《与吴质书》，虽为书信，但宛如一首散文诗。作者怀念对方，哀悼亡友，抚今追昔，抒哀述乐，俯仰有情，将写景与抒情有机地融为一体，给人以情深景美之感。其文语言清新典雅，流利畅达，俪辞偶句与散文体语句又能相交使用，增加了文章的节奏感。这不仅表现出这个时代作为应用文体的书信，已由单纯说理、叙事，发展为寓理于情，具有了更强的文学性，也可以从中看出这个时代的散文逐渐骈偶化的迹象。请读其《与吴监书》：“中国珍果甚多，且复为说蒲萄。当其朱夏涉秋，尚有余暑。醉酒宿醒，掩露而食。甘而不娟，脆而不酸，冷而不寒，味长汁多。除烦解倦，又酿以为酒。甘于曲蘖，善醉而易醒。道之固以流羡咽嗌，况亲食之邪。南方有橘，酢正裂人牙，时有甜耳。即远方之果，宁有匹者乎。”此书信内容是专写葡萄的，由于作者对葡萄的性能、用途、外表都有所了解，在他笔下的葡萄竟如此惹人爱吃爱看，津津有味。这是因为：曹丕以彩色的笔触，传神逼真地把葡萄的色、味、香，和盘地呈现在读者的面前。

再看其《与朝臣论杭稻书》：“记表惟长沙备有好米，何得比新城稻邪？上风吹之，五里闻香。”此书信只有25字，但仍不失为佳作。作者用“上风吹之，五里闻香”的夸张手法，就把粳稻米的香味写出来了，写得如此精炼，具有明白如话，清丽的特色。

曹植是写作书表文章的能手。其章表书令如其诗一样辞采华美，书简体散文如《与杨德祖书》、《与吴季重书》、《与陈琳书》等。其中致吴质的一封书信，以兴高采烈的夸张笔墨写告别宴会的盛况和别后的相思之情，颇能代表曹植文风中华丽的风格。作者不仅融叙事、抒情、议论于一体，而且采用使典、用比、夸张诸手法，其想象之奇妙，气魄之宏大，胸怀之宽广，情绪之乐观，尽在其中，令人异想天开，宛如入无穷之境，这些都有助于抒发强烈而真切的思想感情。

最能代表曹植散文特色和成就的是他后期所写的章表。“表者”“言标著事序，使之明白，以晓主上，得尽其忠曰表”（《文心雕龙》卷37李善注）。曹植后期处境艰难而不忘报国，曾多次上表，如《谢初封安乡侯表》、《封鄄城王谢表》、《求自试表》、《求通亲亲表》等。《文心雕龙·章表》云：“陈思之表，独冠群才”，从这些表中分明可见他的心态，也可见他的文才，《求自试表》气盛言宜，文采飞扬，是曹植散文的代表作，也是建安散文中最杰出的篇章之一。全文采用由远及近，由大到小的写法，先讲人所共知的一般大的道理，这大道理是无可辩驳的；再逐渐论述到具体“求自试”的理由，如剥春笋如抽茧丝，层层深入，倾吐久受压抑的不平之气。文中排句偶语用得很多，如“入则事父，出则事君；事父尚于荣亲，事君贵于兴国。故兹父不能爱无益之子，仁君不能畜无用之臣。夫论德而授官者，成功之君也；量能而受爵者，毕命之臣也。故君无虚授，臣无虚受。虚授谓之谬举，虚受谓之尸禄”等，这类排句偶语在文中随处可见。字句匀称，前后连贯，读起来铿锵有力，节奏感强，给人以谐调对称之美感。其《陈审举表》语言可谓是骋词擒采，骈偶句式极多，如“臣闻天协气而万物生，君臣合德而庶政成”等四句，字句匀称，而意义相对，读起来给人一种谐调对称之美，增强了文章的节奏感。曹植诸表“体赡而律调，辞清而志显，应物掣巧，随变生趣。执辔有余，故能缓急应节”（《文心雕龙·章表》）。内容丰富，文辞清新，波澜壮阔而又充满抒情，慷慨悲壮与清丽婉转交融为一。从其书表奏疏中所表现的丰富的内容、高深的艺术造诣看，“建安之杰”的美誉，非他莫属。

综观曹氏父子的文书作品，倾诉愁苦者有之，谈论军国大事有之，谈情说义者有之，且形成不同的风格，或悲凉、或豪壮、或温馨、或柔美，词藻华美，音韵和谐，对仗工切，用典精当，生动而又丰富地折射出建安时代风云、社会风尚和文人心态，并以鲜明独特的创作实践，奠定了它在中国文学史上的地位。

（作者系阜阳师范学院学报主编，教授）

乡村叙事与皖北文化寻踪

——王安忆小说的一种解读

朱育颖

在“乡土中国”的文化版图里有着无数的村落，其中王安忆构筑的“我们庄”的原型就坐落在皖北平原上。当年王安忆曾到安徽五河县插队落户，乡村影响了她的审美方式，从这里开掘文化资源，在心灵的作坊里进行“深加工”，构造人的“存在之图”。多年来，她敏捷地穿行于“城”与“乡”之间，创作势头正旺且路向多变，以鲜活、饱满、不断生长的状态对评论界构成某种挑战。有关王安忆的评论文章虽然很多，但是仔细检索之后，就会发现从其乡村叙事与皖北文化的关系这一视点来阐释的似乎还未曾有过。本文试图从文学——文化批评的视角，通过对王安忆乡村系列小说的解读，探讨其对乡村生活内质的关怀与寻找，揭示“我们庄”的自然生态和文化心态，寻觅这部“乡土文明志”中皖北文化的印记与审美形式。

一、动感地带：“我们庄”的自然生态

皖北，是文化区域，而非一般地理区域。这是一片古老的土地，在地域上包括颍、淮、涡三河流域，是我国南北两大板块的交汇之处。南北文化的交叉性、边缘性形成了底蕴丰富、特色鲜明的区域文化，孕育了中国文学史上许多成就突出风格各异的文学家和文学现象，如老庄及道家文化、曹氏父子与“建安文学”等。皖北文化是指三河流域在源远流长的历史发展中形成的具有浓厚历史文化底蕴特质的区域文化。一方水土养一方人，也孕育一方文化。文化本身是复杂的，多向性的，涵盖了人类社会历史的所有方面。不同的文化被一层一层的覆盖在地下，成为历史的积淀。人创造了辉煌灿烂的文化，又反过来受制于文化，被文化构制的强大力量所扭曲。人类学家认为“在变迁的历史环境中，世界上人类群体不断再创造着他们的文化。在这个尚缺共识或是范式的时代，文化需要被不断发现。”[1]文化现象既是有形的也是无形的，弥散在网络结构之中。如何对文化的“无形之流”进行知性加工，使其“定型显影”有迹可寻呢？王安忆在

〔1〕 乔治·E. 马尔库斯、米开尔·M. 费彻尔：《作为文化批评的人类学》，第46页，生活·读书·新知三联书店1998年版。

追寻、在思考、在探索。

乡村既是人类最古老最牢固的根系所在，也是整个中国社会和文化的缩影。在这个几千年以农为本的国度里，几乎每个人都与乡村有着千丝万缕的联系。乡村作为一个潜在的文本对作家的想象、叙述与诗情有着深刻影响，不断被解读、被诠释，成为资源基地和精神原乡。他们“把土地看作一册巨大的历史文本，一方由历史遗骸积压成的文化化石。”[1]具体的乡村生活场景常被指涉更广泛的社会与文化世界，呈现出寓言化的特点，并从各自的文化感悟出发，营造了属于自己的乡村。从鲁迅的未庄、鲁彦周的陈四桥、沈从文的湘西，到张炜的洼狸镇、韩少功的鸡头寨、陈忠实的白鹿原，都寄予了深刻的象征内涵，超出了特定的区域和人文范畴。王安忆也在皖北平原上构建了“我们庄”，它不是当年的《大刘庄》或《小鲍庄》，也不是“上种红菱下种藕”的江南小镇，而是在坚实的文化地基上进行想象与重构的“我们庄”。这不是一个具体的“此在”，而是从个人出发创造的另一个世界——精神原乡，并在这里进行文化寻踪和精神溯源。

皖北乡村是一块古老的土地，处于地理的夹缝和历史的角落里，这里曾是知青王安忆的人生驿站，有着某种情感牵系和文化关联。她说：“我始终不能适应农村，不能和农村水乳交融，心境总是很抑郁，这也许和我去的地方有关，那是一个很世故的中原乡村，有着相当成熟的本地文化。”[2]对于当年的“69 届初中生”、一个正处于青春期的忧郁中的王安忆来说，皖北乡村不过是一块贫瘠的“冷土”，呈现出疲惫的面孔和沉重的生计。她只是乡村一个匆匆的“过客”，经受了人生磨砺，在向城市回归的路上，走得迅速而坚定，在《长恨歌》、《繁华海上梦》、《香港的情和爱》、《桃之夭夭》等作品中，已完全回归了城市文明。然而，连她也未曾料到这“相当成熟的本地文化”会在心底烙上不可磨灭的印记，对其创作产生非同寻常的影响。早期小说《绕公社一周》、《广阔天地的一角》带着写实的表象，“不识庐山真面目”；80 年代中期，大洋彼岸的行程使她多了一个参照系，《大刘庄》表现了城乡文化的联系和撞击，《小鲍庄》负载了诸多文化密码与神话意味；90 年代后半期，经过岁月的过滤，那些曾被漠视的人事景物，带着温厚的泥土沉淀了几千年的文明气息撞上了王安忆寻觅“精神原乡”的目光，开启经过“保鲜”的记忆之仓，返回个人经验与具体环境中，审视乡村的深层内核，推出了《姊妹们》、《蚌埠》、《花园的小红》、《喜宴》、

〔1〕 赵园：《地之子——乡村小说与农民文化》，第 86 页，北京十月文艺出版社 1993 年版。

〔2〕 王雪瑛：《农村：影响了我的审美方式——王安忆谈知青文学》，《解放日报》1998 年 9 月 2 日。

《开会》、《青年突击队》、《轮渡上》、《招工》、《隐居的时代》等乡村系列小说，从回忆中寻找生活的碎片和皖北文化的屐痕。同是走近乡村，相对于张炜的融入野地、莫言的肆意张狂、贾平凹的重返“土门”，王安忆特立独行，再次凝眸那段曾被一代人视为“蹉跎岁月”的“过去时”，体味记忆的窖藏，无形之中把皖北文化推到一个多维透视的位置上，有着更明确更理性的感悟与观照。在这些文本中，王安忆选择的叙述人大多是“我们”，这是一个复数的叙述者，也是一种别有韵味的叙说，显得更随意更有亲和力。

小说要深入探究人的精神世界中的奥秘，自然就少不了对人所生活的外部自然环境的描述，于是，一个地区的地理风貌便很自然地进入到作家的艺术视域。走近“我们庄”，就会跨进营造皖北文化的舞台——淮河沿岸独特的生态环境。这是一条具有悠久历史的古老大河，我国第一部诗歌总集《诗经》就有“鼓钟将将，淮水汤汤”的记载，战国时期的历史地理典籍《禹贡》记载着“导淮自桐柏”。淮河流域处于黄河与长江之间，相对靠近中原，不仅是中国南北方的气候过渡带，在历史上也是南来北往、各部族迁徙往来的舞台以及几大集团发生碰撞的地带，这就决定了淮河流域文化具有过渡性、多样性与包容性的特点。自南宋黄河南泛、夺淮入海以后，由于河水夹带大量泥沙，使淮河流域的地形与河道发生重大变化，淮河水系遭到破坏，河道淤塞，淮河失去了自身入海的通道，被迫借助大运河流经长江然后入海，致使水患频繁发生，成为安徽腹地的“灾河”。建国后经过多年治淮，取得了一些成效，然而，淮河仍不时“翻脸发怒”。为了抵御淮河的恣意“侵犯”，淮河儿女充分显示了生存智慧。王安忆锁定皖北乡村喧嚣的“动感地带”——淮河之滨，对这里的历史与现实、地理与人文、人与自然等文化因子进行自觉的思考和表现。在她的眼里，“这是一条现实的河流，它从实打实的人生中穿行而过。”（《蚌埠》）“这是在稠厚的淮河的背景之下的画面，有一种油画的酱黄的暖色调。”（《轮渡上》）“我们庄的南湖，被一道又一道反围护着，抵挡淮河汛期的泛滥。”（《姊妹们》）王安忆把取景框聚焦淮河，展示了人与自然的关系，以朴素的形式折射出人类共同面临的困境，并对“人化的自然”加以审视和思考。

人类生存在一个具体的时空之中，每一个民族、每一个地区，都有自己不同的环境，这种环境的特点或个性对人类的文化有着重大影响，并铸造了一种特色文化，这种特色文化与环境一起又对文化的发展起着规定作用。因为“人类既然是在一定的自然环境中生产和生活，那么人类的全部生产活动以及部分与生产或维持生活有关的行为模式，就可以看成是直接或间接适应自然、求得生存和发展的一种手段。”〔1〕一定的文化总是人为了调节自己与自然、人与人之间的生态关系才被创造出来的。因而，所谓区域文化总是和一定区域的自然条件及生态功能相联系。这里的自然生态已被“人化”，逐步打上了人的活动、人的意志的烙印。淮河两岸河湾、湖泽较多，正常年景河湾地带可以耕种，当地有着“收了大河湾，富了半拉天”的说法，但每逢洪水暴涨这些低洼处就成了“水乡”。淮河边上的人“靠河吃河”，舍不得放弃世代繁衍生息的故土，想方设法与洪水进行抗争，他们把村庄的庄基垒土垫高，筑成一个个既能防水又体现某种个性的庄台，这是他们土里刨食、安身立命的“家园”。王安忆在文本中把淮河之滨的乡村当作一个载体，一个文化空间，如对故人大摆龙门阵，从自然地理、民居建筑、耕作特征等方面详细地介绍了“我们庄”的生态环境，对具体的文化现象进行全面深入的考察。这里的土质黏性很强，“我们庄的台子垒的又高又结实。多少回，水漫了街，家前家后全成了河，可我们的台子纹丝不动。”（《姊妹们》）“我们庄”的农田是在低洼处，被称为“湖”，在低洼处种庄稼有着文明的背景，那就是要兴修水利。围田防水造的坝子称为“反子”，这里有许多地名叫做“圩”。作者不厌其烦地提到《辞海》中《史记·孔子世家》的出典，随后又列举司马贞的索引，这里不只是一种现象描述，而是“从文明史的角度来说，我们庄处处体现出一个成熟的农业社会的特征。”任何民居与建筑都是特定文化的产物，是一个阶段历史文化的浓缩和凝聚。“我们庄”“固若金汤”的高台子，纵横交错的“反子”和“圩田”，构成当地独特的庄台村落文化与农耕文明，显示了皖北人特有的生存智慧，不只抵御外水侵入，也画地为牢，一个个孤岛似的“城堡”，构筑了自身的坚固屏障，成为难以逾越的文化围墙。这是一种特殊的文化符号，具有多义性和象征性，王安忆的乡村系列小说可以看作解读皖北文化的新视窗。

二、内在肌理：“我们庄”的文化心态

在人类群体中，最富有人文精神的是那些创造或传达文化精神的文学家、艺术家，他们往往以超出常人的对生活的观察力和灵敏度，理解文化精神，其作品也最大限度的观照文化的存在形式，并折射出文化的精髓。正是有了那份浓浓的人文情致，才使王安忆在看待底层生活和民众时多了一种开阔的文化视域和超脱的审美目光，不仅写出“我们庄”的外在景观，还用那双慧眼来透视其内在肌理，关注象牙塔之外特定区域底层劳动者的传统品格、内在精神和文化心态。

乡村在知青作家的笔下曾是怨愤的对象，是被诅咒被批判的地方，乡村自身

〔1〕 童恩正：《人类与文化》，第65页，重庆出版社1998年版。

的质地、肌理和美感被遮蔽，化为苦涩的背景。拉开时空距离以后，曾有过拒斥心理的王安忆却对皖北乡村充满温情，经过多年的历练，她有着自身的文化敏感和清醒。在她看来，这是一个需要理解、感悟、体验的文化现象世界，这块土地既接纳文明，也容纳污垢，这里虽然有贫穷、有愚昧、有凝滞，但也有着在淮河边上养成的吃苦耐劳、淳朴善良的品格与豁达大度的胸怀。心态文化是人类在社会实践和意识活动中长期积累而成的思维方式、价值观念和心理结构等，是文化的核心部分。王安忆在淮河里沙中“淘金”，把底层的、民间的普通人的生活作为坚实的依托，从人的生存活动到人的文化心态，来观察所谓文化的奥秘，以自己的方式感知、把握和表述着对生活在这块土地上的人的理解和思考，从而使作家的人文关怀接通了一方水土的“地气”。

文明的产生与文化的形成，往往与河流有着密切的关系。自古以来就存在着南方长江流域文化与北方黄河流域文化两大板块，不过南北方文化不是彼此隔绝，互不联系的，而是在形成发展中相互撞击、相互渗透。淮河处于南北两大文化板块的边缘交汇结合部，成为南北文化撞击、融合、补充的前沿地带。横贯安徽境内的淮河把它的性格、精神等许多信息密码渗透进两岸的黄土地。众所周知，中国文化是以农业为基础发展起来的，“以土地为基础的人生本位价值取向；以家庭为基础的群体本位价值取向；以伦理为基础的道德本位价值取向。这三者是以个体农业经济为基础、以宗法家庭为背景、以儒家思想为核心的中国传统文化的基本价值取向，也是中华民族的基本价值观念和文化品格。这三者是相互联系、相互制约的，它们构成了整个中国传统社会文化的主要价值取向，也构成了中国传统文化的价值内涵，并在长期历史发展和功能交互作用过程中形成了一个超稳定的文化价值模式。这个价值模式可以简单地概括为‘安土地，崇人伦、尚道德、重礼仪’15 个字。”〔1〕正是这种超稳定的文化价值模式维持了几千年的中华文明，却也抑制和窒息了民族天性的发展和创新精神。皖北乡村是中华大地的一角，处于地理位置的夹缝中，几千年的农业文明在这里已形成一个堡垒，农业经济时代所沉积的道德观念、价值追求等集体无意识潜藏于民情、民风、民俗、民心之中，这里的人为土地而生存，为土地而挣扎，视土地为命根子，深受土地文化的培育和滋补，养成了仁义为本、崇尚人伦、知足常乐、安土重迁的心态和质朴厚重的性格。在这片传统积淀较深的厚土中，蕴藏着民族文化中超稳定的惰性因素。仁义既是中国传统伦理观念的核心，也是皖北伦理观念的核心，历经数千年，一整套以仁义为核心的伦理观念在这块黄土地上绵延着，深入到人们的深层心理结构中，渗入血液里，甚至以一种集体无意识的形式通过遗

〔1〕 司马云杰：《文化价值论》，第 265 ~266 页，山东人民出版社 1990 年版。

传因子留给后人。《小鲍庄》这个仁义之村的仁义之人，围绕着仁义，上演了一幕幕神话式的悲喜剧。小说有意把地点模糊化，时间虚化，在肆虐的洪水中进行文化溯源，向人的精神的深层世界掘进。文本中低缓凝重的花鼓调贯穿始终，耐人寻味。

乡村不仅是一个地理空间、生态空间，也是一个独特的文化空间。“我们庄”“远离都市，又远非自然”，是一个人口众多、繁衍昌盛的大庄子。王安忆在《隐居的时代》里这样写道：“在我们所插队的淮北乡村，有着几百年、上千年的历史，这样漫长的历史其实却只是由一些固定的人物演义下来的。这就好比毛泽东同志描写的愚公移山：‘我死了以后有我的儿子，儿子死了，又有孙子，子子孙孙是没有穷尽的。’就这样，一直繁衍到了今天。这样的以家族为组织单位的乡村，就是一座坚实的堡垒。”对世世代代生活在这里的人来说，吃饱穿暖就是生活的要素，苦中找乐，随遇而安，难以走出一辈辈封闭、轮回的怪圈，展现在审美视野中的是超稳定的文化生态与心态，乡村文化蕴涵的历史多重性被开掘出来。

乡村世界自有它的抽象与具象，世俗与哲学，梦境与现实，也是保存过去，收藏故事的地方。在缓慢的历史演进中，封建思想文化和陈腐的道德观念衍化为乡约族规家法民俗，渗透到每一个村庄每一个家庭，渗透到一代又一代人的血液中，形成这一区域的人特有的文化心理结构。“我们把文化看作是巨大的连续体，是各种文化要素——语言、工具、器皿、信仰、习俗以及态度汇聚而成的河流，从历史的深处奔流到现在。当然，人——无数的个人——是文化得以存在的载体——没有这些继往开来的个人，文化就不能持续发展。”〔1〕王安忆以极大的热情去关注“人”的存在和乡村社会历史文化的进程，关注皖北乡村的人特有的生活态度、行为准则、思维定势、情感态度、价值取向等。在她的笔下，“我们庄”是一个成熟的村庄，严肃、古板、正统，很讲规矩，在日常生活、服饰穿着、行为方式、甚至语言等方方面面有着各种清规戒律，“有一些字和词是姊妹们决不能说，也决不能当着姊妹们说的。例如，‘干’。姊妹们决不可说‘干活’，而只说‘做活’。”“我们庄”语言上的禁忌反映出道德的规范，不仅语言讲规矩，礼节也严明，喜事要请，丧事则奔，闺女不嫁本庄。姊妹出阁要“哭嫁”，既是皖北乡村的婚嫁习俗，也是女性内心真情的流露。这些都必须细心地去品味，才可了解到这一切之下的深刻的人性。

在女性的生命取向中，蕴涵着一些朴素的、原初的、更符合人性的精神资源，王安忆对此进行了开采。她不是只在城市的上空盘旋，也关注生活在贫瘠的

〔1〕 莱斯特·A. 怀特：《文化科学——人和文明的研究》，第171页，浙江人民出版社1988年版。

土地上的乡村女性，《姊妹们》宛如一座乡村的“大观园”，表现了生命的本真状态。皖北乡村未出嫁的姑娘被称为“姊妹”，她们是乡村部落里一个特殊的群体，以青春的憧憬填充着单调乏味的日子，她们的善良、质朴、纯真，是人性的最自由、最美丽的表达，成为乡村生活场景中的亮点，给沉闷、压抑的“堡垒”带来了蓬勃的生机。这里有独立不羁、出格“洋乎”的刘平子和小瑛子，有善解人意、不甘从俗的孙侠子，有在“语言的雷区”里进退自如的“铁嘴”，有懂得掌握自己命运的小勉子。然而，这些鲜活的乡村姊妹并不是具有主体意识的现代“作女”，她们生活在空间狭小的村子里，大多数人依然遵从父母之意、媒妁之言，从一个村庄嫁到另一个村庄，这是她们摆脱不了的文化宿命。由于调整她们命运的权柄终究还不属于自己，加之淮河边上的“泥土”实在太粘，“土生土长的乡里妞”毕竟还处于懵懂的状态，缺少把双脚拔出这淤积层的勇气，不知如何“突围”。

家庭是以血缘关系为纽带的宗法社会的基本结构，也是中国文化中最基本的单元和载体，邻里、村落、社区、民族、国家等社会群体，都是由血缘宗法家庭群体派生出来的，或者说是它的扩大和延伸。中国传统文化的一个重要价值取向是以宗法家庭为群体本位，家族的利益是基本的价值。这种文化培养的价值取向的核心部分是祖宗观念和种的延续观念，婚姻观念、贞洁观念等都是由此衍生出来的。“重男轻女”，“不孝有三，无后为大”等，正是这种观念最突出的表现。在传统文化积淀深厚的皖北乡村，尤其更甚。

乡村是一个独特的文化存在，一个自足封闭的有机系统，有着一整套的法则、道德、习俗和规范。在乡村文化的结构中，蕴涵着权力意志和权力崇拜，宗法观念根深蒂固。处于弱势群体的乡村女性背负着传统的约束和生存的挤压，难以走出“男尊女卑”、“男强女弱”的性别刻板模式和心理阴影。《大刘庄》里的迎春和小牛相爱，由于不和婚俗，遭到家族势力的反对，代表乡村现行政治力量的村支书也站在家族势力一方。在这里，以血缘为扭结的宗法制依然是潜在的支配力量并与权力意志互为表里。迎春婚后生了女孩，家里人都不高兴，丈夫故意找茬耍威风，她也觉得是自己的错，决定不生个男孩誓不罢休。“一茬又一茬的姊妹们”仍遭遇宗法势力的围困，家庭暴力并没有杜绝。“女为男用”、“传宗接代”成为女性身份的一种认定。“我们庄”的“姊妹们”在传统文化构筑的坚固堡垒中，无法摆脱对男人的依附心态和被支配的从属位置，只好无奈地顺应命运的安排和摆弄，从最初的在自然形态下的鲜活水灵，到走向社会后在“酱缸”里被“腌制”得失去水分而萎缩变形。相对于一些作家对宏阔场景的驾驭自如，王安忆显然更擅长对人性的精雕细刻。她从女性的视角用审美的目光去写“姊妹们”，关注她们的生命形态。底层劳动妇女如何真正站立起来成为“完整的人”？如何在现代化的进程中实现人的现代化？从作者悲悯的情怀中可以体味到对女性文化身份的反省，以及由女性的生命本相而引发的人文关怀及深度思考。

三、想象重构：“我们庄”的诗意形态

王安忆与皖北有着难以割裂的精神牵系，一根“挣不断的红丝线”扯拽着她，激活着她，这种“地缘”显然是由无奈到自觉、由隔膜到有所眷恋的。她关注着中国社会现代化进程中的皖北乡村，寻找新的感觉和审美方式，在小说叙事中重建对乡村的想象和表述，构筑“我们庄”的诗意形态。因此，“我们庄”已不再是一个具体的村庄，一个真实的存在，而是一个想象的原乡、一个亦实亦虚似有若无的文化世界。

乡村成了想象之源，一种思索的美学对象，一种故事与抒情。王安忆在回忆中故地重游，深情地眺望“荒原”中的那块“麦田”，皖北乡村的文化景观在思维的深层已被理性仔细整理和过滤提升。她说：“我写乡村，并不是处于怀旧，也不是为祭奠插队的日子，而是因为，农村生活的方式，在我眼里日见呈现出审美的性质，上升为形式。”〔1〕“小说这东西，难就难在它是现实生活的艺术，所以必须在现实中找寻它的审美性质，也就是寻找生活的形式。现在，我就找到我们的村庄。”〔2〕经过苦苦寻觅，王安忆终于找到心仪已久的“我们庄”，今日的她不是用“忧愤深广”的眼神凝视乡村与大地，而是用知冷知暖的口吻来述说，独特的叙事话语背后有着凝重深厚的生命把握和蕴藉温暖的人情体味。这里的叙述主体，既不是顾影自怜的“我”，也不是故作冷漠“我”，而是冷静清醒的“我们”，“我”并非无影无踪，而是悄悄隐退到复数叙述者之中。她以练达、宽容、温情的口吻来叙事，通过个人的探索确立新的审美方式，把女性丰盈的生命体验，当作构造心灵世界的砖瓦石料，用心血和温情建构了坐落在皖北平原上的“我们庄”，充分展现乡村文化的内涵与魅力，显示出叙事的智慧。

小说不仅是一种艺术样式，也是一种文化形态。源于现代文化人独特的生存感悟，王安忆不仅擅长写大都市里把日子往小处过的日常生活，把弄堂里那些“贴肤可感的日子”述说得津津有味，也是展示乡村文化景观的“能工巧匠”，放大细节，呈现生活常态，关注日常生活里的人际关系和庸常之辈的人性呼吸。乡村被作为一种寻常的生存环境被平易地和平等地打量着，平凡的生活却有着深长的意味，提供了另一种新鲜的、具有活力的生活参照系，再现了皖北文化中长期被遮蔽、被忽略的一面。王安忆说她“想写的是中国的传统文化在农民身上

〔1〕 王安忆：《生活的形式》，《上海文学》1999 年第 9 期。
〔2〕 王安忆：《生活的形式》，《上海文学》1999 年第 9 期。

体现出的美感世界”，她有着良好的艺术直觉与独到的艺术传达能力，总能把日常生活中平淡而琐碎的小事演绎成姿态各异的小说，巧妙地把反刍皖北生活的记忆碎片进行连缀，对自身经验进行重写并以“有意味的形式”呈现出来，编织“淮河系列小说”，讴歌乡村的文化精神。如《喜宴》、《开会》等，从当地生活的特殊经验里，提炼出文化的内在意义，有着浓酽的人情味；《隐居的时代》从温馨质朴的乡情和未被现代城市文明浸染的传统伦理道德中，汲取养料，寻找平凡生活潜藏的优雅的情趣；《轮渡上》的人物无名无姓，采用的是放大了的细节叙述，节奏舒缓；《姊妹们》简笔勾勒人物情态，随意点染世事感悟，“我们庄”把讲故事称作“讲古”，体现正统的观念，表示追溯历史的意思。泗州戏颠来倒去地唱，多是些朝野故事，纲常道理。这些琐碎的寻常日子，构不成惊心动魄的矛盾冲突，却是生活鲜活的、本质的常态。这片贫瘠的土地，既有“儒”的安宁，“道”的乐趣，“禅”的意境，也在某种程度上消解着人们变革现实的主观能动性。王安忆在乡村日常生活背后，不仅表现出与皖北这块土地密切相关的一般文化性内容，还透过表层概括出属于作家所理解的普遍的人性内涵。

启动个人的“图像信息储存库”，从“流逝”的时光里寻找生活的碎片，用心感受土地的神力，寻找皖北文化的踪迹，在回忆和想象中建构自己心目中的“我们庄”，也是王安忆格外注重的写作策略。这里的乡村是感性的，不同于红尘滚滚、喧嚣躁动的现代都市，显示出多向度的审美张力。她认为：“城市是一个人造的环境，讲究的是效率，它把许多过程都省略了，而农村是一个很感性的审美化的世界，土地柔软而清洁，庄稼从播种、生长到收割，我们劳作的每一个过程都非常具体，非常感性，是一种艺术化的过程。农村对我作为一个作家来说是很重要的，它给我提供了一种审美的方式，艺术的方式。农村是一切生命的根。”[1]王安忆把劳动这一生存手段审美化，使它成为一种精神的活动。庄稼从播种、生长到收割，劳作的过程十分非常感性，成为一种艺术化的过程。比如，号子能手压场的时候，“在前头一拉开嗓门，后头一溜牛和驴，便都乖乖地踩着拍点。磙子轱辘轱辘转，豆棵和麦秸咔嚓的响，都是为他作伴奏。”“我们庄”割麦用的是《安娜·卡列尼娜》里列文割草用的长柄大刀，作者写道：“这个巧合暗示了什么呢？是不是暗示了淮河流域畜牧业的历史，或者我们庄曾经与北方骑马民族有过交道？放大刀一律是男劳力出马。除了手持大刀以外，他们还须一个装备，就是一领披风。……想想看，骄阳当头，麦浪中间，一字排开一行壮汉，挥着大刀，白披风随风飘扬，是什么图景？”这些独特“风景的发现”都是

---

〔1〕 王雪瑛：《农村：影响了我的审美方式——王安忆谈知青文学》，《解放日报》1998 年 9 月 2 日。

属于王安忆的，既不同于孙惠芬构筑的辽南乡村“歇马山庄”，也不同于迟子建编织的“北极村童话”，而是坐落在广袤的皖北平原的“我们庄”！王安忆从审美的角度，发现了乡村日常生活中具有艺术特质的形式和诗意的土地，再现当年插队时那些被艰难的生计所遮蔽而忽视的乡土文明，展示乡村生活的内在底蕴和文化内涵，更注重写意，反映出作家的文人情致和艺术功力。

一个作家如果仅仅表现区域文化而不能进行超越，那么将会导致创作的狭隘与封闭。王安忆在社会文化的转型与裂变中找到了书写的位置和切入点，她把上海弄堂和皖北乡村当作叙事的背景与舞台，穿过时间和空间之维，把日常生活形态进行审美化的处理。与一般反映“三农”问题的小说不同的是，她从悠久的农业文明中开掘文化资源，用诗意的笔触营构心中的乡村，想象中的乡村，文本中的“我们庄”隐含了丰富的语义，但在想象乡村中并没有用自己的思想和灵魂穿透沉重的土地。对于王安忆来讲，小说是“心灵的世界”，并不以唯一的特定区域作为写作背景，关于那段经历的追忆正在转换为一种人文关怀，超越了具体的区域，随着时空距离的拉开，作家的洞观或感悟，也许将会更清晰、更深刻，也更显示艺术的本质所在。

（作者系阜阳师范学院中文系教授）

试谈欧阳修苏轼的颍州诗词

王秋生

一代文史大师陈寅恪先生有言：“华夏民族之文化，历数千年之演进，造极于赵宋之世”（《金明馆丛稿》二编）；“天水一朝之文化，竟为我民族遗留之瑰宝”（《寒柳堂集》）。在中国两千多年的封建社会中，有宋一代占据了七分之一的历史岁月。在长达三百多年的宋代，文化发达，学术繁盛，群星璀璨，远迈历代。其中作出了划时代贡献，在文化艺术诸多领域都取得了卓越成就，从而领袖群伦，成为当之无愧的文坛泰斗的，则有欧阳修和苏轼。即使在整个中国文化史上，他们也是震古烁今的巨人。

然而，在欧阳修、苏轼辉煌绚丽而又坎坷多难的人生中，都与颍州（今安徽省阜阳市）有着密切的关系。欧阳修在这里为官退隐并终老于颍；苏轼继恩师欧阳修之后又在此从政。他们不仅留下了至今为阜阳人追怀的德政，也写下了众多诗文及一些文史等方面的传世著述；既丰富了中华民族的文化宝库，也给阜阳人民留下了一笔宝贵的精神财富。

在欧阳修、苏轼之后的九百年里，学人们对他们的研究就一直没有停止过，并取得了丰硕成果。但是，对欧阳修、苏轼在颍州的活动及创作进行集中的专题研究，至今仍未引起充分的重视，尚为一块有待深入开发的领域，仍然是一个值得深入研究的课题。九百多年来，阜阳人一直以欧阳修、苏轼曾经做过颍州太守为骄傲，有着浓厚欧、苏情结。欧、苏在颍州留下的作品，特别是他们在颍州所写以及所写关于颍州的诗词，更为阜阳人所珍视。但这部分诗词究竟有多少，却一直没有人全面汇集整理过，从而，也没有一个完整的专集。另外，由于年代久远等方面的原因，这些作品对于今天相当一部分读者来说，在阅读和理解方面有着一定的困难和障碍。“诗家总爱西昆好，独恨无人做郑笺”（元好问《论诗》）。《欧阳修苏轼颍州诗词详注辑评》，就是一部旨在对欧、苏在颍州所写以及所写涉及颍州的诗词进行全面汇辑、注释与评论的专题著作。

“颍州诗词”这个概念，最早是由施培毅先生提出来的。1979 年，他由安徽日报社来阜阳地区担任宣传部门的主要领导职务，工作之余，潜心研究阜阳地方文史，发现欧阳修写有不少关于颍州的诗词。1980 年 7 月，他撰写了《试论欧阳修的颍州诗词》一文，发表在《江淮论坛》上，引起了省内外学术界的注意。

后又应安徽人民出版社之邀，于 1982 年 3 月，编写出版了《欧阳修诗选》一书。但对于苏轼的颍州诗词，他似乎没有太多的注意。

欧阳修的颍州诗词，大略可分为知颍诗、思颍诗、归颍诗三部分，共约一百六十多首。欧阳修结缘颍州是在皇祐元年（1049 年）。是年正月，他以目疾为苦，自请由扬州移知颍州并得俞允，以行起居舍人、知制诰、知颍州军州事（习称太守），于二月十三日由水路抵达颍州。在其晚年所作《思颍诗后序》中，他说："皇祐元年春，予自广陵得请来颍，爱其民淳讼简而物产美，土厚水甘而风气和，于时慨然有终焉之意也。"欧阳修知颍期间，正值风调雨顺之年，颍为小郡，政事不繁。虽在第二次遭贬之后，但已得到了朝廷的一定宽宥，欧阳修心灵的创伤有所平复，心情相对平静。在一年半的时间内，他写下"知颍诗"近六十首。

欧阳修于二月到颍不久，就爱上了颍州西湖。三月视事（办公）之初，便带领僚属同游西湖，留下了《初至颍州西湖，种瑞莲、黄杨，寄淮南转运吕度支、发运许主客》、《祈雨晓过湖上》、《西湖戏作示同游者》、《三桥诗》、《飞盖桥玩月》等一批咏赞颍州西湖的佳作名篇。留下了"平湖十里碧琉璃，四面清荫乍合时"；"渺渺平湖碧玉田"；"都将二十四桥月，换得西湖十顷秋"等咏赞颍州西湖的名句。北宋时期，随着欧阳修这些清诗妙句的传抄流布，颍州西湖的美名也广播于天下，至今仍为阜阳人广泛传诵。颍州虽为小郡，却地处北宋都城开封与江南吴越富庶之地的水陆交通要冲。时年四十三岁的欧阳修，在当时文坛的领袖地位已经形成。宋人叶梦得说："庆历后，欧阳修以文章擅天下，世莫敢有抗衡者。"（《避暑录话》卷二）他在颍州的创作活动，对全国都产生了影响。

欧阳修知颍期间，不仅有官员文士路过或枉道来颍州拜访欧阳修，亦有青年才俊慕名问学于欧阳修，僚属及地方也有不少名士，会聚在欧阳修周围。据《宋史·吕公著传》：吕公著"通判颍州，郡守欧阳修与为讲学之友"。"时刘原甫、王深甫皆寓居郡下，四人相从讲学为事，情好款密"（宋·阙名《南窗纪谈》）。据文献记载，由于欧阳修的到来，当时颍州的文学活动十分活跃。皇祐二年正月初七聚星堂宴集，欧阳修与吕公著、刘原父、魏广、焦千之、王回、徐无逸等作分韵诗，赋室中物、席间果、壁间画像，每人每物均赋诗一首，"诗编成一集，流行于世，当时四方能文之士及馆阁诸公，皆以不与此会为恨"（朱弁《风月堂诗话》）。后降小雪，欧阳修在聚星堂赋《雪》诗，创"禁体物语"新诗体，"自后四十年，莫有继音"（宋《王直方诗话》）。

这些诗词，不仅反映了北宋时期颍州的风土人情，也反映了欧阳修当时的思想状况。在一些诗作中，欧阳修议政议文，引起了当时政界和文坛的关注。今天，解读这些诗词，对欧阳修及阜阳历史文化研究，都是很有价值和意义的。

欧阳修知颍仅有短短一年半时间，但颍州却成了他魂梦萦牵的“故乡”。以后，不管他改知应天府，升迁京师开封，改知青州、亳州、蔡州，均在诗文信札中表达了思念颍州之情，而且愈近晚年，思念愈深。他在晚年所作《思颍诗后序》中说：“尔来俯仰二十年间，历事三朝，窃位二府，宠荣已至而忧患随之，心志索然而筋骸惫矣。其思颍之念未尝少忘于心，而意之所存亦时时见于文字也。”他在熙宁三年九月七日即将退休归颍前所写的《续思颍诗序》中说：“初，陆子履（治平年间的颍州知州）余以自南都至在中书所作十有三篇为《思颍诗》，以刻于石，今又得在亳及青十有七篇以附之。盖自南都至在中书十有八年而得十三篇，在亳及青三年而得十有七篇，以见余之年愈加老，病益加衰，其日渐短，其心渐迫，故其言愈多也。庶几览者知余有志于强健之时，而获偿于衰老之后，幸不讥其践言之晚也。”也就是说，欧阳修从中年知颍开始，他的颍州诗词创作，一直贯穿了他的后半生，而且愈到晚年，思念愈深，所作愈多。

欧阳修对颍州的感情之深令人唏嘘，他将其思颍之作刻碑镂石以见证于天下，更令人感慨。早在宋代，洪迈就在《容斋续笔》卷十六中说：“公中年乃欲居颍，熙宁四年致仕，又一年而薨，其逍遥于颍，盖无几时，惜无一语及于松楸之思。崇公（欧阳修父欧阳观）唯一子耳，公生四子，皆为颍人，泷冈之上，遂无复有子孙临之，是因一代贵达，而坟墓乃隔为他壤，予每读二序，辄为太息。”在中国历代文人中，对自己家乡以外的土地依恋如此之深者，实在难以找到第二人。

其实“知颍诗”、“思颍诗”，只是大略言之。欧阳修自皇祐二年离颍后，曾多次来过颍州。其中皇祐四年（1052 年）三月，母亲郑氏夫人卒，欧阳修归颍为母守制，到至和元年（1054 年）五月丧服期满赴京师，为居颍时间最长的一次。治平四年（1067 年）三月赴亳州任前，欧阳修在颍州停留了两个多月，扩建房屋，为辞官后回颍州定居预作安排。这时，都写有一些诗词。

欧阳修颍州诗词的第三部分为“归颍诗”。熙宁四年（1071 年）六月十一日，欧阳修以观文殿学士、太子少师于六十五岁提前致仕（退休），七月底抵颍。未及引年（宋制，大臣七十岁退休），急流勇退，天下士大夫仰望惊叹。此时酬谢赠答诗作颇多。另外还有与老友赵概会老堂欢聚宴集，以及追怀往事的诗词等。这些作品，在当时就很有影响，韩琦、苏轼、苏辙、曾巩等文化名人，政坛耆宿，都有诗词唱和。

苏轼的颍州诗词，有一百一十多首，也可以分为三个部分。

第一部分为熙宁四年（1071 年）九月至元祐六年（1091 年）八月所作，共二十多首。

熙宁四年（1071 年）九月，苏轼因直言新法之弊，加之遭小人构陷等，自请外任，初除颍州通判，上批出，后改杭州通判。赴杭任时，与弟弟苏辙专程同至颍州，看望致仕后的恩师欧阳修，在颍州与欧阳修诗酒唱和，促膝话旧，流连盘桓二十余日，留下一些诗词。其中《颍州初别子由二首》、《欧阳少师令赋所蓄石屏》等，与元祐六年（1091 年）八月在开封辞别弟弟苏辙，百感交集所作《感旧诗》，都已成为文学史上的名篇。

苏轼颍州诗词的第二部分是知颍诗。元祐六年（1091 年）七月，苏轼由杭州被召入京，任翰林学士承旨，知制诰兼侍读。苏轼的进用，使具有个人野心的政客惶惶不安。他们不断制造事端，试图以忤逆的大罪，置苏轼于死地。苏轼不愿再留朝中与群小纠缠，频频坚求外任。终俞允以龙图阁学士出知颍州。苏轼知颍州在其恩师欧阳修知颍四十年之后。从元祐六年（1091 年）八月二十二日至次年二月底离颍，以龙图阁学士知颍州军州事，仅有短短半年时间，他的知颍诗竟有七十多首。

与欧阳修一样，苏轼也是自请来颍的。他在《谢执政启》中云："入参两禁，每玷北扉之荣：出典二邦，辄为西湖之长。"对颍州西湖的赞美，也成为挚爱山水林泉的苏轼颍州诗词的重要内容。他的《泛颍》、《西湖观月听琴》、《聚星堂雪》诗等，曾广为流传。他的"大千起灭一尘里，未觉杭颍谁雌雄"的诗句，把颍州西湖与杭州西湖相比，至今令阜阳人津津乐道，引以为荣。

揆之苏轼一生，知颍时间虽短，而作诗反多，除颍州的风物给诗人以慰藉，使他心境恬适，宜于创作外，与众多知友聚于颍州有关。据《王直方诗话》："东坡云：在颍时，陈无己、赵德麟适亦守官于彼，而欧阳叔弼、欧阳季默（欧阳修第三、四子）亦又闲居，日相唱和。"好友刘景文自杭经高邮赴任，迂道来访。陈师道之兄传道又至。"柳戒之亦见过。宾客之盛，顷所未有。"（苏轼《次前韵送刘景文》诗自注）故赋咏独多。这些作品，曾经由晁说之以道为之序，李𢒟方叔后序，编成《汝阴唱和集》一卷（见《直斋书录解题》卷十五）。

苏轼任颍州太守虽时仅半载，却干成了几件造福颍州人民的大事。这些，在其诗词中都有反映。苏轼每任地方官都以治水为务，曾主持过多项大规模水利工程。苏轼知颍州时发生秋旱，于是，他奏请朝廷同意，将原来计划修黄河的夫役，留下一万人开挖颍州境内的沟渠，然后疏浚西湖，引来焦陂之水，并修建清河三闸。直到离颍赴扬州后，仍关注着工程进展。对此项工程，他有多首诗作吟咏之。

苏轼颍州诗词的第三部分为元祐七年（1092 年）三月离开颍州以后至元符三年（1110 年）作。这部分作品亦有十多首。作品写到颍州时流露的缱绻情思，正如纪昀所言，"寓投老颍滨之意，非泛作颂美时事之词"（纪批《苏文忠公诗集》卷三十六）。

总之，欧阳修、苏轼颍州诗词数量可观，内容丰富，完全应当作为专题进行深入研究。由于本书是欧阳修苏轼颍州诗词的一个注释汇评本，旨在提供研究这个专题的基础，由于体例限制，很多问题无法进一步深入和展开。相信对这些诗词的深入全面研究，不仅有助于加深对欧、苏本人及作品的认识理解，对于宋代及阜阳当时的社会政治状况，历史、地理、人文等方面的研究，均具有十分重要的意义。

关于欧阳修的诗词，钱钟书先生在《宋词选注》中说："南宋有个裴及卿，为欧阳修的诗歌作了注解，似乎当时就没有流传。"仅在宋魏了翁的《鹤山先生大全集》卷五十四中，留有《裴梦得注欧阳公诗集序言》一篇。其后，也未见到其他前人的注本。上世纪八十年代初，施培毅先生的《欧阳修诗选》，是解放后欧阳修诗词的一个较早的注本。但由于材料缺乏等原因，注释较为简略。注本中的颍州诗词数量较少。上海古籍出版社出版的陈新、杜维沫先生的《欧阳修诗选》，是一个质量较高的注本，注释精当详细。但涉及欧阳修的颍州诗词亦为数不多。所以，本书注释的欧阳修诗词一百六十多首，不仅囊括了欧阳修全部颍州诗词，而且大多数是以前从来没有人注释过的。

欧阳修的颍州诗词涉及面广。柳诒徵先生在《宋代文化史》第二编第十九章中说："盖宋之政治，士大夫之政治也。政治之纯出于士大夫之手，惟宋为然。"由于宋代政治上较为宽松，文人学士都有着很大的政治热情和强烈的自主意识。天圣九年（1031 年），时年二十五岁的欧阳修科举中第后，补为西京留守推官，正式踏入仕途，开始了他的政治生涯，同时也开始了他的文学活动。其后，欧阳修的诗词创作也一直与政治有着紧密的联系。

在我国文化学术史上，欧阳修是开一代风气的人物。他参与的活动多，涉及的方面广，除政事外，对经学、易学、史学、文艺理论、金石学、目录学等诸多领域都有所创获，对有的领域还有开创之功。这些，常反映在他以议论入诗的作品中。以议论入诗，是宋人诗歌创作的一大特点，欧阳修又是其中有代表性的人物之一。他在诗中，或表达自己的政治见解，或书写自己的研究心得，内容广博，既涉及不少宋代史实，有的且有一定专业性。这些，无疑给读者、研究者带来了困难。

苏轼的诗歌，早在北宋时期，就有了赵次公等五家注本，南宋有王十朋分类百家注，到清又出了十多家。由于古人对传统文化典籍较为熟悉，而今天的读者对这些则较为陌生；古人的文化知识结构与今天的读者又大不相同，在一些古人认为不需要注释的地方，今天读起来却成了障碍；即使古人已经作了注释的地方，由于文字较为简古等原因，读起来困难依然不少。对于旧注，我酌情做了疏解。古人所用书证，我大都进行了核实，并使用了今天通行的较好版本。再者，即使是古人的注释，也有未尽解决的问题，或者，也有未尽人意处。这些，我都尽量补正。

余英时先生在《朱子文集》序——《宋代士大夫的政治文化概论》一文中说："政与学兼收并蓄不仅朱熹为然，两宋士大夫几无不如是。"苏轼更是如此。他的人生经历，与北宋中后期政治关系密切，并且不期然地卷入了几次大的政治漩涡之中，几被迫害至死。所谓元祐党人案，更是以苏轼划线，大搞株连，一直延续到北宋末年仍余波未息，这在其诗词中不能不有所反映。

苏轼在宋代诗歌史上占有极为重要的地位，其后的论者认为，至苏轼和黄庭坚，宋诗形成了自己独特的面目，扩大了旧体诗的畛域，丰富了其内容和创作手法，从而和唐诗分庭抗礼，影响了其后数百年的诗歌创作，形成了宗唐宗宋之争。苏轼思想敏锐，作品气势磅礴，素有"韩潮苏海"之称。他的诗歌作品内容丰富，语言密度大，张力充沛，跳跃性强，想象瑰丽，巧于和精于用典，有着特别的艺术魅力。加之苏轼思想活跃，学识渊博，博通经史，出入佛老，精研禅宗，兴趣广泛，于学无所不窥，于书无所不读，而又无不可入诗而化用到诗词之中，自然也就增加了阅读的难度。

本书共汇注欧阳修、苏轼颍州诗词二百七十多首，虽然是欧阳修、苏轼颍州诗词的一个选注辑评本，但由于截取在颍州所写以及所写关于颍州这一特定范围就显得相对完整。而将欧阳修、苏轼的颍州诗词并为一集，除了因为他们均是宋代文坛领袖，有师生之谊，又先后任颍州太守外，他们的不少作品在内容上联系也很紧密，可以互相参看。所以，虽是以地域为主线辑注的一个选本，其内容仍是十分丰富的。

本书对欧、苏诗歌的解读大致可分为三个方面，一是题解，二是注释，三是汇评（汇辑宋以来对欧苏诗词的评论）。为了避免层次过多，在文本上表现为题解、注释两部分，将汇评部分内容分散到题解与注释中，即将对全诗的评论赏析列入题解，将对诗句、语词的评析列入注释中。

题解主要说明作品的写作时间及背景，涉及的人物、地点、事件、职官、典章制度等，以及对全诗的赏析评论。对题目中的冷僻词语也在题解中加以解释。而对于作品的写作手法、艺术特点，则一般不作详细阐述，以避免拖沓冗长。

注释体例大致如下：

一、对字与词的注释力求简明，以符合其在诗词中的意义为准，而不作过多追溯引申。注音采用汉语拼音。对多数字词在解释后都附有例句，以证其不谬，也为了便于读者理解。对于可作多种解释者，择善而从，作出抉择。间亦两说共存或并列数义，由读者选取。在同一篇中。除表示为不同含义者外，字词注释避免重复。在不同篇中，为了阅读方便，则各为注。

二、对于个别较难理解的诗句、作了串讲。有的还采用了以欧注欧、以苏注苏的办法。对整首诗词不进行串讲和译解。对于能够找到出处的诗句及语词，尽可能找到它的出处。古人注诗词常常如此。这样做，当然增加了注释的难度，但对于深入准确理解作品，确实大有好处。

三、对于典故、掌故、本事、神话、传说、故事、逸闻的注释，力求准确，出处详明，并尽量根据权威版本引出原文，以避免转述之误。

四、对诗词中涉及的人物、史实、职官、典章制度，尽量给予简明扼要的说明。“颂其诗，读其书，不知其人可乎？是以论其事也。是尚友也。”（《孟子·万章下》）一些有助于进一步理解作品的史料、背景资料，亦略加介绍。

五、古地名注释，一般根据《宋史·地理志》，并依据《辞源》、《辞海》、《中国历史地名大辞典》等工具书，并尽可能注出今地、今名。

六、对于名物的注释，尽量清楚、准确。除注意引证古籍外，亦利用现代自然科学知识和术语。

七、对于繁体字，则予以简化；异体字，则予以统一规范。极个别人名、地名，为避免误解，未作变动。

在接触并着手这一选题之初，笔者使用的是上海古籍出版社影印的四部精要本，集部中的欧阳修、苏轼部分。其后又得中国书店1986年印竖排繁体字本予以校正。再后，则得用中华书局2001年版《欧阳修全集》李逸安点校本，中华书局1999年10月第五次重印《苏轼诗集》孔凡礼点校本等，对作品进行了反复核对。遇有异文，择善而从，为省篇幅，不出校记。关于作品的写作时间，也参考了上述各书提供的资料，为避免繁琐，除个别作品外，一般不作论证。

宋人洪迈说：“注书至难，虽孔安国、马融、郑康成、王弼之解经，杜元凯解《左传》，颜师古之注《汉书》，亦不能无失。”（《容斋续笔》卷三十五）三年来，我虽然作了最大努力，但由于本人才疏学浅，注释古诗词于我纯粹是不知深浅，贸然行事，迹近举鼎绝膑，更难免不自量力之讥。错谬之处，一定不少，尚望专家、读者不吝赐教。

（作者系阜阳市地方志办公室主任编辑）

“抱利器而无所施”

——曹植后期表之不足

王启才

东汉蔡邕《独断》说：“凡群臣上疏天子者有四名：一曰章，二曰奏，三曰表，四曰驳议。”表是臣下上奏皇帝的书信，属奏议文体之一。从梁代任昉《文章缘起》把淮南王刘安的《谏伐闽越表》作为该文体开端看，表大致出现于西汉武帝时期，但综观两汉，西汉的“表”流传极少，东汉渐多，到魏晋时期，“表”方盛行一时。

关于表的功能、特点，《文心雕龙·章表》说：“表以陈情”，“表体多包，情伪屡迁，必雅义以扇其风，清文以驰其丽。”所谓“多包”，指包含的事情多，有多种功能。李充《翰林论》说：“表以远大为本，不以华藻为先。”

东安末及魏晋时期，表的代表作是诸葛亮的《出师表》、孔融的《荐弥衡表》、曹植的《求自试表》、李密的《陈情表》等。

一

依照赵幼文校注《曹植集》，傅亚庶《三曹诗文全集译注》等书，曹植的表，流传至今的计有33篇，其中写于建安的仅《请祭先王表》1篇，黄初的13篇，太和的19篇。内容主要有议政、祝贺、谢恩、请罪、自荐、陈情等。

以明帝曹叡继位的太和初年为界限，可以把曹植的表分为前后两期。曹植的表前后期明显不一样。前期因与曹丕争皇位，兄弟关系很僵，备受猜忌、迫害，痛苦郁闷，“忧生之嗟”浓重，所以表中话语少，篇幅短，多数写得质实，而表中称赞、颂贺、谢恩、谢罪、献物（九尾狐、铠、马、璧、银鞍、牛）之类内容特多，这说明曹植在积极主动地改变与曹丕的关系。后期因受文对象明帝是曹植的亲侄，曹植表面上受到了不少优待、礼遇，“忧生之嗟”不存在了，被压抑的志愿、抱负集中而强烈地释放出来，他不断上表，如《求自试表》、《求通亲亲表》、《陈审举表》、《谏取诸国士息表》、《谏伐辽东表》等，一再要求参与朝政，建功立业，这些表一般篇幅较长，能畅所欲言，且文采飞扬，代表了曹植表的最高水平。但从奏议文体的要求方面看，这些表也存在着缺乏政治头脑，率性、天真、不切实际等不足之处，所以，曹植“抱利器无所施”悲剧之产生，绝非偶然。

关于曹植后期表的文采、成就，魏晋以降，评价甚高，如陈寿《三国志·曹植传赞》说："陈思文才富艳，足以自通后叶"，李充《翰林论》说："若曹子建之表，可谓成文矣"，刘勰《文心雕龙》说："陈思之表，独冠群才"，"陈思之文，群才之俊也"，谢灵运、钟嵘、吴质、沈约、隋代王通、唐代杜甫、宋代刘克庄、吴淇、明代胡应麟、清代沈德潜、近代章太炎、今人郭预衡、徐公持、崔积宝、董家平等人都进行赞扬和评论。就目前来看，董家平《曹植章表"独冠群才"的精彩与悲哀》[1]一文，对曹植章表的精彩之处与悲哀命运的分析较为翔实、全面，也很深刻。但他没有从奏议文体写作角度揭示曹植表的不足，对曹植表本身的不足与其悲剧命运的关联仍没有作具体深入的分析。为推动曹植与奏议文体研究，本文拟就此略陈管见，以求教于方家。

二

从文学（采）的角度看，曹植后期表在魏晋时代可谓最多、最好，委实是"章表之冠"，代表着表体写作的最高水平，这是建安以来人们的共识，正如徐公持先生所说："曹植这些表文写得实在精彩。作者以壮盛的气势，浩瀚的情怀，贯注进每一篇章，每一段落，将章表这种朝廷公文，写出了勃勃生气；另外，表文词句典雅，藻采瑰丽，音节浏亮，篇体华美，极富阅读效果。文中又多引述先代史事，经典训诰，也不避采撷近人撰著，民间谣言。总之这些表文词章彪炳，文义相扶，美仑美奂。"[2]

但从公文内容与形式相统一的角度，尤其是从上行公文及其行政效能角度看，好文章未必是好公文，未必能达到预期的效果。那么，判断奏章优劣的标准是什么呢？奏章是针对性、实用性很强的应用文体，是为了解决实际问题的，应该首先讲究实用性、绩效性，然后再求审美性、形象性。当然，优秀的奏章如秦汉时期李斯的《谏逐客书》、贾谊《陈政事疏》和《论积贮疏》、晁错的《论贵粟疏》等，达到了二者的统一。其次实用性强、文采差一些。魏晋以后，文笔分离，奏章属于笔，加之历史上隋文帝、明太祖、洪秀全等帝王禁浮文，很多奏章属于此种类型。再次，是文采好，实用性差，文人奏章多具有这种特点。最后是实用和文采俱差的冗长迂腐之论。按照这种标准，曹植的表只能是一流文章、三流奏章。

---

〔1〕《青海师范大学学报》2003年1期。

〔2〕《魏晋文学史》，第87页，人民文学出版社1999年版。

三

曹植后期自荐、陈情、议政之表的过失，概而言之，有以下四点：

首先，没有把握陈情、请求的时机，不顾受文对象的心理及其需求，在本该韬光养晦、退而避嫌以求自全的时刻，却积极进取，一再上表，强烈地求自试、建功业，犯了“道家之明忌”，这是其缺乏政治头脑、缺乏对受文对象的心理和需要进行了解的表现。

曹植一向具有“戮力上国，流惠下民”的雄心壮志，汲汲于“建永世之业，流金石之功”《与杨德祖书》，这种理想追求，贯穿其一生。公元220年，曹丕称帝后，由于曹植在建安时期与其争位，再加上曹植抱负远大，识见卓著，才份过人，所以成了威胁皇位的危险人物。曹丕先是剪除其羽翼，后不断改变其封地，不许朝京师，严禁诸王兄弟交接，甚至要加害于他，幸亏生母卞后极力相救，才得以幸免。在曹丕的一再打击、迫害下，求生的渴望使曹植头脑非常清醒，由以前的率真任性变得小心谨慎，多次上表低眉称服、颂和赞扬、奉献宝物，方才免除“忧生”之虞。

曹丕死后，侄儿曹叡即位，是为明帝，曹植成了嫡亲皇叔。曹叡虽然表面上优待曹植、改善了其待遇，但仍然推行乃父曹丕的亲“异姓”、疏“公族”政策，惧怕公族从内部夺权，对才高志雄的曹植更是猜忌和提防。太和二年（228年）四月，曹叡在御驾亲征诸葛亮时，京师讹言，有云帝已崩，“从驾群臣拥立雍丘王植”[1]，最后以曹叡还都结束了此闹剧，该事例足以说明曹植仍深得人心，是潜在的威胁皇权的危险人物。曹叡虽然没有深究此事，但对曹植更多了一份警戒之心，不会让其有任何参政的机会则是无疑的，后来“植每欲求别见独谈，论及时政，幸冀试用，终不能得”即是明证。在这种情况下，曹植最好的做法就是韬光养晦，不妨仍过前期那种斗鸡走狗、“但美遨游”的生活，以示安分守己，无任何政治企图，让明帝放心。可是曹植也许为曹叡表面的礼遇所感动，也许是认为此时乃立功的最后时机，不能甘做“圈牢之养物”，强烈的参政、报国、立功名的愿望，使他昏了头，激情战胜了理智，不断地上书陈情、求自试、求通亲、议政、干政，露才扬己，屡犯忌讳，表现得很不安分，和曹叡的心理和需求相悖。

《韩非子·说难》说：“凡说之难，在知所说之心，可以吾说当之。”意思是说，劝说、进谏君主，欲使之接受自己的主张、请求，必须首先弄清楚君主的心理及其需要，确信自己所奏内容与之相符，这是奏章成功的前提和基础，李斯的

---

〔1〕《三国志·魏志·明帝纪》注引《魏略》。

《谏逐客书》取得巨大的成功，其原因即在此。如果奏表内容与受文对象的心理和需求相悖，甚至是格格不入，那么，奏者的愿望、主张不仅不被采纳，而且，极有可能危及自身或遭遗弃。曹植的章表没有达到预期的效果，其悲剧命运皆与此相关。曹植受时代和家父曹操的影响，自小从军的经历，儒家建功立业的思想等，使他很想大有作为，以便留名百世，不会安分地饱食终日、无所事事，而曹叡最怕他不安分，求仕干政，这样，曹植在太和年间的求自试、议政的表就显得很不合时宜，自然不会被明帝采纳了。

其次，不被信任而进谏，君主疑而不用。“信而后谏”，是臣子进谏君主获得君主肯定的一个基本原则。《论语·子张》引子夏的话后评论说：“……信而后谏；未信，则以为谤己也。”赢得君主的信任再进谏，就等于将规劝建立在君主肯定性心理定势的基础上；否则，君主会以为你在有意诽谤他。东汉桓帝时李云露布上书，激怒君主，被下狱死，即是典型例子。

曹植在曹丕统治时期，面临猜忌与迫害，为保全自己，取得信任，不断上表，称颂曹丕，贬损自责，贡献宝物，披露忠诚，可谓识透了时务，其努力也取得了“六年（225年），帝东征，还过雍丘，幸植宫，增户五百。”[1] 的明显成效。如果说在处境和时势对自己最不利的情况下，曹植头脑很清醒的话，那么当黄初七年曹叡即位时，他头脑就有些发昏了，以致对时势不能作正确的估计。曹叡即位时年仅二十岁，曹植的身份一变为亲历三代的嫡亲“皇叔”，他很想效法“周公”，辅佐幼主干一番伟业，进而实现“立功”、“立名”的人生政治理想，但实际上曹叡乾刚独断，政由己出，最怕曹植这个才高资深的皇叔干预朝政，严防同姓篡权，虽然曹叡稍稍改善了曹植的生活条件，但频繁地变换其封地，无情地剥夺了其参政的机会。这样，一方面是曹叡的猜忌和极度的不信任，另一方面是曹植强烈的参政、辅政愿望，不断地上表请求，展示自己的识见、能力和抱负，叔侄关系自然弄得很僵。尽管曹植奏表为国家社稷的安危用心良苦，提出了诸如《陈审举表》中“权之所在，虽疏必重；势之所去，虽亲必轻”，《谏伐辽东表》中“夫渴而后穿井，饥而后殖种，可以图远，难以应卒也。臣以为当今之务，在于省徭役，薄赋敛，勤农桑”等一系列正确而卓著的见解，行文是委婉曲折的，文章的水平堪称一流，特别是《求自试表》提出不要因人废言，《陈审举表》中对自己的预见深信不疑，“若有不合，乞且藏之书府，不便灭弃，臣死之后事或可思”，但其一系列有价值的见解和主张，因受到明帝的怀疑而被遗弃，以致引起明代李梦阳的感叹：“若是则魏之不能用植，固亦天弃之矣。”[2]

---

〔1〕《三国志·魏书十九·陈思王植传》。

〔2〕李梦阳、王世贞评点《曹子建集》卷首，《三曹资料汇编》，第127页。

与前期相比，曹植后期表在思想认识上趋于成熟，但急于功名，不够理智，在进谏方面又有过于坦率、疏于谋略的一面，以致出现不被信任而屡谏，不被任信而逞才、摆功，愿望与要求南辕北辙的现象，终于产生了因疑其人志大才雄、难以驾驭而不用的悲剧。

第三，不顾君主情感，"婴人主之逆鳞"。如果说在黄初元年曹植的这种表现是一种率意任性行为的话，那么，在太和时期则较多地具有儒家"以天下为己任"的敢于进谏精神。黄初元年，曹植对曹丕以魏代汉颇有不满，公然以新帝胞弟身份，"发服悲哭"，致使曹丕大为扫兴，说："吾应天而禅，而闻有哭者，何也?"[1]"追恨临淄"，谓"人心不同"，"召曹植于洛阳，令百官议罪，曹植幸有太后庇护而幸免于死"；虽然不久曹植作《庆文帝受禅表》，狂热地吹捧大魏，说什么"亲体至戚，怀欢踊跃"，但这种判若云泥的巨大感情变化，只会招来文帝的怀疑和反感!

《韩非子》曾对"谏说谈论之士"提出"察爱憎之主而后说"的忠告，不顾君主的爱憎好恶的情绪反应，率意直说，往往产生适得其反的效果。曹植构怨于兄如此，见疑于侄亦如此。且不说年轻的明帝因猜忌而防范曹植，他的聪明、抱负可能会成为罪过，只说曹植见疑于侄还一再上表抱怨、批评，有时话说得相当尖刻，如《求通亲亲表》说："近且婚媾不通，兄弟乖绝，吉凶之问塞，庆吊之礼废，恩纪之违，甚于路人，隔阂之异，殊于胡越"；《转封东阿王谢表》说："臣在雍丘，劬劳五年，左右罢殆……然桑田无业，左右贫穷，食裁糊口，形有裸露。臣闻古之仁君，必为弃国以为百姓……"；《陈审举表》说："臣闻：羊质虎皮，见草则悦，见豺则战。'忘其皮为虎也'，今置将不良，有似于此"，"而数年以来，水旱不时，民困衣食，师徒之发，岁岁增调，加东有覆败之军，西有殪没之将，至使蚌蛤浮翔于淮泗，鼲鼬讙哗于林木。臣每念之，未尝不辍食而挥餐，临觞而搤腕矣"，等等。这些批评指责的话，明帝看了可能极不舒服，难以接受。可以说，曹植在没有取得明帝充分信任的情况下，这些话说得实在不太高明!

不仅如此，曹植在表中还充满了哀怨、不满与愤懑之语，如《求自试表》说："今臣志狗马之微功，窃自惟度，终无伯乐韩国之举，是以于悒而窃自痛者也"；《求通亲亲表》说："至于臣者，人道绝绪，禁锢明时，臣窃自伤也……臣伏自惟省，无锥刀之用。及观陛下之所拢授，若以臣为异姓，窃自料度，不后于朝士矣"，"每四节之会，块然独处……未尝不闻乐而拊心，临觞而叹息也。臣伏以为犬马之诚不能动人，譬人之诚不能动天。崩城、陨霜，臣初信之，以臣心

〔1〕《三国志·魏书十六·苏则传》。

况，徒虚语耳”；《陈审举表》说：“今反公族疏而异姓亲，臣窃感焉……不胜愤懑，拜表陈情”；《谏取诸国士息表》说：“而所得兵百五十人，皆年在耳顺，或不踰矩。虎贲官骑及亲事凡二百五十人。正复不老，皆使年壮，备有不虞，检校乘城顾不足以自救，况皆耄耋罢曳乎！而名为魏东藩，使屏翰王室，臣窃自羞矣……定习业者并复见送，晻若昼晦，怅然失图。”遭受排挤、迫害，内心凄怆悲苦、愤愤不平是自然的，可以理解，但不加掩饰地宣泄在上奏皇帝的表中，就不太合适。

《韩非子·说难》：“贵人有过端，而说者明言礼义以挑其恶，如此者身危”，并要求“无婴人主之逆鳞”，曹植后期的奏表虽然坦率，甚至畅快，但缺少顾忌，没有考虑到君主年轻气盛，对批评、指责极度敏感的心理特点，揭了对方的短，触犯了禁忌，致使有价值的主张、观点遭到否定，空怀利器，壮志难酬！从明帝方面说，曹植死后，谥之为“思”，而《谥法》说“追悔前过，思”，后又下诏说“有过失”，即说明他对曹植揭其短是颇为不满的。

第四，曹植后期表中有不少迂阔之处。表现在《求通亲亲表》、《求免取士息表》公然想突破朝廷禁区，抵制和反对朝廷禁止藩国兄弟通亲、征调藩国士人子嗣充军的法令与举措，使皇帝政令难行；《求自试表》、《求通亲亲表》对曹丕曹叡父子实行的“疏公族”、“亲异姓”的政策不理解，十分不满，“今反公族疏而异姓亲，臣窃感焉”，一再强调自己“诚与国分形同气，忧患共之也”，“今臣与陛下践冰履碳，登山浮涧，寒温燥湿，高下共之”；《求自试表》和《陈审举表》披露“名挂史笔，事列朝策”，“志欲自效于明时，立功于盛世”的壮志，炫耀“臣昔从武帝，南极赤岸，东临沧海，西望玉门，北出玄塞，伏见所以行师用兵之势，可谓神妙也。故兵者不可预言，临难而制变者也”，“承教于武皇帝，伏见行师用兵之要，不必取孙、吴而暗与之合”的军事才能等，这些自命不凡的话语在自己是至亲高才、备受猜忌的情况下说出，是犯忌讳的，其作用只能是加深了曹叡的猜疑与提防。

从其表语言本身看，也有不同程度的情感大于理智，甚至狂激偏颇之处，如《求自试表》中“……若使陛下出不世之诏，效臣锥刀之用，使得西属大将军，当一校之队；若东属大司马、统偏师之任。必乘危蹈险，骋舟奋骊，突刃触锋，为士卒先。虽未能擒权馘亮，庶将虏其雄率，歼其丑类。必效须臾之捷，以灭终身之愧，使名挂史笔，事列朝荣。虽身分蜀境，首悬吴阙，犹生之年也。如微才弗试，没世无闻，徒荣其躯而丰其体，生无益于事，死无损于数，虚荷上位而忝重禄，禽息鸟视，终于白首，此徒圈牢之养物，非臣之所志也”等皆是。且不说此时披露志向、请求自试正是犯了盲目躁进的错误，单说与吴、蜀打仗本身，也绝非是轻而易举的小儿游戏，敢在皇帝面前夸口“擒（孙）权馘（诸葛）亮，虏其雄率（帅）”，纯粹是文人习气，是一种感情用事的轻率行为。

《求通亲亲表》中个人意愿和要求太重，那种“左右唯仆隶，所对唯妻子，高谈无所与陈，发义无所与展”，“若得辞远游，戴武弁，解朱组，佩青绂，驸马、奉车，趣得一号，安宅京室，执鞭珥笔，出入华盖，入侍辇毂，承答圣问，拾遗左右，乃臣丹情之至愿，不离于梦想者也”等强烈的参政愿望，急切的心情，傲岸不屈的个性意识，表露得太直接，太坦率，显得不够明智与理智。

曹丕《典论·论文》说：“奏议宜雅”，“雅”是对上行公文文风的要求，其中顾忌君主面子，用语含蓄委婉、曲折尽情是臣子奏章常用的手段。曹植虽然是曹丕的胞帝，曹叡的皇叔，但是也是臣子，其表给人强烈的感受是对朝廷的抑郁不平之气、不满和愤懑之情，这也是皇帝不能容忍和连续迫害打击他的原因之一。

四

刘勰说曹植“诗丽而表逸”，用一个“逸”字来评价曹植的表，既有赞扬其文思情感的飞涌充沛、语言修辞的舒卷自如等特点，也有批评其旁逸斜出，有疏阔、不切世用的特点。

之所以如此，是因为曹植是个有才华的文学家、诗人，而不是一个成熟的政治家，更不是战略家。文人特别是诗人气质，再加上任侠意识，魏晋士人的个性意识，使他“任性而行，不自雕励，饮酒不节”，不但任性、纵酒，而且重情、纵情，理智不足，有高自期许，拙于谋略，天真浪漫，自炫自负，对竞争对手曹丕、曹叡父子估计不足的一面，这些个性特点造成了其奏表疏阔、直率，针对性、实用性差的缺点，也是产生其命运悲剧的根源。徐公持先生在《曹植政治表现及创作风格的特点》一文中说：“曹植对政治事业怀有始终一贯的热情，非常执著、自信。在政治上是有一定理想的，而且对一些具体政治问题有颇为独到的见解。但又疏阔少实干才能，政治上犯有严重的过失。总之，曹植虽然在政治上有热情、有理想，也有一定见地，但缺乏某种最基本的才能。作为一名政治家，他是不够格的。”〔1〕，以后，他在《魏晋文学史》中又总结说：“要之曹植表文，在政治实用性上甚为拙劣，在文学欣赏方面却价值极高。实用性与审美性矛盾如此，在整个文学史上亦属少见，而这一矛盾只是作者为一蹩脚政治家与天才文学家集合之反映。”这些评价看似有些苛刻，实则不失为公允之论。曹植奏表的优点及其不足，其根源即在此。如此看来，人生目标的设计与定位应该根据变化了的情况及时调整，这对一个人的成功与否，关系尤大。曹植太执著于功名

〔1〕《建安文学研究文集》，第251～263页，黄山书社1984年版。

事业，以致不能冷静地审时度势，又高自期许，屡屡因任情、任性、迂执而犯忌讳、受惩罚。

以上主要论述的是曹植后期表的不足。只有把曹植表的优点、不足和其本人的愿望、命运联系起来，才能准确、全面的评价其表文的作用和地位。从曹植后期表的绩效看，其代表性的表，多数被遗弃不用，酿成自己“抱利器而无所施”、“常汲汲无欢”、41 岁抑郁而死的悲惨结局。准此，他的表是难以和诸葛亮的《出师表》、李密的《陈情表》等相提并论的。但由于曹植的特殊身份，其表确有过人的文采、识见和行文技巧，加之人们对其不幸命运纷纷表示同情，所以后世文人对曹植代表性表文喜爱的较多，其历史影响又不容低估。

本文之所以专门就曹植后期表的不足之处进行论述，一是为了避开众人的论述，落入陈旧的论文窠臼，二是给上行文提供鉴戒。表是上行公文，是为了陈述感情、解决问题，说什么、怎么说是有讲究、有学问的，不能逞才使气，纵情任性，悻直坦率，自触霉头，招至与行文愿望相反的结果，这是曹植后期表留给后人的教训与启示。

（作者系阜阳师范学院中文系教授，博士）

“白战体”与颍州之关系

张明华

“白战体”又称“禁体”，是中国古代咏物诗发展到高度阶段的产物，其主要特点是回避正面对景物作直接描绘，而代之以侧面烘托，其出现可以追溯到杜甫、韩愈。程千帆、张宏生二先生《火与雪：从体物到禁体物——论白战体及杜、韩对它的先导作用》一文对此进行了比较详细地分析。[1]杜甫已有意回避了传统的体物方法，开始走向禁体物。杜、韩之后，也有个别符合这个特点的诗歌出现，如晚唐韩偓的《咏手》，五代刘章的《咏蒲鞋》等，但直到北宋中期欧阳修、苏轼手里，才真正发展为禁体诗，或称白战体。白战体的发展和颍州（今安徽省阜阳市）的关系非常密切，这一点却很少有人注意到，因此有必要进行探讨。

其一，白战体诞生于颍州。

白战体的源头虽可追至杜甫，但其真正创立者是欧阳修。欧阳修晚年在颍州写作的《六一诗话》里有这样一条记载：“国朝浮图以诗名于世者九人，故时有集号《九僧诗》，今不复传矣……当时，有进士许洞者，善为词章，俊逸之士也。因会诸诗僧分题，出一纸，约曰：不得犯此一字。其字乃山、水、风、云、竹、石、花、草、雪、霜、星、月、禽、鸟之类，于时诸僧皆阁笔。”[2]

程、张二先生虽然否认许洞要求九僧创作的就是白战体，但也承认了二者之间的密切联系。他们在引了上面一段话后说：“《唐宋诗醇》曾认为，这是欧、苏‘白战体’之始。其实，它们只是相近，并不相同。因为许洞要求于那些和尚的，乃是不许涉及自然界中的习见之物，借以针砭他们风花雪月、摇笔即来之病，而并非要求他们不许用传统的巧似手段去形容自然风物。但欧阳修晚年把这则佚闻记录下来，却足以证明他对这种禁条感兴趣。他之正式从事禁体的创作，除了从他所崇拜的杜、韩诗中获得启迪外，许洞这种刁难和尚们的举动，也很可能给他以暗示，使其略加改变，创为新体。”[3]

---

〔1〕 程千帆：《程千帆全集》第九卷，第62~81页，河北教育出版社2001年版。

〔2〕 欧阳修：《六一诗话》，第8页，人民文学出版社1962年版。

〔3〕 程千帆：《程千帆全集》第九卷，第70页，河北教育出版社2001年版。

白战体的正式出现是在颍州。叶梦得说："诗禁体物语，此学诗者类能言之也。欧阳文忠公守汝阴（今阜阳市），与客赋雪于聚星堂，举此令，往往皆阁笔不能下。"[1] 胡仔《苕溪渔隐丛话》前集卷二十九记此事稍详："六一居士守汝阴日，因雪会客赋诗，诗中玉、月、梨、梅、练、絮、白、舞、鹅、鹤、银等事，皆请勿用。诗曰：新阳力微初破萼，客阴用壮犹相薄。朝寒棱棱风莫犯，暮雪绥绥止还作。驱驰风云初惨淡，炫晃山川渐开廓。光芒可爱初日照，润泽终为和气烁。美人高堂晨起惊，幽士虚窗静闻落。酒垆成径集缾罂，猎骑寻踪得狐貉。龙蛇扫起断复续，猊虎围成呀且攫。共贪终岁饱麰麦，岂恤空林饥鸟雀。沙墀朝贺迷象笏，桑野行歌没芒屩。乃知一雪万人喜，顾我不饮胡为乐。坐看天地绝氛埃，使我胸襟如洗瀹。脱遗前言笑尘杂，搜索万象窥冥漠。颍虽陋邦文士众，巨笔人人把矛槊。自非我为发其端，冻口何由开一噱。"[2]

欧阳修的《雪》诗，"的确如作者所承诺的，没有犯那些平常写雪的诗所用的词，他只是写雪时、雪后的环境、气氛以及人物在此时此地的活动和感受。他确实没有像过去咏雪的作品一样，局限于刻画其外部特征，但依然能够使作者感受到这位诗人笔下所创造的活跃的雪的世界"。[3] 这才是真正意义上的"白战体"。此诗标志着白战体的正式诞生，时间在仁宗皇祐二年（1050 年），地点是当时的颍州。

其二，"白战体"之名始于颍州。

欧阳修在颍州组织的这次独特的赋诗活动以及他的《雪》诗，受到宋人的高度关注，在其后的诗话、笔记中多次被提及。但由于白战体诗歌写作的艰难，而且也缺少成功的作品可资效仿，所以在欧阳修写作《雪》诗之后，学习者并不多，成功的成品更少。在为数不多的作品中，最著名的是他的门生苏轼的两首同样写雪的诗歌。嘉祐四年（1059 年），苏轼与其弟苏辙在江上遇雪，于是效法欧阳修写了一首白战体长诗《江上值雪效欧阳体限不以盐玉鹤鹭絮蝶飞舞之类为比仍不使皓白洁素等字次子由韵》："缩颈夜眠如冻龟，雪来惟有客先知。江边晓起浩无际，树杪风多寒更吹。青山有似少年子，一夕变尽沧浪髭。方知阳气在流水，沙上盈尺江无澌。随风颠倒纷不择，下满坑谷高陵危。江空野阔落不见，入户但觉轻丝丝。沾裳细看巧刻镂，岂有一一天工为。霍然一挥遍九野，吁此权柄谁执持。世间苦乐知有几，今我幸免沾肤肌。山夫只见压樵担，岂知带酒飘歌儿。天王临轩喜有麦，宰相献寿嘉及时。冻吟书生笔欲折，夜织贫女寒无

〔1〕 叶梦得：《石林诗话》，文渊阁《四库全书》本 1478 册，第 1008 页。

〔2〕 胡仔：《苕溪渔隐丛话前集》，第 202 页，人民文学出版社 1984 年版。

〔3〕 程千帆：《程千帆全集》第九卷，第 72 页，河北教育出版社 2001 年版。

帏。高人著履踏冷冽，飘拂巾帽真仙姿。野僧斫路出门去，寒液满鼻清淋漓。洒袍入袖湿靴底，亦有执板趋阶墀。舟中行客何所爱，愿得猎骑当风披。草中咻咻有寒兔，孤隼下击千夫驰。敲冰煮鹿最可乐，我虽不饮强倒卮。楚人自古好弋猎，谁能往者我欲随。纷纭旋转从满面，马上操笔为赋之。”

此诗效法欧阳修主要通过写雪中人物的活动来侧面写雪的方式，篇幅比欧诗更长。但苏轼写得最好的是哲宗元祐六年（1091 年）《聚星堂雪（并引）》一诗，其引曰：“元祐六年十一月一日，祷雨张龙公，得小雪，与客会饮聚星堂。忽忆欧阳文忠公作守时，雪中约客赋诗，禁体物语，于艰难中特出奇丽。尔来四十余年，莫有继者。仆以老门生继公后，虽不足追配先生，而宾客之美，殆不减当时，公之二子，又适在郡，故辄举前令，各赋一篇。”

当时苏轼知颍州，同客人在欧阳修当年创作白战体诗歌的聚星堂，又得喜雪，想起座主当年留下的韵事，于是举欧阳修当年之令，与客人各写了一篇。他本人的诗歌是这样写的：“窗前暗响鸣枯叶，龙公试手行初雪。映空先集疑有无，作态斜飞正愁绝。众宾起舞风竹乱，老守先醉霜松折。恨无翠袖点横斜，只有微灯照明灭。归来尚喜更鼓永，晨起不待铃索掣。未嫌长夜作衣稜，却怕初阳生眼缬。欲浮大白追余赏，幸有回飚惊落屑。模糊桧顶独多时，历乱瓦沟裁一瞥。汝南先贤有故事，醉翁诗话谁续说。当时号令君听取，白战不许持寸铁。”

“这篇诗从初下之雪写起，依次写夜间之雪、清晨之雪、风中之雪、树顶之雪、瓦沟之雪，写得神采飞扬，淋漓尽致”。[1] 相对于上诗，更为切题。尤其值得强调的是，“白战体”之得名，即源于此诗的最后一句“白战不许持寸铁”。而此诗亦作于颍州，更可见出白战体的发展与颍州之间的密切关系。

其三，“白战体”的创作中心在颍州。

作为一种特殊的诗歌形式，由于要求“于艰难中特出奇丽”，所以历史上的白战体作品并不多。即以欧、苏二人而言，其写作白战体多少也有些游戏意味和逞才因素。白战体的创作也只有两次规模较大，即欧、苏在颍州聚星堂组织的唱和活动。

虽然在聚星堂赋诗时，由于欧阳修忽然举出禁体物之令，出人不意，以至“往往坐客皆阁笔不能下”，但有的人回家以后，还是写出了合乎标准的诗歌。但也并不是说只有欧阳修本人写了一首合乎条件的诗歌。当时参与聚会的客人是那些？朱弁《风月堂诗话》卷上：“欧公居颍上，申公吕晦叔作太守。聚星堂燕集，赋诗分韵，公得‘松’字，申公得‘雪’字，刘原父得‘风’字，魏广得‘春’字，焦千之得‘石’字，王回得‘酒’字，徐无逸得‘寒’字；又赋室

〔1〕 程千帆：《程千帆全集》第九卷，第 75 页，河北教育出版社 2001 年版。

中物，公得鹦鹉螺杯，申公得瘿壶，刘原父得张越琴，魏广得澄心堂纸，焦千之得金星研，王回得方竹杖，徐无逸得月砚屏风；又赋席间果，公得橄榄，申公得红蕉子，刘原父得温柑，魏广得凤栖，焦千之得金橘，王回得荔枝，徐无逸得杨梅；又赋壁间画像，公得杜甫，申公得立文饶，刘原父得韩退之，魏广得谢安石，焦千之得诸葛孔明，王回得李白，徐无逸得魏郑公。诗编成一集，流行于世。当时四方能文之士及馆阁诸公，皆以不与此会为恨。"[1]

据韩酉山《欧阳修颍州聚星堂燕集赋诗考述》一文[2]，当时经常参与燕集的有吕公著、魏广、焦千之、王回、徐无逸等多人，那么这一次的参加者也应该主要是他们几位。照常理推测，他们也应该有同题的诗歌创作，可惜今天都已经看不到了。刘敞、刘攽兄弟都在颍州，刘敞应该参加了聚会，写下《和永叔喜雪》："阴风触物生晚劲，积雪经旬戏春令。气排水国吁可骇，势覆山城力谁竞。缤纷乍逐飞霰夺，惨淡仰见浮云定。稍并日夜明相续，欲乱玄黄色交映。邱陵迤逦增更高，市井喧卑听逾静。包荒含垢似天德，履素居纯近民性。可怜佳境浩无极，非有雄辞岂能咏。忽忆避地歌其雱，携手驱车及宽政。迩来盈尺亦何有，高卧闭门方自庆。矧占丰岁宜九谷，重抑骄阳驱百病。龙蛇在蛰莺在谷，与我俱欣四时正。新诗翩翩摧古人，汝阴太守明廷臣。倖色揣称笑流俗，与民乐赓阳春曲。由来曲高和必寡，况我才居郢人下。"

刘敞这首诗也许不是当场写出的，但既点出时令"春"，又在诗中赞美"汝阴太守"，题目说明是和欧阳修的诗，而且完全符合欧阳修提出的禁条，可以断定是当时写的作品。刘敞是如此，当时这样做的应该不止他一人，尽管我们已看不到其他人的相关作品了。

刘攽是否参加已不可知，但他也按照欧阳修所举之令写了一首诗歌，即《和永叔春雪》："陬筒吹灰变冥朔，生气萌泉天不觉。凝阴忽升气横厉，重云大同势绵邈。通衢漫漫走流沙，近甸稍稍堆乔岳。焚炉姹女姿飞扬，匝野神奸谁雕琢。刀圭不惜透墙隙，捷业俄然垂屋角。户斜尺剑未及收，窗缺连环如可握。鲜妆宫女喜深印，红手庠童斗坚搦。瞑鸡误晓屡呻呻，饥雀冲人犹啄啄。虽怜林篁有摧折，却喜陇苗就优渥。贫庐败褐憎破牖，富屋珍裘转深幄。使君高义仍泛爱，颍士多文方力学。猎师得隽鲜弃麑，厨酿荐甘清间浊。气随阳春破凝烈，巧夺钧工畏名貌。吾知郢人不复歌，古声比今为拙朴。"

此诗在题目中就明确地说所"和"的是欧阳修的"春雪"，诗中又提到"使君高义仍泛爱，颍士多文方力学"，亦可断定是当时在颍州写成的。刘氏兄弟的

---

〔1〕叶梦得：《石林诗话》，文渊阁《四库全书》1478册，第101页。

〔2〕韩酉山：《欧阳修颍州聚星堂燕集赋诗考述》，《江淮论坛》1999年第4期，第86～92页。

两首诗虽没有受到人们的注意，但写法显然是白战体，跟欧阳修的《雪》诗非常接近。

白战体诗歌的另一次集中创作，是对第一次的有意仿效，表现了苏轼对欧阳修的追念之情。参与苏轼组织的聚星堂唱和的诗人已不可细考，但应有当时的签判赵令畤、教授陈师道和欧阳修的两个儿子欧阳棐、欧阳辩，他们每人至少也作了一首。只可惜记录他们当时唱和活动的《汝阴唱和集》已失传，我们只能从李廌的《汝阴唱和集后序》和陈振孙《直斋书录解题》中的简单介绍来约略推知。虽然其他人的诗歌艺术水平可能会差一些，流传到现在的只有苏轼本人的作品了，但在当时几人同时创作，也是一时盛况。

当然，并非只有参加这两次聚会的人才会创作白战体诗歌，其他的作者也会写作这样的诗歌。如梅尧臣有一首《次韵和永叔对雪十韵（玉月梨梅柳絮字皆不用）》："纷纷何乱目，凛凛自开门。著莫风难定，侵凌物已緐。装成新树色，遮尽古苔痕。冷入梁王苑，清乘卫国轩。欺贫冻蓬荜，增险想轘辕。小隙皆能及，洪炉逼不温。云衣随处积，水甲等闲屯。团戏为丸转，堆雕作兽蹲。岂愁穿破履，幸喜有清樽。谁问诸公子，高楼与后园。"

此外，梅尧臣还有其他一些诗歌也是典型的白战体，如《春雪》和《十二月十三日喜雪》二首。欧、苏之后，白战体诗歌虽然历代都偶有创作，但再也没有出现过像欧阳修、苏轼在颍州那样组织人集中创作的情况了，作品数量亦很少。如明代曹学佺《石仓历代诗选》卷四百二十三收有明人林廷玉的《昔宋欧阳公雪中会客出令赋诗禁体物语因追和其韵以寄兴云》一诗："六出开残天上萼，缤纷四海摧林薄。戍夫绝塞苦宵征，行旅长途艰早作。能令寰宇尽迷茫，解使乾坤顿恢廓。倚山莫道自坚牢，触日应须谩销铄。倏来忽去逐风颠，蒙头拂面漫空落。偶然飒刺到窗纱，遽尔严凝透狐貉。骚人笔底任品题，儿童阶下随搏攫。凌晨艰食啼乳鸦，向晚迷巢飞冻雀。钓矶簌簌响蓑衣，石径霏霏滑棕屩。莫为今朝凛冽愁，可卜来年丰稔乐。夙成体魄自不缁，天然襟度何须瀹。横纵无计抑松篁，纬繣只宜飞朔漠。顿足应思就火炉，僵手那能事旗槊。千年诗令仰前规，呵冻挥毫为吟噱。"

受各种条件的限制，白战体虽然不可能真正繁荣起来，但作为中国诗歌中非常特殊的现象，还是非常值得重视的。《诗人玉屑》卷九专立"白战"一体，可见宋人对它还是非常重视的。而对其与颍州之间的密切关系，我们也应该给以足够的重视。

（作者系阜阳师范学院中文系教授，博士）

“淮河文学”生成浅论

方 川

伴随20世纪80年代文化研究热的兴起，从文化学角度研究各类文学现象逐渐成为热点话题。童庆炳先生主编的《文学概论》教材对文学曾这样界定：“文学是人类的一种文化样式。”〔1〕到了20世纪末，从地域文化对文学的观照渐成风气，如北京大学严家炎先生主编的“二十世纪中国文学与区域文化丛书”，就有“巴蜀文化与现代文学”、“三晋文化与现代文学”、“三S会馆与现代文学”等十数种之多。但唯独不见从淮河文化的视野打量淮河流域的文学，这不能不说是件憾事。现如今从吴越文化研究鲁迅，从湘西文化研究沈从文等课题层出不穷。本文试图从地域文化角度给淮河文学定名，并就其产生的自然、人文条件，在文学史上的命运加以初探，以就教于方家。

我想，所谓的“淮河文学”就是建立在淮河文化母体上的文学创作以及由此产生的各种文学现象的总称。在文学史上，淮河文学无论在古代、现当代都具有自己的独特个性、价值和地位。综观整个文学史，很多地域文学的形成是一种不自觉的产物，往往先有创作实践，再有流派、思潮的梳理和廓清，如古代文学史上的南朝民歌、北朝民歌，现代文学史上的东北“黑土地文学”；当然也有些地域文学是自觉形成的，如以赵树理为代表的“山药蛋派文学”，贾平凹早期的商州系列小说。“淮河文学”无疑属于前者。

淮河源出鄂豫交界的桐柏山，流域跨鄂、豫、皖、苏、鲁五省，流域面积约30余万平方公里。2000年考古工作者在淮南市八公山脉的大居山西坡一裂隙堆积中采集到两个不同个体的古猿牙齿，分别是古猿的前臼齿和犬齿，其地质年代距今约300多万年，与世界上发现的最早的非洲古猿化石年代相近。这一发现，不仅有力地证明了我国是人类早期起源地之一，推翻了亚洲人种来自非洲的说法，更说明了淮河流域人类文明史的亘古久远。2001年考古工作者又在大居山西南坡半山腰中采集到一件带有明显打击痕迹的旧石器，石质为石英砂岩。据专家鉴定，该石器为砍砸器，距今约80万年。这些考古发掘充分说明，淮河文明是人类历史发展进程中的重要组成部分，淮河文学的形成有悠久、厚重的文化

〔1〕 童庆炳主编：《文学概论》，武汉大学出版社2000年4月版。

积淀。

现存文献中最早描述淮河的是地理学著作《尚书·禹贡》，该书记载："导淮自桐柏，东会于泗沂，东入于海。"大禹从桐柏山开始疏浚淮河，向东与泗水、沂水汇合，再向东流进大海。早在先秦，历代帝王都把"四渎"与"五岳"并举进行祭祀，以象征王权的至高无上，"河堤谒者掌四渎，礼祠与五岳同。"[1]"江河淮济为四渎。渎者，通也。所以通中国垢浊，民陵居，殖五谷也。"[2]"四渎"指的是长江、黄河、淮河、济水四大水系。淮河在当时受到的重视程度仅次于长江、黄河，属中华大地第三大水系。至今，淮河源头仍有古老的淮渎庙一座，"淮于平氏，济于临邑界中，皆使者持节侍祠。"[3]淮神庙建于汉代的平氏县，即今桐柏县平氏镇，至今庙中塑着淮河神的神像。淮神为何？一说为淮涡水神无支祁。"《太平寰宇记》十六：河南道泗州淮涡神在龟山下。《淮阳记》按《古岳渎经》云：禹治水，三至桐柏山，乃获涡水神名无支祁，喜应对言语，辨江淮之浅深，原隰之远近……"[4]一说为唐代裴说。"淮渎，唐裴说也，唐始封二字公，宋加四字公，圣朝加封四字王，号长源广济王。"[5]"淮神为唐之裴说。"[6]

历史上淮河流域曾涌现过一大批文化圣贤。先秦诸子百家中的管子、老子、庄子、孔子、孟子、墨子都生长活动于淮河流域，创立了各自的学说，由此延至汉初积淀而成了集各家学说之大成的《淮南子》。

管子，出生于淮河北岸的颍上县北管谷村，是春秋时著名的政治家、思想家，著有《管子》一书，任齐国之相，帮齐桓公成就了霸主之业。老子，楚国苦县历乡曲仁里人（今属安徽涡阳县城郊郑居村流星园），一说河南鹿邑县人。道家亚圣庄子，战国蒙人（今属安徽蒙城县），一说河南商丘或山东曹县人。不管怎么定性，他们都属淮河流域，其主要活动范围在淮河及其支流的涡河两岸。儒家的孔子、孟子均诞生于泗水两岸，泗水从北向南流，把汶水、济水、汴水、沂水等沟通在一起，组成了淮河下游水上交通网。孔子生于鲁国昌平陬邑，三岁迁至曲阜，两地均在泗水之滨，其周游列国时以淮河流域为中心。孟子出生于泗水绕城而过的邹县东北郊，其周游列国的范围也未超出黄淮地区。在《孟子》中常用水比喻人的天性，孟子在取譬论证时多次提到淮、汝、泗、溱、洧等淮河

〔1〕《风俗通义》第十卷《山泽·四渎》。

〔2〕《风俗通义》第十卷《山泽·四渎》。

〔3〕《汉书·郊祀志下》。

〔4〕《铸鼎余闻》卷二。

〔5〕《三教源流搜神大全》卷二。

〔6〕《月令广记·岁令一》。

流域的河流。墨家思想的创始人墨子，一说他是战国时宋国人（国都在今河南商丘南），一说是鲁国人就生长于泗水之滨，而宋国人则生长于浍水之滨，浍水也是淮河的支流，因而墨子也属淮河流域。从以上论述我们可以看出，中国思想史上轴心时代的代表人物都出自淮河流域。这为淮河文学的产生夯足了人文底蕴。

淮河流域不仅人文传统丰厚，同时也有钟灵毓秀的山川。境内有高山、平原、丘陵、湖泊、沼泽湿地，各式地貌应有尽有，名胜古迹遍布淮河两岸。桐柏山、鸡公山、伏牛山、大别山、八公山、荆山、涂山、琅琊山、沂蒙山，绵延逶迤；汝河、淠水、史河、颍河、东西淝河、涡河、浍水、泗水、沂水、沭水、大运河，南北贯通；骆马湖、焦岗湖、芍陂塘、瓦埠湖、安丰塘、高塘湖、洪泽湖、东平湖、高邮湖、微山湖，星罗棋布。独特的自然条件使淮河流域的物产异常丰富，有"走千走万，不如淮河两岸"、"淮南熟，天下富"的美誉。这是淮河文学产生的自然条件。

正是在这种人文自然环境下，"淮河文学"萌发了。《诗经》虽以中原文化为背景，有相当数量的篇什却出自淮河流域，如十五国风中的郑风、陈风、曹风、桧风，小雅中的《北山》等即是如此。这些诗，合计40首，占全书的十分之一还要多。十五国风共有诗作160首，有39首属淮河文化范畴，占国风的四分之一。抽掉淮河流域这些民歌，《诗经》将不成为《诗经》。春秋战国时期淮河中上游归为楚国，楚辞中有些作品也反映了淮河文化。辞赋家宋玉的名篇《登徒子好色赋》中曾描述美女"增之一分则太长，减之一分则太短，著粉则太白，施朱则太赤……惑阳城，迷下蔡"。"下蔡"就是今凤台县战国时的古称；"阳城"则指细阳城，即今日之临泉县的古称。汉代文学家蔡邕父女，建安文学中的"三曹"、"七子"都为淮河流域人。他们创立的"建安风骨"，独领风骚，浸渍后世，百代无穷。稍后，"竹林七贤"中的嵇康、刘伶为安徽宿州人，其他为山东、河南人，出生地也为淮河流域。两晋南北朝的文学家刘义庆、鲍照、江淹、颜之推也都有淮河文化背景。唐代的诗人张若虚、王建、李绅；宋代的欧阳修、吕本中、吕好问、秦观、张耒；明清的王磐、何景明、郑板桥等诗人的创作无不打上"淮河文化"的胎记。明清长篇白话小说《水浒传》的故事发生地水泊梁山就属淮河流域。《西游记》的作者吴承恩不仅是淮河流域的淮安人，而且主人公孙悟空的原型就源自"形若弥猴，缩鼻高额，青驱白首，金月雪牙，头伸百尺，搏击腾踔，疾奔轻利，若倏忽之间，人观之不可久"[1]的淮渎神无支祁。清代讽刺文学的绝唱，吴敬梓的《儒林外史》有大量篇幅描写了淮河流域

〔1〕《铸鼎余闻》卷二。

的自然、文化景观。这些都是“淮河文学”的基本构成。可以这样说，中国古代文学中离开了淮河文学这一脉，不知要逊色多少。

近现代文学史上，从淮河乡土又走出了一大批作家、诗人，例如：朱自清、蒋光赤、台静农、芦焚、汪曾祺、戴厚英、张锲等，他们的创作都与淮河文化有着斩不断的血脉。这些作家的创作中涌现出了一部分相当成熟的“淮河文学”作品。如，台静农的乡土小说《红灯》，芦焚的《巨人》、《毒咒》，汪曾祺的《受戒》、《大淖纪事》，长篇报告文学《流泪的淮河》、《中国农民调查》等。其他像《桐柏英雄》（改编为电影《小花》）、《巨澜》（后改编为同名电影）、电影剧本《大决战·淮海战役》等。还有一大批活跃在文坛上沿淮各省及地市作家协会的作家群体创作的淮河乡土文学作品，如陈源斌、刘庆邦、墨白、孙友田、曹多勇等。

同时，在淮河流域传播的神话、歌谣、民间传说、民间故事、河南梆子、泗州戏、推剧、花鼓灯、凤阳花鼓、淮河大鼓、淮剧、扬剧等构成了浩繁的淮河流域的民间文学。民间文学不仅是文学知识谱系中的重要组成部分，同时也为作家文学的创作提供了取之不尽、用之不竭的创作养料。北朝时著名的民歌《木兰诗》的女主人公花木兰也是河南商丘人。

综上我们可以看出，淮河文学在文学史上源头上有《诗经》、《楚辞》；创作群体有三曹、建安七子、竹林七贤；富有独创风格的作家有曹操、曹丕、曹植、秦观、施耐庵、罗贯中、郑板桥、朱自清、台静农、汪增祺、戴厚英；文学名著有木兰诗、水浒传、西游记、儒林外史、大淖纪事等。从上古中古近古到现当代取得的这些文学成就，难道还不足以为“淮河文学”定名吗？

淮河文化、淮河文学在历史上遭遇冷落，没被人充分重视是有历史原因的。首先，淮河地处中国南北气候和自然地理的分界线。淮河流域处于北纬 31°~36°，其北为北温带，其南为亚热带，传统上的南方、北方就以淮河——秦岭为界。相对于北方的黄河、南方的长江，过渡带上的淮河只是一个小弟弟，没有被人们充分重视。其次，轴心时代的文化名人多处于淮河支流的上游，干流上较少。这一点常被人忽略不计，甚至遗忘。管子的出生地虽无争议，但他的思想是为齐相时形成的。刘安虽除外，但其著作《淮南子》在历史上又是黜儒教之外，汉代以后是受排斥的著作，其本人也因不堪上层统治者各种矛盾冲突与折磨而自杀，死后还被戴上“谋反”的帽子。再次，春秋战国时的五霸、七雄均不处于淮河干流上，淮河流域没有形成较为长久的政治、文化中心。楚国虽曾有十八年定都寿春（今寿县），但却是在强秦威逼下的逃亡之举。第四，由于以上原因，让人产生一种错觉，淮河文化地域性不强，没有自成系统的文化圈。在人们的意识里淮河文化已被北方的中原文化、齐鲁文化，西方的陈楚文化，南方的荆楚文化，东方的吴越文化包围瓜分殆尽。

事实并非如此，虽然历史上淮河文化不及巴蜀文化、徽州文化、岭南文化等有一个相对封闭的地域，虽然它地处各种优势地域文化的夹击之中，但它却以自己特有的面目展示它的独特性、自足性。它的区域内的淮南文化（淮扬文化）、蔡楚文化是其他文化瓜分不了，取代不了的。齐鲁文化中的鲁文化、荆楚文化中的楚文化、陈楚文化、汉楚文化都是淮河文化的组成部分。前些年辽宁教育出版社出版的一套中国地域文化丛书，第一辑就列出“两淮文化”一卷，无疑表现了出版人的独特眼光，也为淮河文化正了名，拂去了“淮河文化”上的尘埃。可以这样说，“淮河文学”已浮出水面，我们应当自信地扯起这一张鼓满风的船帆，将这张牌打出去，打好、打响，打到全国，打向全球。

淮河在湖北、河南是源头、上游，到洪泽湖转而入长江，部分水流经苏北灌溉总渠到黄河。其干流的明丽与丰饶恰在安徽这一段，身为淮河之子的吾辈应该站出来为“淮河文学”摇旗呐喊，并能为其成长壮大尽绵薄之力。

（作者系淮南师范学院办公室主任，副教授）

试析钟嵘《诗品》对曹丕的品评

刘 飞

中国古代的有关著述中，“三曹”往往是被论及的对象。而在“三曹”之中，曹操或被誉为雄才大略，或被斥为一代奸雄；曹植，才气纵横，风流倜傥；然唯独曹丕，比之于乃父乃弟，则被论及较少。而且，在有关历史评价中，曹丕不仅才能平庸，而且其篡汉之举亦多招后人非议。《三国志·卷三十五·蜀书五》云：“先主即帝位，策亮为丞相，录尚书事。先主病笃，召亮，属以后事，谓亮曰：‘君才十倍曹丕，必能安国终定大事。’”文中记载了刘备把曹丕作为庸才的典型以与诸葛亮构成反衬。苏轼在评价诸葛亮时更是认为：“公才与曹丕，岂止十倍加。”[1] 而程自修《送元吉归河东》云：“颜回盗跖终归命，诸葛曹丕岂论才。”[2] 认为曹丕根本不能与诸葛亮相比，这不仅是才能的问题，因为诸葛亮在刘备亡后衷心辅佐蜀汉，像颜回一样令人尊敬，而曹丕则取汉而代之，只能入盗跖之流了。以上是关于对曹丕政治才能及人格的历史评价。而对曹丕的文学之才，在有关评价中，比之于其父曹操、其弟曹植也不甚鲜明突出。明代瞿佑《归田诗话》云：“崔颢题黄鹤楼，太白过之不更作。时人有‘眼前有景道不得，崔颢题诗在上头’之讥。及登凤凰台作诗，可谓十倍曹丕矣。”以曹丕来衬托李白之诗才，对曹丕之贬抑，溢于言表。那么，曹丕诗歌才能到底怎样呢？对此，钟嵘《诗品》的品评较有一定的代表性。

钟嵘在《诗品》中对曹操、曹丕、曹植三人的诗歌成就分别给予下、中、上三品的定位。钟嵘关于三曹的品评中，曹植被钟嵘作为五言诗人的典范而加以推崇。把曹丕置之中品，向来甚少争议，后人质疑最多者是关于曹操的品第问题。如王世贞：“曹公屈第乎下，尤为不公，少损连城之价。”（《艺苑卮言》卷三）王士祯：“下品之魏武，宜在上品。”（《渔洋诗话》卷下）陈沆：“曹公苍茫，古直悲凉，其诗上继变雅，无篇不奇”（《诗比兴笺》卷一）。

于此可见，曹操被列入下品，颇有人为其抱打不平。对于曹丕的品第，尽管

---

〔1〕 苏轼：《是日至下马碛，憩于北山僧舍，有阁曰怀贤，南直斜谷西，临五丈原，诸葛孔明所从出师也》，《集注分类东坡先生诗》卷一，四部丛刊本。

〔2〕《谷音》上，四部丛刊本。

象明代王世贞有“至魏文不列乎上，尤为不公，少损连城之”之语，但亦有对钟嵘之品评给予认同者。如许学夷《诗源辩体》卷四云：“子桓五言，在公干、仲宣之亚。钟嵘《诗品》以公干、仲宣处上品，子桓居中品，得之。”

那么，怎样看待曹丕的诗歌成就呢？下面，笔者拟从钟嵘的品评入手，并结合曹丕的有关文学思想试略作分析。

钟嵘《诗品》评曹丕云：“其源出于李陵，颇有仲宣之体则。新歌百许篇，率皆鄙直如偶语。惟‘西北有浮云’十余首，殊美赡可玩，始见其工矣。不然，何以铨衡群彦，对扬厥弟邪?”钟嵘的评语中包含有这样几方面的信息：曹丕诗歌的渊源、数量、风格及地位。关于曹丕诗歌的数量，应该说钟嵘《诗品》是一个较早且较为明确的记载。但是，这里有一个问题，《三国志·魏志·文帝本纪》云：“初，帝好学，以著述为务，自所勒成垂百篇。”又裴松之注《三国志·卷二·魏书》：“故论撰所著典论、诗赋，盖百余篇。”引文中所谓“著述”显然不仅是诗歌一体。《隋书·经籍志》云：“魏文帝集十卷，梁二十三卷。”不著明诗歌篇目。明代张溥辑有《魏文帝集》。今存曹丕诗歌四十余首，包括四言、五言、六言、七言，另有断句若干，上述所有记载都与钟嵘所说“新歌百余篇”难符。而且，钟嵘所云，又专指五言诗而言。不管怎样，我们可以根据钟嵘所言作出这样的判断；曹丕所作诗歌有一百余篇，其中五言诗的数量应占有很大比例。

我们知道，钟嵘《诗品》分别运用了追溯源流、品第高下、较量异同等批评方法，其中追溯源流就是从诗歌风貌上来梳理诗人之间的渊源继承关系。在品评的一百二十多位诗人中，钟嵘分别把他们的所属渊源分为国风、小雅、楚辞三个系列。对于曹丕的诗歌，由于属于中品，钟嵘没有直说其最终源头，而是认为“其源出于李陵，颇有仲宣之体”。李陵、王粲属于上品，李陵之诗：“其源出于《楚辞》。”王粲之诗：“其源出于李陵。”显然，曹丕之诗是列入到楚辞一系。那么，曹丕的诗歌与李陵、王粲是否是风格相似呢？钟嵘评李陵：其源出于《楚辞》。文多凄怆，怨者之流；评王粲云：其源出于李陵。发愀怆之词，文秀而质羸。可以看出，李陵、王粲的诗歌皆有哀怨的风格，曹丕的诗歌也是这样。如其《杂诗》其一：“漫漫秋夜长，烈烈北风凉。展转不能寐，披衣起彷徨。彷徨忽已久，白露沾我裳。俯视清水波，仰看明月光。天汉回西流，三五正纵横。草虫鸣何悲，孤雁独南翔。郁郁多悲思，绵绵思故乡。愿飞安得翼？欲济河无梁。向风长叹息，断绝我中肠。”

钱基博《中国文学史》认为，三曹诗歌皆有怨的特点，但各人对怨的表现亦各有不同：“魏武父子，文多悽怆，怨者之流，而有不同。魏武感时伤乱，其辞悲凉。文帝伤逝嗟生，其气消沉。植则忧谗畏讥，其意郁结。"[1] 在对曹丕的品评中，钟嵘没有直接说出曹丕诗歌"怨"的特点，但其"颇有仲宣之体"一语实际上已经说明曹丕诗歌亦多发"愀怆之词"。钟嵘《诗品》对诗人的品评往往都是寥寥数语，这也可能是因为钟嵘为了简洁和避免繁复之故，但我们可从诗人之间的承继关系中梳理出更多的信息。钱基博所谓曹丕"其气消沉""终非沉雄"云云，实际上正是指出了曹丕诗歌象王粲一样具有"文秀而质羸"的特点。

我们知道，曹丕是非常重视文章写作的，其有关著述中多次提到文章写作的意义。如《典论·论文》："盖文章，经国之大业，不朽之盛事。"《与吴质书》："观古今文人，类不护细行，鲜能以名节自立。而伟长独怀文抱质，恬淡寡欲，有箕山之志，可谓彬彬君子者矣。著《中论》二十篇，成一家之言，辞义典雅，足传于后，此子为不朽矣。"在具体的文章写作中，曹丕还特别强调"气"对于创作的意义。《典论·论文》云："文以气为主，气之清浊有体。"曹丕所说的"气"主要指作家的气质、秉性，这是形成作家创作的独创风格的一个重要条件。曹丕认为，气有清浊之分。清，指清新刚健；浊，沉郁阴柔。从《典论·论文》的"应瑒和而不壮，刘桢壮而不密，孔融体气高妙"等对建安七子的评论中，曹丕更欣赏一种清新刚健的文风。刘勰所谓的"风骨"，钟嵘所谓的"风力"，指的也正是这种清新刚健的风格。尽管《典论·论文》所论文章不仅是诗歌一体，但是，曹丕对于诗歌显然也是作此要求的。曹丕以此为标准来品评别人，对于他自己的诗歌创作，实际上也是以此为审美追求的。元稹《唐故工部员外郎杜君墓系铭并序》云："建安之后，天下文士遭罹兵战，曹氏父子鞍马间为文，往往横槊赋诗，故其遒壮抑扬冤哀悲离之作，尤极于古。"元稹所说曹氏父子，当然包括曹丕在内。从曹丕的人生理想来说，他也是与其父、其弟一样，想要建立功业，因此文学上不可能只看重缠绵清丽的风貌，也需要有其父、其弟的胸怀。故其诗中也时常有"慷慨时激扬"[2] 之情志的抒发。另外，宋代陈岩肖《庚溪诗话》亦云："魏武魏文父子，横槊赋诗，虽遒壮抑扬，而乏帝王之度。"虽然所评的角度不同，但也道出了曹氏父子遒壮抑扬的特点。

然而，尽管曹丕在诗歌创作上有着壮大刚健诗风的主张与追求，但总体来看，其诗歌创作还不能充分体现出这种风貌。在三曹的比较中，后人也多从这方面指出其与乃父、乃弟的差距。钱基博《中国文学史》云："文帝曹丕之才，洋洋清绮，兴托不奇；苍古不如乃父，华彩亦逊哲弟；勉作壮语，终非沉雄；独

〔1〕 中华书局1993年版。

〔2〕 曹丕《于谯作诗》。

《燕歌行》绍张衡《四愁》而开七言，善为凄戾之词，自有清拔之气。”[1]

通过上述可以看出，钟嵘显然是看出曹丕诗歌象王粲一样，皆具有“质羸”的弱点。也正因此，钟嵘以“颇有仲宣之体则”称之，这种评价，自然是有其深意的。

如果我们再作进一步的分析，那么，为什么曹丕的诗歌在壮大刚健上不如曹操、曹植呢？大致说来，最起码应有这两方面的原因：一，虽然三人同生活于乱世，但各人的人生遭际又略有不同。曹操一生四处征战，致力于开创基业，故多横槊赋诗，所写内容亦多马上所见所闻，所抒之情悲凉慷慨，深沉博大；曹植少年即随父征战南北，有一段鞍马生涯，加之其才华横溢，故颇有一番建功立业的雄心壮志。中年时代，由于争夺继承权失败，故其后半生又写悲愤呼声，不平之鸣；曹丕年轻时与其弟曹植一样四处征战，但由于获得了继承人的资格，在曹操死后即自立为皇帝，可以说自己的人生抱负得到的实现。那么其心情自然要比曹植好上许多。这也很自然影响到诗歌的题材。《文心雕龙·明诗》描述建安时期五言诗的创作云：“文帝陈思，纵辔以骋节，王徐应刘，望路而争驱；并怜风月，狎池苑，述恩荣，叙酣宴，慷慨以任气，磊落以使才。”其中“怜风月，狎池苑，述恩荣，叙酣宴”几方面的创作，曹丕应该说是一个重要代表。二，才不逮耳。从诗歌创作的才能来看，曹丕比曹植要略逊一筹。也许正因此，曹丕尤为看重作家才气禀赋的作用。

在对曹丕诗歌的价值判断中，钟嵘可谓是有贬有褒。贬者，“鄙直如偶语”。褒者，“殊美赡可玩”。

“鄙直如偶语”，实际上指出了曹丕诗歌具有俚俗的特点，关于曹丕诗歌的俚俗，可以说钟嵘的确抓住了曹丕诗歌风格的一个重要方面，这可以从两方面来看，其一，与曹丕诗歌渊源于楚辞有关。楚辞多地方语言。其二，这也是针对曹丕乐府诗歌的而发。钟嵘诗品不评汉代乐府，也与他轻视乐府诗歌通俗风格有关，六朝诗歌的审美风尚是以曹植为代表的“骨气奇高，辞采华茂。情兼雅怨，体被文质”的风格。汉乐府在辞采的华美上显然欠缺甚多。钟嵘所谓“鄙直如偶语”之评，很大程度上是对曹丕所作的乐府诗歌而发，对此类诗歌的贬抑自然是题中应有之义。客观地说，曹丕的“鄙直如偶语”实际上正是他个人诗歌风格的体现，也可以说诗歌优点的一个重要方面，我们不能简单地以好坏论之。钟嵘的评价，明显具有贬抑之意，这在很大程度上是受到当时以华靡为尚的主流文学思想的影响。

“殊美赡可玩”，是对曹丕诗歌的积极肯定。“十余首”云者，意谓数量不

〔1〕 中华书局1993年版。

多，但也毕竟体现出曹丕的诗歌才能。如《杂诗》其二："西北有浮云，亭亭如车盖。惜哉时不遇，适与飘风会。吹我东南行，行行至吴会。吴会非我乡，安能久留滞。弃置勿复陈，客子常畏人。"该诗有乐府的风格。但诗歌开头用浮云起兴，描写客子留寓他乡的苦闷与不安的心境。读来令人玩味不尽，颇生感慨。王世贞云："子桓'西北有浮云'、'秋风萧瑟'，非邺中诸子可及。仲宣、公干远在下风。"〔1〕 陈祚明认为曹丕《杂诗》二首："独以自然为宗，言外有无穷悲感，若不止故乡之思。寄意不言，深远独绝，诗之上格也。"〔2〕

又如《芙蓉池作》："乘辇夜行游，逍遥步西园。双渠相溉灌，嘉木绕通川。卑枝拂羽盖，修条摩苍天。惊风扶轮毂，飞鸟翔我前。丹霞夹明月，华星出云间。上天垂光采，五色一何鲜。寿命非松乔，谁能得神仙。遨游快心意，保己终百年。"该诗是游览题材，通过对"双渠"、"嘉木"、"修条"、"飞鸟"、"丹霞"、"明月"、"华星"等所见景象的描写，夜游时的快意已溢于言表，这也是曹丕所过的王公贵族生活的一个写照。诗中有多变的色彩，丰富的意象，清美的意境，正是体现出其诗"美赡可玩"的特点，这也是"颇有仲宣之体"中"文秀"一面的体现。在这里还要提出的是，曹丕《典论·论文》中认为"诗赋欲丽"，强调诗赋这类体裁创作的审美效果，这与汉代所谓发乎情，止乎礼义的观点相比具有革新意义。可以说，曹丕不论是诗歌创作还是诗学主张，都是时代风气的开创者。

《诗品》所评诗人中，与曹丕同属于楚辞系列的还有班姬（上品）、潘岳（上品）、张协（上品）、郭璞（中品）、鲍照（中品）、张华（中品）、刘琨（中品）、应璩（中品）、嵇康（中品）、陶潜（中品）等。可以说在中品的诗人中，楚辞系列占有强大的阵容，亦可见这种风格的创作当为时代的主流。在文学自觉的六朝时代，楚辞的创作传统得到了极度的发扬光大，刘勰《文心雕龙·辨骚》把楚辞作为为文之枢纽之一，虽然刘勰是站在宗经的角度来看待学习楚辞传统："若能凭轼以倚雅颂，悬辔以驭楚篇，酌奇而不失其貞，玩华而不坠其实。"认为学习楚辞要把握好"奇"与"华"两个方面的度。但对楚辞的文学传统却极尽赞美之词："其叙情怨，则郁伊而易感；述离居，则怆怏而难怀；论山水，则循声而得貌；言节候，则披文而见时。"所谓"情怨"、"离居"、"山水"、"节候"正是六朝诗人常用题材，而这方面又恰恰是儒家经书里所不具备的。

根据刘勰的归纳，我们看《诗品》中楚辞系列的这些诗人，他们的诗歌创

〔1〕《艺苑卮言》卷三。
〔2〕《采菽堂古诗选》卷五。

作正是体现出楚辞的风格传统。如：评嵇康：颇似魏文。过为峻切，讦直露才，伤渊雅之致；评张华：其源出于王粲。其体华艳，兴托多奇。……儿女情多，风云气少；评应璩：祖袭魏文。……至于“济济今日所”，华靡可讽味焉；评刘琨：其源出于王粲。……善叙丧乱，多感恨之词；评陶潜：其源出于应璩。……风华清靡，岂直为田家语耶?

钟嵘《诗品》评曹丕的最后一句云：“何以铨衡群彦，对扬厥弟邪?”这可以从两方面来理解：其一，曹丕在《典论·论文》、《与吴质书》等有关文章中涉及到对建安文人的评价。其二，对扬厥弟，意即曹丕的诗歌创作中亦有可以和曹植不相上下者。在这里钟嵘实际上是对曹丕的诗歌地位给予了很高的评价。客观而论，曹丕在诗歌之才和影响力上与其弟曹植相比是稍有欠缺，但是我们并不能就因此轻易磨灭其在五言诗上的贡献尤其是对建安文学的带动之功，应该说，钟嵘对曹丕诗歌地位的评价是准确而公允的。在此前刘勰之评可以印证钟嵘的判断。《文心雕龙·才略》云：“魏文之才，洋洋清绮，旧谈抑之，谓去植千里，然子建思捷而才俊，诗丽而表逸。子桓虑详而力缓，故不竞于先鸣。而乐府清越，典论辩要，迭用短长，亦无懵焉。但俗情抑扬，雷同一响，遂令文帝以位尊减才，思王以势窘益价，未为笃论也。”

刘勰所论应该说较为公允，而且对世人对曹丕的贬抑颇有不平。当然刘勰所评不象《诗品》那样仅就五言诗而论，但总体上看，二人对曹丕文学地位的把握还是一致的。至于曹丕在史家眼中的印象，陈寿《三国志·魏志·文帝纪》云：“文帝天资文藻，下笔成章，博闻强识，才艺兼该；若加之旷大之度，励以公平之诚，迈志存道，克广德心，则古之贤主，何远之有哉。”陈寿不仅充分肯定了曹丕的文学之才，而且也指出了曹丕政治上的一些缺憾。应该说陈寿的评价还是较为客观公正的。

（作者系安徽大学中文系讲师，博士）

追摹汉魏各有心

——谢灵运与江淹拟建安诗之比较

郑虹霓

建安诗歌以其强烈的时代色彩、浓郁的悲情、张扬的个性在中国诗歌史上辉映千古，而建安时代邺中游宴的文学活动亦令无数文人向往。魏晋之后，历代文人对建安文学的模拟之风非常盛行。

拟古之风盖始于西汉，扬雄仿《离骚》等而作《广骚》等楚辞作品，对于司马相如的赋亦“常拟之以为式”，把经典作品当作学习、模仿的对象。这种学习为文的方法在诗歌领域中的应用，始于西晋。根据逯钦立《先秦汉魏晋南北朝诗》所收录，其标题或序言中有“代”[1]、“拟”、“效”、“学”、“绍”等字样，明确地表明为拟古作品的有270多首，其中以“拟”字为标志的最多，有149首。从模拟对象来看，首先是汉末文人诗《古诗十九首》，但论其规模、影响来说则当数建安诗作，特别是在南朝，诗人尤其喜欢模拟建安诗歌。如对曹植《七哀诗》的拟作，汤惠休有《怨诗行》，萧衍有《拟明月照高楼》；以徐干（室思）“自君之出矣”为题写诗的有刘义恭、刘骏、颜师伯、范云、虞羲、陈叔宝、贾冯吉等人；而有意识地对建安诗作大量拟作的则要数南朝宋的大诗人谢灵运和江淹，他们以拟古形式体现了对建安文学的接受，初步奠定了建安文学之于南朝文学的典范地位，在整个建安文学接受史上有着重要的意义。

一

谢灵运（385～433年）的《拟邺中集》八首是颇具个性的一组拟古之作，被萧统《文选》收入“杂拟类”。这组诗不仅有总序，除拟曹丕的一首外，每首诗前还有小序。先看总序：“建安末，余时在邺宫，朝游夕宴，究欢愉之极。天下良辰美景赏心乐事，四者难并，今昆弟友朋，二三诸彦，共尽之矣。古来此娱，书籍未见，何者？楚襄王时，有宋玉、唐、景；梁孝王时，有邹、枚、严、马，游者美矣，而其主不文。汉武帝时，徐、乐诸才，备应对之能，而雄猜多

〔1〕“代”既有“拟”的含意，又有替代之意。该书所收诗作标题中含有“代”字的共61首，其中就有9首系替人作诗，如曹丕、曹植所作的同题诗《代刘勋妻王氏杂诗》。因此，我们这里所取拟诗数目，以“代”字作标志的为52首。

忌。岂获晤言之适，不诬方将，庶必贤于今日尔。岁月如流，零落将尽，撰文怀人，感往增怆。”

此序显然是以曹丕的口气来写的。这一种拟代口吻与赋序中有些情形比较相似。如《风赋》假设楚王与宋玉的对话，《雪赋》、《月赋》拟梁孝王兔园之游。所言不必是真有其事，不过是假借为人熟知的史事，为写作提供虚拟的场景。

既然序文可以假借魏太子曹丕的口吻，则正文也可以是拟代古人口吻之作，不必实有《邺中集》之原文。我们在今存《魏诗》中找不到题为《邺中集》的文字亦不足为奇了。但谢灵运的这组诗仍有模仿对象，只是不像前一类那么明显罢了。谢灵运此作中有不少对邺下文人诗文的仿拟、化用的例证，试列表如下：

拟邺中集诗句	邺下文人诗文
澄觞满金罍。（拟曹丕诗）	旨酒盈金罍。（王粲《公宴诗》）
伊洛既燎烟，函崤没无象。（拟王粲诗）	洛阳何寂寞，宫室尽烧焚。（曹植《送应氏》） 西京乱无象。（王粲《七哀诗》）
整装辞秦川，秣马赴楚壤（拟王粲诗）	复弃中国去，远身适荆蛮。（王粲《七哀诗》）
排雾属盛明，披云对清朗（拟王粲诗）	一得披玄云望白日，唯力是视，敢有二心。（阮瑀《谢太祖笺》）
并载游邺京。（拟王粲诗）	同乘并载，以游后园。（曹丕《与吴质书》）
爱客不告疲，饮宴遣景刻。（拟陈琳诗）	公子敬爱客，终宴不知疲。（曹植《公宴诗》）
行觞奏悲歌，永夜系白日。（拟徐干诗）	白日既匿，继以朗月。（曹丕《与吴质书》）
念昔渤海时，南皮戏清沚。（拟阮瑀诗）	每念昔日南皮之游，诚不可忘。（曹丕《与吴质书》）
今复河曲游，鸣葭泛兰汜。（拟阮瑀诗）	时驾而游，北遵河曲，文学拖乘于后车。（曹丕《与吴质书》）
妍谈既愉心，哀音信睦耳。（拟阮瑀诗）	高谈娱心，哀筝顺耳。（曹丕《与吴质书》）
愿以黄发期，养生念将老。（拟曹植诗）	王其爱玉体，俱享黄发期。（曹植《赠白马王彪》）

这组诗通过仿拟、化用邺下文人的诗文建构了类似于邺下游宴的环境氛围，但其中的思想感情却未必是原作者的了。这一点，总序可以给我们不少启发。其前半部分极写邺中文人在盛富文采的曹氏父子笼络之下，“朝游夕宴”，共尽“良辰、美景、赏心、乐事”之盛况。后半部分却极嘲楚襄王、梁孝王时，文士

虽有宋玉、唐、景、邹、枚、严、马之盛，“而其主不文”；汉武帝虽有“徐、乐诸才”，“而雄猜多忌”。都与邺中臣主相得的盛况形成鲜明对比。为什么这样写呢？方回《颜鲍谢诗评》卷四中指出：“序云：‘其主不文’，又曰：‘雄猜多忌’，使宋武帝、文帝见之，皆必切齿。盖‘不文’明讥刘裕，‘多忌’亦诛徐、傅、谢、檀者之所讳也。灵运坐诛，此序亦贾祸一端也。”

这段话，联系谢灵运个人遭际，我们就不难理解了。谢灵运一直向往邺下那样的君臣相得之欢，他“既自以名辈才能应参时政，初被召，便以此自许”。然而“既至，文帝唯以文义见接，每侍上宴，谈赏而已”。难怪他在诗序中借楚襄王、梁孝王和汉武帝影射、讥嘲宋武帝、宋文帝父子及其权臣的“不文”与“多忌”。所以谢灵运的拟古实际是借古讽今，影射当朝，选取邺下文人作品为摹拟对象，是为了便于抒发自己怀才不遇的愤懑。

二

江淹（444～505年）历来以擅长拟古而著称，在其现存140余首诗作中，以“学”、“效”等字样标明的拟古诗就有46首，占三分之一还强。梁代萧统编的《文选》，在“杂拟”类全录了江淹的拟古组诗《杂体诗》30首，占入选江诗的大部分。江淹的拟古诗主要有《学魏文帝》、《杂体诗》30首和《效阮公诗》15首。其《学魏文帝》是亦步亦趋地摹拟魏文帝曹丕《杂诗》三首之二而成，试对读二诗：

杂诗　其二 曹丕	学魏文帝 江淹
西北有浮云，	西北有浮云，
亭亭如车盖。	缭绕华阴山。
惜哉时不遇，	惜哉时不遇，
适与飘风会。	入夜值霜寒。
吹我东南行，	秋风聒地起，
行行至吴会。	吹我至幽燕。
吴会非我乡，	幽燕非我国，
安得久留滞！	窈窕为谁贤！
弃置勿复陈，	少年歌且止，
客子常畏人。	歌声断客子。

这首诗是泰始六年（470年）江淹在巴陵王右常侍任上，自荆州赴汉北时所

作[1]。虽然模仿的痕迹较重，但已有一些个人身世的印记。为官荆州，故以当地地名“华阴山”入诗，第六、七句仍用顶真修辞格，但将“幽燕”替换了原诗的“吴会”，与其时赴北地边境相合。盖触景生情，信手拈来熟知的曹丕的诗句稍加增易，以抒己情也。窃以为，这种创作方式有类于东周时的“赋《诗》言志”之风。《晋诗》卷13收录的谢道韫的《拟嵇中散咏松诗》亦与此同。谢诗摹拟对象是嵇康的《游仙诗》，首句皆作“遥望山上松”，中间改易的字也不多。这类拟古之作显然创造性较少。

江淹《杂体诗》30首因收入《文选》而闻名，作者选取自汉代古诗到刘宋末的汤惠休共三十家的诗体，对每一家各仿作一首。这三十家中属于建安诗人的有四位：曹丕、曹植、刘桢、王粲。江淹的这些拟作基本上都很像原作，甚至一些名人大家都不免为其所惑，误认为是被拟对象的诗作。如《陈思王赠友》开头两句：“君王礼英贤，不吝千金璧”和中间两句“从容冰井台，清池映华薄”被逯钦立合为一段，归于曹植名下，收入《魏诗》卷七。

江淹对曹丕诗作的模拟也非常成功，如果说前举《学魏文帝》是亦步亦趋的学习之作，那么，收在《杂体诗》中的《魏文帝游宴》则是成熟之佳构。建安后期的邺下，贵游风气极盛，描写这种生活也成为文士们创作的主要内容，那种“傲雅觞豆之前，雍容衽席之上，洒笔以成酣歌，和墨以藉谈笑”[2]的场景也是其后文人心所追慕的。前述谢灵运的《拟邺中集》便是这种追慕心情的一种反映。南朝作家以“侍宴”为标题开头的诗作超过五十首，江淹《魏文帝游宴》可谓其中之翘楚。江淹是怎样再现建安游宴活动场景的呢？我们来看下表(凡未标作者的诗文即曹丕所作)：

魏文帝游宴	曹丕有关诗文
置酒坐飞阁， 逍遥临华池。	乘辇夜行游，逍遥步西园。(《芙蓉池作》) 朝游高台观，夕宴华池阴。(《善哉行》① 按:《艺文类聚》作《铜雀园诗》) 曹植《野田黄雀行》“置酒高殿上。”
神飙自远至， 左右芙蓉披。	兰芷生兮芙蓉披（据李善注）惊风扶轮毂（《芙蓉池作》) 曹植《公宴行》：“神飙接丹毂。”
绿竹夹清水， 秋兰被幽崖。	菱芡覆绿水，芙蓉发丹荣。(《于玄武陂作》) 曹植《公宴诗》：“秋兰被长坂，朱华冒绿池”。

〔1〕俞绍初：《江淹年谱》，《中国古籍研究》第1卷，上海古籍出版社1996年版。

〔2〕刘勰：《文心雕龙·时序》。

（续表）

魏文帝游宴	曹丕有关诗文
月出照园中， 冠佩相追随。	刘桢《公宴诗》:“月出照园中，珍木郁苍苍。” 曹植《公宴诗》:“清夜游西园，飞盖相追随。”
客从南楚来， 为我吹参差。 渊鱼犹伏浦， 听者未云疲。	有客从南来，为我弹清琴，五音纷繁会，拊者微微吟。 淫鱼乘波听，踊跃自浮沉。(《善哉行》同①)
高文一何绮， 小儒安足为!	冲静得自然，荣华何足为!(《善哉行》②按:《初学记》载第一解，题云《于讲堂作》) 曹植《赠丁翼》:“君子通大道，无愿为世儒”。
肃肃广殿阴， 雀声愁北林。	飞鸟翻翔舞，悲鸣集北林。乐极哀情来，寥亮摧肝心。 (《善哉行》同①)
众宾还城邑， 何以慰我心。	众宾饱满归，主人苦不悉。 (《善哉行》同②)

从上表中，我们可以清楚地看到，江淹在重现邺下文人游宴场景时，不仅化用了曹丕本人的一些诗句，还巧妙地借用了曹植、刘桢等同时宴游者的诗句。其铺陈游园的清幽环境，云：“绿竹夹清水，秋兰被幽崖”，既让人联想到曹丕《于玄武陂作》中的“菱芡覆绿水，芙蓉发丹荣”的句子，又似乎与曹植《公宴诗》之“秋兰被长坂，朱华冒绿池”相近。而宾主相得，月下追随的那种尽情尽兴的场景，又借用刘桢的:“月出照园中”和曹植的“飞盖相追随”二句，仅用“冠佩”更换了“飞盖”，倒也自然。盖因邺下时期，文人常有同题共作的活动，而这种“群体参与的活动结果，很容易使某些题材或某种艺术体裁得到集中而反复的表现，从而形成某种艺术风气和艺术习惯”。[1] 因此，不同作者创作的游宴诗，在风格、造境上都有相近之处。江淹拟作的成功也证明了这一点。同时，一首诗就融合了建安作家的三篇作品，可见江淹对建安文学的熟练程度和贯通程度。句式、词汇以及修辞，都成为模拟的具体方面，又可见他对建安文学的学习是相当全面的。

在表达江淹文学观的重要文献《杂体诗序》中，我们也可看到江淹对建安

〔1〕 阎采平:《齐梁诗歌研究》第二章，《齐梁文学集团》，第75页，北京大学出版社1994年版。

文学的评价。先看其文："夫楚谣之风，既非一骨；魏制晋造，固亦二体。譬犹蓝朱成彩，杂错之变无穷；宫角为音，靡曼之态不极。故蛾眉讵同貌，而俱动于魄；芳草宁共气，而皆悦于魂，不其然欤？至于世之诸贤，各滞所迷，莫不论甘而忌辛，好丹而非素，岂所谓通方广恕，好远兼爱者哉？乃及公幹、仲宣之论，家有曲直；安仁、士衡之评，人立矫抗，况复殊于此者乎？又贵远贱近，人之常情，重耳轻目，俗之恒弊。是以邯郸托曲于李奇，士季假论于嗣宗，此其效也。然五言之兴，谅非夐古，但关西、邺下，既已罕同；河外、江南，颇为异法。故玄黄经纬之辨，金碧沉浮之殊，仆以为亦各具美兼善而已。今作三十首诗，教其文体。虽不足品藻渊流，庶亦无乖商榷云尔。"

"魏制晋造，固亦二体"，"关西、邺下，既已罕同"，说明江淹认识到建安文学的独特性，体现了江淹对建安文学的文学史地位的肯定。"公幹、仲宣之论，家有曲直"如实记录了在南朝时代人们对刘桢、王粲优劣的争议。证明江淹对建安文学的拟作已经超越了谢灵运的借古人酒杯浇自己之块垒，体现了较为清醒的文学史意识。

总之，谢灵运与江淹的拟作各有其特别的用心：谢侧重再现那个时代，以古讽今，江淹则在模拟中肯定了建安文学的风貌，体现了文学上的认同。他们不约而同的选择建安诗歌来大量模拟初步奠定了建安文学之于南朝文学的典范地位。

（作者系阜阳师范学院中文系讲师）

阜阳方言的名量词

魏锦虹

现代汉语的数词和名词之间往往需要用上一个相应的量词才能组合。一般认为，量词与名词的搭配具有一定的任意性，是约定俗成的产物，因此量词的类聚和组合状况具有鲜明的地域色彩。本文以普通话为参照，分两个方面来说明阜阳方言名量词的特点。

一、阜阳方言中特殊的名量词

这里的“特殊”，主要包括三种情况：一是指阜阳方言特有而普通话里没有的名量词；二是指阜阳方言和普通话中共有但用法有明显差异的名量词；三是指阜阳方言存在大量子尾量词，形成一个特殊的名量词类聚。

1. 阜阳方言里特有的名量词

（1）合：两扇门称一～门。

（2）棚，相当于普通话“层”：交通局大楼有二十多～；后院的兔笼都是两～的；上下八～的书架。

（3）溜，用于成排、成行的事物：南边这一～都柳树；这一～地啥都不长；书屋东墙放了一～书架；这一～房子住的都是拾荒的外来户。

（4）气（儿）：一～茶（不热不凉，可以一口气喝完的茶水）。

（5）服，用于中药：一～汤药（草药）。

（6）牙子/牙儿，用于西瓜切开后的单位，相当于普通话“块”：一～西瓜；把这一半（西瓜）切成五～。

（7）叨子，借用动词“叨”，相当于普通话“搛”，意为（用筷子）夹（菜），加子尾，用于饭菜：一～菜；一～面条。也作“筷头子”。

（8）箍截（子），相当于普通话“段”、“截”：恁长的一棵大树，给截成三～装车拉走了；一～大葱，一块馍，一碗面鱼茶，就算是上午饭了；那狗日的真狠，硬是把人砍成了三～。

（9）绺子，①用于剩余的边角材料：几～木板；一～布头。②用于细丝状的东西：一～头发；一～麻线；一～粉丝；一～面条。

（10）仔子，用于能用手指捏住或掐住的一束细长的东西：一～挂面；一～

卫生香；一～南瓜秧；一～韭菜炒俩鸡蛋下酒。

（11）捏子，用手指掐取的量：一～胡椒面儿；一～味精；一～盐；一～茶叶。

（12）扑子，①用于打扑克或打麻将，数字能凑到一起成一手的牌称“一～”：手里还有两～牌就出完了；一吃一碰，又成了一～好牌。②指人（有气势汹汹或来历不明之意）：昨个晚黑了来了一～人，把俺家里翻个底朝天。

（13）披子，整体为双股或多股中的一股：三根油条他吃了两根搭一～（两根半）；一～铜线；一～井绳。

（14）笎头子，“笎头子”在阜阳方言中指一种盛食物的篮子，多为扁平形状，用竹条、塑料等材料制成。借用为量词，用于馒头等食物：一～馍；两～草莓。

以上名量词，普通话没有，但在阜阳话里却很常用。它们有的与名词配合的范围比较宽（箍截、仔子、捏子），有的配合范围比较窄（合＋门、气＋茶、服＋中药、牙子＋西瓜），仅限于一两个名词；有的在普通话里可以找到对应的成分（棚——层、溜——排、箍截——段，截），有的则很难找到（气、披子）。

2. 阜阳方言和普通话共有，但用法有差异的名量词

（1）个，“个”是阜阳话使用频率最高、适用对象最广的一个量词，几乎所有的事物都可以用“个”：一～本子；一～笔；一～桌子；一～脸盆；一～马；一～枕头；两～脚（都烂了）；地上掉了一～米粒子；给他掰～馍头子；四～小公鸡；两～鸭子；杀～猪；烧～汤；就会说～能话；今个就来几～人，这事办不成了（“个”重读，有强调意味）；扯块布做～褂子；谁谁家又买了～车；瞎了～眼；缺了～胳膊；给他递～筷子。

（2）把，在表示“一手抓起的数量”时，阜阳话可以加“子尾”使用：一～韭菜；一～荆芥；一～红芋叶；一大～胡子；揪住她一～头发。

（3）本，用于书籍簿册和戏曲时，阜阳话可以加“子尾”使用：记了两～笔记；排了三～梆子，腊月和正月里演；俺姥儿家过年唱了几～《穆桂英挂帅》。

（4）笔，除了用于钱款或用于书法绘画以外，“笔”在阜阳话中还可以用于汉字的笔画：凸字是五～；肺字共八～。普通话则用“画”。

（5）条，阜阳话“条”的用法更为泛化。①用于细长的东西：一～辫子；一～头绳；一～黄瓜；一～长虫（蛇）；一～水泥船。②用于以固定数量合成的某些长条形的东西，常加“子尾”：一～烟（10包）；一～肥皂（两块）。③用于分项的事物，可以加子尾：一～罪过；一～办法；给你说～事儿。④用于某些牲畜：一～牛；一～狼狗。

（6）道，类似于“项”、“次”等含义时，阜阳话可以加“子尾”使用：前面几~工序都完了；刷了两~漆了；这事得办好几~手续，真麻烦。

（7）只，“只”作为量词在普通话里主要有4个义项：①用于某些成对的东西：一~手；一~胳膊；一~耳朵；两~脚。②用于某些动物：一~鸡；一~兔子；一~羊。③用于某些器具：一~箱子。④指船只：一~小船。除④以外，阜阳话与普通话是一致的，但这些义项几乎可以无条件用“个”替代：我这个胳膊有点儿疼；两个耳朵都冻肿了；他光着两个脚巴子；送了个羊来；这个箱子太沉了。

（8）棵，作为量词，普通话的“棵”主要用于树木，如：一~柳树；几~樱桃树。阜阳话中，除了上述用法外，还可用于某些长条状的东西：一~纸烟；几~葱。

（9）面，该量词在普通话中主要用于扁平的物体：一~红旗；一~镜子；一~锣。在阜阳话里“面”则常常用于书籍的页数：把课本打开，翻到第11~；这本书总共三百多~。此外，还可用于见面的次数（借用为动量词）：他俩见了好几~了。

（10）趟，普通话的“趟”主要做动量词，表示走动的次数：他到北京去了一~。阜阳话里，“趟”作为名量词主要有两个特殊用法：①用于列车、公共汽车、长途班车等，相当于普通话“班”：咱阜阳去北京现在一天有七八~火车；9路车5分钟一~；去合肥的汽车半小时一~。②用于成行的东西，多指庄稼、蔬菜，可以加子尾：几~大字；这一~树栽里（得）不整齐；一~麦；两~韭菜；几~棉花。也可指人：看，大路上一~人。普通话为“~儿”。

（11）文（文儿），普通话主要用于旧时的铜钱：一~钱；一~不值。阜阳话儿化后用来表示钱的概数，相当于“元”：几十~；十来~；这幅画管卖万~（这幅画能卖到一万元左右）。

以上名量词，尽管在普通话和阜阳话中都能见到，但在与名词的配合上，阜阳方言和普通话不是一一对应的，主要表现在：

（一）用法更为泛化，一个量词往往具备普通话里多个量词的功能（个——只、位、块、匹、辆；条——根、件、头），与名词的组配能力较强，“个、条”等量词成为阜阳话里的高频量词。

（二）有些量词与名词的组配习惯和普通话相同，但阜阳话常常加“子尾”使用，例如：一把子韭菜；一本子笔记；一条子香烟；好几道子手续。

（三）有些量词有“子尾形式”和“非子尾形式”两种形态，例如：趟/趟子。又因“子尾形式”的存在而多了一些普通话没有的义项，例如：一趟子小麦；两趟子韭菜；几趟子棉花（趟子：用于蔬菜、庄稼等成行的东西）。

3. 阜阳方言中的子尾量词

除了前两部分里提到的子尾量词外，阜阳方言常见的子尾量词还有很多。

（1）掐子，①拇指和另一手指尖相对握着的量（同普通话）：一~蒜苗；一小~葱；一大~韭菜。②比喻细小：你望他那腰细的，就恁么一小~。

（2）摊子，借用名词性语素，加子尾，多用于不易操办的事件：一~事等着你办呢；摆一~酒席。

（3）团子，用于成团的东西：一~毛线；一~泥巴。注：一团和气、一团漆黑、部队上住了一团人等不加子尾。

（4）档子，用于事情：你办的是哪~事儿？

（5）池子，借用名词“水池”、“游泳池”的“池”，加“子”尾：一~鱼；一~水；一~人，都站不下了。

（6）挑子，用于成担的东西，相当于普通话的“担”：一~豆腐，一小会会就卖完了；两~水；一~红芋（白薯）；一~粮食；一~青菜。

（7）架子，借用货架、书架的架，加子尾：一~小百货；几~书。

（8）橱子，借用名词橱（指橱柜，如书橱、菜橱），加子尾：四~书；光线装书就装了两~；菜没吃啥，一~都是剩菜。

（9）滴子，指滴下液体的数量：滴了几~油；一~血；一~墨水；还没出几~汗，成绩不小了；淋了几~雨，没有啥。

（10）门子，①用于婚姻，相当于“件”：一~亲事。②用于家庭、门第：他这~人都很善良。

（11）箱（子），借用名词性语素，加子尾：好几~衣裳；六~书；进好几~货。

（12）嘟噜（子），用于成串的东西：一~葡萄；一~炮仗；一~辣椒；一~钥匙。

（13）刀（子），计算草纸（农村迷信活动用于烧纸钱的“火纸”）的单位，通常为五十张：十~火纸；烧了十~纸钱。

（14）盆（子），借用名词脸盆、脚盆、木盆、面盆的“盆”：一~脏衣服；一~洗脸水；和了一~面。

（15）包（子），用于成包的东西：一~冰糖；一~果子（一种糕点）；一~花生。

（16）帮（子），用于人，群、伙的意思，用子尾时多含轻视或贬义：一~小半橛（小青年）；一~不正混的。

（17）扇（子），①用于门、玻璃等：一~门；一~玻璃；两~窗户。②将屠宰后的整猪、整羊从头至尾劈开，其中一半为一~：那猪你给留一~，明清早俺大爹家接新媳妇要用；这羊我要一~。

(18) 瓶（子），借用名词“瓶”，多加子尾：他俩喝了一~酒；一~酱油；一~墨水。

(19) 笼（子），借用名词性语素，加子尾：一~蒸饺；一~发面馍。

(20) 股子/股儿，①用于成条的东西：一~草绳；一~线。②用于气体、气味、力气等：一~冷气；一~焦煳味儿；一~蛮劲。

(21) 窝子/窝儿，用于一胎所生、一次孵出或一起生活的动物：一~小猪、一~姜（生）了仨羊；一~兔子；一~鸡娃子；一~老鼠。

(22) 捆子/捆儿，用于捆起来的东西：一~行李；一~旧书；一~麦秸；一~劈柴；一~货。

(23) 桌子/桌儿，借用名词性语素，加子尾：一~菜；一~酒席；老张家今天待了两~客（指人时不加子尾，但需要儿化）。

(24) 页子/页儿，用于指称书、纸、本子等的页数、张数、层数等：掀了几~书，就玩去了；记了好几~纸；补了三~笔记；买了几~豆腐（指做成一层一层薄片的豆腐干）。

(25) 袋子/袋儿，借用名词性语素“袋”（口袋）：一~麦；两~粮食；一~旧书，准备卖废纸。

(26) 件子/件儿，①用于衣服的个体：一~衬衣；一~背心；一~毛衣。②用于器物的个体：一~行李；一~首饰；一~嫁妆。③用于事情、工作等：给你说一~你想不到的事儿（也称“档子 [ta ts]”）。

(27) 截子/截儿，相当于普通话“段”、“截”：一~硬料；半~纸烟；一~黄瓜。

(28) 勺子/勺儿，借用名词：一~酱油；一~糖；喝了几~汤。

(29) 节子/节儿，①用于某些成段的事物：一~藕；一~木棍儿；一~电池；一~车厢。②指大约一华里的距离：从徐庄到赵寨也就是两~地。

(30) 出子/出儿，戏曲中的一个独立的剧目叫一~：连着看了两~戏，真过瘾；你这是算（演，搞）的哪一~？（你在搞什么花样？）

(31) 段子/段儿，①文章、书、故事、话的一部分：讲了一~《孙悟空三打白骨精》；念了一~书；没头没尾，说了一~不知哪对哪的话。②独自成段的艺术表现形式：唱了一~豫剧；听了一~相声。

(32) 卷子/卷儿，用于成卷的东西：一~行李；一~报纸；一~电话线。

(33) 盘子/盘儿，借用名词性语素，加子尾，相当于普通话“碟”：一~凉菜；一~牛肉。

(34) 沓子/沓儿，用于重叠起来的纸张、书本等：一~手纸；一~废报纸；

一~杂志。

子尾量词是阜阳方言量词系统中的特殊类聚。从数量上看，阜阳话中的子尾量词占半壁江山；从语法意义上看，子尾量词大都是名量词；从结构上看，有三种情况：

（一）子尾量词的形式标记“子”是必要成分，省略以后就不是阜阳话的量词了，例如：

掐子——掐＊　　摊子——摊＊　　仔子——仔＊　　绺子——绺＊
扑子——扑＊　　捏子——捏＊　　披子——披＊　　叨子——叨＊

（二）子尾量词的形式标记“子”是可能成分，记为“A（子）”，说明“子”可以省略，但可能仅限于某些义项，或省略前后可能会有语用意义的变化（见下文的分析），例如：

箱子——箱　　盆子——盆　　包子——包　　帮子——帮
扇子——扇　　瓶子——瓶　　笼子——笼　　嘟噜子——嘟噜

（三）子尾量词的形式标记“子”是可替换成分，即可以被“儿”替代，记为A子/A儿。或者可以认为，这类量词省略子尾时，需要将量词儿化，但替换前后可能有定量和不定量的区别（见下文的分析）。例如：

股子——股儿　　窝子——窝儿　　捆子——捆儿　　桌子——桌儿
页子——页儿　　袋子——袋儿　　件子——件儿　　截子——截儿
勺子——勺儿　　节子——节儿　　出子——出儿　　卷子——卷儿
盘子——盘儿　　沓子——沓儿　　牙子——牙儿

二、阜阳方言名量词的特殊用法

1. 表概数

阜阳话表示概数有一些特殊方式，主要表现在三个方面：量词+把、数词+文儿、多项非相邻数词并列+个。

（1）“量词+把”表概数

普通话常常把“来、多、把、左右、上下”放在数词或数量短语之后表概数，例如“十来个人；十多里地；百把条枪；三十米左右；一千斤上下”。阜阳话里，“量词+把”（记为“A把”）是更为常见的表示概数的方式。此时，数词不出现，但表示的数量基本上都是在“一”左右，例如：

不就块把钱（一元钱左右）嘛，在谁跟前（眼里）都不算啥。

从学校到他家也就里把地（一里多路）。

有时这种表达式并不表示具体的数量，只是带有量少的意味。例如：

他的想法也就个把人能理解。（“个把”后面的名词不出现时，也可说成

“个把个儿”）

如果A是表示度量衡的单位，“A把”后面也可以出现度量形容词，例如：

这条长虫（指蛇）尺把长。

这个小桥只有米把宽。

“A把”结构大都表示量少，但也有例外。例如：

他一次能喝斤把酒。（言其海量）

这里的河水足有丈把深。（说明很深）

因此，可以认为“A把”结构在阜阳话里表示的是量的极致。

（2）“数词+文儿”特指金额的概数

“文儿”是阜阳话特有的表示金额的量词（见前文），“数词+文儿”可以直接表示金额的概数，大都带有数额不多的意味，例如：

这件衣服值个百文儿。（言其便宜）

开这样的小吃店投资个万文儿就行了。（投入不大）

采用“几+位数词+文儿”或“数词+来/多+文儿”也一样可以表示金额的概数，例如：几十文儿、几百文儿、几千文儿、几万文儿、十来文儿、一百多文儿。由于这种表达方式含有说话者主观上对金额的数量满不在乎或能够承受的意味，因此所表达的数值不可能过于庞大，象“百万文儿、千万文儿、几亿文儿”之类的说法理论上存在，现实中却不存在。

（3）“多项非相邻数词并列+量词”表示概数

普通话里，相邻两个基数词连用是比较常见的表示概数的方式，例如“一两个、三四条、八九斤”。阜阳话除了这种用法以外，还可以用“多项非相邻数词并列+量词”的方式表示概数，例如：

经常不来听课的也就那三五个人。

花个三五百文儿买个微波炉，吃饭就省事了。

这个电子琴教室每个班也就七八十来个孩子。

上述表达式里的数词一般按从小到大的顺序排列，表示的数值有一个大致的区间，例如“三五个”意为“三至五人”，“三五百文儿”意为“三百至五百元”，“七八十来个”意为“七到十个”。值得注意的是，这种表达式不能任意类推，“多项非相邻数词并列”仅限于“三五”之类的个例，像“一三个”、“五七个”、“五六十来个”的说法就不存在。

此外，也有大的位数在前，后加复合数词构成多项并列的表达方式，这种表达方式具有可列举性，只有“百儿八十、千儿八百、万儿八千”三种，记为“A儿八B”，B、A是相邻的位数，后面的量词通常为“个”，量词不出现时多指钱款的概数，例如：

他带的学生考上本科的该有百儿八十个了吧！

你只要好好干，一年下来，除去吃喝，剩个万儿八千应该不成问题。

2. 子尾量词的特殊用法

子尾量词在阜阳话中大量存在，原因之一是许多子尾名词被直接用作计量单位，例如：池子、勺子、缸子、箱子、架子、桌子、盒子、袋子、瓶子、笼子、笊头子等等。但是，许多子尾量词的形式标记“子”并不是必要成分，而是可能成分或可替换成分，但“子尾”的有无是有条件的，有的还会带来意义的细微变化。

（1）“子尾”是可能成分时，子尾量词的使用是有条件的

量词后面的名词为单音节或不出现时，使用子尾形式的机率增大，换句话说，在中心语音节短，甚至省略的条件下，子尾形式的量词与相应的非子尾形式相比，是更为常态的形式，使用的机率较高，呈现出一定的不平衡性，记为“A子 > A”。例如：

一箱子书 > 一箱书

一帮子人 > 一帮人

一扇子门 > 一扇门

一瓶子醋 > 一瓶醋

脏衣服堆了一大盆子 > 脏衣服堆了一大盆

葡萄掉下来一嘟噜子 > 葡萄掉下来一嘟噜

（2）“子尾”是可替换成分时，子尾脱落，量词儿化

阜阳话有许多量词同时存在子尾形式和儿化形式，这两种形式意义差别不大，一般可以自由互换，但有时会有定量与不定量的区别：表定量时常用子尾形式，不定量时可以用儿化形式。例如：

一股子毛线——几股儿糊气

一捆子劈柴——几捆儿电线

一桌子剩菜——几桌儿客人

一页子信纸——几页儿笔记

一袋子糖果——几袋儿饼干

一件子夹克——几件儿衣服

一勺子稀饭——几勺儿麻油

一节子电池——几节儿黄瓜

一卷子报纸——几卷儿行李

一牙子西瓜——几牙儿橘子

（3）“子尾”的语用价值

子尾形式作为必要成分的价值自不必说，即便是非必要成分，“子尾”的有无也可能会带来语用意义的细微变化。

一般说来，子尾量词往往带有强调意味或定指信息，所以在表罗列或特指时，常常会选择用子尾量词，例如：

先搬这一箱子，别弄错了。

桌上只有一条子拆开的香烟、半瓶子饮料和几页子信纸。

有些子尾量词更容易带上贬义的感情色彩，例如：

他刚才还在这发了一出子酒疯（指酒后闹事）。

这一帮子小半拉橛（小青年）尽干些不上台面的坏事。

不知哪来的一扑子人把小店砸了个底朝天。

3. 量词的重叠

普通话量词可以按照AA的方式重叠作定语，表描写，如：朵朵白云、点点繁星、阵阵掌声、层层的梯田等。阜阳话则鲜见这种用法，单音节量词可以按照一AA或一A一A的方式重叠，子尾量词只能按照一A一A的方式重叠，“重叠形式+哩（相当于普通话的结构助词‘的、地、得’）”一般作主语、定语、状语，也可作补语。

作主语时表遍指，中心语不出现，常用于否定式或疑问句。例如：

一个个哩（指人）都不是好东西。

一件件哩（指衣服）都不咋好看。

一条条哩（指裤子）都试过了，没啥合适的。

一包子一包子哩都是啥东西？

作定语时言其多，表达埋怨、厌恶、忧虑等情绪，例如：

这一块一块哩馍头子（没吃完的馒头），不知都是谁扔的。

那条路，两边都是一堆一堆哩垃圾。

一棵一棵哩树都叫旱死了。

一盘子一盘子哩剩菜，倒掉吧可惜，留着吧又摆不下（没处放）。

这一箱子一箱子哩书，放哪好呢？

这一摊子一摊子哩事，都是你问（处理）的？

作状语时表逐一，常用于祈使句，例如：

别急，一个一个哩（指人）说。

一口一口哩（指饭）吃，别噎住了。

一本一本哩（指书）看吧！

细心点，一朵一朵哩（指花）插。

咱把他做的事一条子一条子哩摆给大家听听！

把这些药一瓶子一瓶子哩放好，别让孩子乱摸。

作补语时表结果或状态，有一定描写性，例如：

(水果等被）切得一片一片哩。

(黄瓜、甘蔗等被）剁得一截一截哩。

(糕点、糖果等被）裹得一层一层哩。

(礼物等被）分得一包一包哩。

肚子疼得一阵子一阵子哩。

看这架葡萄结得一嘟噜子一嘟噜子哩，多喜人！

头发两天不洗就变得一绺子一绺子哩，怪难受的。

参考文献：

吕叔湘：《现代汉语八百词》，商务印书馆，1980。

朱德熙：《语法讲义》，商务印书馆，1982。

刘学敏：《现代汉语名词量词搭配词典》，浙江教育出版社，1998。

中国社会科学院语言研究所词典编辑室：《现代汉语词典》，商务印书馆，2001。

郭先珍：《现代汉语量词用法词典》，语文出版社，2002。

汪国胜：《大冶方言语法研究》，湖北教育出版社，1994。

邵敬敏：《量词的语义分析及其与名词的双向选择》，《中国语文》1993年第3期。

陆俭明：《现代汉语时量词说略》，《语言学论丛》第23辑，商务印书馆，2001。

（作者系阜阳师范学院中文学副教授）

“鸡”“鸭”在阜阳方言中的变调考察

苏锡育

一、阜阳方言界定

“阜阳市”作为地理名词和行政区划的名称，在当代至少经历了四次变迁：一是1975年12月建立的县级阜阳市，俗称小阜阳市，是在原阜城镇基础上组建的，地理位置为东经115°47′~115°54′，北纬32°52′~32°56′，总面积51.5平方公里，约占安徽省面积的3.7%，是当时安徽省面积最小的市；二是1992年12月与阜阳县合并后的建制，划分为颍州、颍泉及颍东3区，俗称大阜阳市，仍为县级市；三是指1996年2月在原阜阳地区基础上所建的省辖地级阜阳市，原大阜阳市所辖的颍州、颍泉及颍东3区为阜阳市区，另有涡阳、蒙城、利辛、太和、临泉、阜南、颍上7个郊县，还代管亳州、界首2个县级市，地理位置为东经114°52′~116°49′，北纬32°25′~34°04′，总面积18169平方公里，约占安徽省面积的13.02%，是安徽省面积最大的市；四是2000年5月后东北部的亳州与涡阳、蒙城、利辛合成地级亳州市并分离出去后的建制，只辖颍州、颍泉、颍东3个城区与太和、临泉、阜南、颍上4个郊县及界首市，总面积9775平方公里，仍为省辖地级阜阳市。

由于“阜阳市”有县级、地级之别，阜阳方言也就有狭义与广义之分：狭义的是指县级大阜阳市内使用的方言。广义的是指包括亳州在内的地级阜阳市区域内使用的方言；本文所说的阜阳方言，则指亳州等分立出去后的地级阜阳市范围内使用的方言。阜阳地处安徽省的西北部，其方言当归属中原官话。

二、“鸡”“鸭”变调考察

本文的考察目标为“鸡”“鸭”这两个字在阜阳方言中的变调情况。

从音韵地位上看，“鸡”是中古蟹摄开口四等齐韵见母平声字，“鸭”是咸摄开口二等狎韵影母入声字，两字都为清声母。按照声调的发展演变规律，阜阳话是平分阴阳，全浊上归去，入派平声（其中清入与次浊入派阴平，全浊入派阳平），去声不变。调值分别是：阴平212、阳平55、上声24、去声53。在如今阜阳话里，“鸡”“鸭”都属阴平，因此单字调值为212。

“鸡”“鸭”都是常用字，形成语流的机会很多。又由于两字是降升调形，与普通话的上声很接近，出现变调的几率也就有可能与普通话的上声相仿。普通话的上声有两种变调现象：上上相连，前上变阳平，调值35；上加非上，前上变半上，调值21。在变调过程中，起决定性作用的因素是调值。如果比照普通话类推，阜阳话就应该是阴阴相连，前阴变上声，调值由212变为24；阴加非阴，前阴变半阴，调值由212变为21。而考察得到的实际情况并非完全如此。笔者的调查对象基本上都是年龄50岁以上，文化程度初小以上，父母及本人出生并长期生活在阜阳的人。

一、考察设计

（一）“鸡”的选词

1.“鸡”居词首

阴平前	鸡心	鸡肝儿	鸡肫子[1]	鸡汤	鸡窝	鸡血[2]
阳平前	鸡头	鸡毛	鸡杂	鸡肠子	鸡脖子	鸡脯食[3]
上声前	鸡嘴	鸡眼	鸡腿儿	鸡爪子	鸡尾巴	鸡脯子[4]
去声前	鸡蛋	鸡肉	鸡膀子	鸡大腿	鸡屁股	鸡嗉子

2.“鸡”居词尾

阴平后	公鸡	乌鸡	烧鸡	黑鸡		
阳平后	黄鸡	麻鸡	活鸡	白鸡		
上声后	老鸡	小鸡	土鸡	母鸡	粉鸡	卤鸡
去声后	大鸡	菜鸡	笨鸡			

（二）“鸭”的选词

1.“鸭”居词首

阴平前	鸭（子）心	鸭（子）肝儿	鸭肫子[5]	鸭血
阳平前	鸭（子）头	鸭（子）毛	鸭绒	鸭肠子
	鸭脖子	鸭脯食		
上声前	鸭（子）嘴儿	鸭掌	鸭爪子	鸭脯子
去声前	鸭蛋 鸭肉	鸭膀子	鸭大腿	鸭屁股

---

[1] [5] 此是临泉县东南部分地方的说法，其中“肫”读[tɕyi^{213}]。

[2] “血”为古入声字，阜阳话归阴平。

[3] [4] 均为鸡肫，阜阳市郊说[3]，“脯”读阳平55高平调，“食”读轻声；临泉县部分地方说[4]。“脯”读上声24中升调。

2. “鸭”居词尾

阴平前　公鸭

阳平前　白鸭　麻鸭　咸鸭

上声前　老鸭子　小鸭子　母鸭子　烤鸭*　卤鸭*　咸水鸭*

去声前　大鸭子　酱鸭*

以上词语已被证实为当地人口语中一定称说的，其中加*的为方言借词，现在当地方言中已普遍称说了。

二、考察结果

从总体上说，“鸡”“鸭”处于词首，无论后续音节什么声调，也无论发音人是阜阳城里的或是周边郊县的，“鸡”“鸭”通常只有一种变调：阴平前，读调值为21的低降调（我们不妨称其为半阴），两个相同的降升调连续出现，前面的降升调却没有像普通话的上声那样转变为升调；而阳平、上声和去声前，“鸡”“鸭”也读21低降调，这与普通话的上声变调基本相同；“鸡”“鸭”处于词语末尾，都读本调212调值，也有读213调值的，这也与普通话上声相仿。

但有几个词中的“鸡”“鸭”读音很是特别：一是“鸡蛋”，二是“鸭蛋”，第三是“公鸡”和“老公鸡”。

先说“鸡蛋”和“鸭蛋”。

考察发现，出生并长期生活在小阜阳市老城区即原先阜城镇内的人，“鸡蛋”与“鸭蛋”中的“鸡”“鸭”基本上没有特殊读法，在语流中均按方言变调规律变读21调，“鸡蛋”与“鸭蛋”分别读成“［$tɕi^{21}$ $tã^{52}$］”“［iA^{21} $tã^{52}$］”；而出了阜阳城，情况就不同了：

往城东方向去的袁寨镇、口孜镇至颍上县境内，“鸡蛋”“鸭蛋”读法与城里一样；往城西北太和县方向去的公路两边，宁老庄、行流、闻集等镇，情况基本如此，但铁路（漯阜线）东北（阜阳城正北）的周棚镇、邵营镇有点例外，乡民中不少将“鸡”“鸭”按方言阳平调值读成55高平调，于是，“鸡蛋”“鸭蛋”便读成了“［$tɕi^{55}$ $tã^{52}$］”“［iA^{55} $tã^{52}$］”，其中的“鸡”“鸭”与方言“集市”的“集［$tɕi^{55}$］”“牙齿”的“牙［iA^{55}］”同音；进入太和县就没有这种现象了，县城附近有将“鸡蛋”“鸭蛋”读成轻声词“［$tɕi^{21}$ $tã^{3}$］”“［iA^{21} $tã^{3}$］的。从城东北方向至插花镇，“鸡”“鸭”读成“集［$tɕi^{55}$］”“牙［iA^{55}‖”现象就很少，出了阜阳地界至利辛县就完全没有了，远一点的蒙城县更是听不到。阜阳城西边从颍西镇开始，向九龙镇方向去，也是将“鸡蛋”“鸭蛋”读成［$tɕi^{55}$ $tã^{52}$］［$iA^{55}tã^{52}$］不过中间有间断，程集与西湖两镇周围，还是读“［$tɕi^{21}$ $tã^{52}$］”“［$iA^{21}tã^{52}$］”。到了临泉县境内的谭棚镇、杨桥镇、县城，再延至边界的鲖城镇，又都是读“［$tɕi^{55}$ $tã^{52}$］”“［$iA^{55}tã^{52}$］”的口音。这里顺带说一下，再往西便是河南省的平舆县，也有“[tɕi^{55} tã^{52}]”“[iA^{55}tã^{52}]”的读法。更叫人惊奇的是南阳市郊县，也存在“鸡蛋”读[tɕi^{55} tã^{52}]的现象，而“鸭蛋”则不。谭棚——杨桥——县城——铜城，可以算是临泉县的北部边界，毗邻的界首市方言中，“鸡”“鸭”没有“集[tɕi^{55}]”“牙[iA^{55}]”这种读音。界首再往北的亳州也没这种读法。以谭棚——杨桥——县城——铜城为横线往南推进，黄岭、姜寨、迎仙、长官、滑集、吕寨诸镇，“鸡蛋”“鸭蛋”中的“鸡”“鸭”也均是读“集[tɕi^{55}]”“牙[iA^{55}]”这种口音，也就是说，临泉全县几乎叫“[tɕi^{52}]”“[iA^{52}]”覆盖了。再看阜阳城南面的情况：从正南的王店镇至阜南县的三塔集、田集、赵集、苗集诸镇，阜阳城西南的三合镇至阜南县的柴集镇，“鸡”“鸭”也均读“集[tɕi^{55}]”“牙[iA^{55}]”。阜南县城再往南，到与河南省淮滨县接壤的地城镇，就不再是这种读法，而同阜阳城里的读法一致。县城东南部，与颍上县接壤处，也很少听到“[tɕi^{55} tã^{52}]”“[iA^{55}tã^{52}]”的口音了。

在阜阳市区域内，凡将“鸡蛋”“鸭蛋”读成了“[tɕi^{55} tã^{52}]”“[iA^{55} tã^{52}]”的，在像“笨鸡蛋（或叫本鸡蛋、土鸡蛋）”“炖鸡蛋”“炒鸡蛋”“煎鸡蛋”“煮鸡蛋”“喜鸡蛋（即红鸡蛋）”等三音节词语中，“鸡”依然读55调”的居多，而“洋鸡蛋”“茶鸡蛋”“红鸡蛋”中的“鸡”有读55调的，也有读21调的，两种读法的词轻重音格式不一样：“鸡”读55调，“鸡”是重读音节，前面的“洋”“茶”“红”受“鸡”的逆向影响，变为次重读音节，自动将55高平调调整为33中平调。“鸡”读21调，是因为居前的“洋”“茶”“红”等阳平字为重读音节，自然保持阜阳话的55调值，这势必影响到本也该读阳平55调的“鸡”，因为，此时“鸡”如果还读55调，两个高平调相连，再加上一个后续音节，发音比较吃力，于是，居中的“鸡”就弱读成调值低一点的过渡调，这样比较顺口。这样，“洋鸡蛋”“茶鸡蛋”“红鸡蛋”就读成了“[iã^{55} tɕi^{21} tã^{52}]”“[tsʌ^{55}tɕi^{21} tã^{52}]〔1〕”“[xuŋ^{55}tɕi^{21} tã^{52}]”。

在阜阳人的生活习惯中，“鸭蛋”远没有“鸡蛋”受宠，一般缺少“炖”“炒”“煎”“煮”这么多的烹制花样，通常是腌制成“咸鸭蛋”。“咸”是阳平字，与上面的“洋”“茶”“红”同调，“咸鸭蛋”的读法也与“洋鸡蛋”“茶鸡蛋”“红鸡蛋”类同，可以有两种，一种读“[ɕiã^{55} iA^{21} tã^{52}]”，一种读“[ɕiã^{33}iA^{55} tã^{52}]”。临泉境内，三音节组合中的“鸡”“鸭”读21调的较多，杨桥与迎仙等镇即如此。

“鸡”“鸭”在方言中读阳平55调现象于叫卖语言中表现得最为突出：“鸡蛋[tɕi^{55} tã^{21}]!”“鸭蛋[iA^{55} tã^{52}]!”“卖鸡蛋[mai^{52} tɕi^{55} tã^{52}]!”“卖鸭蛋

〔1〕 阜阳市区与临泉、阜南、颍上三县均无翘舌音声母。

[mai^{52} iA^{55} tã^{52}]!”“可有买鸡蛋[kʻɤ^{21} iəu^{24} mai^{33} tɕi^{55} tã^{21}]、鸭蛋哩[iA^{55} tã^{52} li^{2}]?”从南面和西面进城的小贩一定是这么沿街高声吆喝着的。

下面再说“公鸡”和“老公鸡”。

凡将“鸡蛋”“鸭蛋”读成了“[tɕi^{55} tã^{52}]”“[iA^{55}tã^{52}]”的，也必将“公鸡”、“老公鸡”读成“[kuŋ^{21} tɕi^{55}]”、“[lɑu^{24}kuŋ^{21} tɕi^{55}]”，其中“鸡”也是55高平调，也有人认为此处的“鸡”是轻声。由于阜阳方言的高平调发音比较短，“鸡”到底是读高平调还是轻声，一时难以定夺。而“母鸡”、“老母鸡”中的“鸡”则没有这种读法，一定按方言单字调读213降升调。即便“公鸡”与“母鸡”、“老公鸡”与“老母鸡”对举时，“鸡”的读法仍然不一样，“公鸡”的“鸡”读55高平调，“母鸡”的“鸡”读212降升调。“公鸭”“母鸭”“老公鸭”“老母鸭”中的“鸭”没有分别，统统读213降升调。

三、“鸡”“鸭”变调探因

本属阴平降升调的“鸡”“鸭”为何在“鸡蛋”“鸭蛋”中要按阳平读55高平调呢?会不会是受同为禽蛋的“鹅蛋”(方言读[ɤ^{55} tã^{52}])影响呢?“鹅蛋”中的“鹅”在方言中虽也读55高平调，那是因为“鹅”本身就是阳平字，在阜阳话中读55调是理所当然的。除了“鹅蛋”外，“鹅”在其他任何地方都读55高平调，所以，说“鸡蛋[tɕi^{55} tã^{52}]”“鸭蛋[iA^{55} tã^{52}]”的读法受“鹅蛋[ɤ^{55} tã^{52}]”影响是站不住脚的。“公鸡”“老公鸡”中的“鸡”出现于词尾，变调为55，我们或可认同轻声的说法。但“鸡蛋”“鸭蛋”并非轻声词，虽说太和县话中“鸡蛋”“鸭蛋”是轻声词，可是读轻声的是末尾音节“蛋”，而不是词首的“鸡”“鸭”，“鸡”“鸭”出现于词首，不可能有轻读现象。

事有凑巧，“鸡”“鸭”在普通话中的调值恰恰是55，阜阳话“鸡蛋[tɕi^{55} tã^{52}]”“鸭蛋[iA^{55} tã^{52}]”的读法是否受普通话影响?考察结果也是否定的。将“鸡”“鸭”读成55高平调现象主要流行于阜阳市的西南郊，与城区形成近乎90°的夹角，而且多是出自地地道道的乡下农民口中。读了书，进了城，当干部或教师，则多按方言音变规律类推读21调，临泉与阜南县城里这种情况就不少，阜阳市区机关学校里这样的情况就更多了。这显然就排除了“鸡”“鸭”读55调是受普通话影响的可能性。

是否因叫卖语言特殊的审美要求而使之?也不得而知。应该说，将“鸡”“鸭”读高平调，确实能使声音高亢响亮，而读低降调声音明显暗哑模糊，这在平常说话中可能感觉不明显，但在叫卖语言中就凸现出来了。不过，出来贩卖“鸡蛋”“鸭蛋”的人毕竟是少数，绝大多数的老百姓还是立足本土，祖祖辈辈称呼着“鸡蛋[tɕi^{55} tã^{52}]”“鸭蛋[iA^{55} tã^{52}]”“公鸡[kuŋ^{21} tɕi^{55}]”“老公鸡

［lɑu^{24}kuŋ^{21} tɕi^{55}］”过日子。这就又排除了一种可能性。

阜阳老城区的面积很小，只有1.9平方公里，人口也有限。随着城市的发展，市区逐步扩大，现在市辖的三个区，均包括了大片的郊区。农民进城的机会越来越频繁，人数也越来越多，“城乡结合”型的家庭便也逐年见增。乡下的“鸡蛋［tɕi^{55} tã^{21}］”“鸭蛋［iA^{55} tã^{21}］”同城里的“鸡蛋［tɕi^{21} tã^{52}］”、“鸭蛋［iA^{21} tã^{52}］”朝夕相伴，和平共处，时间一长，以至于有的乡下人自己都闹不清该说“鸡蛋［tɕi^{55} tã^{52}］”“鸭蛋［iA^{55} tã^{52}］”呢，还是“鸡蛋［tɕi^{21} tã^{52}］”、“鸭蛋［iA^{21} tã^{52}］”呢？现在，随着城市农贸市场的建立，乡下农民再用不着那么辛苦地走街串巷，而可以将辛勤培育出来的“鸡蛋［tɕi^{55} tã^{52}］”“鸭蛋［iA^{55} tã^{52}］”直接到农贸市场上定点销售。因此，“卖鸡蛋［mai^{52}tɕi^{55} tã^{52}］！”“卖鸭蛋［mai^{52}iA^{55} tã^{52}］！”的沿街叫卖声几乎绝迹。

笔者在调查老城区和其他不说“鸡蛋［tɕi^{55} tã^{52}］”“鸭蛋［iA^{55} tã^{52}］”地方的人中还得到一种比较一致的答复：“鸡蛋［tɕi^{55} tã^{52}］”“鸭蛋［iA^{55} tã^{52}］”是普通话说法，“鸡蛋［tɕi^{21} tã^{52}］”、“鸭蛋［iA^{21} tã^{52}］”是阜阳话说法。另有一种解释，认为表示询问时说：“鸡蛋［tɕi^{55} tã^{52}］？”表示回答时则说：“鸡蛋［iA^{55} tã^{52}］！”

参考文献：

阜阳市地方志编撰委员会：《阜阳市志》1993，黄山书社。

张宁等：《阜阳通史》1998，黄山书社。

（作者系阜阳师范学院中文系副教授）

小议临泉方言中比喻格式“给……唧”

于 芹

阜阳市临泉县地处安徽省的西北边陲，沃土肥壤广袤百里，人们日出而作，日落而歇，浓郁的传统文化和地域色彩赋予了临泉方言别具风格的比喻格式“给……唧”，这种格式在独特的地域风情之中散发出质朴、原始和幽默的气息和魅力。本文主要对这种比喻格式的结构特点和文化意蕴进行探讨和分析，以便对临泉方言中的比喻有所了解，并与普通话的比喻作以比较研究。

一、“给……唧”表达的意义

“给……唧”这个比喻格式在临泉方言中非常普遍，大多使用在口语中，这种格式的开头是比喻的本体，尾随其后的是比喻的相似点，处于“给”和“唧”之间的是喻体，形成了“本体 + 相似点 + 给 + 喻体 + 唧”这样一种的明喻结构形式。从收集的材料中看，可表示人的神情变化、穿着打扮、动作行为、性情和外貌特征。

1. 表示人的神情变化

嘴鼓哩给气蛤蟆唧：形容生气时嘴巴鼓得像鼓气的蛤蟆一样。

脸苦楚哩给蚂蟥唧：形容人在愁眉苦脸时脸皱巴得像蚂蟥一样。

眼挤哩给麻梭子唧：形容眼挤着的样子像麻的果实形状。

2. 表示人的穿着打扮

头梳哩给牛添哩唧：形容人的头发梳得一丝不乱、油光锃亮像牛添的一样。

衣裳脏哩给壁刀布（磨刀布）唧：形容衣服脏得像剃头时用来磨刀的布黑不溜秋的。

脸抹哩给 wa[51] 子（白鹭）屙哩唧：形容脸摸得白不拉叽的像白鹭屙的屎一样。

3. 表示人的动作行为

走路给风摆柳唧：形容人走路的姿势优美，就像风中摆动的柳条婀娜多姿，摇曳风情。

头摇哩给拨浪鼓唧：形容人在表示不同意时，头摇得像来回转动的拨浪鼓。

头点哩给小鸡叨米（哩）唧：形容人在表示同意时，头点的样子像小鸡啄米一样。

声音大哩给老哞牛叫唤哩唧：形容人的声音比较大，就像老母牛叫的一样。

4. 表示人的性情特征

肉哩给猪唧：形容人做事磨磨蹭蹭、慢慢腾腾，就像猪一样。

尖（吝啬、小气）哩给镰削哩唧：形容人比较吝啬、小气，就像镰刀削的一样。

拐（性格怪异孤僻）哩给驴踢哩唧：形容人的性格孤僻怪异，喜怒无常，一发怒就像驴子踢蹄的样子。

刁（精明）哩给猴唧：形容人非常精明，就像猴子一样。

5. 表示人的外貌特征

人胖哩给石磙按个头唧：形容人胖得像碾麦的石磙按一个头一样。

脸麻哩给斗底唧：形容此人脸上长满了麻子，就像斗的底子。

眼小哩给秫秸篾子离哩唧：形容眼睛长的比较小，就像秫秸篾子划一条缝一样。

牙豁哩给麻茬（芝麻茬子）唧：形容牙齿掉得像芝麻茬子一样参差不齐。

二、“给……唧”的结构特征

1. 特殊的比喻词

普通话中明喻的比喻词常用的有“像……似的（一样、一般）、如同、和……一样”等等，临泉方言中很少使用这样的比喻词，只有在押韵的顺口溜中才能听到，如：“瞧你的头像夜壶，瞧你的脚像鳖壳，瞧你的肚子像麻包”。在人们的日常口语中最常用的比喻词为“给”，用“给”来表示比喻是皖北中原官话特有的，本人曾对《红楼梦》中的1052个“给”字进行考察，发现无一例表示比喻之意。在临泉方言中，“给”除了表示比喻之外，还可以引进与甲方共同完成某一动作的乙方，如：“我给他拼了”，“我给你没完没了”；有时还可以引进动作行为涉及的对象，如“这事儿得给他家长打个招呼”，“车都走了，他还在给咱招手呢!”观察“给”的三种用法，和普通话的介词“跟”意义极其相似，而且两者在临泉方言中声母相同，声调都读212的调值，只是韵腹略有不同，所以据此推断，临泉方言中“给”应为“跟”的方言读法。

2. 特殊的助词

在临泉方言中表示比喻的格式不仅在比喻词上与众不同，而且配用的助词和语气词也独具特色，几乎每一个比喻都用到了“哩”和“唧”。

①“哩”［li］的使用

“哩”常常用在表示相似点的“大、小、白、粗、细、黑、红、紫、长、短、尖、肉、能”后面，或者用在表示神情变化的词语后面，标志前面成分是说明的中心，后面成分是用来解释或补充的。“哩”很少使用在表示事物名称的名词后面，如：“肚子给麻包唧”“人给活毛猴唧”，这是因为“哩”引导的是补语成分，是对前面的相似性进行补充说明的。所以“哩”无论在句中位置，还是在语法功能上和语法意义上都和普通话中补语的标志“得”极其相似。从形式上讲，“哩”多用在单音节词语的后面，这是因为单音节稍纵即逝，双音节时间稍长，结构匀称，因此人们在传统的文化心理上对双音节词语更情有独钟，而在临泉方言中，无论是表示神情变化的，还是表示人的性情、外貌、穿着、动作行为的多为单音节，为了弥补这种缺憾，加“哩”便能形成双音节的口语格式，这样就使整个语句形式匀称、韵律和谐，读起来也通顺、流畅、自然。就在这和谐、匀称的语句中及流畅、自然的语调中把临泉人调侃、不紧不慢、诙谐、幽默的心态一展无遗。

②助词“（哩）唧”的使用

在普通话中最常用的表示比喻的助词是“似的”或“一样”，而在临泉方言中几乎不用这两个助词，而用的是“唧”。这个助词和比喻词“给”相互配合，加强了语句的顺畅程度和调侃意味，同时也把肯定的语气表现得淋漓尽致，让人不容分辩，感到事该如此。

在这种比喻句中，“唧”前面有时会加上“哩”形成双音节的比喻助词“哩唧”。一般的，如果比喻句的喻体为名词性，句末加“唧”足也，如：“眼眯哩给一条线唧”“头摇哩给拨浪鼓唧”；如果比喻喻体为动词性，且有一定的名词性成分紧跟其后，既可以用“唧”，也可以用“哩唧”，如：“头点哩给小鸡啄米（哩）唧”，“唧”前面加上“哩”有舒缓语气的作用；但如果比喻喻体为动词性，也没有其他成分尾追其后，“唧”的前面必须贯以“哩”，只有这样语义才能完整，如“头给牛添哩唧”“叫叽哩给杀哩唧”，去之则语义有缺失之感。

观其作用，和普通话的“似的”或“一样”有相似之处，都有加强比喻的肯定语气或舒缓语气的作用，使调侃的意味更加浓厚。

三、比喻喻体和比喻本体结合的地域性

修辞是不能离开当地的社会生活和文化氛围而孤立存在的，陈望道先生在《修辞学发凡》中说：“凡是切实自然的修辞必定是直接或间接的社会生活的反映。”所以用什么样的喻体比喻什么样的本体，往往具有浓郁的地域色彩，与当地的社会文化和民族传统密不可分。

临泉地处平原，土壤肥沃，世世代代、祖祖辈辈临泉人都面朝黄土背朝天地辛勤劳作着，当地人们的生产、生活以及经济活动主要依附土地，所以在临泉方

言中所见到的比喻，总是和农业或农村生活中特有的事物息息相关。

如：“脸苦楚（皱巴的样子）哩给蚂蟥唧”就把人不高兴不愉悦的神情比喻为在农村中经常见到的蚂蟥形象，非常贴切自然，听者听后可以循着这条熟悉的老路轻车熟路地回归认知的家园，从而心神领会这个比喻的内涵。这样的例子在临泉方言中比比皆是，再如：“脸抹哩给 wa^{51}子（白鹭）屙哩唧”“wa^{51}子”即为普通话词语中的“白鹭”，这种鸟最喜欢栖息在空气清新，食源丰富的农村，它的粪便随处可见，其颜色发白，所以当看到某个人脸抹得白不拉叽，就自然而然地联想到这种鸟的粪便。还如：“脸黄哩给地片唧”“脸黄哩给黄裱唧”，“黄裱”即为农村地火纸，用来祭奠逝去之人，其颜色多为黄色，“地片”即为“黄土”，临泉方言中又称“黄土拉”，都是人们日常生活中随处可见地，由于颜色相似便顺手拈来作为脸色的比喻。

四、比喻格式“给……唧”所透露的幽默美

在临泉方言中，表示赞许或美好之物，常常直抒胸臆，无须多费口舌，只有描写某些事物之美之好时，无法从现成的词汇系统中寻找恰当贴切的词语或使表达更加生动、形象、幽默，才采用比喻，所以这种比喻格式表示褒义的很少，从表面上看多是表示贬义的，只有极少数是表示赞许的，但贬义的话语之中或多或少隐隐约约包含着善意的调侃和戏谑，或在贬低讽刺之中包含着无限的幽默和风趣。

有些比喻的喻体使用的词语形式，多为贬义之词，但这种比喻使用的语言环境却是融洽的、和谐的。例如：“沉哩给个布袋唧”表面上讲此人比较胖，比较重，埋怨抱起来或背起来有点困难，但使用的对象多为小孩，而且说话人并不是面无表情地斥责，而是面带微笑或略带嗲怪神情，所以此比喻言下之意是说小孩长得胖乎乎的、肉乎乎的，但心中并无痛恨之意。再如：“腿粗哩给二檩”、“腿细哩给麻秆棍儿唧”，前一句表面上言此人腿很粗，后一句言此人腿比较细，但都没有贬低鄙视之意，因为这种比喻多使用在两人面对面调笑时，所以不像讽刺性的比喻那么刺耳难听，更多的是无话不说、无事不谈的融洽和欢畅。

有些比喻确实表达了对丑恶事物的厌恶之情，例如：“身上的衣裳给壁刀布唧”，言下之意你的衣服太脏了，应该洗一洗了，但比直白无掩的表达更委婉、更含蓄、更风趣，而且经过这一番比喻，不仅让对方在融洽的氛围中欣然接受，也让对方深深感受到你的关心和体贴。所以这种幽默风格的比喻散发着临泉人风趣、诙谐、机智的人格魅力，也体现了临泉人言谈轻松、举止自然的处世态度。

即使表示褒扬的比喻，和普通话也略有差异，它并不仅仅表达直白裸露的赞扬，还表达调侃、幽默的情调，如：“牙长哩给老鼠牙唧”，老鼠本来是人们痛

恨之物，但在临泉方言中，却用老鼠牙来比喻人的牙齿长得小巧、整齐、洁净，而且没有任何贬义色彩，即使如此，由于比喻的对象常常为乳牙未掉的小孩，使用的氛围也不是严肃的，而是轻松、愉快、调侃的，所以仍然透露着幽默。

临泉人的比喻不同于文学大家的比喻，它没有大智慧、大手笔以及敏锐的洞察力，更多呈现的是真实、自然、质朴甚至油腔滑调，但就在质朴、戏谑、真实、自然的话语之中，幽默随之相伴，并渗透到人们生活的方方面面、角角落落，让人们在艰辛、繁重的劳动之余享受到丝丝的欢畅和愉悦。例如："头给牛添哩唧"，使用的喻体为农村常见的，小牛在出生之后皮毛被母牛舐舔的缕缕顺顺之形象，本体为好吃懒惰，无所事事，但总是把头梳得油光锃亮之人，本体和喻体形象上极其相似，便一拍即合形成为幽默风趣的比喻，让人听后忍俊不禁，也让被比喻之人感到羞愧难当，从而改掉自己的不良习惯和毛病。

临泉方言中比喻格式"给……唧"能产生如此幽默的效果，也和本体喻体之间的差异密切相关，本体为表示人的神情变化、外貌特征、动作行为、穿着打扮以及人的性情品质的，而喻体要么是人们嗤之以鼻的动物，要么为司空见惯的物体，本体和喻体大相径庭，看似风牛马不相及，但却被修辞主体联系在一起，形成一比喻，这是此比喻格式产生幽默效果的原因之一。例如："拐哩给驴踢哩唧"，除了喻体真实质朴给人幽默效果之外，其本体和喻体之间的距离也能产生幽默之美，本体为人的孤僻、怪异的性格，喻体为驴在发怒时踢蹄的形象，二者虽有相似之处，但以物喻人，在人们的心理总是感到不伦不类、不恭不敬，也就是这种超越常人心理的比喻获得了意想不到的幽默效果，听者乍一听有一点诧异，但仔细悟来又入情入理，性格怪异、桀骜不驯，多么像一头发怒的驴子不停踢蹄的形象，领悟之时，幽默和愉悦相伴而起，从而获得审美心理的满足。

总而言之，临泉方言中的比喻格式"给……唧"是普通话中不曾见到的，不仅具有与众不同的结构特征，而且具有浓郁的地域色彩和幽默的文化色彩，体现了临泉人淳朴、自然、乐观、幽默的人格魅力。

（作者系阜阳师范学院中文系讲师）

五、历史地理与淮河文化

淮域形势与六朝历史（提纲）

胡阿祥

1. 系六朝之国运。六朝守国，自北而南，自东徂西，一为守河，二为守淮、守汉、守秦岭、守大巴、守米仓，三为守江。三条防线中，守河已远非强者不能，守江已近非勇者不能，取均衡之势而处攻守之中者，淮汉秦岭大巴米仓一线。以此之故，六朝三百多年间，守此线为时最长，重镇最多，兵力最强；此线的南北，战争最为剧烈，战事规模最大；而此线的得失，即关乎南北双方的存亡。

2. 系六朝之更替。六朝起自孙吴，孙吴首主孙权，孙权继承孙策事业，孙策割据江东，奠定孙氏基业，始于兴平二年过江，孙策过江所率武装，中坚乃是其父孙坚旧部，孙坚势力的形成，与孙坚在江淮之间的任职募兵有关。又六朝后半段开始于东晋，东晋开始于势力形成于淮域下邳的司马睿与淮域琅琊大族王导的南渡。孙吴、东晋以及后来的刘宋、萧齐、萧梁，既是南人北人所共同支撑，宋、齐、梁皇室又都籍出淮域。刘裕成就帝业之北府兵，以淮域侨人为中坚；萧道成由镇淮阴而入朝顾命、代宋建齐。

3. 系六朝之军事。当时守淮重镇，淮北有彭城、谯郡、下邳、涟口、朐山、郁洲、峡石等，淮南有寿阳、马头、钟离、淮阴等，淮西有悬瓠、义阳等；而守淮兵将，亦多强悍的“淮南楚子”或荒伧远人。这种状况，深刻影响了当时的对内对外军事形势。又有值得注意者，六朝之淮水，干流稳定，独流入海，而且漕深流急水清，六朝之舟师可由江入运入海再入淮，这对于与六朝对峙的北方军队是不容忽视的威胁，使得北方军队往往不敢太过深入。

4. 系六朝之人口迁徙。淮河北岸支流相当密集，《水经·淮水注》记载的淮北平原即有大小19条支流，并且大体都是自西北向东南流注淮河，淮河以南则支流相对较少，而且多数为短小河流，又有运河性质的中渎水。按在生产力较为落后、交通工具不发达的古代，人口迁徙选择舟楫水路是较之陆路更为便捷的途径，如此淮河北岸支流的西北－东南流向，从总体上约束和限制了诸多移民的迁移路线与最终定居地，它使得大多数南来江淮之间的移民之初始迁移路线，也总体上略呈西北－东南走向。若更南迁，则沿沟通江淮的中渎水抵广陵，渡江至京口，寄寓晋陵郡境及江乘、建康等地。

5. 系六朝之文化。淮域尤其是江淮之间特殊的南北推移地带之区位，使得其文化变迁表现出如下的特点：首先，江淮之间南北文化的转型，随长江流域之南方势力与黄河流域之北方势力的对比而定，即南胜北时代南方文化向北推进，北胜南时代北方文化向南发展，故六朝时代江淮之间的文化面貌多有变迁；其次，江淮之间的文化局面多有盛衰，一般来说，在有利的政治形势与统一的政治局面下，江淮之间可因南北的交融而文化异彩纷呈，文化局面可观，反之，在不利的政治形势与分裂的政治局面下，江淮之间又因兵连祸接的战争而文化建设停滞乃至倒退。以三国时代淮南文学为例，因处魏、吴胶着地带，不置郡县，民户迁移，文学局面较之两汉大为衰退，其中淮南东部由于是魏、吴战争的主要发生地带，这种衰退表现得尤其明显，淮南西部受战争的影响较小，故淮南文学家尽出西部地区。

6. 系六朝之民族。淮河干流千余公里，淮河流域面积广大，当内地社会南北分裂时代，淮域既为与北方对抗的前沿地带，又为江南政治经济核心的屏蔽，淮西则连接六朝军事要区之汉水流域与长江中游，如此，淮域复杂的土著汉人、土著非汉人、各地侨人，事关六朝军事、政治之大局，尤其淮域西部的非汉民族如蛮族，人口众多，地当腹心且北接敌国，成为六朝特别是东晋南朝处理民族问题中至关紧要的事端。

7. 六朝时代的淮域，既有与今迥异的自然面貌、交通形势、人文状况，又有淮北、淮南、淮西的自然地理与人文地理分区，还有六朝时代内部的历史迁变，以此，不仅细化、立体的六朝研究于淮域必须关注，曹魏西晋十六国北朝的研究也与淮域不可分离。进之，研究中国历史上中原农耕区域内部的南北关系与南北分裂，淮域是为关键。

（作者系南京大学历史系教授，博士生导师）

元代济州河的兴建及其作用

张金铣

济州河位于今京杭大运河的中段，是元代一项重要的水利工程。该项工程不仅起到沟通了淮河支流泗水与济水（大清河）的联系，对于会通河开凿也起到先导的作用。本文试对元代济州河的开凿缘起、过程及其历史作用进行考察。

一、济州河开凿的缘起

自唐朝中叶以来，北方持续的战乱和南方经济的不断增长，全国经济重心逐渐转移到长江流域。到两宋时期，随着南方经济的继续发展，全国经济重心的转移最后完成。元朝平金灭夏，招抚吐蕃，统一大理，消灭南宋，完成全国范围内的大统一，但是元朝政治中心处在北方，大都（今北京）位于华北平原北端，"去江南极远，而百司庶府之繁，卫士编民之众，无不仰于江南"。[1] 把南方物资转运到北方，满足官府和驻军的需要，是元朝亟待解决的大问题。在当时交通条件下，陆路运输不仅代价太高，而且运输数量也受到限制，因而借助水上交通转运物资成为当时的最佳选择。

元朝之前，南北运河基本上还是隋炀帝时期开凿的那条迂回曲折的大运河。按照惯例，北上船只涉江入淮以后，逆流而上至盱眙（今属江苏），再折向西北，由汴水（通济渠）抵达开封。然而宋金之际，黄河多次发生决口而改道，形成长期夺淮局面。黄河改道以后，从河阴（今河南荥阳东北）附近转东北至汲县（今河南卫辉），东向进入山东，又折向东南，与泗水会合，经徐州、宿迁、泗阳，至清口入淮河，沿着淮河干流进入黄海。而随着黄河河道的南移，御河（永济渠，今称卫河）也不再与黄河相通，其上游水源枯竭了。到元代以后，河南与山东之间的河道进一步南移：从河阴向东，历开封北，转向东南，经河南杞县后东抵徐州，再由泗水入淮。夺淮的交接点在清口。元初漕粮所经过的中滦旱站，在河道南移以后，正处在黄河北岸。

水系的另一变化是汴水的淤塞。宋金及蒙宋对峙时期，运河年久失修，南北之间的漕运也告断绝。宋金对峙，大运河被拦腰斩断，由于"堤岸失防，汴流

[1] 宋濂：《元史》卷九十四《食货志二》，中华书局1976年版。

久绝”。[1] 乾道年间（1165－1173 年），南宋使臣北上，沿途所见“河益湮塞，几与岸平，车马皆在其中，亦有作屋其上”，“汴河底多种麦”。[2] 所以元初漕运无法沿旧汴水北上，不得不另辟新道。“自浙西涉江入淮，由黄河逆水至中滦旱站，陆运至淇门，入御河，以达于京”。[3] 在涉江入淮之后，由清口逆黄河西行，至黄河北岸的中滦（今河南封丘南），然后陆运 180 里至淇门（今河南淇县东南），再转入御河，经直沽（今天津）转白河达通州（今属北京），陆运到大都。这条路线曲折绕道，而且水陆并用，劳民伤财。

至元十二年（1275 年），元军大举进攻南宋。因军事转输问题，元廷“议立水站，命（郭）守敬行视河北、山东可通舟者，为图奏之”。都水监郭守敬考察后认为，“宋金以来，汶、泗相通河道，可以通漕”。[4] 至元十三年正月，“穿济州漕渠”。[5] 但当时对宋战争正在进行之中，没有力量从事这项工作，工程没有结果。由于两淮地区尚在南宋控制之下，南宋淮西制置使夏贵、淮东制置使李庭芝分别驻守庐州、扬州，当年六月元军主帅伯颜从海上将南宋图书典籍送往大都。“伯颜平江南时，尝命张瑄、朱清等，以宋库藏图籍，自崇明州从海道载入京师。”[6] 南宋残余势力消灭以后，南方物资转运到北方成为当务之急，贯通南北运河的工程提到日程上来。元廷开始在今山东西部兴举开挖新渠、划直南北大运河的工程。

二、济州河开凿及其管理

《元史·河渠志》明确指出，“济州河者，新开以通漕运也”。最初这项工作是由知尚膳院事河西人来阿八赤（即阿八赤）主持的。尚膳院是元朝宣徽院的前身，尚膳院下属机构尚珍署领有济州（今山东济宁）等处屯田，可能是从转运“济宁等处田土子粒”的原因出发，[7] 开始这项工程。工程于至元十七年（1280 年）动工，当年即告结束。由于该项工程尚未完全与旨在沟通南北漕运的整体需要相联系，规模不大。

至元十八年底，元廷又派奥鲁赤、刘都水及“精算者”一人，“给宣差印，

---

〔1〕 邓肃：《拼榈先生文集》卷十二《辞免除左正言第十六札子》。

〔2〕 楼钥：《攻愧集》卷十一《北行日录》，四部丛刊初编本。

〔3〕《元史》卷九十三《食货志一》。

〔4〕《元史》卷九十三《食货志一》。

〔5〕《元史》卷九《世祖纪六》。

〔6〕《元史》卷九十三《食货志一》。

〔7〕《元史》卷八十七《百官志三》。

往济州，定开河夫役。令大名、卫州新附军亦往助工”，[1] 负责在原有的基础上重新规划开凿，二十年初完工。新开河河道“自济宁开河至安民山，导汶水入洸，与泗沂会”。[2] 工程从济州（治任城，今山东济宁）西南鲁桥开始，直到须城（今山东东平）安山，全长150多里，接通古济水（即大清河，今黄河下游河段）河道。当时把这条新开河道称为“东平府南奥鲁赤新修河道”。济州河主要是引汶水、洸水和泗水作为水源而开挖新的河道，时人也称之为济州汶泗相通河、济州泗河。工程对今山东中部各河流上原有的闸堰进行改建，“于兖州立闸堰，约泗水西流，堽城立闸堰，分汶水入河，南会于济州”。[3] 在奉符（今泰安）堽城筑坝拦截汶水进入洸水，往西南流入任城；又在兖州城东修建滚水石坝拦截泗水往西，在任城与洸水汇合，然后南北分流，形成元人所说的“兖泗支流鲁山麓，会济分河向南北”，[4] 南入泗水，北边汇入大清河。为了保持河流水量和蓄水，根据地势高下，在任城南北沿济州河设置六座闸坝，定时启闭。

济州河开凿以后，漕路由淮河进入与黄河合流的泗水（今中运河）北上，经济州河直抵安山下的济水。从此可由两条路达直沽，一条是走水路，由济水至利津入海，再渡海到直沽；一条由济水（大清河）北岸的东阿旱站陆运二百里至临清入御河，进而转运到大都。《元史·食货志》记载，“后又开济州泗河，（运漕）自淮至新开河，由大清河至利津，河入海，因海口沙壅，又从东阿旱站运至临清，入御河”。济州河以下两条漕路并不理想，前一条仍不免海洋风波之险，且利津海口受到潮汐的影响，常为泥沙淤塞；后一条途经茌平县一段地势卑下，遇夏秋霖潦，牛车跋涉其间，艰苦难行。为此，元朝再派阿八赤“开胶、莱河道通海”，但是胶莱运道成本太高，“劳费不赀，卒无成效”。[5]

至元二十六年，根据寿张县尹韩仲晖建议，元廷派遣漕运副使马之贞调集民夫三万人开凿会通河，“起自东昌路须城县安山之西南，由寿张西北至东昌，又西北至临清，以逾于御河”。[6] 工程起点在安山西南、古济水北岸的东阿，直到临清，全长250余里，沟通济水与御河之间的联系。会通河水源主要是引汶水北流以及吸纳济州河水，与济州河水源大体相同，所以后人往往以会通河概括济州河，有时也把济宁到徐州之间的多闸河段包括在会通河内。如《元史·河渠志》“会通河”条记载，至治三年四月都水监官员称，“会通河沛县东金沟、沽头诸

〔1〕《元史》卷六十五《河渠志二》。

〔2〕于钦：《齐乘》卷二《大清河》，乾隆四十六年刊本。

〔3〕《元史》卷六十四《河渠志一》。

〔4〕顾嗣立：《元诗选初集·丙集》，中华书局1987年版。

〔5〕《元史》卷九十三《食货志一》。

〔6〕《元史》卷六十四《河渠志一》。

处，地形高峻，旱则水浅舟涩，省部已准置二滚水隁”。至元二十八年，元朝凿通了直沽到大都的通惠河，至此大运河全线贯通。江南物资通过大运河直达大都，从杭州到大都的距离也大大缩短了。

从漕运方面考虑，元朝非常重视对于河道的保护和管理。

其一，设立漕运司管理河道和漕运事务。至元二十年八月，济州新开河通航后，设置济州漕运司，管理运河河道以及漕运事务。[1] 到至元二十四年十月，元朝进行整体规划，在淮河以北设置京畿、济宁两都漕运司，撤销济州漕运司，由济宁都漕运司“并领济之南北漕，京畿都漕运司惟治京畿”。[2] 元朝“每岁省、台差人巡视”，[3] 解决河道上出现问题。

其二，修筑河堤，建立河闸以调节水位。为保障运河的畅通，元廷在河堤、水源等方面做了大量工作。济州河是有名的闸河，河段地形起伏较大，元朝多次修筑堤坝，增建闸堰、斗门。济州“临齐鲁之交，据燕吴之冲”，元朝在这里“道汶、泗以会其源，置闸以分其流”。在济州河水源汶水、泗水、沂水、洸水等河流上游及济州城南，置会源等八座闸臿；济州河南济宁到沽头（今江苏沛县境）地势相差116尺，置闸10处以调节泗水中游河段的水量。[4] 东阿至临清地势相差90尺，立闸16处，调节会通河水量。至元二十八年，改建了济州闸城坝，并将兖州城东门外土堰改为永久性石坝。延祐四年（1317年），又在兖州滚水石坝上开闸门，建成金口坝。经过这些后期工程，水源得到改善，各处闸臿根据运河水量及两岸水流情况定时启闭，调节水位，便于通航。

其三，保护河堤，疏浚河道。元朝非常重视保护运河两岸的河堤，专门派人巡视、防守和维修。规模最大的一次在至治元年（1321年），时任都水监丞的张仁仲来到济宁，主持对济州河道疏浚，“凡河之溢者辟之，壅者涤之，决者塞之。拔其藻荇，使舟无所底；禁其刍牧，使防有所固。隆其防而广其阯，修其石之岩陁穿漏者，筑其壤之疏恶者，延袤赢七百里。防之外增为长堤，以阏暴涨，而河以安流。潜为石窦以纳积潦，而濒河三郡之田民皆得耕种。又募民采马蔺之实种之新河两涯，以锢其溃沙。北自临清，南至彭城，东至于陪尾，绝者通之，郁者斯之，为杠九十有八，为梁五十有八，而挽舟之道无不夷矣”。[5]

其四，限制超大船体通行。济州河水量有限，特别是在枯水时期，水源更为紧张。为了使河道能够正常运行，除了以闸门调节水位外，元朝限制大船通航。

---

〔1〕《元史》卷十二《世祖纪九》。

〔2〕《元史》卷十五《世祖纪十二》。

〔3〕《元史》卷六十四《河渠志一》。

〔4〕揭溪斯:《揭溪斯全集》卷七《重建济州会源闸记》，上海古籍出版社1985年版。

〔5〕揭溪斯:《揭溪斯全集》卷七《重建济州会源闸记》，上海古籍出版社1985年版。

最初“止许行百五十料船”，但“权势之人，并富商大贾，贪嗜货利，造三四百料或五百料船，于此河行驾，以致阻滞官民舟楫”。延祐二年（1315年），中书省及都水监差官经过勘察以后，于“沽头闸上增置隘闸一，以限巨舟”，又在临清河道上“亦置小闸一，禁约二百料之上船，不许入河行运”。[1]

三、济州河兴建的作用

元人对于济州河的开凿给予很高的评价。延祐二年二月，中书省官员称，“江南行省起运诸物，皆由会通河以达于都”。泰定四年，御史台一份奏章中也提到：“自世祖屈群策，济万民，疏河渠，引清、济、汶、泗，立闸节水，以通燕蓟、江淮，舟楫万里，振古所无”[2]。济州河的开凿对于南北交通以及周边地区经济文化发展起到十分重要的作用。

济州河的开凿和南北大运河的贯通，大大便利了全国物资的转运，促进南北经济文化的交流，特别是南方粮食和其他物资大量输往北方。至元后期，通过济州河的江淮漕米每年多达三十多万石。至元二十三年，元廷“增济州漕舟三千艘，役夫万二千人”。[3] 此后，通过运河转运漕粮的数目不断上升。南方物资源源不断地输送到北方地区，通过运河，“江淮、湖广、四川、海外诸番土贡、粮运、商旅贸迁，毕达京师”，[4] 海运兴起后，朝廷漕粮主要依靠海船解决，但民间所用粮食则主要通过运河转运。至元二十九年，元朝御史台一份文书中提到，“大都里每年百姓食用的粮食，多一半是客人从迤南御河里搬将这里来卖有。来的多呵贱，来的少呵贵有”。[5] 当时南北大运河上十分繁忙，交通十分拥挤。元朝后期，两淮转运使宋文瓒还说，“世皇开会通河千有余里，岁运米至京者五百万石”。[6] 明清时期的大运河就是在此基础上进行改建、扩充的。明清漕运主要借助大运河，通过运河漕运粮食数量超过元朝官方漕粮的十倍以上。明人陈邦瞻说，会通河（包含济州河）为“元人始创为之，非有所因也。元人为之而未大成，用之而未得其大利，至国朝益修理而扩大之。前元所运，岁仅数十万，而今日极盛之数，则逾四百万石焉，盖十倍之矣”。[7]

济州河的开通，推动了会通河与通惠河的兴建，从而彻底改变了大运河迂回

[1]《元史》卷六十四《河渠志一》。

[2]《元史》卷六十四《河渠志一》。

[3]《元史》卷十三《世祖纪十》。

[4] 苏天爵：《元朝名臣事略》卷二《丞相淮安忠武王》，中华书局1996年版。

[5]《通制条格》卷二十七《拘滞车船》，浙江古籍出版社1986年版。

[6]《元史》卷四十二《顺帝纪四》。

[7] 陈邦瞻：《元史纪事本末》卷十二《运漕》，中华书局1979年版。

曲折的河道。新开通的大运河全长3000余里，比隋代大运河缩短900公里，促进了南北之间的交通。济州河通航后，元朝随即调整驿路。至元二十年八月，开通了大清河北岸东阿到御河到的驿道，“立东阿至御河水陆驿，以便递运。徙济州潭口驿于新河鲁桥镇”。[1] 到达安山以后可转入东阿到御河的驿道，而从东阿过大清河以后可以转入济州河沿岸水驿，继续沿运河南下。十月，元朝规定前往江南地区人员，一律从由鲁桥乘船南下，“使臣无急务者，从此一站令由水驿”。[2] 此后，元廷在运河地区增设驿站，添置船只和马匹，以供官员和使臣往来。据《永乐大典·站赤》记载，至元二十三年九月，中书省委派“兵部员外郎添置宿迁、吕梁、沛县、济州至东阿水站，每一大站，置五十料船五十艘，递运物货，远者相去二百余里。两大站之间，又立二小站，各置二三十料船六七艘，远者相去八九十里。近者六七十里”。济宁路就设有驿站十处，其中马站七处，有马三百四十七匹；水站三处，有船二百四十四只。济州站有马九十匹，鲁桥站有马六十匹。特别是济州成为当时交通枢纽，“当水陆要冲，侯藩朝觐，要甸贡赋，舟车相望”。[3] 运河沿线交通极为方便，“自大都给驿至通州倒换站船，经由清州、长芦、陵州、临清、济州等处至于建康，仅及月余”，“通惠、御河、会通等水南北通贯，江淮河海达乎京城”。[4] 当时运河交通便捷，是南北交通的大动脉。

济州河的通航，促进周边地区经济的发展和商业繁荣。济州治所任城，很快成为运河上繁华城市。元人赵孟頫作《济州》写道：“旧济知何处，新城久作州。危桥通去驿，高堰裹行舟。市杂荆吴客，河分兖泗流。人烟多似簇，聒耳厌喧啾。”[5] 曾经沿运河南下到扬州做官的意大利人马可波罗在其《游记》中描写了济州沿岸以及济州河周围地区的繁盛景象：“离开济南府，向南走三日，沿途经过许多工商业兴盛的大市镇和要塞。这里盛产鸟兽等猎物，并出产大量的生活必需品”。接着他又写道：“第三日晚上便抵达济宁，这是一个雄伟美丽的大城，商品与手工艺制品特别丰富。所有居民都是偶像崇拜者，是大汗的百姓，使用纸币。城的南端有一条很深的大河经过，居民将它分成两个支流，一支向东流，流经契丹省，一支向西流，经过蛮子省。河中航行的船舶，数量之多，几乎令人不敢相信。这条河正好供两个省区航运，河中的船舶往来如织，仅看这些运

---

〔1〕《元史》卷十二《世祖纪九》。

〔2〕《永乐大典》卷一万九千四百十八《站赤三》，中华书局1960年版。

〔3〕苏天爵：《滋溪文稿》卷十七《真定路总管和公墓碑铭》，中华书局1997年版。

〔4〕《元典章》卷四十三《刑部五·诸杀二》，台湾故宫博物院影印元刊本。

〔5〕《济宁直隶州志》卷三十三《济州》。

载着价值连城商品的船舶的吨位与数量，就会令人惊讶不已。”[1]

（本文为教育部人文社科规划项目（05JA770002）和安徽省教育厅人文社科项目（2006SK229zd）资助成果）

（作者系安徽大学历史系教授）

〔1〕《马可波罗游记》，第二卷《济宁府》，福建科学技术出版社1981年版。

古代战乱之际淮北居民的外徙

吴海涛

包括皖北和豫东等地在内的淮北地区，在历史上是移民多发地。古代移民有自愿型和非自愿型，自愿型包括自由开荒、开矿等形式；非自愿型包括政府强制、战乱移民和灾荒移民等形式。淮北移民以后种类型为主。古代淮北是主要的居民徙出地，其中规模较大的几次是在西晋末年、唐末五代、北宋末年和金元时期。

西晋后期，多种社会矛盾和民族矛盾总爆发，促成了中国历史上最为汹涌澎湃的人口大迁移。史称："惠帝之后，政教凌夷，至于永嘉，丧乱弥甚。雍州以东，人多饥乏，更相鬻卖，奔迸流移，不可胜数"[1]。各地民户"流移四散，十不存二，携老扶弱，不绝于路。及其在者，鬻卖妻子，生相捐弃，死亡委危，白骨横野，哀呼之声，感伤和气。"[2] 当时淮北人以移向南方为主，所谓"洛京倾覆，中州士女避乱江左者十六七。"[3] 谭其骧先生对南来移民的数量进行了科学的推算，"若即以侨州、郡、县之户口数当南渡人口之约数，则截至宋世止，南渡人口约共有九十万，占当时全国境人口约共五百四十万之六分之一。西晋时北方诸州及徐之淮北，共有户约百四十万，以一户五口计，共有口七百余万，则南渡过人口九十万，占其八分之一强。换言之，即晋永嘉之丧乱，致北方平均凡八人之中，有一人迁徙南土；迁徙之结果，遂使南朝所辖之疆域内，其民六之五为本土旧民，六之一为北方侨民是也。"[4]

东晋建立后，淮北诸多大族更以之为归附之所，纷纷南迁，如以谢鲲为首的陈郡阳夏（今河南太康县）谢氏[5]，以袁瓌为首的陈郡阳夏袁氏[6]，以庾亮为

〔1〕《晋书》卷二六《食货志》。

〔2〕《晋书》卷六二《刘琨传》。

〔3〕《晋书》卷六五《王导传》。

〔4〕谭其骧：《晋永嘉丧乱后之民族迁徙》，收入《长水集》（上），第219页，人民出版社1987年版。

〔5〕《晋书》卷四九《谢鲲传》。

〔6〕《晋书》卷八三《袁瓌传》。

首的颍川鄢陵（今河南鄢陵县西北）庾氏[1]，以桓彝为首的谯国龙亢（今安徽怀远西北）桓氏[2]，以荀崧为首的颍川（今河南许昌、临颍一带）荀氏[3]，以周岂页为首的汝南安城（今河南汝南县东南）周氏[4]，以蔡谟为首的济阳考城（今河南民权县东北）蔡氏[5]，以刘隗为首的彭城（今江苏徐州市）刘氏等[6]。他们在东晋、南朝有着举足轻重的地位。

上述诸族和其他一些淮北大族在南迁时是举族迁徙，不但有同氏兄弟子孙，还有部曲随从，更有大量族人。据葛剑雄先生统计：陈郡（治今河南淮阳市）殷岂页为首的殷氏自东晋南迁，有 9 人见诸正史；以殷羡为首的陈郡长平（今河南西华东北）殷氏自西晋末南迁，直至南朝陈朝，有 17 人见诸正史；陈郡阳夏袁氏，历东晋南朝，有 22 人见诸正史；以阮孚为首的陈留尉氏（今河南尉氏县）阮氏，自西晋末南迁，有 17 人见诸东晋南朝正史；以江虨为首的陈留圉（今河南杞县西南）江氏，自西晋末南迁，有 9 人见诸《晋书》；以江岂页为首的济阳考城江氏，自东晋南迁，历东晋南朝，有 23 人见诸正史；以刘惔为首的沛国相（今安徽濉溪县西北）刘氏，自西晋末南迁，有 8 人见诸东晋南朝史载；以刘粹为首的沛郡萧（今安徽萧县西北）刘氏，自东晋时南渡，见诸《晋书》、《宋书》者有 8 人；彭城刘氏，历东晋南朝，见诸正史者 38 人；谯国龙亢桓氏见诸《晋书》者 18 人；谯国（今安徽亳州市）夏侯承、桓宣、戴逵等家族也见诸《晋书》、《宋书》；汝南安城周氏有 17 人见诸东晋、南朝正史；颍川鄢陵庾氏有 37 人见诸东晋、南朝正史；颍川颍阴荀氏有 13 人见诸东晋、南朝正史[7]。南迁大族建立和发展了东晋南朝，其族人见诸史载，可以说是在一定程度上对他们业绩的承认。

除上述淮北诸大族直接迁移至江东外，东晋南朝时淮北移民有不少仅移至淮南或皖南地区，以避战乱或不甘于异族统治。刘宋元嘉二十八年（451 年）冬，“徙彭城流民于瓜步（今江苏六合县东南），淮西流民于姑孰（今安徽当涂县），合万许家。”[8] 淮北被北魏统治时，七郡（汝南、新蔡、汝阳、汝阴、陈郡、南顿、颍川）民不愿属魏，连营南奔[9]，有大量人口南迁。陈太建十一年（579

〔1〕《晋书》卷七三《庾亮传》。

〔2〕《晋书》卷七四《桓彝传》。

〔3〕《晋书》卷七五《荀崧传》。

〔4〕《晋书》卷六九《周岂页传》。

〔5〕《晋书》卷七七《蔡谟传》。

〔6〕《晋书》卷六九《刘隗传》。

〔7〕葛剑雄等：《中国移民史》，第二卷，第 341 ~ 375 页，福建人民出版社 1997 年版。

〔8〕《宋书》卷五《文帝纪》。

〔9〕《南齐书》卷五五《崔怀慎传》。

年）三月，仍有诏曰："诏淮北义人率户口归国者，建其本属旧名，置立郡县，即隶近州，赋给田宅，唤订一无所预。"[1] 可见此时仍有淮北人南下。

东晋南朝政府在侨民较为集中的地区设立与侨民旧土同名的侨州、侨郡、侨县，以便建立户籍，加强管理。如姑孰境内的豫州、南豫州、南谯郡、南梁郡等，绥安（今安徽广德县）境内的陈留郡，寿春境内的豫州、北谯郡、西汝阴郡、北陈郡等，固始境内的新蔡郡等，这也反映出淮北人南迁的地理分布。另外，由于淮北地势平坦，河流多自西北流向东南，少数民族入侵的压力又多来自西北，所以不但本区人口外徙方便，而且成为北方人南迁的主要通道。胡阿祥先生对上述问题有深入的研究[2]。

宋、金、蒙之间的战争也引起淮北人口的大规模迁徙，包括金、元统治者的强制北迁和人民的自发南迁。周宝珠先生对"靖康之难"时开封被金人掠走的人口进行了精确的统计，有"女童六百人，教坊乐工四百人，诸科医工百七十人，露台祗侯妓女千人，蔡京、童贯、王黼、梁师成等家歌舞及宫女数百人。御前后苑作、文思院、上下界、名堂所、修内司、军器监等处工匠及广固、搭材兵三千余人。做腰带帽子、打造金银、系笔和墨、雕刻图画工匠三百余家。杂剧、说话、弄影戏、小说、嘌唱、弄傀儡、打筋斗、弹筝、琵琶、吹笙等艺人一百五十余家。官吏、士人、内侍、僧道、巫卜千余人。宗室四千余人。"[3] 金兵北撤时，"华人男女，驱而北者，无虑十余万。"[4] 据《建炎以来系年要录》，"贼（指金兵）既不能下南京（今河南商丘市南），乃自宁陵而上……至是，悉驱而北，舍屋焚烧殆尽。东至柳子（今安徽濉溪县西南），西至西京（今河南洛阳市），南至汉上（今汉水流域），北至河朔，皆被其毒……郡县为之一空。"[5]《金史》中也载："迁洛阳、襄阳、颍昌、汝、郑、均、房、唐、邓、陈、蔡之民于河北。"[6] 可见，包括淮北在内的许多地方的人口成为金人的主要掳掠对象。旧志中对此亦有记载："宋室不竞，生民涂炭。建炎二年戊申，高宗南巡，金酋奄颍昌，迁其民于河北，乃以其地属刘豫。绍兴三年春三月，李横始复取之，三月又为豫所陷，其后南侵。豫子麟屯顺昌，闻藕塘败，始拔砦去。及豫废，金虏以故地归宋，顺昌太守陈规抚绥遗民，未几虏败盟猖獗。岳飞、刘锜、

[1]《陈书》卷五《宣帝纪》。

[2] 胡阿祥：《东晋南朝侨州郡县的设置及其地理分布》（上、下），载《历史地理》，第八、九辑，上海人民出版社1990年版。

[3] 周宝珠：《宋代东京研究》，第664页，河南大学出版社1992年版。

[4]《建炎以来系年要录》卷四。

[5]《三朝北盟会编》卷八七。

[6]《金史》卷三《太宗纪》。

王贵、岳云，相继拒御，奈何贼桧阻挠卖国，急诏岳武穆班师，淮北之民负载从而南。金虏兀术忿中原难治，又驱从而北。于是，河淮之界荡为荒墟，自时厥后，二百余年，左袵沦污。"[1]

宋室南渡后，淮北人口大批南迁。建炎四年（1130 年），知蔡州程昌率"竭城人民、军兵"，自河南迁入鼎州（治今湖南常德市）[2]。南宋绍兴年间，"蕃汉及淮北人民来归者不绝"[3]，如绍兴二年（1132 年）四月，（刘豫）齐宿州（治今安徽宿州市）都统吴青率军人百姓数千余口，统领王资率人兵 2000 余人，灵璧官员粟宏和宿州柘塘巡检司周明分别率几百人，渡淮迁入南宋[4]。由于淮北军民大量迁往淮河以南，绍兴五年二月，宋廷为此"诏淮南宣抚司抚存淮北来归官吏军民"[5]。绍兴六年二月，宋将韩世忠从淮北退兵，淮北民从而南归者达万余人[6]。绍兴十年，宋军南撤时，淮北人民不甘受金人统治，纷纷随迁南来，随岳飞军"从而南者如市"[7]。绍兴三十一年，崔唯夫、董臻等率淮北万余人南迁[8]；同年，泗州部分官吏百姓渡过淮河，进入宋境[9]。海宁"贾氏则有二支，一在商丘，一在海宁，相隔二千余里"，"宋南迁时为国子监司业者，扈从来杭。后因忤权奸，隐于海宁林氏家，即冒称林氏，阅三世始复本姓，遂家海宁焉。"[10] 吴门"袁氏出于陈，其后别为陈郡、汝南、彭城之望最，其名位之显者，后汉三公七人，刘宋司徒一人，梁司空一人，陈仆射二人，唐宰相三人，宋执政二人……自宋南渡始迁至元海道。"[11]

蒙古军队在攻入淮北的初期，也曾掳掠人口北去，"时国兵（指蒙古军）践蹂中原，河南、北尤甚，民罹俘戮，无所逃命。"[12] 战区人民或被掳掠北上，或被屠杀，或逃散他处，此外别无他途。蒙古军攻下汴梁，"时避兵在汴者户一百四十七万，仍奏选工匠、儒、释、道、医、卜之流散居河北，官为给赡。其后攻取淮汉诸城，因为定例。"[13] 战乱中，淮北大批劳动力、工技人员和知识分子被

---

〔1〕 正德《颍州志》卷三《版图》。
〔2〕 岳珂《金陀续编》卷二五。
〔3〕《建炎以来系年要录》卷五三。
〔4〕《宋会要辑稿·兵》一五之一、一五之二。
〔5〕《宋史》卷二八《高宗纪》五。
〔6〕《建炎以来系年要录》卷九八。
〔7〕《宋史》卷三六五《岳飞传》。
〔8〕《宋史》卷三二《高宗纪》九。
〔9〕《三朝北盟会编》卷二三一。
〔10〕《贾氏家乘》。
〔11〕《吴门袁氏宗谱》。
〔12〕《元史》卷二O二《释老传》。
〔13〕《元文类》卷五七，宋子贞《中书令耶律公神道碑》。

强迫迁离故土，为蒙古统治者服务。

由上可知，淮北居民徙出的主要背景是战乱频仍。早在先秦时期，淮北已是封国林立、列国争雄之所。魏晋南北朝时期和宋金时期，淮北多次成为南北政权的交界区，双方在此攻伐不定。隋唐北宋时期，淮北成为重要的经济区和交通枢纽区，战略地位凸显重要，易成为统治阶级间争夺权势时的争战之地。同时，淮北还是农民起义和农民战争重要策源地和响应区，除北宋、南宋农民起义在此地影响较小外，其他朝代的农民起义都兴起或波及于本区。另外，淮北地势平旷，无大关隘，易攻难守，为四战之地，加之地理上处南北之中，所以战乱较多。

淮北大规模的人口外徙主要发生在：西晋永嘉之乱之后，直到南北朝时期；唐安史之乱后，直到五代时期；宋金战争之际，直到元朝统一前。这几次外徙中，淮北人民主要迁至南方，为南方经济的发展带来了积极的影响，但给淮北社会经济的发展却带来了不利。首先，它使淮北人口数量减少，劳动力资源短缺。人口与劳动力是前工业时代改造自然、发展社会经济的根本原动力，人口数量的多少及其分布状况直接决定着经济发展的程度。经济发展内在地要求有适度的人口存在，如果人口不足，则生产能力不能充分地发挥，对农业社会来讲，土地资源开发利用程度也不足，社会经济则处于低水平运行状态。其次，从某种程度上讲，外迁人口多为“精英”阶层，如官僚、大族、地主、工匠、儒士等，他们是地方上的生产组织者和工技知识阶层。平民阶层能外迁的也多是身强力壮者，是生产人口。此当是古代淮北社会经济盛衰反复并进而相对迟滞的主要原因之一。

（本文为安徽省教育厅人文社科项目（2006SK226zd）资助成果）

（作者系阜阳师范学院历史系教授）

论曹操开发江淮、经略合肥

周怀宇

曹操为平一宇内“克成洪业”作出了毕生的努力。经略东南地区，是其统一大业的一部分，为此，曹操开发江淮，选择合肥作为开发江淮的龙头，从建立健全州县官吏，到发展农业生产，推行屯田制，不仅建成了以合肥为龙头的东南军事基地，也建成了稳定的江淮经济区。江淮地区在这一历史时期得到了发展，合肥也在这一历史时期释放了地理位置的优势，展现了新的辉煌。

重新总结这一历史，意外看到了以合肥、淮南、居巢（今巢湖市）、皖城（今安庆市）为中轴的中部地区的社会发展历史借鉴。合肥，是江淮地区的“牛鼻子”，曹操别具史识，抓住了这一“牛鼻子”。

一、两汉时期合肥的历史地位

1. 两汉三楚大地的商业都会

中国历史上著名的史学家司马迁和班固都用如椽的史笔，在《史记》、《汉书》上记载了合肥的兴盛与繁荣。合肥，地处中国南北交界的江淮地区，水陆交通便利，自古具有重要政治意义和经济意义。秦代建置合肥县，经历两汉，发展成为一座繁荣兴盛的“都会”，在全国范围内具有举足轻重的地位。尤其在经济上，合肥显示了一定的特色，是三楚大地一座熠熠生辉的商业交换城市。司马迁在《史记·货殖列传》中记载：“合肥受南北潮，皮革、鲍、木输会也。”司马迁所说的“南北潮”，是说合肥地处南北水运交汇之地，南面是长江，有古代“濡须水”连接长江与巢湖，再有施水（今南肥河）连接合肥与巢湖；合肥的北面有古肥水连接淮河与黄河。一条纵向贯穿南北的水运线，经过合肥、寿春（今寿县）而沟通了中国中部地区的水上交通，穿梭南北人流与交汇四方的物流，都经过合肥的这条水运线而畅通。交易兴盛，特别是“皮革、鲍、木”等是当时合肥交换的大宗物资，形成有商业特色的都会。到了东汉时期，史学家班固撰写历史，在《汉书·地理志》留下了同样的记载。说：“寿春、合肥受南北潮皮革、鲍、木之输。亦一都会也。”这一记载与《史记》的记载相比较，有两点显示了史家班固对合肥的新认识：第一，把合肥视为“南楚”地区“江淮”之间的一大“都会”；第二，把合肥与寿春并提，指明了合肥的交通路线，从合肥向北，通过东淝河，经过寿春，入淮河，向北到达北方黄河流域。北方的物资经过合肥中转，通过南淝河、巢湖到达长江流域。唐代史学家颜师古进行了考证，说“皮革，犀兕（xīsì）之属也。鲍，鲍鱼也。木，枫楠豫章之属。”这些物产主要来自长江以南地区，说明了合肥已经成为全国物产的交换和集散之地。

2. 军事上南北争锋的咽喉之地

社会安定时期，合肥是南北经济交流的枢纽。社会动荡时期，合肥常常是南北各种政治势力争夺的焦点，军事地位十分明显。三国时期，魏吴两国争夺合肥长达70年，大小战争数百次，重大战役24次，共计有11名国君亲自指挥保卫和攻打合肥的战役，兵力最多达到数十万人。

曹魏经略合肥长谋远虑。建安五年（200年），曹操把合肥上升为州治，派遣刘馥建置合肥。刘馥在合肥从农业经济、文化教育、社会治安、军事防御等方面进行了全面建设，很快提高了合肥的军事防御能力，使之成为曹魏向东南发展的重要军事基地。经过三十年后，魏明帝曹叡太和四年（230年），为了进一步加强合肥的军事防御能力，决定修筑合肥新城。从此，历史上有了合肥新城的记载。合肥新城的修建，完全出于军事方面的规划，其地理位置在原合肥城西面的鸡鸣山（今天合肥市大蜀山）肥水源头。其地势有利于沟通寿春，在对付孙吴的军事进攻时，便于从寿春增援兵力，加强联合防御。历史事实说明，孙吴集团曾经多次进攻合肥新城，都以无果告终。

3. 东汉末期合肥在兵燹中凋零

由于军阀豪强割据称雄，社会经济衰落，整个江淮大地原先经济兴盛的面貌不再，裴松之注引《魏书》云：“自遭荒乱，率乏粮谷。诸军并起，无终岁之计，饥则寇略，饱则弃余，瓦解流离，无敌自破者不可胜数。……袁术在江、淮，取给蒲蠃。民人相食，州里萧条。”《三国志·魏书六》记载：“江淮间空尽，人民相食。”袁术的军队到达寿春一带时期，“士众绝粮，乃还至江亭，去寿春八十里。问厨下，尚有麦屑三十斛。”[1] 合肥，本来是江淮大地的一颗明珠，生机勃勃，此时黯然失色，城池颓毁，城中无人，一片荒凉，俨然一座“合肥空城”![2]

二、曹操开发合肥的战略部署

1. 三国初期的合肥

检讨合肥发展的历史，三国时期，是一个重要发展阶段。在三国鼎立，南北

〔1〕《三国志·魏书六》裴松之注引《吴书》。

〔2〕《三国志·魏书一五·刘馥传》。

分裂的局势中，江淮大地横亘于魏、吴两大政治集团之间，成为魏吴对峙的军事地带。两个政治集团都在江淮地区投入了极大的力量，争夺江淮地区的地盘和城邑。合肥，江淮之间的明珠，成为争夺最激烈的焦点。

东汉末年建安初期，东南局势开始发生变化，江东孙策拥兵自立，自行建置郡县。孙策建置的庐江太守李述攻破扬州，扬州刺史严象被杀；庐江郡的梅乾、雷绪、陈兰等聚众数万活动在江、淮间。江淮之间的郡县大多遭受战争的创伤，衰败残破。孙策死后，孙权继任江东首领，继续以武力割据江东，建立了以建邺（今天南京市）为都城的孙吴政权，在长江濡须水口（相当于今天安徽芜湖市对岸、无为县江坝附近）建立强固的军事坞堡，作为对抗北方曹魏和西南刘备的江防要塞。

曹操以黄河流域为主要地盘，不断向淮南和长江流域推进。曹操在占领寿春以及沿淮地带之后，十分重视合肥的地理地位，选择合肥作为向东南发展的重要基地。曹操的选择不仅符合历史实际，也付诸了切实有力的实施。

2. 曹操开发合肥三策

建安五年（200 年）官渡之战，曹操以少胜多，打败袁绍 10 万大军，继而统一北方。当时东南局势正在发生变化，江东孙策自立，曹操立即坐镇北方，关注东南，开始开发、经略合肥。曹操经略合肥有三策，显示了一位政治家的雄才大略和长谋远虑。

第一，调整行政区划，建置扬州刺史于合肥

《汉书·地理志》记载，汉代合肥属于县级建制，隶属于庐江郡，地处扬州刺史辖境。汉代扬州的辖境很大，共计五郡七十八县：庐江郡，辖县十二；九江郡，辖县十五；会稽郡，辖县十六；丹阳郡，辖县十七；豫章郡，辖县十八。后汉顺帝时期，稍有调整，“扬州统会稽、丹杨、吴、豫章、九江、庐江六郡”[1]，包含相当于今天安徽、江苏、浙江、江西、湖南等省的地理范围。

东汉建安初年，由于孙策孙权割据江东，长江中下游以南、以东的扬州辖境，大多被孙策孙权占有。曹操为了改变这一局面，实现统一全国的理想，选择合肥建置扬州。合肥由此陡升三级，成为刺史级别的州治，下辖数郡几十个县，江淮地区全部包含在这一行政区划范围内。这在当时的政治上，是一个比较大的举措，合肥的战略地位骤然而起，成为曹操政治集团平一宇内的东南军事基地。

第二，举荐刘馥任扬州刺史

建安五年，曹操表荐刘馥为扬州刺史。刘馥，字元颖，沛国相（今安徽淮北市）人。建安初年，刘馥以敏锐的目光辨认了袁术集团的昏暗，劝说袁术部

---

〔1〕《晋书·地理志》。

下戚寄、秦翊等人，率领人马投奔曹操，壮大了曹操的力量。曹操赏识刘馥的才华，留任在自己的幕府。后向朝廷举荐刘馥到合肥，开发江淮，曹操“谓馥可任以东南之事，遂表为扬州刺史。”

第三，推行屯田，建立江淮经济区

曹操在合肥建置扬州重镇，规划江淮，意在“克成洪业”，必须“修耕植以畜军资”，[1] 保障军队的粮饷供给。曹操早在建安元年，就采纳枣祇、韩浩的建议，实施并且推广屯田制，让军队一边耕种，一边打仗，出战入耕。曹操发布的第一道《屯田令》说：“夫定国之术，在于强兵足食。秦人以急农兼天下，孝武（按：指西汉汉武帝）以屯田定西域，此先代之良式也。”曹操接受贤人意见，吸取历史经验，不失时机把屯田制推广到扬州江淮地区，在广袤的江淮大地奖励农业开垦和耕种，兴修水利，灌溉稻田。曹操充分利用屯田制的造血功能，促进农业发展，带动社会经济迅速恢复与兴盛。把江淮地区建成一个军政结合的东南军事基地和保障赋税来源的经济区。

三、曹操开发合肥的初步成效

刘馥受命，不负所望，自建安五年走马上任，到建安十三年（208 年）死于扬州刺史任上，在合肥推行曹操的战略路线，使扬州社会经济、文化得到恢复与振兴，留下了“扬州士民益追思之”的四大政绩。

1. 建造合肥扬州城

刘馥“单马造合肥空城，建立州治”。当时合肥处于东汉战乱之后，一片荒凉，只剩下一座空城。刘馥着眼于时局，在合肥规划扬州治所，修筑了一座坚固的扬州城，“高为城垒，多积木石，编作草苫数千万枚，益贮鱼膏数千斛，为战守备”。据考证，刘馥修建的合肥城大约在今天合肥市水西门外肥河西北一公里左右处，应该是合肥城市建筑史上一次重要的发展。刘馥在修建这座城池数年后，就遇到了数十次战争的洗礼和考验。第一次战争是建安十三年，刘馥卒，孙权起兵西征合肥。“孙权率十万众攻围合肥城百余日，时天连雨，城欲崩，于是以苫蓑覆之，夜然脂照城外，视贼所作而为备”，城中戍军，坚守城池，终于赢得了合肥扬州城保卫战的胜利。在以后的数十次战争中，合肥的扬州城从没有被攻破，巍峨矗立在东南，成为曹操屏障江淮一座军事战略城市。

2. 推行屯田，发展社会经济

刘馥诚如曹操所云“可任以东南之事”，在合肥贯彻曹操战略思想，“广屯田，兴治芍陂及茹陂、七门、吴塘诸堨以溉稻田”，大力兴修水利，发展农业生

〔1〕《三国志·毛玠传》。

产，振兴社会经济。数年之间，“官民有畜”，粮食有了积累，连年向曹操“贡献”大量的军事物资，为曹操的军队补充粮饷。

3. 兴立学校

从长计议，刘馥在合肥“聚诸生，立学校”，兴办教育，“数年中恩化大行”，合肥的文化教育迅速得到发展。

4. 安集流民

招抚聚众在庐江一带的民间武装势力南怀绪等，社会很快安定，“百姓乐其政”，“流民越江山而归者以万数”。所谓“越江山”，是指吸引长江以东以南的流民辐辏合肥，入籍江淮地区。江淮一带的劳动生产力由此获得了补充，完全改变了原先“合肥空城”的景象。

建安十三年，刘馥卒，江淮“士民追思之”说：他主持兴修的“陂塘之利，至今为用。”

四、曹操持续开发合肥的战略

刘馥死后不到半年，曹操于建安十四年（209 年）7 月率领水军，巡察扬州，亲往合肥，在合肥驻扎六个月，直至年底十二月才离开合肥，返回谯郡（今安徽亳州市）。这半年时间，曹操在合肥做了四件重要的事情。

1. 建“置扬州郡县长吏”

曹操坐镇合肥，选贤任能，建“置扬州郡县长吏”，[1] 充实扬州郡县的各级官员，加强合肥重镇和扬州的吏治，强化江淮地区的统治。史书记载，“曹公遣朱光为庐江太守，屯皖，大开稻田。”[2]“建安中，太祖（按：指曹操）开募屯田，以慈（按：指仓慈）为遂集都尉。”[3] 凡此等等，皆曹操亲自圈点。既可以看到曹操对于扬州乃至合肥重镇的高度重视，也可以看到曹操重农强兵的用人路线。

2. 继续推行屯田

《三国志》记载曹操于建安十四年秋，亲往合肥，“引水军自涡入淮，出肥水，军合肥，开芍陂屯田。”[4] 这个记载，显示曹操直接指挥屯田，“开芍陂屯田”。不难看出曹操对于江淮屯田异常重视。“芍陂”，是合肥地区著名水利工程，兴修芍陂，确保扬州“屯田”的成效，江淮农业可以进一步发展。上文提

〔1〕《三国志卷一·魏书一·武帝纪第一》。

〔2〕《三国志卷五四·吴书九·吕蒙传》。

〔3〕《三国志卷一六·魏书一六·仓慈传》。

〔4〕《三国志卷一·魏书一·武帝纪第一》。

到曹操选用屯田都尉仓慈，查《三国志·仓慈传》记载，“仓慈，字孝仁，淮南人也。始为郡吏。建安中，太祖开募屯田于淮南，以慈为绥集都尉。”由此可知，仓慈本是郡中一般官吏，曹操任命仓慈为屯田都尉，其募民屯田应当在淮南。上文提到庐江太守朱光，据皖屯田，“皖田肥美”，屯田很有成效。建安二十二年，曹操亲往合肥，决战孙权，凯旋时，“留伏波将军夏侯惇、都督曹仁、张辽等二十六军屯居巢。”居巢，即今巢湖流域，曹操在此建“二十六军屯”，足见规模之大。皖、居巢，淮南等地皆建置“民屯”、“军屯”说明整个江淮大地，从南到北，广泛推行了屯田制。

3. 安集流民，颁布“存恤令”

曹操在合肥继续安集流民。史料记载，“太祖至寿春，时庐江界有山贼陈策，众数万人，临险而守。”曹操到达之前，地方官曾经派遣“偏将”前去剿灭，“莫能禽克”。曹操与大家商讨对策，身边幕客刘晔分析说：以往“中国未夷，故策敢据险以守。今天下略定，……明公（按：指曹操）之德，东征西怨，先开赏募，大兵临之，令宣之日，军门启而虏自溃矣。”曹操高兴地接受了这一建议，招抚了陈策等数万流民。[1] 又有“庐江人陈兰、梅成据灊（今安徽潜山县）、六（今安徽六安市）叛”，曹操派遣张辽招抚。[2] 凡此等等，促进社会局势稳定，以安定的环境，保障社会生产和社会经济发展。

曹操在合肥一方面安集流民，一方面笼络文武吏士的思想，颁布了一道抚恤死亡“吏士”的重要文件，《令》曰：“自顷已来，军数征行，或遇疫气，吏士死亡不归，家室怨旷，百姓流离，而仁者岂乐之哉？不得已也。其令死者家无基业不能自存者，县官勿绝廪，长吏存恤抚循，以称吾意。”这一文件，说明曹操以人为本的治军思想和政治路线。有利于促进集团内部的团结与稳定，尤其是对于稳定江淮地区的社会局势有重要意义。江淮地区，与孙权集团隔江相峙，稳定士民尤为重要。

4. 建置合肥常规驻军

鉴于建安十三年，孙权率众十万围攻合肥百余日，曹操决策在合肥建置常规驻军，留任大将“张辽与乐进、李典等，将七千馀人屯合肥。”[3] 合肥自此有了国家常规驻军七千人，战时出征，平时屯田，其军事上的战略防御的地位显现。曹操饮马长江，逐鹿江南，统一宇内的前沿战略基地初步建成。

---

〔1〕《三国志卷一·魏书一·武帝纪第一》。

〔2〕《资治通鉴》卷66。

〔3〕《资治通鉴》卷66。

五、曹操的东南屏障——合肥

曹操经略合肥，开发江淮取得一定的成效以后，江东的孙权集团政治势力也渐渐强大，经济实力不断增强，政治视野注目到北方，问鼎中原之心滋生。其第一步部署就是夺取江淮。合肥是曹操在东南地区建成的江淮屏障，夺取江淮，第一个目标就是夺取合肥。合肥在江淮地区举足轻重，谁夺取了合肥，谁就占有了江淮。孙权于建安十三年率众进军合肥，此后约有近二十余次进军合肥，均未成功。其中曹操当国时期，孙权就进军八次，曹操领军亲征合肥多达四次（分别为建安十四年、十七年、十九年、二十一年），每次停留合肥少则三个月，长则半年。合肥在战火中发展，合肥在双方争夺中愈益显示出战略地位。下面择其要者简述之：

1. 孙权围攻合肥百余日（建安十三年）

建安十三年，曹操正在江陵征讨刘备，就是著名的“赤壁之战”。这次战役，曹操失利。正当曹操失利于赤壁之时，孙权趁机策应刘备，出兵攻打合肥。此时，曹操并没有放松对合肥战事的关注，闻听孙权出兵合肥，立即派遣张憙率军援救合肥。

孙权这次攻打合肥的阵势十分强大，兵分三路：周瑜率军渡江，与曹操部将曹仁对峙；张昭率军攻打当涂（今安徽马鞍山市）；孙权亲自率军十万围攻合肥长达百余日。[1] 孙权围困合肥期间曾经集中兵力猛攻合肥城，“逾月不能下”，闻听曹操派遣张憙救兵到达，于是撤围。

2. 孙权曹操对峙合肥（建安十四年）

建安十四年3月，孙权率军围攻合肥。

是年，曹操为了迎战孙吴，在谯郡建造轻便舟船，训练水军。7月，曹操率领这支水军由涡水下淮水，出肥水，到达合肥，迎接孙权的挑战。孙权这次避开了曹操的兵锋，没有正面对决。曹操驻扎合肥半年，直到12月才返回谯郡。留下7千兵力，由张辽、乐进、李典统领，守卫合肥。

3. 草船借箭——曹操、孙权会战濡须口（建安十八年）

濡须口，即濡须水流入长江的入江口，地点位于今安徽无为县江坝乡泥汊镇天河入江口。濡须水的另一端连接巢湖，巢湖依赖濡须水泄流汇入长江。长江、濡须、巢湖、施水（今合肥南淝河）、肥水、淮河，连接成一条水上通道，通向黄河流域，沟通了长江、淮河、黄河之间的南北水运线。濡须水，是中国中部这条南北黄金水运线的组成部分。曹操水军南下由合肥进入长江，必经巢湖、濡

〔1〕《三国志·魏书一五·刘馥传》。

须水。

建安十七年10月，曹操兴兵征讨孙权。孙权闻讯，即选择濡须口建造“濡须坞”迎战曹操。濡须坞，是坚固的军事城堡建筑。胡三省注曰：“孙权夹水立坞，状如偃月。杜佑曰：濡须水，在历阳西南百八十里。余（按：指胡三省）据濡须水出巢湖，在今无为军北二十五里，濡须坞在今巢县东南四十里。”[1] 曹操“步骑40万”，10月由邺县抵合肥。第二年（建安十八年，213年）春，“临江饮马”，[2] 兵锋直指孙权的水军基地濡须坞。曹操首战获捷，攻破孙权江西营寨，俘获孙权的水军都督公孙阳。

孙权亲自率众七万抵御曹操。曹操作油船，夜渡洲上（长江江心的沙洲），偷袭孙权。孙权以勇将甘宁担任前部都督，统领三千人马，围堵曹操，曹操军队偷袭失利，没溺者数千人。第一个回合，两军互有胜负。接着孙权数次挑战，曹操坚守不出。孙权密令甘宁，黑夜袭击曹军。甘宁挑选手下健儿百余人，直接抵达曹操营帐，拔鹿角，逾垒入营，砍下数十首级。曹操军队惊骇鼓噪，举火如星，查询情况，甘宁已还入自己的军营，作鼓吹，称万岁。当夜，甘宁拜见孙权，孙权大喜，把甘宁比喻为张辽，曰：“孟德（曹操字）有张辽，孤有兴霸（甘宁字），足相敌也。”孙权又亲自乘轻船，从濡须口，进入曹操的军事防线，观察曹操虚实。曹操诸将领打算反击。曹操下令不得妄发。孙权舟行五六里，回还作鼓吹。曹操见孙权舟船、器仗、军伍整肃，坚持不出战。为了打击孙权的嚣张气焰，曹操命令“弓弩乱发，箭著其船。船偏重将覆。权因回船，复以一面受箭。箭均船平，乃还。”[3] 这就是孙权、曹操对决。孙权用船两面受箭的历史，《三国演义》调换了主人公，编写成诸葛亮“草船借箭”的故事。

曹操、孙权两军相持一个多月，不分胜负。孙权利用春季发水，长江将要涨水的特性，写信威胁曹操说：“春水方生，公宜速去。”又用另一张纸写道：“足下不死，孤不得安。”曹公语诸将曰：“孙权不欺孤。”乃撤军还。

4. 孙权重创合肥南线皖城，夺取庐江郡（建安十九年）

建安十九年5月，孙权举兵攻打合肥南面的重镇皖城（今安庆市潜山县）。皖城，扬州庐江郡治所所在，“皖田肥美”，是曹操重要的屯田区。孙权亲自率军攻击皖城，听从大将吕蒙的建议，“以三军锐气，四面并攻”，不到半天的时间，攻破皖城，俘获庐江郡太守朱光，夺取庐江郡。合肥驻军将领张辽闻讯前来援救，援军抵达“夹石”（在今桐城市北四十七里，今名西峡山）时，闻城已

〔1〕《资治通鉴》卷66建安十七年九月条《胡三省注》。

〔2〕《三国志·吴书·甘宁·裴松之注》引《江表传》。

〔3〕《三国志·吴书·吴主第二·孙权·裴注》引《魏略》。

拔，乃退。[1] 孙权夺取庐江郡，拜吕蒙为庐江郡太守，进一步谋划北上进攻合肥。

5. 曹操三往合肥征讨孙权（建安十九年）

建安十九年7月，曹操出征孙权，到达合肥。这是曹操第三次亲往合肥，征讨孙权。孙权不肯出兵。冬，曹操急于应付西线战事，准备暂时撤离合肥。曹操离开合肥之前，对合肥的局势有所预测，留下一道指令，由护军薛悌保存，信函上写明“贼至乃发”，命令张辽等人等到孙权的军队进攻合肥时，打开密令，照计行事。曹操一切布置妥当，然后领军向西征讨张鲁。

6. 孙权、张辽鏖战逍遥津（建安二十年）

果然不出曹操预料，孙权获悉曹操西征张鲁，亲率大军10万于建安二十年（215年）由庐江、寻阳北上，大举进军合肥。与合肥戍军张辽七千人马对决，战争烟云笼罩着合肥。张辽以少决多，与孙权鏖战逍遥津。逍遥津，合肥扬州城的护城河，与施水相通。施水通巢湖，孙权的水军可以由长江、濡须水、巢湖、施水，直抵逍遥津，直逼扬州城下。形势异常紧急之时，张辽、乐进、李典打开曹操《密令》。命令说：“若孙权至者，张、李将军出战；乐将军守，护军（按：指薛悌）勿得与战。”按照曹操的指令，张辽、李典挑选八百勇士，突围逍遥津，突入孙权围军数十次，孙权猝不及防，在局部战场上，被张辽的勇士队追击至逍遥津桥头绝境。逍遥津桥已经被拆毁一半，桥面上只剩下残余两板，水阔，距对岸一丈多。孙权背水途穷，不得已，在众将士的掩护下，策马上津桥，准备飞渡逍遥津逃险。亲随人员谷利在马后，控马著鞭以助马势，孙权一跃而过，对岸贺齐等将领率三千人马在桥南接应，孙权终于脱险。孙权虚惊之后，锐气大挫，又逢军中疫病流行，决定撤退。合肥又一次赢得了一场保卫战的胜利，这是合肥历史上最突出的一次战役，是张辽、李典等成名的战役，从此孙吴军闻之丧胆。

7. 鏖战濡须口，逼降孙权（建安二十二年）

居巢（今天安徽巢湖市）属庐江郡，合肥的直接门户。巢湖水域主要在居巢境内，濡须水出巢湖的水口巢湖口即在居巢境内。孙权的军队出长江入巢湖，必经居巢。

建安二十一年（216年）冬，曹操治兵，“亲执金鼓以令进退”，决心南下征讨孙权。这年11月，曹操大军到达谯郡。二十二年正月，曹操亲自率领大军到达合肥，驻扎居巢与孙权决战。这是曹操第四次亲往合肥征讨孙权。2月，曹

〔1〕《资治通鉴》卷67，建安十九年。

操向孙权发起进攻，“进军屯江西郝溪。权在濡须口筑城拒守。”[1] 两军在长江濡须水口展开对决。曹操以强军“逼攻”，孙权招架不住，引军“退走”。3月，孙权宣布投降，派遣“都尉徐详诣操请降。操报使脩好，誓重结婚。”

曹操与孙权以相约“结婚”的传统方式携手言和，宣告曹操取得了征服孙权、收复东南的初步胜利与成功。但是仍然保持对于孙权的警惕，“三月，操引军还，留伏波将军夏侯惇、都督曹仁、张辽等二十六军屯居巢”，重兵驻扎合肥防御基地。

8. 孙权出兵合肥（建安二十四年）

建安二十四年（219 年），孙权又一次出兵攻打合肥。不过，孙权这次出征合肥，陈寿《三国志》没有记载，只是《资治通鉴》上轻描淡写附记一笔。因为孙权这次出兵，乃是虚张声势，战略上“助刘备”，从东线牵制曹操的兵力，并没有实际的交锋。

第二年，即建安二十五年（220 年）正月，曹操“崩于洛阳，年六十六。”

曹操在世之前，孙权未敢轻举妄动。终曹操一生，四次亲征孙权于合肥，兵临长江，逼降孙权，最后与孙权“修好”“结婚”，应当是其安定东南、“平一宇内”之大业的一部分，是为曹操开发江淮画了一个完美的句号。

六、曹操开发合肥的再认识

统一，是中华民族追求团结的民族精神之一。曹操建置合肥，开发江淮，是其统一大业的一部分，符合历史潮流，赢得民心，这是曹操获得成功的根本原因。

曹操在复杂的局势中，选择江淮地区作为重点，持续不断地开发，不但有利于江淮地区经济、文化的发展，也促进了全国社会经济文化的兴盛。尤其是曹操在江淮地区推行了“急农”、“屯田”“强兵足食”的战略部署，符合历史实际，也符合中国中部地区的社会经济发展的特征。曹操的战略思想影响到曹魏后期，司马懿派遣邓艾规划两淮水利和屯田工程。邓艾在修治和发展芍陂水利与屯田中做出了卓越的贡献。《读史方舆纪要》记载：“邓艾重修此陂，堰山谷之水，旁为小陂五十余所，沿淮诸镇并仰给于此。”《芍陂纪事》记载：“北临淮甸，南尽芍陂，淤者疏之，以增灌溉、通漕运。”邓艾治理后的芍陂，水利效益多方面体

〔1〕《资治通鉴》卷68 建安二十二年正月条，《胡三省注》。胡三省考证，“居巢县，属庐江郡，春秋之巢国。宋白曰：今无为军，本巢县之无为镇。曹操攻吴，筑城于此，无功而退，因号‘无为城’。临濡须水上堧地。”依据胡三省的考证，曹操这次坐镇居巢指挥攻打濡须坞，当在今安徽无为县境内。考察今无为县城，地址位于古濡须水（今天河）“上堧”，与文献记载相符。

现，促进了淮南广袤农田的开垦与发展。《晋书·食货志》记载“自钟离（今安徽凤阳县临淮关）而南，横石以西，尽沘水，四百余里，五里置一营，营六十人，且佃且守。”

曹操在合肥扬州的屯田有两种形式，其一民屯，其二军屯。民屯的方式，一是招募无地农民，农民应募以后按照军队编制管理，不得随意离开，称为屯田农民。耕种的土地由国家供给。二是组织流民屯田。军屯，让各地军队就地屯田，士卒轮番耕种，收获粮食充为军饷。

曹操在开发江淮的战略部署中，能够抓住合肥这一江淮之间的重镇，如同抓住了江淮地区的“牛鼻子”，带动了江淮大地发展，合肥也这一历史阶段获得了出色的进步。

（作者系安徽大学历史系教授）

明代凤阳一府的赈灾

周致元

明代的凤阳府包括凤阳、临淮、盱眙、天长、定远、霍丘、颍上、怀远、灵璧、五河、太和、虹县和泗州、寿、颍州、亳州、宿州等州县。由于种种自然因素加上人为的原因，使地处淮河流域的凤阳府成为灾害频发的地区。明熹宗曾说："凤阳等地方，一岁而水旱蝗蝻三灾叠至，禾稼尽伤，孑遗颠连，民瘼可悯。"随着灾情的发生，赈灾措施也全面地推行。本文即以凤阳府为中心，考察明代的赈灾措施，了解明代荒政中的一个重要组成部分。

一、明代赈灾的钱粮来源和数额

下表是《明实录》中检出的有关凤阳一府的赈灾钱粮来源资料：

序号	时间和出处	钱粮来源
1	永乐元年三月甲午	"旁近军卫有司所储"
2	八年三月乙亥	"仓"
3	十二年三月壬寅	"发官廪"
4	二十年四月庚寅	"见储粮"
5	宣德二年九月丁亥	"官仓稻谷"
6	三年五月辛未	"借官仓仓米"
7	七年十月辛亥	"预备仓粮"
8	八年五月乙丑	"预备等仓粮"
9	八年五月庚午	"发官廪及劝富民出粟"
10	八年五月戊寅	"预备官廪米"
11	八年六月甲午	"借官仓粮"
12	八年闰八月戊寅	"预备仓谷"
13	九年二月己酉	"移赈"
14	九年二月乙卯	"预备仓及军卫有司官仓给米"、"淮安常盈仓、徐州广运仓"

（续表）

序号	时间和出处	钱粮来源
15	九年四月癸丑	“借徐州、淮安二处仓粮”
16	九年十月庚戌	“有司设法劝分”
17	九年十一月乙未	“借给官仓谷米麦豆”
18	十年六月庚申	“货易米麦”
19	正统二年四月壬戌	“在官米麦”
20	二年六月庚辰	“发廪”
21	三年六月甲寅	“预备仓及劝借”、“官仓”
22	六年十一月辛卯	“宿州卫军张义出稻麦千石有奇”
23	九年六月乙酉	“府民魏胜……出稻麦千石有奇”
24	十一年九月壬午	“河泊所官耿原……出谷千石有奇”
25	十三年七月庚申	“县民廖冠正……出米麦助官赈民”
26	成化元年八月戊戌	“诸县仓”
27	元年九月丙寅	“发银四万两”
28	元年十月壬午	“劝借米粮”、“赃罚等银”
29	二年闰三月癸丑	“淮安常盈仓”
30	二年闰三月庚辰	“没官盐二万余引”、“般料钞”
31	十八年戊子	“两淮盐价银”
32	十八年三月庚午	“淮安常盈仓借官粮”
33	二十二年二月庚子	“借太仓官银”、“盐钞”、“纳米量授武职”、“僧道度牒……得银”
34	弘治二年十一月己卯	“募人纳米给冠带散官”
35	十六年九月丁丑	“南京户部所收水兑余米”
36	十六年十月丁未	“两淮运司引盐”、“淮扬二钞关见收”、“赎罪折钞银”
37	十六年十一月戊寅	“户口食盐存钞存留”
38	十六年十一月壬午	“暂借钞关银两、赃罚财物、收贮粮价水兑及存积余米”
39	十七年二月丙午	“兑军粮米”
40	正德三年十一月乙未	“南京各卫仓粮”
41	四年二月癸亥	“兑军粮米”

（续表）

序号	时间和出处	钱粮来源
42	十二年十一月丁亥	“盐价银”
43	十三年正月丁巳	“兑运粮”、“脚价银”、“盐价银”
44	十三年九月己未	“发所在仓库”
45	十四年四月乙丑	“钞关折银”、“变卖盐银”、“纳银……授冠带义民”
46	十六年十一月戊午	“两淮运司余盐及淮扬二钞关船料银”
47	嘉靖三年正月壬辰	“太仓库银”
48	三年十一月壬戌	“上年赈剩银粮”
49	五年九月壬子	“赈剩各项钱粮”、“钞关料银”
50	十六年十月庚戌	“仓库见储银米”
51	二十四年闰正月乙亥	“两淮余盐银”
52	三十一年九月丙午	“赃罚钱及预备仓粮”
53	三十二年九月甲子	“赎金”
54	三十二年十月乙亥	“官帑公廪、赎纳、劝借”
55	万历三年八月戊子	“赃罚”、“商税银两”
56	九年四月乙亥	“各州县库银仓谷”
57	十三年闰九月戊戌	“留漕折银”
58	十四年九月己未	“太仓银”
59	十六年四月甲寅	“截留漕粮”
60	十七年十月癸卯	“凤阳府属银”
61	二十三年十月丙午	“备赈银米”
62	二十七年十一月癸酉	“发粟”
63	四十年三月丙午	“发帑”

由上表可以得出如下结论：首先，预备仓的仓储是明朝前期至中期赈灾粮的重要来源，预备仓的设立原则正是为了“以赈饥荒”。但是，明朝预备仓制经历了一个由盛到衰的发展过程，上表中嘉靖以后再无预备仓赈灾记录，就体现了这个过程。

其次，除了预备仓以外，其他各类官仓的积贮也是赈灾钱粮的重要来源。有所不同的是，这类官仓的储粮常常是“借”给贫民暂渡难关的。如表中宣德八年六月甲午，定远县“借官仓粮计口均给，俟秋成还官”。宣德九年十一月乙未，“借给官仓谷、米、麦、豆济之，俟明年秋成还官”。尽管预备仓粮的发放有时也实行“春贷贫民，秋成还官”的原则，但那只是为了确保仓粮始终充足的积谷措施。而其他各类官仓的储粮都有明确的供给对象，用于赈灾只是临时救急的权宜之计，待灾后自然要设法填补赈灾中出现的储粮空缺。自上表还可以看到，距凤阳不远的淮安府常盈仓成为凤阳府赈灾粮的重要来源。值得关注的是，直接受控于户部的太仓也能在地方赈灾中发挥作用，如嘉靖三年正月壬辰，“户部即发太仓银十五万两付差去赈济，侍郎都御史等官分赈应天、淮、凤等府”。这说明赈灾救荒在明朝统治国策中占有极重要的地位。不过，应该指出的是，就赈灾这一功能来说，万历以前仍以预备仓为主。正统三年十二月甲寅，巡抚曹弘奏：凤阳府“所属州县水旱灾伤，人民缺食，请借官仓粮赈给”。明英宗“命以预备仓粮及劝借赈恤，不敷，则于官仓量给之”。官仓在赈灾中只是预备仓劝借财物的一点补充。

其三，出卖盐引，调动商人出资赈灾，这是明代国家筹措赈灾钱粮的又一重要举措。如上表中成化二年闰三月庚辰，“凤阳诸处灾伤，措置赈济别无余策，查得两淮运司仪真批验盐引所见没官盐二万余引，已行召商定价卖盐支用……以备赈济”。需要注意的是，此举是在“别无余策”的前提下，才将没收的盐转卖赈灾。成化十八年正月戊子，“发两淮盐价银五万两赈济凤阳等处饥民”。此后又多次用盐税赈凤阳府灾荒。到嘉靖二十四年正月乙亥，漕运总督王暐因凤阳被灾，“乞留漕运折粮银数万济之”，而户部不准，认为“漕粮为京储重计，难以计留，听以所给两淮余盐银赈济”。由此，结合上表，我们可以看到，明政府对于动用盐税收入赈灾的态度有一个变化的过程，起初较为谨慎，后来随着财政危机的加深，两淮盐税用于赈灾也就逐渐通行了。

其四，广泛运用社会力量救灾，鼓励富民出资助赈，也是明代救荒的一大特色。当然，要富人出资济贫，作为国家和官府，有必要在其中起组织和引导作用。正统九年六月乙酉，凤阳府民魏胜出资助赈，获得“赐玺书旌劳，复其家”的待遇。其后的耿原也得到同样的恩赐。除了这些名誉上的奖励和徭役上的优免外，向富户出售官职也是明代调动富人出资的有效手段。成化二年，为赈救应天和凤阳的饥民，总督南京粮储都御史周瑄“乞不为常例，移文江西、浙江、并南直隶儒学，廪膳生能备一百石，增广一百五石，运赴缺粮处上纳者，许充南京国子监生；民纳米一百石者，于本处司府州县充吏，三考，赴京就与冠带”。对于这样的建议，明宪宗“以所言皆救荒防患急务，悉从之”。明朝君臣公开地为赈灾而卖官鬻爵，全然没有不适合的感觉。如以表中出现的事件为例，从文官到武官，从候补官到散官，全都可以议价出售，连僧道渡牒、义民冠带也都可以待价而沽。更可笑的是，大灾之年，尽管封建国家有官职出售，但买者惜钱，政府还要压低价格。成化二十二年二月庚子，凤阳知府章税说：“本府即今米价每石值银八钱，近巡抚都御史所以拟商民、赦余人等纳米给与散官，并旌为义民，俱无应者，乞量减其数。”对于其所请，皇帝“多从其言”，这足以反映封建国家在自然灾害面前捉襟见肘的窘境了。

其五，罚赃、赎罪和没收资产收入也是赈济灾民的经济来源。据《明史·食货志》，预备仓粮储的来源之一是“赎罪赃罚，皆籴谷入仓”。说明赎罪和赃罚钱粮是荒政支出的固有来源。而太仓的来源之一是“籍没家财，变卖田产，追收店钱”。“救荒如救焚”，非常时期，这些财物都可以直接用于救灾。

其六，大灾之年，受灾地区临近地的榷关的商业税也能成为凤阳府赈灾的经济来源。榷关的设立本是为了征收商业税，与赈灾并无直接关系。如上表中多次提及的淮安钞关，始设于宣德年间，成化、弘治年间，年征钞折银12000余两，万历时增至22700余两，崇祯时达到58000余两。这些收入正常情况下都要解送户部，用于救灾只是临时的应急措施。

其七，漕粮亦可用来赈济饥民。漕粮是保证封建国家对官吏俸禄、军队给养和宫廷挥霍所必需的巨额粮食供给，不到万不得已，不肯挪作他用。万历十三年闰九月戊戌，凤阳、淮安三府受灾，明神宗诏“留漕折银一十五万两赈之。漕折例不准留以淮、凤重地也”。上表中提到的最早的漕粮赈灾事例是在弘治十六年九月丁丑，凤阳旱，“将南京户部所收水兑余米差官给赈”。从上表中来看，漕粮赈灾多在明中叶以后，其现象应是备荒制度废弛、财政荒绌，政府在赈灾手段的选择上饥不择食的反映。

赈灾过程中给予饥民的粮食数额也不容忽视。万历《明会典》记洪武年间“灾伤去处散粮则例：大口六斗，小口三斗，五岁以下不与”。而永乐时定苏松地区的“给米则例：大口一斗，六岁至十四岁六升，五岁以下不与。每户有大口十口以上者，止与一石”。可见散粮标准在洪武和永乐年间就已形成了很大的差别。嘉靖时又定大口给二三斗，小口给一二斗。有关凤阳府的赈灾散给钱粮数额在《明实录》中有几处确切的记载，不妨列举出来，可资参考：永乐八年七月辛巳，赈6700余户饥民，用稻16120石；永乐二十年四月庚寅，对凤阳府颍州给粟86850石；宣德八年闰八月戊寅，用3985石仓谷赈霍丘一县；成化二年闰三月癸酉，对凤阳等地灾民“每口给粮一石”，万历十七年十月癸卯，给凤阳府赈灾银2400两。由以上数据可以看到，由于灾害危害的大小不同，国家或地方的财政宽绌不一，故每次赈灾所给的钱粮数额就存在明显的差别。

二、明代赈灾过程中的流弊与防弊

封建社会，由于官吏腐败，赈灾过程一直是贪官污吏巧取豪夺的绝好时机，对此，当时的舆论就颇多微辞。赈灾的对象一般是贫民，但往往“所赈贫民，贫民未必有粮”。正德时，巡按直隶监察御史陈杰因凤阳等地大水奏：“污吏日兹，侵冒无禁，穷乡父老闻朝廷赈贷携扶入城，守伺月余，反鬻儿女，恸哭以归。此赈贷之弊!”这充分反映了封建国有赈济的虚伪性。明代林希元的《荒政丛言》一书记载了作者在凤阳府的亲身赈灾经历：“臣昔时待罪泗州，适江北大饥。臣始至，稽其簿籍，本州已赈济两月，仓库钱已竭矣。而民父子相食者不能救，盗兵横驰者日炽。臣深求未得其故，既而见民有投子于淮河者，问其赈济，则曰无钱与里书，不得报名也。又审贼犯于狱，问其赈济，则曰未也。而稽其簿籍，已支两月粮。盖里书之冒支也。又收饿殍于野，问其赈济，则曰无有。何以不济，曰：户有四口，二口支粮，月支三斗道途往复，已费其半。一口支粮，四口分之，每口只得六七升，是以不济。此按籍之弊也，此里正之不足也。”由此可见，赈灾制度自身存在的问题加上下层胥吏在其过程中的营私舞弊，造成的后果非常严重。万历九年，凤阳等地连年灾伤，内阁首辅张居正在明神宗面前批评各级官吏：“今有司坐视民瘼，痛痒不相关……请赈，则曰不敢请。此亦何不敢请之有？不过推调支吾，归过君上，何尝有忧民之心。即如积谷一事，屡奉旨申饬，竟成虚文。彼皆有自理赃赎，未尝佐公家之急，则将焉往？臣等不胜愤懑。窃以为此辈若遇圣祖，不知当以何法。”张居正的话正典型地反映了当时地方上层官吏对赈灾的消极态度。同年，又因大江南北赈灾之事，神宗敕曰：“朕自即位以来，蠲赈之令无岁不下，一切裁省清查，亦无一念不在邦民。乃各地方官全不体朝廷德意，剥下肥已罔上行私。据被劾赃迹，动盈千百。其口称贤能，亦不过善于趋承结纳，何有爱民实意？即如积谷一节，原以备赈，亦都不着实奉行；用至灾伤，束手无策。不知平日所理赃罚作何开支销。抚按相与朦胧欺罔，反归怨朝廷。饰非掩罪，好生负国殃民。且姑不查究，今后再有这等，拿来重处，抚按官一体治罪。”能引发龙颜如此震怒，亦可见赈灾官在赈灾过程中行为之贪酷，一定是到了令人发指的地步。如此看来，明中期以后，每遇赈灾之时，从上到下，贪官横行，是无可争辩的事实。

既然赈灾过程中舞弊盛行，封建统治者在实行赈灾的同时，也有一些防止舞弊的措施。

首先，朝廷重视赈灾的选官。弘治十六年，凤阳等地大旱，明孝宗命户部“选部属及府州县正佐有风力者，领其事，务令饥窘军民均沾实惠，毋纵下人夤缘作弊，虚费钱粮”。在重视选官的同时，根据赈灾政绩对官员量加黜陟奖罚。

弘治七年，因凤阳等地灾，户部奏请："请行各巡抚都御史谕令所属正官劝相赈给。中有徒事虚文、惠不逮下者，以不职罪之。"对此，明孝宗认为可以。正德时又有巡按御史陈杰奏请："仍谕抚按诸臣严督郡县，务以安养生息为事。有犯科克赃私者，罪不止于罢黜。"这是针对凤阳等地赈灾而言的，但武宗并未准允。尽管如此，陈杰的上奏还是反映了人们对贪官污吏借赈灾之机中饱私囊行为的切齿痛恨。又再如嘉靖时，凤阳等地灾，吏部侍郎程文德上言要求："自抚按以下，凡诸常事悉暂停辍，一意赈恤，督责诸守令夙夜从事，仍各造册登记全活之数，定为等则，以课殿最，以凭黜陟。而抚按守巡之贤否，亦是稽焉"。此议允行。万历九年，神宗对凤阳等地的赈灾大为不满，要求"今后再有这等，拿来重处，抚按一本治罪"。这些奏疏和诏令既反映了赈灾过程中贪赃之风屡禁不止的事实，也表明了明朝统治阶层为确保荒政的顺利推行而付出了一定的努力。

其次，明重视赈灾过程中的监察活动。嘉靖八年，包括凤阳在内的全国大面积灾区灾情严重，大学士杨一清就赈灾事言："严行督治，毋事虚文。"世宗下诏："各抚按官行令所司，具以从前恩诏，出给榜文。其除免分数，并赈济救荒事宜，务从实会行。有苟且塞责及乾没为奸利者，处以重典。守巡官督察不严者，抚按官以名闻。"根据这条旨意，中央派出的监察官和地方官在赈灾中处于互相监视、互为牵制的状态中，这对于防止贪官利用赈灾渔利应是相对有效的手段。嘉靖三年，南京兵部侍郎席书在凤阳的赈灾活动中受到告发，皇帝令"司礼监、户部、法司、锦衣卫各正官一员，同抚按官从公查勘，具实以闻"。可见，国家对赈灾官的一举一动都是密切关注的。国家对赈灾官的贤否考察也是不厌其烦的，万历十四年，凤阳府分得了万两赈灾银，朝廷不仅要求选派"历练老成"的官员去赈灾，"且令抚按加意选委稽查，事完从公举劾，勿以虚文塞责"。如此看来，凡大的赈灾活动，对其过程进行监察是一项既定的制度。

三、明代赈灾的对象和目的

历代封建统治者为了维护小农经济的正常运行，都非常重视赈灾，明代统治者亦不例外。对于凤阳地区的赈灾更是如此。万历十五年，因凤阳等地灾，大学士申时行对明神宗说："无田无室之民，蠲免所不及者，不加赈蠲，则饿死道路。"这反映了赈济的主要对象是最贫困的无田无地的农民，是要让灾难中的贫民能保全性命，不致饿死沟壑，以便小农生产能延续下去。正因如此，神宗对蠲赈过程中"有同多充囊橐小民实不沾实惠"的状况深为不满。其次，每次大面积的赈灾活动，朝廷都要三令五申赈灾下诏："务使人沾实惠，如虚费，重罪不宥。"再如正德十五年，朝廷针对凤阳赈灾，"申饬所司，务加实惠于民"。这些都体现了明代赈灾的基本思想。

对于平民来说，灾荒之年首要面临的是生存问题，于是大多数的赈灾都是在明确人民“乏食”、“缺食”或“饥荒”等前提下进行。那么，赈济贫民的直接目的就是拯救饥民的性命。景泰四年，凤阳府饥，总督漕运右佥都御史奏：“臣委官于河上，每遇经过舟船，量令出米煮赈给之，赖以存活者，一百八十五万八千五百余人。”此举颇得朝廷嘉赏。又如嘉靖二年，凤阳府饥，南京兵部侍郎席书奉旨往江北赈灾，户部指出：“救荒固多术，其要惟在活民。”

扶危济困，拯救生灵，这是赈济灾荒的直接目的，其根本目的还是在于要消灾弭盗，维持封建国家的长治久安。如弘治十六年，凤阳大旱，“灾重民穷盗发”，在这种情况下，孝宗选官赈灾。万历九年，凤阳连被灾伤，“民多乏食，徐宿之间至以树皮充饥，或聚为盗，大有可忧。”内阁首辅张居正意味深长地说：“元末之乱，亦起于此。今当大破常格赈济以安之。”明神宗也说过，“各种灾伤地方，盗贼易起。”如此看来，令统治者寝食难安而不得不推行赈灾措施的根本原因，是源于贫苦农民的反抗斗争。另有一点不可忽视，凤阳作为朱元璋的故乡，在明代一直被视为非常地区。明代君臣都以为凤阳是“皇业所基，祖陵所在，视他地方不同”。那么凤阳地区的赈灾活动还有“上慰祖宗之灵，下遂民庶之愿”的双重意义。正德十二年，大学士梁储说：“凤阳，祖宗兴王之地，雨久山水骤发。临淮、天长、五河、盱眙等县军民房屋尽被冲塌，田野禾稼淹没无存老稚男妇溺死甚众……伏望皇上念祖宗创业之艰难，思今日保守之不易，新德勤政以回天意，布德施惠以安人心。”在此，梁储把凤阳地区的救灾与顺天应人的政治追求结合到一起，将凤阳特殊的历史背景作为政治筹码，意欲引起明武宗的重视。可见这种做法在当时是很普遍的。

（作者系安徽大学历史系教授）

淮河流域黄患与徐州城市变迁

赵明奇 周玉涛

上古之世，泰山以南众水归淮，因而又称淮海地区。淮海地区从上古三代到隋唐的整个历史时期中，是我国沿海经济带中最富饶的地区。然而，由于北宋年间黄河南泛，夺泗入淮，致使淮泗河床淤垫，皖北、豫西、鲁南众水不能顺畅入淮，水文体系紊乱，水灾频繁交加，使淮河流域黄泛区的农耕条件日益恶化，城市功能逐渐退化。至建国初期，淮海地区经济社会发展的状况已沦为沿海经济链条中最贫瘠的一环。徐州城是淮海地区的重要城市之一，有史可考以来，徐州城市的地理位置基本未变，考察徐州城市兴衰的历史，分析自然灾害给这个城市的影响，对于我们研究淮河流域城市变迁的某些共性，具有参考意义。现根据掌握的资料，以徐州城市发展的个案为例，祈望就教于大家。

徐州城古称彭城，是一座声名久远的历史文化名城，历史上曾经是项羽西楚政权的王都和众多诸侯国的国都，一直是淮海区域政治、经济、文化交流的重要城市之一。由于它地处中原、齐鲁、江淮的交接之处，又是南北东西水陆交通的枢纽，一向为兵家必争之地，素称北国重镇、南国雄关，得失至关王朝兴衰。徐州城环山居中，古有汴泗通流，今有津浦、陇海铁路穿行，进可攻，退可守，历代战争韬略、玉帐歌诀等军事理论著作中都叹为险国、严邑、金城汤池。1914年4月毛泽东同志途经徐州，曾特意在徐州古城墙上环绕一周，留下了深刻的印象。二十二年后的1936年会见美国记者斯诺时，他仍然兴致勃勃地以当年环绕“《三国》中有名的徐州城墙”而自豪。〔1〕

徐州城之所以称为彭城，究其始源是因上古尧帝赐封钱铿（彭祖）于此建大彭氏国而来的。大彭氏国历夏、商二朝，虽亡于商代武丁四十三年（公元前1207年）〔2〕，但因其在历史上的实际地位和传说魅力而影响久远。近年海内外彭氏宗亲络绎不绝地来此寻根问祖，焚香祭祀，可见其盛名不衰。有关彭城的文字记载，现存最早的确切史料应是鲁国的编年史《春秋》。《左氏春秋传·鲁成公十八年》曰：“夏，楚子、郑伯伐郑，鱼石复入于彭城。”鲁成公十八年是公

〔1〕 埃德加·斯诺：《西行漫记》，三联出版社1979年版。

〔2〕 鞠德源：《万年历谱》，山西人民出版社1987年版。

元前573年，据此，徐州古城距今已2578年（公元前573年—2005年），比苏州阖闾城早59年，可以说是江苏省境内最古老的城市。另有《后汉书·东夷传》记载周穆王密令楚国伐徐，徐国首领徐偃王率众败走"彭城武原县东山下"，则证明徐州城市史当在2800年以上，可以说是全国最悠久的城市之一。

说起这座城市的悠久历史，可谓是一部刀光剑影的悲壮史，一部大河横流的血泪史。约2800年来，经过血与火的洗礼，经过地震与洪水的动荡，它不断地毁灭，又不断地崛起，多次涅槃，又多次新生，至今仍以宏伟壮丽的雄姿屹立在"海岱及淮"的中心。《中国历史地理论丛》1997年第4期，曾刊拙文《徐州西楚故都彭城遗迹考》，以历史地理演变的一般常识"水转山不转"等方式，考证西楚霸王项羽的遗迹"戏马台"，从而证实徐州城址至今没有移位；又考证"西楚故宫"、"统一街"两处遗址，旁及徐州城下有城等问题，但未能深究。现综合二十世纪以来的考古资料[1]，参考徐州有关同志的有关文章[2]和本人在徐州自然灾害史方面的研究成果[3]，拟从城市变迁过程入手就徐州城市发展的特点及其与黄泛区其他城市共同的历史因素作进一步探讨。

20世纪30年代末40年代初，徐州南门大街（今彭城路）南端，路东西盛丝线店和路西张同和酱菜店在后院挖防空洞时就发现地上地下有两个位置相等的城门。据同治本《徐州府志》所绘府城图，证明这是地下南城门瓮城的一对耳门，说明城下有城。

60年代初，在统一街挖掘下水道时，发现地下有一条石板铺面的古街道，恰好走向与地上的街道重合。1987年2月，古彭地下商场施工时，在距地表5米处也发现了一段残存13.8米的石铺街道，石质平滑，衔接严整，可见当年繁华市井接踵磨损之状况。据古城图标识，这条街应是古太平街位置，正与今太平街（古彭广场开辟后消失）重合，足证街下有街。

60年代间，在徐州医学院附属医院东边水井干耗后，人们发现井下有套合的井下井古圈，另有原铁佛寺井和文亭街的四眼井，也都与地下古井有重合现象。1987年10月，在淮海路与彭城路地下通道施工过程中发现了上下套连的两口水井。一口在上层，属清代淤积层位，全系青砖竖砌而成；另一口在下层，属明代淤积层位，结构完整，全系石块垒砌而成，上口收拢、下口宽放，均有整块原石板穿凿而成的方井盖和圆护槛，可见井下有井传闻不虚。

---

〔1〕 邱永生：《徐州城下城的思考》，1987年徐州历史文化研讨会论文；张成珠《城下城奇观》，1992年三联出版社《今日徐州·第四章》。

〔2〕 李银德：《徐州城的历史变迁》，1987年徐州历史文化研讨会论文。

〔3〕 赵明奇：《徐州自然灾害史》，气象出版社1994年版。

50年代，今彭城路1号市级机关北院兴建办公楼，发现地下有大量的古建筑残垣断壁、柱础、石案等。因此地带历史上曾经是西楚故宫、北宋苏东坡的逍遥堂、历代州府衙门，所以判断此处府上建府应该是没有问题的。此外，50年代奎河重建苏堤节制闸，发现闸下尚有古闸，于是利用旧基础，建成了闸上闸；70年代，市公安局修建办公大楼，拆除城隍庙，挖地基时发现了地下城隍庙的绿色琉璃瓦等屋顶残迹，确证庙下有庙。

更有1987年古彭广场大规模建设，揭开5000多平方米地表，从地层深浅不同处发现了大量的钱币、瓷器及生活工艺品。尤其是发现一座近200平方米的大型明代院落，气势恢宏、设置完备，可见当时徐州城市的规格和等第。据邱永生文章表述："院落的院墙、院门、石阶保存完好，就连院门右侧的雕花木栏杆和砖雕须弥座也丝毫无伤。在庭院中掘出一尊大型方座石刻花坛，完整而精细，底座和坛盆分别用一整石雕凿而成，细工刻镂有麒麟、宝相花等图案。该建筑在砌造时，首先挖基槽，直至生硬土层，然后填以防水、防潮的碎石子、木炭、草木灰的混合层，再在其上铺砌席纹砖地坪，在院墙下都还堆砌石料成地下护墙"。如此深宅大院，如此精工细造，可见徐州古城的建筑水平之一斑，亦可证徐州古城之繁荣兴盛。

考察世界古城湮灭之历史，或因火山爆发而覆盖，或因流沙吞噬而渐失，或因海啸而荡平，极少有原址再建之例。中国黄泛区历史上有许多城市被黄河泥沙淤垫沦陷后又在原址复建，这种现象在世界历史上是比较罕见的。开封市区尽管城市格局有了许多变化，但原址原建却是不争的事实。而象徐州城这样城叠城、街叠街、井叠井、府下有府、庙下有庙、闸下有闸，如此大规模的上城与下城严整重合的特别现象，国内外尚未见报道。

根据徐州地质水文、城市建设、文物考古等有关部门不同时期的钻孔和挖掘资料表明，现徐州城区淤积层深厚5米至25米不等。市中心古彭广场地表以下8米左右，依次是当代堆积层、近现代堆积层、清代堆积层、河沙淤积层、明代堆积层，8米以下是唐宋金元堆积层以及更深层次尚未开掘的更为久远时代的堆积层。北郊马场湖一带，也就是当年"九里山前古战场，牧童拾得旧刀枪"的地方，由于历史上就属于低洼地带，又值洪流回荡沉积区域，淤积层最厚的达25米。不同堆积层中出土了大量不同时期的耐朽器皿。根据这些剖面的土质结合文物分布分析，堆积层的形成有渐变因素，也有突变因素。再佐证历史重大事件和自然灾害，时代标记还是很清晰的。追溯这些历史过程，便可得出形成城下叠城的历史原因。

先秦时期，大彭氏国都城究竟是什么样子，因实物资料匮乏而无从确证。据文献资料推断，进入奴隶制时代的彭氏方国亦和中原、关中地区一样，当具有军事防御性的堡垒和物物互易性的市场。夏初，启命彭伯寿西征；商代，彭伯又多次率众平定姺人、邳人叛乱；武丁四十三年，商王忌讳彭国日益强盛，终成祸患，“王师灭大彭”。这些都说明彭国的都城应该有个与之相应的规模。根据1959年在距徐州城20华里左右的茅村丘湾发现的社祭遗址来分析，彭国都城即使不在今之市区，亦离其不远。春秋战国时彭城属宋，史载驻军三百乘。按当时军事制度，一乘有一车四马三甲士七十二兵丁，彭城驻军当是两万多人，不计后勤给养之列，能容纳如此庞大驻军的城邑，至少也是万户之邑。另据钱穆先生考证，列举了十五条证据，认为战国时期宋曾迁都彭城[1]。为了在强邻威胁中生存，宋国构筑坚固高大的城池应当是首先任务。依据先秦古城发掘报告，此时城墙多以黏土夯实构建，墙体宽厚，春秋宋国彭城大概亦是如此。

秦始皇统一天下后，为了扫除中央集权统治的障碍，曾下令全国所有的城墙全部拆除，彭城地处战略要地，估计亦难幸免。秦末农民起义后，楚怀王定都彭城，因时间短促，大肆修葺尚无可能。至于灭秦后项羽定都于此，是否整修城墙，史料未见记载。项羽连年征战，似乎无暇顾及；然其为都城，似乎又不该仍旧残败之象。

西汉开国，刘邦封其异母弟刘交于楚国，建都彭城。邱永生著文称：“刘交垒石为城，徐州城至此有了第一次飞跃”，但未言出处；至于城内布局从近年发掘的北洞山楚王地宫、狮子山楚王陵和小龟山汉墓的形制来推论，楚国都城规模宏大，制同京师，有“御府”、“武库”、“楚宫司丞”等文武百官百宫、有等同皇宫的“永巷”（宫殿间的长巷），至少有外城和内城（宫城）两座城池。西汉时期，徐州地区曾经发生过3次大地震和多次水灾。水灾虽有“溃金堤、灌梁、楚”、“河堤大坏，泛滥青、徐”的记载，但不足以对城市构成大的威胁。地震的第一次发生在公元前179年，《汉书·文帝纪》曰：“文帝元年四月，齐、楚地震，二十九山同日崩，大水溃出”。据现代科学分析，此次地震，震中在沂蒙山区，震中烈度大于10级，震级大于7级。第二次在公元前70年，据《汉书·五行志》载：“汉宣帝本始四年，地震河南以东四十九郡，北海、琅邪坏宗庙、城郭，杀六千人”，震中烈度9级，震级7级。第三次在公元前37前，《汉书·五行志》记：“建昭二年十有一月，齐、楚地震，大雨雪，深五尺，树折屋坏。”经此威力无比的震撼，即使是铜墙铁壁，也难得无损，由此形成的堆积物，据不精确估计总在现地表8米以下。当年徐州城郊的狮子山楚王陵和小龟山汉墓原本在山脚台地平行穿凿构建，因遭后来淤垫，现今皆成有3~5米深度的地下墓穴。因此，楚汉故都的真实面貌尚有待深层次考古发现。此后经过东汉200多年的经

〔1〕 钱穆：《战国时宋都彭城考》，《禹贡》杂志第三卷第三期。

营，徐州城的规模得到较大的发展。

魏晋南北朝隋唐五代时期，徐州因其交通地理上的显著位置，一直是南征北伐的冲要。公元415年，东晋义熙十二年，刘裕北伐抵徐，整修因汴水暴涨冲塌的城墙，“悉以砖垒，宏壮坚竣，楼橹赫奕，南北所无”；对城外东北附庸小城“更开广之，垒石高四丈，列堑环之”，[1] 俨然一个险固的军事要塞。公元578年，南陈宣帝太建十年，大将吴明彻率军北伐，围城不下，堰泗水灌城，砖城一时俱尽。唐初，徐州筑内外城，城内尚有马球场，因方镇军和沙陀兵镇压庞勋起义又有损毁。这段时期徐州城的或毁或建，主要和战争相关，尚无覆顶之灾，原址原建布局或有变化，但堆积物仍属渐变过程。

公元1077年，北宋熙宁十年，黄河在澶渊决口，大水至徐州，其城不没者三版。苏东坡率军民抗洪，筑东南长堤御水，城始得以保全。水退后，苏轼便征夫调款，缮筑城墙，以防再度不测。

公元1351年，元朝至正十一年，芝麻李农民起义军攻占徐州。元丞相脱脱亲率大军，用巨石重炮轰击徐州，城被夷为平地。因一时无力重建，遂迁城东南奎山（今已发展成为市区），改名武安州。此次迁城距离不甚远，时间也不算长，但毕竟是徐州第一次迁城。

明朝初年，江山重画。洪武年间，废武安州，在原城址兴建徐州新城。城以石为基，以砖垒砌，净高三丈三尺，底宽亦三丈三尺，顶宽一丈一尺，开城门四，建角楼三，周围掘护城河深宽均三丈有余，一时间，壮丽辉煌，俨然金汤。殊不知，黄河夺泗入淮已埋下了巨大的危机。据统计，明初至明末有文字记载的水灾就达120次之多，几乎是隔年有灾，或连年有灾。黄河泥沙的沉淀，使得河床日益增高，历年培土增修大堤，一者使得黄河河底比城区屋顶还高，成了人们头顶的“悬河”；二者堵住了山东“众水归淮”的去路，无际漫流，形成积潦。考察明代洪涝灾害史料，便可看出：明代初期，祸苗初起，但未成大害。明代中期，水灾已属频繁。如《明史·五行志》载：“景泰三年八月（1452年8月15日至9月12日间），徐州、济宁间平地水高一丈，民居尽圮。”《明宪宗实录》记：“成化十四年八月（1478年8月28日至9月25日间），江北水灾，其间徐州尤甚，夏麦一空，秋禾失望，城垣坍塌，庐舍倾颓”，它如“大雨经旬”、“河决”、“河溢”、“道馑相望”、“人相食”比比皆是。这个时期徐州城因有城墙保护，市民有惊无险。但多次水环州城，四郊淤垫，城中已成釜底，河水与城区的落差已成建瓴之势。明代末期，政治腐败，治河无策，大祸之要素业已酿成。隆

[1] 陈桥驿注译《水经注·泗水》，上海古籍出版1999年版。

庆五年九月六日（1571 年 9 月 24 日），“水决州城西门，倾屋舍，溺死人民甚多”，[1] 这是第一次黄水灌城的记录，仅有数字，详情失载。此后万历二年（1574 年），“大水环城为海，四门俱塞”[2]，幸未成祸。黄水第二次灌城是 1590 年，据顺治本《徐州志》记载：“万历十八年，徐城大水，官解民庐尽没水中；秋复大雨如注，真武观井泉涌出如瀑。”乾隆本《徐州府志》亦记：“万历十八年，河大溢徐州，水积城中者逾年，众议迁城改河，潘季驯竣奎山支河以通之。”此次水灾因黄河泛滥漫溢，加之雨水积涝而成，公私房屋“尽没水中”，定有淤积；“众议迁城”未成，说明被淤程度尚浅。奎山支河（今之奎河）于万历十九年修竣，城中积水仍泄。当年广西巡按御史钱一本路过徐州，见城中仍有积水，曾上奏朝廷，劾潘季驯欺君罔上。潘氏虽辩白无辜，但积水委多，宣泄不畅乃是事实，亦旁证城中地势低洼。这个时期，黄河年年有溃堤现象，州邻丰县、沛县、邳州、睢宁县已相继失陷或淤沉，徐州城险象环生，岌岌可危。

时至天启四年六月二日（1624 年 7 月 16 日）夜，灭顶大灾终于发生，暴涨的黄河水从奎山处决口，奔腾狂泻的洪水从奎河水门处涌进城内，随着决口的溃烂，浩荡的洪流挤垮东南城墙，已成釜底的州城瞬间水深逾丈。据顺治本《徐州志》记曰：“奎山决堤，是夜由东南水门陷城，顷刻丈余，官解民舍尽没漂，百姓溺死无算，六、七年城中皆水，渐次沙淤。”《明史·河渠志》亦记：“天启四年六月，（河）决徐州奎山堤，东北灌州城，城中水深一丈三尺，一自南行至云龙山西北大安桥入石狗湖，一由旧支河南流至邓二庄，历租沟东南以达小河，出白洋，仍与黄会。徐民苦淹溺，议集资迁城。给事中陆文献上徐州不可迁六议。而势不得已，遂迁州治于云龙山东，河事置不讲矣。”此次水灾是黄水第三次灌城，也是最严重的一次。黄水裹泥沙俱下，不仅扫荡城内建筑物，也淤塞了奎河等下水道，延至天启六、七年时城中仍有积水。徐州城几乎成了一座死城。此时，徐州兵备道杨廷槐提议迁移州城至铜山二十里铺（今铜山新区）。徐州人苦于年年水涝之苦，以为二堡背山面阳，地势高爽，遂动工兴建。新城建设已有十个月左右，兵科给事中陆文献于天启五年九月丙辰给朝廷呈奏折曰：迁城六不当，“运道不当、害要不当、省费不当、仓库不当、民生不当、府治不当”，力陈弊端。朝廷公议陆氏条陈在理，遂罢迁城之举，政府在云龙山东坡房屋中凑合办公。直到崇祯元年（1628 年），城中积水消退，兵备道唐焕才按洪武城的规模形制率领人民重新建城。此次突变因素造成徐州城淤沉，黄沙堆积物陡增 1～5 米，城中建筑物有的被冲垮倾覆，有的被浸泡腐朽，有的被沉沙掩埋，荡然无

〔1〕 姚应龙纂：明万历本《徐州志》，天津人民图书馆珍藏孤本。
〔2〕 李向阳纂：清顺治本《徐州志》，北京图书馆特藏部藏本。

存。新城建设基本上是原址原建，城上起城，公私用地一仍其旧。前后用了8年时间，至崇祯八年才恢复了原貌。除改西门为武安门，南门为奎光门，其他均如洪武故城。

第三次黄水淹灌徐州城是造成徐州城叠城的直接原因，也是大家共同认识到的一个主要原因。但是，不应忽略的是天启二年和三年的地震，可能会给大堤造成裂隙或松动的原因。据顺治本《徐州志》载："天启二年二月初六日夜，地震有声，自东南起，向西北去，如风水相薄，千马骤至。"此次地震在1622年3月17日，震中在山东郓城南部，震中烈度8，震级6。又《明熹宗实录》卷37记曰："天启三年十二月二十二日，南直等处同日地震。"钱谦益在《牧斋初学集》中有《渡河题徐州官舫二绝句》，其序云"天启甲子（四年），河决彭城，居民漂溺数万……"其诗曰："去岁地大震，今者河奔腾"，亦旁证天启三年有地震发生。据《江苏地震志》，此次地震震中在扬州南部，震中烈度8，震级6.25。黄河奎山堤段正值大水北来于此90度转而向东，平时直受顶冲之力，奎河的疏凿，虽有利于排泄，但削弱了西堤的护坡，如蒙地震，无论是来至纵力还是横力破坏，势必损及大堤，这或许是形成徐州城叠城的间接原因或潜在原因。

进入清朝后黄河水患一直不断，但徐州城因加固外围护城大堤而免遭灌城之灾。使城市发生一次突变的原因，不是洪水，而是康熙七年（1668年）的山东莒县大地震。此次地震震中烈度12，震级8.5。据康熙二十二年本《徐州志》记载："六月十七日夜戌时（7月25日19时至21时），地大震，回复时多自西北，如万毂声从东下，城堞台榭倾圮过半，压死者远近不可数，民多露处席棚中，经月乃定。是年河复溢，淫雨，蝗蝻互相为灾。"康熙本《邳州志》有"河水泛滥，决堤而入，全城尽坏，残屋剩椽，荡然无全"的记载。而多种徐州志书均未见大水入城的记录，故所形成的堆积物仅建筑垃圾，无黄沙覆盖层。新城的复建经过了一个漫长的过程，历经56年的修复，于雍正二年（1724年）方才完固。嘉庆二年（1797年），扩建徐州城，至五年竣工，增周长至十四里半，规格远超洪武城。清末，为了阻挡太平军和捻军攻城，又在外围护城堤的基础上因势增筑土城，设置炮台，与府城互为犄角。1928年，国民党第一军驻守徐州，军长刘峙认为城垣不适应城防，遂将这座饱经沧桑的古城墙拆毁。解放后，城市建设步伐加快，尤其是进入20世纪90年代，徐州城市建设突飞猛进，日新月异，老城区再也不能适应新世纪经济社会发展的需要。在这种形势下，研究地属淮河流域黄泛区徐州城市发展状况，弄清其来龙去脉。对今后的发展方向与定位不无借鉴。

通过史料分析，我们认为淮河流域黄泛区的徐州城虽然有原址重建，城上起城，严整重合的个性特点，但就黄泛区总体规律而言，很难跳出黄河水患的历史阴影和共同命运，而新城区的建设也就不能不有所规避和选择。

其一，黄泛区的泥沙淤积改变了城市周边农业生产基础条件，盐碱土质上的农作物产量很难以大幅度递增，因而周边经济的营养缺乏，亦必然导致城市发展推动力的不足。如此而已，根据城市经济特色，有主次，有顺序地发展工商业，带动农业、养殖业产业化才能使黄泛区的城市发展拥有涌泉般的活力。

其二，黄泛区水文体系的紊乱改变了城市的交通地位。淮海地区在古代是南方与中原的交通要道，运输枢纽，许多城市的水运码头在交通地理上声名显赫。而运河的淤垫，使这些优势荡然无存。津浦、陇海铁路的修建，一度改善了淮北地区交通落后的面貌。但真正使该地区人民大受其益的是改革开放以来，京九铁路和高速公路的贯通，使淮河黄泛区的许多城市焕发了青春。因此，历史的经验教育我们，城市的新兴不能忽视交通因素。

其三，黄泛区的泥沙淤积使文物考古工作非常困难，影响了历史文化的清理和研究。淮北地区是中国历史文化最发达的地区之一，物质文明悠久，思想文化深厚，文字记载连篇累牍。然而，考古发掘的实物资料不如关中、晋南和豫西地区，究其原因主要是深埋地下的遗址发掘比黄土台地困难得多，从而影响了历史文化名城的研究和历史文化旅游资源的开发。

通过对以上这些淮河流域黄泛区城市发展带有共同性特点的认识，我们可以明确未来城市发展的制约因素。但是，淮河流域黄泛区地势平坦，位处国土中腹，比之陇海兰新欧亚大陆桥经济带中的其他城市群，淮海城市群仍然处于领先地位，在农业、交通和文化上仍然有许多优势。只要我们认清历史，定位恰当，取兄弟城市之长而补己之短，我们在新的世纪中就必然有无愧于历史的辉煌前程。

（赵明奇系徐州师范大学博物馆馆长，研究馆员；周玉涛系徐州师范大学历史文化与旅游学院研究生）

关于刘锜研究中的几个问题

李兴武

2005 年 7 月份，我写的《刘锜与顺昌保卫战》一书出版发行后，颇受业内同行和阜阳文史界人士的一致好评。但也有一些有识之士善意地对拙作提出了一些批评意见，指出了其中的不足和缺憾。

恰逢 9 月份出差去福建厦门，顺便去安溪麻沙祭拜了刘锜墓，转道石狮大堡瞻仰了刘锜祠堂。所到之处，与刘锜后裔三十余人进行了交流，会见了泉州刘锜学术研究会会长刘浩然先生，对方慷慨赠与我《刘锜研究》和《民族英雄刘锜》两部学术专著。尤其难能可贵的是，在石狮市大堡镇刘锜祠堂，刘锜后裔们郑重地将 1997 年 7 月重修的《温陵芝山・刘氏大宗谱牒》馈赠与我，作为对我研究《刘锜与顺昌保卫战》感激之情的回报。此时此刻的我，手捧书卷，站在刘锜的子孙后辈们面前，看见他们一个个充满自信的脸庞，喜不自胜，如获至宝，心中感叹到，厦门之旅，不虚此行！

回来之后，结合实地考察，翻阅家乘文献，掩卷思考，仔细推敲，发现拙作的确有不少遗憾。遗憾之一是刘锜的祖籍有几说，而书中却没有把刘锜的祖籍交代清楚；遗憾之二是书中内容未涉及到刘锜身后及其归葬之地；遗憾之三是顺昌保卫战中一个重要的情节——刘锜在决战前夕下给金兀术的战书，只知其事，不知其文，战书内容在阜阳文史界一直是一个未解的悬念；遗憾之四是战后宋高宗赵构对刘锜又褒又贬，而其中一些鲜为人知的内幕大都成为历史之谜，拙作在解疑释惑方面限于史料缺乏而显功力不足。凡此种种，不一而足。而上述四个刘锜研究中的问题，也就是本文要说的重点。

问题之一：关于刘锜的祖籍问题

根据历史记载、地方志资料和家乘文献，目前已知的刘锜祖籍有四说：

1. 德顺军人说。《宋史・刘锜传》记载：“刘锜字信叔，德顺军人，泸川军节度使仲武第九子也。”查《中国古今地名大辞典》：“德顺军，宋置。金改为州，元又改为静宁州。故治在今甘肃静宁县东。”《宋史》是中国公认的官方二十四史之一，具有很大的权威性。因此，宋以后各代诸史均记载刘锜是德顺军人。岂知，问题就出在这里。

2. 秦州成纪说。据《宋史·刘仲武传》记载：“刘仲武字子文，秦州成纪人。”查《中国古今地名大辞典》：“秦州，三国魏置，治上邽。在今甘肃天水县西南。……唐复曰秦州，移治成纪，即今天水县治。”而刘仲武是刘锜之父，岂有父子不同籍贯之说。又据李心传《建炎以来朝野杂记》乙集卷十二《渡江后名将皆西北人》条、章颖《宋朝南渡十将传》卷一《刘锜传》、李幼武《四朝名臣言行录》卷十《刘锜》、欧阳守道《巽斋文集》卷八《清溪刘武忠公诗集序》等均记刘锜为秦州成纪人或秦州人。当代刘锜研究专家、历史学博士王云裳先生所著《刘锜评传》也采用此说。

3. 江西都昌说。据南宋著名史学家洪迈所撰《武穆公刘锜神道碑》记载：“公姓刘，字信叔。出自匡南枭阳，寄居秦州成纪。”匡即庐山之别称，枭阳，汉县名，设于汉高祖六年（公元前201年），南朝宋永初二年（421年）废。唐武德五年（622年），方又在其辖地设置了后来的都昌县。又据《中国古今地名大辞典》记载：“都昌县，……汉彭泽县。唐析置都昌县，以县北有都村，配以昌字，取嘉名也。故治在今江西都昌县北九十里王市镇。”另查天一阁藏明正德年间撰修的《南康府志》，在其都昌人物中，就分别列有刘锜及其祖先刘彦诚、父亲刘仲武的传略，说刘仲武在都昌“列宅二十四，号排门，遗址见存。”又说刘锜兄刘钊曾“奉母还都昌，葬二都云溪田舍。”现存清康熙、同治两种版本的《都昌县志》及《刘氏大成宗谱》对上述之事也都有记述。

4. 福建建州说。现存台湾《刘氏宗谱》称刘锜为福建建州麻沙里刘极之子。该谱云：“百卅三代祖讳安定公名极字仲武，妣张氏黄氏，生十子：铿、锵、铠、函、铭、志、钢、锋、锜、锡。”又据福建安溪《温陵芝山刘氏大宗谱牒》记载：“刘锜字信叔号重珍，乃宋太平路招讨使仲武公九子。远祖显斋公不受梁命，于五季初入闽，定居建阳麻沙。后仲武公为宦在外，锜公随父征讨，少年头角崭露，长为大将。”现福建泉州刘锜学术研究会会长、菲律宾归侨刘浩然先生坚持此说。

刘锜祖籍到底在哪里？由于正史、方志、谱牒各执一词，令后世研究者莫衷一是，不知所从。加之市场经济重视名人效应，福建、江西两地争夺刘锜祖籍也就不足为奇了。我在拙作中虽然采用的是第三说，但将各家之言和盘托出，谨供有志者详考。

问题之二：关于刘锜死后的归葬之地

绍兴三十二年（1162年）二月十日夜三鼓，太尉、威武军节度使、提举万寿观刘锜病逝于临安府（今杭州）都亭驿中，享年六十五岁。诏赠开府仪同三司，例外赐其家银帛三百两匹，后谥武穆，又谥武忠。

关于刘锜死后的归葬之地，《宋史·刘锜传》、《宋朝南渡十将传·刘锜》等历史文献中均无记载，但在方志家乘资料中却有三说：

一是清雍正《甘肃通志·陵墓》称刘锜墓葬在“静宁州东郊北山麓，有路碑存。”《续修静宁州志》卷八《陵墓》云：“刘锜墓在州北二里”，“神道碑毁于樵牧。”此说有一个明显的疑点：就是刘锜病逝之际，德顺军早已沦入金国版图，当时绝无安葬刘锜的可能。刘锜此墓，可能是后人为纪念刘锜而为之修建的衣冠冢。清乾隆十一年《续修静宁州志》中收录了明朝人陈之龙写的一篇《三将军祠碑记》，文中说：“静宁州为古陇干城，刘武穆锜、吴涪王阶、信王璘相与死守拒金人处。而涪王又与祖父兄弟同葬于此，以故静宁旧有三将军祠。祠在城东六里许，岁久崩圮，春秋父老过之潸然。”静宁州就是宋代德顺军，可见刘锜在当地的威望还是很高的。

二是归葬于湖南长沙谷山寺南原。据南宋著名史学家洪迈所撰《武穆公刘锜神道碑》记载：刘锜死后，“与邹夫人合葬于长沙谷山寺南原上。”其碑铭曰：“长沙杲杲，禀为公藏，三十四年，墓道列行。碑成何迟，我撮其目，庙社元勋，过我必肃。”又据清乾隆甲午《彭城刘氏会源宗谱》记载：刘锜“卒赠少傅，封彭城国公，谥武穆，娶薛氏，封永国夫人；继邹氏，封和国夫人，与公合葬长沙谷山寺南原。”另据清嘉庆《浏阳县志·艺文》记载了刘锜知湖南潭州时题的一首《霜华山寺》，诗曰：“尽扫妖氛六合清，匣中宝剑血犹腥。夜观星象鬼神泣，昼会风云龙虎惊。重整山河归大宋，两扶社稷复东京。山僧不识英雄汉，只管叨叨问姓名。”该《艺文》条云：“及锜获赐湖南田，浏遂有题霜华山寺诗。案：锜知谭州，浏为属，可至浏，即可至霜华山寺，即可题诗。《通志》、《旧志》载之殊非凿空，惟山有墓，其碑称刘锜将军。锜死京，阙未归葬，乃葬数千里之荒山耶？似因诗附会，姑存之。”江西都昌刘锜问题研究专家邵天柱先生认为：刘锜墓在湖南，湖南旧志这一记载非常重要。后人怀疑，乃失考之故。

三是葬于福建安溪。据《温陵芝山刘氏大宗谱牒》记载，刘锜死后，“配方氏封郡夫人，妣于氏赠郡夫人，合葬泉之清溪场旧尊贤里乌济院山之原。为冢三十有六，萃于一山，圹皆花砖，数十步有亭曰‘御亭’。”乾隆版《泉州府志》及《安溪县志》“古迹”篇均载：“吴王（刘锜）墓在安溪长泰里黄潭村，冢凡三十有六，萃于一山，圹皆花砖，数十步有亭曰‘御亭’，头耆曰：‘相传为吴王墓’”。泉州刘锜学术研究会会长刘浩然先生所编著的《民族英雄刘锜》一书中，专门有一篇《安溪吴王刘锜墓》，详考了“刘锜为何葬于安溪”这一问题，介绍了安溪吴王刘锜墓的现状及志书家乘中关于吴王刘锜墓的有关记载，亦能自成一家之言。

问题之三：关于刘锜在决战前夕给金兀术的战书

《宋史·刘锜传》记载：兀术至城下，责诸将丧师，众皆曰："南朝用兵，非昔之比，元帅临城自见"。刘锜遣耿训以书约战，兀术怒曰："刘锜何敢与我战，以吾力破尔城，直用靴尖趯倒耳。"但是这封战书的内容，查遍诸史均不见记载，成为"顺昌保卫战"的一个悬案。幸亏此次石狮之行，在大堡镇吴王刘锜祠内，发现了《温陵芝山刘氏大宗谱牒》，在其中的《武穆公莅官勋迹纲目通鉴》一卷中，就全文记载了刘锜当年派部将耿训下给金兀术的战书，全文如下："大宋太尉刘锜手书付金元帅麾下：往者遣使海上，通两国之好，信誓昭然，诚谓世守兹盟，无有携贰。而王子郎君，摭拾细故，败弃旧盟，以兵向内，虐刘边陲，侵入畿甸；乘中国之不备，遂肆凭陵，致使生灵，身冒锋镝。今者圣天子震怒，已测胡人不足取信。诏下诸路，各出兵邀击。将士愤怒，咸欲背水一战。旌旗连野，兵马俱集。若能不渝前好，仍复退去。归我太上皇帝梓宫，并还中原故地，则是望于善邻也。不然，请陈兵城南，试决雌雄。吾同顺昌士民，皆出死力，为国立功，虽朝廷号令，有所不从。此乃尔国失信之所致也。具书到日，元帅其察之。绍兴十年夏六月某某日，大宋太尉刘锜再拜。"

作为阜阳刘锜研究的业余爱好者，发现此书内容等于发现了比黄金还要贵重的宝藏，无疑将给顺昌保卫战的研究涂上浓墨重彩的一笔，增添无与伦比的分量。因此，我宁可信其有，信其真，信其实。

但治史必须严谨，任何一条史料必须经得起科学的推敲和历史的检验。我个人认为，此书疑点有二：

一是翻遍诸史，全无记载。除《宋史·刘锜传》提到"锜遗耿训以书约战"外，其余诸史，有的语焉不详、有的根本就没有涉及此事。如杨汝翼《顺昌战胜破贼录》中就只字全无。顺昌通判汪若海在战后给朝廷写的《札子》中也没提到。就连当时及稍后一个时期南宋文人所写的大量笔记史料中也无人提及。因此，是否真有此书，此书内容真伪就不得不予以存疑！

二是在给金兀术下的这道战书中，刘锜的自称明显有误。在战书的首尾部分，刘锜两次自称是"大宋太尉"，但纵观刘锜一生特别是在顺昌保卫战之前（1140 年）的两年，刘锜先后担任枢密院都统制，果州团练使，龙神卫四厢都指挥使，权主管侍卫军马司公事。顺昌保卫战前夕，除济州防御使，东京副留守。因龙神卫四厢都指挥使一职是保卫朝廷的御林军，位高权重名气大，所以这一时期朝野有的称刘锜为"刘四厢"，而这一称呼时载于史册并不鲜见。刘锜一生的确曾经担任过太尉一职，但那是在顺昌保卫战结束十七年以后的绍兴二十七年（1157 年），刘锜在经历了人生的大起大落之后，以 60 岁高龄除太尉，改知荆南府，复帅荆湖北路。在这一时期的书信往来中，有称刘太尉的，如周麟之《回荆南刘太尉启》、王之望《与荆南太尉启》就是如此。因此，顺昌大决战前夕刘锜对金兀术自称“太尉”，显然系后人的委托之辞。

问题之四：关于宋高宗赵构书赠刘锜“精忠贯日”问题

今年九月份的安溪、石狮之行，不仅得到了温陵芝山（石狮大堡镇）刘氏大宗谱牒这一重要的家乘文献，从中发现了刘锜在顺昌保卫战中下给金兀术的战书，而且还发现了宋高宗赵构御书赠给刘锜的四个大字“精忠贯日”，为评价刘锜及顺昌保卫战的历史功绩增添了新的依据。

众所周知，“精忠报国”四字，是南宋抗金名将岳飞之母为表示自己的儿子对朝廷的忠诚而刺在岳飞背部的抗金誓言，直到岳飞含冤入狱，在大理寺接受刑罚时，为表心迹，坦背出示，才为世人所知。因此，“岳母刺字，精忠报国”在民间广泛流传，成为当时及后世不畏强敌，抵御外辱的一种精神象征。

顺昌大捷之后，朝廷给予刘锜的评价是很高的。在宋高宗赵构所赐刘锜的几封御书中就有这样的记载：“卿根于忠义，举无遗策，捷封到日，嘉叹不忘。贼虽败走，须臾更益民，及别有头项前来冲突。卿方方措置，乘时凹战，不可少以落奸。使岳飞应援兵马，并雷仲、王德先后到彼，从来未尝杀戮。金贼如此，卿功著矣。如有归签者，随宜存活，或以八字刺入。正暑用兵，卿与将士，想以劳之。可告谕将佐士卒，勉励以成大功。”这是绍兴十年六月十日高宗付刘锜的御书。

绍兴十年六月十三日，高宗给刘锜的另一封御书曰：“闻卿比爽节宣颇苦泣痛，岂非劳心军事，触冒寒暑，以致此病。今遣李蒙御药孟厚往投调治。朕方赖卿为长城，而卿久以忠勤御国，必有神明相启处，伫应勿药以副朕心，故兹招示，想宜悉知。”注意：宋高宗对刘锜的评价用了“卿为长城”、“忠勤御国”八个字。六月十三日是顺昌大捷的第二天，金兀术逃至太和将息。

战后宋高宗褒奖刘锜将士，同时又付刘锜御书一封：“金贼侵掠，卿率先尽力斩击退敌，虽然过河，势已携沮。卿之伟绩，朕所不忘。今差陈典问，并赐卿金带、金盒、茶、药、弓、剑、器甲等，至可领也。赐银十万，卿可等递表散战士。盛暑药，宜调护。”

在这封御书中，高宗皇帝用了八个字“卿之伟绩，朕所不忘。”高度评价了刘锜及顺昌保卫战。

高宗还对执宰曰：“用兵之际，赏罚分明。刘锜以孤军首挫贼锋，兀术遁去，其功卓然。”

除此之外，杨汝翼《顺昌战胜破贼录》、章颖《宋朝南渡十将传·刘锜》中也都记载了宋高宗所说的这八个字，而唯独不见“精忠贯日”的记载。

综上所述，高宗御书赠刘锜是“精忠贯日”，还是“忠勤御国”，当为存疑。我个人认为，“精忠”二字当为岳飞所专有，而“忠勤”之于刘锜，则更接近事实。

（作者系阜阳市颍东区委书记）

对捻军运动两个学术观点的新探讨

徐修宜

发生在皖北地区亳州、蒙城、涡阳等地的捻军运动，是19世纪50年代中国近代史上的一件大事。捻军运动与太平天国运动南北呼应，互为犄角，给清朝统治阶级以沉重的打击，在中国农民战争史上记下了极其光辉的一页。但是，作为农民战争，它不可避免地存在着这样或那样的缺点，甚至是错误。因此，后人以现代人的思维和眼光，对其仁者见仁、智者见智地去进行评论，当然不足为奇。笔者认为，我们在评价捻军的问题时，必须把它放在特定的历史环境中，用科学的方法进行分析，这样，我们对其中的一些问题所下的结论才会客观和公正。以下就学术界在评价捻军运动中存在的某些观点问题，谈点自己的意见。

一、关于捻军运动的纲领问题

以《中国近代战争史》为代表的专著认为，捻军运动领导人“政治眼光短浅，未能充分反映当时农民阶级的愿望和要求，明确提出推翻清王朝封建专制统治，建立农民政权的政治纲领和远大目标……”[1] 此说值得商榷。

纲领是某个组织、团体或某场运动为自己制定的努力方向、奋斗的目标，它在团体或运动中起着方向性的指导作用。正确的纲领，有力地推动着运动的发生与发展。北宋的王小波，根据当时社会极不平均的状况，向群众宣告“吾疾贫富不均，今为汝均之”的纲领口号，得到了广大贫苦农民的响应，起义军很快发展到数万人。明末农民起义领袖李自成针对明末土地高度集中和赋税繁重两大弊病发出“均田”、“免粮”的纲领口号，符合广大农民要求得到土地与减免赋税的普遍希望。这一口号足以激动贫苦百姓的人心，在政治上发挥出极大的作用。近代历史上的洪秀全针对农民群众遭受清政府残酷压榨的困境，提出“平等”的口号，使数以万计的贫苦百姓团结在自己的身旁。农民运动的历史说明，正确的纲领口号，反映出农民群众的迫切愿望，成为农民运动的巨大精神动力。可以说纲领对于促进和推动初期农民运动的发生与发展起着决定性的作用。但与此同时，我们也必须清楚地看到，这些纲领口号在当时虽然代表了广大农民群众

〔1〕《中国近代战争史》（第一册），第382页，军事科学出版社1987年版。

的利益，反映着广大农民群众的强烈愿望，但由于受到残酷战争和历史条件的限制，纲领中所提出的主张基本上不存在实施的条件，纲领与实践严重脱节。王小波领导的起义是这样，李自成领导的起义是这样，洪秀全领导的太平天国运动同样也是这样。与此相反，张乐行等人领导的捻军运动虽然未能在起义开始的时候制定出革命的纲领，但在正式起义之前，捻党们就在行动中实践了"平均"的做法。贫苦的百姓们为了生存，他们结捻成军向地主豪绅们"打粮"，然后把得来的战利品分送给村里的其他百姓。捻党们是以自己的实际行动向贫苦百姓们表明了自己的纲领——"打富济贫"。捻党的这一做法，理所当然地受到了贫苦百姓们的热烈拥护。捻军运动也因此而不断壮大起来，终于使其成为北方势力强大的农民反清武装。

事实告诉了我们，捻军在起义时虽然没有制定出明确的纲领，但他们却在实际的斗争中有着明确的斗争目标，这种明确的斗争目标，就是"打富济贫"，解决贫苦百姓的生存权问题，即贫苦百姓们的吃饭问题，在当时的黑暗统治之下，这种明确的斗争目标无疑是正确的。

在此需要指出的是，在捻军起义后的一段时间里，他们的斗争目的仍然是为解决生存权问题，并未将斗争矛头指向清朝政府的反动军队。这种经济斗争是否能称得上是反清？捻军虽然这时没有向清军发起进攻，而是把斗争矛头指向当地的地主豪绅，这同样是反清的表现，因为清朝政府的反动统治是依靠地方上的地主劣绅们去维持的，打击地主劣绅的统治，便是破坏了清朝政府的统治秩序，动摇着清朝政府统治的基础。"在清朝政府得知皖北地区捻党活动极其异常之后，便采取了相应的反动对策。1853 年（咸丰三年）春，清廷任命工部侍郎吕贤基督办安徽团练，给事中袁甲三为帮办。同时，还调广西巡抚周天爵为安徽巡抚。周天爵到任后，即刻带领千余兵士分别驻扎于颍州与宿州两地，派袁甲三驻军临淮关。企图东西南三方夹击，将捻党一网打尽。但事情并不像周天爵想象的那样简单。由于清军无法对付人多势众的捻党，故周天爵不得不对捻党采取守势。"[1] 由此可见，清政府视捻党为心头之患，眼中之钉。清朝政府对捻党所采取的镇压措施，也从侧面告诉了我们，捻党对清朝政府的统治产生着巨大的威胁。对此，可以说，捻党的起义是一场没有提出反清纲领的反清斗争。

捻军起义与太平天国起义不同。太平天国起义经过了长期的组织准备和思想理论上的准备。从 1843 年洪秀全第 4 次科考落第产生反清思想，建立革命团体拜上帝教开始（其间，他还创立了反对清政府的革命理论），到 1851 年 1 月金田起义为止，洪秀全为此而准备了 8 年多的时间。在这长达 8 年多的时间里，洪

〔1〕 徐修宜：《捻军运动简史》，第 16 页，中国文史出版社 2003 年版。

秀全等人有足够的时间去探索和制定革命运动的纲领。这些农民知识分子深深地懂得，只有制定出反映农民阶级利益的纲领，自己所发动的运动才会得到人民群众的拥护。而捻军起义则不是这样。1853 年 6 月之前，皖北地区的捻党斗争处于秘密阶段，贫苦农民们为了自家的生计，临时组织起来，到附近的富户家中"打粮"、"取财"，成群结队，形成为"出则为捻，居则为民"的特点，我们把这一时期农民们的秘密活动称之为"捻党"。1853 年 6 月，太平天国北伐军经过捻党活动的今蒙城、涡阳县境，"太平军的到来给捻党以巨大的鼓舞与鞭策，犹如在一堆干柴草中点燃了火焰，在北伐军的有力推动下，皖北地区的捻首们纷纷率部起义。他们有的给北伐军当向导带路，有的配合北伐军作战，有的干脆参加北伐军，还有的利用北伐军的声势单独攻城夺池。……此后，捻党起义武装就多以'捻军'而称谓"。[1] 我们从这一史实中可以了解到，捻党由秘密转化为公开的起义武装，是在太平天国北伐部队的鼓舞和推动下举行的，可以说，如果没有太平天国北伐军路过此地的影响和促进，捻党便不会在 1853 年即举行起义，其起义的时间肯定会向后推迟若干年。捻党的突然起义，使捻党未能来得及制定起义的纲领。这也许是捻军起义时为何没有革命纲领的第一个原因。

由秘密的捻党转化成为公开的捻军以后，这支农民起义的部队立即遭到清军的"围剿"，武器装备极差的捻军，为了甩掉清军，总是不停顿地奔走流动，处于极其疲惫的状态。捻党起义后，在敌强捻弱的形势下，他们从未有改变过自己那种消极防御的处境。在清军的强大攻势下，捻党起义的领袖们没有机会去思考制定纲领的问题。这是捻军起义后的一段时间里，没有制定斗争纲领的第二个原因。

捻军运动的领导人与太平天国运动的领导人在政治觉悟、文化素质等方面，都存在着很大的差异。以洪秀全为代表的太平天国领导人，除杨秀清没有上过学外，绝大多数都属于农民知识分子。洪秀全是塾师，冯云山、洪仁玕、韦昌辉、石达开都有较高的知识水平。他们虽然受过儒家思想的严格教育，但能够接受外来的进步思想，并把它改变成为反对清政府统治的先进理论。而捻军起义的领导人则不然，张乐行的祖辈是雉河集（此地时属安徽省亳州所辖，亳州是一个没有下设县的州。1864 年，太平天国运动遭到失败以后，清统治阶级为了加强对这一地区的控制，便以雉河集为县治，划亳州、蒙城、颍州相互接壤的地区，成立涡阳县，雉河集为涡阳县城所在地）势力较强大的家族，到张乐行时家业败落。捻军起义前，他曾在家务农，并与他人合伙开过作坊。"由于张乐行所在的农乡行销官盐，此盐不仅价高，而且质次。贫困的百姓们迫于生计，推张乐行为

---

〔1〕 徐修宜：《捻军运动简史》，第 15～16 页，中国文史出版社 2003 年版。

首领，组织起来贩运私盐。在共同的目标和共同的利益下，张乐行结识了捻党首领龚德树、苏天福、刘玉渊等人，艰苦的对敌斗争，他们的命运也因此而紧密地联系在一起。"[1] 张乐行在私塾里曾读过书，但时间不长；龚德树在捻军中的地位仅次于张乐行，他家境贫寒，只读过两年书；苏天福为河南省永城县人，因家庭贫寒未读过书。张乐行曾被清政府招安，后不久又离开清军部队。由此可见，捻军起义领袖们的政治觉悟、文化素质等方面与洪秀全等人相比，有一定差距。洪秀全是在宣传西方宗教的册子——《劝世良言》中悟出了"平等"的道理，并用它作为反清斗争的旗帜。而张乐行所处的皖北地区交通闭塞，信息不灵，缺乏接触进步思想的条件。这是捻军运动未能制定革命纲领的第三个主要原因。

说捻军运动没有自己的革命纲领，此说是不妥当的。

1855 年 9 月（学术界对此时间存有疑义，这里采用郭豫明著《捻军史》之说），在蒙城县岁贡郑景华、李士铭等人的多方奔走协商下，各路不同旗帜、不同地区的捻军首领数百人齐聚雉河集，举行会议，讨论捻军的统一问题。这次会议就是捻军历史上最为重要的"雉河集会盟"。会议决定成立联盟，公推张乐行为盟主，号称大汉明命王（又作大汉永王），祭告天地，同时还发表了《明主张乐行布告》与《行军条例》。

《盟主张乐行布告》如下：

"奉天伐暴公议盟主张为剀切晓谕，以安黎庶事：

照得士农工商各守职业，疲癃残疾，亦惜性命。自遭刘令勾结陆守，以刀锯而代扑责，用贿赂而判生死。酷以济贫，视民如仇。竭万姓之脂膏，充两家之溪壑。本盟主痛痒相关，目击神伤，再四思维，情难袖手。是以大起义师，救我残黎，除奸诛暴，以减公忿。此本盟主一片苦心，亦众亲友所共悉者也。但我兵所过，尔等自相惊恐，携资逃避，无赖之徒，乘间截夺，家无守户，又被焚烧，及至回归，两地皆空。是有救之名，而成害之实也。岂知本盟主每次出兵，必传集各旗主，谆谆诫诰，禁止抢掠，严缉奸淫；贫民衣粮，不准扒运。到处出示，有犯必诛。又虑疏防致遭扰害，现派数百巡查，时刻严稽。凡我兄弟已经各遵约束，料无违犯。为此合行出示晓谕，仰四城乡民，各家尔业。勿以用兵而辍诗书，勿谓拨乱而废农业。至商贾往来，水陆经过，各设查司，以通货物。倘有不法侪类及无赖兵丁，强买硬卖，许尔等立禀巡司，送交盟主，尽法惩治，决不宽贷。本盟主志在安良，尔等幸毋疑贰也。切切此谕。"[2]

我们从《盟主张乐行布告》中了解到，张乐行深刻揭露了清朝官吏相互勾

---

〔1〕 徐修宜：《捻军运动简史》，第 115 页，中国文史出版社 2003 年版。

〔2〕 翦伯赞，郑天挺：《中国通史参考资料》（近代部分上），第 280 页，中华书局 1985 年版。

结，残害百姓的罪行。捻军是官逼民反，起义目的是要拯救贫苦百姓，铲除暴虐；布告申明了捻军的严格纪律，维护贫民百姓的利益。同时，布告还要求各界群众各安其业，照常劳作，不要受到战争的影响，并要采取相应的措施，以稳定社会形势。表明了捻军代表广大人民群众的利益，与人民休戚相关。

"雉河集会盟对于捻军的发展，具有重大的意义。这次会盟在政治上比较明确地提出反对清朝、恢复汉族统治的战争任务。如前所述，长期以来，捻众从事的是经济斗争，对于政治目标则模糊不清，武装起义后尤其是这次会盟，才较为明确地揭示其政治目标。张乐行后来在其檄文中说：'首自雉河拜盟起义，众兄弟誓同生死，共推我为盟主，协力同心，共诛妖魅'。这个共诛妖魅即反对清朝政府的任务的提出，表明捻军的斗争初步走出以往的狭窄轨道而向前迈进了。"〔1〕

我们要以张乐行发表的布告为标志，在此之前，捻军所进行的是经济斗争，在此以后，随着政治目标的确定，捻军所进行的斗争则转化成为政治性的斗争了。张乐行在雉河集会盟期间所发表的布告，告示了捻军起义的目的，斗争的目标，它理所当然地成为捻军的革命纲领。捻军从秘密转成公开的起义军时起，经过两年的时间制定出革命纲领，也不算晚。我们不能只认为纲领必须在起义前，或在起义时公布就算它是纲领，而在起义后的一段时间里公布，它就不能算是纲领，这种看法是不对的。

在此还需要指出的是，捻军的政权也是在雉河集会盟期间建立起来的。"会上成立'大汉国'，捻军首领公推张乐行为盟主，号称'大汉明命王'。并决定建立五旗军制，推举了各色旗的首领。"〔2〕这一史实，即说明了这一点。

在当时那种艰苦的战争环境下，军事与政权无法分开，加之，捻军未有建立自己的根据地，捻军的主要任务，也是它唯一的任务，都体现在军事上，艰苦的军事斗争，根本谈不上去建立政权。军事并非单纯地只是为了打仗，它的根本目的是为了夺取旧政权去建立新政权。没有军事斗争上的胜利，怎么可能去建立政权。那种要求农民阶级的起义，在被封建统治阶级的军队追得马不停蹄时，去建立代表农民阶级利益的政权，只能是一种不切合斗争实际的空想。我们对此，不能苛求于前人，要求前人在当时去办无法办到的事情。

二、关于捻军失败与根据地问题

《中国近代战争史》称捻军由于没有建立根据地，使自己陷入困难的境地而

〔1〕郭豫明：《捻军史》，第155页，上海人民出版社2001年版。

〔2〕张宁等：《阜阳通史》，第220页，黄山书社1998年版。

遭失败。[1] 此说同样值得商榷。捻军的失败并非是它未建立根据地的结果。捻军遭到失败的最主要原因虽然是一个比较复杂的问题，但关键的一条则是因为捻军面对的是中国历史上最为强大的敌人，这是中国历史上农民起义军从未遇到过的敌人，捻军起义部队不具备战胜这样一个强大敌人的条件。“如果说，在封建社会里，农民还可能取得推翻旧王朝的胜利，那么，在近代社会，连这种改朝换代式的胜利也不再可能。”[2] 对此，笔者认为，未有建立根据地，不是捻军运动遭失败的原因。不建立根据地，是捻军首领的明智之举，若建立根据地，捻军运动便会迅速地遭到失败，它不可能坚持反清斗争 18 年。

根据地是军队在对敌斗争中开辟和发展起来的基地，根据地的群众过去深受封建统治阶级的压迫和剥削，对统治阶级怀有深刻的仇恨。在新的阶级解放了他们，并制定代表他们利益的方针、政策以后，他们的革命积极性和热情迅速高涨，热烈地拥护新生的政权。新旧政权的反差，使他们具备了一定的政治思想觉悟。为了捍卫已经取得的利益，他们与前方的革命军队休戚相关，真可谓是同呼吸、共命运。根据地成为前方军队赖以生存的基础，是前方军队进行军事斗争的重要依托。根据地在保障前方军队的后备力量和物资等方面发挥着重要的作用。由此可见，根据地的作用是何等之大。

在封建社会里要想建立革命根据地，并以此为依托同封建统治阶级的反动军队作斗争，不是没有可能的，因当时的社会生产力十分低下，统治阶级的军队与农民起义军的武器几乎相当，双方使用的都是长矛和大刀（农民起义军自己也可以打制武器）。反动军队除了人多势众，给养能得到保障之外，别无优势。农民起义军革命热情高涨，以一当十，真可谓一夫当关，万夫莫开，因此，在短距离的搏斗中，往往使反动军队胆战心惊，一触即溃。统治阶级的军队人心涣散，时常处于消极被动的境地，而农民阶级的军队则时常处于积极进攻的态势。李自成领导的明末农民起义军就是这样，在广大将士的浴血奋斗下，一场接一场的胜利，他们终于顺利地攻克了明都北京城。

武器在战争中起着重要的作用，但人民群众的大力支持和革命军队将士的高涨热情，则是比武器显得更为重要的关键。因此，在封建社会里，农民起义军要想建立根据地，并守住和扩大根据地的可能性是有的。但是，由于农民起义领袖政治眼光短浅，没有建立根据地的思维和意识，加之封建军事力量的强大，这就决定了中国封建社会的农民起义，基本上都未能建立起自己的根据地。这也是中国封建社会中的绝大多数农民起义虽然不断击败官军，最终都是以失败而告终的

〔1〕《中国近代战争史》（第一册），第 384 页，军事科学出版社 1987 版。

〔2〕崔之清：《天国悲歌》，第 306 页，南京大学出版社 2000 年版。

结局。

1840年的鸦片战争以后，帝国主义用枪炮轰开了古老中国的大门，先进的洋枪、洋炮也随之传入中国。为了镇压中国人民的武装斗争，清朝统治阶级为此而举办洋务运动，他们不仅购买外国的洋枪洋炮，同时还创办军事工业，自造火药枪炮，中国军事武器的发展进入到一个崭新的阶段。但这时捻军们使用的仍是落后的武器——长矛与大刀。这种军事形势非常不利于捻军的斗争。纵然捻军将士们具有万般的斗争热情，百般的斗争武艺，他们都无法发挥这种优势，不能靠近敌军与其相接，自然也就无法打败敌军而去保护自己。也就是说，在半殖民地半封建社会的近代中国，作为农民起义军的捻军持落后的武器与远距离使用枪炮武器的清军作战，能守住一方的可能性是一点也没有的。雉河集会盟以后，张乐行挖沟建造土城，筑高墙，设置障碍，阻止清军的进攻。但在清军的攻势之下，雉河集很快失守。以后两次扼守雉河集的计划都遭失败。“捻军没有建立根据地是明智之举。一是近代的农民战争与古代农民战争所处的社会形势不同，落后的武器决定了它不可能建立根据地；二是捻军实行无根据地的千里大跃进战术，使清军很难捕捉到它，它才得以坚持斗争18年之久。在当时的条件下，捻军若建立反清的根据地，恐怕很快便会遭到失败。”[1]

在谈到近代农民运动不可能建立根据地这一问题时，可能会有同仁要问，洪秀全领导的太平天国运动不是都建立自己的首都了吗？事实上，根据地与首都之间是有一定区别的。根据地是军队赖以巩固的大后方，它使军队进可以攻，退可以守。而首都则是处于一座敌军包围之中的消费孤城，它的建立牵制了农民起义军的主力，起义军要为保卫都城付出巨大的努力与牺牲。建都后，太平天国军队对清斗争的军事力量因要保卫首都而遭到削弱。历史事实告诉了我们，洪秀全过早地定都南京，也因此拴住了自己的手脚。

太平天国在南京建立自己的都城，历时12年，它之所以能够坚持这么长的时间，这是因为“清朝内外交困，相当虚弱；太平天国迅猛兴起，各族人民起义响应，反清斗争形势日盛。双方力量对比并没有人们想象的那样悬殊。清军和太平军长期艰苦相持、互有胜负的事实充分表明双方在前线的力量对比大体处于均势，彼此都无力消灭对方，结束内战。”[2]

由于太平天国定都南京，使农民阶级所固有小生产者的落后特点迅速地爆发出来。1856年9月，洪秀全与杨秀清之间围绕着争夺最高统治权而发生大规模的血战，导致了太平天国历史上最为悲惨的一幕——“天京事变”。太平天国定

〔1〕 徐修宜：《太平天国与捻军运动异点比较》，《阜阳师范学院学报》2005年第2期。

〔2〕 崔之清：《天国悲歌》，第307页，南京大学出版社2000年版。

都仅三年的时间，就使这个清军无法攻破的强大堡垒，被自己人从内部攻破了，太平天国运动从此由强盛而转向衰落。过早地定都弊大于利。定都南京之前，洪秀全与杨秀清的斗争目标趋于一致，都把斗争的矛头指向清政府。在这一共同目标下，双方都能顾全反清的大局，虽然有时因战略方向存在着不同意见，但他俩也都能较好地协调。"定都南京以后，在'建都既成，天下大定'的错误思想指导下，洪秀全等人的思想与所作所为随定都南京皆发生了明显的变化。等级森严的制度违背了平等的原则，骨肉兄弟变成了你死我活的仇敌，一致对清斗争的矛头转化为领导集团内部的争斗，新的封建朝廷取代了农民政权，军事上的鼎盛开始走向衰败。"[1]

定都前，太平天国部队实行无根据地的千里大跃进战术，真是铁流一泻千里，其势不可阻挡，军事上取得了阶段性的胜利，仅用一年多的时间便从广西进入到江苏。这也是太平天国没有背上定都负担的结果。它若不定都，或许会坚持更长一段时间，甚至可以直捣北京，以推翻反动的清王朝。

总之，农民阶级领导的运动，在近代社会里，不可能面对强大的敌人去建立根据地。要是定都，即使在一定时间里，不被敌人击败，它也会被内部人搞垮，这是太平天国等农民运动给后人留下的惨痛教训，也是农民阶级小生产者特点所决定的必然结果。

《中国近代战争史》是由军事科学院编写，军事科学出版社出版的一部研究中国近代战争方面的权威性著作，其中的学术观点具有广泛的代表性。捻军革命纲领和建立根据地两个问题，直接涉及到对捻军的评价，因此，这对捻军来说，是个十分重要的问题。笔者依据史实，采取历史唯物主义的方法，把捻军运动放在特定的历史环境中进行客观的考察，并得出与《中国近代战争史》不同的看法。不妥之处，敬请专家们批评指正。

（作者系阜阳师范学院图书馆馆长，教授）

〔1〕 徐修宜：《论太平天国政权性质的转变》，《安庆师范学院学报》2005 年第 4 期。

十年来捻军运动史研究

唐俊峰　于文善

捻军运动可称得上是中国近代史上一场长期持续、波澜壮阔的农民战争。建国以来，农民战争史的研究逐渐开展起来，并取得了一定的成就。关于捻军运动史的研究就是在这样的背景下展开的，它丰富了农民战争史的研究内容。近些年来，捻军运动史的研究一直没有停止过，这在整个农民战争史研究走入低谷、极不景气的背景下，显得尤为难能可贵。

一、捻军运动史研究概述

1999 年 8 月 21 日，全国捻军史学术研讨会在捻军起义的发祥地——安徽涡阳县召开。这是首次全国性关于捻军运动史的研究专题学术会议。在这样一个时期，于捻军运动的圣地涡阳召开这样一次全国性学术研讨会，对进一步推动捻军运动史研究的深入必将产生积极的影响。捻军研究学会也编纂了关于全国捻军史学术研讨会的专刊——《捻军研究》（两辑）。在此前后，围绕着捻军运动史研究出版了几本专著，发表了为数不少的论文。现将近十年来关于捻军运动史研究的状况作一概述。

《捻军运动简史》是徐修宜先生于 2003 年由中国文史出版社出版的一部关于捻军运动史的专著。这是一本条理清楚、史实准确、评价客观的学术著作。通过该书，即可在较短的时间内了解捻军运动的发生、发展和结束的全过程。为了便于读者的记忆，书中没有沿袭学术界将捻军运动分为四个或五个时期的做法，而是把捻军运动以张乐行的牺牲为标志分为“前期捻军运动”和“后期捻军运动”。为了教学和科研上的准确，作者对文献资料中各异的问题进行了周密的考证，并以《涡阳县志》记载内容为准则，对其做了统一规范的说明。

《捻军史》是上海师范大学郭豫明教授在前人和自己研究捻军历史的成果基础上，经数年刻苦钻研，于 2001 年 1 月由上海人民出版社出版的论著。长达 45 万余言的《捻军史》，丰富了近代农民战争史研究的成果。该书的特点之一是对史学界有关捻军运动史研究的成果多有叙述，并在此基础上予以分析研究，提出了一些具有创见性的观点。同时该书在史料和资料方面运用广泛，价值很高。在研究捻军人物和捻军运动性质和意义方面，作者运用了实事求是、一分为二的史学研究方法。《捻军史》的出版必将有助于我们对中国近代史、尤其是中国农民战争史的全面考察和深入了解。

《张乐行评传》和《晚清枭雄苗沛霖》是池子华先生于1999年出版的两部力作。前者由河北大学出版社出版，后者由安徽人民出版社出版。池子华先生著作的最大特点是注重多角度、多层次、跨学科的研究方法。在《张乐行评传》中，作者运用人口学、社会学、心理学及文化学等理论分别对张乐行家族、淮北地区的自然条件、民情好斗的社会文化氛围等方面作了多层次剖析。在《晚清枭雄苗沛霖》中也多视角审视了苗沛霖所处的社会环境、社会心理背景、文化传统及其对苗沛霖心理、行为的巨大影响。这种学科之间的交叉、渗透，使作者论著视角新颖，分析透彻，定位准确，这是人物研究值得借鉴的。

郭豫明先生和刘佐泉先生的论著合集《太平天国与捻军客家》于1996年由广西人民出版社出版。书中收录了郭豫明先生的《太平天国与捻军》，作者从捻军和太平天国运动的关系出发，逐章论述了捻军和太平天国在各个时期的合作关系，从“太平天国运动的勃兴与捻军斗争的展开”到“捻军和太平军联合作战”直至“西捻军的征战和覆亡”，全面展示了捻军兴衰历史。

《捻军史稿》是徐松荣先生关于捻军起义的一部综合性论著，1996年由黄山书社出版。本书内容涉及面广，在时间和空间两方面都做了最大限度的延伸。从时间上讲，上至捻党活动，下至捻军余部斗争；从空间上讲，在以皖北捻军为重点叙述的同时，将叙述范围扩大到中原、华北、西北。另外，对与捻军起义有密切关系的重大事件，如太平天国江北战争，李昭寿、苗沛霖两个集团的崛起、败灭，晚清政治的演变及各种政治军事势力的冲突等都专门叙述。本书特点之一是作者着力于军事战争史，对捻军的战法战术、清军将领的战略战术、捻军的组织特点及根据地建设等作了比较成功的论述，但也有一些问题尚待开拓。

在上述有关捻军运动史研究论著出版的同时，学术界近十年来围绕着捻军运动各方面、各领域的研究还发表了为数不少的研究论文，这些论著和论文都丰富了捻军运动史研究的成果。

二、捻军运动史研究涉及到的主要问题

在近些年发表的一些关于捻军运动史研究的论著、论文中，涉及了捻军史研究的各个方面，其中主要有以下几个问题值得特别注意：

（一）分期问题

朱宗震认为：历史分期问题是历史学在从事长时段叙述和研究时，所不能回避的一个问题，但历史学家也不必太看重历史分期问题上的分歧。由于研究视角的不同，无论从学派上，从专业上，从技术上，产生不同的分期方法是难免的，

也是正常的。大可不必动辄必争，把某种分期方法奉为不可动摇的铁则，应该真正本着百家（不是一家）争鸣，百花齐放的原则来处理这一常备问题。[1] 捻军运动历史的分期一直是个有争议的问题，史学界大多以太平天国和捻军历史上的重大军事事件作为分期的主要依据，主要有六期说（罗尔纲）、五期说（江地）、三段说（祁龙威）、四期说（罗文博）等多种分法。郭豫明先生提出了不同的看法，他认为：关于分期标准，似宜以捻军起义的性质出发，依照这次农民战争发生发展，起伏变化，成功失败的客观规律，分辨各个阶段及其不同特征。同时，它作为太平天国运动的一个组成部分，也应考察与太平天国的关系，注意太平天国对它所起的影响作用。[2] 基于此分期标准，郭先生把捻军历史分为酝酿时期（1807～1853），起义时期（1853～1868）和余波时期（1868～1899）三个时期，并作了充分论证，可称一家之言。徐松荣先生在其《捻军史稿》中，也提出了自己的观点和看法，他把捻军战争分为初期战争（1851～1857），中期战争（1857～1864），后期战争（1864～1868）三个时期。徐修宜先生则在《捻军运动简史》中提出“雉河集的陷落和张乐行的牺牲，标志着捻军前期运动的结束。从此，捻军进入到后期运动的时期。”[3] 据此，徐先生将捻军运动分为“前期捻军运动”和“后期捻军运动”两个时期，也有其一定的合理性，至于如何划分才能被学术界大多数人所认可和接受，还需做进一步的研究。

（二）捻党问题

捻党是捻军的前身，最近十年来，捻党问题研究引起学术界的关注，并取得了新的进展。研究捻军运动史，首先遇到的问题就是捻党究竟从何时产生，即何年开始的问题。其产生时间目前在学术界未能得到统一，存在着产生于康熙年间、乾隆年间和嘉庆年间的三种说法。捻党的产生，最早可以追溯到清朝康熙年间，即十七世纪中叶。池子华先生提出在捻党向捻军转化过程中有三次转折，作者切入社会控制的新视角对这三次转折加以透析，认为即便没有太平天国运动的影响，捻党走向捻军是完全可能的，因此不应过分强调太平天国的历史影响而忽视捻党转向捻军的“潜势”。[4] 关于此问题，池子华先生在《捻党向捻军转化的内在趋势》一文中也有提及。[5] 郭豫明先生的《清代捻党滋长初探》则考证了捻党产生的时间，捻党滋长的环境，获得滋长后捻党的情况等问题。作者认为

---

〔1〕 朱宗震：《中国近代史分期问题新思考》，《上海行政学院学报》2000 年第 12 期。

〔2〕 郭豫明：《捻军历史分期问题的再探讨》，《安徽史学》1998 年第 3 期。

〔3〕 徐修宜：《捻军运动简史》，第 57 页，中国文史出版社 2003 年版。

〔4〕 池子华：《捻党问题研究的几个侧面》，台湾《大陆杂志》1997 年第 6 期。

〔5〕 池子华：《捻党向捻军转化的内在趋势》，《近代史研究》1994 年第 1 期。

捻党产生于1804年至1809年（嘉庆九年至十四年）间，亦即19世纪初年。[1]徐修宜先生在其专著《捻军运动简史》中提出：所谓捻党，应该是指，或者只能是限制在皖北地区农民的反清活动。这是因为，一是“捻”为皖北地区方言。二是，其他省区虽有秘密反清组织，但他们未能形成气候。形成气候的农民起义，是皖北的捻党，他们由秘密转为公开，在雉河集举行武装起义，拉开了捻军斗争的序幕，建立起反对清政府的强大军队。[2]据此，作者的观点是其他省区的农民群众秘密组织、反清起义，虽与皖北地区的农民组织、武装起义性质相同，但亦不能将其划入到捻军运动的范围之内。捻党最初是个秘密团体，并非是一个公开的组织，捻党的成长与淮北一带强悍好斗的风俗民情有关；捻党利用了清朝统治的衰弱而获得发展，逐渐转向聚集和公开。池子华先生的《捻党和西汉游侠》（载《纪念罗尔纲教授文集》1998年南京大学出版社出版）从社会史角度出发，对捻党和西汉游侠进行比较研究，比较了两者的相同之处和不同之处。他们都是社会振荡的产物，他们的产生，在某种程度上体现了社会的特点和时代的风貌。郭豫明先生的《1872年河南固始与安徽霍丘的捻党起义》[3]和《1876年宿州等地的捻党起义》[4]是其在查阅了北京中国第一历史档案馆所藏的全部捻军档案和翻阅《沈文肃公政书》、《钱敏肃公奏疏》等资料后写的关于捻党起义的来龙去脉的文章。指出捻党起义之所以发生，不仅是由于封建剥削制度的存在，也与当时天灾的出现密切相关。

（三）捻军人物研究

有关捻军人物研究方面的论文近十年来有一明显趋势，即大多数侧重与对捻军内部和攻捻战争有关的人物研究。关于张乐行的研究，在出自清朝统治阶级史料中，有时称“张洛行”，有时作“张乐行”，因此“乐”、“洛”两字在当时可能并行，无所谓错不错的问题，但确使一般学习历史的人产生误解。徐修宜先生在其著作《捻军运动简史》中则统一作“张乐行”。[5]关于张乐行的遇难时间，史学界也有不同的看法。江地先生认为张乐行的遇难时间应该1863年3月24日（同治二年的二月初六）。[6]徐修宜先生在经过调查和考证后，将张的遇难时间订正为1863年4月5日。对于张乐行的评价问题我们应该本着实事求是，一分

---

〔1〕郭豫明：《清代捻党滋长初探》，《学术月刊》1998年第1期。

〔2〕徐修宜：《捻军运动简史》，第57页，中国文史出版社2003年版。

〔3〕郭豫明：《1872年河南固始与安徽霍丘的捻党起义》，《历史档案》1998年第1期。

〔4〕郭豫明：《1876年宿州等地的捻党起义》，《史林》1998年第2期。

〔5〕徐修宜：《捻军运动简史》，第23页，中国文史出版社2003年版。

〔6〕江地：《捻军史论丛》，第182页，人民出版社1981年版。

为二的史学观点来分析。[1] 对于攻捻人物，池子华先生还著文比较全面系统地再现了刘铭传的剿捻生涯；透析刘铭传的攻捻理念（军事思想）为其他军事将领所不及，特别是他的“河防”方略，最终使捻军陷于失败；揭示攻捻战争中刘铭传与李鸿章、曾国藩之间复杂的“三角关系”。文章认为刘铭传从1865年6月开始攻捻，到1868年8月攻捻胜利，其间大部分时间与捻军纵横追逐，并在攻捻战争中显示出他的“远见卓识”，特别是创建“防河”，得“灭贼”要领，并以此消灭了捻军。刘铭传后来的升腾，基于攻捻战争中的“劳苦勋高”。[2] 捻军研究由捻军本身的研究扩大到捻军多边关系的研究，是捻军史研究的一个新方向，有助于拓宽捻军研究领域，是一个新的超越。

（四）捻军与太平军的关系问题

太平天国运动期间，长期活动于北方地区的捻党加强反抗斗争，并迅速向捻军转化，广泛举行起义。捻军与太平天国之间的关系究竟如何，一些学者曾经作过论述，但意见分歧。关于捻军和太平天国的关系问题，几十年来的传统看法是：所谓捻军，最初是淮河流域的地方起义组织，他们在1857年接受太平天国封号后，听封而不听调用，仍保持着地方队伍的色彩，直到天京陷落后，赖文光用太平天国兵制予以重新组织、训练，才成为一支完完全全的太平天国的新军。也就是说，捻军不是一支独立的起义武装，而是太平天国的附庸，是太平军的一支。另外一种意见认为，太平天国和捻军是两个各自为政的独立组织。在不同的时期里有着不同的关系。[3] 郭豫明先生在其著作中认为太平军和捻军的关系可以分为三个阶段：1851年至1857年是双方互有影响阶段；1857年至1864年是两军联合作战阶段；1864年至1868年是双方合并苦斗阶段。在人民反抗斗争趋于低潮的情况下，太平军余部和捻军结合起来，以新的态势，顽强抵抗清军的疯狂镇压，坚持艰苦卓绝的斗争，成为太平天国运动在北方的继续，对太平天国运动起了继承的作用。[4] 捻军和太平天国是两个各成体系的社会组织。它们间的关系错综复杂，时合时分，有隐有现。大体来说，可以分为三个时期：捻军独树一帜，“不屑附于长发”时期（1853年2月~1857年3月）；为各自目的而暂时合作时期（1857年3月~1864年11月）；太平军残部并入捻军，打着捻军的旗

〔1〕 徐修宜：《捻军运动简史》，第121页，中国文史出版社2003年版。

〔2〕 池子华：《攻捻战争中的刘铭传》，《苏州大学学报》1997年第2期。

〔3〕 盛巽昌，池子华：《对捻军和太平天国关系问题的新探索》，《捻军研究》（第二集），第23页，捻军研究学会编，2000年8月第一版。

〔4〕 郭豫明：《太平天国与捻军关系述略》，《学术月刊》2002年第10期。

号继续抗清时期（1864 年 11 月～1868 年 8 月）。[1] 徐修宜先生在文章《太平天国与捻军运动异点比较》中就起义目的、起义组织形式、斗争目标、领导人素质、对待联合态度、根据地的做法等不同特点作了分析与论述。[2]

（五）捻军军事史研究

捻军军事史的研究，一直是学术界兴趣的焦点，但对攻捻战争的研究，却有点被忽视的嫌疑。战争是敌对双方的军事碰撞，只有了解战争的双方，才能更全面地了解捻军兴衰存亡的动态过程。只研究捻军本身而不研究其对立面，不可能再现捻军史的全貌。这一情况现在有所改观。董蔡时先生的文章指出了曾国藩进攻捻军采用的是重点设防的战略方针，并对捻军实行了残酷的“三光”政策。反映了曾国藩一生中的主要精力，用于指挥湘军、淮军横行长江与黄淮流域，镇压太平天国和捻军。其进攻太平天国是以与太平军争夺长江中、下游地区为战略方针；以筹建湘军水师，掌握制水权为手段；以进攻安庆，夺取安徽，实现攻破金陵的决定性战役；出兵上海，又制定“借洋兵助剿”的战略决策。[3] 同时董蔡时先生又在另一篇文章中以捻军活动为背景，重点分析了在此期间曾国藩和李鸿章在战略战术、争权夺势方面的矛盾斗争。[4] 郭豫明先生著文对清政府平捻之后的“善后”措施进行了概括总结，列举了清政府平捻之后的“善后”十大措施。包括“严缉起义军余部与处理被收抚者”，“挑选劲旅，驻扎要地”等。[5] 这些研究，有助于对捻军史全面深入地透视，代表着捻军研究的新趋势。同时郭豫明先生的《捻军雉河集会盟究在何时》[6] 和徐修宜教授的《对雉河集的考证》[7]，对捻军运动中的重要事件雉河集会盟的时间和地点都做了详细和全面的考证。除上述几个方面的研究论文外，特别值得一提的还有池子华先生的《鲁捻初探》[8]，它为区域性的捻军研究起了很好的先导作用。

（六）皖北、河南圩寨研究

从中国地形图上可以看出，皖北和河南地区都属于平原地带，自古以来就被称为中原地区。要想在平原地区防止外部势力的入侵，不是一件容易的事情。其

---

〔1〕 盛巽昌，池子华：《对捻军和太平天国关系问题的新探索》，《捻军研究》（第二集）第 24 页，捻军研究学会编，2000 年 8 月第一版。

〔2〕 徐修宜：《太平天国与捻军运动异点比较》，《阜阳师范学院学报》（社科版）2005 年第 2 期。

〔3〕 董蔡时：《略论曾国藩进攻太平天国与捻军的战略战术》，《苏州大学学报》1996 年第 2 期。

〔4〕 董蔡时：《论曾国藩在进攻太平天国和捻军期间与李鸿章的矛盾斗争》，《江海学刊》1996 年第 4 期。

〔5〕 郭豫明：《清政府平捻之后的“善后”措施》，《上海师范大学学报》1998 年第 1 期。

〔6〕 郭豫明：《捻军雉河集会盟究在何时》，《上海师范大学学报》1996 年第 1 期。

〔7〕 徐修宜：《对雉河集的考证》，《近代史研究》1996 年第 1 期。

〔8〕 池子华：《鲁捻初探》，《安徽师范大学学报》1995 年第 4 期。

中比较好的办法就是在自己居住的村庄、房屋周围挖壕储水环绕村庄，类似护城河，是为圩；同时用泥土垒成墙，是为寨。皖北和河南地区的人民就是采取这样的措施来保护自己的生命财产安全。捻军运动时期的圩寨就成为当时捻军抵御清军进攻的屏障，而对于捻军运动时期圩寨的研究则一直很薄弱，近几年来有学者注意到了这个问题。牛贯杰通过对皖北圩寨的具体考察，在其文章中展现了皖北基层社会发生的深刻变革及国家政权为重建统治秩序做出的努力，并从中透析中国基层社会的演进道路。从捻军基地的圩寨，到团练自保的圩寨，再到成为官方行政体系一环的圩寨，不难看出 19 世纪皖北基层社会正在发生着深刻的嬗变。[1] 顾建娣在发表的一篇文章中指出：咸同年间河南普遍存在圩寨，修筑圩寨是清政府实行坚壁清野政策以对付太平军和捻军的一项重要举措。圩寨分布广泛，结构复杂，内部寨民组织比较严密。其修建经历了一个曲折的过程。它就像一柄双刃剑，在实现所谓“坚壁清野”的同时，也为捻军和某些寨主对抗官府提供了根据地。圩寨的存在还使绅权藉以扩张，对河南社会产生了深远影响。平捻后继续存在的圩寨逐渐成为乡居村落，与村庄、集市并列。[2] 关于圩寨和围绕圩寨的事件的研究是捻军史研究的另一个新的方向，特别是对于研究攻捻战争史很有帮助。

（七）对捻军运动的评价

对于捻军运动的评价，一般主要从捻军运动的特点、捻军运动失败的原因、捻军运动的历史意义这三个方面来论述。对于捻军运动的特点在一些研究捻军运动的专著论文中都有所提及，例如徐修宜教授的著作《捻军运动简史》和郭豫明教授的《捻军史》等。徐修宜先生认为作为农民阶级运动的捻军，它既有中国农民运动所具有的普遍性特点，同时也有它独具的特点。[3] 徐松荣先生的文章《捻军人物局限性评述——兼论捻军起义失败原因》[4] 和李振武先生的《试论捻军起义失败原因》[5] 则分别从捻军运动的领导人物、参加者的局限性和捻军运动军事上的战略失误等方面对捻军起义失败的原因做了分析和评述。关于捻军运动的历史意义，郭豫明教授根据广泛收集的清朝官方文书、地方志及其他资料，在系统探索捻军历史的基础上，认为捻军斗争极大地动摇了清朝的封建统

〔1〕 牛贯杰：《十九世纪中期皖北的圩寨》，《清史研究》2001 年第 4 期。

〔2〕 顾建娣：《咸同年间河南的圩寨》，《近代史研究》2004 年第 4 期。

〔3〕 徐修宜：《捻军运动简史》，第 103 页，中国文史出版社 2003 年版。

〔4〕 徐松荣：《捻军人物局限性评述——兼论捻军起义失败原因》，《捻军研究》第二集，捻军研究学会编，2000 年 8 月第一版。

〔5〕 李振武：《试论捻军起义失败原因》，《捻军研究》第二集，捻军研究学会编，2000 年 8 月第一版。

治，打击了列强的侵略势力，给北方地区广大群众带来一定益处，对太平天国运动、陕甘回民起义与当时北方群众反清斗争作出过贡献，且对近代人民革命斗争产生深远影响，还留下了宝贵的经验教训。[1] 对于捻军运动的评价主要有两个方面，有肯定的方面，也有批评的方面。根据马克思主义原理和研究史学一分为二的方法，我们应该全面地看待捻军运动。

三、问题与前景（结语）

综上所述，近十年来捻军运动史研究取得了许多阶段性的丰硕成果。学者们在传统的研究方法基础上大胆突破，引进了其他的学科和研究方法，拓宽了捻军运动史的研究领域。如徐修宜先生的实地调查法，徐松荣先生从军事战争史角度研究捻军运动史的方法，池子华先生从社会学、人口学、心理学、文化学等多角度、跨学科的研究方法等都使捻军运动史研究价值趋向多元化，为将来的捻军运动史研究开辟了广阔的空间和前景。但是在丰硕的同时也存在着许多困难和不足。首先，“由于老一辈捻军运动史研究专家在推出他们的集成之作之后大多画上句号，中青年学者或以捻军史为‘业余爱好’，或感到深入为难。”[2] 进入新世纪的最初几年中，捻军运动史研究一直在低迷状态下徘徊，只有包括阜阳师范学院皖北文化研究所在内的少数机构和个人从事捻军运动史方面的研究。捻军运动史研究的后备力量严重不足。其次，缺乏从农民问题角度研究捻军运动史。农民战争实质上是农民问题，捻军起义是一次农民战争，因此捻军起义与农民问题有着密切的联系，从农民角度研究捻军运动史，不仅能够研究出捻军运动更深层次的原因，而且有很重要的现实意义。

要摆脱捻军运动史研究的低迷，除了集聚捻军运动史研究的基本力量和人才之外，重要的是拓宽思维空间，放开视野，打破思维定势，找到一些尚待研究的新领域。同时，要深化捻军运动史的研究，必须提高研究者自身的素质，其中至关重要的是知识结构的不断更新。

（唐俊峰系阜阳师范学院历史系学生；于文善系阜阳师范学院历史系副教授）

---

〔1〕 郭豫明：《简论捻军斗争的历史意义》，《上海师范大学学报》（社科版）2000 年第 8 期。

〔2〕《捻军研究》第二集，第 24 页，捻军研究学会编，2000 年 8 月第一版。

建国以来淮河流域水患灾害及其治理

于文善　胡亚魁

现代灾害科学研究表明，气候系统过渡地带、中纬度过渡带和海陆相过渡带是地球上典型的孕灾环境地带。淮河流域地处我国南北气候过渡地带，属于北亚热带至暖温带湿润半湿润季风气候区。受这种气候区的影响，流域内四季分明，降水时空分布不均，差异较大，冬季干旱少雨，春夏季受梅雨季风的影响，雨量集中，强度大且暴雨持续时间长。淮河流域地理气候的上述特点决定了流域内经常发生局部地区的特大洪涝灾害或全流域的洪涝灾害。

一、建国以来淮河流域的水患灾害及其影响

建国以来淮河流域曾经发生过多次水患灾害。据统计资料显示，建国初期至九十年代曾经发生过九次大的洪水灾害。这些洪水灾害不但给流域内国家、集体和人民群众的财产造成巨大损失，而且也对人民群众生命安全构成较大的威胁。1950 年淮河上中游由于受西南暖湿气流的影响发生了建国后第一次大洪水，主要集中在6 月中下旬和7 月上中旬。6 月29 日至8 月6 日，淮河上游及洪汝河来水量分别为54. 5 亿立方米和43. 7 亿立方米，7 月2 日至8 月20 日沙颍河来水量为46. 9 亿立方米。与1921 年、1931 年洪水相比，暴雨洪水虽历时短，但水量集中，蚌埠以上洪水位超过了1921 和1931 年。[1]

1950 年由于新中国刚刚建立，百废待兴，治淮工程尚未开始，灾情十分严重。6 月29 日淮河开始涨水，7 月6 日上游支流洪水汇入淮河干流，洪峰叠合，浩瀚奔腾，异常汹涌，沿淮堤防虽经奋力抢险，但因标准过低，水头过高，相继漫溢崩溃，平地水深丈余。灾情资料分析，当时受灾面积达4687 万亩，灾民约1300 多万人，死亡489 人，倒塌房屋89 万余间。[2]

1954 年淮河发生了全流域的洪水。当年6、7 月份，由于受冷暖空气的共同

---

〔1〕 淮河水利委员会编：《中国江河防洪丛书 · 淮河卷》，第45 页，中国水利水电出版社1996 年版。

〔2〕 淮河水利委员会编：《中国江河防洪丛书 · 淮河卷》，第46 页，中国水利水电出版社1996 年版。

影响，淮河流域出现5次大范围的强暴雨过程。流域内平均降雨量513毫米，为多年同期平均雨量的3至5倍。8月2日，蚌埠站出现最高水位22.18米，最大流量为11600立方米/秒，洪泽湖以上60天来水量达494亿立方米，三河闸最大泄量为10700立方米/秒。洪泽湖在三河闸、灌溉总渠充分泄洪情况下，8月16日蒋坝最高水位达15.23米。[1] 比较起来，1954年洪水应是21世纪流域内最大洪涝年份之一（前次为1931年洪水）。

1954年洪水期间，淮河流域虽已建成石漫滩、板桥、薄山、南湾、佛子岭等水库和蒙洼蓄洪区，通过这些水库的拦洪削峰、蒙洼蓄洪区开闸蓄洪及城西湖等湖泊的先后起用，行洪、蓄洪起到了一定的作用，但由于洪水过大且历时长，致使淮北大堤在禹山坝和毛滩两处决口，由此造成的洪涝灾害也十分严重。灾情资料分析，河南省淮滨县几乎全县淹没，沈丘县80%以上土地积水1—2米，河南省合计83县2市受灾，淹田1342万亩，33970处农田水利工程被冲坏，倒房30万间；安徽省2620万亩农田受淹，倒房168万间，死亡1098人；江苏省淹田1063万亩，死亡832人，冲坏桥梁1071座，涵洞156个。全流域被淹没耕地达6464万亩。[2]

1957年淮河支流沂沭泗水系及沙颍河、涡河由于受副热带高压西南侧偏南气流与北侧西风带偏西气流影响引发了大洪水。统计资料显示，在暴雨集中的7月6日至26日，15天内降雨量大于400毫米的达73940平方公里。涡河7月份平均雨量489.4毫米。沙颍河上游地区一般降雨量也在400毫米左右。沂河临沂洪峰流量19日达到15400立方米/秒，沭河大官庄水文站11日达4910立方米/秒。淮河水系的沙颍河叶县站7月10日出现百年一遇的最大洪峰流量9880立方米/秒，7月22日阜阳站最高水位31.85米，比1954年高出0.32米，是自1935年有记载以来的最高水位。[3]

1957年以前，沂沭泗流域尚未修建控制性水库工程，河道防洪、排涝能力很低。7月份的暴雨洪水，使山区大量梯田、地堰、小型塘坝、房舍被冲毁。灾情资料分析，沂沭泗河及各支流漫溢决口7350处，受灾605万亩，伤亡742人，倒房19万间。南四湖30天洪量达114亿立方米，相当于90年一遇洪水，受灾

---

〔1〕淮河水利委员会编：《中国江河防洪丛书·淮河卷》，第47页，中国水利水电出版社1996年版。

〔2〕淮河水利委员会编：《中国江河防洪丛书·淮河卷》，第49页，中国水利水电出版社1996年版。

〔3〕淮河水利委员会编：《中国江河防洪丛书·淮河卷》，第50~51页，中国水利水电出版社1996年版。

面积1850万亩，倒房230万间。[1]

1965年淮河下游出现的洪涝灾害是由梅雨造成的。梅雨从当年6月底一直持续到8月5日，长达36天，比正常年份长16天。据里下河地区26个雨量站统计资料分析，面降雨量达769毫米，是常年的2.6倍。[2] 梅雨过后又持续发生了10余天的连阴雨。之后“65·13”号台风暴雨又持续了3天。从损失的结果看，江苏省盐城地区受涝面积达706万亩，房屋倒塌19.6万间，死亡127人，被水围困的灾民达10万余人。[3]

1968年淮河上游大洪水也是由冷暖气流持续交锋形成的。当年7月中旬流域内连降暴雨，其暴雨特点是雨量大，历时长，雨型恶劣，降雨面广。统计资料显示信阳地区9个县市18293平方公里同时普降暴雨500~600毫米，为记载以来最大值。淮滨、王家坝出现1949年后最大峰值，分别为16600立方米/秒和17600立方米/秒，王家坝最高水位30.35米，超出蒙洼堤顶高度，大量洪水进入蒙洼蓄洪区。[4] 由于最高洪水普遍超过堤顶，大中小河流皆是堤内堤外同时行洪，其结果如河南省的灾情资料显示，1968年信阳地区的水灾面积为192.1万亩，驻马店地区遭受水灾280.9万亩，成灾136.5万亩。[5] 河南省内淮干决口281处，蒙洼圈堤决口21处。[6]

1969年淮河中游淮南的大洪水主要是受江淮切变、低涡和西南槽的影响所造成。统计资料显示当年淮河干流7月初开始涨水，7月16日王家坝水位28.74米，洪峰流量4560立方米/秒。19日正阳关水位25.85米，洪峰流量6340立方米/秒。15日史河蒋家集出现历史最大洪峰4550立方米/秒。16日蒙洼进水闸开闸蓄洪至17日，最高水位24.32米，最大进洪流量11000立方米/秒。[7] 灾情资料显示霍山全县重灾13个乡镇，7684户29775人，成灾面积47285亩，其中36593亩颗粒无收，毁房8089间，冲坏小水库27座，抽水站21座，堰坝7260道；金寨县受灾9万亩，其中绝收4万亩；六安县有22个公社遭灾，受灾耕地

---

〔1〕 宁远等主编：《淮河流域水利手册》，第50页，科学出版社2003年版。

〔2〕 淮河水利委员会编：《中国江河防洪丛书·淮河卷》，第52页，中国水利水电出版社1996年版。

〔3〕 宁远等主编：《淮河流域水利手册》，第53页，科学出版社2003年版。

〔4〕 淮河水利委员会编：《中国江河防洪丛书·淮河卷》，第54页，中国水利水电出版社1996年版。

〔5〕 宁远等主编：《淮河流域水利手册》，第55页，科学出版社2003年版。

〔6〕 宁远等主编：《淮河流域水利手册》，第68页，科学出版社2003年版。

〔7〕 淮河水利委员会编：《中国江河防洪丛书·淮河卷》，第54页，中国水利水电出版社1996年版。

36.8万亩，其中绝收18万亩，受灾人口33万人，倒房7.2万间。[1]

1974年8月上旬，受副热带高压、西风带径向环流的共同影响，淮河支流沂沭河、洪泽湖地区再次出现暴雨和大暴雨，并引起洪水。这次暴雨、大暴雨特点是强度大、范围广。统计资料显示8月14日，沂河大官庄洪峰流量达5400立方米/秒，水位54.69米，是1949年后最大值。沂河临沂洪峰流量为10600立方米/秒，水位65.17米，为继1957年后第二高水位。[2] 此次洪水中，由于水利工程在拦洪削峰中发挥了巨大作用，使灾情大为减轻，灾害严重的主要在山东临沂和江苏徐州、淮阴。灾情资料显示临沂地区受灾农田371万亩，其中绝产98万亩，房屋倒塌21.4万间，死亡92人。沂沭河上游冲垮小型水库18座，徐州地区受涝面积428万亩，倒塌房屋20.9万间，死亡35人，陇海铁路东段一度中断行驶，淮阴地区受灾农田344万亩。[3]

1975年8月上旬，受3号强台风影响，淮河流域洪汝河、沙颍河出现了大洪水，洪汝河上中游是本次暴雨的中心区，沙颍河的暴雨中心在其支流澧河及沙河上游。统计资料显示汝河板桥水库以上控制面积内平均降雨量1028.51毫米，第二次入库洪峰流量最高达13000立方米/秒。澧河支流甘江河官寨站8日最大洪峰量为12100立方米/秒，周口站9日出现历史最大洪峰流量3450立方米/秒。[4] 在这次洪水中，洪汝河、沙颍河洪水互窜，泥沙洼滞洪区提防全面漫决。灾情资料分析，本次洪水中，河南省共有23个县市，820万人口，1600多万亩耕地遭受严重水灾，其中遭受毁灭性和特大灾害的地区约有耕地1100万亩，人口550万人，倒塌房屋560万间，死伤牲畜44万余头，冲走和水浸粮食近10亿公斤，死亡26000人。京广线冲毁102公里，中断行车18天。[5] 安徽省成灾面积912.33万亩，受灾人口458万人，倒塌房屋99万间，损失粮食3亿公斤，死亡399人，水毁提防1145公里和其他水利工程600余处。[6] 沿淮及临泉、界首、太和、阜阳、六安等县都是重灾区，这些灾区在国家的帮助下，群众的生产生活过了3—5年才得以恢复。

淮河流域上世纪最后一次大洪水发生在1991年。这次洪水也主要由梅雨造

---

〔1〕 淮河水利委员会编：《中国江河防洪丛书·淮河卷》，第57页，中国水利水电出版社1996年版。

〔2〕 淮河水利委员会编：《中国江河防洪丛书·淮河卷》，第58页，中国水利水电出版社1996年版。

〔3〕 宁远等主编：《淮河流域水利手册》，第59页，科学出版社2003年版。

〔4〕 淮河水利委员会编：《中国江河防洪丛书·淮河卷》，第61页，中国水利水电出版社1996年版。

〔5〕 宁远等主编：《淮河流域水利手册》，第71页，科学出版社2003年版。

〔6〕 宁远等主编：《淮河流域水利手册》，第72页，科学出版社2003年版。

成。1991 年淮河以南 5 月 18 日入梅，较常年提早一个月。7 月 15 日出梅，梅雨期长达 58 天，比正常年份长了一个月。统计资料显示淮河水系最大 30 天的平均雨量为 412 毫米，暴雨中心最大 60 天平均雨量为 620 毫米，梅山水库、响洪甸水库、瓦埠湖、高塘湖等地区 30 天雨量约合 100 年一遇，江苏里下河地区最大 60 天雨量为 500—1300 毫米，为 1881 年有记录以来的最大值。1991 年淮河水系最大 30 天洪量分别为：王家坝站 76 亿立方米，正阳关 210 亿立方米，蚌埠 273 亿立方米，中渡 348 亿立方米，各站洪量都接近或超过 1954 年。〔1〕

1991 年严重的洪涝灾害给沿淮人民的生命财产也带来了重大损失。灾情资料分析，1991 年的洪涝灾害中涝灾占 79%，全流域受灾耕地 8275 万亩，成灾 6024 万亩，受灾人口 5423 万人，倒塌各类房屋 196 万间，损失粮食 66 亿公斤，减少粮食 158 亿公斤，直接经济损失达 340 亿元。〔2〕此外积水还淹没或浸泡了津浦线、淮南线、淮蚌线等铁路干线，使铁路交通中断，不少公路干线被淹，数千家工厂、企业被洪水围困，处于停产、半停产状态，由此造成的间接损失及滞后影响也十分严重。

二、建国以来淮河流域的水患治理对策

针对建国以来淮河流域水患灾害频发并造成重大损失的严峻事实，党中央、国务院和地方各级党委、政府及流域内人民群众几十年来积极投入到水患治理工作中去，为防止淮河水患及水患造成的损失做出了极大的努力和贡献。

（一）上世纪 50 年代淮河流域规划及治理情况。1950 年淮河大水后，党中央、国务院为治国安邦，拯救淮河两岸人民，当即作出治理淮河的决定。周恩来总理亲自主持召开治淮会议，提出“蓄泄兼筹”的治淮方针，要求“上游筹建水库，推行水土保持，以拦蓄洪水，发展水利；中游蓄泄并重，一方面利用湖泊洼地拦蓄干支流洪水，另一方面治理河道，承泄拦蓄以外的全部洪水；下游开辟入海通道，以利宣泄，巩固运河提防，以策安全”。同时在淮河之滨的蚌埠成立了治淮委员会，统一领导治淮工作。毛泽东主席还及时发出“一定要把淮河修好”的伟大号召和“豫、皖、苏三省共保，三省一齐动手”的团结治水原则，在指导思想、治淮方针和组织领导等方面为治淮规划和沿淮事业的开辟奠定了重要的基础。1951 年，治淮委员会完成了以防洪为主的《关于治淮方略的初步报告》，报告重点研究了淮河干流洪河口至洪泽湖 1950 年的洪水状况，并据此制定

〔1〕 淮河水利委员会编：《中国江河防洪丛书·淮河卷》，第 65 页，中国水利水电出版社 1996 年版。

〔2〕 宁远等主编：《淮河流域水利手册》，第 73 ~ 74 页，科学出版社 2003 年版。

了淮河中下游的防洪规划。

针对 1954 年淮河水系的大洪水，当时的治淮委员会在总结前几年治淮经验的基础上，又组织豫皖苏三省的治淮部门共同进行以防洪为主的淮河水系流域规划工作。1956 年提出了《淮河流域规划报告（初稿）》，1957 年又提出了进一步修改补充的《淮河流域规划提要》。规划的主旨是：防治水旱灾害，发展农业生产，以防洪、除涝、发展灌溉为主，兼顾发展航运、水产、水电和水土保持等。总体布局是：在上游山丘区开展水土保持，增建山谷水库及群众性的塘坝工程，以拦洪水、泥沙、削减洪峰、调节径流、蓄水兴利。中游修建防洪灌溉综合水利枢纽。根据上述规划，到 1956 年已建成白沙、板桥、薄山、佛子岭、梅山、南湾、石漫滩等大型水库，大型综合水利枢纽有响洪甸、磨子滩、宿鸭湖、昭平台、白龟山、孤石滩等。另外还先后完成了淮北大堤，淮南、蚌埠城市圈堤的培修加固工程，入水水道扩大工程。豫东、淮北、苏北地区各平原排水河道也得到不同程度治理。

（二）上世纪六七十年代淮河流域规划和治理情况。1958 年原治淮委员会撤销，原来淮河干支流治理规划中所提出的工程，有的已实施或正在实施，有的仍在讨论之中，有的需要修正补充调整。为此，水利电力部于 1965 年 10 月成立了淮河规划组，深入现场，边调查、边研究、边规划。文革开始后规划工作中途停止。这次规划基本肯定了沂沭泗水系中下游的沂沭泗河洪水东调和南四湖洪水南下的总体工程规划布局，明确了开挖南四湖湖西东鱼河和淮北新汴河两大防洪、排水、航运、灌溉综合利用骨干河道。

1968 年淮河上游发生了一次特大暴雨洪水，淮河中游蓄洪区由于控制工程不健全，不能按计划蓄洪，暴露了淮河防洪工程体系不完善，防洪标准低的问题。为此，1969 年国务院成立了治淮规划小组，10 月国务院召开了淮河规划小组会议，提出“四五”要达到的治淮目标。1971 年上半年提出了淮河流域规划报告，指导思想是：抓紧骨干工程的配套，治理中小河流；修建一批战略性大型骨干工程。大型骨干工程分为“蓄山水”，“给出路”，“引外水”。“蓄山水”就是在淮河水系山区增建干流出山店，支流游河顺河店，白露河百雀园，史河盛家山和石壁，淠河白莲崖和沙颍河燕山等大型综合利用水库 13 座；在沂沭泗水系增建沭河龙门、洛河、双侯、昌里 4 座大型水库；改善现有的蒙洼、城西湖、城东湖等蓄洪区的控制工程和增辟姜塘湖蓄洪区；修建完成中游临淮岗特大洪水控制工程。“给出路”包括扩大淮河中游洪水出路；扩大淮河下游洪泽湖洪水出路；扩大南四湖洪水出路；扩大沂沭河洪水出路等工程。“引外水”就是计划在江苏增建江都、泰州抽水站，提引江水 800 立方米/秒；开辟泰州自流引江河，达到自流 500 立方米/秒；在安徽省无为县浴溪口和凤凰颈建站抽水引江水 900

立方米/秒，其中济淮河700立方米/秒；在河南省境内结合南水北调中线工程，从丹江口水库引水500立方米/秒补给驻马店、许昌、周口地区。上述工程到80年代中期，业已按规划完成或在建的有灌河鲇鱼山水库及灌区工程，淮河中游城西湖蓄洪区的主截流进洪闸，蒙洼蓄洪区的曹台退水闸和茨淮新河，淮河下游里下河滨海区的射阳港、黄沙港、新洋港、斗龙港和南四湖湖西的洙赵新河、东鱼河、大沙河等平原河道治理工程。

（三）上世纪80年代淮河流域防洪规划和治理情况。80年代，水利部、淮河水利委员会组织了豫皖鲁苏四省的水利部门，在交通、水产、环保等部门的配合下，共同进行了淮河流域综合规划工作。1984年完成了以防洪为主要内容，以恢复、巩固、发挥现有治淮工程效益为主要目标的《淮河流域修订规划第一部规划报告（讨论稿）》。1985年根据国务院合肥治淮会议要求，完成了以防洪为主的综合性的《治淮规划建议（初稿）》。初稿规定80年代淮河流域防洪的任务是有计划的加强水利基础产业，逐步建立良性循环的防洪工程运行管理体制，努力建设一批大中型防洪工程，全面提高抵御自然灾害能力，以适应国民经济持续快速健康发展对防洪的要求。

根据这一时期的防洪规划及任务，采取了以下重点治理对策：淮河干流上中游治理方面，加高上游沿淮圩区提防；加固淮北大堤及淮南、蚌埠等城市圈堤；进行沿淮圩区及行蓄洪区的排灌设施、安全庄台和撤退道路、通讯报警的建设；完成茨淮新河的开挖工程；加固各蓄洪区的进退水闸，增建城西湖退水闸；扩大中游排洪通道，基本恢复河道原有排洪能力等。淮河下游治理方面，继续进行淮河入海水道建设，基本改善下游里下河等地区的防洪条件。沂沭泗河中下游治理方面，按计划进行沂沭河洪水东调，分沂入沭，新沭河、南四湖洪水南下韩庄运河建设；扩大中运河和南四湖治理、湖西堤加固、湖东堤修建等工程建设。平原河道治理方面，开始对洪汝河、沙颍河、汾泉河、涡河、包浍河、泗河、东鱼河、洙赵新河、梁济运河等平原骨干排水河道建设。

（四）上世纪90年代淮河流域防洪规划和治理情况。1991年淮河、太湖流域发生特大洪水引起严重灾害，当年9月国务院召开会议，研究淮河、太湖治理问题。11月颁发《国务院关于进一步治理淮河和太湖的决定》，推动淮河治理进入新的历史阶段。国务院的决定坚持“蓄泄兼筹”的治理方针，并提出90年代淮河流域治理的主要工程建设任务：一是加强山区水利建设，进行小流域综合治理，搞好水土保持，完成病险水库除险加固，重建板桥、石漫滩水库。二是扩大整治淮河上中游的泄洪通道。“八五”期间，铲除经常行洪的行洪区堤防，退建蒙洼、城西湖等行蓄洪区堤防并迁移堤内人口；继续加固淮北大堤等重要堤防及蚌埠、淮南等城市圈堤；加强行蓄洪区建设；兴建淮洪新河。“九五”期间研究建设临淮岗控制工程。三是巩固和扩大淮河下游排洪出路。“八五”期间，疏通和加固入江水道，行洪能力达到12000立方米/秒，续建分淮入沂工程，行洪能力达到3000立方米/秒；加固洪泽湖大堤。“九五”期间，建设入海通道，使洪泽湖大堤达到100年一遇的防洪标准。四是续建沂沭泗河洪水东调南下工程；继续治理包浍河、沙颍河；继续进行湖洼易涝地区配套工程及通讯预警、水情测报、洪水调度等系统以及其他有关项目的建设。

1991年以来，根据国务院治理淮河和太湖会议的决定，淮河流域治理的主要工程建设已全面展开，到1995年已有部分工程完成或已发挥效益。淮河上中游河道整治及堤防加固工程建设方面：河南境内，童元、黄郢、建湾三洪区圩堤已竣工验收，发挥效益，其他圩堤等工程正在建设。安徽境内，润赵段废弃工程完成，所剩老行洪圩堤正在铲除；城西湖退堤已完成下段一期工程，迁移工作也在进行，上段工程正加快实施；南润段退建工程已开工，进展较快。淮河下游巩固和扩大洪水出路工程建设方面：分淮入沂工程已经完工；入江水道工程基本完成；洪泽湖大堤加固工程也大部完成。淮洪新河工程建设方面：安徽境内，建设已全面展开，土方工程基本完成，建筑物工程正抓紧实施。江苏境内，关键的北峰山段工程进展顺利。沂沭泗河洪水东调南下工程建设方面：韩庄运河（中运河）台儿庄至大王庙航道及防洪工程的断航实施部分已经完工，并恢复通航，南下工程已开始生效；中运河临时性水资源控制工程已完成，上段施工已全面展开；大官庄枢纽工程已完成，发挥了节制洪水的作用；分沂入沭调尾工程正抓紧建设。水库工程建设方面：板桥水库复建工程已建成生效；石漫滩水库复建工程正按计划实施；部分大型水库（如许家崖、宿鸭湖等）除险加固工程已完成，并已发挥效益。跨省骨干支流河道治理工程建设方面：包浍河工程建设进展顺利；洪汝河杨庄滞洪区工程基本完成；汾泉河治理工程正抓紧进行；行蓄洪区安全建设，湖洼易涝地区治理以及山丘区水土保持等项目，均在实施并有相当部分生效。另外，“七五”续建项目梁济运河、徐洪河、黑茨河等也已经竣工并发挥效益。

建国以来淮河流域的防洪规划及其治理，在党中央、国务院、地方各级党委和政府的领导下，以及在人民群众的积极参与下，已发挥了显著的功效并取得了十分突出的成就。如根据历次流域规划，经过长期不断的艰苦努力，流域内已经兴建了许多以防洪为主要目标的综合利用水利工程，初步形成了一个比较完整的防洪、排涝、灌溉、水运工程体系，改善了各支流河道的防洪排水能力。历史上长期遗留下来的“小雨小灾”状况大有改善，“大雨大灾”的程度也有较大程度的减轻。统计资料分析，40年来治淮工程共完成土石方工程量356亿立方米，共投入资金和劳务折款476亿元，累计经济效益1900亿元。其中防洪工程累计投入92亿元，累计减免洪灾耕地面积3.0亿亩，减免经济损失620亿元，为投入的6.75倍。[1] 但同时也应该清醒地看到，流域内现有的防洪标准仍然较低，洪涝水灾仍很频繁，局部性的水灾仍然年年都有，大范围的水灾也时有发生，如2003年夏季的大洪水，仍然历历在目，而且在流域内治理水灾的过程中始终存在着长远规划的不到位与短期行为；流域内各省之间的利益矛盾冲突的难以协调等问题。当然，以上这些问题正得到党和政府的高度重视并逐步解决。新的世纪来临之际，党和政府继续加强和加大对流域内水患灾害的治理。事实证明，只要党中央和国务院对流域内的水患灾害保持高度的重视和投入，地方各级党委、政府和各部门相互支持与配合，再加上广大人民群众的积极参与，相信淮河流域的水患灾害一定能够得到防治。

（本文为安徽省教育厅人文社科项目（2006sk229zd）资助成果）

参考文献：

胡明思、骆承政主编：《中国历史大洪水》，中国书店1988年版。

淮河水利委员会编：《淮河水利简史》，水利水电出版社1990年版。

水利部水文水利调度中心编：《防洪水文气象知识》，中国科学技术出版社1992年版。

康复圣：《九十年代的治淮建设》，《治淮》1995年11期。

朱来常：《解放后淮河中游的治理》，《安徽史学》1995年1期。

（于文善系阜阳师范学院历史系副教授；胡亚魁系淮南一中教师）

〔1〕 淮河水利委员会编：《中国江河防洪丛书·淮河卷》，第142页，中国水利水电出版社1996年版。

明代河图与黄淮水利

王大庆

一、河图布局与区域差异

(一) 黄淮干流

明初，黄河干流在河南境内频繁决泛，灾害严重。洪武二十五年（1392 年）正月庚寅，黄河在河南开封、阳武决溢南流，“浸淫及淤陈州、中牟、原武、封丘、祥符、兰阳、陈留、通许、太康、扶沟、杞十州县，有司具图以闻，乞发军民修筑堤岸以防水患，从之。”[1] 作为新开拓堤防工程及修筑河堤的基础，从河工的考察、选择到路线的确定，都离不开绘制河图。其河图语言已成为治河官员用来概括和选取河工发生地空间分布的依据和图形，并呈献皇帝御览，允准。永乐八年（1410 年）黄河再次为患，大决开封，明成祖朱棣欲疏浚黄河河道，于次年派工部侍郎张信前往察勘，“信访得祥符县鱼王口至中滦下二十里，有旧黄河岸，与今河平，浚而通之，俾循故道，则水势可杀，遂绘图以进。诏发河南民丁十万，命兴安伯徐亨，工部侍郎金纯相度开浚。”[2] 尽管此后一段时期浚淤河道及加固堤埽工程对防御河溢卓有成效，但随着正统十三年（1448 年）黄河在河南境内决为陈留、新乡、荥泽三股，“徐吕二洪遂浅涩”。致使灾情冲击张秋运道，淤会通河，治黄与保漕已成为明统治者同时并举的要务。绘制河图作为河工管理的手段之一，其实际应用性成效明显。“画图计工”即为传输河工信息的一种有效图解方式。景泰二年（1451 年）六月戊辰，黄河河决后冲袭漕运，临清至徐州段漕舟受阻，明英宗敕谕巡抚山东、河南左副都御史洪英，右副都御史王暹“尔等即各督两处三司官从长计议，相度地势，画图计工，量起军民，夫河南疏涤故道淤塞，或取捷径分引水势，灌注徐州以南，山东因其缓处修筑岸口，使分灌南北济宁、临清闸河。”[3] 从中可看出，绘制河图作为分析、归纳并

〔1〕《明太祖实录》卷 215。

〔2〕《明太宗实录》卷 114。

〔3〕《明英宗实录》卷 205。

解决河患水情的重要手段，其图形化描绘方法所具有的实用意义。弘治年间（1488－1505年）白昂、刘大夏在河南境内修筑堤防，据《明武宗实录》记载："黄河势自弘治七年修理后，尚在清河口入淮，十八年北徙三百里至宿迁县小河口，正德三年又北徙三百里至徐州小浮桥，今年六月又北徙一百二十里至沛县飞云桥，俱入漕河。因单、丰二县河窄，水溢黄陵冈、尚家等口……"[1] 正德五年（1510年），黄河再决温家口、唤家口，致使丰、单二县军民田地庐舍多被淹没，当时河水"若经鱼台县塌场口入漕河则有利无害，若经巨野、阳谷二县故道，则济宁、安平运河难保无虞等因，并画图呈缴"。[2] 而决口之后河道的整修与管理及在紧要处增益旧堤、添筑月堤埽坝等具体设施的维护，同样离不开"绘图以闻"。正德八年（1513年）七月，河决曹县以西娘娘庙口、孙家口二处，徙曹县北东行，曹、单居民被害益甚，督御使赵璜除在沿河请设负责河防的同知、通判、主薄外，还督率河工，正德九年"山东直隶俱于本年五月工毕，二口既塞，河归正流……本年七月中侍郎赵璜具工完，丈尺人夫物料始末并绘图以闻"[3]。明代治河高官在向皇上呈报水情时，常采用"画图贴说"方式，所谓"画图贴说"即河图中的文字说明，在所呈绢本图绘中并非将文字直接写在绢本之上，而是用小纸贴附粘上去。嘉靖初年，河患重点已下移至徐州周边地区，河道决溢常常致使运道雍阻，另开新河以避黄患被视为维护漕运的方法。嘉靖六年（1527年）黄河决山东曹、单等地，再夺运道，沛县河淤。嘉靖七年正月，都察院右副都御使、总河盛应期奏请朝廷采纳胡世宁的建议，于昭阳湖东另开一新运河。当时对此争议颇多，认为"惜费于未举之前，乃兴工于好谋之后，履历必亲众志，无异然后会行各该衙门，各以所议具奏，画图贴说，以请圣裁"[4]（7）由于遭遇大旱，河道淤而罢新河之役呼声又起，致使该河工中途停滞。明代河图作为规范管理、统筹河政的有效方法，在潘季驯主持治河期间已呈制度化。万历六年（1578年）潘季驯第三次出任河督时，在黄淮干流坚筑堤防、稳定河势以"束水攻沙"一直是其治河有效方针。他不仅总揽全局且与河官下属研究具体治河对策，还身体力行"躬历该地方逐一查阅要见，徐沛丰砀……画图贴说，具由通详……一并各州县掌印管河等官逐一查勘，从长计议。"[5] 设计、绘制河图的过程和目的，一方面是治河所需，另一方面，主要围绕皇帝"御览"，从而使之成为可供皇上作出具体决断的可比参照图。正如给事中尹瑾

〔1〕《明武宗实录》卷56。

〔2〕万历元年《兖州府志》卷21，《黄河》。

〔3〕（明）车玺：《治河总考》卷3。

〔4〕（明）刘麟：《清惠集》卷5，《奏疏》。

〔5〕（明）潘季驯《两河经略》卷1，《奉明旨陈愚见议治两河经略以图永利疏》。

所言“恭进河图，恳乞皇上御览”，其奉命会同巡按御使李时成遍访河工，绘图以进的目的是为“伏乞皇上留神御览，俯察两河形势，则不出九重之上而坐照数千里之外，国民生胥赖之矣。”[1]

为维护黄河防洪大堤，挑挖河道和维持南北大运河畅通，需消耗款项巨大的河工兴修及修河夫役之工食、器具费用。朝廷对于修建用费支出的查核，规定“每年终，照例将挑浚修筑过河堤并用过夫料数目造册，画图贴说具奏。”[2] 潘季驯主持治河经历嘉靖、隆庆、万历三朝，曾分别于嘉靖四十四年（1565 年）十一月十一日，隆庆四年（1570 年）及万历十六年（1588 年）五月十一日接受“敕谕”，以“督察院右佥御使”、“督察院右副督御使”和“督察院右督御使”之职，三次出任河道总督。从前两次敕谕内容上看，其河图“画图贴说”部分主要针对“沛县以北漕河屡被黄河冲决”，而万历十六年潘季驯督率全域河工修守完毕之后，仍“每年终将修理过河道人夫钱粮，照例备细造册，画图贴说奏缴。”[3]

明代治理黄淮干流过程中，明人以“绘图以进”、“具图以闻”、“画图计工”、“画图呈缴”、“画图贴说”为参考依据，将规划组织与决策调控融为一体，从而更加有效地为贯彻实施塞决口、筑长堤、复故道等重大河防工程及管理创造了有利条件。

（二）漕运

作为拓河区域河工选择、确定实施地的基础，河图同样适用于明代运河淮安、扬州段，该河道湖运相连，有“湖漕”之称。为使运河免受湖水风涛侵扰，洪武二十八年（1395 年）宝应人栢丛桂曾兴修闸坝，“建言邑中水利，请筑塘岸四十里以备冲决……陈说利害，画图奏于朝，诏许发淮扬丁夫五万六千余人，令丛桂董其役，期月而成。”[4] 鉴于淮扬段运河河道与北段会通河相比相对稳定，加强河道维护与维修、改善通航条件、筑堤保漕便成为治理重点。万历年间，总河潘季驯对淮扬区域内河道进行大规模整治，“筑归仁堤而泗州陵寝无冲射之虞，固黄浦、八浅、宝应诸堤……塞天妃闸以拒黄流，修复通济、清江、福兴等闸以严启闭，复礼、智二坝并刱建天妃坝以便车盘”，“若能岁加修守，即久安长治之策也，臣躬亲徧阅诸记详确，谨绘图贴说于后。”[5] 而运河闸坝设置和堤防修筑及经费筹措等项的具体实施，亦多与绘制河图密不可分。明末，在高邮、

---

〔1〕（明）潘季驯：《河防一览》卷 13，《科臣进图疏》。

〔2〕（明）潘季驯：《河防一览》卷 1。

〔3〕（明）潘季驯：《河防一览》卷 1。

〔4〕（明）朱国盛，徐标：《南河志》卷 12，《列传》。

〔5〕（明）潘季驯：《河防一览》卷 13，《勘工科道进图说》。

邵伯间露筋镇运河段建有一石堤，其在“小河口一带，河道约长160丈，通湖极险，原无束水西堤”，后经“管河府官督同该州县印官躬亲勘估，造册绘图，转报定夺。”〔1〕

嘉靖初年，黄河干流淮安清河至徐州茶城段河道，仍旧为南北大运河漕运要道，即“河漕”。其在徐州吕梁洪段河道波流激涌，设有吕梁二闸，并有洪夫用来牵挽过往运艘，其洪夫于永乐初年额设，载之于会典。对于此间洪夫的规模，记有“吕梁上闸洪夫一千五百人，徐州杂差审编，下闸洪夫五百人，萧县杂差审编成……当初赋时，不远数百里，皆按图赴役，后久役恋土，逃役日频，有司之追解文移。”〔2〕据此可知，吕梁洪工部分司将河图已用于“河漕”纤挽漕船的日常管理。

在运河会通河段，闸坝密集。用河图分析并解决沿河水柜、泉源等与漕运紧密相关的实际问题，已成为事关明代漕河管理举措的重要内容之一。在有关南旺地区湖泊水柜具体整治方案选择方面，嘉靖十四年（1535年）总河刘天和总结前人治水经验，“乃得弘治中韩通政鼎所镌《南旺图说碑》（在安平镇显惠庙中），明甚，盖西岸为南旺西湖，东岸二湖为南旺东湖……”〔3〕嘉靖二十年（1541年）钦差督治漕河兼督察院左佥督御使、兵部侍郎王以旗“按考图志，清查疆界，题奉钦依，将山东安山、南旺一带水柜余田给人佃种，办纳子粒……”。〔4〕当时他为缓解官民争地矛盾，采取将湖田清丈后，湖塘滩地交由佃农耕种，所得税收收归朝廷的办法。对于此次整治，据《泉河史》记载，王以旗“视事之始会同漕运管河督御史周公金、郭公持平暨内外诸司，相与稽考，因尽得湖泉放矢之由。于是，案图牒以正疆界……。”〔5〕并于此后立《南旺湖图说碑》刻于宋礼祠。由于运河山东段泉源甚多，泉河的养护与维系对于保障会通河正常畅通尤其重要。隆庆年间，为开浚运河水源、济运通漕积极纳策献言，“工部主事张克文奉命兼理之，明年壬申（隆庆六年即1572年）遍历诸泉……凡旧泉所出悉按图治之矣，顾图所不载者历州县有之，召父老问。”〔6〕对于泉源管理中有关各泉泉夫定额与有效节省民力问题，胡瓒曾将万历二十七年（1599年）之前与弘治朝（1488－1506年）作一对比，指出“弘治以前载于图记者，一泉多至三、四十人，少不下十人，嘉靖之季业去其半，然其少者尤足当今之

〔1〕（明）朱国盛，徐标：《南河志》卷14，《文移》，《议筑露筋石堤详文》。

〔2〕（明）冯世雍：《吕梁洪志》卷1，《夫役》。

〔3〕（明）刘天和：《问水集》卷1，《闸河诸湖》。

〔4〕（明）谢纯：《漕运通志》卷8，《漕例》。

〔5〕（明）胡瓒：《泉河史》卷4，《河渠志》，《南旺》。

〔6〕（明）张克文：《新泉序》，谢肇淛《北河纪》卷2。

多，乃今之节省极矣，泉浮于人至十之一、二”。[1]

(三) 明祖陵

对于河患危及皇家陵寝，早在嘉靖六年（1527年）总理河道章拯就提出“黄河济漕固为国利，然横溢亦大为民患……宁陵县北有岔河一道，起饮马池，抵文家集，经下邑至宿州符离桥，出宿迁小河口……如此则水势可杀，园寝亦无所患。乃为图说以献，上以为然，令介期举事。”[2] 随着万历初年黄淮水患在下游地区进一步加剧，保漕与护陵即黄淮扰运和黄淮二河水涨侵陵成为明王朝治河方向的核心问题。万历十六年，总河潘季驯在治河实践中继续执行其“束水攻沙”理论，在题为“祖陵当护运道可虞淮民危在旦夕，恭进开复黄河复道图说”[3] 为内容的奏疏中，认为祖陵当护，而淮扬运河亦应采取兴修清江浦草坝、筑宝应、邵泊湖堤及疏导河道等措施，并奏请罢开訾家营分黄河道工程。后得圣旨“訾家营既难开浚，罢，见今河道疏通，只著该管河官遵守成规，用心堤防，不许妄生意见，阻坏成功。”[4] 潘季驯去任后，“分黄导淮”策略成为整治河患的主流，万历二十三年（1595年）四月癸亥，直隶巡府牛应元因“瞻谒祖陵，目击河患，乃绘图以进，随上疏言……皇上震怒，重罚河臣。”[5] 至于此图的由来，是在他巡按江北衙门时，“随得奉祀朱自新绘画，今昔有水无水二图，谨装呈献圣览。”[6] 给事中张企臣奉皇上之命，抵达泗州后“展谒祖陵，果见长淮激湍，洪波汩流，寝殿沉沦……诚如御史牛应元、崔邦高所图上者，已而回视泗州若水上浮盂，而盂内之水又满。”[7] 于是，张企臣会拜总河、工部尚书杨一魁和总漕、户部尚书褚铁，酌议开周家桥等处以导淮水入黄家口。当时对此争论颇多，为救祖陵水患，杨一魁主张先分黄，后导淮，褚铁则倾向于先导淮，后分黄。“近接邸报一疏专在周桥，又见凤阳道府等官画图贴说，旦夕即开周桥……而开周桥者乃开堰之别名也。”[8] 针对由此引发该地域即淮河下游泗州、盱眙和淮扬里下河地区之间的冲突，明人曹于汴认为，高家堰拆除与否均不利于淮扬盱眙，“河淮大工人力已用什七、八，淮口青顿分……乃贵乡犹有遗议，至画积水图以劝观者，谓祖陵之水未消，高堰犹然为梗也，此其稍偏，淮扬之人折之曰：

[1] （明）胡瓒：《泉河史》卷13人物志。

[2] （明）吴道南：《国史河渠志》卷4，《黄河》，李小林《万历朝官修本朝正史研究》南开大学出版社，1999年4月。

[3] （明）潘季驯：《河防一览》卷11，《停寝訾家营工疏》。

[4] （明）潘季驯：《河防一览》卷11，《修复湖堤疏》。

[5] 傅玉璋，王鑫义，李修松等编：《明实录类纂》安徽史料卷，第36页，武汉出版社1994年版。

[6] （明）曾惟城：《帝乡纪略》卷10，《奏章》，《巡抚牛应元题称祖陵患水画图进览奏议》。

[7] 《明神宗实录》卷288。

[8] （明）朱国盛，徐标：《南河志》卷3，《奏章》，《办开周家桥疏》。

彼援祖陵为辞耳。"[1] 万历二十三年（1595年）八月，祖陵受水围困局面暂时得到缓解，皇上因此酬劳有功之臣，"总督河道、工部尚书杨一魁奏报祖陵积水渐消，画图以进。上悦，仍谕诸臣同心协议，相度地宜，通行宣泄。"[2] 但就当时客观现实和环境氛围而言，"分导二策，以急消祖陵水患为第一义，次之运道，又次之民生，"[3] 的"保陵优先论"已实际上成为治理水患的主基调。

二、河图概况考及应用分析

（一）图考

作为总结和记载治河过程的真实记录，用绘制并刻碑于石的方式将当时整治河患规模、范围及重要工程等绘画于图，是明代河道总督主要选用的方法之一。现存有关明代治理黄河时间最早的河图碑，为明嘉靖十四年（1535年）绘制的《黄河图说图碑》，该碑标有正统、成化、弘治及嘉靖年间黄河泛道，右上角"国朝五次入运"，不仅是明代中期以前黄河变迁的概括，也是此图的详细说明。[4] 成书于万历二年（1574年）四月之前，即万恭主持治河任总理河道期间的《治水筌蹄》，亦记有"余故令善图者乘传，一自孟津二千里达于瓜、仪，图之，命曰黄河图；一自张家湾二千八百里达于瓜仪，命曰漕河图。皆州载而具纪之，渠识而湾书之。且布沿革于上端，勒石于总河四思堂。"[5] 而潘季驯《河防一览图》，现存有万历十八年（1590年）彩绘本图和万历十九年（1591年）石刻拓本图，图中将黄河与运河并行绘出，黄河居上，运河居下，为"中国传统的一字展开式江河图"，将东西流向的黄河与南北流向的运河组合在一幅画面内，其方位"黄河以上为南，下为北，左为东，右为西；运河则以上为西，下为东，左为南，右为北。"[6] 又据《明神宗实录》记载："河道总督杨一魁恭进全河图说，诏留览下，工部知之。"[7] 对于绘制河图的实际意义及治理黄淮的重要作用，万历三年（1575年）十月兵科给事中肖彦就曾上言"治河大约言近日诸议，俱在徐邳以下，于上流似未之及；但以运道为急，不以淮泗为念，宜令河道大臣带同熟于河道司属二、三人，下沿淮安，上溯潼关，逐日相视，熟可分其

---

〔1〕（明）曹于汴：《复冯慕冈》，《抑节堂集》卷9，《尺牍》。

〔2〕《明神宗实录》卷288。

〔3〕（明）朱国盛，徐标：《南河志》卷4，《部覆分黄导淮告成疏》。

〔4〕《中国古代地图集》（第二册，明代），图122，《黄河图说图碑》。

〔5〕（明）万恭：《治水筌蹄》卷上，《河道概况》。

〔6〕《中国古代地图集》（第二册，明代），周铮：《潘季驯河防一览图考》。

〔7〕《明神宗实录》卷327。

流，熟可杀其势，计划停妥，贴图之说，具奏施行。"[1] 从中可看出，实地察勘并绘制河图用以治河护运，目的明确且已获朝廷重臣的广泛首肯。

现存明代不同时期有关漕运及黄淮水利专书中，篇幅内容虽各有侧重，但从中亦可得知当时河图的具体应用概况，包括对漕河走向、闸坝位置及名称等方面的改变，都以图示方式予以记录。现存最早漕河专著为弘治九年（1496 年）三月管理河道工部郎中王琼《漕河图志》，该书《漕河之图》绘有自都城到瓜州漕运图共计十一幅。对于河图的作用，正如他在序中所言"以当今漕渠为主首之，以图次，纪源委而诸河大势脉络远近，开卷瞭然……各列其所经郡县及堤岸之分界、支流闸堰湖陂之名数。"[2] 嘉靖二十八年（1549 年）六月刻本，谢纯《漕运通志》卷 1《漕渠》中绘有《渠图》，其图始自瓜州，自南而北顺次列出，视觉方向与《漕河之图》相反，至都城共计十七幅。由于漕河山东段闸坝、泉源众多，对于嘉靖初年该地主要闸、泉方位的记述还反映在嘉靖十二年（1549 年）刻本《山东通志》卷 1《图考》中，其绘有两幅《漕河图》。万历二十七年（1599 年）刻本，胡瓒《泉河史》则专考沿运泉源分布，其卷一即为《图纪》，列有《泉源总图》、《闸河图》、《南旺湖图》、《泗水泉图》、《沂水泉图》及各县泉图等 26 幅。

在现存明代有关专门记载黄河水利的文献中，以正德十一年（1516 年）刻本，车玺的《治河总考》四卷本为最早，但从其仅存三、四两卷中已很难知晓有无河图。嘉靖十二年（1533）《治河通考》有两种版本，一为嘉靖癸巳春二月刘隅刻本，一为吴山刻本，都绘有黄河河源至淮安府《黄河图》六幅，图中用实体黑线沿黄河干流标示多处"大堤"、"新大堤"等堤坝具体走向。嘉靖十二年之前黄河河防布局，特别是沿黄北岸筑堤规模，清晰可见。万历三十八年（1610 年）刻本，张光孝撰六卷本《西渎大河志》卷二有《大河行地图》，共计 14 幅，在其黄河全程图中，涉及黄淮区域就有 10 幅。据此图例可得知 1610 年之前黄淮干流沿岸缕、遥、格、月各堤及大王庙分布状况，各府、州、县和主要集镇所在位置，沿途山脉、湖泊、运河等图示。其《大河行地图考》则详细记叙堤防与河道变迁的沿革过程。

有鉴于前人在治河实践中对绘制河图经验的总结和积累，明代后期所绘黄淮及漕河之图多得益于前代已取得之成果。在现存明代图录史料中，杨子器于正德年间所绘《地理图》已较完整地用图形轮廓与图例绘出黄淮水系的河道现状。罗洪先嘉靖三十四年（1555 年）刻本《广舆图》，是根据元人朱思本《舆地图》

---

〔1〕《明神宗实录》卷 43。

〔2〕（明）王琼：《漕河图志》序。

并采用计里划方之法改绘增广而成，罗图"作黄河图三；……作漕河图三"。崇祯年间（1628—1644年）陈组绶以《广舆图》为底图又改制而成《皇明职方地图》，经王庸考证后认为"《广舆图》之漕运图仅绘运河而职方图之漕黄治绩图则黄河与运河合绘，关于运河沿岸地名反较漕运图稍略，惟以大体观之，则职方图较为宽大，图中所注文字较小……"。[1] 此外，明人章潢所编类书《图书编》卷53绘有图文并茂、图形详细的组图《河漕全图》；卷54《泉河总图》、《东泉总图》及《南旺总图》，其河、湖、泉、闸分区细致、绘画清楚；卷55《两河新筑隄堰坝闸总图》共计13幅，着重图示出隆庆年间黄淮流域内黄淮干流及运河沿岸各府州县新筑堤防、闸坝、水柜、浅浦、泉源等具体方位，而图中河工指示时间亦即至隆庆六年（1572年）。万历六年（1578年）刻本，何镗《修攘通考》卷5有《黄河图》二，不仅用粗黑线标示黄河北岸堤防，还将嘉靖初年之前黄河流经颍、涡入淮路线绘于一图，且图中海岸线轮廓基本正规。另《漕河图》四，绘有沿漕河湖、塘、闸、浅，其图中文字注明州县各段浅铺、老人、浅夫及什物等数目。万历四十二年（1614年）刻本，王在晋《通漕类编》中绘制有《漕运图》、《黄河图》各三幅，图中空白处亦配有文字说明，从其卷首"凡例"得知，其"全河图说存其大略，其详备于《河防一览》可考镜焉，泉源止载总图，源流浩漫，《泉河史》可备焉。"[2] 可见，该类编很注重吸收此前河图绘制的研究心得。阅读类编中所绘图样，亦可觉查其绘图特点，即《黄河图》、《漕运图》采用每方格计"每方百里"的计里划方法绘制，另一方面，该书《泉源总图》、《闸河图》则没有采用而于之相区别。与主要标明全流域河道及堤防工程的《河防一览》图相仿，明天启年间（1621—1627年）朱国盛纂，崇祯六年（1633年）徐标续纂《南河全考》中亦绘《黄河运河总图》33幅。其图幅空白及边缘处作文记录有关河防要隘、文里远近、闸坝桥梁等，其中多有堤坝建造年代、具体长度、主要河决地点和时间的详细记录，该图与《河防一览》图有许多相似之处，两图都采用黄河在上、运河在下图形，将东西及南北不同流程的河流一字并行绘出，其平面化地图都没有采用计里划方绘制。在描述黄河下游河道管河机构的设置及防汛修守方面，亦都有具体描绘。图中显示黄河右岸堤铺，采用《千字文》依次排列编号，左岸堤铺，则以《百家姓》依次编码，从而具体图例出明代后期官民共同明确修守堤防责任、划分防守工段的河防制度。《黄河运河总图》重要价值还在于，它是《河防一览》图刊刻问世后至天启四年（1624年）共34年间明代两河水利治理最直接的图画概括。以《南河全考》图

〔1〕 王庸《中国地理学史》，第2章，《地图史》，第93页，商务印书馆1938年版，1998年影印。

〔2〕（明）王在晋：《通漕类编》，《凡例》。

15 为例，该图标识有黄堌口、黄堌大坝，图中文字记有“二十五年（即 1597 年）溃决黄堌，水溢夏、永由符离出宿迁新河口，二洪告涸，二十九年堵塞，加筑大坝。”〔1〕据孙承泽《河纪》记载“总河尚书杨一魁大挑李吉口以挽黄流，……因绘河图上言”。当时河工除应首开武墩经河，次疏具坝、固庄，又挑小浮桥、小河口、沂河口固道之外，曾试图“空砀山一邑之地，北导李吉口，下浊河南……任水游荡，以不治治之，量蠲一邑千金之赋，岁省修河百金之费。”〔2〕

需要指出的是，现存明代有关河图及漕运图中，其图幅数目涉及黄淮地区的图例都多于整组图画总比例的三分之二以上，且多为明代木版刻印的纸本地图。因此，此类治河专书中所绘河图，有别于河臣针对具体河工上奏之“画图贴说”。各类版图不同的河图作为后人深入了解明代治河活动不可或缺的链接，其以图示的、具体直观的方式典型反映出不同时期治理黄淮的沿革与变迁。

（二）地方志

明代黄淮地区方志中舆地图部分有关黄淮水利的图幅，同样是研究区域内各府、州、县河流布局状况的珍贵文献资料，其反映治理黄淮及地域差异的图示内容表现清楚，但由于地理位置不同，各地区图景资料亦有所突出、侧重。从区域内各疆域图、山川图、水利图及府、州、县治图中，可不同程度的得知相关信息。以嘉靖年间（1522—1566 年）河南属地为范围，在淮河上游、淮河干流以南的固始县境“川凡十，北有淮河”。其嘉靖《固始县志》卷 1 为《图像志》，制图尚像有八，其五为水利图志“曰图水利正疆界以杜奸侵也（有闸有坝有陂塘有渠堰有碑亭有草木）”。〔3〕该县水利图将境内北注汇入于淮的主要支流绘画于图，即泉河、堪河、曲河汇于史河入淮，春河汇白露河入淮。对于水利与当地农田丰歉之关系，究其缘由，该志认为“东南多沟洫，西北多塘池，蓄雨仰乎天泽，沟洫引河资于人力，是故东南凶岁亦丰，西北丰岁亦歉。然民逸吏玩利则半矣，深浚而后筑之，惟有司者督责焉。”〔4〕淮河与黄河干流广阔区域之间，当时亦可划分为未受与受黄河决泛侵袭两个不同地域。位于颍河上游的郾城县，其《城池图》上标有渚河、土鲁河、洄曲河、沙河、澧河、塘河。河图作为用于开发水利、造福一方的有力工具，在方志中亦有所反映。在郾城县《新浚三河五沟二十一堤口图》中，将当时新近竣工各新挑河段及新筑河堤位置准确标出。从赵应式《郾城县三河五沟诸水入汝河记》一文得知“郾城之水经西平之境有

〔1〕（明）朱国盛，徐标：《南河全考》，《黄河运河总图》图 15。
〔2〕（明）孙承泽：《河纪》卷下。
〔3〕嘉靖《固始县志》，《图像志》。
〔4〕嘉靖《固始县志》卷 4，《水利》。

沙河、澧河、溏河三水，泛溢则东入饮马沟汇为洄曲河入沱河、粉沟、红沟潴于塔桥陂入滚水沟，而达于西平之洪河，自洪而入汝河则入淮而东矣。"[1] 嘉靖三十二年（1553年），该县对域内河道进行全面整治，“工始于癸丑（1553年），讫于夏四月，郾民请勒石以垂不朽……予不佞僭纪其岁月，而少府并绘河图于碑阴，后有观者按其图以求其故。"[2] 而从嘉靖二十三年（1543年）刻本《通许县志》中《通许县境之图》来看，涡河上游的通许县治所在地位于两条“黄河故道”之间，表明嘉靖初年黄河经涡河泛淮，河道已淤塞成故道。在位居黄河干流开封府所属兰阳县，其嘉靖二十五年（1546年）版本《兰阳县志》中绘有《县境之图》，原有旧长堤“在县北三十里，上自铜瓦厢迤西，接陈留县界，下至仪封县界，止长四十五里，"[3] 又建西月、东月、新长、淩水、邵兴、新夹等堤以御河溢。

从区域内府志所绘总图、舆地城池图中，亦可概括性得知、比较并研究属地河湖脉络走向。万历元年（1573年）刻本《淮安府志》中，不仅绘制有《淮安府属地里之图》、《郡城之图》还附录所属各州县之图。万历三十二年（1604年）刻本《扬州府志》卷首《舆地图》，除绘制扬州府总图外，所属各州县均附《舆地图说》。沿淮扬运河有《高邮州四境图》、《城漕图》、《宝应县四境图》、《城池图》。较之于前代，《万历扬州府志》中方志地图的制作质量、技术水平已有较大发展，印刷版刻亦相当成熟，可以总体把握其州县山川、城池一目了然。

从现存已知最早明代官修方志中部分河图的绘制来分析，尽管河图存在图幅大小、内容及绘图欠精审等局限。但明人试图通过细化河图的表达和文于图并行表述且付梓印刷的方法，以将河图用于直观具体记录黄淮地区性水利开发与实践，不失为一种符合实际需求的有效选择。

（三）应用体例

1. 河图的绘制在黄淮区域的实用价值与实际意义，大多根据绘图所在地理位置的差异而有所不同。其应用过程表现在或整修河工、或沟洫治理、或保漕护堤。“嘉靖五年（1526年）秋，河溢淤塞运道，自沛县至鸡鸣台，漕舟假道邵阳湖上……著侍郎章拯等会同管理，未见成效……逐一参详何者利便可行，何者窒碍难行，稽考图籍，延问父老"[4]。以保漕为衡量中心标准的定位背景，必然影响到具体考证、制图等各个环节上。嘉靖十三年（1534年）河决赵皮寨南流入

〔1〕嘉靖《郾城县志》卷9，《文集》1。

〔2〕嘉靖《郾城县志》卷9，陶汝弼《郾城县修河记》。

〔3〕嘉靖《兰阳县志》卷9，《废埠》。

〔4〕（明）车玺：《治河总考》卷3。

淮，“近年四支湮塞而全河东奔，自曹、单、城武徙，横流金乡、鱼台……而运道大有可虞”，“臣等受命以来稽考图籍，询问父老，不敢执一己之见，必求合众之公”。[1] 对所在地区实地考察，选取当地耕田垦地进行农田水利综合利用，亦是朱国盛保持水土、沟洫环境治理的重要经验，“尝博采图册，坐卧思维，追昔人疏沦之初意，究后来废弛之何从”[2]，而“度地形以立图册”时，他认为应因地制宜“凡各府州县有赤土无沟洫者，地方官会同乡老相土势之高下，泉脉之流通，知某处有水，就其下流画为大渠，令可布散于一方，潦则有分，旱则有所积，绘图造册以备开浚”[3]。

从上述治水论说可看出，明人编绘河工草图的制定程序大体为，（1）收集、分析前人所留存相关治河图册信息。（2）实地考证、深入调查核实制图区域内实际地貌特征。（3）综合研究各界意见，评估并制图。万历年间吴道南在编撰纪传体史书《河渠志》过程中肯定了河图在治水过程中的独特作用，其序言道：“臣等因其类而次之，复冠以图册，载其要领，俾后之治水者有所考镜云。作《河渠志》”。在后人看来，吴道南的重要贡献在于“首创了在志书中附载图册的体例”[4]。《四库全书总目》卷75载有吴道南一卷本《河渠志》提要，曾指出这一首创性：“考《元史》以前诸志，皆无图绘，此例盖道南所首创也”。

2. 已知明代河图的绘制格式、体例及其表达方式已呈多样化，有关山脉、水道、城邑等项和其他主要地图符号标志设计，基本沿用了中国传统绘画方式绘制。有些河图近乎直接采用中国传统山水画画法入画，并使之成为辨别、确认河图描绘内容的视觉规律。隆庆三年（1569年）七月壬午，黄河决溢沛县，沿河两岸各地深受其害，茶城至徐州运道淤塞，漕船被阻。总理河道、都御史翁大立图画见闻以呈皇上“谨绘图十二，以一曰水次兑军，二曰漕河筑堤，三曰黄河骤涨，四曰昏夜守堤，五曰粮船过洪，六曰黄河卷埽，七曰茶城捞浅，八曰良船漂没，九曰风雨异常，十曰海潮啸溢，十一曰灾民避水，十二曰险阻艰难，备载之矣。”恳请陛下“召公卿辅弼之臣与共计之。”[5] 从其十二幅形象化具体图形的表述内容来看，可称之为山水画特色地图体系河图，亦可称之为写景式河图。当时这种既是河图，又像图画的实际意义在于，它凭借中国传统绘画中的示意性，用以表述特殊地域环境下河流分布现状及河患过后具体的真实存在。在明代，类似于山水河图的还有以中国传统人物画画法来刻画河决后所造成的饥民现

〔1〕 马卿：《预处黄河水患疏》，《皇明经世文编》卷169，《漕抚奏议》1。

〔2〕（明）朱国盛，徐标：《南河志》卷8，《条议》，《河工条议原详》。

〔3〕（明）朱国盛，徐标：《南河志》卷10，《沟洫议》。

〔4〕 李小林：《万历官修本朝正史研究》，第86页，南开大学出版社1999年版。

〔5〕《明穆宗实录》卷37。

象，万历二十二年（1594 年）二月甲子，“先是河南大雨，五谷不计，给事中杨东明绘《饥民图》以进……”[1] 以现实中饥民为题，注重写实人物的形象归纳，从而再现并使之成为真实场景的生动写照。天启六年（1626 年）凤阳、泗州、五河等地一年之内而遭水、旱、蝗，三灾叠至，郭尚友在《极陈灾伤改折疏》中称沿途所见灾民“呼天抢地之状真有耳不忍闻，目不忍见，即郑侠《流民之图》所不能绘者”[2]。

3. 河图的具体功能还体现在城镇受水、出水系统的改造，新城和旧城方位的确定及城市河防圈堤建设等诸多方面。位于淮扬运河的宝应县城，依水而造，从《宝应县疆界图》看，县城与白马湖、汜光湖相通，通过北水关和南水关，城内城北、城南、城东分别留有受水、出水口，而根据其存有的四幅旧城图，新城图图中所示，“按旧图南北二水关以受水，东一水关以出水，因水势高，故设二减水闸于关内，今废。南北关置二涵洞，而东水关仍其旧制”，[3] 新城改建之后，东关受水量减少，而出水量增多，“况南洞滨湖尚可通水，而北洞在废闸之内与湖水绝不相通。”[4] 在宿迁县城，从万历《宿迁县志》中《宿迁舆地总图》可得知，万历五年（1577 年）之前黄河流经宿迁境内的基本概况，另绘有《旧县治图》和《新城形胜图》。对比新旧两城，可有助于以图形化特征考证为规避河患，其在黄河以北新城变迁的具体方位。

由于河患频仍，黄河自嘉靖四十年（1561 年）漫决故道后，时常对沿河名城大邑形成冲击，徐州周边历年夏秋泛涨，加之堤防失修，决溢频繁。“万历二年，水益大涨、浸城过半，三月不消、四门俱塞”而沿河河堤之图亦成为城防之必需。为救城池，兵备护使舒应龙，巡视州城周围，“业以堤图秘之箧中，未以语人……公乃手出是图，从事城环十里九步，堤夹故河，其中东西北各去河若干尺度……用银五千两，役民力四千六百五十名，工始于万历二年秋之月，迄于明年季春三月堤成，今以图按校之。”[5] 与此相对应，明末河患虽已移至山东及南直隶境内，但因黄淮地区战乱四起，致使发生人为决堤造成水淹城毁的惨剧。崇祯十五年九月，黄河开封段被人为决开后，“居人溺死者十有八、九，救援不及一二。”崇祯十六年（1643 年）右都御史周堪赓捧敕于正月初八抵汴，亲行相度位于开封西北黄河上流的马家口决口及位于东北端黄河下流的朱家寨决口，堵河工程自崇祯十六年二月至当年十一月，“初估工料银五十万，减定三十万告

---

[1] 《明神宗实录》卷 270。

[2] （明）郭尚友：《漕抚奏疏》卷 1。

[3] 嘉靖《宝应县志》卷 1，《舆图》。

[4] 嘉靖《宝应县志》卷 2，《区域》。

[5] 万历《徐州府志》卷 1，《城池》，《护城堤记》。

成，日复省银五万归报，绘图以进，帝嘉悦，锡银币有加，"[1] 据《治河奏疏》记载，崇祯十六年十一月初八日具题《马家决口筑塞已完，河悉东还，大工将竣，谨恭疏报》，其"十二月初一日，奉旨，知道了，仍着周堪赓将做过河工绘图进览。"[2] 可见，绘图进呈这一程序延续至明亡以前。

以明代河图这一视角，从中可清晰洞察中国传统制图体系丰富的制图表示方法，反映出明人的时空观念和对河图制作技术的概括。与之相适应，明代黄淮流域各水系复杂的地理环境，亦要求在治理河患过程中通过适时实地把握绘制河图的水准，以最大限度达到在特定地域环境中经世致用的目的。明人通过对黄淮运即分布在这一区域庞杂水系的横向与纵向的审视，用地图的语言勾勒出人与自然努力融合、适应，并积极参与对历史环境的把握与合理定位。

（本文为安徽省教育厅人文社科项目（2006sk229zd）资助成果）

（作者单位：上海铁路局）

〔1〕（明）周堪赓：《治河奏疏》，《河奏原序》。
〔2〕（明）周堪赓：《治河奏疏》卷下。

论清代前期淮河流域航运的管理

蒲　霞

交通运输是清代经济社会发展的生命线，也是清代统治者控制全国的网络和纽带。清统治者对交通的开发和管理极为重视，在大力开发淮河流域航运的同时，十分注意加强淮河流域航运的管理，在机构、疏浚、闸坝和水源等方面建立起一套严密而有效的管理制度。正是在这一管理制度的正常运行下，淮河流域航运的开发取得了很显著的成绩。目前研究淮河流域有关问题的学者不少〔1〕，但对清代淮河流域航运管理这一问题作专门性论述的却不多。鉴于此，本文拟对清代淮河流域航运的管理作一些研究〔2〕，以期对清代淮河流域交通开发作进一步的了解和探讨。

一、河道管理机构

清初，河运管理机构参酌明制，随后逐渐调整简化。清代六部中设有工部，工部下设营缮、虞衡、都水、屯田四清吏司，“都水司、都吏科经承一人。河防科经承二人。桥道科经承一人”（《钦字大清会典事例》卷147），其中“都水掌河渠舟航，道路关梁，公私水事”（《清史稿》卷114）。还设有河道总督，时称“总河”，其建制一直十分稳定，直至光绪后期，河督建制才被废置。河道总督在淮河流域设有两人，其中“江南一人”，驻淮安；“山东河南一人”，驻济宁。河道总督是督办黄河、运河的堤防、疏浚工程的长官。河道总督职责非常明确，“掌治河渠，以时疏浚堤防，综其政令”，即综揽一切有关河道的政令，诸如疏浚堤防，治理河渠等，而其“营制视漕督”（《清史稿》卷116），即河督衙署仿地方督署例，署内不另置属官，河务策划多由私交幕友襄助，文牍及日常行政，则交书吏承办。

〔1〕 如：王鑫义：“魏晋南北朝时期淮河流域的商业和城市”，《史学月刊》，2001年5期；卞利：“明代前期淮河流域社会经济的恢复与发展”，《安徽大学学报》1995年2期；李修松、张宪平：“秦汉时期淮河流域经济发展简论”，《安徽史学》1998年2期；周怀宇：“论隋唐淮河流域商业发展”，《安徽大学学报》2000年5期。

〔2〕 本文的撰写借鉴了《河南航运史》、《江苏航运史》、《山东航运史》、《安徽航运史》中的一些研究成果。

河道总督在淮河流域的设置和驻地有所变化。顺治初设一人，驻山东济宁，称“总河”。康熙十六年（1677 年）移督江苏清江浦（今淮阴市）。康熙二十七年（1688 年），还驻济宁。康熙三十一年（1692 年），总河并驻之。雍正时，分设四个河道总督，其中河南、山东境内黄河、运河称东河，设河东道总督，驻济宁；雍正二年（1724 年），置副总河，驻武涉，专理北河；雍正七年（1729 年），改总河为总督江南河道，驻清江浦，副总河为总督河南山东河道，驻济宁，分管南北两河；雍正八年（1730 年），增置直隶正、副总河，为河道水利总督，驻天津。自是北河、南河、东河为三督。雍正九年（1731 年），置北河副总河，驻固安，并置东河副总河，移南河副总河驻徐州。雍正十二年（1734 年），移东河总督驻兖州（《清史稿》卷 116）。

河道总督之下分道、厅、汛三级管理，并设置各种官员管理河道事务。河督下置属官，除部分地方守、巡道及州县官兼领外，还有专职官员。河道库一人，驻清江浦，掌出纳沿河款项；专司或兼管河道六人，其中四人分驻淮河流域的徐州、淮安、济宁、兖州。每段还设有管河同知、通判、州同、州判、县丞、主簿、巡检等，分段责成，诸如河道岁修、抢险、分汛、修筑汛河堤埝、闸坝，挑浚淤泄，导引泉水等事务。另外，设有未入流的闸官，每段下设闸坝汛，其职责是专门负责管理各闸的启闭，以使闸坝按时蓄泄。河督还拥有直属部队，称“河标”及“河营”。标营制下有副将、参将、游击、都司、守备、千总、把总，负责河工调遣、督护疏浚、堤防守汛及抢险等。河兵有自己的职责，如“宿桃归仁堤工，原系黄河厅汛专管，应于该厅汛内，调拨河兵数名，巡防保护，霜降后撤回”（《钦定大清会典事例》卷 927）。这说明河兵的主要职责是负责巡防保护河堤的。南河、东河、北河三督之分工也较明确。南河辖区主要是江苏、安徽，掌黄淮汇流入海及清口泄水行漕；东河辖区主要是河南、山东，掌黄河南下汶水分流及运河蓄泄；北河辖区为直隶境，掌漳、卫河入运归海及永定河疏浚与堤防。清朝《国朝河臣记》：“治河之官，惟国朝为密，盖以漕运为重，势不得不然也。而遇合龙大工，临时检派者，或多至二、三百员”。其中，南河道总督职任最为重大。

清政府对于淮河流域各河段的管理归属问题也有相关的规定。如乾隆二十四年规定：“淮徐河海等属水利干支各河，业已挑浚深通。除本系河工，仍以河工之汛员为专管，厅员为兼辖外。如有关农田并关河工者，由地方官河官各分其任。如止洩田畴雨水，不关河工者，全归地方官管理，均分别专管兼辖，以免诿卸。其有一河而跨数州县者，各按河道坐落，分界管理。又一河应派二员分管者，亦于分工处，各按界内河道，善为经理。或劝用民力，或动帑开疏。如不随时报明修浚，即将专管兼辖之员，查明参处”（《钦定大清会典事例》卷 927）。

为了加强淮河流域航运的管理，清政府还在各地设立堰长，作为基层管理人员，负责地方河道的有关事宜。如，乾隆十二年（1747 年）规定："六塘沭河两河堰工。嗣后每年农隙时，责成里民按亩出夫，酌量修补。于汛水长发之时，该地方官督率民夫，协力抢护，分别段落里数，于有田业户之中，设立堰长。总司督催料理"（《钦定大清会典事例》卷 927）。乾隆二十四年（1759 年），清政府还规定："关系漕运河防，归河工动帑修理，其运盐河仍归商捐办理。至六塘河洪沟港河两岸子堰，道远工长，各县按里设立堰长，不时巡查"（《钦定大清会典事例》卷 927）。

二、河道疏浚管理

清代对淮河流域河道的疏浚管理极为重视。清代沿袭明代制度，河道的疏浚有定期挑浚和临时挑浚。定期疏浚河道，分为大挑和小挑（或称大浚和小浚），大挑指疏浚正河，一般隔一年或数年一修，大挑之年，筑坝断流，船由月河绕行；小挑则为疏浚月河，一般一年一修。开挑时间一般定为九至十月。还有一种临时性的挑浚，一般多在河道发生阻碍，不能畅通运行时进行。为了加强对淮河流域的主要河道——京杭运河的开发和管理，康熙元年（1662 年）就规定了疏治运河的工限，以期保证运河的正常运行：三年内冲决，参处修筑官；过三年，参处防守官；不行防护，致有冲决，一并参处（《清史稿》卷 127）。黄河下游河道也是淮河流域的一条重要航道，且其畅通与否直接关系淮河水道的畅通，故其疏浚也是十分重要的。康熙帝认为："治河上策，惟以深浚河身为要。河底浚深，则洪泽湖水直达黄河，兴化、盐城等七州县无泛滥之患，田产自然涸出。若不治源，治流终无裨益"（《清史稿》卷 126），而且，由于"黄河底湾多"，致使"各处受险"，他提出"将黄河各险工顶溜湾处开直，使水直行刷沙"，如果"黄河刷深一尺，则各河水少一尺"，如果黄河刷"深一丈，则各水浅一丈"，"如此刷去则水由地中行，各坝亦可不用，不但运河无温溢之虞，而下河淹没之患自可永除"（《行水会鉴》略例）。依据这些指导思想，康熙十六年（1677 年），河督靳辅提出了有关黄河大修的八项事宜，即关于"经理河工"的八疏，其中"曰取土筑堤，使河宽深；曰开清口及烂泥浅引河，使得引淮刷黄；曰加筑高家堰堤岸；曰深挑清口至清水潭运道，增培东西两堤"（《清史稿》卷 126）四项就直接与挑浚黄河河道有关。

淮河流域另一条主要航道——会通河的挑浚工作也有明确的规定，即"二年一大挑，一年一小挑之例"，并且规定"历年遵照"（《山东运河备览》卷 127），不许有丝毫的放松。康熙十五年（1676 年）就曾对山东运河的挑浚工作做了具体的规定，既包括挑浚的时间，又包括挑浚的标准。挑浚时间：山东临清以南河段，每年十月粮船渡过以后，随即就要测量河水深浅，然后就要募人夫以便开展挑浚工作。挑浚标准：河道基本上“以七尺为度”，不足七尺则要挑挖。挑挖的时间一般是十一月初一，这一天起“堵闭南旺大坝”，开始“插掀兴挑”（《山东运河备览》卷9）。但诸如“临清、南旺、济宁、彭口”等“岁岁积淤”之地，则“无论大小挑之年，总须一律施工，登山盘运”（《山东运河备览》卷9）。

一些容易淤积的河道重点实施挑浚工程，如康熙十六年（1677年），河督靳辅奏言：“运河自清口至清水潭”，“长约二百三十里”，“因黄内灌，河底淤高”，所以“居民日患沈溺，运艘每苦阻梗”。他建议：各抚臣“将本年应运漕粮，务于明年三月内尽数过淮”，一旦“粮艘过完”，随即“封闭通济闸坝”，并“督集人夫”，将运河大为挑浚。清政府采纳了他的建议，规定挑浚标准为“面宽十一丈，底宽三丈，深丈二尺”（《清史稿》卷127）。经过这次挑浚，运河的航运再次得到保证。实际上，为了保证运河的畅通，保证漕运的顺利进行，运河是“年年挑浚无已”（《清史稿》卷127）。康熙十六年（1677年）大挑清口、烂泥浅引河四，及清口至云梯关河道（《清史稿》卷126）。康熙二十八年（1689年）挑浚串场河，并丁溪、草堰、白驹、石跶，及车儿埠下滔子河起，至苦水洋之处（《清圣祖实录》卷140）。乾隆二年（1737年）大挑淮、扬运河，自运口至瓜洲三百余里（《清史稿》卷127）。“自张秋至临清二百余里，皆当引黄水济运，每年不无疏浚浅淤之工”（《清经世文编》卷97）。

河道疏浚和维护的费用是由清政府统一筹集和管理的，“运道、官河及湖海巨工，自当发帑官修”，对于“河港圩岸，令有司劝民以时疏浚修筑，庶公私两益”（《清史稿》卷308）。鉴于“挑河易滋浮冒”，乾隆二十二年（1757年）下诏对于挑河之事“宜往来查察，毋得属之委员”（《清史稿》卷127）。

挑浚河道的工作是需要大量人夫的，为了保证充足的役夫，清政府每逢大挑之时，除了征调各夫，包括闸夫、桥夫、溜夫、浅夫、泉夫、湖夫、司厂夫、护堤夫、辟沙夫等役夫应役外，另外还要征用民夫担任。挑河所用役夫人数是非常多的，如康熙十六年（1677年）“将运河大为挑浚”之时，“日役夫三万四千七百有奇”（《清史稿》卷127）。

清代统治者对淮河流域各河道挑浚工作的重视，是淮河流域各条河道保持畅通的基本保证。只有河道畅通，正常的河道运输活动才能得以保证，清代商品经济的发展才会有一个重要的支柱。

三、闸坝管理

闸坝在淮河河道中普遍使用，它既能保证河道水量的充沛，以利于船只的行走，又能防止河道水流过大所造成的冲溃河道堤岸的现象发生。闸坝对于淮河流域航运的作用是非常重要的，特别是一些水量不正常的河道。闸坝的作用从下例中可见一斑：为避免黄水倒灌运口和淮河，最好的办法“惟有杀黄以济淮，而杀黄济淮之策无如闸坝。善建置闸坝之地，又无如徐州。上下善，乃经营相度，于黄河南岸、砀山毛城铺、徐州王家山十八里屯、睢甯峰山龙虎山等处，为减水闸坝共九座。其因山根冈址，凿为天然闸者，居其七。既以杀黄，且使所过水，各随地势，由睢溪口灵芝孟山等湖以入洪泽而助淮。如遇淮涨而黄消，则淮自足以敌黄，而闸坝亦无可过之水。如遇淮消而黄涨，则九闸坝所过之水分流而并至，即借黄助淮以御黄。而淮之消者亦涨，傥更遇黄淮俱涨，则彼此之势略等”（《清经世文编》卷98）。鉴于此，清政府对淮河流域闸坝的建设和管理非常重视，并建立了一套相关的规定。

闸坝管理有严格的启闭和维修制度。闸坝启闭以节水为其宗旨，即所谓的“闸河遇春夏水微，务遵漕规启闭。漕船到闸，须上下会牌俱到，始行启板。如河水充足，相机启闭，以速漕运，不得两闸齐启，以泄水势”（《清史稿》卷122）。会通河通常以南旺为分水点将河道分为南北两段，会通河的南北河段都设有船闸和引水闸坝。为保证闸室，即两闸之间的河段的水量，就必须协调好两闸的启闭时间。但由于会通河上每两个闸坝之间相隔的距离较远，所以一般都用会牌来传递闸坝启闭指令。每一处闸坝在接到上一处闸坝的指令时方可开启或关闭闸坝。闸之启闭有定制，如漕船由上而下，则先闭下闸，再启上闸，放水使上下闸箱间水位相平，然后挽渡。如自下而上，则先启上闸，放水使上下闸箱间水位相平，挽船上渡，然后闭下闸，启上闸。如此节节灌输济运。如，顺治十四年（1658年）就曾规定：“南旺南距台庄高百二十尺，北距临清高九十尺，应遵定例，非积六七尺不准启闸，以免泻涸。闭下闸，启上闸，水凝亦深；闭上闸，启下闸，水旺亦浅。重运板不轻启，回空板不轻闭”。（《清史稿》卷127）

闸坝管理主要是以保证漕运为目的的，针对这一情况，当时还有一项严格规定，即：除紧急兵船暂应让行外，其余官差船只一律遵守随漕启放原则。如果出现“逼勒官夫，开闸抢越，泄水误运”的情况，按律当从严追究有关肇事者（《山东运河备览》卷12）。开闸放水是要慎重对待的，一般来说不到必要之时是不允许的。如，乾隆八年（1743年）规定：峰山四闸、刘老涧坝、王营减坝、马家港口四处，“必俟非常之水，始令开放，寻常不必分洩”（《清高宗实录》卷182）。

清代还采取闭塞闸坝的方法来保障河道的正常运行，不过这一方法的使用是非常谨慎的。康熙二十六年君臣的一次对话可以说明这一问题。康熙帝问及靳辅黄河南岸毛城铺一带闸坝分泄水流的情况，靳辅奏曰：“春夏可减十分之四，秋冬止减二分。臣仰体皇上爱民之心，故议闭塞一年。若黄河南坝永塞，恐淮水弱，不能引入清口，黄河水发，反逆灌入淮河”。对此，康熙帝表示：“淮水原不弱，或恐河南等处水少，以致淮弱。若将高家堰减水坝堵塞，则淮水自不弱，黄水岂能逆入耶?”。靳辅提出建议:“臣议将高家堰之古沟唐埂两坝,自正月闭塞,至四月初一日开。其余四坝,亦自正月闭塞,至六月初一日开”。康熙帝又表示出忧虑:“塞此六坝,可无患否?”靳辅回答道:“五月以前,犹可无患。六月以后,不可必矣”。康熙帝又提出看法:“欲开下河,须塞上流。若但塞高邮州之五坝,不塞高家堰,所谓不揣其本而齐其末,于事何益”。靳辅回曰:“前孙在丰止议高邮州,未尝及高家堰,故臣亦止云高邮州等坝宜闭耳。今皇上所见,最为洞所见,最为洞悉。臣何敢欺隐。高家堰之坝,亦当如圣谕闭塞也”(《清圣祖实录》卷129)。当年,康熙帝下令:“今年著止将高邮州大小坝,及高家堰闸坝,照靳辅等所奏,定限堵塞。令孙在丰等挑浚海口。其黄河南岸闸坝,著于来年堵塞一年。其高邮高家堰等闸坝,既限期堵塞,著孙在丰速备工料人夫,自今年十二月兴工,挑浚下河,勿致违误”(《清圣祖实录》卷129)。

为了减少船闸启闭的次数,保证闸坝的正常使用,开启闸坝后一次过船的最小船数也有明确的规定。这一规定是依据各闸室长度的不同而确定的,闸室长度不同,一次过船的数量也不同。一般来说,闸室越长,一次过船数越多。比如,七级下闸与周家店闸两闸相距大约有六公里,清政府规定:此处过闸一次需要聚积船数达一百五十只,最多不得超过二百只,最少则不得少于一百只,方可启闸入船。为了减少启闸过船的用水量,还规定每一次启闸过船后,船只通过闸口立即关闭闸板(《山东运河备览》卷7)。

为了保证开闸后河道有足够的水量供船只顺利过闸,闸室河段启闭时的最小水深也有明确规定。比如,清代就曾对山东运河闸室河段启闭时的最小水深做了规定。由于山东运河“台庄以北,临清以南,将及千里之内”的河道基本上都是依靠周边各湖、泉提供水源的,早在顺治十四年(1657年)就规定:南旺河渠“分济南北”,“其间十里置一闸,或数里置一闸,必上启下闭,互相灌输方可浮运”(《山东运河备览》卷127)。还规定:“凡运粮及解送官物并官员军民商贾等船到闸,务积水到六七板,方许开放”(《山东运河备览》卷127)。雍正二年(1724年)又规定:“闸河之水,务以四尺为度”。如果各闸室水深达不到四尺,各总河及沿河官员就必须派人“实力挑挖”,“务将闸河水势定以四尺为准”。如果“重运经临之时,水势不足尺寸,致有浅阻,起剥苦累旗丁等事”,该处“总漕即行查处”(《山东运河备览》卷127)。

由于清政府对闸坝建设和管理的重视,淮河流域各河道上闸坝的建设非常广泛,各闸坝也都能充分发挥其在控制水量、调节水流方面的作用。

四、水源管理

淮河流域的许多河道,特别是山东境内的运河河道,其水源主要是区域内的湖泊、泉水。如果水源得不到保证，那么这些河流将会枯竭，正常的航运就会受到严重影响。因此，充足的水源是保证淮河流域河道运输正常进行的重要条件之一。为此，清政府采取多种措施，严格限制损坏水源的行为，并制定了相应的规章制度以保证水源的充足。除了设立专门的管理机构和配备专门的管理人员外，还采取了许多其他措施。

由于济运的湖泊与泉源是“漕河命脉”，所以，自明代开始便设立专门的管理机构对湖泊和泉源进行管理。清政府对泉水的疏浚极为重视，设有管泉专官。凡有泉眼可开之处，由泉官相度地势，督民夫开浚，并于有水泉处所栽培树木，以兹保护。如，在宁阳设立管泉分司，在济宁设立管河分司，后裁宁阳分司归并济宁。清代，专门管理湖泊和泉水的机构又有了变化。如，清康熙十四年(1675年)裁撤济宁分司，以运河同知兼管此事。雍正四年（1726年）增设管泉通判一员，负责管理泉水。山东泉水有一百八十处，其分布有一个明显的特点，即这一百八十处泉水是分属济兖二府十六州县，而且许多泉水出自“山沟泥穴之中”，仅仅依靠一人或几人的力量是无法妥善管理的，因此，清政府专门设立管泉佐朵，共十二员，其主要职责是负责监督和派遣泉夫到各地去进行疏浚泉源的工程（《山东运河备览》卷8)。泉夫是具体进行泉源管理的工作人员，主要从事巡守防盗、疏浚挖河工作。雍正时规定：“应立法泉夫浚出新泉，优赉银米，岁终册报，为州县课最”（《清史稿》卷289)。泉夫有严格的组织编制，一般以甲为单位，就地住宿，一甲五至十人不等，由老人或甲长具体负责人事管理和具体的工作管理。康熙十五年（1676年）时，山东有固定泉夫七百八十四名。兹以兖州为例来说明清代设立管泉专官的情况，兖州府设泉河通判一员，经管兖、泰、沂、济三府一州所属17州县，共计泉484处，责成州同县丞经历主簿巡检等管泉泛官12员，分地经理，下设泉夫176名。凡有泉眼可开之处，由泉官相度地势，督民夫开浚，并于有水泉处所栽培树木，以兹保护。为了保证会通河沿途诸湖有充足的水量，清政府还规定，秋后开闸不使外溢，入春开闸以济漕运，这样一来，会通河之水才得以源源不缺。

山东运河的水源主要依靠来自汶、泗、洸河上源诸泉之水，另外还有运河附近的马踏、蜀山、南旺、昭阳、安山诸湖作为水源，进行补水。由于这些泉水和湖泊所蓄之水呈现出非常明显的季节性变化，如果仅仅依靠自然的蓄水来供应山东运河用水，那么，山东运河的航运就会因水量的季节性变化而出现明显的季节性变化。山东运河成为京杭运河水源最缺乏的河段。为了保证充足的水源，清政府规定淮河流域各河沿边各湖秋后开闸不使外溢，入春开闸以济漕运。以洪泽湖为主，在运河之西周围数百里，沿湖东岸筑高家堰石堤，长138里，高2.3~2.5丈，底宽13~14丈，顶宽8.4丈；又临湖镶柴高10余丈，宽0.8丈。此堤作用，一是掩护淮、扬低地，使免受泛滥之灾害，同时约束淮水使速出清口，以抵黄河之水，不使南灌运道。又在清口筑大墩一座，以导清水七分敌黄，三分济运。

水柜是一种拦河蓄水的水库，一方面可以积蓄水量，保证河流用水之需要；一方面可以避免水量过大，导致下游决口。淮河流域内的一些河道，特别是山东运河的水源主要来自于周围各湖泊和河流，所以，这些湖泊和河流就起到了“水柜”的作用，即“水涨则引河水入湖，涸则引湖水入槽，随时收蓄，按应运河，古人名曰“水柜”（《清史稿》卷127)。象南旺、马踏、蜀山、安山、马场、昭阳、独山、微山、郗山等湖就发挥着水柜的作用。淮河流域水柜使用的主要目的是保证运河水量的正常，从而保障运河航运的正常运行。对于“水柜”的管理，不少朝廷大臣也提出了一些建议，乾隆年间，管干贞上疏时就曾对此问题发表自己的看法：“运河以诸湖为水柜，诚使节节疏通，虽遇旱涝，可以节宣。否则雨少无筹济之方，雨多无容水之地。至引黄入运。系一时权宜。苟疏浚得宜，黄河全力下注，运河自不致停沙”（《清史稿》卷324)。水柜的利用和妥善管理，充分保证了山东运河的水源。

“山东运河，全赖湖、泉济运”（《清史稿》卷127)，因此会通河周围的湖泊和河流就成为会通河的重要水源。为了保证会通河的水源，清政府对会通河周围的湖泊及其他河流的管理非常重视，对侵占水道、破坏水源的行为严加惩治。针对山东省运河周围“多开稻田，截上流以资灌溉”，造成湖水因无所蓄潴而不能济运的现象，康熙帝大加指责，并下令严厉禁止（《清史稿》卷127)。由于“民乘涸占种”以至于“湖身渐狭”，湖水的减少直接影响着运河的供水，为此雍正帝多次下令进行治理。雍正元年（1723年）下令：“除已成田不追外，余俟水落丈量，树立封界，永禁侵占，设法收蓄”（《清史稿》卷127)；“宜乘水落，除已垦熟田，丈量立界，禁侵越”（《清史稿》卷310)；雍正三年（1724年）规定：“察勘未耕之地，就低处挑深，即以挑出之土筑堤，复水柜之制”（《清史稿》卷289)。乾隆二年（1737年）下令“马踏、蜀山、马场、独山、微山诸湖，严禁占种芦苇”，而“南旺、南阳、昭阳诸湖水柜，仅堪泄水，小清河久淤塞，均宜次第修治”（《清史稿》卷127)。这些措施都起到了良好的效果。

综上所述，清政府在淮河流域管理航运的机构及在疏浚、闸坝和水源管理等方面的建设是比较全面而系统的。这一套严密的管理制度在具体的实施过程发挥了重要的作用。在这一管理制度的正常运行下，淮河流域航运的开发取得了很显著的成绩，为清代社会的发展起到了一定的推动作用。

（作者系安徽大学历史系讲师）

明初帝后与明代妇学

——以《仁孝文皇后内训》为中心

邱瑰华

一、明初统治者对妇教的提倡

公元1368年，安徽濠州（今凤阳）人朱元璋，在南京建立了大明政权，年号洪武。从此，祖辈、父辈生活在淮河边上的朱姓人执掌了中国政权近三百年。尤其是明初五十年，除皇帝及王子、亲王外，后妃及握有重权的大臣也多为凤阳人。以后妃例，明太祖朱元璋后马氏，宿州人；太祖妃李氏（淑妃，皇后马氏洪武十五年薨后摄六宫事），寿州人；太祖妃郭氏（宁妃，淑妃李氏薨后摄六宫事），濠州人；明成祖朱棣后徐氏，濠州人。以大臣例，中山王徐达，濠州人；颖国公傅友德，宿州人；开平王常遇春，怀远人；曹国公李文忠，盱眙人；越国公胡大海，虹（今江苏泗洪东南）人；黔宁王沐英、淮安侯华云龙、韩国公李善长及凉国公蓝玉，皆定远人。当然，还有丞相胡惟庸，亦定远人。

濠州，隋开皇二年（582年）置，治所在锺离（今凤阳东）。明初为临濠府，洪武七年（1374年）为凤阳府。凤阳府领五州、十三县：凤阳、临淮、怀远、定远、五河、虹、寿州、霍邱、蒙城、泗州、盱眙、天长、宿州、灵璧、颍州、颍上、太和、亳州。[1]一方水土养一方人。淮地风俗淳美，有古之遗风，古书多有记载："其俗尚武，稍习文辞，务俭勤农，知慕孝行（《寿州图经》）。……性率真直，人尚节义，故宦游者咸择居于此焉。（《寰宇记》）"[2]"喜问学，从教化，虽兵革之余，犹有是心。（《元志》）……士勤问学，民务农商，有淳厚之风，礼让之俗。（《中都志》）"[3]"率性真直，贱商务农。（《寰宇记》）……衣冠文物之乡，邻戚相助，丧葬相赗，殊敦古谊。（李默《凤阳新书》）"[4]"其人好学，尚礼义，重廉耻。（《寰宇记》）……土俗古远，民生淳厚。力农者多，逐末者少。乡里无争斗之习，彬彬有古之遗风（《临淮记》）"。[5]

---

〔1〕《明史》卷四十《地理一》，《二十五史》本，上海古籍出版社、上海书店1986年版。

〔2〕《天一阁藏明代方志选刊·嘉靖寿州志》卷一，上海古籍书店1982年版。

〔3〕《天一阁藏明代方志选刊·嘉靖宿州志》卷一，上海古籍书店1982年版。

〔4〕《嘉庆重修一统志·凤阳府一》卷一二五，中华书局1986年版。

〔5〕《嘉庆重修一统志·泗州直隶州》卷一三四，中华书局1986年版。

生活在淮河边上的凤阳人，对于明代文化的建立有奠基之功。以下我们仅从明代妇学方面略作阐述。

建国伊始，百废待兴。以武力夺取天下的明初统治者充分认识到，要修明政治，永固政权，女子（尤其后宫女子）教育与男子教育一样，不可或缺。

在传统社会，非常重视对男子的教育。男子教育的目的在于“修齐治平”，经世济民。故曰“万般皆下品，惟有读书高”，“学而优则仕”，读书自然要读儒家经典。古代对女子的教育称为妇学。士有百行，女惟四德，所以，女子教育的主要内容是“四德”。《礼记·昏义》曰：“是以古者，妇人先嫁三月，祖庙未毁，教于公宫；祖庙既毁，教于宗室。教以妇德，妇言，妇容，妇功。教成祭之，牲用鱼，芼之以蘋藻，所以成妇顺也。”郑氏解释说：“妇德，贞顺也；妇言，辞令也；妇容，婉娩也；妇功，丝麻也。”[1]

《礼记·昏义》又曰：“妇顺者，顺于舅姑，和于室人，而后当于夫，以成丝麻布帛之事，以审守委积盖藏。是故妇顺备，而后内和理；内和理，而后家可长久也。故圣王重之。”[2]家和万事兴，家和而国泰，内治而外安。男主外，女主内，内治自然离不开家中主妇。所以，历代统治者都重视妇教，明朝皇帝当然也不敢忽视。洪武元年（1368 年）三月，明太祖朱元璋便命翰林儒臣修《女戒》，并谓翰林学士朱升等曰：“治天下者，修身为本，正家为先。正家之道始于谨夫妇。后妃虽母仪天下，然不可使预政事。至于嫔嫱之属，不过备执事侍巾栉，若宠之太过，则骄恣犯分，上下失序。观历代宫阃，政由内出鲜有不为祸乱者也。夫内嬖惑人，甚于鸩毒；惟贤明之主能察之于未然，其他未有不为所惑者。卿等为我纂述女戒及古贤妃之事可为法者，使后世子孙知所持守。[3]”

明成祖朱棣（1402—1424 年在位），亦分外重视闺门之学。他曾命翰林侍读学士解缙等集古今后妃和诸侯、大夫、士、庶人妻之事，编次《古今列女传》。永乐元年（1403 年）书成，成祖亲制序文曰：“朕自少时伏都观皇考修身齐家，皇妣辅治同德，训饬整齐，委曲详尽，古人之遗意复见于今日。皇妣每听女史读书至《列女传》，谓宜加讨论，删定为书，永作世范。请于皇考，命儒臣校正，有绪永既。皇妣违荣，皇考每叹息伤悲其意竟未及成书。……宫复申皇妣之意，朕不敢为，乃命儒臣编次古今后妃诸侯大夫士庶人妻之事，分为三卷，颁之六宫，行之天下，俾为师人知所以教而闺门知所以学，庶修身者不致以家自累，而

〔1〕《礼记正义》卷六十三，《十三经注疏》本，中华书局 1980 年版。

〔2〕《礼记正义》卷六十三，《十三经注疏》本，中华书局 1980 年版。

〔3〕《明实录·太祖实录》卷三一，中央研究院历史语言研究所据国立北平图书馆红格钞本微卷影印出版。按：以下所引《明实录》文字，皆出自此本，不再出注版本。

内外有以相成；全体经纶之功，大复虞周之盛，以知天地之化，衍《关雎》《麟趾》之风。朕于是书有望焉。[1]”“（永乐二年九月）辛亥，命礼部装印《烈女传》万本，给赐诸番。[2]”

明太祖朱元璋和明成祖朱棣所提倡的妇教，虽然仍是沿袭传统的妇教内容，但他们把妇教与治国看得同等重要，充分体现了他们对妇教的极端重视。“治天下者，修身为本，正家为先。正家之道始于谨夫妇”，“师人知所以教而闺门知所以学，庶修身者不致以家自累，而内外有以相成”，这既可以看作明初统治者的治国方略，也是他们对儒家所讲“修齐治平”的理解和发展。当然，也是他们对妇教重要性的充分认识。《礼记·大学》曰：“物格而后知至，知至而后意诚，意诚而后心正，心正而后身修，身修而后家齐，家齐而后国治，国治而后天下平。自天子以至于庶人，壹是皆以修身为本。”[3]儒家强调修身是一切之根本，其终极目标是国治，是天下平。然而，“内和而无乖，内理而无乱，然后家之道如天之长，如地之久也。”有明以前，许多朝代都发生过因内不和、内不理，而至国家衰微甚至灭亡的教训。治国如理家，明初统治者对“修齐治平”的理解及对妇教重要性的充分认识，在传统社会是有一定意义的，也不失为一种可行的治国方略。

二、马徐二皇后与《仁孝文皇后内训》

如果说明初帝王对明代妇教有宣扬之功，那么，明初马徐二皇后对明代妇教则有构建之功，其标志就是《仁孝文皇后内训》（以下简称《内训》）的刊行。

马氏，明太祖朱元璋后，谥孝慈高皇后，父母早卒，由郭子兴养育，“自少贞静端一、孝敬慈惠，聪明出人意表，尤好诗书，既笄，嫔于上，诚敬感孚，内外咸誉之。”[4]她既备位中宫，母仪天下，非常重视妇教。她命女史录列女传及赵宋诸后家法贤行，常令诵而听之。曰：“不徒为吾今日法，子孙帝王后妃皆当省览，此可以为万世法也。”[5]她在世时，希望编成一部《列女传》或《女训》、《女箴》之类的书，作为女子教育之用，然志未成而薨逝。

马皇后未竟之心愿，由其媳——明成祖朱棣后徐氏实现了。徐氏，谥仁孝文皇后，为开国勋臣中山王徐达之长女，自幼贞静纯明、孝敬仁厚，喜读诗书，过目成诵。她备位中宫以后，“奉祭礼尽诚敬，事上恭谨不懈，晨夕与皇太子诸王

〔1〕《明实录·太宗实录》卷二六。

〔2〕《明实录·太宗实录》卷三四。

〔3〕《礼记正义》卷六十，《十三经注疏》本，中华书局1980年版。

〔4〕《明实录·太祖实录》卷一四七。

〔5〕《明实录·太宗实录》卷六九。

言惟孝亲恤民，与妃嫔以下言惟恭敬和睦，与亲戚言惟奉法循理。闻外家稍有纵肆，召至责之；有谦慎者，时加赐赉为劝。后言动以礼，喜怒不形下人，有过教之使改，亦靡不畏服焉。后识达治道，言必师古，性不喜华饰，自御俭素，宫闱之内皆化之。"[1]曾谕帝曰："妻之事夫，其道岂止于衣服馈食？必有德行之助焉。古之公侯夫人及大夫、士之妻，助成其夫之德化，有形于诗歌者，有载诸史传者矣。古今人岂相远哉！常情朋友之言，有从有违；夫妇之言，婉顺易入。吾在宫中旦夕侍皇上，未尝不以生民为念，每承顾问，多见听纳。"[2]她观《女宪》、《女诫》诸书，以为或太过简略，或浅陋不足为训。遂以马皇后平日训教之言为基础，述而广之，成《内训》二十篇。其序曰："吾幼承父母之教，诵诗书之典，职谨女事，蒙先人积善余庆，夙备掖庭之选。事我孝慈高皇后，朝夕侍朝，高皇后教诸子妇，礼法唯谨。吾恭奉仪范，日聆教言，祇敬佩服，不敢有违。肃事今皇帝三十余年，一遵先志以行政教。吾思备位中宫，愧德弗似，歉于率下，无以佐皇上内治之美，以忝高皇后之训。常观史传，求古贤妇贞女，虽称德性之懿，亦未有不由教而成者。古者教必有方，男子八岁而入小学，女子十年而听姆教。小学之书无传，晦庵朱子爰编辑成书，为小学之教者，始有所入。独女教未有全书，世惟取范晔《后汉书》、曹大家《女诫》为训，恒病其略。有所谓《女宪》、《女则》，皆徒有其名耳。近世始有女教之书盛行，大要撮《周礼·内则》之言，与《周南》《召南》诗之《小序》及传记而为之者。仰维我高皇后教训之言，卓越往昔，足以垂法万世，吾耳熟而心藏之。乃于永乐二年冬，用述高皇后之教以广之，为《内训》二十篇，以教宫壶。[3]"

《礼记·内则》、《女宪》、《女诫》、《女则》等，为历代女子所遵循。尤其曹昭《女诫》，被闺门奉为必读书。曹昭，本姓班，东汉史学家、辞赋家班彪女，班固妹，嫁曹世叔。班昭博学多才，班固著《汉书》，其八表及《天文志》未竟而卒，和帝诏昭就东观续成之。帝数召班昭入宫，令皇后诸贵人师事之，号曰"曹大家"。从《女诫·序》中我们知道，曹大家著是书之目的是想以母亲的身份，告诫其女，勿使她们失于妇教，以至适他门而取辱宗族。全书共七则：第一卑弱，第二夫妇，第三敬慎，第四妇行，第五专心，第六曲从，第七和叔妹。第一则实际上就是要女子认识到"卑弱"之本性。"卑"是地位低下，"弱"是性之柔弱。身为女子就要认命，就要"柔顺"。因此，她强调"柔顺"，其要者

---

〔1〕《明实录·太宗实录》卷六九。

〔2〕《明实录·太宗实录》卷六九。

〔3〕《古今图书集成·明伦汇编·闺媛典》卷二《仁孝文皇后内训》，中华书局、巴蜀书社 1987 年版。按：本文所引《内训》及序，皆出自此本，不再出注。

又在“夫妇关系”的处理上。故后六则都围绕此而训教：首先强调夫御妇，妇事夫，是天经地义的。女子事夫要诚敬、谨慎；其次强调女子要守“四德”。她对“四德”解释是：“妇德，不必才明绝异也；妇言，不必辩口利辞也；妇容，不必颜色美丽也；妇功，不必工巧过人也。清闲贞静，守节整齐，行己有耻，动静有法，是谓妇德；择辞而说，不道恶语，时然后言，不厌于人，是谓妇言；盥浣尘秽，服饰鲜洁，沐浴以时，身不垢辱，是谓妇容；专心纺绩，不好戏笑，洁齐酒食，以奉宾客，是谓妇功。”[1]守“四德”之目的也是强调女子事夫要恭敬柔顺、专心正色，并要曲从舅姑、谦顺叔妹，从而得叔妹之心，取誉于舅姑，得意于丈夫。

徐氏身居正宫，她以皇后的身份，训告宫中妃嫔及女子，务使她们有后妃之德，养性修德，谨言慎行，母仪天下，垂范世人。其《内训》承继《女诫》之妇学观并有所发展。

一方面，她与曹昭一样，极力维护和宣扬传统的妇学观，提倡妇德。她认为“夫人之所以克圣者，莫严于养其德性，以修其身。”《内训》凡二十篇，曰德性，曰修身，曰慎言，曰谨行，曰勤励，曰节俭，曰警戒，曰积善，曰迁善，曰崇圣训，曰景贤范，曰事父母，曰事君，曰事舅姑，曰奉祭祀，曰母仪，曰睦亲，曰慈幼，曰逮下，曰待外戚。第一篇“德性”与第二篇“修身”，实即开宗明义，申明女子之德性惟在“贞静、幽闲、端庄”，以此为本，注重修身。其后十多篇，都围绕如何修身而展开。

另一方面，《内训》虽与《女诫》一样，都重视妇德之教，但《女诫》过分强调女子地位之低下，要求女子一味顺从，以致有取媚谋宠之嫌；《内训》则不仅强调女子的柔弱、顺从，更强调女子要有助于家国安和，以“佐皇上内治之美”。徐氏与曹昭身份不同，她既统领六宫，其道德、行为直接影响王室的稳定，甚至是国家命运。因此，《内训》在内容上增加了“事君”篇、“奉祭祀”篇、“母仪”篇、“待外戚”篇等。她认识到“国家兴废未有不由于妇人之贤否，因此，事君不可不慎，毋擅宠怙恩，毋干政扰法”；并特别指出，对外戚要“隆之以恩而不使之挠法；优之以禄而不使之豫政。”这些既可以给统治者以警醒，又可以对统治者用人提供参考。

除此之外，《内训》对妇学某些内涵的理解更详细、也更全面，如“孝敬”。《女诫》讲“孝敬”，强调是“顺”，是持久地曲从。曹昭言“敬，持久之谓也”。《内训》讲“敬”，则强调“致敬”、“致爱”与“致诚”，是“专心竭诚，

---

〔1〕《后汉书》卷一一四《列女传》第七十四，《二十五史》本，上海古籍出版社、上海书店1986年版。

毋敢有怠，此孝之大节也，衣服饮食其次矣。”又如讲如何修身，《内训》既强调要谨言、慎行、勤励、节俭；又强调要有警戒之心，思患预防，以免祸无过，要积善于己，迁善于人，要慈幼睦亲，推德逮下，以成大德。

总之，《内训》训诫女子要贞信孝静，才能真正做到母仪天下，也才能真正达到内和而外和，一家和而一国和，然后天下和之作用。这与明太祖、成祖对妇德的提倡，是一以贯之的。徐皇后对妇女品德、行为、地位、角色的认识，较曹昭保守的妇学观有所发展，有所进步。

永乐五年（1407 年），明成祖命刊印《内训》，以赐群臣，希望能有利于女子之教育。马皇后、徐皇后及其他宫中嫔妃、女子，居于女性群体的最上层，导领着妇女社会的时尚。上之所好，下必昌矣。她们的言行、修养与好尚，对举国之女性都有着表率、榜样作用。因此，我们完全有理由说，《内训》的刊印及颁赐天下，标志着明代妇学真正确立。

到了万历八年（1580 年），明神宗命将《内训》与曹昭《女诫》合刊，颁示天下。此举亦可见《内训》在整个明代妇学中的地位及影响。万历帝亲制序曰：“礼称；天子理阳道，以听天下之外治，后理阴德，以听天下之内治；男子正位化成俗美，故能不降阶序而天下咸理。朕以冲昧统膺鸿绪，仰承圣母谆谆训迪，勉以法祖亲贤，励学勤政为务，数年以来，始有省侥焉。思所以兴道致理者，庶无廑夫慈虑焉。顷以中宫正位，宗庙有助。圣母恐母仪之教未阐，乃取曹大家《女诫》一书，俾儒臣注解，以弘内范。盖以此书简要明肃，足为万世女则之规。夙经圣慈服膺诵法，是以亟为表章。暨《仁孝文皇后内训》二书，俾诸保母傅朝夕进讲于宫闱，爰以毓成淑德，用尊坤维，共襄乾治，则是书之功莫大焉。仍镂其副本，颁示中外，使庶民之家得以训诲女子，有资阃教，其于刑于之化，不无裨益云尔。[1]”

（作者系淮北煤炭师范学院“安徽文献整理与研究中心”教授）

---

〔1〕《古今图书集成·明伦汇编·闺媛典》卷四《〈女诫〉〈内训〉序》，中华书局、巴蜀书社 1987 年版。

宋金和战[1]期间两淮路[2]水利事业的兴废

陈　艳

水利是农业生产的命脉，发达的水利设施是农业生产得以持续发展、繁荣的基础。反之，水利的破坏只能造成农业经济的萎缩。笔者根据所掌握的史料，对南宋时期两淮地区的水利兴废情况略作述论，不妥之处，敬请方家指正。

北宋时期两淮路相对安定，政府实行了一系列发展农业水利的措施，经济得到了充足的发展，可与富裕的江南诸路并驾齐驱；而南宋时期，两淮路地处边境，是宋金战争过程中首当其冲的受害地区，几经兵燹后，田野荒废，人口流失，经济明显衰退，水利设施在宋金和战的过程中也受到很大的影响。

一、宋金战争时期两淮路水利的破坏

（一）宋金战争中对水利的破坏一般表现为依“水”设险，以之作为攻守的方式，通常发展到一方为阻止另一方的军事进攻而破坏水利设施的程度。

建炎二年十二月（1128 年），“杜充决黄河自泗入淮以阻金兵，”[3]自此开了南宋决水以阻挡军事进攻的先河，也开始了黄河夺淮的历史[4]，使两淮地区此后灾害频发。

建炎三年，统治者下诏命“江浙、淮南开畎潴水之地，以限戎马”[5]，《宋史》卷二十五“命江浙、淮南引塘泊，开畎浍，以阻金兵”也有同样的记载。绍兴初年，南宋政府以“金兵蹂践淮南，犹未退师”，于是四年下令焚毁“扬州湾头港口闸，泰州姜堰、通州白莆堰，其余诸堰，并令守臣开掘焚毁，务要不通

〔1〕因北宋末金人基本没有进入两淮路，本文所指的宋金和战时期主要是指南宋建立时期及金灭亡时期，即 1127 年 5 月至 1234 年 1 月 107 年的时间。笔者又把这段时间分为战争与和平七个阶段：1127 年 5 月，南宋建立 ←战争 15 年→1141 年 11 月，绍兴和议成 ←和平 20 年→ 1161 年 9 月，完颜亮南侵 ←战争 3 年→ 1164 年 12 月，隆兴和议成 ←和平 42 年→ 1206 年 10 月，开禧北伐 ←战争 1 年 → 1208 年 3 月，嘉定和议成 ←和平 9 年→ 1217 年 4 月，金大举南侵 ←战争 17 年→ 1234 年 1 月金灭亡。

〔2〕以绍兴和议后淮南东、西路为准，主要是淮河以南，长江以北，东至大海，西至汉阳、应山一带，包括今天的安徽的大部分地区，江苏、河南、湖北的一部分地区。

〔3〕（元）脱脱：《宋史》卷二十五，《高宗本纪二》，中华书局 1977 年版。

〔4〕（元）脱脱：《宋史》卷二十五，《高宗本纪二》，中华书局 1977 年版。

〔5〕李心传：《要录》卷二十四，建炎三年六月戌午条，文海出版社 1980 年版。

敌船；又诏宣抚司毁拆真、扬堰闸及真州陈公塘，无令走人运河，以资敌用”[1]。政府的公开支持，使这一时期两淮路水利设施、交通运输遭受了巨大的破坏。尤其是对淮南东路，在宋金战争后期的几个阶段基本没有这方面的记载，仅有绍兴三十一年，宋金战火再起，金人陷泰州时，水寨都统领“臧珪掘断差堰，尽泄运河水……”[2]一条比较明确的记载。

其次，南宋初年为防止游寇的侵扰，也曾依“水”设险。如建炎三年，为抵挡游寇李成的进攻，知滁州向子伋“乃堰除河，使环绕城下……令民输财募工，垒石穿孔，灌以金计……”[3]。

另外，人为的筑堤围堰以阻挡军事进攻，如前文所提到的向子伋；再如淮西兵变后的绍兴七年，御史中丞周祕上言论张浚失谋误国之罪，认为“淮西今为战地，当时百姓择险而居，官府量事而置，公私储积，皆不必用，浚以尽遣大兵之故……乃于合肥之北创筑长堤”，但结果却是调夫四千人役之，凡数月，劳民费财，不适其用”[4]。

除此之外，宋金战争期也有一些维护水利的言论及举措。如李纲乞修两淮水利[5]，绍定三年，诏“劝农桑，令有司兴水利”[6]，但具体的实施的结果如何或是否实施，并无相关记载。

（二）宋金战争对两淮路水利破坏的影响

其一，对民社的存在造成一定的威胁。

宋金战争期间，两淮地区有许多民兵依靠地理优势结寨自保。如建炎四年，李成陷六安军不克，时安丰县土豪孙晖统率乡兵保守安丰塘，群寇不能犯，由是人多依之”[7]。再如，建炎间，金兵入侵，“长淮千里，莽为盗区……”，太师陈文叟率“数千乌合之众，得胡避山水，抗群贼……使一方之民仰视俯育脱死锋刃”[8]，山水寨在战争过程中对于民兵的自保起了一定的作用。但宋政府希望用依“水”设险的方式阻止金兵的进攻，事实上并不能起到预期效果，反而破坏了战略上的自然地理优势。如上文所提到的绍兴三十一年，金人陷泰州，水寨都统领臧珪尽泄运河水，造成“敌悉军至城下，遂径登其城，纵火焚掠……

---

〔1〕（元）脱脱：《宋史》卷九十七，《河渠志》七。

〔2〕《要录》卷一百九十四，绍兴三十一年十一月甲午条。

〔3〕《要录》卷二十八，建炎三年九月庚午条。

〔4〕徐梦莘《三朝北盟会编》卷一百七十九，绍兴七年九月十三日条。（另见《要录》卷一百十四），上海古籍出版社1987年版。

〔5〕《梁溪集》卷四十，《论水便宜六事奏状》。

〔6〕不著撰人《宋季三朝政要》卷一，绍定三年正月条，文渊阁四库全书本。

〔7〕《要录》卷三十一，建炎四年元月庚午条。

〔8〕《相山集》卷二十九，《古文武节大夫陈文叟墓志》。

城中子女强壮尽被敌驱而去”的后果。

所以，一些大臣反对以破坏水利设施来阻止金兵的方式，认为“若使承、楚之民相率控守水坝，船不能动，则民社失其利，敌骑冲突，直至江岸，吕据渡口，复驱江北之人以布袋塞坝闸，顷刻可办……”，可见破坏水利设施不仅不能阻挡金兵的进攻，而一旦水寨的自然地理优势被破坏后，反而造成“忠义之人无以措手足”，对民社的存在造成很大的威胁。朝廷此时也意识到问题的严重性，于是下诏“通、泰、扬州守臣更切体度，从长措置，务要限阻敌船，及不得有防湖泊、水寨民社保聚”〔1〕。

其二，水路交通的中断不利于朝廷与两淮路的往来。

两淮路的盐茶税收是朝廷财政收入的重要组成部分，尤其是淮南东路盐的收入，而水路交通的破坏，只会阻碍盐商通行，“有误朝廷进军财计”〔2〕。宋金战争后期，朝廷意识到问题的严重性，即又下令“禁绝淮东闸堰”〔3〕。绍兴五年，金军刚刚退走，正月，南宋政府即“诏淮南宣抚司，募民开浚瓜洲至淮口运河浅涩之处”〔4〕，以发挥淮河的交通功能。由于战争的特殊环境，且水利兴修需要大量人力、物力以及时间的跨度较长，所以较大规模的沟通淮、扬运河及其他水路交通的工程主要还是在和平时期，这在下文将会详细论述。

其三，水利的设施的破坏影响了两淮路农业生产发展，而且对于和平时期重新兴修水利造成了巨大的浪费。

水利设施的破坏只会造成农业生产的倒退，这也是和平时期两淮路为发展农业经济而大兴水利的一个重要的原因。宋金战争时期，统治者也认识到了这一点，如绍兴十年六月，因韩世忠围淮阳军，未能下，有人献计“决淮水以灌其城者”，高宗认为“淮水所及，京东民田必有受其害者”，这也是后期统治者往往不支持以破坏水利为代价的军事防御方式的原因之一。

二、宋金和平时期两淮路的水利兴修

宋金战争时期两淮路的水利设施、水路交通均遭到了很大的破坏，虽然战争后期统治者意识到这个问题，反对以水设险，且战争期间也有兴修水利的言论，但是迫于战争的形式，兴修水利也非一朝一夕之事。所以，和平时期为巩固两淮的屏障地位，发展农业经济，贯通水路运输，以及防备金军再进攻等战备水利设

〔1〕《要录》卷八十一，绍兴四年十月乙酉条。

〔2〕《要录》卷八十一，绍兴四年十月癸未条。

〔3〕《宋史》卷九十七，《河渠志》七。

〔4〕《宋史》卷九十七，《河渠志》七。

施的兴修及维护提上议程。

（一）农田水利的兴修。

宋金和平时期，为发展农业经济，巩固两淮路的屏障地位，南宋朝廷开始着手在两淮路修建农田水利。绍兴二十二年九月，左朝奉郎周祕言蕲州“郡城环围皆山，每遇霖雨，则众山之水奔凑城下，莫之能御……望诏有司委自知通同属县就农隙，……除去水患，民皆安居，而灌溉有备，亦无旱暵之虞”。高宗很支持他的意见，并且认为“不独蕲州，凡沿淮河堤备水患去处，令本路漕臣同逐州守臣措置”〔1〕。绍兴三十年，淮南转运判官兼淮南西路提点刑狱公事提领营田张初言：“本路系官荒田共四十八万顷，缘并江圩捍近山陂塘，兵火后，民力无力修筑，乞从本司支官钱开浚，募人开耕……”，绍兴三十年三月，淮南运判张祁请淮南路州军拨钱以支持修筑无为军庐江县杨柳圩及无为县嘉城圩，并欲招集百姓耕垦荒闲田土〔2〕。

孝宗年间，水利兴修达到了一个高潮。乾道五年三月二十六日，大理正措置两淮官田徐子寅认为两淮荒芜之田水田居多，而水利的颓废影响到耕种的效果，于是要求开浚楚州山阳县大溪村一条“南有灌沟，可通运河，北有旧沟，可接小溪”的河道”〔3〕，上亦从其请。淳熙元年七月，朝廷命“诸路开具陂塘”〔4〕，十月，又下诏，“命诸路监司守令措置兴修水利，以备旱干，灌溉田亩”〔5〕。淳熙十二年，和州守臣请于千秋涧置斗门，以防麻沣湖水泄入大江，与岁旱灌溉田畴，实为民利”〔6〕。绍熙五年，淮东提举陈损之请求对运河进行大规模的修治，建成著名的绍熙堰，既方便了舟船的通行，且“得良田数百万顷”，陈损之亦因此“除直秘阁，淮东转运判官”〔7〕。

另外，淮南东路濒海地区，经常受到海潮威胁，良田一旦被海水浸泡后便会变成不毛之地，因而沿海地区的水利建设此时也被放到了重要的位置〔8〕。绍兴

---

〔1〕（清）徐松、陈智超：《宋会要辑稿》食货七之四八至七之四九，全国图书馆文献缩微复制中心1988年版。

〔2〕《宋会要辑稿》食货一之四零至四一。

〔3〕《宋会要辑稿》食货八之一二。

〔4〕不著撰人《皇宋中兴两朝圣政》卷五十三，淳熙元年七月条，文海出版社1967年版。

〔5〕《宋会要辑稿》食货六一之一二四。

〔6〕《宋史》卷九十七，《河渠志》七。

〔7〕不著撰人《两朝纲目备要》卷三，绍熙五年（另见《宋史》卷九十七），文海出版社1967年版。

〔8〕柴静：《宋代两淮地区的水利和漕运》（载《安徽工业大学学报》2000年2期）也提到了这一点。

二十七年十月癸卯，“筑通、泰、楚、三州捍海堰”〔1〕，但是并没有提到具体的修建过程及效果，淳熙三年四月，守臣张子正“筑泰州月堰，以遏潮水”〔2〕。淳熙八年十二月，应提举淮南东路常平茶盐赵伯昌要求对塌损的捍海堰重新修制，且要求“随坏随葺，勿令浸淫”〔3〕。

此外，除了兴修水利，为发展农业经济，还反对大户侵占水利。如绍兴二十一年，前权知黄州黄子游上奏修治本州陂塘，上曰：“近闻陂塘水利去处多为人侵占，可令有司措置，无妨众用……。”〔4〕绍兴二十二年八月比部元外郎李泳奏请在淮西兴修陂塘，上认为州郡陂塘蓄水去处如绍兴及淮南“往往为民户所侵占，虽目前州县获利，恐三五年后无水溉田，却为害非细”〔5〕，于是在绍兴二十三年再次下令反对大户侵占水利。〔6〕

（二）两淮路水路交通的沟通。

宋金战争时期，经常决断水路交通要道以阻止金兵的进攻，尤其是淮南东路的淮扬运河交通破坏最大，这对于两淮路盐茶的销售、漕运及宋金的经济政治往来，都造成了很大的不利，如绍兴十五年六月癸巳，左朝散郎知楚州张昌言“两国通好，使命往来，则运河堤岸，不可不治”〔7〕。南宋政府为保证运河的通畅也多次加以修治，规模较大的有：乾道六年，淮东提举徐子寅言“淮东盐课，全仰河流通快，近运河浅涩，自扬州湾头港口至镇西山光寺前桥垛头，计四百八十五丈，乞发五千余卒开浚”。淳熙七年二月，诏“令淮南漕臣，自洪泽至龟山浅涩之处，如发开撩”〔8〕。淳熙九年，从淮南漕臣钱冲之请，对真州的陈公塘进行修治，不仅“为旱乾溉田之备”，且“凡诸场盐纲、粮食漕运、使命往还，舟舰皆仰之以通济，其利甚博”〔9〕，基本上沟通了两淮路的水路交通。

（三）作为战备水利设施的修建

宋金战争的频繁与残酷对于处于边缘地区的两淮路的影响并不会随着的战争的结束而立刻消除，认为“金人虽讲和，而不能保于他日，今宜以和为守，以守为攻。当和好之时，为备守之计”〔10〕；且宋金双方的主战或主和派执政对于

〔1〕《宋史》卷三十一，《高宗本纪》八。

〔2〕《宋史》卷九十七，《河渠志》七。

〔3〕《宋史》卷九十七，《河渠志》七。（另见《宋史全文》卷二十七）

〔4〕《宋会要辑稿》食货七之四七。

〔5〕《宋会要辑稿》食货七之四八。

〔6〕《宋会要辑稿》食货七之四九。

〔7〕《要录》卷一百五十三，绍兴十五年年六月癸巳条。

〔8〕《宋史》卷九十七，《河渠志》七。

〔9〕《宋史》卷九十七，《河渠志》七。

〔10〕《宋史》卷四百四十五，《熊克传》。

两淮地区的经济、军事形势有很大的影响。所以宋金和平时期两淮路的一部分是专门为战争而准备的水利设施。

绍兴和议后，王之道通判滁州，有官员奏修滁州丸梁堰以备敌，王之道亲往视之，认为“舍江淮天设之险而积水于敌所不经之地，徒扰民费财尔，遂不复筑”[1]，虽然丸梁堰没有筑成，却反映了战争给人留下的阴影并没有消除。孝宗年间，李椿除太平州时又奏塞丸梁堰口，“以保真、滁”[2]。又如乾道二年二月十九日，和州守臣言：“开凿姥下河，东接大江，防捍敌人，检制盗贼，最为右地，辅臣以堙废既久，擅兴非宜，奏罢之。”[3]但此河没有开凿理由也不是反对以其作为战守之地，而是因其“堙废既久，擅兴非宜”。同年三月十七日，太平州守臣言，辖下东采石与和州杨林渡相直……，若开通河道，缓急之际，江北百姓牛马等可先渡砂上次第济渡过江，其砂上亦可储蓄粮草，军民两利，诏和州将来开步数，许行开掘。[4]再如，和州历阳县、含山县的麻沣二湖在乾道二年因“守臣胡昉凿千秋涧以设险，涧既开通，而二湖之水始泄入江，积十余年”，造成“涧水自泄，灌溉之利遂废”[5]。既劳民伤财，又破坏了原来的农田水利，阻碍了当地的农业经济发展。直至乾道八年三月九日，知楚州陈敏奏城东有古寿河四十余里，“自兵火以来壅塞不通，欲开浚取水灌溉田畴……”，孝宗却说：“与赵充国时屯田不同，汉以强制弱兵有余力。今日士卒欲临大敌，不可责以农事。”[6]而此时距离隆兴和议已经八年了，而战争的影响仍然存在，这当然也和孝宗时期的积极与战事而消极于农事有很大的关系。而这些战时的水利设施不仅劳民伤财，且不能发挥其在当地农业经济发展过程中的灌溉作用。

三、宋金和平时期两淮路水利兴修的效果

宋金和平时期对两淮路的水利进行了较大规模的兴修，但由于战争阴影并不会立刻消除，尤其是绍兴年间，战争虽然于绍兴十一年就已经结束，但是水利兴修开始确是很晚，水利建设刚刚开始，却由于完颜亮于绍兴三十一年的南侵而宣布结束。这也是绍兴年间和平的时段虽然比较长，但农田水利发展却收效甚微的

---

〔1〕 王之道：《相山集》卷二十二，第1132～695页（另见《相山集》卷三十，1132～752），影印文渊阁四库全书版。

〔2〕（明）黄维、杨士奇：《历代名臣奏议》卷五十二，李椿除太平州条，上海古籍出版社1989年版。

〔3〕《宋会要辑稿》食货八之二五。

〔4〕《宋会要辑稿》食货八之二五。

〔5〕 不著撰人《宋史全文》二十七上，淳熙十年十二月条，黑龙江人民出版社2005年版。

〔6〕《宋会要辑稿》食货三之二零。

原因之一。

孝宗时期，兴修水利达到了高潮，但是由于宋孝宗的主战政策，一部分水利设施实际上是为战争作准备的，而对于农业经济的发展并没有多大的帮助，此点在前文已详细论述；另外一些官员的失职行为，也是水利兴修不力的原因之一。

淳熙元年七月，提举潘甸言："被旨所部州县措置陂塘，今已毕工，计九州军四十三县，共修治陂塘沟堰凡二万三千四百五十一所，可灌溉田四万四千二百四十二顷有奇……，"[1]平均一县修建了五百四十五处，几乎每两顷土地就有一处水利设施，这样密密麻麻的水利网如果发挥正常发挥作用，水旱灾荒在一定程度上对其影响应是很小的，但淳熙二年十月，孝宗诏昨令诸路兴修水利，以备旱干，今岁旱伤，江东、淮东为甚，未委当来如何兴修"，并令"原兴修官据悉以闻"[2]，淳熙二年十一月，进呈提举江东潘甸、提举淮东叶铸权发遣平江府陈岘具析到修治陂唐事，上曰："昨委诸路兴修水利，以备旱干，今岁灾伤，乃不见有灌溉之利，若非当来修筑灭裂，即是元申失实，内江东修去处最多，彼伤分数尤甚"，于是"潘甸特降一官，叶铸特降两官，陈岘特降一官"[3]说明当时水利的兴修地数量或质量很大程度上存在着虚假或官员舞弊的行为。淳熙五年时，淮东总领乞修高邮、宝应长堤，第二年四月完工，特诏"淮东总领叶铸核实以闻"[4]，说明由于施工过程中官员的失职，很多水利兴修并不能达到预期的效果，所以后期兴修水利的监督机制也随之发展起来。

南宋宁宗、理宗时期，水利方面的记载很少，而后期的灾荒记载却比较多。仅以淮河为例，以淳熙十五年（1173 年）为界（此时水利兴修的高潮已经过去），在淳熙十五年之前，较大规模的水、旱灾有 8 次（人为的水灾不计算在内），平均约一年一次，而淳熙十五年至宋灭亡（1278 年）淮河就发生了 20 次水旱灾[5]，增加了将近一倍，虽然这样统计不是完全合乎逻辑，但却可以说明淳熙年间兴修水利设施的效果并不是很明显。所以统治者后期只是强调救灾而不再提及兴修水利，这应和当时水利的设施不能发挥其正常的防旱防涝作用或者根本存在着数量虚假，统治者对此不再抱有希望有一定的关系。另外，这也和宁宗、理宗时期两淮地区一直处于紧张状态而统治者对这一地区的发展也抱着消极的态度有一定的关系。

---

[1] 《宋史全文》卷二十六上，淳熙元年七月条。

[2] 《宋史全文》卷二十六上，淳熙二年十月条。

[3] 《宋史全文》卷二十六上，淳熙二年十一月条。

[4] 《宋史全文》卷二十六下，淳熙五年闰六月条。

[5] 王鑫义：《淮河流域经济开发史》第七章第五节，黄山书社 2001 年版。

四、结 语

战争留给人的印象总是农业的荒废、经济的倒退等。反之，和平就意味着发展、繁荣、人口的繁衍。但对于两国相争的边缘之地，战争与和平的频繁交替，未必能带来经济的发展。南宋以来，两淮路处于南北政权的交界地带，宋金战争的三个主战场，四川战场、荆湖北路、两淮路战场均遭到了很大的破坏，而因两淮路战场地靠行在临安（今杭州），为首府的屏障之地，一旦战争爆发，两淮路都是首当其冲受到战争的影响，战争的残酷性和频繁性是另外两个战场所无法比拟的，战争的阴影即使在和平时期也很难即刻挥之而去，而和平时期统治者在两淮路积极于战事而消极于农事的指导思想也是不利于两淮路的经济建设与发展的，包括水利事业的发展与维护。终南宋一朝，农田水利虽然有所修建，但正由于上述的种种弊病，其修建实效甚微，所以对于和战交替时期的和平是否促进经济的发展，我们还需要具体的分析，不能简单地认为和平就一定能促进经济的发展，也不能以和平时间的长短来判断一个地区的发展状况。

（作者系上海师范大学人文与传统学院研究生）

从考古资料看龙山时期淮北地区的水灾现象

——兼论龙山时代该地区经济与气候之关系

冀 和

淮河源出于河南省桐柏县桐柏山主峰太白顶（又称大复峰），自西向东经河南省南部、安徽省北部，到江苏省北部注入洪泽湖，长约1000千米，流域面积26.9万平方千米。

淮河干流南北两侧的支流，因地形、气候和土壤条件的差异，河流水文特性存在着明显的不同。从地形上说，南部为山溪性河流，支流短，有山水之称。南侧支流多发源于大别山北麓，如浉河、竹竿河、潢河、白露河和史灌河等，除史灌河略长外，其他河流源短流急，水量丰富、洪量大，具有山地性河流特征；北侧支流长。主要发源于豫西山地，部分河流源出黄河堤岸以南的平坡地，重要的支流有汝河、洪河、颍河、西淝河、涡河、北淝河、浍河、沱河、濉河等。这些河流源远流长，进入平原之后，河道弯曲，水流缓慢，为平原性河流，有坡水之称。从气候上说，干流南侧气候湿润，年降水量在1000毫米以上，各支流水源充足、径流丰富。最冷月温度高于0℃，河水基本不冻结。干流北侧，属暖温带半湿润气候，年降水量在600～900毫米之间，河川径流不及南支充足，且径流的年际变化大。最冷月平均温度低于0℃，冬季河流结冰。淮河原是一条独流入海的河道，它的下游在淮阴附近接纳泗水及其支流沂、沭诸河后，到云梯关入海。1128年，黄河侵泗在淮阴附近夺取淮河下游河道入海，淮河下游河道受黄河泥沙沉积而淤高，中游河槽几乎成了地上河，下游入海水道被淤塞，造成淮河水系紊乱，水位抬高，洼地积水成湖，小湖相互连通，并逐渐扩大为洪泽湖。1855年黄河又在北岸决口改由利津入海。由于淮河下游无通畅泄水道，每遇汛期，河水暴涨，往往破堤决口、泛滥成灾，水旱灾害严重。

根据考古发现，淮河水灾，尤其是淮北地区的水灾现象，可上溯至新石器时代的大汶口文化和龙山文化时期。本文所讨论的淮北地区，主要包括苏、鲁、豫、皖结合部的皖北、豫东和鲁西南地区，也即狭义的淮北地区。该区域处于黄、淮冲积平原内，地形以平原为主要特征，自西北向东南倾斜，一般海拔20至40米，河流多平行流入淮河，受黄、淮二水影响最大。一旦降水量偏多，黄、淮泛滥就会造成该地区的严重水灾。淮河是我国北方暖温带半湿润季风性气候与南方亚热带湿润季风气候的分界，由于历史上自然气候的变迁，在新石器时代的龙山时期，淮北这个特定地理环境区曾经发生过严重的水灾。

一

约在20世纪40年代，考古界就已认为龙山文化的经济是以农业为基础，但龙山人的“食物更由草地上放牧的家畜，山中猎得兽类，以及河流中捕得的鱼蚌来补充”〔1〕。这种家庭饲养和渔猎经济仍占相当比重的现象在淮北地区的龙山文化中反映得相当明显。龙山文化在社会发展史上是处在原始社会末期向奴隶社会过渡阶段的考古学文化，其年代据碳14测定，处在我国历史上夏代建立之前，晚期可能占位夏代早期。此时的社会生产力较之以前已有较大发展，考古工作中有关青铜冶铸的资料已有所发现，“是我国中原地区青铜铸造业的滥觞期”〔2〕，在这样的历史阶段，为什么会出现与之极不相符的上述经济现象呢？根据对相关区域代表性古文化遗址考古资料初步研究认为，与当时这个地区自然环境的变化有关。

二

所谓“环境即指人类以外的自然界，包括气候，地质，水文，动物，植物等几个方面。在这些因素中，气候的状况及其变化都会直接或间接的影响到当时的地貌、土壤、植物、动物和人类。气候包括气温与降水，气候是自然环境中最活跃的因素……”〔3〕。龙山时期的大气候环境竺可桢先生曾根据物候现象作过专门研究，初步认为，“在我国近五千年的最初二千年（即从原始氏族时代的仰韶文化到奴隶社会的安阳殷墟），大部分时间的年平均温度高于现在2℃左右。一月温度大约比现在高3℃～5℃”〔4〕。他指出，“可以说五千年前的仰韶到三千年前的殷墟时代是中国的温和气候时代”〔5〕。龙山文化相对年代晚于仰韶而早于殷商；其绝对年代根据碳14测定，在公元前2780±145年至公元前2005±120年之间（树轮校正）〔6〕，正好处在近五千年中的“最初二千年”里。

冬、春少雨水，夏、秋多雨水的自然规律表明，气候温和，雨水量就大，全

---

〔1〕 梁思永：《龙山文化——中国文明的史前期之一》，《考古学报》1954年第七册。

〔2〕 贾峨：《关于东周错金镶嵌铜器的几个问题的探讨》，《江汉考古》1986年第4期。

〔3〕 袁靖：《环境考古学研究》，《中国文物报》1997年12月7日第3版。

〔4〕 竺可桢：《中国近五千年来气候变迁的初步研究》，《人民日报》1973年6月19日第3版。

〔5〕 竺可桢：《中国近五千年来气候变迁的初步研究》，《人民日报》1973年6月19日第3版。

〔6〕 据庙底沟遗址二期文化的一个标本经放射性碳素测定（ZK111）；又根据河南龙山文化的27个标本经放射性碳素测定结果（个别标本年代过高已排除），见中国社会科学院考古研究所编著：《新中国的考古发现和研究》第70页和74页。

年气温普遍提高，必然导致年降雨期的延长，降水量增大，地面积水聚多，在特定的地理环境中就会泛滥成灾。古人也发现，气候变迁导致一年四季中时令节气异常错位时，孟秋“行夏令，则多水灾，寒热不节，民多虐疾”〔1〕。龙山时期的温和气候给当时的淮北平原带来的结果依然逃不脱自然规律的制约，大量降雨超过黄河和淮河的容纳极限，导致黄、淮泛滥，给低洼的淮北平原造成洪涝灾害。史传“当尧之时，天下犹未平：洪水横流，氾滥于天下。草木畅茂；禽兽繁殖；五谷不登；禽兽逼人；兽蹄鸟迹之道交于中国”〔2〕，描述了当时因水患造成的悲惨情况。洪水肆虐，到处泛滥，遍地长满野草和树木，飞禽和野兽很多，各种农作物歉收，以致禽兽袭击危害人类。这些凄凉景象遍布中原地区。徐旭生先生也根据古史传说材料经科学研究指出，“我国洪水发生的时期相当明确，大约不出公元前第三千年的后期……”〔3〕，并说明了洪水发生的地域，其中包括“豫、徐平原当今日河南东部、山东南部及江苏、安徽的淮北部分”〔4〕。考古资料证实，龙山时期淮北地区是温和多雨水的气候，水灾严重。

三

随着新中国考古事业的迅速发展及苏、鲁、豫、皖考古课题的深入进展，在龙山文化领域内取得了古城址和原始聚落遗存及环境考古等一系列突破性发现。我们仅就其中的相关资料，分析当时淮北地区的气候与环境及其给人类社会带来的影响及后果。

（一）田野考古调查发现，淮北地区的龙山文化遗址不论在豫东、皖北，还是鲁西南，所处地形都惊人得相似。往往位于高出四周平地的平冈式堌（孤）堆上，或位于山麓的平坡上，常常直接靠在河岸上或很接近河岸〔5〕。无论是在平原或山麓的平坡上，总是这个分布规律。山时期的淮北先民们为什么要这样居住？既为取水方便而选择河沿做居住址，又为什么要居于高台上？尤当时已进入农业为主导的经济基础阶段，人们已掌握了凿井技术，并且已相当进步〔6〕，为什么却不愿远离河流，以扩大自己的农耕范围和面积？答案很简单，其一，居址

〔1〕《礼记·月令》。

〔2〕《孟子·滕文公上篇》。

〔3〕徐旭生：《中国古史的传说时代》（增订本），第128、129页，文物出版社。

〔4〕同上，见第140页。

〔5〕梁思永：《龙山文化——中国文明的史前期之一》，《考古学报》1954年第七册。

〔6〕据庙底沟遗址二期文化的一个标本经放射性碳素测定（ZK111）；又根据河南龙山文化的27个标本经放射性碳素测定结果（个别标本年代过高已排除），见中国社会科学院考古研究所编著：《新中国的考古发现和研究》第70页和74页。

近河沿处可以及时观察并掌握河水涨落情况；其二，因该地区地势低洼，处于河流决溢、水灾泛滥的威胁之中，故上古居民皆“择丘陵而处之”（《淮南子·齐络训》），居于高台之上可以防止突如其来的水患。证明龙山时期淮北水患严重，人们在饱尝水灾的困苦中得出建立高台居址这一经验，且一直为后世历代所沿用。

再一个现象，淮北龙山文化地层中的土质土色常见的为灰色土和黄色土（亦有淤积的紫褐色黏土或黄褐色硬土），前者往往杂有绿锈色水锈，后者为沙性土。通常非原生土层在长期的水浸作用下，就会产生水锈。说明淮北龙山时期的先民尽管住在高台之上，仍难免遭受水淹。

另外，从龙山人的主要生活用具陶器看，“其主要特征以夹砂灰陶为主，泥质灰陶次之，另有少量的夹砂红褐陶”[1]。灰陶成为大宗，应是因当时雨水多，空气湿度大，导致氧还原窑变，形成了烧制陶器的时代特色。

（二）在豫东淮阳平粮台发现了龙山文化中晚期的城堡。该城址平面呈正方形，长宽各 185 米，城内面积共 3.4 万多平方米，其建筑年代据碳 14 测定，“在距今 4355±175 年以前（树轮校正）”[2]。从它的布局、结构、营筑方式、残存迹象等方面作综合分析，可以看出其在环境考古领域也具有重要的学术意义。

平粮台古文化遗址地处豫东平原上，每当多雨时，黄河泛滥，奔腾咆哮的黄水就像脱缰的烈马迅猛冲向豫东平原。为防不测，龙山时期先民筑城时，依然遵循了高台居址之经验。不仅在平粮台城址区内发现了龙山文化的高台建筑基址，并且从探沟 T29 南壁剖面上可以看出，城墙所处地势较高，从墙外的外六层灰土斜坡堆积趋势看，灰土层最低水平点大大低于城墙基，直到经历了四千多年的今天，城外的红色淤土层表面的水平高度仍比城墙基高不了多少[3]。T29 东部文化层（即城内）[4]，第十文化层被第九文化层和夯土城墙所叠压，为夹杂红烧土块、黏性较大的褐色土，其下为原生土。据该层出土陶片分析，属早于龙山文化（原报告称相当于郸城段寨早期和大汶口文化）地层。根据土质土色，该层应视为在龙山以前的先民们生活居址遭受水患后的淤积层。其上面的“第七、

---

〔1〕 中国社会科学院考古研究所安徽工作队：《安徽淮北地区新石器时代遗址调查》，《考古》1993 年第 11 期。

〔2〕 河南省文物研究所、周口地区文化局文物科：《河南淮阳平粮台龙山文化城址试掘简报》，《文物》1983 年第 3 期。

〔3〕 河南省文物研究所、周口地区文化局文物科：《河南淮阳平粮台龙山文化城址试掘简报》，《文物》1983 年第 3 期。参见原发掘简报图二。

〔4〕 河南省文物研究所、周口地区文化局文物科：《河南淮阳平粮台龙山文化城址试掘简报》，《文物》1983 年第 3 期。参见原发掘简报图二。

八、九文化层叠压在城墙夯土层之上，是晚于城墙夯土层的龙山文化遗存……定为平粮台三期文化，包括南门卫房（F13、F14）和其他探方内相当于本期的地层、遗迹等”〔1〕。其中第九层为黄色绿锈土，由西向东堆积，厚0.35至0.8米；第七层为黄土，下部带绿锈，亦由西向东堆积，最厚处达1.25米。压在上面的二、三、四、六层均为黄色土层。淤土层内无任何陶片，下面直接压着的外一层为褐黄土，根据陶片等文化遗物分析属龙山文化层。从七、九两层长期遭水浸生水锈，说明该城在龙山时代毁于洪水，此前最少发生过两次特大水灾。

再从该城墙的构筑方法和残存现状看，“现存城墙顶部的宽度约8~10米，下部宽约13米，残高3米多。东南两侧城墙破坏较大。西南城角保存较好〔2〕，外角略呈弧形，内角较直，城墙上部宽9.8~10.2米。因见夯土即停止发掘，高度不详。修建时采用小板筑堆筑法，如位于西城墙的探沟T29中所见到的现象是：先用掺有红烧土的褐色土，夯筑一小板筑土墙，墙宽0.8~0.85、高1.2米，夯层厚0.15~0.2米，以此作为城墙内壁。后在其外（西）侧堆土，略成斜坡，夯实，逐层加高到超过小版筑墙的高度，再堆筑出城墙的上部”〔3〕。这种把城墙外侧作成斜坡状，而内侧却是垂直壁；城的转角内角呈直角，而外角却呈弧形的构筑方式，除了城的军事意义，还有防水患的作用。当洪水到来，起减缓、分散迅猛冲击力的作用，同时防洪水久围城池不去而浸蚀城根，避免城墙遭破坏。尽管如此，生活在淮北平原的龙山先民们仍然避免不了大祸临头的厄运。自西北向东南汹涌而至的大水顺着西城墙外侧的斜坡爬上城头，又居高临下扑向城内，以迅雷不及掩耳之势冲向仅仅不到二百米远的东墙根，内壁垂直的东墙在这由高向低俯冲的强大力量面前便土崩瓦解了。

尽管龙山时期先民在洪水面前遭受灭顶之灾，但他们同自然灾害的斗争不屈不挠，相当积极、智慧，总结出许多科学经验。除前述筑城方法外，还使用了陶排水管道，“位于南门门道路土之下0.3米……是在门道下挖一条北高南低，上宽下窄的沟渠，上宽及深各约0.74米，沟底铺一条陶水管道，其上再并列铺两条陶水管道〔4〕。管道每节长0.35~0.45米不等，直筒形，一端稍细，径为

---

〔1〕河南省文物研究所、周口地区文化局文物科：《河南淮阳平粮台龙山文化城址试掘简报》，《文物》1983年第3期。

〔2〕河南省文物研究所、周口地区文化局文物科：《河南淮阳平粮台龙山文化城址试掘简报》，《文物》1983年第3期。参见原发掘简报图一七。

〔3〕河南省文物研究所、周口地区文化局文物科：《河南淮阳平粮台龙山文化城址试掘简报》，《文物》1983年第3期。

〔4〕河南省文物研究所、周口地区文化局文物科：《河南淮阳平粮台龙山文化城址试掘简报》，《文物》1983年第3期。参见原发掘简报图五○、五一。

0.23～0.26米，一端较粗，径为0.27～0.32米[1]……每节小口朝南，套入另一节的大口内，如此节节套扣。从整个管道看，北端稍高于南端，宜于向城外排水。管道周围填以料礓石和土，其上再铺土作为路面"[2]。这一设施的科学性非常高，并对后世产生了深远影响。从管道的直径和三道叠铺方式看，其排水量是相当可观的，且方便疏通和维修。我们认为，在当时先民们不仅仅是为了排污，因为城的面积不大，内居非一般身份之人，人口也就不会多，生活废水也就有限。其更重要的用途，便是向城外大量排积水，证明当时雨水非常之多。

在皖北虽未发现龙山时期古城，但尉迟寺遗址大汶口文化晚期的聚落遗存椭圆形围沟"南北跨度约230～240米，东西跨度约220米，沟宽约25米～30米，沟深度约4.5米，整个大汶口文化晚期建筑基址群在其怀抱之中……从围沟剖面可以看出，靠近遗址中心方向的沟内侧较为陡直，而其外侧呈较缓的斜坡状，沟中间较深，底呈圜底状"[3]，具有特定地理环境中的时代意义。我们非常赞同发掘者对其功能的精辟分析和防水患的认识[4]。据该遗址的大汶口文化晚期和龙山时期动物群资料"推断尉迟寺遗址的大汶口和龙山文化时期的自然环境大致接近"[5]，围沟"年代为距今4600年左右"[6]。我们认为，该围沟的防水患功能亦可作为淮北地区龙山时期气候环境与水灾的佐证，证明当时洪灾频繁。

从尉迟寺遗址大汶口文化晚期的房基看，存在一定的建筑规则。首先是环围沟内侧分散分布；其二，均为西北、东南走向；其三，多间长排房中间留有隔断通道；其四，两组排房平行时，呈错位分布；其五，房址均选在地势相对较高的地方或缓坡上，多间排房形成西高东低走势，房内地面间与间之间呈阶梯势；其六，每间房门口都有护坡[7]。我们认为这些统一性做法是预防洪水冲击房舍、便于疏散的设想。

---

[1] 河南省文物研究所、周口地区文化局文物科：《河南淮阳平粮台龙山文化城址试掘简报》，《文物》1983年第3期。参见原发掘简报图五二。

[2] 河南省文物研究所、周口地区文化局文物科：《河南淮阳平粮台龙山文化城址试掘简报》，《文物》1983年第3期。

[3] 中国社会科学院考古研究所编著：《蒙城尉迟寺——皖北新石器时代聚落遗存的发掘与研究》，科学出版社，2001年。

[4] 中国社会科学院考古研究所编著：《蒙城尉迟寺——皖北新石器时代聚落遗存的发掘与研究》，科学出版社，2001年。

[5] 王增林、吴加安：《尉迟寺遗址硅酸体分析——兼论尉迟寺遗址史前农业经济特点》，《考古》1998第4期。

[6] 中国社会科学院考古研究所编著：《蒙城尉迟寺——皖北新石器时代聚落遗存的发掘与研究》，科学出版社，2001年。

[7] 中国社会科学院考古研究所编著：《蒙城尉迟寺——皖北新石器时代聚落遗存的发掘与研究》，科学出版社，2001年。

我们初步认为，尉迟寺大汶口文化晚期房子内塌落的屋面复盖下的遗物放置井然有序，房子似应是毁于突发洪水所致。至于塌下的红烧土屋面应是房子初建成时整体烧烤所致；蚌、骨工具有被烧烤的痕迹是用烧烤肉类食物食用过后的骨、蚌壳做工具原料；陶器（夹砂多）颜色鲜艳是普遍置温于草木灰火烬中所致，个别陶片是特殊情况（可能或是破碎陶片掉在灶台火堆中和掉在火堆外所致）；F30 和 F31 隔墙下部火候差异造成墙面颜色有明显界限是因房子建成时整体烧烤后，灰烬中余火继续烤下部所致。

（三）龙山时期先民营建房屋普遍讲究防潮处理，在技术方法上有新的突破性提高，但也从另一个侧面说明当时当地气候潮湿，洪水较多。在鲁西南，梁山青堌堆遗址发现一座房基，“为方形圆角的半竖穴房基……推测东西原长约 2. 25 米，南北宽约 1. 9 米……门道东西向……在发掘中没有发现柱洞，且房子破坏严重，故屋顶结构不详”〔1〕。发掘中没有发现柱洞是个非常重要的现象，明明是座房基，为什么会没有柱洞？该房子虽不大，起码应有支撑屋面的中心柱。我们认为这仅见的一座房基应是在该遗址遭洪水洗劫时，推倒了墙壁，卷走了屋面和房柱。无独有偶，在皖北的宿州市芦城孜遗址龙山文化遗存中发现房基两座，近似长方形地面建筑，亦“未发现墙基、柱洞、灶坑等遗迹，可能均被破坏”〔2〕。两地相距遥远，可情景相似，应是同一原因造成。

菏泽安邱固堆遗址“龙山时期的房子发现较多，有圆形的和圆角方形的”〔3〕，可见生活在鲁西南地区的龙山先民们在同洪水灾害斗争中发现，圆形的和圆角方形的房子分散洪水冲击力，抗洪性能较强而普遍营建了此类房屋。尤其圆形房基保存较好，而长方形保存极差〔4〕。圆形的以 F1 和 F5 为例：F1 直径 3. 4 米，周边还保留残柱洞，残墙高 20 ~ 40 厘米，厚 30 ~ 35 厘米，墙面和居住面都是先抹一层草拌泥，后经火烧，房基中部也有柱洞，稍偏东部有长方形灶坑；F5 直径约 5. 7 米，门向南，结构基本上同 F1，唯其西北部另有一层保护墙。〔5〕从直径较小的 F1“地基为 11 层夯土筑成，似经过多次重建”〔6〕，可见水患破坏之频繁。而直径相对大得多的 F5，因其西北部墙外加了一层保护墙，挡住了常

---

〔1〕 中国科学院考古研究所山东发掘队：《山东梁山青堌堆发掘简报》，《考古》1962 年第 1 期。

〔2〕 叶润清：《安徽省宿州市芦城子遗址发掘简报》，《文物研究》第九辑。

〔3〕 文物研究编辑部：《苏鲁豫皖考古座谈会纪要》，《文物研究》第七期。

〔4〕 北京大学考古系商周组、山东省菏泽地区文展馆、山东省菏泽市文化馆：《菏泽安邱堌堆遗址发掘简报》，《文物》1987 第 11 期。

〔5〕 北京大学考古系商周组、山东省菏泽地区文展馆、山东省菏泽市文化馆：《菏泽安邱堌堆遗址发掘简报》，《文物》1987 第 11 期。参见原发掘简报图五。

〔6〕 北京大学考古系商周组、山东省菏泽地区文展馆、山东省菏泽市文化馆：《菏泽安邱堌堆遗址发掘简报》，《文物》1987 第 11 期。

从西北过来的洪水破坏，延长了该房使用寿命，就没有F1多次重建迹象。长方形的虽然“房基、墙壁也皆为夯土筑成，居住面经过火烧”[1]，但却遭到更为严重破坏。如F4“宽3、长5米。残墙长45、高30、宽40厘米。已发现柱洞8个”[2]。可宽（厚）达40厘米的墙壁仅残存45厘米长。如此严重的破坏力应是来自西北的洪水造成的。

在豫东王油坊遗址共发现11座房址，都属龙山文化晚期，分布密集，层次复杂，大体可分上下两层，上层7座，下层4座，上层建筑技术比下层进步。下层都是白灰面房基，3座方形，1座圆形。其中的F11保存较好，居住面距地表深2.1米；上面有五层黄硬土房基，呈长圆形。[3]在这仅2.1米厚度地层里竟叠压了六层房基，当与水患频繁破坏有关。由于F11为长圆形，对洪水的冲击力起分散作用，所以能成为幸存4座中保存较好的一座。该房基四周的墙还大部分保存着，墙是用青色硬土筑成的。笔者不禁想起童年在故乡的生活记忆。家乡地处淮河流域的皖东地区，高邮湖的西岸，属河、湖、港、汊较多的水乡，历史上是个多水患的地方，直到解放初还存在严重水灾问题。每当大水从西边漫来，房前屋后一片汪洋。往往是洪水包围村庄，交通断绝，靠舟船代步；宅基久泡水中，遇上刮风，浪花甚至闯进大门溅到屋里。因此，每家盖房子首先要垫出一个高约5米左右的台基（当地称庄基），然后建房。墙壁全用收割了稻子后的稻田土，经石磙轧实后再用划刀划割成长宽相等的土坯，铲起凉晒干后错缝垒砌的。墙缝用黏泥浆粘合，墙内外全用黏土掺和麦糠或稻壳抹两层，墙根外用黏土掺和麦秸附在四周，再向表面撒稻草灰，然后用缠上绳子的木棍重重捶打夯实，并砸成斜坡状散水形式，干后特硬，非常耐水冲泡。重建新房时拆除它很费力。由于麦秸和草木灰久经水泡，散水成了青灰色。这种以土坯砌墙，墙根作散水的做法早在淮阳平粮台四期文化和王油坊上层房基中已较普遍出现。

龙山时期的先民们在同洪水灾害抗争中发现，木骨泥墙处在多雨水的平原地区，受潮或水浸泡会很快腐朽，墙倒屋塌；夯土版打泥墙情况更糟。要延长房子的使用寿命，必须从房子的建筑方法上寻求突破，导致了历史上的一场建筑革命

---

〔1〕 北京大学考古系商周组、山东省菏泽地区文展馆、山东省菏泽市文化馆：《菏泽安邱堌堆遗址发掘简报》，《文物》1987第11期。

〔2〕 北京大学考古系商周组、山东省菏泽地区文展馆、山东省菏泽市文化馆：《菏泽安邱堌堆遗址发掘简报》，《文物》1987第11期。

〔3〕 商丘地区文物管理委员会，中国社会科学院考古研究所洛阳工作队：《1977年河南永城王油坊遗址发掘概况》，《考古》1978年第1期。

——施行高台建筑，房舍以坯砌墙，并且出现烧砖的尝试性可能〔1〕。尉迟寺遗址龙山文化堆积遭破坏严重，发掘中尚未发现房基，这里仅就平粮台房基和王油坊上层房基材料加以论证。

在平粮台城址内已发掘出龙山文化的房基十余座，多为长方形排房，有平地起建，亦有高台建筑，普遍使用土坯砌墙〔2〕。以四号房基（属平粮台三期）和一号房基（属平粮台四期）为例。四号房基是一座高台建筑，台高0.72米。房基外部做成散水，高台上用土坯砌墙，门向南，土坯多为平铺，唯南墙以土坯先顺铺，其外再竖砌，墙外涂褐色草拌泥〔3〕。一号房基大部分保存完整〔4〕，平面长方形，东西长12.54米，南北宽4.34米，墙壁均宽0.34米，用土坯垒砌，平地起建，北墙和南墙外面有草拌泥土散水坡，建筑时先平整地面，垫上黄灰土，然后用0.1米厚的细红烧土粒铺成高于房外地面的室内地面。

王油坊“上层房子都是地面建筑，房子四周有墙……墙外往往斜坡状地培上一周土，以加固墙基”〔5〕。当时，人们在同水灾的长期斗争中悟出了圆形房较方形和长方形房子抗洪能力强的道理，因而圆形房子成为他们的主要建筑形式。王油坊上层房基材料中反映特别突出。保存下来的7座房基中，方形只有2座，而圆形占了5座。保存较好的F1就是圆形地面建筑，室内直径3.74~3.78米。墙靠里侧部分用褐色草泥土坯砌成。砌法与现代类似，相间压缝，缝间用黄土黏合。土坯一般长40、宽20、厚10厘米。墙基大部分保存完好，墙宽20~26厘米。

上述建筑法堪称历史性创举。以坯砌墙，墙根外做出斜坡状散水护坡，在多雨季节既方便屋面雨水流散，又可防止洪水冲击墙基，从而延长房子的寿命。结合前面述及皖东地区现代居民抗洪水的做法，可以想见龙山时期淮北地区洪水对当时房舍的严重威胁。这些建筑遗存现象恰是当时人们抗洪灾、求生存的真实反映。

（四）淮北地区龙山时期的气候对生态影响亦很突出。“当气候发生变化时，

---

〔1〕 中国社会科学院考古研究所河南二队：《河南临汝煤山遗址发掘报告》，《考古学报》1982年第4期。

〔2〕 河南省文物研究所、周口地区文化局文物科：《河南淮阳平粮台龙山文化城址试掘简报》，《文物》1983年第3期。

〔3〕 河南省文物研究所、周口地区文化局文物科：《河南淮阳平粮台龙山文化城址试掘简报》，《文物》1983年第3期。参见原发掘简报图二、四。

〔4〕 河南省文物研究所、周口地区文化局文物科：《河南淮阳平粮台龙山文化城址试掘简报》，《文物》1983年第3期。参见原发掘简报图二、三。

〔5〕 商丘地区文物管理委员会，中国社会科学院考古研究所洛阳工作队：《1977年河南永城王油坊遗址发掘概况》，《考古》1978年第1期。

冰川、雪线、冻土、河湖及动物、植物都会随之发生相应的变化，并在地球上留下变化的痕迹。而这一系列变化都会影响到人类的生存……平原、山川、海滨等地貌的不同直接影响到古代人类生存活动的方式”〔1〕。以各遗址出土的许多鹿角、鹿骨为证，现在梅花鹿的产地主要在温暖湿润的热带、亚热带气候环境区，其生物特性属偶蹄目鹿科，生活在山地草原或森林边缘地区及丘陵地带平旷的灌木林中。冬季多栖息在山地南部的低洼处，夏天则住在密林里，以树枝、灌木、野草和落叶为食，一般晨昏出来活动，行动灵敏，听觉、嗅觉均发达〔2〕。据郑州市动物园技术管理干部张万昌先生向笔者介绍，鹿还善游水。他们饲养的鹿有一只跑到了黄河里，时值七月，黄河水汹涌东去，可这只鹿高昂着头在浪涛中浮游，速度快得惊人。由此，不难理解屡遭洪水劫难的龙山文化遗存中怎么会有那么多的鹿的遗骸，在野生动物骨骼中占了比较突出的地位。因洪灾危害不了它，存活量相对较大。以尉迟寺遗址为例，出土 17 种动物遗骸，有螺、蚌、鱼、鳖、鸟、鸡、兔、狗、猪、獾、虎、家猪、麂、梅花鹿、麋鹿、獐、圣水牛、黄牛〔3〕。其中除家猪占百分之四十九外，其次就是鹿科，占百分之三十一。

从农业看，黄淮平原本是黄泛区，土壤沙性重，渗透性强，广泛覆盖的黄土，毛细管作用明显，地下水易蒸发散失。在该地区耐旱的粟、黍类作物“在整个新石器时代都有发现”〔4〕。淮北地区位于黄淮平原最低洼的东南部，多雨水时黄、淮二水泛滥成灾，久困人们于土丘高台之上，待洪水退去，土丘下土壤潴育化已成为沼泽，杂草丛生。已成为人们主食物的粟、黍类作物无法种植(高地、山坡例外)。面对已改变的自然环境，生活在淮北地区的远古先民不得不调整农业生产结构，粟作同时兼种稻作。在尉迟寺遗址就发现了从大汶口文化晚期到龙山文化时期稻作与粟作同时并存的现象。“通过对地层土样硅酸体的分析……龙山文化时期，尉迟寺遗址种植的农作物中水稻的比重明显大于谷子”〔5〕。诚然，“两类对环境要求相异的农作在一处遗址中进行混种，这一现象应该是多种因素的结果”〔6〕。其中最主要的也是最重要的因素，是当时淮北地区气候逐渐变暖、雨水量增多，在特定的地理环境里，本以粟类旱地作物为主的农业

---

〔1〕 袁靖：《环境考古学研究》，《中国文物报》1997 年 12 月 7 日第 3 版。

〔2〕 吕向东、马文忠：《野生动物饲养与繁殖》，陕西科学技术出版社。

〔3〕 中国社会科学院考古研究所编著：《蒙城尉迟寺——皖北新石器时代聚落遗存的发掘与研究》，科学出版社，2001 年。

〔4〕 安志敏：《中国的新石器时代》，《考古》1981 年第 3 期。

〔5〕 中国社会科学院考古研究所编著：《蒙城尉迟寺——皖北新石器时代聚落遗存的发掘与研究》，科学出版社，2001 年。

〔6〕 王增林、吴加安：《尉迟寺遗址硅酸体分析——兼论尉迟寺遗址史前农业经济特点》，《考古》1998 第 4 期。

经济区种植起南方的稻类作物，且“稻类作物的种植从大汶口文化晚期到龙山文化阶段呈逐步增加的趋势，粟类作物与之正好相反”[1]，稻作愈发成为该地区当时的主导农作物之一。

从植被情况看，在尉迟寺遗址大汶口文化晚期堆积层中发现了多种植物的孢粉，“其中有属于亚热带种属的植物……显示出尉迟寺遗址当时植物种属结构带有一定程度的热带、亚热带分布特点。该阶段也有一些植物表现出温带气候的某些特征……”[2]。尉迟寺史前文化动物群的特性和植物孢粉分析结果表明，当时的生态与现代不同，植物种属的构成反映出更多的亚热带或热带气候特征。有学者研究亦认为，全新世中期（大约距今4000～7000年），黄河流域年平均温度比现在普遍高出2℃，（推断）其降水量和自然景观接近现在的江淮地区，而淮河流域则与现在的江南相似[3]。在以平原为主要地貌特征的淮北地区，因降雨期延长，降水量大，引发洪水久困先民聚落；待洪水退去，春种秋收的粟黍类作物已淹死绝收；且聚落周围低洼地形成片片湖沼，以致“五谷不登”。为补救水灾损失和适应气候环境变化，以尉迟寺先民为代表的淮北人种植了水稻。尉迟寺遗址中稻作和粟作并存的现象与特定历史时期的气候变化和特定的地理环境无疑有较大的关系。

我们认为，淮北地区龙山时期的人们蒙受严重的水灾，其经济生活以农业为基础，渔猎、采集亦占显著比重，这些从抽样举例农业与渔猎和采集工具的数字对比（表一）中可以看出。

（五）淮北地区龙山时期的经济因水灾严重，可说是处在漂荡不定之中的经济形态，这种情况在墓葬中也有特别明显的反映。龙山文化的晚期据碳14测定“在夏代早期的纪年之内”[4]，说明龙山时代正向阶级社会门槛迈进。在遗址中发现，私有制现象及人骨有的身首异处，有的全躯肢解，有的弃置于灰坑之中

[1] 王增林、吴加安：《尉迟寺遗址硅酸体分析——兼论尉迟寺遗址史前农业经济特点》，《考古》1998第4期。

[2] 王增林、吴加安：《尉迟寺遗址硅酸体分析——兼论尉迟寺遗址史前农业经济特点》，《考古》1998第4期。

[3] 王增林、吴加安：《尉迟寺遗址硅酸体分析——兼论尉迟寺遗址史前农业经济特点》，《考古》1998第4期。

[4] 安金槐：《试论河南“龙山文化”与夏商文化的关系》，《中国考古学会第二次年会论文集》，第155页。

[1]，有的埋在门道下的夯土中[2]，出现奠基坑[3]等等，应是阶级压迫的反映，证明私有制已经出现。在尉迟寺遗址大汶口文化晚期就已出现“墓中随葬品的数量多少悬殊，最多的可达数十件。大多数成人墓少见或不见随葬品。随葬品数量较多的墓中有的带二层台，随葬品置于二层台上，这些墓中的随葬品一般是日用陶器。随葬品少的墓一般是一、二件，且多是生产工具”[4]。这是明显的贫富差别和阶级分化的现象。但是，到淮北地区龙山文化时期，墓葬中却出现明显的反常现象，普遍缺乏随葬品。从几个抽样代表性遗址墓葬随葬品统计（表二）就反映出来。对于已经进入金石并用和迈入私有制经济社会门槛的淮北地区龙山时代的人们，墓葬为什么会出现上述不正常现象呢？若单纯归因于阶级差别，为什么普遍缺乏随葬品？反映不出贫富悬殊的现象？我们认为。这种现象可能是当时那种不稳定的，无保障的经济现象的正常反映和真实记录。当然，也不能排除到目前我们所做的工作还可能存在局限性，因而这一点尚不能断言。

四

历史沧桑，淮河与黄河、长江就像三弦琴，不仅弹响过流域富饶美妙的旋律和无数生命的春曲，也奏鸣过历史上无尽的水患悲歌。对于水患，不仅文献史料依据传说有记载，而且从考古资料反映看，当时人们的食物来源渔猎、采集占显著比重；居住址聚落遗存形式和普遍性分布规律及遗址文化地层水浸现象；陶器普遍以灰陶为主；施行高台建筑，城墙筑成内壁垂直而外壁斜坡、城转角处内直角而外圆弧，使用了陶排水管道且规格之巨和埋设之科学性绝非一般排污用意；房屋的布局及构筑形式和方法；生态方面植被和农作物、农业与渔猎和采集工具的数字对比等等历史信息折射出水灾严重的历史事实。华夏民族抗灾战洪有着悠久的历史，远古先民们在大禹带领下“疏九河……决汝、汉，排淮、泗而注之江”[5]，三过家门而不入，实属可歌可泣，大禹治水传说是可信的。总而言之，淮北地区龙山时期的社会经济出现反常，是因当时的气候变化给这个地区造成严重洪涝灾害性自然环境所致。

---

〔1〕 中国社会科学院考古研究所河南二队：《河南临汝煤山遗址发掘报告》，《考古学报》1982 年第 4 期。

〔2〕 北京大学考古系商周组、山东省菏泽地区文展馆、山东省菏泽市文化馆：《菏泽安邱堌堆遗址发掘简报》，《文物》1987 第 11 期。

〔3〕 河南省文物研究所、中国历史博物馆考古部：《登封王城岗遗址的发掘》，《文物》1983 年第 3 期。

〔4〕 中国社会科学院考古研究所编著：《蒙城尉迟寺——皖北新石器时代聚落遗存的发掘与研究》，第 317 ~318 页，科学出版社 2001 年版。

〔5〕《孟子·滕文公上篇》。

表一 区域抽样生产工具统计简表

区域	遗址名称	文化期	合计总数	农业工具		占总数%比	渔猎采集工具		占总数%比	备注
				名称	件数		名称	件数		
鲁西南	青堌堆		18	斧、镰	7	39	刀、镞、镖	11	61	还有网坠。数字不详
豫东	王油坊		11	铲、镰	2	19	刀、镞、网坠、渔镖、匕	9	81	据报告中列举数统计
皖北	尉迟寺		45	石斧、石锛、石钺	11	24	网坠、刀、镞、匕	34	76	据发掘研究报告集统计
说明	因平粮台等遗址数字不详故未收入									

表二 区域抽样墓葬随葬品统计简表

区域	遗址名称	文化期	墓数	随葬品有无情况	备注
豫东	永城王油坊				没发现墓葬
	淮阳平粮台	3	16	仅1座灰坑墓底部出有陶片	除1座灰坑墓外，13座瓮棺葬，2座土坑墓
鲁西南	梁山青堌堆				没有发现墓葬
	菏泽安邱堌堆				没有发现墓葬
皖北	蒙城尉迟寺		12	无论规格大小均无随葬品	成人墓7座，儿童墓5座，与该遗址大汶口文化晚期不同的是，龙山文化儿童墓均为土坑竖穴不见瓮棺葬。
	宿州芦城孜				没有发现墓葬

（作者系宿州市文物管理所副研究员）

李景聃在安徽寿县的考古调查

张爱冰

一、契 机

1934年11月至12月，中央研究院历史语言研究所（以下简称史语所）的李景聃和王湘前往安徽寿县，调查寿县楚器出土地朱家集李三孤堆情况以及寿县境内的史前及商周遗址。这次调查活动，被看成是“安徽现代考古的开始”[1]。

1949年以前，史语所是国内从事田野考古工作最多和最重要的机构。该所1928年成立于广州，1929至1934年先后迁至北平、上海和南京。抗日战争时期，又分别辗转寄居长沙、昆明和四川南溪的李庄，直到1946年11月回迁南京。1948年底，终迁往台湾。傅斯年、董作宾、李济相继担任前三任所长。曾在该所工作的考古学者，除李济外，还有梁思永、吴金鼎、董作宾、郭宝钧、刘燿（尹达）、高去寻、石璋如、劳榦、李景聃、夏鼐和胡厚宣等著名学者。

史语所的考古活动，以1928～1937年在安阳殷墟的15次发掘影响最大。为陆续发表殷墟的发掘资料和研究成果，这年，史语所创办刊物《安阳发掘报告》，1936年改刊为《田野考古报告》，后又改为《中国考古学报》。尽管当时史语所的考古活动以殷墟为中心，但为了探索商文化与中国古代文明的起源，史语所对史前文化及周边地区的商周遗址也颇为关注。继1930年发掘城子崖，1931年揭示后岗三叠层之后，史语所在安阳周围以及河南大部、安徽北部、山东东部等地区进行了广泛的调查和发掘活动，发现了一系列史前和商周时期文化的遗物、遗址和遗迹[2]。郭宝钧、刘燿、石璋如、李景聃、王湘、赵青芳等分别主持调查或发掘了河南浚县的辛村卫国墓地、汲县山彪镇和辉县琉璃阁的东周墓地，以及永城的造律台等遗址。就是在这样的背景下，李景聃和王湘于1934年前往安徽，调查寿县楚器出土地朱家集李三孤堆以及寿县境内的史前和商周时期遗址。

李景聃（1899～1946），字纯一，安徽舒城人，先后在清华学校高等科和南开大学求学，1923年毕业，曾亲聆李济先生的课程。1933年加入史语所并参加

---

〔1〕 安徽省文物考古研究所：《安徽考古的世纪回顾与思索》，第3页，《考古》2002年第2期。
〔2〕 陈星灿：《中国史前考古学史研究》，第190页，生活·读书·新知三联书店1997年版。

殷墟的发掘。1934 年，和王湘一起在寿县进行考古调查，完成了《寿县楚墓调查报告》[1]。1936 年秋，调查永城，发掘造律台等遗址，又完成了《豫东商邱永城调查及造律台黑孤堆曹桥三处小发掘》[2]。1937 年春天，和郭宝钧共同主持辉县琉璃阁墓地的发掘工作。当时史语所考古组有被李济誉为"主力"的所谓"十兄弟"，李景聃则列"十兄弟"之首[3]。抗日战争期间，李景聃随史语所迁往昆明，三年后转至李庄。战后，应李济之邀，到中央博物院筹备处担任专门职位，参与修复中央博物院南京旧址。

寿县位于安徽淮河中游南岸、江淮丘陵北部，境内有淮河、淠河和瓦埠湖，地属季风亚热带半湿润气候。唐虞时属扬州。禹袭唐虞，建六国于淮南，封皋陶之后于英六。据《通典》记载，寿县安丰为春秋六国，系皋陶封地。周为州来国地。公元前 529 年，吴灭州来，其地封予季札。公元前 493 年，楚昭王伐蔡，蔡昭侯求救于吴，为便于驰援，吴王建议昭侯迁都于吴地州来（今凤台县），遂为蔡侯重邑。公元前 447 年，楚惠王乘吴越争霸之机灭蔡。随着秦国对江汉地区的咄咄进逼，楚国的政治中心逐渐东移。《史记·楚世家》记载，考烈王二十二年（公元前 241 年），"楚东徙都寿春，命曰郢"。这是史书最早出现"寿春"的名称。秦统一六国，划全国为三十六郡，置寿春县，属九江郡，郡治设寿春。

早在 1923 年，寿县当地的农民就在农田耕作中不断发现青铜器，这部分器物后来大多为时在蚌埠工作的瑞典工程师加尔伯克（O. Karlbeck）窃得，并有著录行世。目前，这批珍贵文物藏于瑞典首都皇储搜集部[4]。"缘寿县在纪元前曾两为国都，铜器墓葬，几于无处不有也。"[5]

朱家集李三孤堆位于寿县城东南 25 公里。1931、1932 年寿县发生严重灾荒，当地士绅以救灾为幌子，开始大肆盗掘古墓和文物。1933 年，更是对李三孤堆进行大规模盗掘，部分青铜器、玉器精品经古董商之手，辗转流落平津沪各地，一时"报章竞载，寰海喧腾"[6]。安徽省地方政府遂将剩下的青铜器征集

[1] 李景聃：《寿县楚墓调查报告》，田野考古报告，第一册，第 213～279 页，商务印书馆 1936 年版。

[2] 李景聃：《豫东商邱永城调查及造律台黑孤堆曹桥三处小发掘》，田野考古报告，第二册，商务印书馆 1947 年版。

[3] 李光谟：《从清华园到史语所》，《李济治学生涯琐记》，第 144～146 页，清华大学出版社 2004 年版。

[4] 郭沫若：《寿县所出楚器及年代》，金文丛考，人民出版社 1954 年版。

[5] 李景聃：《寿县楚墓调查报告》，田野考古报告，第一册，第 213～279 页，商务印书馆 1936 年版。

[6] 李景聃：《寿县楚墓调查报告》，田野考古报告，第一册，第 213～279 页，商务印书馆 1936 年版。

转移至省会安庆，交由安徽省图书馆保存整理。不久，抗日战争爆发，这批文物由水路转运重庆。日军投降后，又从重庆运抵南京。解放后，经交涉，这批文物重返安徽，先存芜湖，旋运合肥。1958 年，毛泽东主席参观这批出土文物，在看到该墓出土的重 400 多公斤、体形仅次于司母戊大鼎的楚王鼎时，不禁惊叹："这个大鼎，可以煮一头大牛哇！"

当时，安徽省图书馆负责实地查勘的刘复彭等人，认为李三孤堆当为楚考烈王迁都寿春后安置"传国宝器"的存储之库（即窖藏）；徐中舒先生疑为幽、哀之墓；郭沫若认为是幽王之墓。此事自然引起史语所的注意，早在 1933 年秋，即有意派人前往勘察，一则究明事实真相，二则寻找李三孤堆继续发掘与否的依据。由此可见，李三孤堆的盗掘及其出土物的流散，是史语所寿县考古调查的直接动因，不过，他们的实际计划有所拓宽，即"此番调查目标有二：朱家集李三孤堆之实际状况，与淮河流域史前遗址之探求。"〔1〕

二、朱家集李三孤堆的调查

1934 年 11 月 5 日，李景聃从南京出发；6 日，王湘由济南启程；7 日，李、王二人在蚌埠汇合；8 日，自蚌埠溯淮西上；9 日，抵达寿县；12 日，抵朱家集，住五日，"履勘原坑状况，博访出土及排列情形"〔2〕。

李、王二人调查朱家集李三孤堆的盗掘事由与经过如下：朱家集 1931 年遭洪水之灾，1932 年又复大旱之虐，据朱家乡保长朱元初等的呈文，"……窃查本乡农民以洪水之后继以亢旱，生活无力维持，乃鉴于三四年来九里沟、砂石港一带挖掘古物，往往获利，虽水旱奇荒之后，衣食不缺，爰于今春筹商效法，从事挖掘，以博微利，而赀糊口。"挖掘由乡绅朱鸿初、庞子平主其事，120 多名劳力被分为十二组参与其事。从农历 3 月 19 日开始，到闰 5 月 20 日停工，一共挖掘了 92 天。

调查发现，整个盗坑东西长约 25 米，南北宽约 21 米，坑深约 12 米，坑内大部积水。依赖当时工人的口述，二人绘制了坑内木堆、木箱排列图，并依据坑内的排列状况，推测为棺椁居中，四周放置殉葬物品。因此，库窖之说，不能成立。17 日更行试掘，企图找出墓道，未果。尽管如此，李景聃经考证后认为：墓为幽王，而器则有作于考烈王者，并提出了重要建议："有续掘之必要"。

〔1〕 李景聃：《寿县楚墓调查报告》，田野考古报告，第一册，第 213 ~ 279 页，商务印书馆 1936 年版。

〔2〕 李景聃：《寿县楚墓调查报告》，田野考古报告，第一册，第 213 ~ 279 页，商务印书馆 1936 年版。

后来，这个否定库窖、推测为墓葬的观点得到了证实。1938 年，国民党第五战区副司令长官兼第十一集团军总司令李品仙，令其驻寿县所部对李三孤堆彻底盗掘，这次有组织的大规模行动，挖出了棺椁。据邓峙一《亲历记》[1]记述与现场目击者口述：大致挖约 10 米多深时，始到墓底。椁室有九，中央主室每边各有两厢，木棺置于中央主室，棺长约 3 米，宽、高皆约 1 米，呈朱红色，光泽鲜艳如新。棺盖与四壁均饰以龙形浮雕，未封钉，揭开棺盖，内壁洁白如雪，骨骸已化成灰，仅存头发一束，棺室内有铜铎（可能是小型编钟）30 余件，每件重 1.5—2 公斤。彩色花面石 70 多块，块长约 25 厘米、宽约 10 厘米、厚约 5 厘米，当是编磬。棺的两旁各置大铜灯一盏，每盏重 50—60 公斤。棺前有铜鼎 3 件，每件重 100—150 公斤；正中置铜剑 1 把，长约 1 米，剑柄上浮雕有龙，拭去泥土，光彩耀目；又有直径约 34 厘米的绿色翡翠球 1 枚。主室周围的 8 个厢室中都有器物，而以东边的两厢室居多。

1979 年，郭德维根据李景聃的《调查报告》和邓峙一的《亲历记》，对楚王墓的形制作了推测[2]。1981 年和 1983 年，安徽省文物考古研究所更对李三孤堆先后钻探和发掘，确定了原墓坑的范围、台阶、墓道的具体位置，基本探明了该墓葬的形制与结构[3]。

早在 1933 年 6 月 23 日，安徽省第四区行政督察专员席楚霖即令特务员刘浚卿行往寿县，查寻、收缴散失遗物。不日缴得古物 111 件，并附清单，暂交民众教育馆收藏。之后，清乡副司令曾拔又缴获 47 件，存于寿县县政府。加上原朱鸿初登记上缴的 482 件和当地学校暂存之 147 件，扣除少量出售件数，经安徽省图书馆查核，共有 787 件。在文物留县与运省问题上，省与地方曾发生激烈的争执，但最终这批文物还是于 1934 年 2 月 7 日运抵省府，9 日发交省图书馆，计 717 件，比原送古物清单所载短少了 70 件。这 70 件包括县里截留的 62 件和押运途中丢失的 8 件。之后，李三孤堆原坑则严令就地保护，不得复掘。

据不完全统计，有明确去向的朱家集出土遗物有：安徽省立图书馆 712 件；寿县民众教育馆 64 件；国立北平图书馆 9 件（购藏）；中央古物保管委员会 2 件；齐鲁大学若干件。此外，私藏部分也不少，具体有：容希白氏所藏 1 件；天津李氏宝楚斋主人所藏 10 件；上海庐江刘晦之所藏 4 器；上海朱氏所藏 1 件；南皮张氏所藏 1 件；南中某氏所藏 1 件；乡间（朱家集，据秘报）隐藏部分 17

---

〔1〕 邓峙一:《李品仙盗掘楚王墓亲历记》文史资料选辑，第一辑，安徽人民出版社 1979 年版。

〔2〕 郭德维:《关于寿县楚王墓椁室形制复原问题》，江汉考古，1982 年第 1 期。

〔3〕 李德文:《李三孤堆楚王墓钻探情况》，安徽省考古学会会刊，第六辑，1982 年，李德文:《朱家集楚王墓的形制与棺椁制度》楚文化研究论集，第一集，荆楚出版社 1987 年版。

件。

李、王二人在完成上述实地调查离开朱家集后，将尚有部分文物被乡民隐瞒藏匿一事向李济和董作宾作了函报。12 月 2 日返回寿县时，接到董作宾先生的复信，言中央研究院已受中央古物委员会委托，着李景聃等对流散民间的出土物进行征集收购，如有所获，古物运京。8 日更收到中央古物保管委员会之委托公函。于是，李、王二人于 12 月 4 日再次前往朱家集，以中央古物保管委员会名义调查、收缴隐藏古物，但其所获甚微，仅得铜器两件。12 月 8 日返回寿县后，又认真查阅了县府办理朱家集出土古物一案的全部卷宗，然而，依然未能获得有价值的新信息。

三、史前及商周遗址的调查

1934 年 11 月 18 日，李、王二人“离朱家集，经庄墓桥、杨家庙，至瓦埠渡瓦埠河，经江黄城、戈家店，绕安丰塘北半，经迎河集转向正阳关返寿。”[1] 西南乡楚考烈王墓所在之茶庵集因治安状况未去。12 月 2 日返寿。4 日，以中央古物保管委员会委托名义复去朱家集。8 日回寿。13 日离寿。14 日回到南京。

王湘也说：“虽然这次出发的动机是在查勘朱家集李三孤堆的木椁墓，而对于寻求史前文化遗址实为我们之主要目的。”[2]

这次调查的主要收获是发现了 12 处史前和商周遗址（其中四处属今长丰县），它们分别是：沿瓦埠湖的魏家郢子、彭家郢子、古城子、陶家祠、江黄城、张罗城和杨林桥；沿淠河的金家庙滩子和酒流桥；沿淮河的刘备城、张飞台和斗鸡城。

李景聃认为，这 12 处遗址有以下共同的特点：1. 这些遗址大都作台形（孤堆），遗址范围亦只限于台上。遗址分布基本沿淮水支流逐水而居。2. 遗址规模都较小。此类遗址，全台之最大直径约为 100 公尺左右，且有只占高台之一部分者。文化层也不厚，皆系小型村落。3. 螺蛳壳较多，盖地多湖塘，盛产螺蛳。4. 陶器受黑陶影响最大，除近似殷墟式灰陶，多近似山东龙山镇之下层文化[3]。

王湘所归纳的三方面特征与李景聃基本一致：1. 地形的特征，遗址都在离

〔1〕 李景聃：《寿县楚墓调查报告》，田野考古报告，第一册，第 213 ~ 279 页，商务印书馆 1936 年版。

〔2〕 王湘：《安徽寿县史前遗址调查报告》，田野考古报告，第二册，第 179 ~ 250 页，商务印书馆 1947 年版。

〔3〕 李景聃：《寿县楚墓调查报告》，田野考古报告，第一册，第 213 ~ 279 页，商务印书馆 1936 年版。

水较近的“孤堆”之上，亦即所谓近水的高处；2. 包含的特征，在这些遗址中有不少龙山期和小屯期的遗存，没有发现仰韶期的遗存；3. 遗物的特征，龙山期的遗物有鼎、鸡冠形耳、方格纹和条纹，缺少城子崖的鬶式陶器、豫北的细绳纹罐；小屯期的遗物有短足鬲、绳纹和绳纹凸匝的罐、厚唇豆等，缺少小屯式的圈底器，而与刻纹白陶豆形式相同之豆则不少〔1〕。

现以斗鸡台遗址的发现为例，对这次调查的收获再作说明。斗鸡台（亦称北鸡城），位于淮河东岸，在寿县城西南15公里，双桥镇西约3公里，邸（狄）家小郢西60米处。土台呈长方形，高出四周地表3~4米，平面略作长方形，南北长110米，东西宽90米。相传此处为楚王斗鸡的地方。李景聃和王湘调查时的现状是，台上和台脚下都有近似黑陶系统的陶片散布，在西北角之竖崖上还可看见露出来的文化层。文化层厚约2公尺，采集的遗物有陶片21件，分为实三足（鼎足）、空三足（鬲足、甗腰等）、圈足、平底、口（沿）部、（器）盖、把（手）、腹片等8类。其中，小屯期的遗物有鬲；龙山期的遗物有鬼脸足鼎等。

1982年6月至12月，北京大学79级考古专业再次对寿县等地的史前和商周遗址进行了调查和发掘，其中即包括了对斗鸡台遗址的试掘。此次试掘在遗址东北角开5米×6米正方向探方和2米×5米东西向探方各一个，编号分别为82SDT1、82SDT2。根据地层及包含物分析，斗鸡台遗址大致可分5期。第一期相当于龙山时期，第二、第三相当于二里头时期，第四期相当于早商，第五期则基本属于西周早期遗存〔2〕。

总起来说，1934年中央研究院历史语言研究所李景聃、王湘二人在安徽寿县所进行的考古调查意义重大，主要体现在：1. 标志着安徽现代考古学的开始；2. 详尽记录了李三孤堆大墓的规模，推测了该墓的性质和主人，是楚文化研究的重要资料。更有学者认为，李三孤堆大墓的发现和李、王二人的调查工作，有力地推动了楚文化学科的诞生〔3〕；3. 首次在安徽境内开展史前及商周遗址的田野考古调查，开了皖西江淮地区考古学文化研究的先河。令我们叹服的是，李景聃和王湘在70年前的工作，即便在今天，依然显得那么严谨、那么深刻。这种治学精神，是值得介绍和学习的。

（作者系安徽大学历史系副教授）

〔1〕 王湘：《安徽寿县史前遗址调查报告》，田野考古报告，第二册，1947年，第179~250页。

〔2〕 北京大学考古学系、安徽省文物工作队：《安徽省霍邱、六安、寿县考古调查试掘报告》，考古学研究（三），第240~299页，科学出版社1997年版。

〔3〕 张正明：《楚文化史·导言》，上海人民出版社1987年版。

齐鲁史前文化与地理环境的关系

——兼论考古学与历史地理学的结合

孙天胜

引 言

几十年来的考古实践表明，齐鲁地区已毫无疑义地成为我国北方史前文化最为发达的地区之一。自20世纪30年代章丘城子崖龙山文化遗址发掘以后，70多年来，这块土地上陆续发现了数千处史前文化遗址。尤其令人注目的是，在鲁中南山地丘陵周围山前一带的河旁台地上，乃至河流入海处的近左，都发现了分布密集的距今7000多年至3000多年的新石器时代遗存。[1]考古学界业已确认，它们是一个自成系列的文化遗存，即北辛文化→大汶口文化→龙山文化，它代表了我国古代东方的一个文化系统，在中华民族文化的形成发展中，做出了重要的贡献。

在经过几十年成功的努力之后，考古学界的专家学者们一面额手相庆、欣喜异常，另一方面又对齐鲁地区古遗址的分布状况感到不解。一是这些遗址何以如此集中地分布于鲁中南山地丘陵的边缘地带？二是低洼的鲁西北地区为何至今少有遗址发现？是工作不够还是什么别的原因？[2]另外，新兴的环境考古学在面对齐鲁地区的文化遗址时能否有所作为？

面对考古学者的困惑，作为历史地理学工作者，我觉得应该给出一个满意的回答。

一、齐鲁史前遗址的地理分布[3]

中更新世遗存：沂源骑子鞍山、沂水南洼洞、新泰乌珠台。

晚更新世石器采集地：沂水湖埠西、郯城望海楼、临沭野埠、日照竹溪、汶上卧佛山、峄城石城崮、蓬莱村里集。

细石器发现地点（以下只列县、市、区名）：临沂、沂水、莒县、临沭、郯

〔1〕 郑笑梅：《论泰沂文化区》，《海岱考古》第一辑，第344～349页，山东大学出版社1989年版。

〔2〕 蔡凤书等：《龙山文化研究的历程与展望》，《管子学刊》1990年第4期，第81～86页。

〔3〕 胡秉华：《山东史前文化遗址与海岸、湖泊变迁的有关问题》。

城、汶上、兖州、宁阳、嘉祥、曲阜、滕州、峄城、薛城。

新石器时代遗址：早于北辛文化的有临淄、兖州。

北辛文化遗址：滕州、泰安、宁阳、汶上、兖州、济宁、曲阜、临沂、莒县、枣庄、历城、临淄、邹平、青州、即墨、荣成、烟台、福山等。

大汶口文化遗址：泰安、宁阳、泗水、曲阜、兖州、济宁、邹县、滕州、微山、嘉祥、巨野、定陶、曹县、莒县、临沂、苍山、枣庄、广饶、寿光、潍县、昌乐、安丘、诸城、阳信、庆云、茌平、黄县、蓬莱、福山、烟台、牟平、文登、乳山、莱阳、即墨、日照等。

龙山文化遗址：临沂、昌乐、临朐、五莲、日照、胶州、济宁、滕州、邹平、桓台、博兴、广饶、寿光、潍县、滨州、惠民、阳信、济阳、乐陵、禹城、黄县、蓬莱、栖霞、牟平、文登、乳山、海阳、即墨、崂山等。

当然，以上是就主要分布区而言，既未包含所有县市，也不能说明遗址在各地分布的疏密，比如仅是龙山文化遗址，在昌乐就分布着60多处，在临沂更分布着110多处。

对照地图，从详细的齐鲁史前遗址的地理分布中，可以发现这样三个问题：

1. 年代愈早，遗址数目愈少。年代愈早，遗址的分布愈靠近鲁中南山地丘陵的中心部位；年代愈晚，遗址数目愈多，其分布愈向平原、洼地延伸。

2. 新石器时代早中期的文化遗址，绝大多数集中于鲁中南山地丘陵的边缘地带。到了新石器时代晚期，尽管在鲁西北、胶东地区有了较多古人类活动的足迹，且在胶东丘陵的沿海地带形成了又一个环山分布区，但鲁中南山地丘陵的边缘地带，仍然是古文化遗址分布最为密集的地区。

3. 古人类生存离不开天然水域环境，沂沭河流域、汶泗河流域、小清河流域、潍弥河流域、淄河流域、以及入海的诸小河两岸，是古遗址分布的密集地带。

二、史前环境的变迁与古人类分布的关系

齐鲁地区的气候，现属暖温带季风型。年均温在11℃～14℃，年降水在550～950毫米之间，四季分明，雨热同期且集中于七八月份，冬季则是一种干冷的天气。

齐鲁地区的地形，由三大部分组成。[1]

1. 鲁中南中低山丘陵。这里中部高、四周低，从海拔千米以上的中山逐渐降为海拔500米左右的低山，继而降为300米以下的山麓丘陵，逐渐没入与黄河

〔1〕 金荣兴等：《山东乡土地理》，第28～30页，青岛海洋大学出版社1993年版。

冲积平原相连接的山麓冲积平原。这一区域的汶、泗、沂、沭、潍、弥、淄等河流因而呈放射状向四周流去，其中的沂、沭、泗南流进入淮河。

2. 鲁西北冲积平原。作为华北平原的一部分，环抱在鲁中南山地丘陵的西、北两面，海拔多在50米以下，徒骇河、马颊河顺地势由西南向东北流入渤海。

3. 胶东低山丘陵。位于半岛部分，除崂山等山体外，大部分海拔在400米以下，呈广谷低丘状态，河流呈羽状分流向两侧的海洋。

历史时期的情况与今日大不相同，因为自然环境一刻也没有停止它的变迁。近几十年的科学研究表明，距今8000～3000年间的新石器时代至商周之际，正是全球历史上的“暖期”。黄河下游的年平均气温，比现在要高出2℃～3℃，〔1〕冬季最冷月平均气温，高出现在3℃～5℃，降水约高出现在200毫米。〔2〕当时的自然环境是林木茂密，河湖纵横，一派原始的温暖湿润的亚热带景观。气候的温暖使冰川融化，海面上升。那时的鲁中南山地丘陵和胶东丘陵自然与海水无缘，但鲁西北平原则有较大面积的海侵，这一时期的古人类，因而多生活于鲁中南山地丘陵中部的沂源、新泰一带。

进入新石器时代，在鲁中南山地丘陵的周围，由于地势低洼，仍然分布着大面积的潟湖和沼泽，古人类的活动深受其限，所以北辛文化遗址也就多分布在丘陵与平原的交接地带。具体而言，在鲁中南山地丘陵的西侧，多分布在从泰安向南的宁阳、兖州、滕州一线；其南侧，多分布在枣庄、苍山、临沂、临沭一线；其北侧，则在从茌平向东，经历城、邹平、广饶到寿光、潍坊一线。由于这一原因，鲁西北地区这一时期的考古没有什么遗址发现，也就是自然而然的了。

大汶口文化晚期到龙山文化时期，上述的低洼沼泽地带随气候的变干而收缩，古人类才开始在这一地区的高丘处陆续出现。十多年前就在鲁西南发现了100多处固堆遗址，〔3〕便是这一情形的典型反映。此后气候渐冷渐干，沼泽萎缩，原始人类才在鲁西北等更为广阔的地域上生活开来。

从上述情况可以看出，历史时期自然环境的诸要素是互相影响的，古人类活动的地形区随着气候的冷暖而不同，气候温暖期生活在海滨地带的先民，到了气候转冷后，那里或许早已远离了大海，成了后来者不愿居住的山丘地区。这说明，古人类的生存地点深受自然环境变迁的影响。另一方面，齐鲁地区史前文化遗址分布的密集程度，也让人清楚地看到，这里史前文化的发达，端赖其良好的

---

〔1〕张兰生：《环境演变研究》，第76～77页，科学出版社1992年版。

〔2〕周昆叔：《环境考古初步研究》，《环境演变研究》第五辑，第1～9页，辽宁古籍出版社1996年版。

〔3〕郅田夫等：《菏泽的堌堆遗址》，《考古》1987年第11期，第13～15页。

地理环境。这个良好的环境可以表述为：该地区东临海洋，西接内陆，史前暖湿的亚热带季风气候，以及这种气候下茂密的植被，十分有利于生产力水平低下的古人类生存；中间高四周低的地形，海拔高度适中的山地丘陵，使先民在面对洪水进退时可以自如地后退和前伸；山地丘陵丰富的石灰岩、变质岩、火成岩类岩石，为他们打、磨石器提供了基本的物质来源；而河流两岸肥沃的冲积土壤，则十分有利于原始农业的兴起。

不同时期齐鲁史前文化遗址地理分布的变化，除了自然环境的变迁使得古人类有了更广阔的发展空间，以及人口日趋增多、史前文化趋向更加繁荣的解释之外，我觉得还包含了这样一个信息，这就是旧的文化遗址分布区的生存条件已遭破坏，后来者不得不通过迁徙来寻求更理想的生存环境。

以前人们在考察古人类的生存环境时，往往都是以静止不变的观点来看待自然资源和自然环境的。其实自然资源和自然环境并不是个常数，不管是土壤肥力、水资源，还是森林、草地、野生动物，都不曾在任何地区长期保持着一个固定的状态，就资源来讲，它们在古人类分布的绝大多数地区都在日趋减少和降低，这种减少和降低正是古人类从一处迁向另一处的主要动因。[1]或者可以说，一个文化遗址之所以会在孕育了它的地域逐渐走向衰落，除了自然本身的变化外，主要是人们糟蹋或者毁坏了曾有助于他们发展的环境。

那么古人类是怎样毁坏了良好的生存环境的呢？

先民对生存环境的破坏，主要是耗尽和破坏了自然资源。他们把坡地、山林中有用的树木尽量多地砍伐或焚烧，用来烧制大量的陶器。今天农民烧柴烧煤的热效率不过15%，几千年前的先民烧制陶器时的热效率恐怕连10%也达不到，试想陶器的世代烧制该毁掉多少山林？随着人口的不断增多，他们过量地捕杀林间的野生动物、水中的鱼类等，这点我们从众多考古遗址中大量的动物遗骸便可窥知一二。他们赖以耕作的土壤本来是肥沃的，但多是坡地，靠天然降水种庄稼，当大雨降落的时候，耕地及迹地富含有机质的表土就会被冲走，用不了多少代人的功夫，土地就变得不再适于耕种，文明就在它自身所造成的环境破坏中衰落，人们就不得不转移到别的地域上去。

三、考古学应更多关注古人类的生存环境

考古学研究的最终目的，是为了正确地反映人类历史。而人类历史的早期阶段又是深受自然环境制约的。人，首先是生活在自然之中，然后才是生活在社会之中的。因而，充分关注古人类的生存环境，也就成了考古学应该努力的方向。

〔1〕［美］弗·卡特等：《表土与人类文明》，第5～10页，中国环境出版社1987年版。

如果我们能够把每一个遗址及其文化放到产生它的时间、空间中去审视，那么，我们对它的特点、它的分布将会获得深层次的认识。[1]以前考古学过多地关注于器物的形制，而对于有关人类生存环境的种种信息（诸如动物遗骸、植物花粉、炭化植物等）视而不见或以为无足轻重，今天看来，实在是一大失误。因为考古发掘是一种“破坏性”的工作方式，每发掘完一处遗址，也就在地球上消灭了一个了解人类历史的信息源。[2]随着环境考古学研究的开展，以往那种不注意搜集、保存和研究遗址中的有关信息，使得很多珍贵资料随发掘结束而丧失的状况，将有望得到根本性的改变。

自然环境是人类赖以生存的基础，是人类创造历史和文化的舞台。而这个基础或舞台又以各种不同的时间尺度在不断演变，[3]它的任何变化对各种生命有机体都会发生或有利或有害的多方面影响。近几十年来，环境问题向人类提出了严峻挑战，迫切需要我们了解人类文明发展与环境演变的关系，需要从中寻找认识和解决现今环境问题、预测将来环境状况的知识和方法。而探讨古人类生存环境变化的规律，则成了考古和历史地理工作者义不容辞的责任。我认为，两学科都来积极关注古人类的生存环境，有这样几个方面的意义：

1. 了解人类生存环境演变的历史；
2. 认识人对环境依赖程度的变化趋势；
3. 明确人在自然界中的正确地位；
4. 探讨“人与自然的关系”这一永恒的主题。

结　论

环境考古在我国还刚刚起步，可以预见，它将是考古学一个大有作为的分支，并与诸如地质、地理、生物等学科发生必然的联系，[4]参与者也必得具备广博的知识基础。诚如周昆叔先生所言，高等院校需要抓紧培养地学和考古学双学位人才，在职的地学和考古学工作者应分别充实考古学和地学的知识，在考古学和第四纪地质学的研究中，应分别吸收地学和考古学人才。[5]

历史地理学是地理学的一个分支，它在与考古学结合研究环境变迁方面大有

---

〔1〕 周昆叔：《中原古文化与环境》，《中国生存环境演变规律研究（一）》，第111～122页，海洋出版社1993年版。

〔2〕 王青：《大汶口文化自然环境探讨》，《东南文化》1991年第5期，第230～235页。

〔3〕 张兰生：《环境演变研究》，科学出版社1992年版，第12期。

〔4〕 张宏彦：《试论史前考古与古文化的关系》，《西北大学学报（自然科学版）》1995年第6期，第727～730页。

〔5〕 周昆叔：《开拓环境考古学新领域》，《中国科学基金》1993年第4期，第266～269页。

文章可做。就考古学而言，在进行野外发掘时，就应该充分关注不同地理环境条件对于人类生产、生活方式的深刻影响，以及对于陶器艺术表现形式的深刻影响。而历史地理学者则可以利用考古学获得的第一手实物资料，来更确凿地证明历史时期的自然与人文到底是怎样一幅图景，甚至可以把这幅图景的细部复原到逼真的地步。以前那种井水不犯河水，互相隔岸观火，不利用对方成果的研究方法，显然是极不明智的，而携手合作一定会使这两个学科都有个光明的未来。

（作者系徐州师范大学历史文化与旅游学院旅游研究所教授）

“腰斩”之痛：探究淮北衰退之谜

——评吴海涛著《淮北的盛衰——成因的历史考察》

马俊亚

世界没有哪一条大河像淮河那样，被一条更大的河流蹂躏了千百年，最后竟被拦腰截去了整个下游；中国没有哪个地区像淮北那样，先后经历了发达而又辉煌的远古和中古时期、衰败而又贫穷的近古及近代时期。

对这一变迁作历史的考察，显得尤为必要，吴海涛教授的博士论文《淮北的盛衰——成因的历史考察》[1]就是这样一部著作，读后令人获益颇多。现对吴著作一评价。

《尚书》云：“导淮自桐柏、东会于泗沂，东入于海。”[2]说明淮河在远古时代应该是畅通入海的。淮河流域有着良好的生态环境，尤其适宜于人类的农耕活动。[3]史载舜即是在淮河流域的历山（今淮南）从事农耕活动。[4]是以《尚书》中说：“海岱及淮惟徐州。……厥田惟上中，厥赋中中。”[5]除雍州以外，这里是九州中最肥沃的地区。[6]

至两汉时期，淮北地区乃全国经济发展水平和生产力发展水平最高的地区之一。古代经济发达的地区，往往是各种人才辈出之地。刘邦、项羽、萧何、曹参、周勃、樊哙、范曾……曹操、刘备、孙坚、张昭、华佗等等，无不是从这块土地上崛起从而在历史长卷中写下了各自辉煌的篇章。唐以前，这里是国家的重

---

〔1〕 由社会科学文献出版社2005年出版。以下简称“吴著”，引自该书内容，仅注页码。

〔2〕 曾运乾：《尚书正读》，第81页，中华书局1964年版。

〔3〕 据史念海先生的研究，历史时期，黄土高原的东南部属森林地带（史念海：《历史时期黄河中游的森林》，载《河山集》2集，第232页，三联书店1981年版）。

〔4〕 见《史记·五帝本纪》。参见应岳林、巴兆祥《江淮地区开发探源》，第69页，江西教育出版社1997年版，

〔5〕 曾运乾：《尚书正读》，第57～58页，中华书局1964年版，按：吴著所考察的“淮北”范畴东迄津浦铁路以东的苏北地区，包括徐州全市及所属大部分市县，西至颍河、汝河一线，北达万福河（第8－9页地图），该区域应分属古徐州和古豫州之境。但吴著把淮北全归入豫州之境（第189页），则值得商榷。曾运乾认为豫州“当有今河南全省及湖北北部。”（曾运乾：《尚书正读》，第65页）

〔6〕 据《尚书·禹贡》：冀州“厥赋惟上上错，厥田为中中”；兖州“厥田惟中下，厥赋贞”；青州“厥田惟上下，厥赋中上”；扬州“厥田惟下下，厥赋下上，上错”；荆州“厥田惟下中，厥赋上下”；豫州“厥田惟中上，厥赋错上中”；梁州“厥田惟下上，厥赋上中，三错”；雍州“厥土田惟上上，厥赋中下”。由此看来，古徐州应属于沃土之地。

心地区，“江淮熟，天下足”一语道出了这个地区在中国政治与经济战略中的地位；[1]“走千走万，比不上淮河两岸”，绝非淮北人夜郎自大式的自夸，而是当时人们的共识。[2]

在封建时代，几乎每一次较大的战乱，淮北地区均备受打击。楚汉之争，这里是主战场，项羽军队一次即坑杀秦降卒 20 万。东汉末年之乱，这里“淮南弟称号”，“万姓以死亡”，“白骨露于野，千里无鸡鸣”。唐代的安史之乱，也使这一地区人口锐减，汴州户数由天宝时的 109876 户，元和时降为 8218 户，下降比例为 93%；宋州户数由天宝时的 124268 户，元和时降为 5200 户，下降比例为 96%（第 49 页）。毕竟，在宋以前，这些战乱对淮北地区的打击不是致命的。因为总的说来，这里自然生态没有遭到根本性的破坏。我们看到，只要统治者作出一定的恢复措施，这里很快又成为耕织经济发达的地区。正如吴著所总结的那样：“每当社会安定，统治者也注意劝课农桑，发展生产。”（第 73 页）但自北宋以后，淮北经济不再像前代那样在战乱之后总能很快恢复。

金元时代，淮北农业经济虽有所恢复，但并没有达到北宋时期的水平（第 62 页）。“淮北社会经济恢复重建后，又走了恢复之路，明清时期有些方面已达新的高度。但就总体而言，淮北经济在全国范围内已失去昔日的辉煌地位，逐渐落后于江浙等地。”（第 73 页）明朝以来，淮北更成了洪水肆虐之地，从此，这个“本是好地方”的地区，变得“十年倒有九年荒”。洪患频仍，人或为鱼鳖，或为离乡之流民，或为执仗之贼匪。食人或被人食，在淮北竟成司空见惯之事。对这一衰变的历史过程，吴著运用考古等历史资料，对先秦、两汉、魏晋、隋唐、北宋时期的发展以及明清以来的衰退，作了详细的概括。但吴著更着重于对这一变迁的内在因素作深层次的研究，作者从水利事业的兴废、自然灾害的形成、战乱的多发与精英的流失等方面来解释这一变化。笔者认为，这几个方面均是淮北衰退的最重要因素，这几个角度的选择，说明作者极具学术慧眼和浑厚的历史功力。

首先，吴著对淮北历史上水利史的研究作了较好的综述，并通过长时段的观察，准确把握了各代水利事业的成败之处。

吴著认为：淮北地区有着发展水利的良好自然条件，两汉时淮北陂塘达 90 余处，并采用了陂渠串联的工程技术，“形成为一个分布广泛的巨大灌溉网”

---

[1] 据吴著统计，唐玄宗天宝八年（749 年），唐朝所有 10 个道中，淮北所属的河南道正仓、义仓、常平仓储粮总量为 22467641 石，排在第一位，约占全国储粮总额的 27%（第 45～46 页）。

[2] 据吴著统计，唐天宝十四年（755 年），河南道虽仅辖 29 州（当时岭南道辖 73 州，江南道辖 51 州，山南道辖 33 州），但无论是户数，还是口数均占全国第一（第 46～47 页）。

（第 81 页），在大范围内对降雨和径流进行蓄洪调节；三国时代开凿广漕渠和淮阳、百尺二渠，“上引河流，下通淮颍，大治诸陂于颍南、颍北，穿渠三百余里，溉田二万顷。淮南、淮北皆相连接。自寿春到京师，农官兵田，鸡犬之声，阡陌相属。每东南有事，大军举众，泛舟而下，达于江、淮，资实有储而无水害”（转引自吴著第 84 页）。可见，这些工程的规模极其宏大。

隋唐时期，中央政府重视水利事业。唐朝颁布了完整而又细致的水利法典——《水部式》，在河南道兴建水利工程 55 个，从数量而言，仅次于水乡江南道。淮北也成为唐朝主要的粮产区，唐代前期所需要的粮食，绝大部分来自以淮北为主体的河南道。北宋都于汴京，淮北成为王畿之区，事关北宋安危存亡。北宋统治者采取许多措施恢复和发展淮北经济。到北宋中期以后，淮北水利受到重视，许多堙塞崩坏的陂塘，经过整修，重新发挥了蓄水和灌溉效益。淮北经济再度繁荣，与江南地区和成都平原一道成为重要的经济区。甚至利用汴河进行淤灌。宋、金对峙，使得淮北水利严重失修，而出身于游牧民族的元代统治者对淮北水利并无太大的投入，元代水利工程兴修的数量和规模效益均不甚高。清代统治者把确保大运河通航为基本国策之一，把大量人力、物力和财力耗费于黄淮交汇处，结果，淮河治理每况愈下，而济运的目的也收效甚微（详见第二章）。

其次，吴著把水利史与航运史结合起来考察，可以更好地认识淮北社会盛衰的系统性，令人看到淮北社会内部各方面一兴俱兴、一衰俱衰的局面。

远古时代，淮河水系处于全国水运交通的枢纽地位。“浮于淮泗，达于河”，〔1〕可见，那时淮河与黄河（济水）水系连为一体，有着良好的通航条件；而且，“沿于江海，达于淮泗”〔2〕，淮河与长江及海洋航运又连为一体。由此看来，这里不仅仅是农耕文明非常发达的地区，也应该是交通运输的黄金地段。而交通运输发达之地，无一不是商业、手工业发达之区。据载：“淮夷蠙珠暨鱼，厥篚玄纤缟。”按曾运乾的解释，“玄”为黑缯，“缟”乃白缯。〔3〕说明这里以产精致的丝织品著称。

吴著认为，古代淮北有开凿运河和通航的有利条件。战国魏国在此开凿了全国最大规模的人工运河鸿沟。“鸿沟的开凿，标示着我国开凿运河水平的提高。”（第 99 页）鸿沟构成了庞大的水运网，连接着黄、济、淮、泗四大水系，一直延续至魏晋时期。两汉魏晋时期，由于鸿沟水系时有淤阻，政府有意识运用古汴渠航道，以联系黄淮之间。邓艾所修各河渠，不但有灌溉之利，又有通航之便，

〔1〕 曾运乾：《尚书正读》，第 58 页，中华书局 1964 年版。
〔2〕 曾运乾：《尚书正读》，第 61 页，中华书局 1964 年版。
〔3〕 曾运乾：《尚书正读》，第 58 页，中华书局 1964 年版。

构成了小范围的交通网。隋唐北宋时期，汴河起着骨干河运的作用。“由于北宋统治者意识到汴河为立国之本，特设置了专门机构和专职官吏，由都水监统一负责管治汴河。”（第105页）“汴河的航运不仅保证了宋朝百官和京师上百万军民的衣食之需，而且也带来了汴京的繁荣。……同时汴河航运也使汴河沿岸的一些主要城邑发展起来。”（第117页）宋代淮西有淮颍道系统，中部有涡河水道，东部有淮泗水运系统，淮北再次形成四通八达的水运交通网，并且可连接全国许多地区，成为中枢之区。进入金朝以后，淮北河道淤塞，航运衰落。元、明、清时期，京杭大运河成为南北主要航道，大运河偏向东部，加之海运等的出现，淮北航道更加不受重视（第118页），淮北已不再是全国航运重要地区。

再次，吴著从考察灾害入手，指出人类急功近利的开垦活动是“自然”灾害发生的重要原因之一，对人类正确认识自身的能力、约束自身的活动有着借鉴意义。

古代淮北地区水旱灾害频繁。自汉惠帝五年（公元前190年）至清道光三十年（1850年），淮北主要受灾年数187个，旱年88个。1194年黄河泛淮以后，水旱灾害发生的频率更高，而明清时期的水灾多是由河溢、河涨引发的（第151~152页）。“黄河长期泛淮使大面积的黄河故道及其附近地区地貌复杂，土壤或沙化或盐碱化，致使生产条件恶化。所以，长期以来，这里形成为一个很特殊的经济落后区和生态环境脆弱带。”（第169页）

淮北地区自然灾害频繁，有气候、自然地理和生态环境恶化等方面的原因，而生态环境恶化中，人类扮演了不光彩的角色，如围湖造田、人为决河、战乱不断、滥伐树木等。黄河不断决溢南泛，给淮北带来了巨大灾难，而自唐宋以来人们在黄河中游的过度垦伐是造成黄河决溢的重要原因之一。正如作者所强调的那样：“早期淮北地区生态条件较好，自战国以后，随人类活动的增多，其生态环境略遭破坏。后随人类垦田活动的增多、向自然索取的增加、战乱的破坏、黄河的决溢等，淮北生态环境屡遭破坏，自北宋以后更趋向恶化。”（第189~190页）明、清以来这一地区农业生产的长期低落和不振，是淮北社会经济衰落的重要原因之一（第198页）。

最后，作者从对淮北人口流向（迁进与徙出）及流出人口素质的研究，考察战乱和自然灾害所造成的精英流失。

早在先秦时期，淮北已是封国林立，列国争雄之所。魏晋南北朝时期和宋金时期，淮北多次成为南北政权的交界区，双方在此攻伐不定。隋唐北宋时期，淮北成为重要的经济区和交通枢纽区，战略地位凸显重要，易成为统治阶级间争夺权势时的争战之地。同时，淮北还是农民起义和农民战争重要策源地和响应区，除北宋、南宋农民起义在此地影响较小外，其他朝代的农民起义都兴起或波及于本区。另外，淮北地势平旷，无大关隘，易攻难守，为四战之地，加之地理上处南北之中，所以战乱较多。战乱使生灵涂炭，使生产设施废毁。人民生命财产在毫无保障的情况下，社会经济的发展步伐只能停滞或倒退（第233页）。

除战乱外，自然灾害的发生，政府出于军事和政治、经济目的的强制等，也使淮北屡生移民现象。淮北人民的南徙，为南方经济的发展带来了积极的影响，但给淮北社会经济的发展带来了不利。在某种程度上，外迁人口多为“精英”阶层，如官僚、大族、地主、工匠、儒士等，他们是地方上的生产组织者和工技知识阶层。平民阶层能外迁的也多是身强力壮者，是生产人口（第234页）。

总的说来，作为一篇博士学位论文，吴著无疑属于一部“大书”，因为作者要考察淮北地区数千年的历史，在汗牛充栋的史籍中抽丝剥笋、沙里觅金，其工作当非常艰巨。然也正因为如此，吴著才能把握淮北盛衰的轨迹，作出许多令人信服的结论。

但是，作为一名外行，我想把阅读吴著过程的一些问题写下来，以此就教于作者。

首先，作者把水利的兴废、自然灾害的频发、人口的迁徙作为淮北衰退的根本原因。但我们知道，上述三个因素在中国许多地区均司空见惯[1]，淮北有否独特的衰退没落原因呢？如果有的话，作为一名对淮北社会变迁史极具兴趣的读者，自然对此喜闻乐见；如果没有，作者把淮北作为一特定地区来研究的意义何在呢？

其次，近半个多世纪以来，淮北的水利已得到很好的治理；自然灾害也很少

---

〔1〕 如华北地区。关于这个地区近代的水灾情形，参见 Kenneth Pomeranz, The Making of a Hinterland: State, Society and Economy in Inland China, 1853 ~ 1937. University of California Press 1993。

关于华北向东北的移民，参见罗纳德·苏勒斯基《满洲的区域开发》，《国外中国近代史研究》第16辑，第12~26页。据有的学者估计，1917年以前，黑龙江省一年招得万余户，合几万人；1912~1917年5年所招人口总数约30万人；1918~1922年，每年移入黑省人口平均为14.1万人。1923年后，每年移入黑省人口为27万人。1912~1930年，移入奉天的人口共约43万人。移入与移出吉林的人口大致持平（曹树基：《中国移民史》第6卷，福建人民出版社1997年版，第506~508页）。而据赵中孚的研究，1907~1930年到东北的移民有750万人，加上季节性的劳动者，共有1500万人（中华民国史料研究中心：《中国现代史专题研究报告》(3)，1982年6月刊印，第234页）。1923~1930年，移入东北人口达570万人，其中居留在东北者占46.6%。1927年移入东北的人口为102万，1929年移入东北人口达108万人，其中从山东迁出者占71%。1933~1937年每年移入东北的人口分别为586767人、627332人、444540人、359741人、372654人；其间每年返回原籍的人口分别为447552人、298571人、420414人、282966人、372654人（金毓黻：《东北要览》，第120页，国立东北大学1944年版。）。5年中净迁入东北人数达568897人。

长江流域同样是水灾多发地区，见胡明思等主编：《中国历史大洪水》下卷，第147~514页，中国书店1992年版；西南、西北因灾荒而造成的人口流动，参见邓云拓：《中国救荒史》，第127~144页，商务印书馆1937年版。

发生（即使偶尔发生，也能得到较好的赈济）。由于户籍制度的约束，淮北人口在20世纪80年代以前的数十年里几乎没有流动，但那时却看不出淮北有振兴的迹象；而近20年来，以进城打工为主的人口流动，却让淮北产生了一定的活力。现在淮北大部分地区的人民生活水平要低于西藏地区和新疆天山以北的北疆地区，这种现象显然不可用水利、灾害等因素来解释。当我们看到凤阳小岗村的农民们为了吃顿饱饭，冒着坐牢的危险，签下包产到户的协议时；当招募新兵，才发现淮河流域的许多县已找不到几个身体合格的适龄青年时，我们一定还会思考另外一些东西。

最后，界定淮北盛衰的标准是什么？是否有必要把同时代的淮北与江南、华北等地作一横向比较？另外，作者的叙述基本上是宏观垂直的研究，如果辅以一些微观方面的分析，将会令笔者这样的外行更易理解其微言大义。如包括淮北地区在内的唐代河南道所辖地区，自宋以后，家庭内部的纺织业逐渐式微，在很多地区竟然彻底消失。〔1〕河南道在唐代，贡品纺织物有绢、绵、布等。但清朝中期，尹会一的奏稿中指出：河南省“家有机杼者百不得一。”“今棉花产自豫省，而商贾贩于江南，则以豫省之民旷废女工故也。”〔2〕毕竟，家庭经济方面的变化，最能体现一个地区的盛衰。

总之，吴著具有很高的学术价值，对认识淮北生态环境的变化具有重要的参考价值。

（作者系南京大学历史系副教授）

〔1〕史念海先生早就注意到了历史上黄河流域家庭手织业的衰变，指出在唐代，全国所产的绢共分八等，一等、二等绢皆出自河南道，其余各等则分布在河南、河北两道（史念海：《黄河流域蚕桑事业盛衰的变迁》，载《河山集》，第268页，三联书店1978年版）。自北宋以后，黄河流域丝织品的质量和数量均在衰落（史念海：《黄河流域蚕桑事业盛衰的变迁》，载《河山集》，第267页）。而到了明代，山东、陕西省已不负担夏税绢，负担夏税绢数的重心地区转到了长江流域及其以南地区（史念海：《黄河流域蚕桑事业盛衰的变迁》，载《河山集》，第271页）。汪汉忠注意到了苏北“自然经济”内部的纺织业“过早地”衰退甚至消失这一现象，对于理解淮北的衰落极具启发性（汪汉忠：《灾害、社会与现代化：以苏北民国时期为中心的考察》，南京大学2003年度博士学位论文，第51～54页）。但他把种现象视为自然经济的“苏北模式”，则值得商榷。笔者认为，这种演变形式是淮北地区、河南省等地共同的变化模式。

〔2〕（清）尹会一：《请陈农桑四事疏》，张受长编《尹少宰奏议》卷3，未署刊刻年月，第13下页。

关注淮北　发展淮北　以昨天为鉴

——评吴海涛《淮北的盛衰——成因的历史考察》

苏亚平　于文善

被喻为我国中东部地区的“谷地”——淮北地区，仍是欠发达地区，经济、文化都是如此。对于近些年迅速发展的江浙地区、珠江三角洲和京津等地来说，淮北是贫穷落后的代名词。但是，淮北要发展！怎么发展？以史为鉴，以昨天为鉴，更好地把握今天，才能创造美好的明天。当前从事淮河流域相关历史研究的学者越来越多，贡献也越来越多。关于淮北经济盛衰、发展，人们在大量研究中已有所涉及，因此，它是“旧题”。但是随着社会主义市场经济的发展，人们有可能在新的角度、不同的层面上思考和观察淮北经济的发展，也就是说，当人们需要回答有关这一地区经济盛衰成因的疑问时，它又变成了“新题”。吴海涛先生著的《淮北的盛衰——成因的历史考察》（以下简称《考察》，社会科学文献出版社 2005 年 8 月版），是在其博士学位论文《淮北盛衰的历史考察——以皖北、豫东演变为中心》的基础上修订而成，是这一“新题”的代表性著作。书中创新点颇多，学术价值丰富。

首先，在内容安排上，体现了灵活性。《考察》以专题形式，从农业出发，透过水利兴衰、自然灾害、战乱频仍、人口迁移等角度，全方位考察了淮北地区的盛衰过程及其原因。全书主体部分由四章构成。

第一章，介绍了淮北地区优越的自然地理环境，在此基础上，探讨了明清以前的发展与繁荣的成因。据此，作者认为，淮北经济在北宋之前，虽有时发展速度放慢，甚至出现暂时倒退，但总体上发展较快；金以后，从纵方向看，仍缓慢发展，从横向看，淮北已失去昔日的辉煌地位。

第二章，分析了各时期农田水利建设、航运的兴衰给淮北经济带来的影响，探讨了淮北水利开发史，总结其经验教训，提出了很有价值的四点建议：一、如何蓄泄结合，兼顾旱、涝，古代淮北水利建设史上未解决该问题，对此应给予重视；二、淮北没有永久性大型水利工程，后代为兴修水利将更多耗费时力，抵御自然灾害的能力不强，不利于淮北社会经济的可持续发展；三、应持一分为二的观点看待淮北古代航运，既要注重其积极的一面，又应对其存在的问题及负面影响予以考虑；四、黄河对淮河的侵袭当引以为警。

第三章，梳理了古代淮北的水、旱、蝗灾和黄河夺淮之灾，重点探讨这些自然灾害频发的原因及黄河夺淮对淮北社会经济发展所带来的影响。《考察》在已有研究的基础上，罗列出了古代淮北主要水害，旱灾和黄河泛淮以及淮北自魏晋至清代主要蝗灾情况四大表格，生动、明了。也提及到地震、霜冻、雷雨、大风等自然灾害的历史影响，并且认为自然灾害的频繁发生，不但危及人们生命财产的安全，还使整个淮北地区农业基本生产条件恶化，造成金、元、明、清以来，这一地区农业生产的长期低落和不振，导致淮北社会经济衰落。

第四章，阐述了明初对淮北的移民输入，及在促进淮北经济的恢复和发展上的作用，也论述了由于处置不当，带来了民户逃亡、流民等社会问题。

在结语部分，《考察》还分析了淮北经济由盛而衰的其他原因。淮北文化的从盛到衰和经济的衰退对其近代社会的影响，涉及自然和人文的方方面面。

这样的内容安排，既着力探讨了水利建设、自然灾害、移民等更深层次的专题，又涉及都城变迁，运河改道、政治及民族格局、战争等影响经济的关键因素，在一定程度上丰富了区域史研究的内容，取代了传统地分农业、手工业、商业、交通等几大版块的模式，引领区域经济史研究向更深、更广阔的领域开拓。

其次，在区域选择上，体现了视野的开阔性。书中的“淮北”已不仅指行政区划中的安徽省淮北市，也不是指整个淮河流域，而是有着相同历史地理特征的淮河以北，包括今河南东部、安徽北部和江苏北部。《考察》选取皖北、豫东所在淮北平原为研究对象，研究范围分布在汝河、颍河、涡河、浍河、濉河等淮河支流流域，把它视为一个经济区域，探讨了古代淮北的经济开发历程，更侧重于探究其由盛而衰的各种原因，以利于廓清哪些是现实开发的基础和条件，哪些是现实开发的阻力和包袱，为淮北更好地走上可持续发展提供借鉴。比如，《考察》写到：包括淮北在内的淮河流域在古代战略地位是十分重要的，它的安危、流域的兴衰与国家的安定和发展息息相关，古代由于如水灾、旱灾及黄河泛淮等对淮北社会经济都产生过重创，淮河急需治理，建国后国家已制定出一套治理淮河“蓄泄兼筹”的方针、原则和工程实施计划。淮河的治理是一项规模宏大的系统工程，治理紊乱的河道水系，畅通淮河入海河道，才是标本兼治的措施。

为了论述的完整性，《考察》并没有避开涉及到开封、苏北和山东西南部部分地区的讨论，如认为人口迁徙一度影响了淮北社会经济的发展。《考察》226页记载：北宋开宝二年（969 年）宋太祖亲征北汉，徙太原诸县人民万余家于山东、河南，并“遣使分往京西诸州赐太原诸县徙民帛，人一匹。”北汉亡后，其臣民多移至黄河以南。雍熙三年（986 年）宋将潘美攻下寰（治今山西朔州东北）、朔（治今朔州市）、云（治今山西大同市）、应（治今山西应县）等地，并将四州人口 8236 户，78262 人迁入汝州（今河南汝州市）、许州（治今河南许昌市）等地安置。

再次，在研究的理论方法上，体现了多样性。《考察》既运用历史唯物主义和辩证唯物主义的史学理论方法，也运用了比较研究法。通过淮北各地区、淮北以外其他地区和北宋前后自然地理概况、经济盛衰、水利事业兴衰、自然灾害状况、战乱和人口迁徙等多角度、多层次的比较，使读者清楚地认识到社会经济发展的不平衡性和原因，有利于把淮北经济盛衰史放在全国宏观的客观经济史背景中去考察，从而揭示淮北地区开发的规律性和特殊性。比如，农民工问题，古代淮北多次出现人口迁徙，不同时期的迁入迁出，有政府组织也有自发原因，对此都作了比较和探讨。下面一例亦可管窥一斑，书中68页表1~3是作者据《皖省志略》卷一至四中嘉庆二十四年（1819年）人口和田额数字列成的表，以便更清楚地看出清代淮北地区的农业经济状况。通过比较表中总人口数和田额总数，得出淮北的颍州府和泗州在安徽省属中上等。从表中人口密度看，淮北地区仅居安徽省中下等。再考虑到淮北地区多为平原之区，江淮之间多丘陵，皖南地区多山地，相比之下淮北更适宜农耕经济的发展，那么淮北就应有更高的田额和人口密度。从这一点分析，淮北当时农业经济总体水平在安徽省属中下之列。此外，历史地理学中历史农业地理学、生态学与环境学的理论研究方法在书中都有渗透。如《考察》第44页表1~1，作者摘录唐玄宗天宝八年所载十道正仓、义仓和常平仓的储粮量的列表及对其论述，即从农业地理学角度探讨，类似的水、旱、蝗灾情等表格亦从生态学与环境学角度出发进行论述。

第四，调查引用资料体现了丰富性。引经据典，既有历史文献资料，也有考古文物和自然科学资料。作者搜集调查获取了很多第一手的资料，如水旱灾害表、黄河泛淮表、蝗灾表等对社会现实都有着巨大的意义。阅读此书还可一饱眼福，因为书中含有大量插图，有文物的，如龙虎尊、周青铜甗、西汉熏炉、新莽铭文镜等，也有历史遗址，像尉迟寺、庄子祠、沛县大风台、开封龙亭、亳州花戏楼、开封大相国寺、凤阳明皇陵道、文峰塔，魁星楼、刘公祠、老子太清宫等。如能多介绍几处淮北其他地方的插图，或许会锦上添花。

小瑕不掩大瑜，引经据典、图文并茂、内容充实、思路清晰、研究方法推陈出新，追究考察历史成因还结合现实发展状况。不仅如此，作者写作此书的目的就是希望全社会的有识之士能得到一些启示，为淮北的发展作出奉献，从中可看出吴海涛先生心系桑梓的人文关怀。相信看过此书的读者都会响应他所呼吁的那样："历史不应忘却，只有借鉴昨天，更好地把握好今天，才能创造美好的明天。怎样更好地借鉴昨天？从事淮河流域相关历史研究的学者有着义不容辞的责任，我们还有许多路要走。"

（苏亚平系阜阳师范学院历史系学生；于文善系阜阳师范学院历史系副教授）

淮河流域历史地理学研究的若干设想

张文华

区域既是现代地理学研究的基本对象和方法，同时也是历史地理学研究的核心内容与方法，这已成为历史地理学界的共识。但在具体研究实践中，如何设定和选择研究区域，则由于研究者各自的需求不同而有别。就目前来看，学者们的研究或以某一较大范围（通常包含若干省份）为单元，或以某一省份为单元，或以某一城市为单元，或以某一自然区域为单元，或以某一特定区域（如民族区）为单元，已经取得了巨大成就。河流本身蕴涵着诸多自然的、历史的与人文的因素，因而以流域为单元进行研究也是历史地理研究的应有之义。本篇就淮河流域历史地理研究的若干问题进行初步的分析。

一、以流域为单元的历史地理研究的意义与方法

（一）意义

其一，以流域为单元研究，可为中国历史地理的整体研究提供实证基础。中国历史地理的研究，若只从宏观的层面进行，必然感到笼统、空泛，以至于往往以统一性取代了多样性。由于我国历史悠久，疆域广袤，自然条件多样，社会经济发展水平不平衡，各区域有其自身相对的独立性与个性，故而以流域为单元研究，一方面可以丰富、充实研究内容，为整体的历史地理研究提供具体的实证基础，另一方面也可充分体现其多样性与特色。

其二，以流域为单元研究，可为不同流域间的比较提供条件。中国古文明实际上就是由几大流域为板块构成的。一般而言，流域内部交流较为方便，具有较强的一致性，而流域之间往往差异性较大。因而以流域为单元研究，一方面可对各流域自身作全面的、深层的研究，另一方面也可更好地认识和理解各流域间的共性和差异性，并进而找出其中的内在原因。

其三，以流域为单元研究，可为历史地理的研究提供一种研究范式。如前所述，区域是历史地理研究的重要对象，区域方法是历史地理研究的一种重要方法，流域作为一种重要的区域，它广泛联系着自然的、社会的、历史的诸多要素，因而以流域为单元进行研究，势必具有一种方法论的意义，可称为是历史地理研究的一种范式。

（二）方法

其一，从时间的角度看，以流域为单元研究，必须分期分段进行。一般而言，流域都有漫长的历史，其自身在各个历史时期的发展都会表现出这样那样的特点和差异，因而在具体的研究中，只能根据各方面的条件分期分段进行。由于历史自然地理景观和历史人文地理景观各自变化的速率不同，所以在分期时前者应以较长时间为一时段，后者则以较短时间为一时段。但也不能一概而论，如在历史文化地理的研究中，就必须在较长的时段里进行考察。

其二，从空间的角度看，以流域为单元研究，必须在流域内划分区域，分区进行研究。尽管从总体上看，流域内部有较多的一致性，但由于流域往往地域幅员广大，跨越了不同的自然地理区域和若干行政区域，因而各地的自然环境、社会文化、经济水平、历史发展等多有不同。可见要对流域进行深入研究，必须将整个流域划分为若干区域（一级区域），必要时还可在一级区域中划分亚区（二级区域）。

二、淮河流域历史地理研究的主要内容

从总体来看，淮河流域历史地理研究的内容在各个时期有同有异，其异的部分正是反映了流域的发展变化，应予以特别关注。综合社会发展的特征、自然环境的变动以及人们认知的习惯等因素，大致可从先秦、秦汉、魏晋南北朝、隋唐、宋元及明清六个时期分别进行考察。以下仅从总体上胪列该流域应该予以研究的内容，因而一些条目并非适应于每个阶段。

第一，淮河流域自身变迁之研究。确定淮河流域的具体范围，是全部研究的先决条件和基础。由于历史时期河湖水系的变化，尤其是黄河夺淮的严重影响，使得淮河流域自身地理状况发生了重大变化，也就是说，淮河流域本身具有变动性，今天的淮河流域不同于历史上的淮河流域，因此就必须搞清楚不同历史时期淮河流域的这种变化。

第二，淮河流域历史政区之研究。淮河流域地跨今豫、皖、苏、鲁四省，在历史上也分属不同层级的政区所管辖，因此很有必要弄清不同历史时期该流域的政区设置情况及其辖地、治所等，这对流域的分区研究及历史文化地理研究十分重要。

第三，淮河流域自然地理环境变迁之研究。历史地理的研究，质言之，就是人地关系的研究。自然地理环境既是人类活动的舞台，也是人类创造历史的先天条件，在人地关系中扮演着基础性的地位和角色，有时甚至具有决定性的意义。对其研究可从气候（流域内容的小气候）、土壤、地形地貌、河湖水系、动植物、矿物资源及其他自然地理景观入手。

第四，淮河流域考古地理之研究。该流域作为中华文明的发祥地之一，发现了自旧石器时代以来的大量人类活动的遗迹，因此可以依据这些考古资料来复原

本流域相关时代自然的、人文的地理景观，并进而划分出若干考古文化区系。其研究对象主要包括遗址、聚落、住宅、生产工具、生活用具及墓葬等。

第五，淮河流域部族、方国之研究。主要包括对部族、方国的地理位置、幅员范围、人口规模、交通道路等的蠡测和推定。

第六，淮河流域都邑、市镇之研究。主要包括沿人工运河、淮河干流及其支流的重要都邑、市镇。

第七，淮河流域农业、手工业、商业地理之研究。该流域农业地理的特殊性表现得非常突出。手工业地理研究中应侧重部门地理与技术地理。

第八，淮河流域人口地理之研究。主要包括人口规模、地理分布、人口迁移等。

第九，淮河流域交通地理之研究。主要考察淮河干支流的历史变动，人工运河的盛衰兴废，重要津关渡口的置废，以及主要的陆上交通线路。

第十，淮河流域历史文化地理之研究。淮河流域地跨不同的自然带和行政区，各地在文化内涵和面貌上都表现出诸多差异。其研究主要从语言（尤其是方言）、民间信仰、民风民俗等方面进行。

第十一，淮河流域历史人物地理之研究。主要从正史列传及地方文献中找出籍贯属本流域的各类人物（主要是人才）进行相关的分析研究，这可以从一个方面反映出该流域经济文化的发展水平及盛衰历程。

第十二，淮河流域历史灾害地理之研究。本流域是灾害严重之地，尤其是黄河夺淮使得淮河尾闾淤塞，下游水系紊乱，淮河变成了害河。研究历史时期的灾害及其治淮方略，无疑有较强的理论意义与现实意义。

三、淮河流域历史地理研究的特殊性

其一，整体上之过渡性。从总体上看，淮河流域无论是在自然地理还是在人文地理方面都具有非南非北、兼南兼北的特点，而这种南北过渡性的特征正是本流域的特色所在，也是深入研究本流域的关键所在。

其二，淮河南北之差异性。淮河作为一条天然的自然地理分界线，再加上政区的设置及南北对峙时期往往以淮河为界，使得南北之间的差异较为明显，淮河以北北方色彩浓重，以南则南北兼重。

其三，河湖水系变化之特殊性。这一点主要表现在黄淮之间的关系上，大致经历了黄淮各自独流入海——黄淮合流入海——黄河北流入海、淮河入江三个主要阶段，最后使完整的淮河流域分裂为由两个水系（今沂、沭、泗水系不是一个独立流域，而是属于淮河流域）组成。

（作者系南京大学历史系讲师）

魂牵梦绕淮河情

——评《淮河传》

余 璐

为江河立传，就是要使人们重新认识江河在社会发展中的伟大意义和对人类生存不可替代的重大作用，使更多的人关注江河的命运，树立对江河的忧患意识、关爱意识和反哺意识。

——任文京

江河是大地的血脉、生命的源泉，江河孕育文明、哺育文化。祖国大地上的每一条河流都是我们的母亲河。千万年来，她流淌着历史，流淌着文明，流淌着民族的苦难悲哀，也流淌着民族的欢乐与希望。正是带着这种对于母亲河的深深眷恋，陈广忠先生完成并出版了26万余字的力作——《淮河传》（河北大学出版社2001年版）。书中在对沿淮的地理文化、人物风情进行综合考察的基础上，作者立足于人本的精神，详尽地钩沉了淮河水患、污染的历史成因与严酷现实，呼唤起人们的忧患意识，并期望淮河在新世纪里奏响壮美而豪迈的乐章。

作者出生在淮河南岸背山面水的小村庄，从小喝着淮河水长大，淮河伴随着他的成长，给他带来了无限的希望与欢乐，但也亲身体会到淮河水患给沿岸的乡亲带来的贫穷与痛苦。这种特殊的生存环境，使他更清醒地认识到人类对自然、对大河、对水的依赖关系，同时也造就了他对淮河这条母亲河的深厚感情。于是“每当狂风暴雨来临的时候，就特别想到家乡”，总是希望为家乡做点事的念头，促使作者于教学科研之余开始撰写《淮河传》，历时一年有余，终于完稿并付梓。正如他在后记中所说“作为一个淮河儿女，故土情深，我没有力量为家乡修桥补路，建厂办学，但我可以用我这枝笔，为故乡、为淮河、为淮河人民尽绵薄之力。”

书中对于淮河地理风貌、沿途风光的描述让人心旷神怡，作者用灵动飘逸的文笔向我们讲述了一条美丽的河流。“古淮河出自河南桐柏县平氏镇的胎簪山，经过桐柏县的东北部和南部，流过信阳市西北，向东穿过正阳县南部，经过息县南，流经淮滨县的北部，经过安徽境内阜阳县，向东过霍邱，经寿县、怀远、凤阳，流到江苏泗阳县城南，经淮阴市北，向东过涟水县，注入黄海之中。”淮河从桐柏山发源，流经豫、鄂、皖、鲁、苏五省，注入大海，“淮河四卫士”静静地守护着她——西部之伏牛、桐柏山，南部的大别山，东北之沂蒙山脉，他们位于黄淮之间，固守着淮河流域的土地，发源着淮河之水，补充着淮河之流。淮河从高山峻岭中走来，穿过上游的高山峡谷，到达中游的黄淮大平原，汇聚在洪泽湖，经过三个险要去处，这就是“淮河小三峡”——硖山口、荆山和浮山，它们成为了一道靓丽的风景线，使山水融合于天地之间。古代各王朝在沿淮津要之处设立的重要关隘，又留下了“长淮古四关”，即：淮河上游的长台关、中游的正阳关和临淮关、入海口的云梯关。古四关见证着淮河的悠悠历史，记载了淮河曾经的繁荣与沧桑，也将期待着她美好的明天。淮河的众多支流和沿淮的大小湖泽、人工陂塘构成了淮河整个流域，她们就像一口天然的大水缸，灌溉着两岸的土地，哺育了淮河儿女，年年岁岁，日日月月。

在作者感性生动的笔触下，淮河忽而像顽皮的孩童，喧闹嬉戏，时隐时现；忽而像恬静的少女，潺潺而过，清澈见底；忽而像莽撞的青年，横冲直撞，势不可挡；忽而像深沉的长者，心胸博大，宽广无比。徜徉于淮河两岸，留恋于山水之间，不禁要感叹造物主之神奇，大自然之精妙。

一方水土养一方人，为淮河立传就离不开淮河人，书中通过大量的史料和传说，向我们展示了淮河流域的名人事迹以及体现在他们身上的历史文化。作者旁征博引，深入浅出，勾画出一幅波澜壮阔的历史画卷，从史前文化到当今世事，从神话传说到历史史实，无一不流露出他对这片土地深深的喜爱和自豪。这种情感的张力，使他笔下的每个人物都带着淮河流域的特殊性格，也使得整部作品产生了震撼人心的力量。

淮河流域可能是古人类起源地之一，原始先民对淮河流域的开拓始于距今8000年前。传说中的伏羲到宛丘（河南省淮阳县北）定都，其后神农氏也居于此，先古“三皇”有二位定居于淮河流域。尧舜时安徽六安出了个皋陶，为中国最早的司法长官；江苏徐州出了彭祖，是中国最早讲修身养性而且是传说中最长寿的人。三代中有两个与淮河有着直接的联系：大禹治淮水，锁水怪无支祁，并娶淮河之畔少女“涂山氏”，日后形成夏王朝；商部落发源于淮北，后联络“淮夷人”推翻夏王朝。

淮河流域也是出政治家、军事家的地方，“诸侯如林数黄淮”，在这里诞生了汉、魏、明三代，涌现出一批批叱咤风云的英雄人物。反抗暴秦的阳城陈胜，斩蛇而起的高祖刘邦，气概山河的霸王项羽，成败皆由的贤相萧何，长于谋略的留侯张良，横槊赋诗的魏王曹操，出生卑微、一生勤政的开国皇帝朱元璋等等。他们的身上洋溢着淮河带来的远大气概和不畏强暴的精神，抒写着淮河儿女的一片丹心，也实现了他们独立的人格。

淮河地处南北分界线，战略地位重要，自古是兵家必争之地，在这里发生的战争，从古至今，数不胜数。最早可以追溯到商周时代，十几代周王与“淮夷人”战争不断，“淮夷人”成为统治者的心腹之患；春秋战国时代，楚国称霸两淮四百年，征服了淮河流域诸多小国，成为南方霸主；秦末，大泽风云在农民起义中异军突起，成为历史舞台的中心；垓下之战，十面埋伏奠定了四百年大汉基业，也结束西楚霸王的一世豪情；汉末，曹魏兴起于涡河岸边，终于三分天下有其一；东晋，八公山上，草木皆兵，淝水成为埋葬符坚雄雄野心的坟墓；南宋，淮河成为抗金的一线，民族英雄岳飞叱咤疆场，使金人不敢窥视南方。而解放战争中，被斯大林称为“不可思议”的淮海战役，则为新中国的诞生立下了汗马功劳。这些发生在淮河大地上的大小战役都已彪炳史册，为后人所瞻仰怀念。

“仁者乐山，智者乐水。”智者总是与水有着不解之缘，淮河这片水域同样是智者辈出的地方。淮河是古代思想家的摇篮。管仲从颍水走来，辅佐齐桓公成就霸业，留下《管子》一书，走向历史的深处。涡河是中国道家文化的故乡，这里养育出了老子、庄子，并成就了道家文化。孔子、孟子皆出生于泗水，游学于黄淮流域，创立了儒学，成为统治中国古代社会的主流文化。墨子也生活在泗水岸边，列子则隐居于淮水边的圃田泽中。这些思想家的智慧结晶，已经成为流淌在每个中华民族子孙血液中的文化基因，而它们最初就积淀于淮河这片富饶的土地上。

淮河流域所出的三部巨著更可谓是家喻户晓。被胡适成为“绝代奇书”的《淮南子》，汉时淮南王刘安及其门人所著，其在政治、哲学、自然科学领域都颇有建树。这朵诞生在淮河流域的奇葩，在悠久的中国学术思想和科技史上占有独特的地位。而四大名著就有两部与淮河有关——《水浒》、《西游记》，两书的作者施耐庵、吴承恩都生长在淮河下游。淮河流域的繁荣文化，孕育出这两位杰出的小说家，他们用毕生心血创作出的作品，已经成为中国老百姓最喜爱的古代小说。

古代的淮河物产丰富，经济发达，文化繁荣，是人才辈出的人杰地灵、物华天宝之地，然而明清以来淮河流域却变成了贫穷苦难之地，一曲《凤阳花鼓》道出了淮河人民不尽的辛酸和悲凉。对于给淮河父老带来悲剧的原因，作者也作了系统的考证，他认为两次黄河夺淮是导致淮河水域遭到毁灭性破坏的主要原因：

“南宋高宗建炎二年（1128 年）十一月，南宋统治者为了阻止金兵南进，东京（今河南开封）留守杜冲，竟然在李国渡（今河南滑县南 42 里）西扒开黄河，黄河便夺泗入淮。从这时开始，一直到清代咸丰五年（1855 年），黄河回归故道，从利津入海，在 700 多年间，素来经济、交通、文化发达的淮河北岸及中下游地区，堕入了在灾难的深渊。”（《淮河传》P180）

“另一次给淮河人民造成惨绝人寰大灾难的，是在1938年。日本帝国主义侵略中国，逼近郑州。国民党政府为了挽救败局，便在郑州花园口扒开黄河大堤，时值汛期。汹涌澎湃的黄河水，像脱缰的野马，在黄淮之间辽阔的大地上横冲直撞，当时淹没的有44个县，淹死约九十万人，这种悲剧一直延续了九年。”(《淮河传》P2)

淮河的水患自古就困扰着淮河两岸人民，对于淮河水患的原因，书中也进行了大量细致深入的分析：“淮河流域源头一带，桐柏山、伏牛山、嵩山、大别山，连成一体，河水从西到东；源于沂蒙山、泰山的河流，由东往西。方向虽然不同，而水流都汇集到中下游，而且洪水多集中于6—9月，这样就在短时间形成百川归淮之势，来势凶猛，造成洪涝灾害。加之淮河中下游河床淤高，洪水排泄不畅，洪涝灾害是不可避免的。”淮河水患既是天灾也是人祸，天灾由于“淮河以南的支流，大多数源于高山之巅，河流短急，季节性强，破坏性大。每逢汛期来临，就会山洪暴发，汹涌澎湃，势不可挡。”而淮河上中游地势落差大，有600多米，从上游的高山到中游的平原地带，两岸地势平缓，水流缓慢，洪水一旦进入平原就一马平川，毫无约束，由于行洪速度慢，于是冲毁两岸庄稼田地。人祸即是前文提到的两次人为的造成“黄河夺淮”，这使得本来就难以治理的淮河更加棘手，加剧了淮河水患的危害。

“黄河夺淮”的破坏性是史无前例的，书中对此进行了详细的分析和解释。如果说在对于淮河的地理风貌和历史文化的叙述中最能打动读者的是它的情感力量，那么，在这里作者的科学和严谨治学的精神则凸现出来。正因为如此，《淮河传》不仅震撼人心，也发人深省。“黄河夺淮，彻底改变了淮河以北和下游水系的面貌，淮河失去了入海口，隔开了泗、沭、沂三条河流同淮河水系的联系，黄淮之间的一批河流、湖泊、陂塘消失。淮河中游正阳关以下主河道已经被淤浅，淮河以北的颍河、涡河等主要支流，也已变浅和变窄，河床抬高，航运和排洪能力降低。另外，淮河中下游地貌也发生了巨大变化，淮河以北的土壤结构发生了很大的变化。使得千万亩良田变成了沙丘和盐碱地，使淮河流域的经济出现了历史上的大倒退。”

淮河这条水患频繁的河流，从人类诞生的那天起就开始了对他的治理，为了驯服他，淮河儿女们从未放弃对其的开发改造。从传说中大禹治淮水，到楚庄王任用孙叔敖，在淠水下游修建了中国历史上第一个水库——芍陂；吴王夫差于公元前486年开挖运河“邗沟”，连通江、淮两大水系；战国时魏王修“鸿沟”，沟通黄、淮；再到隋开凿大运河，沟通江、淮、黄三大水系，这些都是古代劳动人民利用自己的智慧对淮河的治理。但是这些水利工程总是随着朝代的更迭，或为战乱所坏，或被废弃而失去效用，没能彻底的解决痼疾。

淮河的全面治理始于新中国成立之后，《淮河传》中《淮河换新颜》一章详尽地向读者说明了国家分步治理淮河的过程，以证明淮河治理的艰巨性和重要性。对淮河采用了上游防洪，中下游泄洪“蓄泄兼筹”的治水方针，以彻底根治淮河水患。“新中国成立 50 年，淮河流域共兴建大、中、小型水库 5300 座。其中有大型水库 36 座，总库容量 250 亿立方米；中型水库 148 座，总库容 44.1 亿立方米。”河南境内有三大水库：石漫滩水库容量 6.75 亿立方米，板桥水库容量 2.44 亿立方米，白沙水库容量 1.88 亿立方米。位于安徽境内的佛子岭水库大坝高度为 74.4 米，坝长 510 米，是我国自行设计的大型连拱坝水库，南湾水库总库容 13.1 亿立方米，梅山水库总库容量为 23.3 亿立方米，响洪甸水库总库容量 26.32 亿立方米，是淮河流域最大的水库。兴建了横跨长江、淮河两大流域的淠史杭灌溉工程。“为了解决洪水的危害，在淮河中、下游采取了综合治理的办法，兴建了大量的水利工程，主要有：大规模整治河道，修筑堤防；修建蓄洪、滞洪区；开辟新河道，以利洪水顺利下泄；建立大型枢纽工程，以便调控洪水。”经过几十年、几代人的不懈努力，“长期以来横冲直撞、奔腾无羁的洪水，被彻底制伏了”。

在淮河水患得以初步治理的时候，上世纪 70 年代后期出现的日益严重的水质污染使淮河遭受第二次致命的打击。在《治污——任重而道远》一节中，作者引用了大量的事实和数据以反映淮河污染的破坏性：“在豫东，1993 年，检测了 73 个河段，综合评价结果为：Ⅰ类水河段只有一个，Ⅱ类水 8 个河段，Ⅲ类水 10 个河段，Ⅳ类水 12 个河段，Ⅴ类水 6 个河段，超Ⅴ类水 36 个河段。超Ⅴ类水几乎占了一半，可见问题相当严重。”“安徽蚌埠：60 年代后，随着工业发展和人口增多，城市污水排放量逐步上升，1976 年为 3650 万吨，1985 年上升到 10147 万吨。1985 年，全市向淮河及其支流水域排放的工业废水达 9344 万吨……”

数据是枯燥的，而作者引证时的耐心细致又简直达到了烦琐的地步，但也不得不承认，正是这一组组数据从微观到宏观，从个案研究到整体把握为读者揭示了淮河的危机，从而促使我们更深切地感受到治污的迫切性，更深刻地认识到保护母亲河，维护生态平衡的重大意义。

江河与人类的命运息息相关，她既是我们赖以生存的物质家园，也是我们精神所依的文化家园。江河无私地哺育人类、哺育文明，可是人类并没有很好地善待江河。“淮河治污任重而道远，它是一个大的系统工程，需要政府、社会和每个公民的努力。”书中高声疾呼道：“清澈的河水，局部已经变黑变臭，淮河人民赖以生存和发展的根本，已经发生动摇，我们的母亲的正在呜咽、抽泣。”最后作者用英国泰晤士河为例，坚定了治污的决心和必胜的信念：“外国人能做到的，我们为什么做不到！淮河河水彻底变清，达到六十年代的水质要求，这是一定能够实现的。”

“美丽的淮河从桐柏山发源，一路欢歌奔流入海。千百年来，她在希望与苦难的土地上流过，也从哺育的亿万儿女心中流过。丰厚的文化底蕴，美丽的自然风光，现实的困窘和未来的希望，淮河带给我们深深的思考，让我们走进她的历史，听她诉说心中的快乐与忧伤……”

是的，一部《淮河传》带我们走进了淮河的内心深处，了解了淮河的过去，展望了她美好的明天。她既是一部美丽凄楚、动人心弦的传记，一曲淮河之子对母亲的深情恋歌，同时也是一篇保护环境、呵护母亲河的警世通言。作者用一个淮河儿女的心声和热诚，完成了对母亲河的记述，表达了赤子之心。而《淮河传》也没有辜负他的一片赤诚，该书出版以来引起了很大的反响，其中一些对于淮河水患的见解和认识还成为治淮工作的重要参考。这也许是作者当初创作时没有想到的，但是，面对新世纪，每一位身受淮河水滋润的儿女都将期盼着淮河的再度灿烂与辉煌！

（作者系安徽大学中文系研究生）

古蔡国三次迁都与其联姻外交

孙友虎

地处淮河流域的蔡国，河间平原草莽丛生，以狩猎及农耕为主，属“淮汉经济区”[1]（历史上最早的七大经济区之一），这从陈厉公在蔡地“淫猎”被杀、孔子过蔡见“中耕除草法”[2]大体可得到印证。司马迁作《管蔡世家》，主要写政治事件，很少涉及经济发展，除体例的原因外，想必与蔡国处“过渡地带”、特色不够显著有关。蔡国在西周时期尽管受“管蔡之乱”的影响，但公子胡改行德善，随复立国，伴“成康盛世”集聚了一定的经济实力。春秋以降，多元的政治格局日渐形成。从公元前655年楚灭弦开始，崛起的楚国不断向东吞并淮河流域国族，疆域很快达于皖东。至公元前6世纪，吴国崛起于东方，与楚争夺群舒及淮河中下游地区，迫使楚国放慢东扩的进程。蔡国在这期间饱受“五霸”争战之苦，特别是楚的侵扰，使其一而再“南迁”，都城由居于淮河支流的祭城（今河南荥阳西北）、上蔡、新蔡迁至干流的下蔡，渐渐汇入历史嬗变的洪流中。蔡国历近600年，于公元前447年为楚所灭。今据《左传》、《尚书》、《国语》、《战国策》及有关典籍对蔡史加以整理，对古蔡国三次迁都及其联姻外交进行探讨，以求证于方家。

一、古蔡国的三次迁都

蔡叔是蔡国第一位国君。《史记·管蔡世家》上说，蔡叔是“周文王子而武王弟”。武王灭殷商，封叔度于蔡。蔡叔与兄管叔“相纣子武庚禄父，治殷遗民”。由于武王病逝，成王诵年幼继位，周公“专王室”，引发朝野议论纷纷及“群弟流言于国”（《尚书·金滕》）。周公以成王命发布《大诰》之谕，决定东征，“宁淮夷东土，二年而毕定”（《史记·鲁周公世家》）。诛武庚，杀管叔，“放蔡叔，迁之，与车十乘，徒七十人从。”（《管蔡世家》）“迁之”到哪里？《尚书·蔡仲之命》上有个说法：“囚蔡叔于郭邻，以车七乘”。显而易见，对周天子给蔡叔的车乘数量有两种说法：一是司马迁认定的“十乘”；二是《蔡仲之

〔1〕 邹逸麟：《我国早期经济区的形成》，《历史地理》第十八期，上海人民出版社2002年版。

〔2〕 叶书宗、马洪林、朱敏彦编：《长江文明史》，上海教育出版社2001年版。

命》上说的"七乘"。《左传》定公四年上说，"王于是杀管叔而迁蔡叔，以车七乘，徒七十人"。《左传》与《蔡仲之命》的说法相同。杨宽在《中国断代史系列·西周史》中明确指出："蔡叔所封的蔡，原来应该在祭"[1]。郭邻是迁往的目的地，当在上蔡（今河南上蔡县），也是后来蔡叔之子胡的封地。

1. 定都祭城

蔡叔所封之地在祭（今河南荥阳西北）。"祭"、"蔡"古音同，通用。祭在管（今河南郑州）的西北，敖山以南，靠近大河，是十分重要的战略要地。管、蔡疑周公摄政"不利于成王"，挟武庚并联合淮夷、徐夷等部落作乱。今按《续汉书·郡国志》"河南尹中牟县下有管城，又有蔡亭"，可知蔡与管是两个邻国，易同时作乱，初封之蔡当在河南中牟县附近。朱右曾《逸周书集训校释》云："蔡叔食邑疑即今大名府长垣县之祭城，其后成王改封蔡仲于上蔡，今汝州上蔡县地。"据考证，今存《尚书》上的《蔡仲之命》等25篇"晚书"为伪书，《蔡仲之命》称蔡叔所迁之地为"郭邻"而不说在"上蔡"，意在求真，也许伪作者已知"郭邻"之所，可按时间推算，因当时尚无"上蔡"之名，故以"郭邻"而名之。

2. 定都上蔡

蔡叔之子胡，是蔡国的第二位国君，史称蔡仲。面对"管蔡之乱"给社会带来的危害，"胡乃改行，率德训善。周公闻之，而举胡以为鲁卿士，鲁国治。于是周公言于成王，复封胡于蔡，以奉蔡叔之祀，是为蔡仲。"（《史记·管蔡世家》）蔡仲所定之都"上蔡"，乃蔡叔所迁之地，因"祭"在蔡叔离开之后就被封给周公之子，只好永远告别父辈原来的封地。对周公"举胡以为鲁卿士"，历史上有争议。南宋黄善夫刻本《史记》[索引]："《尚书》说胡克庸祗德，周公以之为卿士，并无仕鲁之文"，对司马迁的这句话有疑问。

"为善不同，同归于治；为恶不同，同归于乱"。《尚书·蔡仲之命》上的这句册命之辞给后世影响很大，以至恩泽蔡国数辈国君安享太平，并闪耀出光环。公元前977年，据《吕氏春秋·音初》载，陪同周昭王伐楚的蔡公，从楚回来，过汉水因桥断而与周昭王一并落水。《史记·周本纪》称周昭王因溺水"卒于江上"，蔡公想必一命呜呼。蔡公是谁，史书上对此虽没有说明，但能陪同周天子出巡或征讨，很可能是一位蔡侯。按时间推算，此事发生在蔡伯荒抑或宫侯在位期间。周室东迁，秦始列为诸侯。共侯在位期间，据《后汉书·南蛮西南夷列传》载，"平王东迁，蛮遂侵暴上国。晋文侯辅政，乃率蔡共侯击破之。"这是蔡史上第一个打败蛮夷的记载。

[1] 杨宽：《中国断代史系列·西周史》，第126～127页，上海人民出版社2003年版。

3. 定都新蔡

蔡平侯是蔡国第十九位国君。《史记·管蔡世家》上说，“楚灭蔡三岁，楚公乃求蔡景侯少子庐，立之，是为平侯。”今观蔡国第一次被灭，究其原因，至少有两个方面：一是楚建章华台，蔡没去道贺。据《伍举论台美而楚殆》载，楚庄王建“匏居之台”不烦官府，不废时务，“问谁赞事，则陈侯、蔡侯、许男、顿子，其大夫侍之。”楚灵王建齐章华台，“愿得诸侯与始升焉，诸侯皆距无有至者。而后使太宰启疆请于鲁侯，惧之以蜀之役，而仅得以来。”（《国语·楚国上》）先君庄王建匏居台时蔡侯不仅出资赞助宴会事宜，而且派大夫来陪侍，这次却没来，自然让高傲自大的灵王很没面子。二是楚想攻打吴、越借道于蔡。据《夫差伐齐不听申胥之谏》载，“罢弊楚国，以闲陈、蔡。不修方城之内，逾诸夏而图东国，三岁于沮、汾以服吴、越。”（《国语·楚语上》）一旦灭掉陈、蔡，纳为己有，可为攻吴、越创造出良好的地缘条件。

蔡平侯迁都于新蔡（今河南省新蔡县）。对迁都新蔡之君，历史上有异议。《汉书·地理》称新蔡是“蔡平候自蔡徙此，后二世徙下蔡。”宋刻本《史记》[集释]上，宋忠认为是蔡仲徙新蔡。据白寿彝任总主编的《中国通史》第三卷《交通、道路、都会》一文称，从古交通的角度对蔡仲迁都新蔡之说是不赞成的。文中指出，齐桓公伐蔡、楚，“蔡未被攻而先溃，而转而伐楚。师次于进陉，遂与楚人有召陵之盟。蔡国为今河南上蔡县。召陵在今河南漯河市东北，陉则在召陵之南。召陵和陉实皆在蔡国之北。齐师于蔡国既溃之后，若欲伐楚，自可挥鞭乘胜南驱，奈何又迫旆北行，次之于陉？盖蔡国于方城稍偏东南，距南行大道稍远，不能不稍稍回师。当楚国屈完面告齐桓公，谓楚国方城以为城，汉水以为池，齐国也就适可而止，不在南下。后来晋、楚湛阪之役，晋国本来是取方城一路向南进取的。湛阪在今河南叶县，正在方城之北。方城为楚国的厄塞，是难以攻取的。当时的军事行动因之也就不能不谋取他途。晋、楚绕角之战，晋军的目的也就在方城。因绕角在今河南鲁山县东，正在方城之外。楚军既退之后，晋军转而侵蔡，为楚军御于桑隧。其时蔡尚未迁国，仍在今河南上蔡县。”[1]从中可推知，蔡仲并没迁都。

4. 定都下蔡

蔡迁州来（今安徽省凤台县），史称之为“下蔡”。对迁州来之君有争议。《左传》等先秦典籍称是蔡昭侯迁都州来（下蔡），《汉书·地理》称下蔡是在平侯“后二世”而迁居之地，与《左传》等一脉相承。南宋刻本《史记》[集释]上说，“宋忠曰：‘平侯徙下蔡’”，不知以何为据。蔡昭侯迁都，其动因在

〔1〕白寿彝：《中国通史》第三卷，上海人民出版社2001年版。

于摆脱楚的牵制。蔡昭侯十年，蔡“朝楚，以丧故留。”（《史记·十二诸侯年表》）蔡昭侯十二年，“蔡昭侯为两佩与两裘，以如楚，献一佩一裘于昭王。昭王服之，以享蔡侯。蔡侯亦服其一。子常欲之，弗与。三年止之。……蔡人闻之，故请而献佩于子常。子常朝，见蔡侯之徒，命有司曰：‘蔡君之久也，官不共也。明日，礼不毕，将死。’蔡侯归，及汉，执玉而沉，曰：‘余所有济汉而南者，有若大川。’蔡侯如晋，以其子元与大夫之子为质焉，而请伐楚。”（《左传》定公三年）蔡昭侯十三年，“四年春三月，刘文公合诸侯于召陵，谋伐楚也。晋荀寅求货于蔡侯，弗得。言于范献子曰：‘国家方危，诸侯方贰，将以袭敌，不亦难乎。水潦方降，疾疟方起，中山不服，弃盟取怨，无损于楚，而失中山，不如辞蔡侯。吾自方城以来，楚未可以得志，只取勤焉。’乃辞蔡侯”；“及皋鼬，将长蔡于卫”，卫不依，“乃长卫侯于盟”；“沈人不会于召陵，晋人使蔡伐之。夏，蔡灭沈。秋，楚为沈故，围蔡”。蔡投靠吴，“以其子乾与其大夫之子为质于吴”；“冬，蔡侯、吴子、唐侯伐楚。”（《左传》定公四年）

吴以蔡、唐为前导，进攻楚国，通过小别山、大别山（今湖北省光山、英山之间）到达柏举（今湖北省麻城），与楚军相遇。楚囊瓦根本无心作战，一触即败，便自行逃到郑国。吴军接着又在雍澨（今湖北省京山西南）等地五次大胜楚军，进而直攻郢都。吴军进入郢都，大肆烧杀破坏。楚昭王逃到随地，在随及秦、越等的支持下，才算免除了灭国之险。蔡昭侯十四年（即鲁定公五年），“五年春，王人杀子朝于楚。夏，归粟于蔡，以周亟，矜无资。”（《左传》定公五年）蔡昭侯二十五年（鲁哀公元年），“元年春，楚子围蔡，报柏举也。里而栽，广丈，高倍。夫屯昼夜九日，如子西之素。蔡人男女以辨，使疆于江、汝之间而还。蔡于是请迁于吴。”（《左传》哀公二年）并得到吴的许可。蔡昭侯二十六年，“吴泄庸如蔡纳聘，而稍纳师。师毕入，众知之。蔡侯告大夫，杀公子驷以说，哭而迁墓。冬，蔡迁于州来。”（《左传》哀公二年）

这三次迁都，一次是基于复封号，一次是基于复国，一次是请求庇护。一而再地南迁，与“管蔡之乱”及受楚欺压有关。

二、蔡国的联姻外交

“联姻”是春秋争霸中拓展生存空间的一个方式。据《礼记》载，“天子有六宫，三夫人、九嫔、二十七世妇、八十一御妻；诸侯有九女；大夫一妻二妾；士则一妻一妾。”这说明，中国的奴隶社会，实行公开的一夫多妻制，一个男人占有女人的多少，是由其社会地位决定的。以赠女、赐婚以示友好，打造合作平台，往往难尽如人意。如哀侯十一年，“初，哀侯娶陈，息侯亦娶陈。息夫人将归，过蔡，蔡侯不敬。息侯怒，请楚文王：‘来伐我，我求救于蔡，蔡必来，楚因击之，可以有功。’楚文王从之，虏蔡哀侯以归。”（《史记·管蔡世家》）当时楚国已经占领江汉流域，其势力已逐渐向东发展至汝颖流域。这是楚向华夏诸侯公开挑战的开始。蔡、息都是姬姓诸侯，息在淮水以南（今河南省息县西南），蔡在淮水以北，申吕以东。蔡被伐，息也受到威胁。哀侯十五年，哀侯因“楚败蔡于莘”（《左传》庄公十年）而赞息夫人的仪态容貌，诱楚侵息。《左传》庄公十四年上说，“蔡哀侯为莘故，绳息以语楚子。楚子如息，以食入享，遂灭息。以息归，生堵敖及成王焉，未言。楚子问之，对曰：‘吾一妇人而事二夫，纵弗能死，其又奚言?’楚子以蔡侯灭息，遂伐蔡。秋七月，楚入蔡。”《吕氏春秋·长攻》记有另一种说法：“楚王欲取息与蔡，乃先佯善蔡侯，而与之谋曰：‘吾欲得息，奈何?’蔡侯曰：‘息夫人，吾妻之姨也。吾请为飨息侯与其妻者，而与王俱，因而袭之。’楚王曰：‘诺。’于是与蔡侯以飨礼入于息，因与俱，遂取息。旋舍于蔡，又取蔡。”息于公元前682年被楚所灭，不久申也被灭。从此申息成为楚国直属的县，成为北上争霸的桥头堡。这一“变数”反映出“联姻”中的不稳定性和弱国无外交的道理。

1. 蔡陈联姻

陈国和蔡国是西周时期两个异性邻国，因通婚而关系复杂。陈国之君陈桓公的母亲就是蔡国的女儿。陈桓公在位时，公子佗五父是亲郑派。他曾向陈桓公劝谏说：“亲仁善邻，国之宝也。君其许郑”（《史记·陈杞世家》）。当时郑提出与陈友好的表示，而桓公不许。公子佗五父因此对陈桓公说了这番话。陈桓公则认为：“宋、卫实难，郑何能为?”陈桓公是亲蔡派，他以“宋卫实难”拒绝了佗五父的劝谏。陈桓公一死，陈佗乘国人暴乱之际即位，是为厉公。据说厉公本来也是蔡出。他即位后，常常到蔡国去，竟为蔡人所杀。《史记·陈杞世家》上说，“厉公取蔡女，蔡女与蔡人乱，厉公数如蔡淫。七年，厉公所桓公太子免之三弟，长曰跃，中曰林，少曰杵臼，共令蔡人诱厉公以好女，与蔡人共杀厉而立跃，是为利公。”《史记·陈杞世家》以陈佗五父为父子，今据《左传》改正。《春秋谷梁传》上则说，陈佗“淫猎于蔡，与蔡人争禽。蔡人不知其是陈君也，而杀之。何以知其是陈君也？两下相杀，不道。其不地，于蔡也。”

2. 蔡宋联姻

蔡哀侯十一年（齐桓公二年），因齐桓公不习水性，“桓公与宋夫人饮船中，夫人荡船而惧公，公怒，出之，宋受而嫁之蔡侯。明年，公怒告管仲曰：‘欲伐宋。’管仲曰：‘不可，臣闻内政不修，外举事不济。’公不听，果伐宋。诸侯兴兵而救宋，大败齐师。”（《管子·大匡第十八》）此举最早见之于《管子》，《左传》、《史记》等均未录。

3. 蔡齐联姻

蔡穆侯本想攀亲于强齐，故以其女弟为齐桓公夫人，而祸端偏起于嫁妹。《史记·管蔡世家》上说，“穆侯，以其女弟为齐桓公夫人。十八年，齐桓公与蔡女戏船中，夫人荡舟，桓公止之，不止，公怒，归蔡女而不绝也。蔡侯怒，嫁其弟。齐桓公怒，伐蔡，蔡溃，遂虏穆侯，南至楚邵陵。已而诸侯为蔡谢齐，齐侯归蔡侯。”蔡何以“溃”？据《公羊传》僖公四年载：“溃者何？下叛上也。国曰溃，邑曰叛。”说明穆侯被虏，问题出在内部有人作乱上。

“嫁其弟”给谁？《东周列国志》等书上说，嫁给了楚文王。齐是春秋“五霸”之一。相国管仲对齐桓公就此伐蔡不赞成，他说：“夫以寝席之戏，不足以伐人之国，功业不可冀也，请无以此为稽也。桓公不听……”（《韩非子·外储说左上第三十二》）于是，伐蔡又伐楚。也许冯梦龙编《东周列国志》就此推断，伐楚系楚文王接受了蔡穆侯再嫁之妹使然。

4. 蔡楚联姻

蔡景侯四十九年，景侯“为太子娶楚女，公通焉，太子杀公自立”（《史记·十二诸侯年表》）。蔡太子般杀君自立，名蔡灵侯。蔡灵侯十二年（《左传》昭公十一年），“楚子在申，召蔡灵侯。灵侯将往。蔡大夫曰：‘王贪而无信，唯蔡于感，今币重而言甘，诱我也，不如无往。’蔡侯不可。三月丙申，楚子伏甲而飨蔡侯于申，醉而执之。夏四月丁巳，杀之，刑其士七十人。公子弃疾率师围蔡”；“冬十一月，楚子灭蔡，用隐大子于冈山”；“楚子城陈、蔡、不羹。使弃疾为蔡公。”《左传》昭公十九年载有楚王与蔡女通，生太子健之事。蔡终为楚灭，这表明联姻并不能化解灭国之灾。

5. 蔡吴联姻

安徽省寿县蔡侯墓出土的吴王光鉴（2件），是吴王光婚公室女于蔡侯的媵器，说明蔡吴有通婚之实。

三、几点想法

从蔡仲到宣侯，蔡国大体比较安定。春秋以降，蔡因维护王权而不觉，反因助卫伐郑平添多事之秋。由郑“小霸主”的初现，到齐、楚、吴、越等相继称雄，蔡以联合、联姻、贿赂等方式求生存。如果说迁上蔡是内部矛盾转化使然，那么迁新蔡、下蔡则纯粹是春秋争霸中弱国的无奈之举。其一步步走向灭亡，想必与无与时俱进之策有关。

1. 形势把握不准。卫州吁杀卫桓公（前719年）自立。为转移人们对“弑君”事件的视线，卫州吁邀宋及陈、蔡伐郑，蔡看不清形势贸然出兵，“陈、蔡方睦于卫，故宋公、陈侯、蔡人、卫人伐郑，围其东门，五日而还。”（《左传》

隐公四年）助卫伐郑是蔡国卷入战乱的新开端。面对齐、晋、楚、吴等诸强，蔡一味找“靠山”、不图自强，甚至有乘楚车“失位”之举，在诸侯国及本国国人心目中的地位自然难以提高。更具有讽刺意味的是，据《韩非子·喻老二十一》载：扁鹊见蔡桓公，立有间，扁鹊曰：“君有疾在腠理，不治将恐深。”桓侯曰：“寡人无疾。”扁鹊出。桓侯曰：“医之好治不病以为功。”居十日，扁鹊复见曰：“君之病在肌肤，不治将益深。”桓侯不应。扁鹊出。桓侯又不悦。居十日，扁鹊望桓侯而还走，桓侯故使人问之。扁鹊曰：“疾在腠理，汤熨之所及也；在肌肤，针石之所及也；在肠胃，火齐之所及也；在骨髓，司命之所属，无奈何也。今在骨髓，臣是以无请也。”居五日，桓侯体痛，使人索扁鹊，已逃秦。桓侯遂死。

这就是“不知”之病。“安危在是非，不在于强弱。存亡在虚实，不在于众寡。”（同上）蔡侯们是难以听懂韩非子这番话的。

2. 经济发展滞后。蔡国处于黄河、长江之间的过渡经济带，较好的水利、交通条件对农业、手工业的发展有一定的影响。该地的采集、渔猎在经济生活中占有重要的地位。陈厉公在蔡“淫猎”被杀，说明蔡国有丰富的野生动物资源。其近邻的徐夷、淮夷之“夷”字从人背弓，正是擅长狩猎之意，无疑也是个旁证。从蔡昭侯、蔡声侯墓中出土的大量青铜器中可知其青铜冶铸业发展较快。《晋姜鼎》之“繁汤”即《左传》襄公四年所记之“繁阳”，就是在今河南新蔡的北部。蔡国的纺织业、皮革制作、玉石加工等也有了进一步的发展。蔡昭侯墓出土蚕形玉饰说明蔡地对蚕桑的重视，这与昭侯向楚王献羔裘、佩等联系起来，足以印证当时制造业的发展水平。进入春秋战国以来，战事频繁，在大国争霸中遭受侵扰，迁都、“迁蔡人”，制约着经济的发展，最终为楚所灭。

3. 招揽人才无方。齐桓公曾把贤才、能士形象地比作霸主的“船骥”。从春秋列国来看，郑庄公有公子突、公子忽，齐桓公有管仲、鲍叔，晋文公有舅犯、郭偃，秦穆公有百里奚、由余，楚庄公有孙叔、沈尹，吴王阖闾有伍员、文义，楚王勾践有范蠡、大夫种。甚至一些中小国家也不乏这类卓异能人，如郑国的子家、子产，鲁国的季文子、曹刿，宋国的华元、向戌，卫国的石蜡，随国的季梁，虞国的宫之奇等。而蔡国呢？除蔡声子、吴朝父子略有才干外，余者可数了了。在对待人才问题上，《吕氏春秋·任数》、《孔子家语·在厄二十》等则记有孔子过陈蔡赴楚一事，“孔子迁于蔡三岁”（《孔子家语·在厄二十》），而蔡知孔子贤却不用，又怕为楚用，便厄孔子于陈蔡，企图使孔子知难而退。以此人才观治国，亡国的“时间表”决不会让人久等。

（作者单位：凤台县委宣传部）

六、社会经济与淮河文化

存同求异：近代江南淮北社会文化的比较观

池子华

在一般人的观念中，在林语堂等人的笔下，南方人和北方人是不同的〔1〕，尽管同处于“车同轨，书同文，行同伦”的中华民族大文化圈里，人的不同，笔者认为，归根到底是文化的差异。人不仅是文化的载体，也是文化的化身。南北中国人的不同，实际上就是南北文化差异性的折射。

“南北文化”问题，曾在近代一段时间里“热”过，但这种“热”的背后，隐有浓烈的政治色彩和地方主义色彩，这当然是不足取的。但“南北文化”的差异性是客观存在的，从风俗到诗歌、音乐、美术、语言等都有异趣之处，正因为如此，历史上才有“南北文化线”的界定。唐宋时代，淮河成为公认的南北文化的界线〔2〕，到了明代，开科取士则以长江为界，长江成为官方规定的南北界线。现代地理学兴起后，淮河——秦岭成为公认的南北自然地理的分界线，实际上也是人文地理的分界线。假如我们现在要对历史上的南北文化划出一条界线〔3〕，笔者宁可超越传统的划分方法，认为：淮河——秦岭以北为“北”，长江以南为“南”，江淮，无论从文化上说，抑或从气候、作物形态等方面，都具有明显的过渡性。因此，“江南淮北”，实际上分属于两个不同的“文化圈。”〔4〕

从根本上说，中国文化是“大同”，无所谓南北文化、东西文化，但由于经济发展的不平衡性、地理环境的差异性，中国文化也存在着“小异”。本文存同求异，对近代江南淮北社会文化进行一些比较，以就教于方家。

一、文武之尚

在江南淮北文化圈里，乡土民情各有特色。林语堂谓，吃大米的南方人和吃面条的北方人是不同的。这种不同，就反映出文化上的差异性。他们各有所尚，

〔1〕 林语堂：《中国人》，第3~4页，浙江人民出版社1988年版；蔡栋编：《南人与北人》，大世界出版有限公司1995年版。

〔2〕 陈正祥：《中国文化地理》，第5页，三联书店1983年版。

〔3〕 金其铭等：《中国人文地理概论》，第489页，陕西人民教育出版社1990年版。

〔4〕 笔者重新假定南北文化线，主旨在于研究上的需要，并非为了标新立异。这是应该加以说明的。

其甚者，相去天壤。

江南、淮北民情反差较大者，莫过于文武之尚。江南崇文，淮北尚武，相距两极。

“自古南人悍鸷终逊于北人。”[1]就苏皖而言，江南淮北迥然不同。王定安在《湘军记》中作过一个比较，说：“江以南，士喜儒术，巽懦不好武，民则懋迁服贾于外，无雄桀枭猛之姿，故畏祸乱，少奸宄。独滨淮郡邑，当南北之交，风气剽急，其俗好侠轻死，挟刀报仇，承平时已然。”[2]这个比较是不差的。我们不妨再举几个例子。

江之南：

《中华全国风俗志》载：“武进自泰伯开基以来，重文轻武，相袭成风，文学代有专家，……文名震天下，科第之盛，亦为他属所罕见，此武进所以为声名文物之邦也。”[3]

《重修徽州府志》载：“（程）怀憬奉命守徽州，……行其野，则村墟刻镂，……比户习弦歌，乡人知礼让，未尝不厥然发愤而兴起，……人文辈出，鼎盛辐辏，理学经儒，在野不乏。”[4]

《婺源乡土志》亦说：“婺人喜读书，虽十家村落，亦有讽诵之声。”[5]

淮之北：

曾知颍州的左辅在《念宛斋集》中记该地风尚说：“照得本府历任颍属州邑，风俗素所周知……气即嚣凌，尚勇争而弗知礼让。下至无赖之子，带刀而不买犊，聚博而不服田，什伯为群，披猖肆暴，遂至身遭刑戮，莫保妻孥，乃尚接踵效尤，怙不知悔。”[6]

又《陶文毅公全集》记载：“皖省凤、颍、泗州等属，界连徐、豫，民情好斗，动辄伤人，……久沿恶习。”[7]

蓝渭滨在《江苏徐海之农业及农民生活》一文中亦说：“徐海人士向具武侠之风，故一般农民颇尚武，农闲时期，集合一处，刀枪剑戟，随意玩弄，盖对于国术甚嗜好也。因有古刘项之风，故崇拜英雄，而当兵亦每为农民出外谋生之惟

---

[1] 胡林翼：《胡文忠公遗集》第4卷。

[2] 王定安：《湘军记》第7卷，《绥辑淮甸篇》。

[3] 胡朴安：《中华全国风俗志》下篇第3卷，《武进之风俗》。

[4] 马步蟾：《重修徽州府志·序》。

[5] 张海鹏等：《明清徽商资料选编》，第41页，黄山书社1985年版。

[6] 左辅：《念宛斋集·官书》第3卷。

[7] 陶澍：《陶文毅公全集》第24卷。

一途径，居常以能任军职为光门楣耀祖宗，是于好尚武艺，而文事不与焉。"[1]

江南崇文，淮北尚武，这是两个文化圈文化上反差最大的一个方面。其所以如此，有它的历史根源。

江南民情，古时亦好勇，吴越之君皆以勇武好战著称。但"永嘉之后，帝室东迁，衣冠避难，多在萃止，艺文儒术，斯之为盛"[2]，皖南徽州之后有"东南邹鲁"之誉，苏南亦一变骁健决烈之风，而为风流文艺之邦。

淮北尚武，也是"久沿恶习"。淮甸自古以地险隘要著称，向为兵家必争之地。从秦末农民起义开始终于近代，这里一直成为农民战争的重要战场和农民起义军、军阀杂交的温床。项羽、刘邦在此逐鹿；汉末，军阀混战，"大者连郡国，中者婴城邑，小者聚阡陌，以还相吞并"[3]，以"治世之能臣，乱世之奸雄"著称的曹操由是崛起；隋末，杜伏威等领导的江淮农民军，成为纵横驰骋淮河、长江流域的一支劲旅；唐末，庞勋领导的徐泗地区农民武装，一度占领淮河南北广大地区；元末，韩山童、刘福通、郭子兴、朱元璋等群雄并起，完成了"驱逐胡虏，恢复中华，立纲陈纪，救济斯民"的改朝换代的历史任务；川楚陕白莲教起义失败后，淮北又成为捻军的前身捻党的故乡。长期的战乱，使人民痛苦不堪，耕且"习战"成为淮北人的生活方式，也养成了"民情好斗"的风气。苏轼《上神宗皇帝书》有云："其民皆长大，胆力绝人，喜为剽掠，小不适意，则有飞扬跋扈之心，非止为暴而已。汉高祖、项羽、刘裕、朱全忠皆在徐数百里间，其人以此自负，雄桀之风，积以成俗"。民情鸷悍轻剽，一武为俗，慷慨激昂，易发怒而重实行，这与习于文弱的江南民情，果有霄壤之别。

江南崇文，淮北尚武，亦与地理环境有关。"中国南方的自然条件，特别是雨水和气温——就江南说，还包括冬季的温暖和湿润，对于农业经济的发展远较北方有利；单位面积的生产量较高而且生产比较稳定……河川在交通运输上所提供的方便，秀丽山水对文学和艺术的启发和熏陶，以及长江天堑所给予的安全感，也具备一定的影响。"[4]就江南徽州而言，这里群山环峙，起伏萦回。自然景观的陶冶、新安文明的习染、"兵燹罕闻"的环境条件，使徽州文风大振。这里地少而瘠，无田可业者率多牵牛服贾，因之，"贾而好儒"就成为江南社会的风貌。而淮北，地处皖、豫、苏、鲁四省之交，向为"政教所阻，鞭长莫及"[5]的"三不管"地区，统治基础相对薄弱。在这种特殊的地理环境中，捻党蜂

〔1〕 蓝渭滨：《江苏徐海之农业及农民生活》，《农村经济》第1卷第10期，第18页。
〔2〕 杜佑：《通典》第182卷，《扬州风俗》。
〔3〕《三国志》第2卷，《文帝纪》注引《典论·自叙》。
〔4〕 陈正祥：《中国文化地理》，第6页，三联书店1983年版。
〔5〕 黄佩兰：《涡阳县志》第15卷，《兵事》。

起，土匪横行，州县无如之何，“查红胡、捻匪多在两省边界者，以地称‘两不管’、‘三不管’之间，离州县治较远，易起玩心，及既犯法，此拿彼窜，随处窝藏，往往漏网，遂至肆无忌惮。”[1]社会长期动荡不安，尚武之风也就日盛一日。

社会心理学认为，社会情境对于人的影响，是通过各种直接与间接的渠道进行的。个人对社会要求的认识与掌握可能是自觉的、积极的与主动的，也可能是不自觉的、消极的与被动的。也就是说，个人的社会化有时是有意识、有目的地进行的，有时是无意识、潜移默化地进行的。社会化是在一定社会环境的影响下，不管个人喜欢还是不喜欢，总是会在他身上实现的。个体的社会化，体现了社会的特点和时代的风貌[2]。“渡江令人雄毅，入湖令人深静”[3]，刘献廷诗，既表明南北风情之不同，又可见乡土民情对人的影响力。江南人富于理想，多感多恨，故萎靡之风甚显。《松窗随笔》所载，“金陵之俗，长于持论，短于有为，勇于发端，怯于临事，赴义之君子少定力，从乱之小人乏后劲。”[4]斯言诚然！王庸之《苏州闲话》亦云：“湘粤一带人，可以不经相骂阶段，即便相打；而苏州人却永远在相骂，而达不到相打的阶段的。”[5]斯文而无能为之性情，于此可见。而淮北人则是另一副姿态。

在淮北这一社会文化圈里，在“以聚众劫杀张威风，寻仇报复为义气”[6]之风潜移默化地影响下，人的个性特征、行为取向与这种社会情境相适应，也即社会化了。正如蓝渭滨所说：“其性格则悍直不狡，慷慨激昂，刘邦之‘大丈夫不当如是耶’，与项羽之‘可取而代之’之气概，尤不减于当年。因此刚强过甚，每流于粗鲁，随之而至者，饮酒赌博，如灌婴屠狗辈之生活，不免尚有遗风。”[7]曾经四次出任攻捻统帅、镇压捻军的袁甲三说淮北人“总以能聚众为强，不怕死为荣，每遇行刑，谈笑歌舞，既不畏朝廷之法，亦不恋骨肉之情。”[8]而曾官淮北知县多年的查揆更感到不可思议，曾为此大发感慨：“其俗之悍戾狠斗，凤阳、颍州、泗州为尤甚……不得已，严刑峻法以求震慑其心性，每年秋谳入情实者，骈首蒙诛以百十案计。而渠枭大恶，酒酣歌呼以就刑所，市人啧啧

---

〔1〕 左辅：《念宛斋集·官书》第3卷。

〔2〕 时蓉华：《社会心理学》，上海人民出版社1986年版。

〔3〕 《民国江苏省乡土志》，第369页。

〔4〕 《民国首都乡土志》第63页。

〔5〕 《民国江苏省乡土志》，第371页。

〔6〕 左辅：《念宛斋集·官书》第3卷。

〔7〕 蓝渭滨：《江苏徐海之农业及农民生活》，《农村经济》第1卷第10期，第18页。

〔8〕 袁甲三：《袁端敏公集·奏议》第2卷。

叹为豪悍者屡矣。古者辟以止辟，而彼狠戾之状，且谈笑招邀于受戮之顷，果何谓邪？天地之间，蛸飞蠕动，湿化胎卵，苟具物性，无不自爱其生、恶其死；而凤、颍、泗之民独不爱其生，岂人情哉？彼盖自知所犯之不宥，而终不悔也……顽犷跛扈之性，赴汤火如衽席。使风气日盛，一旦官府之所不能治，则大可忧矣。"[1]这种"顽犷跛扈之性"，向为淮北人"啧啧叹为豪悍"，自然"接踵效尤。"[2]淮北人"赴汤火如衽席"的性格特征，与"战场上的胆小鬼，随时准备在伸出的拳头落在自己头上之前就翻滚在地，哭爹喊娘"[3]的江南人的性格特征，正反映出江南淮北的社会风貌。

"风俗者，地方治乱所从出也。"江南崇文，自然文人辈出，这当然有利于社会的稳定，即便有纠纷，可以通过"文会"、法律程序解决问题。而淮北武风甚炽，群雄辈出，社会长期动荡不安，号称难治之区，民国初年有另设淮海省之议，大半以此。[4]

总之，江南淮北风情各异，人的性格也各具特征。人的文化化、社会化清晰可见。人既是文化的载体，又是文化的表征。人与文化互动影响，构成江南淮北各具特色的社会文化圈。

二、衣食习惯

恩格斯曾经说过："正如达尔文发现生物界的发展规律一样，马克思发现了人类历史的发展规律，即发现了直到最近还被思想体系的积淀所遮盖的一个简单的事实：人们首先必须吃、喝、住、穿，而后才能从事政治、科学、艺术、宗教等等。"[5]就是说，人类的精神文化由物质生活条件所决定的。但衣食住行，由于物质生活条件的不同、地理环境的差异性，形成不同的习惯或方式，这习惯或方式，本身就是文化——俗文化。日人西村真次曾谓，所谓文化，就是"生活的样式"[6]。衣食住行的习惯或方式，正体现了人们"生活的样式"。

生活在江南淮北文化圈中的人们，其生活习惯是不同的。这里我们顺着衣食住行等几条线索，进行一些比较。

衣。

服饰，章身之具也。男女服饰，截然不同，大抵男朴女华。江南淮北类皆如

〔1〕 转引自拙著：《晚清枭雄苗沛霖》，第18页，安徽人民出版社1999年版。

〔2〕 左辅：《念宛斋集·官书》第3卷。

〔3〕 林语堂：《中国人》，浙江人民出版社1988年版，第4页。

〔4〕 魏源：《武进士李绅耆先生传》，《魏源集》上册，第359页。

〔5〕 《民国江苏省乡土志》第370页。

〔6〕 《马克思恩格斯选集》第3卷，第574页，人民出版社1972年版。

此。所不同者，不外形制、面料、花色以及穿着习惯等具有不同的选择、好尚。

江南人对服饰的好尚，具有趋新、奢华、异彩纷呈的特点。“乾、嘉间，江、浙犹尚朴素，子弟得乡举，始着绸缎衣服。至道光，则男子皆轻裘，女子皆锦绣矣。”[1]趋时浮华，渐成风气，越到后来，此风越盛。

相比之下，淮北人的服饰，则太过寒酸、单调，甚至令人不屑一顾。《江苏省乡土志》对此作过比较，说：“淮河以北大多穿布，夏则夏布，着绸者少；淮南江北中人布绸并用，奢侈情形，渐与江南相近。江南衣服，绸多于布。”[2]江南“绸多于布”，其原因或地近产绸之区，或即为产绸之地，着绸当然不以为奇。但江南人的好尚乃是不可忽视的因素。不怕家穷，只怕身穷，即家饔飧不继，但衣不可缺绸与罗。故俗语有云：“不怕天火烧，只怕阴沟里跌一跤”。此即形容江南人宁可以肚子吃不饱，不可以身上穿不好[3]。而淮北人，由于生活条件低劣，对于服饰，不能或不可能太过讲求。小农衣则完全布类，或且鹄结，冬则棉衣，一袭而已，日以章身，夜以覆体，而且“不只破而已，连破到不可再补者亦缺乏。”[4]至于地主富农，自然另当别论。总起来看，淮北人生活贫寒，衣着无华乃是自然的。但这并不是说，淮北人对服饰没有好尚，从妇女的装束，可探寻得出。

江南妇女穿着打扮，务求时新，自不待言。淮北妇女也有自己的趣味，她们喜欢大红大绿。在淮北农村，有穿新的粗布做的红衣绿裤或绿衣红裤，那便是新娘子的打扮了。“在她们的理想中，红和绿，是最美丽的色彩。因为他们生活得苦痛，尤其是近年来，他们和她们都认为是走坏运了。她们惟一的抵抗这种坏运的方法，就是穿大红大绿。因为，红和绿是带着喜气的、吉庆的。”[5]这就使人联想到，这些穿着大红大绿的妇女们，她们的脑海里是否弥漫着浓厚的封建意识的迷雾呢？近代淮北妇女缠足之风颇盛，也说明了这一点。

服饰作为章身之具，一邑一地，各有所尚，江南各地，淮北各地，均有不同。就江南淮北比较而言，根据上述，大抵南华北朴、南趋新北守旧、南五光十色北单调无华。

食。

这里所谓“食”，泛指口腹之物之“饮食”。“民以食为天”，这是人类得以生存、延续，创造精神文化的前提。

---

〔1〕 西村真次：《文化移动论》（中译本），第1页，上海文化出版社1989年影印版。

〔2〕《民国江苏省乡土志》第348页。

〔3〕《民国江苏省乡土志》第348页。

〔4〕 蓝渭滨：《江苏徐海之农业及农民生活》，《农村经济》第1卷第10期，第17页。

〔5〕 苏冷：《睢宁的农民生活》，《农村经济》第2卷第8期，第90页。

中国的饮食文化至为发达，饮食之精美、烹饪方法之精良、食器之精致、礼俗之繁缛，可称世界之最[1]。但由于生产生活条件各异，地理环境不同，主食不同，食制不同（有日三食、二食者），“食性”亦不相同：“食品之有专嗜者，食性不同，由于习尚也。兹举其尤，则北人嗜葱蒜，滇、黔、湘、蜀人嗜辛辣品，粤人嗜淡食，苏人嗜糖。”[2]这可见人们对“味”的不同好尚。

就江南淮北而言，淮北人以面食为主，江南人以米食为主（江淮介乎两者之间）。“吃米地方之蔬菜，较吃麦地方之蔬菜为丰富，乡人有时且啖鱼嚼肉。淮北人即不如此，饭时有一二碗素菜即为已足，吃肉之次数极少，一年除新年、端午、中秋及收粮食时期以外，是无肉可吃。”[3]

由于江南物质生活条件较优，对饮食甚讲究，无论城市、乡村，皆“习于奢侈”，正餐、小食，“无不力求精美，尤喜食多脂肪品，乡人亦然。至其烹饪之法，概皆五味调和，惟多用糖，又喜加五香，腥膻过甚之品，则去之若浼。”[4]而淮北人的饮食活动，绝不似江南人那样讲求五味调和。这里经济落后，生存维艰，节衣缩食，是这里的乡土特征。他们的食物，“写起来都还是可以进得嘴的东西，实际上不如说是垃圾箱里的污秽的杂物来得切当。……他们的下饭菜除了辣椒、大葱、大蒜、萝卜丝而外，平常是用不着菜的”[5]（地主富农例外）。要是遇到凶年，连这种至低的生活水平也难以维持。

衣食不足，礼节亦简。淮北人也讲究饮食礼俗，但绝不若江南人繁琐。夏天，淮北农民往往蹲在门外吃便饭；冬、雨天则坐在屋里秫秸秆堆上就食，正经八百像江南人那样桌边就餐的情况反不多见。

此外，江南人饮茶成风。如常熟藕渠镇，茶馆林立，农民三五一桌，几无虚席，光身赤脚，且饮且谈，茶资每壶铜元数枚，可以尽冲开水，闲坐整日。“全个常熟的农夫差不多都有这样趣味。”[6]淮北农民则无此等闲情逸致。

总之，江南人淮北人在饮食、饮食习惯等方面，存在着巨大的差别，这种差别，当然是由于区域生产、生活条件等多种因素合力造成的，但同时给江南淮北的饮食文化染上了不同的地方色彩。

---

〔1〕 姚伟钧：《中国饮食文化探源》，广西人民出版社1989年版。

〔2〕 徐珂：《清稗类钞》，总第2181页，海南国际新闻出版中心、诚成文化出版有限公司1996年版。

〔3〕《民国江苏省乡土志》第349页。

〔4〕 徐珂：《清稗类钞》，总第2181页，海南国际新闻出版中心、诚成文化出版有限公司1996年版。

〔5〕 苏冷：《睢宁的农民生活》，《农村经济》第2卷第8期，第88～89页。

〔6〕 行政院农村复兴委员会：《江苏省农村调查》附录“调查日记”，第81页，商务印书馆1934年版。

三、住行方式

再看看住与行的习惯或方式。

住。

中国的建筑，主要为公共建筑、住宅建筑两大类。住宅建筑，城乡不同，南北各异。就江南淮北而言，民居各有所风，各具特色。《江苏省乡土志》对此作过比较，说："淮北地方，因出产不丰，又少林木，故多住泥墙草房，瓦房极少，瓦屋惟城市中始有之，做法亦依照版筑泥墙办法，减少直柱，此完全属于减省材料之意。江、淮之间，瓦房渐多，其制造方法，与淮北略同。……江南住宅，与淮北又不相同。无论在城市在乡村，大致以瓦房为多，且檐牙高啄，墙高宫深。尤其在苏、常一带，另成一种风气，屋脊两站高耸，如鸟张翼，建筑前低而后高，视为一律。松属住宅，大门多为开店式之推门，一排六扇或八扇，大门不常开，另由边门出入，外丑而内艳，布置皆甚讲究。苏、松一带，尤喜住楼，将蚌壳磨之极细，当作玻璃蒙于窗棂之上，亦颇美观。即十分炎热之夏天，居楼者亦久而安之，不喜迁移，此为江苏江南一部之特殊风气。"〔1〕可见江南人对住宅是比较讲究的，建筑风格独特，住宅错落有致，形成颇具特色的人文景观。乍到江南乡村，人们会发现村景很美，湾湾溪水，垂垂杨柳，一幢幢瓦屋，隐约于参天密树之中，小鸟唧唧，飞舞长空，令人遐想。江南文人才子辈出，是自然人文景观赋予了他们以灵感。

相形之下，淮北人的住宅则太过逊色了。"居惟茅舍，卑狭殊甚，仅堪蔽风雨而已"〔2〕，"屋小只及方丈者，内中包含卧室厨房，拴驴子，藏农具，以至无回旋余地，诚令人促眉三叹，不堪其苦。"〔3〕就连地主房屋，也以草舍居多。〔4〕

淮北住宅建筑所以令人促眉三叹，并非淮北人不好美舍。这与生存环境的不稳定性有着密切的关系。近代淮北农民的经济生活是相当艰苦的，对住宅建筑的投资不可能很多。而且，淮北是水灾频发区，动辄"庐舍漂没"，对住宅是不可能铺排讲究的，因陋就简，势不得已。"他们的住屋，从来没有窗子，那是为防御土匪的枪弹的"，"因为土匪为患，和大风的缘故，烟筒是不能有的。"〔5〕凡此都说明住宅建筑状况与经济条件、生存环境之关系。这与江南"因农工商业，俱较发达，谋生颇易，人民自然习于繁华，衣食住极为讲究，少有节俭与储蓄之

〔1〕《民国江苏省乡土志》第349页。

〔2〕张介侯：《淮北农民之生活状况》，《东方杂志》第24卷第16号，第71页。

〔3〕蓝渭滨：《江苏徐海之农业及农民生活》，《农村经济》第1卷第10期，第17页。

〔4〕张介侯：《淮北农民之生活状况》，《东方杂志》第24卷第16号，第71页。

〔5〕苏泠：《睢宁的农民生活》，《农村经济》第2卷第8期，第90页。

美德”的情况相比[1]，形成鲜明对比。

民居文化是建筑文化的一部分。由于物质生活条件、地理环境的差异性，住宅建筑呈现多元化、乡土化的特征。江南淮北也不例外。主要方面，已如上述。假如诗人到了江南，能谱写出许多畅想诗章，而到了淮北，也许首先想到的是“茅屋为秋风所破歌”了，这是江南淮北在住宅建筑方面反差最显著的一个方面。

行。

行，泛指交通运输工具。南船北马（车），自古判若分明。“舟以行水，江河湖海皆用之；车以行陆，山岭平原皆用之。行水之具，与舟同其作用者，有排，有筏；行陆之具，与车同其作用者，有舆，有轿，有骑，皆所以便交通也。”[2]古代江南淮北大抵如此。到了近代，“行”的差别逐渐缩小，江南淮北均有火车通行。陇海路为淮北横行线，京沪（南京到上海）、沪杭路为江南横行线；津浦路为淮北之纵贯线，苏嘉路为江南之纵贯线等。汽车则风驰电掣于大江南北，大小汽船则鼓轮破浪于河湖港汊之间。交通条件均较古代大有改观，这对南北间文化交流打破区域界线，创造了条件。但近代交通的发展，毕竟还很有限。而且，江南为鱼米之乡，打鱼离不开船，捞河泥离不开船，交通运输离不开船，出行同样离不开船。至于从事龙舟竞渡之类文化娱乐活动，更离不开船了。船，在江南人的日常生活中，占有重要地位，这是毫无疑义的。

至于说到淮北，正如蓝渭滨所云：“行的问题，除徒步外，尚有独轮车、大车、舟车榍三种，现在虽然有汽车四通八达，陇海与津浦铁路纵贯其中，然而农民非不得已不轻易敢享物质文明；盖一元数角之洋钱，不易入手，还是安步当车者多”[3]。独轮车是淮北农民不可或缺的交通运输工具，至于安步当车，正可见物质生活条件对“行”的制约关系。

总而言之，“淮北之独轮车，江南之乌篷船，是调剂轮船火车之不足，尚未可偏废。”[4]江南淮北在“行”的方面，仍然存在着很大差别。

四、语言及其他

语言是文化的符号，也是文化传播、文化交流的重要媒体。由于地理环境的差异，语言也不尽相通。大致同一语言之地，风俗大致相同，风俗尽同之地，语

〔1〕《民国江苏省乡土志》第371页。

〔2〕徐珂：《清稗类钞》，总第2123页，海南国际新闻出版中心、诚成文化出版有限公司1996年版。

〔3〕蓝渭滨：《江苏徐海之农业及农民生活》，《农村经济》第1卷第10期，第18页。

〔4〕《民国江苏省乡土志》第349页。

言相差不会太远。一地之语言，主要有官话与方言两种。官话中有所谓普通官话、国语者。方言之中，有所谓土语、混合语者。江南淮北不外如是。今以江苏为例，以见江南淮北语言之歧异。

江苏语言系统区别为北方官话（语似北京音亦称北京官话）、南京官话、扬州官话、上海话，及苏州方言、松江方言等六种。扬州官话、北方官话、南京官话，皆所谓楚语也，其音重浊而简直明晰。镇江以南，东至苏、常、松、太，太湖流域诸区，皆属吴语，语音清脆柔软。淮北地区通行北方官话。官话与官话之间，在抑、扬、顿、挫等方面，微有区别，至于官话与方言之间，则泾渭分明，判若霄壤〔1〕。

根据上述，江南淮北基本上是方言对官话。在江南，“软语吴侬”，是何等柔媚；在淮北，“闻其声，率刚厉，少蝉缓，质直不文，得古强毅果敢之气，而民之好勇斗狠亦由是行焉。”〔2〕反差巨大，可想而知。“宁可与苏州人打架，不愿与徐海人讲话”，这句人所熟知的俗语，不是没来由的。

林语堂对南北语言差异，也曾做过分析，说：“在语言上，我们听到的是北京话洪亮、清晰的节奏，轻重交替，非常悦耳；而苏州妇女则轻柔、甜蜜地唠唠叨叨，用一种圆唇元音，婉转的声调，起强调的力量并不在很大爆破音，而在句尾拖长了的，有些细微差别的音节。”他并引了一段故事，说“一位北方的军官，在检阅一队苏州籍的士兵。他用洪亮的声音喊：‘开步——走！’但是，士兵们没有挪动脚步。一位在苏州住过很长时间，知道奥妙的连长请求用他的办法来下命令。长官允许了。于是他没有用通常洪亮清晰的声音喊：‘开步——走！’而是用真正婉转诱人的苏州腔喊到：‘开——步——走——捺——嗳。’嗨，你瞧！苏州连前进了。”〔3〕不难想见，语言隔阂，是江南淮北进行文化交流的巨大障碍因素。

此外，江南淮北在许多方面存在着差异，如丧俗，“昆山乡女之居母丧也，必以红色布为裤，服三年乃除。谓母育己身时，恶露甚多，有血污之秽，死后必入血污地狱，服红裤者，为其祛除不祥也。男子亦间有之。”〔4〕这在淮北绝难见到。淮北丧礼，如淮安，“与他处不同者有三：一，头七。俗谓此日为死者上望乡台之日，凡家中所有之事物情形，无一不为死者所见。家中人多于此夜通宵不卧，咸服白衣，意恐死者不知其在此为之成服也。二，送饭。俗传人死之后，三

〔1〕《民国江苏省乡土志》第373页；《江苏省鉴》下册，第192~197页。

〔2〕刘庠：《徐州府志》，第10卷第12页。

〔3〕林语堂：《中国人》，第6页，浙江人民出版社1988年版。

〔4〕徐珂：《清稗类钞》，总第1251页，海南国际新闻出版中心、诚成文化出版有限公司1996年版。

日不能即达阎王处所，则暂驻于本坊之土地庙中，此三日间，每夜必往土地庙送饭一次，并多焚纸帛，意似贿嘱土地照应者。三，起程。三日之限既满，本坊土地将死者送往都土地庙，丧家遂以纸扎轿马，并延僧人乐手导之，谓之起程，并谓轿为死者所乘，马为本坊土地所骑也。"〔1〕这在江南是很少见的。其他如民间宗教信仰、岁时风俗、婚俗等等，异处甚多，不赘。

综之，江南淮北，"以民情言，江南柔而淮北刚；淮南江北则界于刚柔之间。以语言言，则江南多吴语，江北多扬州语，而淮北多齐、鲁语。以言风俗习惯，则江南奢侈纤巧，淮北则朴实无文，而淮南江北亦界于两者之间，如扬州已近于江南，而淮阴、淮安有相同于徐海。以言宗教迷信，则江南以民智较开，观念比较浅薄，淮北则迟钝保守，故宗教迷信观念，尚极浓厚。"〔2〕这就使江南淮北在文化上各具特色，形成巨大反差。

五、余 论

通过上述以江南、淮北农村为背景的比较，可以发现，无论衣食，抑或住行，抑或语言等，江南淮北均各有所尚，形成各具特色的乡土文化。这种反差的形成，有物质生活条件因素，有地理环境因素，有社会文化自身的传承性因素。还应注意的是，城市的近代化与乡土文化的变迁存在着莫大的关系，这在江南，显得特别突出，如靠近上海的金山县，"十年以前，畎亩农夫，皆布帛束身，毡帽围襤，(如女人裙以蓝布为之）自交通日便，憧憬都市繁华，亦均呢帽围巾，竞效富贵人装，入夜出门，皆携电筒，雨则革履洋伞，青年男女，又多抽卷烟，以为时髦，间有一二老成，尚能保持俭素，已如凤毛麟角，民日贫而俗日侈，可忧也"〔3〕；武进婚仪"民国以来，旧式未改，参用新礼。"〔4〕可见，江南人"喜学时髦"，远较淮北人开通，这与城市化水平及其由近及远由强到弱的辐射是一致的。

江南淮北社会文化上的巨大反差，毋庸讳言，是封闭的传统社会的历史遗存，是社会交往、文化交流贫乏的必然衍化物。中国虽然跨入近代，但封闭的格局并没有因此而彻底打破，加上区域社会受近代因素影响的程度不一，社会文化的差异性显得更为突出。20世纪30年代，江苏省组织一批人马，分赴大江南北进行农村调查，有关淮北的调查材料说："农家全是草屋，矮小简陋不堪；所用

〔1〕 徐珂:《清稗类钞》，总第1251页，海南国际新闻出版中心、诚成文化出版有限公司1996年版。

〔2〕《民国江苏省乡土志》第369页。

〔3〕《金山县鉴》，第142页，金山县鉴社1936年版。

〔4〕 胡朴安:《中华全国风俗志》下篇，第3卷。

家具，完全是土货，穿的也是土布，资本主义经济的侵略还没有直接到这里。”[1]就是说，直到30年代淮北还是小农经济的汪洋。这一结论是可以得到证实的。1930年，吴寿彭作了一次“不是一个快乐的旅行”，对徐海各属县进行调查，同样得出了“逗留于农村经济时代的徐海各属”的结论[2]。这与江南形成鲜明对照的两个世界。区域文化对比，反差之大，不待言可知了。

当然，江南淮北两个“文化圈”并非全然处于隔离状态，区域文化的交流，迨至近代，从未间断过[3]。江南是淮北人心目中的“天堂”，经济发达，谋生较易，因此，“年年看见许多江北（徐州、海州）人来到（江南）各县的乡村，开垦荒田或是佣工。”[4]人是文化的载体。人的迁移流动，就意味着文化的流动。淮北流民流向江南的同时，流出地乡土文化相伴而行，这自然有利于文化的交流、融合、趋同，扬中、丹阳、溧水、高淳、金坛、溧阳等6县“官（话）吴（语）混合语”语言现象的形成，不能不说是区域文化交流的巨大成果。但文化的巨大反差以及所具有的封闭性、排他性，又使交流格外艰难，江南土著与淮北客民之间暴力的或非暴力的冲突事件不绝如缕，从深层次探究，正是由于“异习生猜”，即文化背景不同引发的，也正是从这个意义上，笔者曾把这种类型的土客冲突谓之“文化冲突”[5]。区域文化的趋同或一种新文化的孕生，是在抗拒——碰撞——渗透——冲突——渗透的过程中逐渐实现的。这只是顺笔涉话，权当题外之言。

（作者系苏州大学社会学院教授）

---

〔1〕 行政院农村复兴委员会：《江苏省农村调查》，第69页，商务印书馆1934年版。

〔2〕 吴寿彭：《逗留于农村经济时代的徐海各属》，载《东方杂志》第27卷第6、7号。

〔3〕 参见拙文：《近代淮北流民问题的几个侧面》，载香港《二十一世纪》1996年12月号。

〔4〕 吴寿彭：《逗留于农村经济时代的徐海各属》，载《东方杂志》第27卷第7号，第69页。

〔5〕 参见拙著：《中国近代流民》，第174～184页，浙江人民出版社1996年版。

淮河流域近代水旱灾害对社会经济的危害

唐元海

淮河流域地处我国南北气候过渡地带，降雨时空分布不均，南北平均降雨量相差 500 ~600 毫米，多雨年与少雨年的降雨量相差 3 ~4 倍。冬季干旱少雨，夏季降雨集中，汛期暴雨持续时间长。现代灾害学研究表明，这种气候过渡地带是地球上典型的孕灾地区。

黄河夺淮，是造成淮河流域灾害频繁的主要原因。自从金明昌五年（1194 年），黄河夺淮后，在长达 661 年的黄河泛淮时间里，共有 284 年在淮北各支流泛道上决溢，且把上万亿吨泥沙带到淮河流域，不仅改变了淮北平原地貌，还破坏了淮河干支流排水系统和农田灌溉水利工程。淮河中下游干支流河道、湖泊普遍抬高，河床断面缩小，比降变缓，泄洪能力降低，造成中游洪涝水下泄缓慢。据淮河中下游重点水文站记载，1931 年，洪泽湖中渡水文站记录：最大流量超过 16000 立方米每秒，而淮河下游泄洪能力不足 8000 立方米每秒。加上旧中国河道堤防残破失修，防洪标准很低，一遇暴雨洪水，造成中下游沿淮地区严重的洪涝灾害。据我们统计，从清咸丰五年（1855 年），黄河北徙至 1949 年的 94 年中，淮河流域共发生较大洪涝灾害 48 次，旱灾 40 次，平均 1. 9 年发生一次较大洪涝灾害，平均 2. 3 年就发生一次较大旱灾。[1]

到了近代，在淮河频繁水旱灾害的打击下，使淮河流域从黄河夺淮前一个土地肥沃，物产丰富，人杰地灵，经济、文化比较发达的地区，变成了一个“大雨大灾，小雨小灾，无雨旱灾”的穷地方。

一、近代大灾实录

由于淮河流域气候和降雨时空分布的不规律，洪、涝、旱、蝗灾害错综复杂。水旱灾害的发生不仅频率高，而且还有洪涝相伴、水旱灾害互相转化的特点。在流域内不同区域往往出现春旱夏涝、秋旱冬涝，春涝夏旱，秋涝冬旱；南涝北旱，北涝南旱，涝中有旱，旱中有涝等反常的现象，给防灾抗灾带来很大的困难。

---

〔1〕 唐元海主编：《淮河综述志》，科学出版社 2000 年版。

根据前文记述，从黄河北徙至1949年，淮河流域共发生洪涝灾害年48次，按水系区域来划分，淮河干流豫、皖、苏三省共发生洪涝灾害年29次，泗沂沭水系区域发生洪涝灾害年9次，黄河决口南泛带来的洪水灾害年有10次。发生较大的旱灾年有15次。从灾害发生的时空分布上看，还有灾害连年或数灾（如水灾、旱灾、蝗灾、风灾、雹灾、瘟疫）并发的特点。

清末和民国时期，淮河流域共发生特大水灾年3次，特大旱灾年2次。3次特大洪水灾害是1921年，1931年和1938年。据统计，这3年特大洪水灾害共淹耕地14670万亩，灾民达3160多万人，各种财产损失达139483万元。[1]这三次特大灾受灾面积之大，受灾人口之多，经济损失之严重，是史无前例的。

1921年夏季的6～9月，连续出现了大雨和暴雨，淮河长期处在高水位状态，120天洪水总量达800亿立方米。淮河上、中、下游普遍成灾。淮河上游信阳："城内倒塌房舍万间，城墙崩溃数十丈，压死数十人，田禾树皆烂死"。淮河中游，"颍州府大水，城内房屋多被淹倒。"皖北平地水深三尺，蚌埠街道可以行舟，淝河两岸上下数百里，禾稼均被淹没。8月8日《申报》报道："亳州遭猛烈之大水，无家可归者约有10万人。"淮河下游里下河地区大水，山东菏泽一片汪洋。

1931年夏季的大水，是近代史上淮河发生的最大一次水灾。7月份，降雨量是常年同期雨量的2～3.5倍，淮河处在高水位，大流量向下运行长达4个多月，8月9日，洪泽湖中渡站记录最大洪峰流量达16200立方米每秒。在长时间强暴雨洪水的袭击下，地方政府组织群众抗洪不力，造成淮河中游矮堤全线崩溃。据民国二十年九月《安徽省赈务会刊》记载，6至7月，淮河干流堤防决口61处，是百年罕见的特大水灾。当时的《申报》、《大公报》等报刊，对大水造成的灾害和灾民都作了报道。入梅以来，蚌埠大雨连绵，淮水暴涨，小蚌埠以北一片汪洋，市内街道行舟。7月3日，寿县大雨倾泻，不分点滴，历至昼夜势稍减。洪水飞涨，几若海啸，纵横泛滥，田庐禾稼，荡然无存。五河县全境顿成泽国，县城街道水深数尺，市面行舟，屋宇撑筏。阜阳全境一片汪洋，淹毁五万余户，灭顶者三千余口。灾民转徙流亡，相嘱于途，童妇嚎哭，不绝于耳。苏北里下河地区一片汪洋。兴化县平均水深2米以上，"城镇尽皆陆沉，屋舍楼台悉成水宫，浮尸满街漂流。"[2]

---

〔1〕 唐元海主编：《淮河水利简史》，水电出版社1990年版。

〔2〕 1931年7月20日《大公报》。

1931 年淮河流域四省灾情表

省名	受灾耕地（万亩）	受灾人口（万人）	死亡人数（个）	毁房（万间）	经济损失（万元）
河南	1172.06	749.80	130000		18879.50
安徽	2105.82	479.50	11341	66.80	14981.40
江苏	3231.75	653.80	18157	2096.30	20183.60
山东	1264.50	119.30			2378.70

注：表中数据资料来自 1931 年的《国民政府救济水灾委员会工赈报告》和《中国水利问题》

1938 年，黄河花园口决口事件，造成了震惊中外的洪水灾害。6 月 9 日，国民党政府为了阻止日本侵略者进攻速度，竟然采取以水代兵的策略，炸开郑州黄河花园口大堤，汹涌的黄河水居高临下，一泻千里。堤脚下的邵桥、史家堤、汪家堤和南崖四个村庄，顿时被洪水冲毁，荡然无存。口门处冲刷成 13 米深、2500 多亩大的深潭。黄河洪水沿着贾鲁河、颍河、涡河向东南淮北平原奔流，平地水面宽达 100 多公里，在人口稠密的豫东、皖北平原上横冲直撞，然后在正阳关至怀远一段倾注于淮河干流。黄水入淮后横溢两岸，造成一场惨绝人寰的灾难，洪水经过地区灾民的惨状，据中央社报道：庐舍荡然，罹难民众，不知凡几。洪水所至，澎湃动地，呼号震天，灾民“攀树登屋，浮木乘舟，以侥幸不死。仅保余生者，缺衣乏食，辗转外徙者，饥饿煎迫，疾病侵寻，横尸道路，九死一生，艰辛备历，不为溺鬼，尽成流民。”郑州附近聚集难民数万，食住皆无，情况堪怜。

黄河花园口决口后，黄河在淮北泛滥 9 年，据《淮河水利简史》记载，1938 年豫、皖、苏三省 44 个县受灾，共淹地 1993 万亩，占耕地面积的 35%，泛区外逃人员 391 万人，其中河南省 117 万人，安徽省 254 万人，江苏省 20 万人。死亡人员共 89 万人，其中河南 32.6 万人，安徽 40.8 万人，江苏 16 万人，各种经济损失共 10.9 亿元。1947 年，花园口堵口，黄河回归故道后，据河南省统计，中牟、通许、尉氏、扶沟、西华、商水 6 县的总人口数只有受灾前的 38%，除部分人逃荒未归外，其余全在水灾中丧命。

二、灾害对国家社会经济的危害

自从鸦片战争以后，中国沦为半封建半殖民地社会。清朝政府政治腐败，对外丧权辱国，对内残酷剥削人民，到了国力衰竭，膏血俱尽的地步，对于水旱灾害及其危害，只是听之任之。民国以后，虽然制定了导淮计划，由于军阀混战，国家贫困，无力进行治淮减灾。每逢大水灾发生，大量土地，众多家园被滔滔洪水吞没，造成数十万人民倾家荡产，颗粒无收，流离失所，逃荒要饭，土地荒芜。每当大旱来临，赤地千里，饿莩遍野，流亡载道，村落为墟。

水旱灾害对社会的最大伤害，就是对人生命的戕杀。灾害作为一种超越人类生产力，并能给社会带来各种破坏的自然力，对人生命的直接伤害，就是人们被灭顶之灾的滔天洪水吞噬或在颗粒无收的大旱中饿死等。另一种情况就是灾害恶化了人类生存条件，致使人们逐渐衰亡，社会逐渐衰退。

我国近代因灾荒而引起人口流移与死亡记载缺漏较多，然而仅从少数记载中就可使人震惊。据《中国救荒史》记载："光绪二至四年（1876 年至 1878 年），江苏、浙江、山东、直隶、山西、陕西、湖北等省大水；安徽、河南、陕西、山东又大旱，总计死亡约一千万人。光绪十四年（1888 年），河北、山东地震，黄河在郑州决口，河南、河北大水，总计死亡 350 万人。"河南巡抚倪文蔚上奏：自黄河决郑州、豫省下游被水者十五州县，待赈者一百八、九十万人口。[1]据《河南水旱灾害》一书记述，1877 年是光绪二至四年连续三年大旱中最严重的一年，河南省全省大旱，麦秋无收，赤地千里，大饥、人相食。如嵩县连年亢旱，赤地千里，斗谷二千钱有余，兄弟父母相食者，不计其数。吾嵩县人，死者十之四五。山谷居民，十室九空，乡村妇女贩卖几尽，饥民流亡，弃男抛女，伤心惨目。许昌大旱，秋无禾，大饥，饿死逃亡者，道馑相望。

光绪二至四年的特大旱灾，发生在清朝政府镇压太平天国后和镇压捻军起义时期，战火遍及半个中国，国外列强的侵略，迫使清廷割地赔款，国库空虚，灾民得不到济赈，大量死亡。灾民面临绝路，揭竿而起，掀起了反帝反清的斗争，动摇了清朝的统治基础。

光绪二十九年（1903 年），淮河上、中、下游发生大水，"安徽之凤、颍、泗，江苏之徐、海、淮、扬凡七府。灾民极贫户口四百万，次贫倍之。恩赈、官赈、中外义赈，合计近六百万。灾荒影响及于全省，抢米遏籴，无县无之。……江淮之间，大乱成矣"。"查我灾状者，咸谓置无算可耕之良田为荒区，造无算可饱之农民为饿莩，环球万国，惟中国有之。臣闻之深以为耻"。[2]

光绪三十二年（1906 年），徐、海、淮、扬之水灾见矣；与徐邻者，安徽之凤、颍、亳、泗，及山东、河南之近徐诸地，均被水灾。徐、海之饥民，流亡而聚于清河者，已五十万；宿州之饥民已三十万，其流于扬、镇者尚不在此数。……而日内由各处至清江者，无日不络绎于道，率以数万计。……闻某西人在清江持表数饥民过桥，一分钟过五百至六百人，且日死百数十人不等。清江留养，

---

〔1〕 中华书局版《清代淮河流域洪涝档案资料》。

〔2〕 江苏古籍出版社版《张謇全集》"请速治淮疏"光绪三十年。

自督臣端方到任后，始派淮扬道料理。出于仓猝，人来日众，不及建棚（即收容灾民的棚），有聚而露处者。一棚建成，即已挤满；人如栉比，臭秽熏蒸；男妇老弱，号呼喧杂。有途中夫妇更替推车甫至即倒者；有妻出乞食，夫厌（死）儿号，怨忿掷河，妻回殉儿，夫又殉妻者；有羸而毙于路侧者；有食草根，豆饼者；有衣不蔽体者；有以小车为家、蔽席野宿者；有相偎而野宿者，有弃儿于野聚至数百者，种种颠连，酸心刺骨。其濒于河淮大水未退尽之区，屋倒田淹，不愿流亡，而架席蜷伏于塍阜之隅无衣无食者，更不知凡几。此灾状之惨也。〔1〕

面对灾民的苦难，时任江苏省咨议局局长的张謇，设法多方筹赈，四出募捐，购运米粮，救济灾区。按张氏当时计算，“以臣所兼辖之地言之，江苏徐(州)、海（州)、淮（阴）十七县灾区，每一州县极贫之丁口，平均以二十万计，已有三百四十余万。……上年急赈不论，即本年自正月至四月，一百二十日，人给钱一千二百文，当此千钱斗米之时，每人每日十文，势不能活”。〔2〕而徐、海、淮濒近湖河地区，“去秋水退种麦者十之六、七，其失时而不能种麦也居三、四。至麦熟未收时，饥民群出，捋穗（吃）堪虞，禁不胜禁，防不胜防，岁中，岁即中稔（庄稼成熟)，将成大歉。”〔3〕

我国是以小农经济为基础的社会，农业生产力的基本要素是人。人口大量流亡，田地荒芜或歉收，农村经济就要崩溃，国家财源就会枯竭，各业生产就会停滞，酿成社会的总贫乏。据邓云特《中国救荒史》一书统计，“我国农村人口死亡率平均约为每千人中死二十五至二十六人，除印度外，此实世界各国最高之死亡率。”而绵延不断之灾荒，实即为造成此最高死亡率之一主要原因。以安徽为例，据《安徽人口》一书记载，从清道光三十年（1850年）至宣统三年（1911年）的61年时间里，由于水旱等自然灾害频繁，军阀混战，使全省人口从3761万人，锐减到1623万人人口损失达2138万人，令人惊讶！广大农民在灾荒死亡的威胁下，部分农户抛弃家园，逃荒他乡。未逃荒者，为了生存不得不忍痛变卖一切生产工具，加上灾民缺乏种子、肥料等生产资料，造成农村生产衰退，经济崩溃，使以农业为基础的中国国民经济陷入困境。

民国以后，由于水系混乱，河道失修，加上水旱灾害频繁，不仅造成人口锐减，而且耕地荒芜和高度集中现象特别突出。据民国二十年《中国年鉴》记载：“民国十九年内政部统计司，根据十八年至十九年（1929年1930年）十月，二十一省五百六十七个县之呈报，估计（两年）全国荒地面积共有11.77计亿亩，

〔1〕《张謇全集》“代岑粤督拟淮北工赈请拨镑余疏”，光绪三十二年。

〔2〕《张謇全集》第二卷经济“代江督拟设导淮公司疏”。

〔3〕《张謇全集》第二卷经济“代江督拟设导淮公司疏”。

……而豫、皖、苏、鲁四省荒地面积达282.68万亩。”

在旧中国，土地是农民的命根子，当灾民面临无粮果腹饥饿难忍的时候，卖地就成为谋求生存最痛苦和最无奈的选择。地主、富农、商人和官吏等，在灾荒年低价收买土地，造成土地高度集中，是淮北灾民的普遍现象。据1934年商务印书馆出版的《江苏省农村调查》指出，江苏土地集中程度是苏北高于苏南。淮北一带旱田区域，田权分配不均最相悬殊，一万亩以上的地主每县有一两家，著名的如萧县的李厚基有田二万多亩，邳县有位姓窦的有田五万亩。这些大地主的形成，反映了淮北广大农民的土地被廉价夺去了。1931年，江淮大水后，粮食和其他生活必需品价格普遍上涨，而土地和耕牛等生产要素价格却在下降。据南京金陵大学农业经济系对江、淮水灾后重要物价指数调查记述，皖北的粮食和燃料、饲料的价格分别是灾前的124%和142%，地价和耕牛分别降至灾前的51%和49%；苏北的粮价是灾前的117%，土地价格降至灾前的61%。

在灾害的作用下，地主获得了更多的土地。在封建的生产关系下，地主依靠对土地所有权的垄断，把土地包租给一部分农民，从中获到“水旱无忧”的经济利益。据1927年《东方》杂志第24卷记载，在皖北有78%的农民是租地主土地耕种，土地收成的40%要交给地主，48.1%作为田赋税，交给政府，农民一年劳动所剩无几。佃户交不出或交不足租金，往往就要发生佃农要求地主减租的斗争。斗争失败，贫苦农民只好携家人逃荒到新地方谋生，这是旧中国广大农民逃避天灾和战乱的一种方式，如山东人闯关东（我国东三省），豫、皖、苏三省灾民大量逃往江南、上海等地佣食或乞食。据1920年10月出版的《吴县》一书记述江北成千上百难民强讨骚扰的情况：“民国十八年七月十七日，豫省灾民有二百七十名，日前到苏州由县政府发给川资六元，该灾民等遂沿沪宁路昆山方向而去。九月十四日，豫省难民二百余人由沪来苏，当经县政府发给口粮，并由公安局饬警代雇民船四只送出境。十二月十五日，水公安三区鉴于近来难民成群结队骚扰各地，与绑匪游勇相勾结，水警全体动员，防遏难民与匪勾结。”

民国十九年一月五日，大批难民逗留苏乡光福一带，有二千人。六日，而香山又到大批，约有三、四千人，到香山后购物不给价，县政府已咨拨保安队会同县警察队下乡弹压。二月二十八日，近有数千难民勾结海州帮匪意图滋扰掳劫。难民船上载有棺木六具，其中有五具均藏匪之枪械弹药。龚区长闻报后，即分令游击队开赴平望镇侦缉剿捕。安徽也是土匪横行之地，他们“烧杀淫掠，无恶不作，匪区人民痛苦备至。”“驯至田园荒芜，庐舍丘墟，经济窘迫，不堪言状。”[1]灾荒导致匪乱，匪乱又破坏农业生产，进而削弱农民的防灾抗灾能力，

〔1〕1933年1月27日《中央日报》。

这在旧中国，几乎是一种因果关系。

民国时期，有人写文章称，“江北之患在水而又在匪”（韩国钧《止叟年谱》）。“苏北匪患如此严重决不是苏北人民有当匪之天性，完全是自然压迫和社会压迫的产物”。〔1〕饥荒和失地农民，如果政府有能力抗灾赈济，有工可做，一般人民断不至于铤而走险，去当土匪。据道光续修《铜山县志》记述，许多当过土匪的人都说：“万难有一点办法，谁愿意在刀尖上抢饭”。由于土匪猖獗，每年夏秋季节“青纱帐”（指高粱地）起，淮北的许多地方行人稀少，商旅断绝。

淮北民风中的“造反”思想根远流长，这在某种程度上构成了农民转化为土匪的内在文化驱动力。近代地理学家张相文在《帝贼谱》一文中，列数了淮河流域所出的皇帝与起义造反的农民领袖的关系。淮北人民有崇拜柳下跖的传统，在明清时期苏皖北部的不少县都建有柳展庙，“其为香火之久远可知。观其所供之神，而民风之好乱，抑又可知矣。故自我开创之主，割据之雄，及首倡祸乱之盗魁，十之八九皆出其间”。〔2〕1950 年夏，淮河又发生了大水灾，1300 多万农民沦为灾民。7 月，毛泽东在谈到治淮、救灾、安民时，还告诫我们淮河流域是农民起义的地方，也是出皇帝的地方。据道光《铜山县志》卷一风俗记载：徐州府一带民众“大胆力绝，人喜剽掠，小不适意，则有飞扬跋扈之心，非止为暴而已。”“刘邦、项羽、刘裕、朱温、朱元璋等，皆在徐州数百里之间，其人以此自负，雄杰之气积以成俗。”从以上史实可见，水旱灾对人民生命财产安全，对国家经济发展、社会进步、政治安定带来多么大的影响和危害。

在旧中国，由于淮河灾害频繁，造成淮河流域人民长期贫穷与落后，所以，根除淮河水患，除害兴利，是广大人民世世代代的迫切愿望。新中国成立后，在政务院《关于治理淮河决定》的指导下，全流域人民开展了大规模治淮运动，取得了伟大的成就。但是，由于人们认识能力、经济条件等制约因素的存在，黄河长期夺淮祸根难以在短期彻底消除，加上不利的气候因素，因此，淮河流域洪涝灾害时有发生，现在灾害和水污染仍然是各地经济发展的制约因素。从 1950 至 1991 年的 41 年中，淮河流域年平均成灾面积达 2606 万亩，占全流域土地面积的 13%。所以，今后治淮减灾，防治水污染，是新世纪淮河流域人民肩负的历史重任。

（作者系水利部淮河水利委员会编审）

〔1〕 民国时期《江苏月报》第一卷第二期，骆美唤《江苏江北各县的没落——其原因及救济办法》。

〔2〕《近代中国史料丛书》正编第 876 页：张相文《南园丛稿》。

《老子》"法律思想"质疑

李良玉

在中国思想史上，《老子》率先确立了一个比较完整的哲学体系，这在中国乃至世界思想史上均占有十分突出的地位。因此，有研究者认为，《老子》一书包含着丰富的哲学思想、经济思想、管理思想、法律思想、逻辑思想、心理思想、无神论思想等等。〔1〕笔者认为，老子确实是一位杰出的思想家、哲学家，《老子》一书博大精深，有着极为丰富的思想内涵，但就法律方面而言却涉及甚少，更谈不上完整、系统的法律思想。本文试就此问题谈一些粗浅的看法，以就教于方家。

一

《老子》八十一章、五千余言内容中，明明白白谈到法律的地方仅有一处，即"天下多忌讳，而民弥贫；民多利器，国家滋昏；人多伎巧，奇物滋起；法令滋彰，盗贼多有。"（五十七章。本文所引《老子》一书，不再注书名，下同。）有些学者据此得出了《老子》"主张绝对无为，否定仁义礼法"的法律思想。〔2〕笔者认为，这种观点有些失之偏颇。

我们从《老子》第五十七章的前后内容来看，老子这里所阐述的是其"无为"的政治思想，而非法律思想。老子反对一切聪明才智，反对一切法律制度，认为天下的禁忌越多，人民就越贫穷；民间武器越多，国家就越混乱；人民的技巧智慧越多，邪恶的事情就会层出不穷；国家的法令越庞细繁杂，盗贼反而越多，苛刻法令成为社会动荡不安的根源。因此，只有抛弃一切人为的东西，崇尚"无为"，"以正治国，以奇用兵，以无事取天下"，才能达到"我无为，而民自化；我好静，而民自正；我无事，而自富；我无欲，而民自朴"（五十章）的理想境界。

一般来说，我们所说的某种思想，应该是指一个比较系统、完整的认识体系以及较为丰富的思想内涵。然而，就《老子》来看，老子反对当时的一切法制，

---

〔1〕 参阅孙以楷等著：《老子外传·老子百问》，安徽人民出版社1992年版。

〔2〕 李贵连主编：《中国法律思想史》，第88、87页，北京大学出版社1999年版。

反对一切对人们的束缚和限制，但究竟建立一种什么样的法律制度，《老子》连一个基本的思路都没有，甚至根本没有谈及，因此其“法律思想”也就无从谈起了。所以笔者认为，《老子》中根本不存在系统、完整的法律思想，从其涉及到的有关法律制度的内容来看，充其量只能说是老子对法律的一点看法，但绝不能称之为“法律思想”。

近世思想家康有为在论及先秦学术流派时，曾将道法归为一家，认为法家源于道家，从而认为《老子》的思想成为战国法家的思想渊源。康有为指出：“《老子》‘天地不仁’四句，开申、韩一派”，“尉缭、鬼谷、商君，皆老子学”，并称“儒教最仁，老教最暴，故儒教专言德，老教专言力。儒教最公，老教最私。儒教专言民，老教专言国。言力言国，故重刑法，而战国之祸烈矣。……流毒至今日，重君权、薄民命，以法绳人，故泰西言中国最残暴”。[1]实事求是地说，通过我们以上的分析，可以看出，康有为的这番评价是缺乏科学依据的，同时也是极不公允的。

二

在《老子》一书中，除前述第五十七章明确谈到法律问题外，另有三处隐隐约约谈到了“法”，如“人法地，地法天，天法道，道法自然。”（二十五章）“柔弱胜刚强。鱼不可脱于渊，国之利器，不可以示人。”（三十六章）“民不畏死，奈何以死惧之？”（七十四章）等。这些是否体现了老子的法律思想呢？笔者认为，老子在这里并非就法谈法，上述内容并不能称之为老子的法律思想，而是老子社会政治思想的体现，是老子针对当时的社会现状而提出的政治主张。

众所周知，老子生活在一个动荡不安的社会大变革时代，一方面是列国兼并，诸侯争霸，“诸侯强并弱，齐、楚、秦、晋始大，政由方伯”（《史记·周本纪》）；另一方面政治腐败，民不聊生，“县鄙之人，入从其政，偪介之关，暴征其私，承嗣大夫，强易其贿。有常无艺，征敛无度，宫室日更，淫乐不违。内宠之妾，肆夺于市；外宠之臣，僭令于鄙。私欲养求，不给则应。民人疾苦，夫妇皆诅。”（《左传》昭公二十年）生活在这样一个社会环境下，老子在其著作中不可避免地要触及到社会现实，并对社会现状进行淋漓尽致的批判，同时提出了他的治世主张。

对于诸侯间频繁的争霸战争，《老子》从人本主义精神出发，极为关注战争给人民带来的灾难和痛苦，对大国争霸战争进行了谴责，认为“天下无道，戎马生于郊”（四十六章），并发出了反战的呼声：“以道佐人主者，不以兵强天

---

〔1〕《康有为全集》（二），第354、280、217页，上海古籍出版社1990年版。

下。其事好还。师之所处，荆棘生焉。大军过后，必有凶年。”（三十章）“夫唯兵者，不祥之器，故有道者不处。……兵者不祥之器，非君子之器，不得已而用之，恬淡为上。”（三十一章）虽然老子一概抹煞了战争的正义与非正义之分，但他这种关心人民疾苦的思想还是值得肯定的。

对于统治者的横征暴敛，老子进行了强烈的谴责：“民之饥，以其上食税之多，是以饥。民之难治，以其上之有为，是以难治。民之轻死，以其上求生之厚，是以轻死。”（七十五章）“天之道，损有余而补不足；人之道则不然，损不足以奉有余。”（七十七章）老子在此对统治者提出了警告，他指出，统治者的暴政是造成社会混乱的根源，人民痛苦不堪，衣食无着，所以才铤而走险，冒死反抗。对统治者动辄以死来吓唬老百姓的做法，老子进行了嘲弄：“民不畏死，奈何以死惧之?”（七十四章）

对于如何治理国家，老子对儒墨各家的学说进行了批判，认为儒墨之说皆是乱的产物，甚或是乱的根源，而非治世的良方，不能解决问题。他指出：“大道废，有仁义。智慧出，有大伪。六亲不和，有孝慈。国家昏乱，有忠臣。”（十八章）“夫礼者，忠信之薄，而乱之首。”（三十八章）“法令滋彰，盗贼多有。”（五十七章）在老子看来，人类社会的不公，是由于物欲的竞争：“五色令人目盲；五音令人耳聋；五味令人口爽；驰骋畋猎，令人心发狂；难得之货，令人行妨。是以圣人为腹不为目，故去彼取此。”（十二章）因此要解决根本问题，只有摒弃仁义礼法，恢复“大道”：无为、好静、无事、无欲，“不尚贤，使民不争；不贵难得之货，使民不为盗；不见可欲，使民心不乱。”（三章）“绝圣弃智，民利百倍；绝仁弃义，民复孝慈；绝巧弃利，盗贼无有。”（十九章）“古之善为道者，非以明民，将以愚之。民之难治，以其智多。故以智治国，国之贼；不以智治国，国之福。”（六十五章）老子认为，只有使人民无智无欲，弱其智而强其骨，这样才能使一些自作聪明的人不敢妄为，从而收到良好的社会效果，实现他所向往的理想社会：“小国寡民，使有什伯之器而不用；使民重死而不远徙。虽有舟舆，无所乘之；虽有甲兵，无所陈之。使民复结绳而用之。甘其食，美其服，安其居，乐其俗。邻国相望，鸡犬之声相闻，民至老死，不相往来。”（八十章）当然，老子所倡导的“无为”并非什么事都不做，而是不做那些违反自然和人性的事情，“无为”就是不妄为，要顺应自然而为，从而达到“为无为，则无不治”（三章）的目的。因此可以说，老子的“无为”并非全是消极被动，其中还包含着积极主动的一面，正如李泽厚先生指出：“所谓‘无为’乃是一种‘君道’，君主必须‘无为’才能‘无不为’，表面不管，实际却无所不管。否则，如果不是‘无为’，而是‘有以为’，统治者不是处‘无’，而是占‘有’，那就被局限，就不可能总揽全局了。……这正是君主所应处的无上位置，所应有优越态度，所应采的统治方略。”“在《老子》那里，‘无为’‘守雌’是积极的政治哲学，即君主统治方术。但这种政治层含义又恰恰是以其消极的社会层含义为基础和根源的。”〔1〕

以上可知，《老子》一书尽管在个别章节中也似乎涉及到法律问题，但笔者认为，老子真正谈论的并非法律制度，而是他的政治观点，因此我们可以说，这些地方所体现出来的是《老子》的政治思想而非法律思想。

三

前已述及，《老子》第二十五章中有“人法地，地法天，天法道，道法自然”的一段言论。有研究者据此认为，“老子以为法的起源，归根结底不能是任何别的，而只能是自然。可见，老子是多么地推崇自然法。”〔2〕更有学者认为，老子“从权威性、普遍性、客观性、公平性等方面论证了自然之道在维护社会秩序，制约人们的言行举止，指导治理国家中的作用，提出了我国古代最早的自然主义的法律观念。”〔3〕笔者认为，《老子》本身并未提出自然法观念，所谓“自然法思想”只是后人的牵强附会。

首先，我们所说的自然法是与实在法相对而言的，一般认为，自然法思想最早是由古希腊早期的斯多葛派（公元前3—公元前2世纪）提出并进行了系统的论述，认为它是宇宙间自然存在、普遍适用、永恒不变的行为规则，是人类理性或宇宙理性的体现。但是，就《老子》来看，却根本未曾涉及自然法的内容，甚至也未提出自然法概念，其自然法思想也就无从谈起了。

其次，就《老子》第二十五章的前后内容来看，老子在这里所论述的核心问题是世界的本原问题，也就是“道”的问题，这是一个哲学命题而非法律思想问题。老子指出：在天地产生之前，道已经存在了，“有物混成，先天地生。寂兮廖兮，独立而不改，周行而不殆，可以为天地母。吾不知其名，字之曰‘道’，强为之名曰‘大’”。（二十五章）在老子的哲学思想中，“道”实际上就是天地万物的创造主，“道”产生了一切，所以宇宙间有四大，以道为首，天、地、人分别次之。正是由于存在着这样的逻辑关系，所以老子强调“人法地，地法天，天法道，道法自然”。笔者认为，这里所说的“法”的含义，不仅不是自然法，而且也并非我们现在所理解的法制、法律，而是“以……为法则、为榜样”的意思。

〔1〕 李泽厚：《中国古代思想史论》，第88~89、91页，东方出版社1987年版。
〔2〕 孙以楷等著：《老子外传·老子百问》，第242页，安徽人民出版社1992年版。
〔3〕 李贵连主编：《中国法律思想史》，第88、87页，北京大学出版社1999年版。

综前所述，笔者认为，《老子》并没有系统、完整的法律思想，《老子》中虽有个别地方涉及到法律问题，但并非在阐述其“法律思想”而是政治思想，充其量也只能说是老子对法律的一点看法。老子是反对一切法律制度的，因此可以说是一位真正的法律虚无主义者。[1]

（作者系阜阳师范学院历史系主任，副教授）

〔1〕 张友渔主编:《中国大百科全书（法学卷）》，第58页，中国大百科全书出版社1984年版。

管仲为政的思想是改革旧序与孝悌伦理的结合

陆 琳

管仲，名夷吾，字仲，谥敬，又称管敬仲，安徽颍上人，出生在春秋时代一个没落的贵族家庭。春秋时期，战争频繁，社会动荡，“井田制”破坏，“宗法制”动摇。政治中心由周王室逐渐向诸侯国转移，各大诸侯国之间互相争雄，逐鹿问鼎。身为齐国相国的管仲辅佐齐桓公四十年，呕心沥血，鞠躬尽瘁，使齐国成为春秋五霸之首。管仲从“通货积财，富国强兵”的目的出发，在经济、政治、军事等各个领域，进行了一系列富有成效的改革，制定了一系列社会教化政策。他建议齐桓公高举“尊王攘夷”的大旗，从而九合诸侯，一匡天下。管仲所创立的霸业格局及思想观点，不禁为后世景仰。管仲著有《管子》一书，现存七十六篇（西汉刘向校定为八十六篇，其中部分是后人托管仲之名而作，今有遗失），从中我们可以窥探管仲治国的各项主张，《管子》是我们研究管仲思想的一部重要著作。

春秋前期，随着“井田制”被破坏，私田大量涌现，标志着一种新的生产关系开始登上了历史的舞台，社会发展到了一个新旧制度交替、过渡的新时期。此时，作为以新的生产力为基础的新兴社会势力的代表，管仲适时地、系统地提出了改革旧序的思想。他本着“循名实而定是非，因参验而审言辞”的实事求是精神，要求不能一切都按照老的章程办，应主动适应时代变革的需要；他主张“政不旅旧”，并据此制定了各项改革政策，在齐国大力推行改革。管仲改革旧序的内容很多，主要的有：

（一）“案田而税”

“案田而税”（又名“相地而衰征”），出自《管子·大匡》。这是管仲在农业生产关系领域的一项重大改革，在齐国具有划时代的意义。所谓“案田而税”，就是按土地质量的好坏、产量的多少将田地分为若干等级，不同的田地等级征收数量不等的租税。这实际上就是变相肯定了私田，从而承认了萌芽状态的封建土地所有制的合法性。这种新税法，既适应于原有的“井田”，又适应于私人开拓的荒地，相对平均了各地区的赋税征收，减轻了农民的负担，从而调动了农民的积极性，增加了社会财富，稳定了社会秩序。同时管仲又大力提倡发展经济，通货积财，他设置轻重九府，搞活渔盐，对外开放，使齐国经济逐步开始繁荣起来，为齐国的霸业奠定了物质基础。管仲指出："凡治国之道，必先富民，民富则易治也，民贫则难治也。"又说："国多财，则远者来，地辟举则民留处。""仓禀实则知礼节，衣食足则知荣辱。"他肯定了物质条件和经济基础对巩固政权的决定作用，并初步阐发了物质文明与精神文明的关系。在他看来，"礼"、"义"、"廉"、"耻"——国之"四维"都是由经济条件的优劣高低所决定的，这是管仲进行经济改革的理论基础，也是他朴素唯物论的体现。

（二）"作内政而寄军令"

所谓"作内政而寄军令"，就是把居民的行政组织与军队的编制结合起来，形成兵民合一的体制。管仲把全国分为二十一个乡，其中工商乡六，士乡十五。在士乡中每家出一人为士卒，五乡士卒为一军，全国十五个乡便组成三军，中军由齐桓公统帅，另二军由国子、高子二卿分别统帅，每年春秋二季借狩猎之名，进行军事训练。军队内以"伍"作为基本作战单位，"伍"中五名士兵，家家相连，世代同居，彼此之间非常熟悉，夜战时只要听到声音、白天战斗时只要瞟上一眼，就可辨认出是谁。把这样的人组成一个单位，作战时就可以生死与共，祸福同当，以守则固，以战则胜。管仲实行这样的改革，就把居民的行政组织与军队编制紧密结合在一起，使兵源有了可靠的保证，并且军队直接听从国君调遣，使得齐国军力大增，于是"天下大国之君莫能御也。

（三）"定四民之居"

在中国历史上，管仲第一次按职业的不同把百姓分为士、农、工、商四民，并定其居所，各司其职。士，平时过着清闲的生活，一旦发生战争，主要依靠他们作战，因此平常时候政府就专门组织他们操练武艺；工匠们则组织起来制造各种工具和用品；商人们生活在市井，进行贸易活动；农民们生活在田间，从事耕作收获，士的土地可以由农人耕种。四民职业世代相传，不得变更，为防止变乱，规定四民不准杂处或迁移。这种按地域、职业进行统治的改革办法，既淡化了商周以来按宗法血缘关系进行分封的观念，同时又保证了社会生产的发展和社会秩序的稳定，这在当时来说是社会的一大进步。

正是由于管仲推行了一系列的改革措施，使齐国呈现出民富国强、社会安定的繁荣局面。这是所谓"下令如流水之源，令顺民心"的结果。

除了在生产、社会生活领域进行了大张旗鼓的改革之外，在思想文化领域管仲还十分重视教化，提出了著名的"孝悌"伦理思想。

（一）管仲孝悌思想的内核

管仲在其为政的整个历史时期，都始终贯穿着"孝悌"思想，他并将孝亲、悌长与忠君守礼融为一体。《管子·五辅》上说："孝悌慈惠以养亲戚（即父母），恭敬忠信以事君上。""为人君者中正而无私，为人臣者忠信而不党，为人父者慈惠以教，为人子者孝悌以肃，为人兄者宽裕以诲，为人弟者比顺以敬，为人夫者效敦懞以固，为人妻者劝勉以贞夫，……此仍礼之经也。”“夫人必知礼，然后恭敬，恭敬然后尊让，尊让然后少长贵贱不相踽越，少长贵贱不相踽越，故乱不生，而患不作，故曰礼不可不谨也。”“孝悌者仁之祖也，忠信者交之庆也，内不考孝悌，外不正忠信，……是亡其身者也”。《管子·形势》篇指出：“为主而贼，为父母而暴，为臣下而不忠，为子妇而不孝，四者人之大失也，大失在身，中有小善不为贤。”“为主而惠，为父母而慈，为臣下而忠，为子妇而孝，四者人之高行也，高行在身，虽有小过不为不肖。”学生子弟要“温柔孝悌，毋骄恃力，毋虚邪，行必正”。

管仲在择贤政策上，也用孝道的道德作为标准。齐国每年均对士、农、工、商四民进行考察，其标准是：士，“立身谦恭敬重老人、官长，交游不失节，行此三者，举为上等”；农，“种田者，非常出力，顺于父母，而且多服其劳，举为上等”；工匠商人，“顺于父母，事长尊老，接受任务能严肃对待，有此三条，举为上等”。符合以上标准，由地方官吏举之上报，再经管仲考核，委之以任。

由此看来，管仲是将孝悌之道作为国家施政的重要方针之一，用孝悌来规范人的行为，衡量人的贤愚，优劣。

（二）管仲尊老敬贤的伦理思想及具体实施

管仲的敬贤尊老思想是在他的孝悌思想指导下产生的，因此齐国在施政上重伦理，关心老年人，尊重贤德人，并设立专门机构负责老年工作，致使齐国当时尊老敬贤之风日趋兴盛。《管子·入国》说：“入国四巡五行九惠之教，一曰老老，二曰慈幼，三曰恤孤，四曰养疾，五曰合独，六曰问病，七曰穷通，八曰振困，九曰接绝。”“所谓老老者，凡国都皆有掌老，年七十以上，一子无征，三月有馈肉；八十以上，二子无征，月有馈肉：九十发上，尽家无征，日有酒肉。死，上共棺椁。劝子弟精膳食，问所欲，求所嗜，此之谓老老。”其慈幼、恤孤等等也均有细则，而“老老”放在首位，可见管仲对老年工作的重视。同时老年人享受国家的优惠待遇，均按年龄高低作出具体规定，年事愈高，享受国家待遇愈厚，也愈受国家社会的尊重。管仲曾经建议齐桓公：“二年适子不闻孝，不闻爱其弟，不闻敬老国良，三者无一焉，可诛也。……士庶人闻之吏贤孝悌可偿也。”并以此来激励各国诸侯及其士庶人等申孝悌之义，尊老敬贤。这是管仲将敬老思想及敬老的方针政策向从属国进行推广，以扩大敬老范围的举措。

周襄王五年，齐桓公派管仲帮助周襄王平乱，管仲完成得很好，获得周襄王的赞赏，周襄王想用上卿的礼仪为管仲庆功，管仲固辞不受，后把上卿让给齐国资格最老、威望最高的高氏、国氏。而管仲在与齐桓公论百官时，也是举贤任能，因才任用，如他推举隰明为大行，宁戚为大司田，王子成父为大司马，宾胥无为大司理，东郭牙为大谏，此五人都是当时人杰，而且年岁较高，资历较长，管仲自谦不如五人之术。这些都是管仲自己尊老敬贤的身体力行。由于管仲在齐国推行尊贤的一系列政策，到使邻国之民扶老携幼负行囊而群趋归之。

马克思、恩格斯曾说过："人们的观念、观点和概念，一句话，人们的意识是随着人们生活条件、人们社会关系、人们的社会存在的改变而改变。"春秋时期的社会秩序是礼崩乐坏、天下大乱，而管仲作为历史上著名的不墨守成法、大胆改革的人物，能融儒、道、法、名、农、杂各家思想为一体，博大精深、细微杂奥，无所不揽。管仲通过自己文武兼备的实际才能在独特的社会大环境中实践了他的霸业思想，这个思想就是：通过实施各项改革措施及尊老敬贤政策，使之顺应历史发展的趋势，符合民众的心愿，使人民生活得到改善，齐国的国力得到增强。由于他突出了以法治国之略，被后人称为法家先驱。

管仲虽然代表了新兴势力的利益，但他所主张的"孝"、"悌"、"尊老敬贤"等这些在一定的血亲关系基础上产生的社会观念，就其对象的宽泛性而言，奉养父母、长者只是其中的一项内容，而更重要的是强调下对上的态度，以达到缓和日益加深的统治阶级内部矛盾以及调节宗族共同体内部等级秩序的目的，从而维护社会的长治久安。所以，管仲的一系列举措从本质上说是对旧序的变革和大力推崇孝悌伦理思想这二者之间的绾合，并共同服务于他从社会生活和思想意识这两个方面进行改革的理念，同时也不可避免地带上了春秋初期那个时代的印记。

（作者系合肥工业大学人文经济学院副教授）

晚清两淮地区灾荒与民间秘密结社

梁家贵

多年来，学术界对于两淮地区灾荒及其危害的研究给予了较多的关注，取得了可喜的成果，[1]然而，对于灾荒造成的严重后果之一——秘密结社的产生与发展，以及两者之间关系互动的研究，似乎仍十分薄弱。笔者不揣浅陋，拟对晚清两淮地区的灾荒与秘密结社的互动作一专题研究，以期分析两者之间存在的内在联系，总结其中的经验和教训，并为进一步研究提供参考。

一

本文中的"两淮"地区，是指以淮河为界的淮河流域的北部和南部地区，具体指安徽北部、江苏北部和山东南部等地区。[2]两淮地区有着几近相同的历史地理特征和经济发展模式，为开展本专题的研究提供了必要的前提和依据。

两淮地区是我国古人类重要的发祥地之一和重要的经济区之一，同时也是全国有名的灾荒高发区。据池子华先生统计，从1840年到1938年，仅淮北地区间隔不到一年就出现一次灾荒，可谓"十年九荒"。[3]

两淮地区的灾荒，主要来自整个淮河水系造成的水灾。据有关天文资料显示，淮河流域年平均降水量为770毫米，最大流量与最小流量的比高达750倍，极易形成水灾。如果遇上暴雨促使黄河泛滥，大量黄河水流入淮河，更易导致大

---

〔1〕 例如，具有代表性的论文，[韩] 金胜一：《近代中国地域性灾荒政策史考察——以安徽省为例》，《北京大学学报》（哲学社会科学版）1997年第4期；卞利：《明代中期淮河流域的自然灾害与社会矛盾》，《安徽大学学报》（哲学社会科学版）1998年第3期等等。具有代表性的专著，李文海等：《近代中国灾荒纪年》，湖南教育出版社1990年版；池子华：《中国流民史·近代卷》，安徽人民出版社2001年版；王鑫义主编：《淮河流域经济开发史》，黄山书社2001年版；吴海涛：《淮北的盛衰——成因的历史考察》，社会科学文献出版社2005年版。

〔2〕 "两淮"是个方位地理概念，一解为"淮南"、"淮北"之合称，泛指今日苏皖两省淮河南北的地方，是纵向概念；一解为"淮东"、"淮西"之合称，分别指代苏皖两省江淮之间的地方，是横向概念。本文采用前者。

〔3〕 池子华：《中国流民史·近代卷》，第251页，安徽人民出版社2001年版。

洪水暴发。尤其是从 6 月至 7 月中旬梅雨气团的形成，必然带来暴雨性的降水。[1]同时，如果每年的梅雨气团向北移动时遇到北方冷高压的阻碍，就将形成淮河流域的暴雨性集中降水。[2]

淮河灾荒的形成，也有人为的因素。清朝中期以来，两淮地区人口迅速增长，人多地少的矛盾日益突出。为解决粮食问题，淮河沿岸农民纷纷到河滩开垦。人们称这种围绕淤滩造田的做法为湖田，或者叫垦田、圩田、围田、坝田、垸田、障田等，湖田开垦进入高潮。史载："往昔蓄水之湖荡以及滨江滩地与沙洲，多已圩垦成田"，即说明了这种情况。[3]更为严重的问题是，农民为保护自己的湖田私自在湖田周围筑堤，甚至在河道上筑建水中石渚，致使淮河水流受阻，从而产生了新的淤地，并由此扩大了淤田面积。[4]开垦湖田和任意筑堤的结果，是带来淮河沿岸湖面的日渐缩小并使堤坝和水面相互对立的局面，从而破坏了江河湖泊的自然生态，最终使其丧失调节排蓄能力，造成水患。同时，由于淮河上游陡峭，下游平坦，中游无湖泊，加之上游开垦造成的森林破坏和水土流失，致使下游河道淤积，使沿岸各省排水能力大大降低，例如安徽境内淮河排水能力仅 50%，一旦上游突然涨水时，下游便不能充分地排水，立即引起洪水泛滥，形成泽国。因此，河滩的开垦与湖田的增加，水土流失与河道淤积使"河道容量不足，尾闾不敞畅"，排水能力丧失，是淮河成灾的主要原因之一。

关于晚清两淮地区水灾的记载不绝于史书，不妨举出几例：

1901 年夏，沿淮以南涝，怀远 7 月 13 日起，大雨四昼夜，秋无收。[5]

泗州、宿州出现 1902～1912 年连续 11 年的水灾，"为安徽水灾史上连续发生水灾之最。"[6]

1909 年入夏后，皖北连降暴雨，"冲压田庐，飘没人口，死尸山积，惨不忍睹。"[7]

---

〔1〕 胡焕庸：《两淮水利》，第 9～10 页，（上海）正中书局民国 36 年版。转引自［韩］金胜一：《近代中国地域性灾荒政策史考察——以安徽省为例》，《北京大学学报》（哲学社会科学版）1997 年第 4 期。

〔2〕 项恺：《导淮问题》，第 267 页；李书田等编：《中国水利问题》，第 263 页。商务印书馆民国 26 年版。转引自金文。

〔3〕 全国经济委员会水利处编：《江河修防纪要》（1935 年），《民国史料丛刊》第一辑（第 20 种），第 187 页，（台北）传记文学社 1971 年版。转引自金文。

〔4〕 张慰西：《近五十年来中国之水利》，上海申报社编：《近五十年之中国》（1872～1921），第 278 页，（香港）龙门书店 1968 年版。转引自金文。

〔5〕《安徽省近五百年旱涝分析》，转引自蚌埠市志编纂委员会办公室：《蚌埠市大事记 1368～1985》，第 5 页。

〔6〕 安徽省方志编纂委员会：《安徽省志·水利志》，第 11 页，方志出版社 1999 年版。

〔7〕 李文海等：《近代中国灾荒纪年》，第 759 页，湖南教育出版社 1990 年版。

1910年9月，夏秋之交皖北暴雨，为历史罕见。秋禾全部淹没，面积约占七千英里之广，人民被灾而无衣食者约有二百万，仅数月来，死亡之惨日甚一日。[1]

阜阳县，自1840～1911年间仅有文字记载的水灾就达6次。[2]

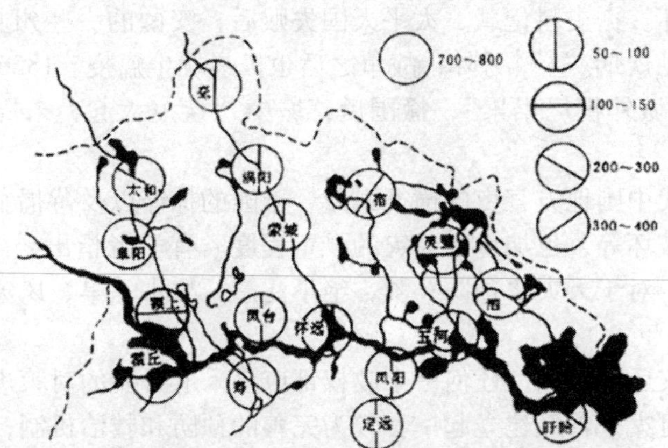

淮河流域安徽各县河滩于开垦面积（单位：亩）

（据《支那水利 问题》[日]下卷）

近代淮河流域安徽省各县河滩地开垦面积示意图[3]

当然，天灾并不局限于水灾，有时还发生比水灾更为重要的旱灾以及蝗虫、冰雹、风霜等灾害。从气候上看，当梅雨气团北移时，如无冷高压的阻碍继续向北移动，将会在两淮地区造成严重干旱，因此，两淮地区干旱灾荒也很严重。[4]这意味着两淮地区如不出现水灾就有可能将出现旱灾的事实，正所谓“五年水灾，三年旱灾”，而旱灾之后极易发生蝗灾，也举几例：

1847年，安徽发生旱灾，并与陕晋豫鲁连成一片，很多地区“满地扬尘，无处可以挥锄秉耒，自食其力者，安得不刮及树皮。”[5]

1855～1856年，由于持续干旱，致使蝗虫蔓延。时人描述：蝗虫飞来时，就像一大片云彩一样，把太阳都遮住了，一停下来，“食禾如疾风扫叶，顷刻而尽。”[6]由于大片庄稼被吃光，很多地区秋后颗粒无收，粮价暴涨，饥民遍野。

---

〔1〕《近代中国国内大事记》，转引自蚌埠市志编纂委员会办公室：《蚌埠市大事记（1368－1985）》，第6～7页。

〔2〕阜阳县地方志编纂委员会：《阜阳县志》，第66页，黄山书社1994年版。

〔3〕转引自［韩］金胜一：《近代中国地域性灾荒政策史考察——以安徽省为例》，《北京大学学报》（哲学社会科学版）1997年第4期。以上关于淮河水灾的成因部分也参考了该文。

〔4〕任美锷、杨丑章、包浩生编著：《中国自然地理纲要》，第35页，商务印书馆1979年版。

〔5〕李文海、周源：《灾荒与饥馑》，第47页，高等教育出版社1991年版。

〔6〕李文海等：《近代中国灾荒纪年》，第173页。

据记载："江北大饥，斗粟值金一两，""两淮人相食。"〔1〕

人祸往往与天灾相伴而行，正所谓"人祸往往会带来天灾"。晚清两淮地区曾先后成为清军与太平天国、捻军殊死搏斗的最主要战场之一，民众的生命财产遭受重大的破坏。据史料记载，太平天国失败后，安徽的一些州县，"终日不过行人，百里不见炊烟。"〔2〕另外，战争之后也极易发生瘟疫。1856 年，太平军攻占颍上，"南北城外积尸累累"，撤围后，城中"疾疫大起，未周两月，死者不下三千余人。"〔3〕

此外，近代中国地方官吏的横征暴敛、土匪的掠夺以及苛捐杂税、铁路交通与运输设施的破坏等，也加重了天灾的严重程度。有学者指出，"因国内政治混乱，内争迭起，对于天灾之预防补救，绝不注意，故水、旱、风灾，亦成为农民之最大痛苦。"〔4〕

无论是天灾还是人祸，任何一个政权都应该采取必要的对策进行救治。应该说，清王朝针对灾荒曾经建立起一套较为完善的预防和救治机制，发挥了积极作用，然而晚清时期政治昏聩，吏治不整，灾荒的预防和救治机制百弊丛生，黑幕重重。可以说，在晚清吏治败坏日益严重的情况下，任何有效的机制都会运行失灵，任何严密的制度都会成为一纸空文。以赈灾为例，清王朝首先规定要对灾荒情况进行核查，以开展积极有效的赈灾。因此，清王朝对于报灾勘查制定了严格、细致的章程，但是各地贪官污吏或为了政绩，或为了中饱私囊，恣意妄为，使其徒具形式。晚清地方官吏在灾荒核查方面的对策主要有：

其一，"捏灾"，就是捏造灾情，"以丰为歉"。晚清中央政府得到的来自各地灾荒奏报接连不断，可谓"无岁不荒，无年不缓。"〔5〕各地官吏正是假借灾荒发生，骗取中央政府在境内实施减免赋税、放赈等赈灾措施。这样，每年相当一部分征之于民应上缴国库的地丁正赋和中央发放的赈灾款项落入贪官的腰包，致使政府赋税大为减少，财政日益紧张。

其二，"匿灾"，就是"以歉为丰"，明明境内发生了自然灾害，而且灾情还很严重，但地方却隐匿不报。掩盖灾情的结果，必然是灾年"照常催征"。官吏如此做无非是为了掩盖自己预防灾荒不力的责任，粉饰太平，以邀功请赏。光绪十年（1884 年），颍州府七州县连遭灾荒，尤其是 1887、1898 年大水灾，致使"近河之地两季未收一粒"，百姓无一为生。但是，官府"放赈无多"，而且"急

〔1〕 李文海等：《近代中国灾荒纪年》，第 172 页。

〔2〕 中国史学会：《太平天国》（四），第 474 页，（上海）神州光学社 1952 年版。

〔3〕 太平天国历史博物馆编：《太平天国史料丛编简辑》（二），第 57 页，中华书局 1961 年版。

〔4〕 章有义：《中国近代农业史资料》第二辑，第 617 页，三联书店 1957 年版。

〔5〕 柯悟迟：《漏网喁鱼集》，第 7 页，中华书局 1959 年版。

催税银”，其中的原因，有人士进行了揭发：“皆因去岁州县为浮收计匿灾不报，即报亦不实故耳。”[1]

晚清地方官吏在灾荒方面的徇私枉法，使得本已蒙受灾荒打击的广大民众雪上加霜，更加痛苦不堪。

二

晚清两淮地区灾荒的接连发生，以及清王朝的救灾不力，给社会造成的危害是极其严重的，其中一个严重的后果就是民间秘密结社的迅速发展。

本文中的“民间秘密结社”又可称为秘密社会，指“具有秘密宗旨和礼仪的、从事特殊的宗教、社会和政治活动的秘密团体。在旧中国，就是一些异端的教派和会党组织，也就是统治者所说的‘教匪’和‘会匪’。”[2]两淮地区民间秘密结社的社会生态环境、组织、教理、信仰、活动等方面也有许多相似之处，[3]完全可以纳入本专题进行研究。

从社会学角度看，民间秘密结社的出现与发展，主要归因于剧烈动荡的社会状态。当社会原有的运行机制遭到破坏时，社会运行就会发生严重障碍、离轨、失控，民众旧有的心理平衡被打破，生活面临威胁，精神上无所适从，异端的信仰、神秘的流言便伴随着人们的失常心态而传播开来。“一旦有了合适的社会气候，宗教幻想所诱导的群体力量，就会迸发出大面积的狂热的行动”，为失衡的民众心态提供支撑和填补宗教意识的各种民间秘密结社（教门、会党、拳会、香火会等）随之形成并迅猛发展。[4]

晚清两淮地区持续、严重的灾荒使得当地民众的精神备受煎熬。受各方面的局限，中国的广大农民多迷信鬼神，相信冥冥之中有一主宰自己命运的力量。这样，每逢灾荒发生，民众首先想到的这是由于有人作孽招致神灵发怒而实施的惩罚，民间出现遇旱祈雨、水灾时求水神保佑、虫灾时祈神驱虫等现象也就不足为怪了。因此，遭受灾荒打击、生活无助的民众，迫切需要精神上的慰藉，民间秘

---

〔1〕《录副档》，光绪二十四年，安徽颍州府颍上县拔贡高溥昌呈。

〔2〕蔡少卿：《中国近代会党史研究》，第2页，中华书局1987年版。另外，蔡少卿教授将秘密社会分为乡土型、江湖型、城市型三种类型，其中江湖型秘密社会组织往往会演化成半永久性的匪帮，乃至土匪军队，“间有入会而不为匪者，断无为匪而不入会者。”——蔡少卿：《中国秘密社会》，第12～13页，浙江人民出版社1989年版。因此，本文中的“民间秘密结社”有时也涉及到土匪。

〔3〕陶成章曾分析秘密结社两大系统的分布特征，指出，诸如白莲教等教派主要分布在北方，而注入天地会等会党组织则主要分布在南方，“期间惟江北之地，接近黄河流域，遂兼有南北风气，教与会因而并著，……盖民情风俗之不同使然也。”——陶成章：《教会源流考》，中国史学会：《辛亥革命》(三)，第99～100页，上海人民出版社1957年版。

〔4〕程歗：《晚清乡土意识》，第23页，中国人民大学出版社1990年版。

密结社中的教门便利用民众的这种迷信心理，在灾荒之年大肆渲染劫难降临时“刀光滚滚”、“人死无数”的恐怖气氛，宣传“求神靠天”、“脱劫避难”，鼓吹神灵的庇护作用，“入道者可避免‘三灾八难’，死后不受‘轮回之苦’”。民间秘密教门由此得到迅速发展。1898 年，“那一年天旱，麦没收好，人心惶惶，饥饿所迫，……鲁西南几个县在大刀会旗号下动起来了。聚集在安陵堌堆一带，声势浩大。”但是，灾荒一旦解除，秘密教门的说教也就不灵验了：“结果麦收后下了几场大雨，群众分散回家种豆子去了。当地老百姓流传着这样的歌谣：‘安陵堌堆拉大旗，淋散了。’”〔1〕末后一著教“末后一著”的含义就是末劫降临之际，由古佛最后一次普度众生，同归彼岸世界，“古佛治下，末后一著，千门万户，尽归佛门。”1875 年，末后一著教教首王觉一及其弟子张道符兹乘灾荒之年在苏北一带传教，徒众大增。到了 1881 年，张怀松等人自恃势力强大竟不顾教首王觉一的反对，擅自发动教徒赴亳州打教堂闹事。〔2〕

持续、严重的灾荒还导致两淮地区民众的生活极端困苦，沦为难民，有的被迫铤而走险。民间秘密结社素有生活互助和自卫抗暴之功能，同时具有较严密的组织形式，因此吸引了大批的民众纷纷参加，遂乘势活跃起来。晚清两淮地区捻军的兴起与迅速发展就与灾荒导致的饥民增多有关。“捻”为淮北方言，一捻就是一群的意思。民间称为“捻”或“捻子”。小捻子数人、数十人，大捻子一二百人不等，主要成员为农民和手工业工人，分布在淮北淝水和涡河流域，经常在安徽、江苏、河南、山东和湖北边界地区贩运私盐，属于民间秘密结社中的会党。捻党首领，道光年间被称为“响者”或“响捻子”。在太平天国运动时期，捻党曾举行大规模抗清起义，后发展为捻军。〔3〕薛福成曾指出，“方捻寇之初起也，不过饥饿乌合之徒。”〔4〕另外，山东地方官在奏请对山东民间秘密结社的举事进行剿灭的同时，也分析了其中的原因：“自江、皖阻饥，流民入滕、峄者不下数万口，昼丐夜掠，合境绎骚然，其志在求食而已。”〔5〕

灾荒还导致两淮地区农民背井离乡，沦为流民。“近代淮北是全国有名的流民输出地，这是众所周知的事实。……灾民流民成为淮北流民潮的主流。”〔6〕这

〔1〕 路遥主编：《山东大学义和团调查资料汇编》上册，第 577 页，山东大学出版社 2000 年版。

〔2〕 邵雍：《中国会道门》，第 127 ~ 128 页，上海人民出版社 1997 年版。

〔3〕 有关“捻”字的解释和捻党的产生时间、组织形式，学术界还存在争议，参见翁飞等：《安徽近代史》，第 109 ~ 113 页，安徽人民出版社 1990 年版。

〔4〕 薛福成：《庸庵内外编·治捻寇》。

〔5〕《掌云南道监察御史王宝田奏山东党会日盛请调劲旅剿抚折》，宣统三年五月十一日，《辛亥革命前十年间民变档案史料》上册，第 187 页。

〔6〕 池子华：《中国流民史·近代卷》，第 246 ~ 251 页。

些流民往往采用秘密结社的组织形式以求得内部成员的生活自保。光绪初年，江苏东海县盛春山主持的“春保山红帮”就不仅实行平均共食，而且对因帮务而致残的人——“老公”，还给予终身奉养。〔1〕秘密结社还可以协调成员之间的关系和行动步伐，对外进行非法的不择手段的经济掠夺。据清王朝地方官报告，两淮地区的私贩最为猖獗，多以此为衣食之源，苟图温饱者蚁附蝇营，结队横行，“大伙以数千计，小者二三百为群，……凡安徽之颍、亳、庐、凤，江苏之徐、邳，河南之南、光，山东之曹州……红胡、教匪、捻匪、会匪以及粮船水手，皆其党类，处处充斥，阻坏盐法，扰害地方。”〔2〕这类秘密结社有的演变成了土匪。据不完全统计，在整个晚清和民国时期，“淮北地区成千上百的土匪结帮，是一种普遍现象。……他们丛簇结集在鲁、豫、苏、皖四省的边界线上。”〔3〕

晚清两淮地区民间秘密结社的活动大致可分为以下几类：

（一）抗租抢粮

灾荒将带来严重的饥馑。中国的小农经济基础极为脆弱，任何的风吹草动都会使小农生产者胆战心惊，灾荒的打击更是致命性的，极易导致他们破产，陷入饥寒交迫的境地。通览中国史书，“饿殍遍地”、“人相食”等词句会不时跃入人的眼帘。两淮地区以小农经济为主，加上人口密集，灾荒的打击力度可想而知。1906年的皖北水灾“饥民饥饿者，日凡四五十人，有阖家男妇投河自尽者，有转徙出境沿途倒毙者，道殣相望，惨不忍睹。”〔4〕据光绪三十二年（1906年）十一月十六日的《时报》称：“今岁中国饥馑之状，实为从来所未有。……据云此次中国灾荒之范围，约八万平方英里，被灾民数有一千五百万之多。”而受灾地区，“草根树皮铲除殆尽”。地主、商人为富不仁，乘机囤积居奇，粮价暴涨，而官府的赋税照征。为饥馑所逼迫，也为富户奸商囤米所刺激，两淮地区城镇居民纷起抢粮，乡间饥民也铤而走险，抗租、抢大户、围粮户，从而掀起了波涛汹涌的抗租抢粮风潮。1906年，徐州府属丰、沛、砀等县农民群起抗租。有关抢粮主要事例如下：

“皖省江北民情犷悍，本年黄水为灾，无业游民，难得不流为盗贼。”〔5〕

“宣统二年（1910年）六月六日（农历四月二十九日），安徽和州城内饥民

〔1〕［日］末光高义：《支那的秘密结社与慈善结社》，第36～40页。转引自蔡少卿：《中国近代会党史研究》，第22页。

〔2〕王赠芳：《请更定盐法疏》，盛康：《皇朝经世文编序》卷50。

〔3〕［日］长野朗：《土匪、军队、红枪会》第64～66页，东京，1931年。转引自蔡少卿：《中国近代会党史研究》，第25页。

〔4〕李文海等：《近代中国灾荒纪年》，第724～725页。

〔5〕李文海等：《近代中国灾荒纪年》，第9～10页。

千余人抢富户粮食，各乡民响应，进城强索富户粜米，围闹州署。”

“1906 年 9 月，安徽风台、颍上一带饥民抢掠富户。”

（1911 年）“兖、沂边境地区，江苏、安徽饥民流入数万，全境骚然。”

在这场抢粮风潮中，安徽“会匪啸聚成群，纠党滋扰”，[1]江苏枭会“声势浩大，党羽众多”，[2]自然发挥了骨干乃至组织者、领导者的作用。饥民的抗租抢粮风潮使得在灾荒打击之下本以混乱不堪的两淮地区社会状况更加混乱，从而引发了社会动荡。

（二）武装暴动

面对两淮地区波涛汹涌的灾民抗租抢粮风潮以及由此引发的社会动荡，清王朝没有采取惩处贪官污吏、减免赋税、积极赈灾、疏导民众、化解矛盾等有效的方法，进而从根本上解决这类严重的社会问题，而是以暴制暴，用武力严厉镇压，从而进一步激化了矛盾。实际上，晚清政府已处于风雨飘摇之中，“帑项奇绌”、“库储一空如洗”，再加上吏治败坏，也只能采用这种方式来苟延残喘了。哪里有压迫，哪里就有反抗，两淮地区民众的武装暴动就不可避免了。早在 1858 年，临泉县姜寨集西北炉里白莲教王庭桢、李朝化等人联合捻军刘石滚等组织起义，响应太平军北上。不妨再举出几例：

“宣统元年（1909 年）九月二十一日（农历八月八日），安徽蒙城、风台交界双涧集会党首领李大志、张学谦率领农民起义军二千余人进攻怀远、风阳，沿路夺取枪械马匹，二十二日被清军镇压。同时，宿州板桥、陈集地方乡民千余人起义，失败。”

“1910 年春，江苏省江北一带，杨长恺率领的农民起义军活动频繁。”

“1910 年八月五日（农历七月一日），安徽宣城乡民千余人，在双桥镇抢米，与清军冲突，夺得洋枪三支。”[3]

民间秘密结社有一套严密的网络组织和详细的帮规暗号，其首领和骨干成员在长期的斗争中积累了丰富的经验，在武装暴动中理所应当地充任了组织者、领导者的角色。两淮地区的武装暴动冲击了清王朝的地方统治，有力地配合了其他地区、其他力量所开展的反清斗争，加速了清王朝的覆亡。

（三）与资产阶级革命派联合

辛亥革命前，由于主客观各方面的原因，资产阶级民主革命派采取种种措

---

〔1〕 中国第一历史档案馆：《宫中朱批奏折》，光绪十六年九月七日安徽巡抚沈秉成奏。

〔2〕 中国第一历史档案馆：《军机处录副奏折》，光绪三十二年十一月十日江苏巡抚陈夔龙奏。

〔3〕 以上未注明出处的史料均出自乔志强：《辛亥革命前的十年》，第 25 ~ 98 页，山西人民出版社 1987 年版。

施，力图与民间秘密结社联合，以壮大革命力量，推翻清王朝的反动统治。孙中山先生从1894年成立兴中会以后，就开始从事联络会党的工作。众所周知，长期以来，民间秘密结社的历次斗争一直处于自发、盲目反抗的状态，由于自身的落后性，斗争常常陷于失败。辛亥革命前，民间秘密结社对自己的行为进行了总结反思，寻找失败的原因，更多的秘密结社人士感到了自身的落后性，“完全是散沙一盘，鱼龙混杂，既没有严密组织，又没有周密计划”，已不能适应形势的要求，“专靠袍哥不能成大事”，“比起同盟会来就相差太远了。”[1]资产阶级革命派联络秘密结社的政策，受到了他们的欢呼和响应，两淮地区一些的资产阶级激进分子更是走在这一行动的前头。

1904～1905年间，安徽资产阶级革命党人柏文蔚、陈独秀到寿县，与当地革命党人、秘密结社联合，“从此与淮上诸同志深相契合，革命思潮遍于乡里”，“会党兄弟、绿林豪杰，群相附翼。”[2]1905年，太和会党首领、已革武举郭其昌在狱中命其弟郭老三率众潜入省城起事。辛亥革命爆发后，资产阶级革命党人联合安徽青红帮攻占大通。[3]

民间秘密结社与资产阶级民主革命派的联合，实现了中国民间秘密结社发展史上的一次重大转变，同时，极大地壮大了资产阶级民主革命派的力量，对辛亥革命的成功发动以及清王朝的推翻起到了极其重要的作用。

三

几千年来，民间秘密结社每逢政治清明、人民安居乐业时，就会潜行默远，而当政治腐败、民不聊生时，就会崭露头角，迅速发展，甚至左右当地的政治、经济和社会生活，形成与地方政府分庭抗礼的格局。从社会保障角度看，民间秘密结社的存在与活动，起着对内部贫困成员实行互助、提供精神慰藉，以及自卫抗暴、维持地方社会秩序的积极作用，但从社会控制角度看，则更多地表现为一种潜在的社会问题，当社会控制力量处于削弱阶段、社会出现剧烈动荡时，作为一支民间社会力量，民间秘密结社就会得到迅猛发展，严重影响着当地的政局及社会状况。毛泽东同志曾指出：游民无产者、失去了土地的农民和失去了工作机会的手工业工人是秘密结社的主要组成部分；他们是人类生活中最不安定者，他

〔1〕 中国人民政治协商会议全国委员会文史资料研究委员会：《辛亥革命回忆录》（七），第352～353页，文史资料出版社1982年版。

〔2〕 陈紫枫：《柏烈武先生革命谈话》，安徽省政协存稿，转引自陆发春《由岳王会到淮上军——辛亥时期淮上军的历史评价》，中国近代社会与秘密结社史国际学术讨论会论文集交流论文，上海，2004年12月。

〔3〕 转引自胡珠生：《清代洪门史》，第462、510页，辽宁人民出版社1996年版。

们在各地都有秘密组织，如“三合会”、“哥老会”、“大刀会”、“在理会”、“青帮”等，这类组织曾经是他们进行政治和经济斗争的互助团体；处置这一批人，是中国的困难的问题之一；这一批人很能勇敢奋斗，但有破坏性，如引导得法，可以变成一种革命力量。[1]因此，民间秘密结社正是社会正常的运行机制出现严重障碍、离轨、失衡的具体体现，本质上就是一种社会病态、社会弊端，是一个严重的社会问题。

平心而论，清王朝有关灾荒的预防和救治对策不可谓不健全，事实上，也确曾发挥过有效作用。据史料记载，1653～1685年间，清王朝在淮河流域修建的较大规模的水利工程就达21处，有效减轻了两淮地区的水旱灾害[2]；1669年，沂水县地震之后又发生水灾，地方官据实上报，清康熙帝很快颁发圣谕：“命将康熙八年起至十一年止，逃亡四千四百余丁、荒地八百七十六顷有奇，一应额赋，悉行蠲免。”[3]灾荒带给民众的危害得到了最大程度的减轻。然而，健全的制度终究需要人来实施，特别是在专制政权下，官吏的行政作为缺乏必要的监督机制，更多地要依靠道德约束，人的因素就显得格外重要。因此，在政治清明、官吏奉公守法和恪尽职守时，制度就能发挥应有的作用；否则，徒具形式而已。晚清王朝政治腐败，官吏贪渎，水利工程严重失修；灾荒之年，地方官吏或隐匿不报，或挪用赈款，中饱私囊，对灾民仍旧横征暴敛，使得原本有效的灾荒预防救治对策荡然无存。

综前所述，晚清两淮地区灾荒的持续发生引发了社会动荡，削弱了清王朝的地方统治。灾荒又直接导致了这一地区民间秘密结社的迅速发展，而民间秘密结社又通过发动、组织民众抢米、武装暴动，甚至与资产阶级民主革命派联合，加剧了社会动荡，极大地冲击了清王朝的统治秩序，破坏力度是巨大的。可以说，这比灾荒本身的直接危害要大得多。

晚清两淮地区的灾荒导致民间秘密结社的迅猛发展，民间秘密结社的频繁活动又加剧了灾荒的破坏力度。灾荒与民间秘密结社互为因果，导致清王朝整个社会的急剧动荡和社会生活秩序的失常。可以毫不夸张地说，这不过是晚清社会政治全景的一个缩影，宣告了清王朝的统治危机已无可挽救，预示着一场大规模革命风暴的即将到来。

（作者系阜阳师范学院历史系教授）

---

〔1〕《中国社会各阶级的分析》，《毛泽东选集》第一卷，第8～9页，人民出版社1967年版。

〔2〕水利部淮河水利委员会：《淮河水利简史》，第268～269页，水利电力出版社1990年版。

〔3〕《清圣祖实录》卷三九，康熙十一年五月戊申条。

明清社会对蚌埠演变轨迹的影响

郭学东

百年蚌埠在我国城市发展史上，只是一个年轻的城市。遗憾的是，近十几年它的发展后劲和方向，却成了人们关注的热点和难点。这座城市已经从沿淮带状态，实现了南北跨淮河，东西接怀风的大格局。在渴求城市历史文化底蕴，打造城市名片的时尚风气下，我们尽管可以把蚌埠这块土地的历史，上溯到七千多年的久远年代。然而，我们却不能忽视蚌埠在淮河岸边出现后，明清两代的社会经济文化，对它的演变产生的重要作用，以至深刻地影响乃至制约着现代蚌埠城市的走向。

一、人口流动聚集的古渡乡集

历史地理版图上的蚌埠，应当分为两个阶段。其一为蚌埠开埠前的蚌埠古渡乡集，其二才是今天的蚌埠城市。蚌埠作为地名出现，远在它成为城市之前，以老蚌埠人口耳相传形成的文史资料为据，蚌埠早在北宋时期就已经出现在淮河岸边了。

北宋“靖康之难”后，中原人南迁成为中国人口流动的主要趋势。淮河变成了宋金隔河而治的军事和行政分界线。“汴京沦陷时，在京衣冠、士族、百姓、诸军夺门南奔者数万多流徙于江淮之间。”“绍兴三十一年金主完颜亮撕毁和议，大举南下入侵时，沿淮一带人民又大量南奔昼夜不绝。[1]”在宋金交战中，今天的张公山大塘水系上游的化陂湖，还是双方交战的战场。南宋在涡淮口设驻军，朝廷命名“怀远”军以示怀念安抚之意，其名在元初建县后被沿用，即为今天蚌埠所辖的怀远县。由此，我们可以推论，历史上最早的淮畔渡口蚌埠，就是在这个背景下出现的。蚌埠古渡是伴随着中原人口南迁而出现的，它是南人北下迁徙的产物。宋金战争停止后，南宋政府对北方归正南来的人民给予适当安置，社会相对稳定，也成为元代在涡淮口所置的怀远军设县建制的基础。绍兴初年，宋金之间，南北往来，商贾如织。淮河两岸通商贸易非常活跃，沿淮渡口人流频繁，随着北人南迁，淮河流域农业经济重新发展。蚌埠一带自然聚集了

〔1〕 王育民：《中国人口史》，江苏人民出版社 1995 年版。

许多农耕人家与淮畔渔村融为一体，形成了今天人们常说的蚌埠古渡渔村。不过，那时的蚌埠，泛指淮河渡口两岸的人家。南宋时，宋金隔河而治，开始把河南岸即今天蚌埠城市的所在地，称“蚌埠店”；河北岸金人治区称为“小蚌埠”。

明初，朱元璋在“善政在于养于民，养民在于宽赋”思想指导下，实行了一系列休养生息的政策，符合了当时“丧乱之民思治安〔1〕”的要求，社会生产迅速恢复和发展。以凤阳为中心的淮河流域一带，在朱元璋优待家乡的意识关照下，加之将凤阳建为中都府，设立了包括今江苏在内的江南省。淮河中游地区，南北移民陡增。朱元璋建立明朝后，洪武三年（1370年），蚌埠归属临淮县广德乡。当凤阳中都城罢建后，设凤阳府，按当时以府城中心，在淮上向西五里一渡的设置，自长淮卫渡，经西门渡、郑家渡后，即为“蚌埠渡”。明成化十年（1474年）凤阳府所建四仓，又以蚌埠命名“蚌埠仓”。

中原移民定居蚌埠的人口不断增加。洪武八年（1375年）左右，李氏家族从山西平阳迁居蚌埠，也是当时蚌埠最早的回族居民，并传入养马的习俗。使这个李姓村庄被当时的蚌埠人叫作马村。明末清初，山东“老鸹巷”徐氏三兄弟，身背一贯钱千里迢迢迁移蚌埠西郊黑虎山，其居住村庄也名称“老贯徐”。涂山之南的禹会村的家谱记载，现在村里的陈姓及钱、宫、许几个姓氏人家，也大约在明洪武年末期，由苏州迁来。唐代禹会村出现时的殷氏家族，早已消失。

直到清末时期，蚌埠尚无市面，只是凤阳府县辖内西北边陲乡集，淮河南岸散落着大小十多个自然村落，西与怀远县搭界，北隔淮河与灵璧县相邻。由长淮镇管辖。从西向东排列着席家沟、蒋家岗、朱家岗、王郢、高郢五个大庄子，同时还有回民李家、陆家、陈家、叶台子、施家洼五个小庄子。为便于向县衙缴纳田赋，按大庄子为一整户，小庄子为半户，共计七户半分承担，一直延续至清末。蚌埠开埠后，世居老户说成是“七户半”，即成为老蚌埠的土著居民。

根据历史文献记载，蚌埠集地名最早见于清代光绪年间的《凤阳府志》。我国著名历史地理学家谭其骧先生编著的《中国历史地理图集》，在清代安徽的地图上，先在淮河北岸标出“蚌埠集”，后又在淮河南岸标出“蚌埠集”。作为最早行政建制的蚌埠，当是淮河北岸的小蚌埠。清廷在镇压捻军起义之后，为强化对地处怀、凤、灵三县边陲的统治，在小蚌埠镇设立直属凤阳府的三县司，直到津浦铁路通车后废止。

因此，我们可以说，蚌埠在淮河两岸的出现，是明代承接了自北宋以来，中原人口南迁流动和聚集的结果。

〔1〕《明史纪事本末》卷14《开国规模》。

二、淮盐引岸形成的商贸重镇

明代中期兴起的淮北盐场，产生了历史上著名的徽商。清末，津浦铁路的修建经过淮河中游的蚌埠，通车对蚌埠这个古渡乡集崛起为皖北重镇，起到了直接而根本的影响。

清道光中叶，因淮北盐由盐场出洪泽湖转运各地，以西坝为转运枢纽，设有盐栈屯盐，淮北盐场贩盐商，将他们购得的盐运往西坝堆储，经洪泽湖来此转运到淮河流域流通。私盐商则为避过西坝税收，从旱运经小蚌埠这个三县交界处，暗中交易，使小蚌埠最早成为私盐集散地。

民国初年的安徽督军倪嗣冲，就把他的将军府设在这里，又迁来原在宿县的皖北盐务局和阜安盐栈，向皖北 21 个县、豫东 19 个县运销集散蚌埠的淮盐，盐商们又把淮河流域所产的粮食及土特产，通过铁路外销。盐粮互市，使蚌埠变成了淮河流域的商贸中心，辐射直达皖北、皖西、河南东部、苏北西部。云集蚌埠的大麦、小麦、高粱、药材、牛皮、鸡蛋、酒类，月达三四万吨，改用火车装运浦口，再转向京沪南北。沿海都市的所谓“京广洋货”，包括洋布、煤油、白糖之类的日用品等，每月两三千吨，又由浦口运来，到蚌埠再分销淮河上下游各地。每天火车上下各班，每星期日开北上特快一次；每星期六开南下特快一次，铁路运输繁忙，淮河水运也长足发展，蚌埠在津浦铁路南段成为最重要的物资集散市场。古渡渔村的蚌埠，由此形成千里长淮第一港，水陆交通的大码头，安徽省的门户。

30 年代的蚌埠，在当时的安徽拥有最多的商业门类，包括盐粮、百货、糖、纸、茶、麻、牲畜、五洋杂货、油、酒、土产、绸布、煤炭、堆栈、搬运、饮食服务等 48 个行业。仅盐粮行已达到 86 家，物资集散营业额占营业总额的 70% 左右。1937 年，据盐号 30 多家统计：年销淮盐一百万担以上，货额一千余万元；粮行九十余家，全年销粮食二百余万担，以黄豆、小麦居多，销路为平、津、济南、常州、无锡等地。淮河上下游的正阳关、临淮关，因粮食集散市场转移到蚌埠，日渐衰落。

从淮河码头到火车站之间，搬运业与盐粮行是同步发展的，各类公司 100 余家，以代各地客商采购转运粮食为主要业务，与银行建有往来，和南北各大城市广泛联系，北路有北京、天津、青岛、济南、徐州；南路有上海、南京、无锡、常州、镇江等各大城市。这种商行经营的粮食大批采购转销各省；华盛街市场行情，直通上海，这里又有蚌埠的“华尔街”之称；行坊每天早晨派出“河下人”，洽谈生意，并负责打票卸船托运装车，被称蚌埠商业的两个巨轴。

盐粮立市的蚌埠商贸，从 30 年代起，在皖北、豫东、鲁南、苏北的辐射圈基本形成，向东与今天称之为长三角的上海以及苏南城市接轨。蚌埠在淮河中游承东接西，地跨南北的城市区位已经定格，这个范围也就成为日后蚌埠城市由商贸重镇向新兴工业城市转变，赖以生存发展的腹地。

三、蚌埠城市文化生存的方式

蚌埠从乡集变为商埠，而后成为真正意义上现代城市。它曾是一个“有市无城”人口聚集地，田地起楼房，沟渠成街道，这里不可能有所谓“三里之城，五里之廓”的古老城区。在我国传统社会条件下，城市文化生存的基本载体——祠堂、庙宇、书院、学堂等，它们都是涵养文化精神的实体，而对于蚌埠，这些基本上都是空白。只是随着人口流动，以人流动作为城市文化传播载体，时散时聚，包容四方，兼蓄并纳，不断沉淀。

对蚌埠城市文化产生作用的首先是明初的佛教。朱元璋作为和尚出身的帝王，定凤阳为中都后，将於皇寺移地重建龙兴寺，不仅把曾为道观的栖岩寺改为“龙兴寺下院”，而且在蚌埠东郊长淮卫又布满了大大小小的十余座寺庙。开埠之初的蚌埠市区，街巷路旁，郊外田边，多有简陋的小庙，供民间办丧事、报庙、作七之用，极为方便。“放焰口”笙鼓齐鸣，香烟缭绕，成为当时一种热闹的景观。与此同时兴旺的是民间形形色色的俗信，从淮河船家的大王庙、街市里的火神庙、行业敬奉的鲁班庙，乃至于一棵柳树，一口水塘，都可成为顶礼膜拜的对象。

北宋南渡，随着京都大批艺人南下，将中原地区的花鼓灯传入淮河中游一带。清代中期，蚌埠周边四乡八里，玩花鼓灯已然盛行。城郊不分的蚌埠，自然成了花鼓灯歌舞之乡。清康熙十八年（1679 年），水患淹没了淮河下游的泗州城，淮北人背乡离井，地区之间的人口流动，影响到了文化的传播。当鲁南地区的淮海戏传入后，在蚌埠这片花鼓灯盛行的地方，艺人们把花鼓灯灯歌及后场小戏吸收进去，又把淮北农家妇女的哭腔，男人们田野里赶车的号子，也吸收到自己的旋律和唱法中来，逐渐形成了地方特色，改名为“泗州戏”。此后，花鼓灯与泗州戏成为蚌埠城市的两项民间艺术，丰富着人们的文化精神生活。

蚌埠由商埠形成的城市社会，传承了清末都市的社会风俗。1903 年清朝商部发布的《商会简明章程》第 26 条规定，“凡属商务繁盛之区”，可设“商务总会”。1912 年全国商务联合会成立后，各地商会组织普遍发展起来。蚌埠开埠后，随着商业的发达，商户增多，商业本身以及与社会的矛盾不断出现，急需有一协调处理的机构。1913 年秋，蚌埠的商界便成立了商会。大门两旁还有两名持鸭嘴棍的卫士警戒，门内影墙有“肃静”两字，一派清末官衙遗风。后经开明人士建议才改观。由商人消费形成了社会时尚，则完全是清末扬州徽商的作派，暴富后的“地皮财主”、盐粮行老板，以及其他行业富商大贾，竭尽挥霍奢侈之能事，但又缺少徽商儒雅气质。对于他们中的不少人，一旦落魄，则又是一副破败样，有的堕落为“行痞子”。这种风气对蚌埠城市的风俗产了重要而深远的负面影响。

蚌埠滨临淮河中游，这里是我国东部南北自然地理分界线标志性方位区，南米北面、南蛮北侉、南茶北酒、南舟北车的分界线。特殊的区位，使历史上的人口流动，往往以淮河为南下聚集之地，尽管有南人北上融入，但蚌埠的民风习俗，则仍以北方为主体，“城中高髻半淮人，马上短衣多楚客”。历史传统的影响，更使这里民风强悍，人民性格豪放。

从文化层次上分析，透过这些外在行为方式，更要看到作为人的观念其形态上的特质。自北宋以来的八百多年间，黄河夺淮，人口随着滔滔的洪水南渡；而长期的战争，又使广大乡村的生存状态不断恶化。尽管这是一片适于农耕，物产丰富的沃土，难于安居治业的流民，“毫无顾恋，游食四方”，乞讨成风。因无恒产而无恒心，流民意识给人们的价值观和思维方式，必然打下深深的烙印，对区域经济和社会进步造成了极大的负面影响。在社会动荡和以封建家族为群居特征的乡村，作为社会心理的外化形式，必然产生出粗放强悍的民风。

四、城市区位效益比较的启示

蚌埠因清末津浦铁路开通得利于淮盐运销而成为商贸重镇，作为皖北中心城市，成为民国时期兴起的典型城市之一。著名社会学家费孝通先生在 1999 年中等城市经济学会上，提出为什么同样是因津浦铁路通车兴起的城市，长江以北的蚌埠等地发展不如江南的城市。在今天区域经济激烈竞争形势下，我们必须认真研究这个问题。

马克思在论述现代城市兴起时指出：“现代的历史是乡村城市化，而不像在古代那样，是城市乡村化。[1]”因此，当我们观察城市发展的差异的时候，必须把视野扩展到城市所关联的腹地加以分析。蚌埠作为一个城市现象，它存在于明清时期的淮河中游地区，而在这个特定的空间内，它的自然地理、历史人文、政治经济等因素，对城市形成所产生的各种影响，无不渗透于城市演变的全过程之中。

如前所述，出现于北宋之后的蚌埠古渡，明清时期因中原人士南迁聚集而形成边陲乡集。铁路虽然作为工业文明的使者，把这里变成了一个繁华的商贸都市，并由此转向工业城市。但它的这个过程，都是在特定的区位中演变的，当这

〔1〕《马克思恩格斯全集》第 46 卷（上），第 480 页，人民出版社 1980 年版。

个城市把区位的优势占尽的同时，而与生俱来的劣态，同样时时都在发生着作用。以淮北为主，包括豫东、苏北、鲁东南接壤的地区，作为历史上蚌埠城市的腹地，不容忽视的严重状况是，当清廷把捻军镇压之后，历史进入了20世纪，传统的农耕与游牧之间的南北冲突不再成为历史主题曲，代之而起的是撞击力度更为激烈的农耕文明与工业文明之间的东西对垒，在这场鱼死网破的文化大冲突中，显然首当其冲的沿海地区是前沿阵地。而早已陷入边缘的淮河流域地区，早已因黄河夺淮，使传统文明在这里已经发生断裂和停滞后，又被推进相对封闭的状态之中。

与皖北苏北相对的江南，同在历史上人口流动的大趋势下，形成了近代津浦及京沪铁路一线的城市。先秦以来相当长的历史时期，那里也曾地广人稀，无积聚而多贫。“落后的经济条件使吴国统治者把发动掠夺战争作为补充财富的手段。在战争成为经常职业的情况下，吴国的尚武好斗之风自是愈演愈烈。”〔1〕但在明清以来，这里实现了两个明显的转变：其一，农耕和手工业的发达，使生产力水平逐渐赶上并超过了北方，成为全国的财富渊薮。其二，人民从刚烈尚武的性格，转向崇文重道。历史的底蕴酿造出现代版本的城市，难怪今天面对长三角地区城市日新月异面貌，人们评说这是“用江南园林的精巧，发展了现代城市的高新工业；用苏州双面刺绣的手法，描绘了现代城市的古韵今风”。

城市的本质特征“是在一定地域内集中的经济实体、社会实体和物质实体这三者有机统一体。”〔2〕审视我们城市演变的轨迹，地近沿海的蚌埠，在东向发展，继续以融入长三角作为发展战略的时候，应当把自己城市的经济社会文化作为一个整体来对待，从经济发展的差异来反思区域文化差异；从当今的劳务输出、招商引资的经济社会活动中，来反思如何做到价值观念和思维方式的对接，不再重复“南橘北枳”的现象，这应当是城市经济发展的题中应有之义。

（作者单位：蚌埠市委宣传部）

〔1〕 王卫平：《吴文化与江南社会研究》，第113页，群言出版社2005年版。

〔2〕 陈敏之：《城市与城市经济问题》，上海出版社1988年版。

基督教信仰与农民问题的调查与研究

——以皖西北农村为个案研究

王申红

皖西北位于淮河以北的颍河流域和涡河流域，按今天的行政区划，包括阜阳和亳州两个地级市，共有颍州、颍泉、颍东、颍上、阜南、临泉、太和、界首、谯城、涡阳、利辛、蒙城等十二个县（市、区）。皖西北地区是经济欠发达的农业地区，农业生产力水平较低，农村人口占地区总人口的90%，农业在国民经济中所占比例较大。20 世纪 80 年代以来，基督教一直是皖西北地区影响最大的宗教，农民信徒人数居高不下。皖西北农村“基督教热”现象的出现，对该地区农民群体的生存状态、生产方式及思想文化都产生了深远的影响。本文拟在田野调查的基础上，在构建社会主义和谐社会的时代背景下，对皖西北农村的基督教信仰现状进行分析研究，有不当之处，敬请同行专家不吝指正。

一

在皖西北地区，先后有佛教、道教、伊斯兰教、天主教、基督教等五大宗教进行传教活动，其中佛、道二教的传教历史源远流长。东汉延熹七年（164 年），道教组织在亳州建天静宫，那时道教是皖西北地区影响最大的宗教。佛教在两晋时期传入皖西北，迨至清朝，大小佛门寺庙庵堂已遍布城乡。伊斯兰教的传教历史始于宋朝，元代以后，伊斯兰教逐步得到发展。由西方传入的天主教和基督教在皖西北的出现与以上三教相比要晚得多。1882 年，法籍天主教传教士白逢清等人在蒙城县黄隆集购地建天主堂。1885 年，基督教由英籍牧师弗尔德传入太和县[1]。

从 1885 年至建国前，在皖西北地区传教的基督教组织有：内地会、安息日会、自立会、中华基督长老会和浸信会。这些教会组织在皖西北城镇乡村设多处教堂进行传教，同时还办了一些学校、诊所等以加强教会与社会的联系。建国初期，在基督教界开展了“三自”爱国运动，61 名外籍传教士先后被清除出境。1966~1976 年“文化大革命”期间，一切宗教现象连同所有的“四旧”被批判，整个教会活动不断萎缩，并最终陷入停顿和几乎不复存在之状。1978 年，

〔1〕 阜阳地区志办公室：《阜阳地区志》，第 1042 页，方志出版社 1996 年版。

党的十一届三中全会召开，正常的社会生活开始全面复苏，其中包括宗教生活的复苏。随着党的宗教信仰自由政策的恢复和落实，教会机构从瘫痪之状得以重建，长期被迫处于地下状态的信教活动亦随之走上地面，信教群众的宗教活动逐步正常化。在这种社会背景下，从80年代开始，皖西北地区信仰基督教的人数迅速增加，逐年上升。笔者根据阜阳市宗教局和亳州市宗教局的统计材料，结合田野调查所得的数据资料，制表如下：

皖西北地区基督教信仰状况统计表

年份	1982	1987	1994	1999	2004
信教人数	107259	202750	235501	294457	320000（注：占所有宗教教徒人数的75%）
活动场所（批准点）	14	171	404	489	489（注：占所有宗教活动场所的90.9%）

从以上数字材料可以看出，基督教已经成为皖西北地区五大宗教中影响最大的宗教。

从信仰基督教群众的成分看，农民信徒占总信徒人数的绝大部分。阜阳市宗教局的一份统计材料表明：在基督教信教群体中，农民信徒占99%。从基督教活动场所看，基督教传教活动主要在农村开展。2001年，临泉县共有43个聚会点，其中设置在乡镇的就有40个；蒙城县有32个聚会点，其中在乡镇的就有29个。由此可以断定，皖西北地区基督教传播的主要区域是广大农村。那么，为什么基督教传教活动在皖西北农村呈兴旺之势？为什么皖西北地区的农民群体对来自西方的洋教产生那么大的兴趣？皖西北农村的宗教活动和宗教工作还存在哪些问题？我们的对策是什么？针对这些问题，笔者在皖西北农村进行了广泛、细致的田野调查。调查的对象：宗教管理人员、神职人员、信教群众。

二

依照马克思主义的观点，任何社会观念的产生，都不是偶然的，都是产生于人的需要，宗教观念也不例外。它所反映的是人的现实力量与理想生存境遇之间的反差。正如费尔巴哈所说，“宗教的前提，是意志与能力之间、愿望与获得之间、目的与结果之间、想象与实际之间、思想与存在之间的对立与矛盾。”[1]精神上的失衡状态是个人宗教情感形成的基础，而这种失衡状态往往产生于自我意识很不满意自己的存在现状却又无力凭借自己的力量改变它之时。一般说来，“宗教热”现象的出现总是与人的精神状态的失衡相关联。

十一届三中全会以后，党的宗教信仰自由政策的恢复和落实，为基督教的传播提供了相对宽松的社会环境，而随着社会转型时期政治经济体制、社会组织结构的消解与重建，传统的人际关系、价值观念也处于失落与重构的过程，此时农民群体由于生存的压力和精神的迷惘而导致的精神状态的失衡，直接导致了皖西北农村的“基督教热”。这种精神状态的失衡主要表现在普遍存在的忧虑感、孤独感和失落感。

（一）忧虑感源于生活困境的压迫

皖西北农村生产力比较低下，广大农民长期处于贫困状态。皖西北农民大多数靠种田维持生计，而农产品价格常年的低位状态和农业生产资料价格的居高不下，使广大农民的经济收入十分微薄，不计劳动成本的正常年景的亩收入不足300元。与土地耕作的低薄效益形成鲜明对照的，是广大农民必须承受的巨大经济压力——子女就学压力和医疗压力。因支付子女教育费返贫、因病返贫的现象在农村屡见不鲜。皖西北地区的唯一高等院校——阜阳师范学院的在校生中，80%左右来自于农村，据统计，2003年至2004年，该校学生欠交的学费总额是应交学费总额的近四分之一。从这个惊人的比例，就可以想见皖西北农民在子女教育费问题上所承受的压力之沉重。贫困学生的受教育问题已经成为了一个突出的社会问题。20世纪60年代起，和全国其他地区一样，皖西北农村地区建立了农村合作医疗制度，农村缺医少药的问题得到了很好的解决。然而，80年代初，随着人民公社的解体，农村合作医疗制度在全国范围内迅速瓦解，农村人口从此失去了基本的医疗保障。在中国城乡之间收入差距日益增大的今天，在大部分城市居民能够享受医疗保障的同时，中国农民面对的却是统一的医疗市场价格。昂贵的医疗费是广大农民无力承受的另一经济重负。

面对种种生活的压力，当社会没有给广大农民提供得力的经济援助，而他们自己又无力摆脱困境时，其精神便会长期处于一种焦虑和彷徨的状态。困苦无助中的人们最渴望得到的是关怀和安慰，这时，已积极深入到中国城镇、乡村的基督教向他们伸出了“爱”之手。“爱”是基督教伦理的最高原则。《圣经》上所讲的爱主要是指“神爱”（Agape），神爱是一种自我主动给予的爱，既可以是神对人之爱或人对神之爱，也可以是人对自己同胞之爱，其中神对人的爱是神赐予

---

〔1〕 费尔巴哈：《费尔巴哈哲学著作选集》下卷，第462页，商务印书馆1984年版。

一切基督徒的，“你们中间谁有儿子求饼，反给他石头呢？求鱼，反给他蛇呢？你们虽然不好，尚且知道拿好东西给儿女，何况你们在天上的父，岂不更把好东西给求他的人吗？”[1]任何地上的父母都愿意把好的东西给他的儿女，同样，天父更愿意把好的东西给他的子民，神对人的爱等同于父对子的爱。这种无条件的、不求回报的爱护和关怀，使独处于困境中的广大农民倍感温暖——尽管这种爱护和关怀仅仅是精神上的。

在皖西北地区的基督教信徒中，因病信教的农民信徒占半数以上。1988 年 4 月 10 日，原阜阳行署民族事务处在对原阜阳县袁營基督教活动点的调查中发现，447 名教徒中，因病信教的就有 344 名，占总教徒人数的 77%。笔者在蒙城县辛集乡基督教活动点对 51 名教徒进行采访，其中有 40 人就是因自己或家人有病而受人规劝信教的。因病信教的农民，因经常往返教堂做礼拜，身体得到了锻炼，疾病便在不知不觉中减轻了许多，他们便把病情的好转归因于上帝的赐福，同时也愈加坚定了对基督教的信仰。

（二）孤独感源于旧有的社会组织结构和良好人际关系的丧失

计划经济条件下，人们的生产活动乃至日常事物都由各级组织统一计划和管理，个人无须对生产劳动作出选择和承担责任。而在市场经济建立的过程中，原来的稳定和平衡被打破，农业科技知识匮乏的农民被抛入市场经济大潮之中，由于他们获取技术、市场、信息的渠道极其闭塞，因而在生产决策中往往不知所措、困难重重。在国家“科技兴农”政策推行的过程中，一些基层组织在进行农业结构调整时，不顾本地实际搞“一刀切”，以致劳民伤财，而因基层组织的决策失误造成的经济损失却只由农民个体来承担。爱农、懂农、知农、真正帮农的基层干部的缺乏，使农民与基层组织的关系相当冷漠甚至抵触。这种干群关系的冷漠使曾经有着强烈安全感的农民一下子成了无所傍依的孤独者。而这时基督教组织所传播的教义颇能使孤独的农民重新感受到久失的温暖。基督教认为，“爱神”和“爱人”这两条诫命是一切道理的总纲，爱人即爱自己的同胞，“爱人如己”[2]和“彼此相爱”[3]是上帝对他的子民的告诫，以“爱”为中心的基督教在具体生活中提倡的是互相帮助、亲如兄弟的团队精神，这种相亲相爱的温情氛围很快吸引了众多农民的加入。

孤独感最强烈的中老年妇女是皖西北农村的第一批基督教信徒。她们信教的主要原因一般有二：一是身体有病；二是家庭不和。因家庭不和而信教，这在皖

---

[1]《圣经·新约·马太福音》，七章九至十一节。

[2]《圣经·新约·马太福音》，二十二章三十七至四十节。

[3]《圣经·新约·约翰》，四章十至十一节。

西北农民信徒中占有相当大的比例。今天的农村干部所重视的只是本地区的经济效益，伦理教化和精神文明建设严重不足，农村婆媳纠纷、遗弃虐待老人的事情屡见不鲜。苦熬了大半生的老人享受不到子孙绕膝的天伦之乐，“养儿防老”的美好希望无情破灭。孤独无依的中老年妇女满腹积怨无法排遣，只好去教堂寻找精神寄托和安慰。她们成为上帝的子民后，频繁出入于各教堂和传教点，身体和精神均处于兴奋状态，与人说话时每言必说“感谢主!”，以至于在当时，相当一部分人认为基督教就是“老太太的宗教”。即使到了现在，尽管基督教的成分有了一些变化，但中老年妇女信徒仍是其主流。

（三）失落感源于一些“父母官”的官僚主义作风和腐败行为

由于目前中国正处于由计划经济向市场经济的过渡时期，农民在经济上和精神上均处于有待重新定位的无序状态，他们迫切需要上级组织的生产指导和精神鼓励。然而，相当一部分乡镇村级干部的官僚主义作风和腐败行为严重伤害了农民的感情，损害了基层领导在农民心中的形象。农民失去了所信赖的对象，他们的精神处于失落、困惑、压抑的状态。在这种状态下，“救世救民”的上帝的福音和耶稣的关怀颇能给这些身心疲惫、寻求依托的农民以精神慰藉，于是，他们纷纷涌向教堂以企求神翼的保佑。

据阜阳福音堂的张牧师介绍，七八十年代，基督教信徒有三多：中老年妇女多、有病的多、无文化的多，此为“三多”现象。随着基督教在皖西北地区的进一步传播，信徒的成分有了一些变化，近年来出现了“三增多”现象：男性增多、年轻人增多、文化人增多。“三增多”现象的出现与早期中老年妇女信徒的积极传教关系密切。有近一半的男性信徒和年轻信徒是受了爱人或母亲的影响而入教的。笔者在颍泉区伍明镇基督教活动点采访时，一位中年妇女信徒告诉我，她的丈夫患脑溢血病危时，她天天祷告，求上帝保佑她丈夫转危为安，后来，她丈夫大难不死，重新恢复了健康。现在，在她的影响下，她的丈夫、儿子、儿媳都信教了，她还给小孙子起名叫“天赐”。一位曾任职于村支部的老人，曾经因为女儿劝他信教而与女儿多次争吵，一次车祸后，在病危之中，女儿请来牧师为他祈祷，他康愈后便成了虔诚的基督徒，因为他相信，是上帝的大能和看护帮助他渡过了生死关口。另外，由于对现实世界的失望转而信仰神圣世界，也是部分信徒入教的动机之一。在颍州区袁寨镇集北头基督教活动点，一位姓王的信徒说，世人心太坏，若不在主的面前忏悔而仅靠自身的自觉，是无法改变自己的。他告诉笔者，他之所以信教，就是为了认罪悔改，并且将福音传给别人，让更多的人悔改。颍西镇五里庙的一位信徒（曾是中学教师）告诉笔者，她最初信教是因为自己患有心脏病，而现在之所以更加坚定了基督信仰，是因为她觉得信教是一件很高尚的事情。这种“荣主益人”的精神状态代表了高文化素质的农民信徒的入教心态。

基督教教民的“三增多”现象反映了当今人们对美好生活的追求和向往，同时也反映了人们对现实社会的不满和回避。

三

笔者在田野调查中发现，基督教之所以能受到广大农民的欢迎，不仅在于其传教内容迎合了农民群体的精神需求，还在于基督教组织本身独特的传教方式适应了农民群体的生产、生活习惯并且弥补了其文化生活的空白。基督教本身独特的传教方式可以概括为以下两个方面：

（一）基督教教义的世俗化、教规的简约化，适应了本土与现实的要求

随着当代经济与科技大潮的兴起，基督教的意识形态和价值趋向有着明显的衍变，世俗化倾向加重。这种衍变表现在神学理论上，则是从向往未来天国转移到追求现实生活，人们关注的重点不再是彼岸的善恶赏罚，而是现实的利害苦乐，这就迎合了广大农民迫切要求解决今生问题的强烈愿望。为了使广大信徒的宗教生活不与其世俗生活相冲突，基督教教规也呈简约化、灵活化的特点。基督教的集体宗教活动是每星期去教堂参加的礼拜，但是，如果因工作或其他原因不能去教堂，信徒在家祷告是被允许的。鉴于农村生产和生活的特点，为了方便农民信徒，一些乡镇教堂的礼拜时间定在下午进行。这种教规的简约化和灵活化，缓解了宗教活动与日常工作、生活的矛盾，减轻了人们的精神负担，从而使更多的人乐意接受这种“随和”的宗教。

（二）宗教活动丰富多彩，满足了农民的精神文化需求

基督教组织的宗教活动形式多样，丰富多彩，除了每星期一次的礼拜外，还有在平时进行的交流会和见证会等。交流会是信徒自发组织的宗教聚会，这种聚会没有固定的时间和地点，大家有空闲时便聚到一起，互相交流读经心得并齐唱圣歌，这些圣歌一般是用圣词配之以通俗歌曲的曲调，简单易唱，朗朗上口。见证会即信徒为圣主作美好见证、感谢圣主恩典的宗教聚会。交流会和见证会既坚定了信徒的宗教信仰，又丰富了他们的业余生活，从而成为深受信徒欢迎的宗教活动。在基督教诸活动中，最隆重、最吸引人的是圣诞节和复活节。在这两大节日里，教堂一般都举行隆重的集体礼拜，然后演出精彩圣剧。笔者曾观看了阜阳福音堂2001年的圣诞节圣剧，其中的几个节目至今记忆犹新。一位花样女孩在众多少女的伴舞下，采用宋祖英的《好日子》曲调，改动歌词，歌唱了“耶稣带给我们的好日子”。独唱《想主的时候》以地道的通俗唱法表达了广大教民对主的虔诚思念。豫剧《婆媳情》叙述了一位媳妇怀了女胎，心中不快，婆婆劝她不能嫌弃圣主的赐予，帮助她打消顾虑的故事，最后两人共同道出了“生男

生女都一样，只生一个好”的心声。圣剧吸引了数以千计的农民信徒。

近年来，中国农村经济有了很大的发展，但精神文明建设严重滞后，文化设施薄弱，文化娱乐活动几乎没有。基督教组织为广大农民信徒提供了形式多样的宗教活动，使众信徒欢聚一堂，人们在交流中感受兴奋、感受温暖、感受主的关怀。宗教活动成了人们的业余文化活动，教堂成了身心疲惫的人们休闲、娱乐的场所。丰富多彩的宗教活动，填补了农村文化生活的空白。

在当今的皖西北农村，充满活力的基督教组织能够在一定程度上满足广大农民的精神需求，信仰主体和信仰客体得到了有机的结合，基督教组织在皖西北农村这块广袤的土地上迅速发展起来。

四

总的来说，皖西北农村基督教信仰状况是正常有序的，但目前仍存在一些值得注意的问题。这些问题如果处理不好，将会影响基督教的健康发展，同时，也会给社会带来负面影响。

（一）基层组织对信教群众和宗教活动持放任态度，缺乏有效管理

皖西北地区基督教信徒达32万，是一支不可忽视的社会力量，加强对基督教活动的管理是一项具有现实意义的重要工作。但笔者在调查中发现，很多基层领导干部对宗教工作的重要性估计不足，一些领导干部虽兼管宗教工作，但大都只挂其名，对宗教知识，甚至本地宗教状况知之甚少，对宗教活动的管理方针是“只要不出乱子，随他去。”他们认为，既然实行宗教信仰自由政策，就应该让宗教自由发展，只要宗教活动不出格，政府最好别干涉。这种听之任之的消极态度与“积极引导宗教与社会主义社会相适应”的宗教工作指导思想差之千里。基层领导干部应重视和加强对宗教工作的管理，全面、正确地理解党的宗教政策，改变对宗教问题放任自流的态度。真正深入信教群众之中，了解他们的生活和思想，帮助他们排忧解难，指导他们进行健康、正常、有序的宗教活动，这是“用‘三个代表’重要思想指导中国的宗教工作”方针的具体体现，也是“构建社会主义和谐社会”理论的实践要求。

（二）私设聚会点和自由传道人屡禁不止

私设聚会点和自由传道人利用农村基层工作薄弱和农民文化素质低的现状，为了聚敛财钱，进行非法的传教活动。皖西北各地宗教管理人员为了取缔私设聚会点和制止自由传道人的非法传教活动做了大量工作，收效显著，但是，私设聚会点的现象和自由传道人的活动至今尚未在皖西北地区彻底消失。私设聚会点和自由传道人的存在是农村基督教传教活动混乱的主要原因。为了保证基督教活动的正常开展，使信教群众树立端正、健康的宗教思想，乡、村基层组织应加大宗

教管理工作力度，严格把关，不容私设聚会点和自由传道人有立足之地。

（三）对基督教传道者的再培训工作严重滞后

随着基督教传教活动的进一步开展，信徒人数逐年增加，基督教在皖西北地区的社会影响愈来愈大，这就向传教者提出了新的更高要求。正如丁光训先生所说："为使我国的宗教与社会主义相适应，培养政治和道德上及神学素养都合格的教牧人员至关重要。……必须引起足够的重视。"〔1〕新时期的基督教传教者，不仅要掌握高深的神学知识，而且还要具备良好的政治和道德品质。因此，为保证基督教活动的健康进行，必须对传道者进行相关知识的再培训。但是，由于宗教经费的不足，皖西北各县市缺乏对基层传道者的定期培训，致使很多基层传道者，尤其是义务传道者缺乏对基督教理论的深刻理解，对我国当前的国情国策，特别是新时期宗教政策的把握明显不足，这无疑会对基督教在皖西北地区的健康发展产生不良影响。希望这一问题能引起有关部门的重视。

（作者系阜阳师范学院历史系副教授）

〔1〕"宗教要与社会主义社会相适应——全国宗教团体领导人座谈侧记"，《人民日报》1994年2月6日。

论老庄的道德观与我国中小学德育内容建构[1]

伍德勤

人们一提起中华民族的传统美德或中华民族的传统道德之源，首先想到的就是儒家的道德文化、道德观，即强调仁义、忠孝、诚信等。实际上，老庄的道德观也是中华民族最重要的传统道德源泉之一。它一直对中国社会的发展和稳定起着调剂的作用，影响深远。尤其是在社会竞争激烈、个体心理压力巨大的当今社会，继承、发扬和创新以老庄为代表的道家的道德文化，使之成为我国当今社会道德文化体系中重要组成部分，是很有必要的。尤其是将其作为我国现代中小学的德育内容之一更具有现实意义。

一、老庄道德观的基本内涵

老庄的道德观，即老子、庄子对理想人格的品德要求，其内容非常丰富，但就其基本内涵而言，主要表现在以下几方面：

（一）虚静无为

“无为”是老庄道德观的中心，也是道家“道”的思想核心。老子说：“道常无为”。[2]“无为”不是什么都不做，而是要求人的一切行为都必须遵循自然法则，也就是要人们遵循“传统”，“不敢为天下先”。要做到“无为”首先就要“寡欲”。从主观的因素看，他要求人应尽量减少各种欲望，做到清心寡欲，复归于朴质之性。但人的欲望往往要受客观的刺激和外物的诱惑。他说：“五色令人目盲，五音令人耳聋，五味令人口爽，驰骋畋猎令人心发狂，难得之货令人行妨。是以圣人为腹不为目，故去彼取此。”[3]外物的刺激和诱惑，会引起人的欲望，所以必须摒弃，永远保持清静无欲，达到纯正的修养。庄子进一步强调“虚静无为”对人修养的作用。他说：“夫恬淡寂漠，虚无无为，此天地之平而道德之质也。故曰：圣人休休焉则平易矣，平易则恬淡矣。平易恬淡，则忧患不

---

〔1〕 该文是安徽省皖北文化研究中心立项课题（编号为2004ZX08YB）的成果之一。

〔2〕《道德经》第三十七章。

〔3〕《道德经》第十二章。

能入，邪气不能袭，故其德全而神不亏。”〔1〕恬淡寂漠、虚无无为，都是道家主张的道德修养之本。

（二）柔弱处下

老子还视“柔弱”为人之美德。他以水为例来赞美柔德说：“天下莫柔弱于水，而攻坚强者莫之能胜，以其无以易之。弱之胜强，柔之胜刚，天下莫不知，莫能行。”〔2〕水可攻坚，“柔弱胜刚强”，人要想自由自在地生存，就应该保持柔弱的美德，而柔弱也会转化为刚强，并可战胜刚强。处理人际关系时将自己置于“下风”，反会接近于“道”。所以他又说：“江海所以能为百谷王者，以其善下之，故能为百谷王。”〔3〕因此处上位者，只有恭谦宽厚，虚怀若谷，心胸广阔，才能有如江海包罗百川，以真正得到大家的拥护。

（三）知足不争

老子认为，人要知足常乐。他说：“名与身孰亲？身与货孰多？得与亡孰病？是故甚爱必大费，多藏必厚亡。知足不辱，知止不殆，可以长久。”〔4〕所以一个人必须知足、知止，这样便不会受辱，没有危险，生命就能长久。他还说：“祸莫大于不知足，咎莫大于欲得，故知足之足常足矣。”〔5〕知足，首先要做到“不争”。在老子推崇的美德中，“不争”最为重要，可与“无为”并称。他说：“上善若水，水善利万物而不争，处众人之所恶，故几于道。居善地，心善渊，与善仁，言善信，政善治，事善能，动善时。夫唯不争，故无尤。”〔6〕有美好品德的人如同流水一样，有利于万物而从不争名利。居处不争之地，心以不争为渊，付出施予而不争报偿，言则有信，为政无私，办事精明，审时度势，皆能不争，便永远不会失误。他还说：“我有三宝，持而保之。一曰慈，二曰俭，三曰不敢为天下先。夫慈，故能勇；俭，故能广；不敢为天下先，故能成器长。”〔7〕若身居要位或身为众长，必须做到宽容、俭啬，不能事事突出自己、以身为先、以首自居。

庄子进一步发展了老子“不争”的思想。他在《逍遥游》中明确指出：“至人无己，神人无功，圣人无名”的思想。最根本的态度就是超凡脱俗，与世无争，自我超越，无所欲求，一切顺乎自然。他还说：“无仁义而修，无功名而治，无江海而闲，不道引而寿，无不忘也，无不有也，淡然无极而众美从之。此

〔1〕《庄子·刻意》。

〔2〕《道德经》第七十八章

〔3〕《道德经》第六十六章。

〔4〕《道德经》第四十四章。

〔5〕《道德经》第四十六章。

〔6〕《道德经》第八章。

〔7〕《道德经》第六十七章。

天地之道，圣人之德也。”[1]也就是说，一切无心、淡忘，一切都会得到。从而达到“乃合天德”的理想境界。

二、老庄道德观作为我国中小学德育内容的社会现实基础

历代对中国思想史和社会生活史的研究，都认为儒道互补，其道德观也不应例外。儒家重理性，道家尚直觉；儒家主致用，道家崇思辨；儒家重名，道家轻名；儒家讲现实人世，强调道德立世，而道家则追求回归自然，强调道德超脱。虽然如此，也不乏许多共通之处。儒、道两家都轻利（儒家重名轻利，道家既轻名又轻利），而且都有寡欲、禁欲的思想。尽管儒家文化是中国传统文化的主流，处统治地位，但道家文化也一直影响着中华民族不同人群的思想和行为。就现实社会而言，我认为我国当今社会道德文化主要有三大来源：中华民族传统的道德文化（包括道家的道德文化）、马克思主义的道德观、现代社会的法律体系。在当今社会，我们必须接受道德文化多元化的现实，不能以一派否定或代替另一派，应汲取各家之长，立体建构多元化的现代社会道德观念体系，以适应不同人群调节自己道德观念和道德行为的需要。而道家所倡导的“贵柔”、“取虚”、“无争”、“寡欲”、“知足”、“无为”的道德观，无疑从另一个侧面上满足了社会道德文化的需求。尤其在我国追求“全面实现小康社会”的过程中，人们不断提高的对物质和精神生活的需求与社会所能提供的物质与精神生活消费资源之间的矛盾，以及不同人群之间在物质和精神生活水平上的较大差异仍然是社会的主要矛盾和不稳定因素。要使社会稳定而和谐地发展，必须求得社会不同人群的心理平衡。而要求得社会不同人群的心理平衡，光靠法律是远远不够的，还必须通过教育影响人的心灵，使不同人群根据自己的需要选择不同的生活“信条”。道家倡导的“寡欲知足”，不让个人的欲望无限膨胀，使人在“知足常乐”中获得“幸福”，无疑是“物欲膨胀”的当今社会不可缺少的“精神食粮”之一；“虚柔不争”，则能容人，使人在“和平共处”中获得“安逸”，这无疑也是“人际复杂”的现代社会不可丢弃的“处世良方”之一。要说明的是，这里讲“之一”而不是“惟一”，更不是倡导人们不要追求生活、不要创造、不要进取，而是希望人们明确：追求生活是有条件的，创造不只是为了自己，进取不是靠打击别人。2001 年，我国颁布的《公民道德建设实施纲要》还明确地将“淡泊名利”作为公民道德素养的要求之一（见“公民道德建设的指导思想和方针原则”中的第 6 条）。所以，老庄道德观作为我国现代学校的德育内容之一无疑具有明显的社会现实基础。

---

〔1〕《庄子·刻意》。

三、老庄道德观作为我国中小学德育内容的教育基础与拓展

老庄的道德观作为我国现代中小学德育内容已有一定的教育基础，但还很不够。如儿童普及读物《中国成语故事荟萃》[1]中，有1个成语选自《道德经》（即知足常乐，也是对中国人的思想和行为影响最大的道家的道德观），有14个成语选自《庄子》（如鼓盆之戚、曳尾涂中、螳螂捕蝉等）。中学语文教材中也有一点，主要是部分版本的高中教材节选了《庄子》中的《逍遥游》、《养生主》和《秋水》等篇的内容。如人民教育出版社出版的高中教材（试验修订本）六册中有《庄子》两篇，但没有一篇选自老子的《道德经》。2002年进一步制订的《全日制普通高级中学语文教学大纲》只是在课外阅读建议中提到《庄子》。而小学和初中的语文教材中则没有这方面的内容。如人民教育出版社出版的初中语文六册教材有《论语》六则、《孟子》两章，没有一篇选自《道德经》或《庄子》。

义务教育课程标准实验教科书《中国历史》七年级上册（人民教育出版社，2001年6月版）第九课"中华文化的勃兴（二）"中介绍老子时，约用了二百字介绍老子其人及思想，其中只提到"老子认为，一切事物都有对立面，如难和易、长和短、前和后，对立的双方能够相互转化。老子善于从正反两方面思考问题"以及"老子主张以柔克刚"的思想。并在这部分设置了"动脑筋"栏目，内容如下：老子主张以柔克刚。相传老子曾经张开嘴让弟子们看，然后对弟子们说："我那坚硬的牙齿早就掉了，可我那柔软的舌头却还在！"想一想，老子的话究竟是什么意思？他的这种思想在现实社会生活中是否有用？如果你认为有用的话，能不能举出一个实例加以说明？

在"百家争鸣"段提到："道家在战国时期的代表人物是庄子。他认为，水行要乘船，陆行要坐车，治理国家也一样，要顺其自然，'无为而治'。庄子批评孔子在鲁国想要恢复西周制度的做法，就像陆地上推船，劳而无功。"[2]

全日制普通高级中学教科书（选修）《中国古代史》（人民教育出版社，2003年6月版）第一章第一节"春秋战国时期的文化"中介绍老子的也只有二百字："春秋晚期的老子，是道家的创始人。他的学说比较深奥，含有朴素的辩证法思想。老子认为世界万物和人类社会总在不停地运动着，有无、难易、高

---

〔1〕 邓长琚主编：《中国成语故事荟萃》，华南理工大学出版社1993年版。该读物一共有314个成语，其中选自《论语》的有20个，选自《孟子》的有18个。

〔2〕 义务教育课程标准实验教科书：《中国历史》七年级上册，第44～45页，人民教育出版社2001年版。

低、贵贱、刚柔，是互相依存、不断变化的。老子在政治上主张‘无为’，反对采用严刑峻法。相传老子留下《道德经》一书。老子认为世界万物本源为‘道’，道是没有形状、超时空的永久存在。这是一种唯心论思想。老子的名言是‘祸兮，福之所倚；福兮，祸之所伏’，说明对立的东西是互相转化的。老子的政治思想，对后代的政治有很大的影响。”

在“百家争鸣”段提到：庄子继承老子的道家学说，成为战国时期道家的代表人物。他发展了老子的唯心哲学，认为世界就是“我”的主观产物。庄子鄙视富贵利禄，痛恨“窃钩者诛，窃国者诸侯”的不公平社会现象。

另外，在“诸子散文”段，提到：“老子文章具有深沉的情感，丰富的想象和抽象的哲理。他描绘远古时代理想的‘小国寡民’社会蓝图，令人如入其境。”“庄子的散文文字优美，想象丰富，是诸子中才华横溢的大文学家。他的《秋水》《逍遥游》等，都是古代文学名篇。”〔1〕

以上就是目前通用的中小学语文和历史教材中反映老庄思想的全部内容，其中不少内容是反映其生平和文学思想的，但直接影响学生道德观形成的中学思想品德课教材则没有这方面的内容。

老庄的道德思想体系非常丰富，而且具有很强的现实意义，目前中小学教材中仅有的这一点内容远远不能满足传承道家道德文化精髓的需要，必须在基础教育的教学内容体系中进一步拓展道家的道德文化内容，尤其是有积极的现实意义的道德观。首先应在中小学的语文、历史、思想品德课的教材中进行有机的渗透。语文教材中应有序地编入一定篇目的内容，如可节选《道德经》中第三、八、十二、十六、十九、二十二、四十六、六十六、六十七、七十八章的部分内容和《庄子》中的《逍遥游》、《齐物论》、《养生主》、《人世间》、《天道》、《刻意》、《秋水》和《知北游》等篇的部分内容。历史教材中应系统介绍道家的主要思想。思想品德课中应结合我国颁布的《公民道德建设实施纲要》的精神积极渗透道家道德文化中有积极的现实意义的道德观。

总之，学校德育应积极展示多元的优秀的道德文化，让学生遵循“选择——发展——困惑——再选择——再发展”的自主发展之路，而不是代学生选择“惟一”，从而真正体现德育主体的自主性和德育内容的多样性的时代特征。

（作者系阜阳师范学院教育系主任，副教授）

---

〔1〕 全日制普通高级中学教科书：《中国古代史》，第19～22页，人民教育出版社2003年版。

江淮地区婚嫁习俗的传承与变异

刘家富

婚姻是人类得以繁衍生息的主要方式和构成家族、亲族的基础，特别是在以家庭为本位的中国，婚姻更有着至关重要的意义，因此，围绕婚姻就产生了一系列引人注目的习俗。这些习俗也随着历史的发展和社会生活的演变而发生变迁。

中国婚姻起源的时期，由于上古史中存在着许多的疑问，使人不能下一个精确的答案，不过我们却可断定，殷周以后我国的婚姻就具有一定的制度了。这从当时的文字上可以得到很好的证明，如甲骨文中就有“家”、“夫”、“妻”、“妾”等字。到了近代，婚姻经过了数千年的变化与发展，婚姻习俗也相应地发生着变化。从纵向看，当时婚姻习俗的变迁较快；从横向看，从婚姻制度同政治制度或其他社会制度对比的角度看，当时婚姻习俗的变迁较慢，而且这种变迁在横向的不同民族、不同地区和不同阶层中也呈现极大的不平衡性。具体表现在以下几个方面：

（一）婚姻革命说盛行。辛亥革命的舆论家将传统的婚姻家庭制度视为专制主义和封建帝制的必要条件，所以他们在辛亥革命前就提出了婚姻革命的口号，辛亥革命后又进一步将此口号系统化。五四时期也有人主张“废除婚制”，认为即使是自由结婚也是“一种彼此互相专职的结婚”，也应废除。

（二）婚姻立法增多。民国早期的婚姻立法虽有1915年制定的《民律亲属编草案》做参考，但有时仍沿用1910年颁布的《大清现行律》。1928年国民政府法制局起草过《亲属法草案》，但当时未公布，它对当时社会婚姻礼俗的变迁起过一定的作用。1928年，民国政府在全国范围内颁布了《婚礼草案》。

（三）婚礼趋向简洁化。由于民族、地区和阶层等方面所呈现出的不平衡性，所以基本上是新旧的婚礼并存。1928年，民国政府颁布的《婚礼草案》中规定“各种聘礼一概免除”，“有礼品一概革除”，并具体规定了“结婚礼节”21项程序。

（四）婚姻日益自由。婚姻自由包括结婚自由与离婚自由。就结婚自由来说，当时包办婚姻逐渐减少，而自主婚姻逐渐增多。《王韬日记》记载：“前曰为春甫始期，行麦礼。至虹口稗活文室。往观其会西人来者甚众。牧师衣冠北向立，其前设一几，几上置婚书、条约；新郎新妇南向立，牧师将条约所载一一举问，傧相为之代答，然后望空而拜。继而夫妇交揖。礼成即退，殊为简略。”[1]

（五）婚姻形式发生变化。婚姻形式是指嫁娶的方式。婚姻形式多种多样，仅我国境内各民族的婚姻形式就不下几十种，但其中最主要的还是聘娶婚。除了这种形式之外呢，还有指腹婚、收继婚、入赘婚、典卖婚、冥婚和自由婚等等。近代时期的婚姻形式产生了许多的变化，主要有下面三点：

1. 有些婚姻形式不复存在。如随着清朝的灭亡，与封建制度有关的选婚、赐婚、赠婚和罚婚等退出了历史舞台。

2. 有些婚姻形式逐渐衰落。如服役婚、指腹婚、表亲婚、买卖婚和转房婚等。

3. 有些婚姻形式内容改变。如抢婚的内容已由真抢变为假抢，入赘婚中赘婿的地位有所提高等。

下面就以婚嫁具体过程来探讨近代江淮地区婚嫁习俗的传承与变异。

近代江淮地区的婚嫁习俗在古代六礼的基础上既有继承又有变异，这可以通过婚嫁的具体操作过程来比较一下。

（一）说媒——婚姻序幕

说媒，亦称提媒、做媒、拉媒，指从“提亲”到“迎娶”的过程中，媒人所从事的一系列礼仪活动。江淮媒人说媒有三种：一种是受人委托说媒。即男方相中了某女，便邀请媒人到女家提亲。女方如同意，便把红纸“八字”（上写其女儿的出生年、月、日、时）交给媒人。男方收到红纸“八字”后，或将它放到灶君座下，以测有无不祥之兆，或请算命先生根据“八字”推算男女两人的八字是否相克相冲。若是没有不测和八字相合，这门婚事就可成立。一种是媒人主动在男女双方穿梭撮合，即媒人在衡量男女双方家产家势、社会地位，认为门当户对后，便先到男家，后到女家介绍对方的情况。如果双方家长认为合适，并在对对方做进一步了解和请算命先生算命后认为没有问题，媒人就告知双方可结百年之好。一种是有名无实的媒人，即因礼仪的需要，男女双方家庭请求与自家关系密切的、在当地有一定身份和威望的人去担当。

在近代的中国，由于西方列强的入侵，尤以英国为代表的鸦片贸易开始进入中国，中国的各个方面都受到了严重的影响，尤其是在江淮流域这一贸易地，媒人说媒，以日吸几钱烟膏作为衡量家财的标准，而结婚仪式也以排出多少长烟榻为场面大小。说媒在近代的江淮地区仍然普遍的存在。《五河县志》：“婚礼，必

[1] 王韬：《王韬日记》，第111页，中华书局1997年版。

用媒妁，而不言财帛。”[1]《颍上县志》也提到：“婚礼，髫龄即行媒妁。”[2]可见说媒在那时仍是不可或缺的习俗。另一方面，国门的打开使得西方的先进思想也在一定程度影响了这一地区，在择偶上出现了男女青年不经过媒人介绍而自由恋爱，等双方感情成熟后再征求父母的同意，然后就可结婚了。传统社会中“父母之命，媒芍之言”习俗的约束力明显减弱，尤其在城镇里表现突出。

（二）下定——婚姻发展

下定即定亲，为古代六礼中的纳征礼，民间又称过礼、放定、过定、割彩礼等。即为男方托媒向女方提亲，女方答应后，以兽皮和雁做小礼物向女方求婚。到近代，一方面“纳征”的涵义逐渐扩大，兼有“纳彩”之意，一方面则无“纳征”之名，而有送礼之实。

下定是确定婚姻的必须礼仪，所以江淮地区各地都有五花八门的民俗活动。在休宁，双方确定联姻后，男方便填好红帖（俗称“下定书”）根据双方的要求送上衣料、首饰、礼银等，作为定亲的依据。在黟县，下定又称“批书”，即在选定的吉日，男方准备好红帖（称“鸳鸯礼书”），在内页右边写好男子的生辰八字后，装进一个红信封，填好格式一定的请求联姻书，准备一支新毛笔和一个新墨，连同“头节礼”，放入红皮的“批书匣”内，请一位本房的男性亲属带上批书匣，随媒人去女家。女方收下礼物后，点烛焚香，打开“鸳鸯礼书”，由父亲或哥哥用匣中的新笔和墨，在“鸳鸯礼书”内页的左边填好女子的生辰八字，然后在封面上写上“亲允大吉”四字，送回男方，至此批书典礼即告完成，双方正式定亲。批书后，男女本人不能见面，对亲事不论是否满意，也不许更改。在固镇，确定联姻后，男方即准备两段红布（富有之家为丝织品，贫穷人家为麻织品或棉织品）和银质首饰，与女的庚帖一起送与女方，称为“还庚”。女方若同意订婚，一般送来一顶礼帽、两本书、两支笔和两根墨等送给男方。接着男方再送鸡、鲤鱼及果子、猪后腿等给女方，以图“吉（鸡）利（鲤）”。从订婚到结婚这段时间内，男女双方不准见面；若男的在场时，女的应赶快回避，以免“评头论足”。

到了近代民国期间，头节礼（或称定礼、聘金）一般是108块银圆，但家庭贫富不同数量可有变化，但尾数必须是8，每枚银圆上要用红笔写上双喜字。如《涡阳县志》记载：“婚姻不论财。髫龄通媒芍，用钗环首饰数件，俗曰下

---

〔1〕《五河县志》（二十卷·清光绪二十年刻本），转引《中国地方志民俗资料汇编》（华东卷中），第999页，书目文献出版社1995年版。

〔2〕《颍上县志》（十二卷·清光绪四年补刻本），转引《中国地方志民俗资料汇编》（华东卷中），第987页，书目文献出版社1995年版。

定，丰俭视家资。”[1]而方式也有所不同。这时的行礼日期由瞽者择定，由男家请执柯者两人，将男孩的出生年、月、日、时写于红金帖上，外备衣料、果子、喜饼、茶盐、猪羊及金器四五件，放在桃盒内送往女家。女家对于食物约收大半，衣料随意略收，金器则全部收下，并回以鞋帽、笔墨、书籍等物，用同样笺帖将女孩出生的年、月、日、时写上，送回男家。这天，男女两家各须设宴数席，以飨三亲六戚。此后，婚姻视为有效。

（三）迎亲——婚姻高潮

迎亲即亲迎，古代的六礼之一，是新婿往女家迎娶新娘的仪式。迎亲习俗起源甚古，唐杜佑《通典·第十八·天子纳妃后》载：“夏亲迎于庭，殷于堂。周制限男女之岁定婚姻之时，亲迎于户。”到了近代，迎亲多有媒妁或小叔代迎，新娘则冠帔登轿，或有尊长、兄弟抱上轿，母亲、姐妹等以哭相送。有亲兄弟伴送至新郎家的，也有男女双方的亲友迎送于中途的。迎亲礼仪，包括发轿到接轿过程中的一系列活动。发轿或在头天或在当天的，发轿时的坐轿人或为新郎或为孩童。上轿是新娘一生中最为隆重的礼仪，礼制繁复。接轿是迎亲中的最后仪式。江淮的接轿方式有两种。一种为轿到人不接，如长丰、六安、来安等地，民间说是拗性子、冷性格。一种是轿到人相迎，或为新郎迎接，如金寨，当花轿来到新郎家门前，新郎便在门前迎接并向轿内新娘作揖或鞠躬，然后由两名伴娘搀扶着新娘进入新房。铜陵则是新郎打开轿门锁，由伴娘扶出新娘，或为伴娘迎轿。萧县则是花轿来到新郎家大门口时，由两个中年妇女打开轿门，送一把酒壶交给新娘，新娘将它放在胸前，叫“送把壶”；接着以化好妆的四个、六个、八个不等的成年闺秀，摇摇摆摆来到轿子前，站在轿的两边，依次来到新娘面前，拜行接见礼，这叫“添胭粉”；接着由两个中年妇女扶新娘下轿，这时妇女们等着撕新娘脚上的黄布，说缝在小孩子的衣服上面小孩就能长命。在泗县，花轿来到新郎家门前，先由童男或童女送“开口菜”，此菜一般为桂圆、红枣之类，以示早生贵子；然后送宝壶，让新娘抱在怀中，然后由伴娘扶新娘出轿，或为接轿先生接轿。在枞阳，迎亲日，新郎家先在门前用石灰划一横线，然后摆好香案。轿子要落在横线上，鸣放鞭炮后，由穿着礼服的接轿先生讲吉利话，举行接轿仪式。仪式完毕后，由新郎开轿门，或以舞接轿。在太和，花轿落下，为不让新娘鞋着地，司事人忙从轿门到天地桌前铺上芦席，以示贵重。接着由两名姑娘捧着胭脂盒到轿前请新娘整容，新娘一般只道谢，并不接受；然后由其他姑娘轮番到轿前向新娘施礼道贺，和新娘交换手帕、戒指、簪花之类的饰品，表示欢迎和亲

[1]《涡阳县志》（十八卷·民国十五年铅印本），转引《中国地方志民俗资料汇编》（华东卷中），第985页，书目文献出版社1995年版。

爱。在濉溪还要“拜轿神”，即新郎来到轿前，朝轿三拜。在固镇，举行婚礼的前天晚上，新郎要找几个小男孩睡在新床上，当地叫“压床”，期望婚后生男孩。第二天新娘进门后，小姑子要端一盆清水给新人洗脸，新娘要往盆里投几枚铜钱表示感谢，以此来体现以后姑嫂相处和睦。

到了近代，亲迎这种习俗已逐渐地消失或废除了部分繁文缛节。《直隶和州志》记载：“婚礼，亲迎就废。”〔1〕《全椒县志》中也记载：“婚礼，无亲迎者。临期，有兄弟行导舆往，谚谓之‘领轿’。乡间用媒为之。”〔2〕在近代的江淮地区，亲迎也已不是大多数家庭的选择了。《太和县志》记载：“惟昔年士大夫有作亲迎者，今罕见。”〔3〕《颍上县志》记载：“亲迎者十不二三。”〔4〕不过少数的家庭仍有亲迎的，如《凤台县志》记载：“缙绅有亲迎者。”〔5〕大概就是在亲迎的前几天须将请贴分送各亲友。男家亲友由新郎亲自登门揖请，女家则有新娘的兄弟辈邀请。亲友接受请帖后即须预办礼物，或以喜幛，或备喜联、金钱等。送女家的只限于衣饰，叫做“添箱礼”。贺客到达后，新郎便按瞽者所算时刻，乘花轿去女家行亲迎礼。沿途鼓乐齐鸣，十分热闹。到达女家门前，女家循例闭门不纳。于是男家将门包递入，或三元或五元，女家才将门打开。新娘将冠凤霞帔穿戴好，盖上红色盖头，由其兄弟抱入轿。新娘照例必哭，在随来者簇拥下前往男家。抵男家后，在门外大放爆竹，特请女客二人为之牵亲。

（四）拜堂——婚嫁完成

拜堂，亦称拜天地、拜花堂，为新郎新娘参拜天地父母及夫妻对拜之礼。南北朝时已有此俗，近代江淮地区仍然保留这一习俗。

江淮各地拜堂的内容和形式很不一样。一般是先拜堂，后进洞房，但也有先到洞房稍事休息，再到堂上拜堂的，还有在第二天才举行“拜堂礼”的。有按照礼制习俗拜堂的，比如在怀宁，在退嫁神后，新娘便由“牵娘”扶入祖堂和新郎行“拜堂大礼”，新郎站在左边，新娘站在右边。由一个年长的司仪喊唱：“一拜天地，二拜高堂，三夫妻交拜。”新郎新娘依次行礼。在太和则只拜天地，

---

〔1〕《直隶和州志》（四十卷·清光绪二十七年活字本），转引《中国地方志民俗资料汇编》（华东卷中），第945页，书目文献出版社1995年版。

〔2〕《全椒县志》（十六卷·民国九年活字印本），转引《中国地方志民俗资料汇编》（华东卷中），第1005页，书目文献出版社1995年版。

〔3〕《太和县志》（十二卷. 民国十四年上海中华书局铅印本），转引《中国地方志民俗资料汇编》（华东卷中），第990页，书目文献出版社1995年版。

〔4〕《颍上县志》（十二卷·清光绪四年补刻本），转引《中国地方志民俗资料汇编》（华东卷中），第987页，书目文献出版社1995年版。

〔5〕《凤台县志》（二十五卷·清光绪十八年），转引《中国地方志民俗资料汇编》（华东卷中），第1000页，书目文献出版社1995年版。

院内放一张方桌，称“天地桌子”，上放一个装满小麦的粮斗，斗内插着一杆秤，秤上挂着一面铜镜、一块黑纱，以象征天、地、日、月、星、云；桌前铺着红毡，以供新婚夫妇跪拜。两名长辈妇女（俗称“架客”）把新娘从轿里搀扶出来，架到天地桌前，让她与新郎并肩站立。再由长辈到桌前点燃喜纸，招呼两人跪拜天地。拜毕，送新人进洞房。在萧县则先拜天地，送新娘到洞房休息后或第二天再拜高堂的。在固镇，新郎新娘拜堂时，新郎的姨、姑，舅母以及婶子等亲戚要事先准备红包扔给新人，名曰“磕头礼”，数量多少不限。

近代，随着西方文明的传入，江淮各地拜堂仪式也趋于简单，新婚夫妇的跪拜有的以鞠躬代替，对父母长辈的跪拜也改为敬茶敬烟，多少体现了一点民主气息和男女平等思想。在固镇，“磕头礼”也在部分地方取消了。

（五）闹洞房——婚嫁尾声

闹洞房最初是“看新娘”，在周代即已流行。到战国时代，看新娘已发展为闹洞房。近代江淮各地闹洞房习俗仍很普遍，“结婚三天无大小”，参加闹洞房的人大多是新郎的同辈亲戚朋友和部分小孩。其形式有“文闹”和“武闹”两种。“文闹”就是提出各种难题，让新娘回答，或是让她说绕口令、唱歌、唱吉言赞美歌。在六安就有在洞房内摆上一桌酒席，新婚夫妇站在床前唱“串杯酒”，即用红丝线一端系一个铜钱，分别放在两只酒杯里，斟上酒，两人先唱一点，然后唱完。闹房人一边饮酒，吃菜，一边说笑、唱喜曲，有的甚至闹到深夜。众人唱吉语赞歌时新娘要站在床前，闭眼低头，接受闹房者的戏弄。所谓“武闹”，就是在口出秽语的同时，或逼新娘动手动脚，或闹房人自己动手动脚等。如界首的“新娘过湖”，就是“以果品一个，如桃杏或木瓜之类，随时节而推移，逼新郎由新娘左裤口输入，从右裤口取出，名曰‘过湖’，其他亦由此袖口入，它一袖口出，作摸蚤虱之状者。”在固镇，闹洞房者往往把一个苹果（或其他水果）用线吊在新郎与新娘之间，让新人面对面用嘴咬，作亲吻状。此外，在部分地区还有所谓“偷房”、“听房”的陋俗。

近代江淮地区的闹洞房习俗虽已摒弃了古代的一些丑陋行为，显得相对文明一些。但有的地区闹洞房者对新郎新娘仍是百般调戏，甚至闹出人命，所以当时已有部分官员禁止这一行为。如《贵池县志》载：“婚之夕，其姻党相率哄闹于闺中，谓之‘打喜’。太守俞成龙力禁之，乃止。”[1]

综上所述，我们可以看出，近代江淮地区的婚嫁习俗一方面继承了古代传统礼俗，比如说媒，仍是男女结合的途径之一。如《五河县志》记载：“婚礼，必

〔1〕《贵池县志》（四十四卷·清光绪九年活字本），转引《中国地方志民俗资料汇编》（华东卷中），第1039页，书目文献出版社1995年版。

用媒妁。"〔1〕《太湖县志》载："婚，始通以媒妁。"〔2〕《颍上县志》记载："婚礼，髫龄即行媒妁。"〔3〕下定（纳采）仍然是男女约定合婚的主要方法。《霍丘县志》记载："六礼之中，问名、纳采犹合古仪。"〔4〕而拜堂、闹洞房也依旧存在。同时，部分地区仍存在找算命先生算命、看相等封建迷信陋俗。甚至还有所谓的"属相相冲"之说。

另一方面也有着它自己的变异与发展。如亲迎，本是古代的六礼之一，但在近代的江淮地区已被大多数的家庭所摒弃。同时在近代的江淮地区婚礼大多崇尚节俭，而不像古代那样讲究聘礼的多少和"婚嫁论财"等情况，买卖婚相对减少。《颍州府志》记载："六礼之中，问名、纳采犹合古仪，不论聘财，随女家之力以备资妆。"《凤阳县志》记载："婚姻不论财。初纳币，率用四绸四布，加以钗镯，贫者杀之。"〔5〕《铜陵县志》载："婚礼，不尚浮华，视门第相当者与缔姻好。嫁娶从质，无绣灯、彩舆之饰，惟导以鼓吹而已。"〔6〕

近代江淮地区在婚嫁方面的最大变化就是出现了新式婚礼，即"文明结婚"。《凤阳县志略》记载："婚礼，分旧式、新式两种。新式，即所谓文明结婚，其仪式简单。"〔7〕徐珂编撰的《清稗类钞》记载了当时"文明结婚"的情况："迎亲之礼，晚近不用者多。光、宣之交，盛行文明结婚，倡于都会商埠，内地亦渐行之。礼堂所备证书（有新郎、新妇、证婚人、介绍人、主婚人姓名），由证婚人宣读，介绍人（媒妁）、证婚人、男女宾代表皆有说词。由主婚人宣读训词，来宾唱文明结婚歌"。〔8〕这种"文明结婚"不需父母之命、媒妁之言，男女青年经人介绍或自己相识，经过一段时间交往、恋爱，经双方家长同意而结婚，不仅大大简化了结婚礼仪，而且尊重了男女双方的意愿，因而日益受社

〔1〕《五河县志》（二十卷·清光绪二十年刻本），转引《中国地方志民俗资料汇编》（华东卷中），第999页，书目文献出版社1995年版。

〔2〕《太湖县志》（四十卷·清道光十年刻本），转引《中国地方志民俗资料汇编》（华东卷中），第971页，书目文献出版社1995年版。

〔3〕《颍上县志》（十二卷·清光绪四年补刻本），转引《中国地方志民俗资料汇编》（华东卷中），第987页，书目文献出版社1995年版。

〔4〕《霍丘县志》（十六卷·清同治九年活字本），转引《中国地方志民俗资料汇编》（华东卷中），第978页，书目文献出版社1995年版。

〔5〕《凤阳县志》（十六卷·清光绪二年刻本），转引《中国地方志民俗资料汇编》（华东卷中），第1008页，书目文献出版社1995年版。

〔6〕《铜陵县志》（十四卷·民国十九年铅印本），转引《中国地方志民俗资料汇编》（华东卷中），第940页，书目文献出版社1995年版。

〔7〕《凤阳县志略》（不分卷·民国二十五年铅印本），转引《中国地方志民俗资料汇编》（华东卷中），第1009页，书目文献出版社1995年版。

〔8〕徐珂：《清稗类钞》，第5册，人民出版社1987年版。

会各界的欢迎。不过这种“文明结婚”只是少数人的选择，且只在城市进行，农村并不多见，毕竟近代的中国人思想还没有完全的开放。

可见，近代江淮地区的婚嫁习俗既有对古代婚姻礼俗的传承，又有在继承基础上的变异，在一定程度上体现了当时社会生活的变迁。综述起来看，主要呈现以下几个特点：（一）随着封建王朝的被推翻，封建婚姻礼仪的等级制度被打破，婚姻礼仪呈现多样性和并存性。（二）婚姻礼仪在形式上日趋简单，摈弃了传统婚姻礼仪中许多繁文缛节，在花费上也趋于简朴。（三）婚姻礼俗中愚昧、落后、迷信的内容逐渐被淘汰。（四）新式婚姻礼仪的基本价值取向，是以西方文化为参照系，其中隐含的心理趋向则是自由、自主、平等的婚姻价值观和对人的尊重。

参考文献：

董家遵：《中国古代婚姻史研究》，广东人民出版社1998年版。

岳庆平：《中国全史·中国民间习俗史》，人民出版社1994年版。

秦永洲：《中国社会风俗史》，山东人民出版社2000年版。

徐珂：《清稗类钞》，第5册，人民出版社1987年版。

徐杰舜：《汉族民间风俗》，中央民族大学出版社1989年版。

吴存浩：《中国婚俗》，山东人民出版社1986年版。

王焰安：《江淮传统娶亲习俗》，《阜阳职业技术学院学报》，2004。

丁世良：《中国地方志民俗资料汇编》（华东卷中），书目文献出版社1995年版。

（作者系阜阳师范学院历史系讲师）

淮河流域安徽省部分县域经济竞争力评价〔1〕

汪燕敏

一、淮河流域安徽省部分的范围

淮河流域包括湖北、河南、安徽、山东、江苏五省40个地（市），181个县（市），总人口为1.65亿人，平均人口密度为611人/km^2，是全国平均人口密度122人/km^2的4.8倍，居各大江大河流域人口密度之首。

淮河流域安徽省部分地处淮河中游，位于安徽北部，涉及阜阳、亳州、淮南、蚌埠、淮北、宿州、六安、滁州、合肥、安庆等10市31县，总面积6662.6km^2。总人口3731万人，人口密度为560人/km^2，人均耕地1.6亩，耕地率60%，灌溉率48%，是淮河流域安徽省部分人口最密集和耕地率最高的地区。从经济结构上看，该地区工业基础薄弱，仍以农业经济为主。

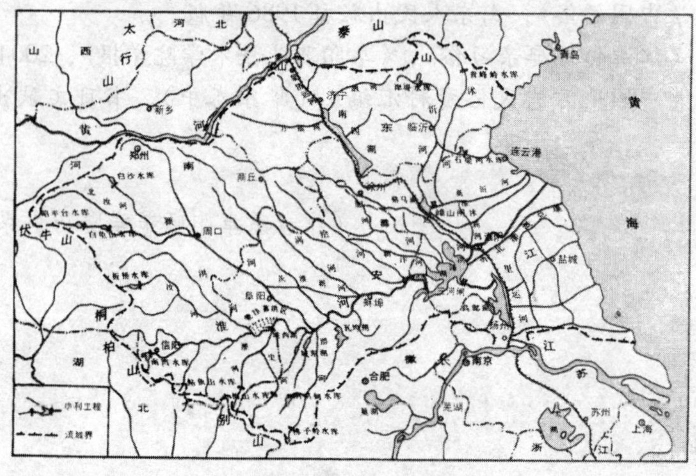

图1 淮河流域图

〔1〕 本文是2004年安徽省规划办课题《中部地区综合优势与安徽经济发展研究》（AHSKF03－04D17）的研究成果之一。

二、正确认识县域经济的内涵

党的“十六大”提出“壮大县域经济”的号召。发展县域经济是全面推进小康建设的重要任务。

县域经济是以县级行政区划为地理空间，以县级政权为调控主体，以市场为导向，优化配置资源，具有地域特色和功能完备的区域经济。据此县域经济的特征可以被概括为以下七个方面：

（一）县域经济属于区域经济范畴。县域经济是一种行政区划型区域经济，是以县城为中心、乡镇为纽带、农村为腹地的区域经济。

（二）县域经济具有一个特定的地理空间，以县级行政区划为范围，区域界线明确。

（三）县域经济有一个县级政权作为市场调控主体，有相对独立的县级财政，因此，县域经济有一定的相对独立性和能动性。同时县域经济还要接受国家宏观经济政策的指导。

（四）县域经济具有地域特色，这种地域特色与其地理区位、历史人文、特定资源相关联。

（五）县域经济以市场为导向，具有开放性。县域经济虽然是在县级行政区划上形成的，但它又不同于县级行政区划，随着市场经济的发展，县域经济要突破县级行政区划的约束，在更大的区域内进行资源配置，获取竞争优势。

（六）县域经济是国民经济的基本单元。县域经济是功能完备的综合性经济体系，县域经济活动涉及到生产、流通、消费、分配各环节和三次产业各部门。但是，县域经济又不同于国民经济，县域经济不能“小而全”，要“宜农则农”、“宜工则工”、“宜商则商”、“宜游则（旅）游”，注重发挥比较优势，突出重点产业。

（七）县域经济以农业和农村经济为主体，工业化、城镇化、现代化是县域经济的发展主题和方向。发展县域经济是解决“三农”问题的新的切入点，承担着全面推进小康建设的重要任务。

三、淮河流域安徽省部分县域经济竞争力的比较

（一）构建县域经济竞争力的评价指标体系

县（市）域经济是以县（市）级行政区划为地理空间，以市场为导向，以县（市）级政权为调控主体，优化配置资源，具有地域特色和功能完备的区域经济。县（市）域经济综合实力反映的是一个县（市）经济发展的整体水平，其评价是对社会经济的一种综合评价和分析，评价指标体系原则上应由一组相互

联系、相互依从的多个指标组成。

1. 构建的基本原则

①实事求是的原则。安徽省经济的发展具有本身的独特性，因此设计时要因地制宜，考虑县（市）域及其发展的实际情况，不完全套用国家及有关部门评估指标。

②系统全面的原则。全面和客观地反映县（市）的综合实力，指标从总量指标、平均指标、结构指标等多个方面选取，概括和衡量县（市）社会经济发展状况，指标覆盖面要宽，层次清晰，系统性要强。

③适用统一的原则。即从现行统计报表制度出发，选择能采集、可比较的评价指标，要求口径统一，方便对比。诚然，考虑操作性的同时不可避免地舍去一些较为理想的指标，这也是在所难免。

2. 区别县域经济竞争力与城市经济竞争力

在构建县域经济竞争力的评价指标体系时要紧紧抓住县域经济的特征，不能把县域经济竞争力的评价与城市经济竞争力的评价混淆。

①城市经济是规模经济，目前的全球性城市无一不是超大规模城市，发展主要靠资金、技术、人才；县域经济是特色经济，基础是区域的自然资源。所以，发展县域经济不能好高骛远、急功近利，必须依据其区位和自然资源优势来因地制宜打造特色产业和名牌产品。

②城市经济注重总量和规模，需要强大的工业和完整的第三产业作为支撑。县域经济的发展要贯彻以人为本的观念，要建立和维护人与自然相对平衡的关系，坚持发挥资源优势和节约资源相结合，提高资源的综合利用水平，促进经济发展与人口资源环境相协调，不能单纯以“工业强县”为目标。

③已有的经济实力和对外开放程度是城市参与竞争的基础；而县域经济的竞争力更多的体现在居民的生活水平上。

3. 统一指标的口径

文中参与评价的对象为安徽省61县（市），不包含县级行政区划市辖区。本文县域经济竞争力的比较涉及两个时期：1995年和2003年。在这期间，淮河流域安徽省部分的行政区划发生了很大的变动。六安地区、宿州地区、阜阳地区划为地级市，原来的县级市六安市、宿州市、阜阳市便是现在的市辖区。为了与2003年的行政规划统一，这些地区在1995年也没有进入评价。另外亳州在2000年脱离阜阳，成为独立的地级市，原来的亳州市就是现在的亳州市辖区，也不进入评价。

4. 指标具体选择的依据

①富民强县。“富民”是“立县”之本，只有“富民”才能“强县”；“富

民”是“强县”的前提和基础，如果离开“富民”谈“强县”，只能是无源之水，无本之木，只有老百姓富裕起来了，生活水平提高了，县域经济发展才能有基础，有后劲。用人口作为基数的平均指标，更能消除各地人口数量的差异，较准确地反映各地社会经济发展状况。因此，选取了一批能够直接或间接代表居民实际收入的平均指标，包括人均国内生产总值、农民人均纯收入、职工工资水平。

②无工不强，无商不富。

工业化是经济发展不可逾越的发展阶段，也是增强实力的关键手段。县域仅仅靠发展农业难以实现富民强县目标，因此，要在加大结构调整力度的同时，加速工业化进程。这里我们选用工农业总产值比率用来反映县（市）的工业化水平。需要说明的是，由于数据来源的问题，1995 年的工农业总产值比率是人均工业总产值与人均农林牧渔业总产值之比，2003 年则是 10 倍的人均工业增加值与人均农林牧渔业总产值之比。

进一步加快第三产业发展。第三产业发展水平是衡量现代经济社会发达程度的重要标志。加快发展第三产业有利于提高经济运行的质量和水平，促进国民经济全面协调发展；加快发展第三产业是促进就业和提高人民生活水平的重要手段。

③城镇化。县域经济是城乡统筹发展的纽带，而城镇化又是统筹城乡经济社会发展的重要载体。在全国工业化和城镇化快速推进的新形势下，把加快发展壮大县域经济与推进城镇化进程有机结合起来，以县域经济的发展来推动城镇化进程，是符合淮河流域安徽省部分发展需要的。本文选取非农业人口比重做为反映城镇化水平的指标。

④政府调控能力。提高县域经济的竞争力，也需要充分发挥政府的宏观调控职能。政府的调控能力往往与财政收入的总量息息相关，因此选取财政收入作为反映政府调控能力的指标之一。但是淮河流域安徽省部分的县（市）之间的规模差异较大，人口最多的临泉县现有人口 191.5 万人，最少的霍山县人口是 36.6 万，因此，不能忽视平均指标，这里同时选取人均财政收入。

⑤投资和消费。投资与消费、对外贸易是拉动经济增长的“三驾马车”。目前，淮河流域安徽省部分的对外依存度不高，刺激经济的主要是投资和消费。出于同样的考虑，也采用了平均指标。

根据以上的分析，确立了总量指标 4 项，分别是国内生产总值、财政收入、消费品零售总额、总投资；均量指标 6 项，分别是人均国内生产总值、人均财政收入、人均投资、农民人均纯收入、职工工资水平和人均投资额、人均消费品零售总额；结构指标 3 项，分别是第三产业增加值占 GDP 比重、非农业人口比重和工农业总产值比率。

总量指标	国内生产总值 财政收入 消费品零售总额 总投资
均量指标	人均国内生产总值 人均财政收入 人均投资 农民人均纯收入 职工工资水平和人均投资额 人均消费品零售总额
结构指标	第三产业增加值占 GDP 比重 非农业人口比重 工农业总产值比率

（二）计算各县（市）竞争力的综合评价排名

目前，在多指标综合评价经济效益问题的研究中，随着多元统计方法的推广和普及，利用主成分分析建立综合评价函数已成为公认的较优的方法。主成分分析（principal components analysis）也称为主分量分析，是由 Holtelling 于 1933 年首先提出的。主成分分析是利用降维的思想，把多指标转化为少数几个综合指标的多元统计分析方法。在本文的应用中，用此方法从所选的 13 个指标中求出主成分，然后按照一定的要求（本研究采用相关系数矩阵特征根大于 1）筛选得到几个主成分，来代替原始指标，再以各主成分的方差贡献率为权数，将所选取得主成分进行综合，得到县（市）的综合得分，然后依据它对各县（市）进行排序、比较、分析。具体操作采用了 SAS8.1 软件。

表 3-1 淮河流域安徽省部分县域经济竞争力排名及名次变化

县（市）	主成分 1 名次	主成分 2 名次	主成分 3 名次	主成分 4 名次	2003 年总排名	2003～1995 年名次变化
长丰县	47	27	57	59	50	9
肥东县	26	5	31	50	12	24
肥西县	31	12	27	58	28	3

（续表）

县（市）	主成分1名次	主成分2名次	主成分3名次	主成分4名次	2003年总排名	2003～1995年名次变化
濉溪县	45	22	22	10	38	-5
涡阳县	52	9	10	28	32	-4
蒙城县	51	13	6	21	36	-22
利辛县	61	30	35	24	59	-1
砀山县	55	43	28	44	58	-11
萧县	54	18	19	15	45	-32
灵璧县	58	24	23	57	56	-21
泗县	57	32	34	60	60	-8
怀远县	41	3	32	18	24	3
五河县	49	37	12	42	47	-10
固镇县	43	42	15	55	46	-3
界首市	40	33	14	2	39	-22
临泉县	56	14	43	34	49	-26
太和县	50	10	25	7	29	-3
阜南县	60	29	39	14	57	-2
颍上县	59	39	21	1	55	-4
凤台县	17	26	20	53	13	25
天长市	9	15	2	45	7	-4
明光市	27	35	1	13	22	-6
来安县	23	41	5	30	21	-17
定远县	37	38	3	5	33	12
凤阳县	35	31	7	25	37	-8
寿县	53	20	16	17	41	-20
霍邱县	48	8	47	22	34	-9

（续表）

县（市）	主成分1名次	主成分2名次	主成分3名次	主成分4名次	2003年总排名	2003～1995年名次变化
舒城县	33	19	17	35	30	0
金寨县	46	47	30	54	52	－8
霍山县	8	46	13	61	14	6
岳西县	36	55	53	26	53	8

下表是利用2003年的安徽省61县（市）数据做出的主成分的特征向量。

表3－2　主成分特征向量

主成分1	主成分2	主成分3	主成分4
－0.0076	0.5161	0.278361	0.057924
－0.11879	0.481117	0.14237	0.27036
0.225118	0.378474	－0.25048	－0.0511
0.054739	0.525431	0.034325	－0.05675
0.395481	－0.03981	0.299271	－0.05726
0.324378	－0.02837	－0.44086	－0.14003
0.345059	0.125557	－0.02879	0.026385
0.356387	－0.04539	0.235817	0.125078
0.293737	0.085885	－0.50593	0.239948
0.417514	－0.06612	0.038499	－0.11107
0.335262	－0.00959	0.201184	－0.20812
0.084814	－0.13388	－0.05092	0.859443
0.210377	－0.18129	0.444361	0.163166

根据主成分的定义可知，第一主成分主要由平均指标和结构指标构成，平均指标和结构指标比总量指标更能反映经济发展的质量；第二主成分表达式中系数为正的指标主要是总量指标，系数为负的指标主要是均量指标和结构指标，数值越大反映的规模越大；第三主成分主要反映城镇化水平；第四主成分主要由第三产业比重、消费总额、人均消费额构成，主要是反映第三产业的发展程度。四个

主成分对总方差的贡献率达到78.8%。

我们也可以用地图来形象地表示淮河流域安徽省部分31县（市）竞争力的分布。

图2　2003年淮河流域安徽省部分县域经济竞争力

从表中可知，2003年淮河流域安徽省部分31县当中，最发达的地区是靠近江苏的滁州、肥东地区。天长、肥东都在全省20名以内，明光市和来安县在全省20名左右。另外，霍山、凤台也在全省20名以内。从主成分来看，霍山、天长的第一主成分得分非常高，两县的经济质量很高。从第二主成分上看，有18个县的名次位于第二四分为数内，说明淮河流域安徽省部分的经济总量尚可。怀远、肥东、霍邱、涡阳的第二主成分的名次都很高，也就是说，这些县以规模取胜。从第三主成分上看，滁州下辖五县和亳州的蒙城、涡阳的第三主成分名次都很高，说明当地的城镇化水平较高。颍上县、界首市、定远县、太和县、濉溪县的第四主成分在全省的名次很高，说明这些县（市）的第三产业发展水平较高。

为了更直观的描述淮河流域安徽省部分31县竞争力的数据分布状态，可以利用频数分布函数对数据进行分组，建立频数分布。

表3-3 淮河流域安徽省部分县域经济竞争力名次频数分布

分组	频数	
	1995	2003
10	2	1
20	5	3
30	8	6
40	6	7
50	4	6
60	5	8
70	1	0

从表中可见，2003年，淮河流域安徽省部分县（市）经济较落后，31县中有21县位于第二四分位数以外，而1995年只有16个县在第二四分位数以外。1995年，淮河流域安徽省部分31县中有7县位于20名以内，2003年只有4个县位于4名以内。

我们再看从1995年到2003年淮河流域安徽省部分31县竞争力名次变化的频数分布。

表3-4 1995~2003年淮河流域安徽省部分县域经济竞争力名次变化频数分布

分组	频数
-30	1
-20	5
-10	3
0	14
10	5
20	1
30	2

从表中可知，从1995年到2003年，淮河流域安徽省部分31县中23县的地位是下降的，其中有9个县名次变化超过10位。

我们从主成分得分名次变化的频数分布来看看淮河流域安徽省部分31县的落后现状的原因。

表 3-5　2003 年淮河流域安徽省部分县域经济竞争力主成分名次频数分布

分组	主成分 1 排名频数	主成分 2 排名频数	主成分 3 排名频数	主成分 4 排名频数
10	2	5	7	5
20	1	7	8	5
30	3	6	7	7
40	6	7	5	2
50	8	5	2	4
60	10	1	2	7
70	1	0	0	1

从表中可见，淮河流域安徽省部分 31 县（市）主成分 1 排名在安徽省县域竞争力第二四分位数外的有 25 个，主成分 2 排名在安徽省县域竞争力第二四分位数外的有 13 个，主成分 3 排名在安徽省县域竞争力第二四分位数外的有 9 个，主成分 4 排名在安徽省县域竞争力第二四分位数外的有 14 个。这说明，淮河流域安徽省部分 31 县（市）的经济规模较大，第三产业发展和城镇化水平尚可，但是经济质量不高，有增长而无发展。竞争力低下的原因在于经济结构不合理，人民生活水平低。

四、加快县域经济发展建议：稳农强工、兴县富民

县域经济是国民经济中功能和产业门类健全的基础层次，其发展状况，往往反映了一个地区的经济发展水平。并且，县域经济发展了，农民增收、结构调整、城镇化建设等一系列问题就可以迎刃而解。从外省经验看，浙江省之所以连续十多年农民人均纯收入在全国居于领先地位，主要得益于县域经济的持续较快增长。在这里，我们联系淮河流域安徽省部分的自然和基础条件提出一些新的思路、新的办法和新的措施。

（一）要解放思想、大胆创新。思想决定思路，思路决定出路，加快县域经济发展，解放思想是根本前提，没有思想的解放，发展就难有突破。

（二）京沪线和宣杭线沿线城市要努力融入长三角。从长三角经济的辐射路线可以看出：长三角有两条辐射线路，一条北线沪宁线、另一条是南线沪杭甬线。滁州下辖五县、怀远、凤台依托两条辐射线路，提高了自己的经济实力。

（三）发展县域经济要与发展城市经济结合在一起，特别是毗邻中心城市的县（市）。在这方面，太和、怀远、凤台依托中心城市阜阳、蚌埠、淮南，得到

了很好的发展。

（四）坚持把稳农、兴农作为发展县域经济的根本前提，努力提高农民收入水平。淮河流域安徽省部分是人口最密集和耕地率最高的地区。从经济结构上看，该地区大部分县（市）仍以农业经济为主。因此，加快县域经济发展，强化农业是根本。其一，以市场为导向，推动农业结构调整。其二，以特色为基础，发展优质高效农业。其三，以龙头企业为纽带，加速推动农业产业化。目前，太和县农业产业化已初具规模，形成了“农户 + 基地 + 龙头企业 + 专业市场”的农业产业化格局，涌现出一批在全省乃至全国颇有名气的专业大市场，催生了一批具有较强带动力的龙头企业，使全县经济运行呈现出良好的发展势头。

（五）坚持把推进工业化作为加快县域经济发展的根本途径，着力培植县域发展的支柱。工业化是经济发展不可逾越的发展阶段，也是增强实力的关键手段。霍山是个山区小县，80 年代提出“工业富县”，很快形成以“迎驾酒业集团”为代表的“创业高峰”，工业产值增加很快，在淮河流域安徽省部分 31 县（市）中地位上升很快。因此，对于工业化水平较高，有一批优势企业的县（市）应确立“工业强县”的发展战略，在加大结构调整力度的同时，加速工业化进程。

（六）坚持以小城镇为主体，加速农村劳动力转移和城镇化进程。加快城镇化建设，不仅能带动农村工业化，刺激需求，还能够促进农村劳动力的有序转移和农民收入水平的提高。

（七）坚持多元化投入的方针，不断增强县域经济发展后劲。这一点对于消费水平较低、对外依存度较低的淮河流域安徽省部分 31 县（市）来说，尤其重要。从外部来说，省里应通过财政转移支付等多种方式，进一步加大对县域的投入力度。从内部来说，县域自身要开源节流，把有限的资金用在刀刃上，提高资金使用效益。同时，要充分利用国内外、省内外资源，吸引境外资金、人才来投资开发、兴企经商。此外，各级金融部门特别是农村信用社应加大对县域尤其支农的投入。

（作者系安徽财经大学经济发展研究中心助理研究员）

阜阳劣质奶粉事件的文化原因分析[1]

石经海

人是文化的动物，包括犯罪行为在内的人类行为，都是文化的产物。[2] 同时，人类行为又与社会、经济和社会发展密切相关。其中，积极的人类行为会促进社会和经济的发展，而消极的人类行为则反之。遏制乃至转化消极人类行为首先应当查询它们生成、作用的规律，必须探究其深层与背后的文化因素。阜阳劣质奶粉事件是一起典型的消极人类行为，它对阜阳社会和经济发展起着消极的阻碍作用。由此，要彻底遏制类似阜阳劣质奶粉事件再度发生和为阜阳的经济与社会发展扫清障碍，就不能不考究该事件背后的文化原因。本文是对此进行探究，以抛砖引玉并求教于同仁。

一、引　论

（一）悲剧回视：劣质奶粉“吞噬”的并不仅仅是“生命之花”

按国家标准，婴儿奶粉的蛋白质含量，一段应不低于18%，二段、三段是12%~18%，可泛滥在阜阳等市场上的劣质奶粉的蛋白质含量，大多数只有2%、3%，低的只有0.37%、0.45%，而且钙、磷、锌、铁等含量也普遍不合格。这种奶粉，令婴儿出现脸肿、呕吐、头大、肚子大、烂眼、发热、腹泻、腿细、站不稳等营养不良综合症，严重的会出现多脏器功能衰竭而死亡。

据资料显示，自2003年5月以来，阜阳农村因食用劣质奶粉造成营养不良的婴儿约229人，其中，轻中度营养不良的189人，另有12名婴儿因并发症死亡。2004年4月5日出版的《半月谈内部版》以《劣质奶粉吞噬生命之花——阜阳婴儿“大头怪病”追踪》为题率先披露了以上事件及其严重危害的真相。随后，社会上引起了强烈反响。据有人统计，国内几乎所有大小报纸、所有网站和包括美联社、法新社在内的许多外国新闻机构都对该事件进行了关注和报道。全国奶粉市场也由此引发了一场清剿劣质奶粉的风暴。至2004年8月，全国共有54家劣质奶粉企业被勒令停产，有数以百计的官员受到各种处分。其中，在

〔1〕 本文得到安徽省高校人文重点研究基地“皖北文化研究中心”和安徽省教育厅的基金资助。
〔2〕 储怀植：《犯罪学》，第215页，法律出版社1997年版。

阜阳地区共查获劣质奶粉55种，工商部门立案189起，公安机关立案38起，涉及到北京、河北、内蒙古、黑龙江、上海、浙江、福建、江西、山东、河南、湖北等10省区市的40家企业，有4个制售劣质奶粉窝点被摧毁，有47名犯罪嫌疑人被逮捕或判刑，阜阳市政府及其相关部门也有16名大小官员被追究行政乃至刑事责任。

综观整个劣质奶粉事件，劣质奶粉“吞噬”的不仅仅是“生命之花”。其危害至少还突出地表现在如下几个方面：

（1）“三农”问题突出地区的穷苦民众深受其害。从阜阳的劣质奶粉事件来看，如此害人的劣质奶粉没有一件是阜阳本地生产的，它们全部是从北京、河北、内蒙古、黑龙江、上海、浙江、福建、山东等地区通过不正当或正当渠道流入的，也就是人们通常以为的“阜阳仅仅是个受害者”。从形式上看，阜阳的“受害”是无辜的和偶然的，可从实质上看，情况并不是这样。从这次阜阳的劣质奶粉受害和泛滥地区来看，事实上的直接受害者是阜阳广大穷困落后的，特别是富余青壮年劳动力外流后、大量婴幼儿留守在老人身边而政府市场管理又严重不足的农村地区的贫苦民众。

（2）阜阳政府信誉深受其害。当今政府，特别是地方政府，既是管理者又是服务者。可无论是“管理”还是“服务”，都要有“信誉”。“信誉”是“管理”和“服务”的灵魂和资本。一个没有“信誉”的政府，是一个没有效率、没有效益、没有活力的政府。因此，政府的“信誉”至关重要。从阜阳劣质奶粉事件来看，其致害主体主要包括生产商、销售商和地方政府及其相关执法部门三种。他们是该事件的共同致害者，是他们各自的故意或过失行为共同导致了如此悲剧的发生。该“事件”的最终责任追究和承担情况也证明了这一点。其中第三种致害者主要是负有阜阳市场监管职责的工商、质检、卫生等部门及相应的政府监管机构。据报道，阜阳的劣质奶粉来自10个省份的40家企业。这些比面粉还差的、只能用来喂小猫小狗的、无营养劣质奶粉能进入阜阳市场，特别是在有受害者举报、要求处理等情况下，他们还公然渎职，这是无论如何也不能推脱其责任的。他们要么因立法上的职责交叉而互相推诿，要么为了狭隘的地方利益而实行地方保护，要么受利益诱惑而以牺牲老百姓的利益为代价公然腐败执法，要么因执法能力问题或人情关系问题而消极软弱执法等等，其结果都导致执法的漏洞而为劣质奶粉的公然泛滥提供了便利。这样，虽然在阜阳泛滥的劣质奶粉都不是阜阳生产的，但阜阳的劣质奶粉事件也是部分阜阳地方销售者和市场执法者的不法行为的结果。因此，他们是这次劣质奶粉事件的共同致害者，但致害的不仅仅是贫困农村地区的贫苦民众，而且还有阜阳地方政府的信誉。

（3）阜阳的社会和经济发展“元气”深受其害。从阜阳来看，虽然劣质奶粉不是阜阳生产的，但阜阳的无辜消费者和广大民众是这次劣质奶粉事件的直接或最终受害者。由于阜阳是这次劣质奶粉事件的“重灾区”以及国内外新闻媒体的广泛关注和报道，使得这个本来就缺少辉煌的城市，继阜阳行政、司法腐败群问题之后，再一次成为人们茶余饭后可笑、可怜甚至可责、可骂的对象。正如阜阳的一位市民所言：“都说阜阳劣质奶粉、阜阳劣质奶粉，其实没有一样是阜阳生产的，不仅阜阳人吃劣质奶粉受害，阜阳的形象也被损害了，所有阜阳人都是受害者。”实际上，以上影响只是问题的一部分，重要的和可怕的是它影响阜阳的士气和元气，影响民众对阜阳市场和政府部门的信心和信任等。这些影响，让阜阳在短期内难以从萧条和低沉的“阴影”中振作起来，可能使这个本来就很贫穷落后的农村农业大区变得更加落后。

（二）逻辑起点：文化、亚文化与文化冲突

什么是文化？这是研究本文主题的重要逻辑起点。根据《现代汉语词典》的解释，“文化”有三方面的含义：1）人类在社会历史发展过程中所创造的物质财富和精神财富的总和，特指精神财富，如文学、艺术、教育、科学等；2）考古学用语，指同一个历史时期的不依分布地点为转移的遗迹、遗物的综合体，如仰韶文化、龙山文化；3）指运用文字的能力及一般知识，如学习文化、文化水平。[1]而根据《辞海》的解释，“文化”又有着至少三方面的含义：1）广义指人类在社会实践过程中所获得的物质、精神的生产能力和创造的物质、精神财富的总和，狭义指精神生产能力和精神产品，包括……；2）泛指一般知识，包括语文知识如“学文化”即指学习文字和求取一般知识；3）中国古代封建王朝所施的文治和教化的总称。[2]以上两大权威解释的差异，表明了这么一个事实：“文化”一词本身就是一个至今并无确定界说、蕴涵丰富的宽泛概念。[3]曾有人统计，从1871年到1951年80年间，关于文化的定义就有160多种。[4]笔者认为，对如此众多之“文化”定义，我们不宜用一个标准一概而论谁科学、谁伪劣。实际上，作为一个具有极其宽泛内涵的概念，它的含义只能是相对的，具体相对于它的认识视角和认识目的。若我们不是机械、教条主义者的话，则对于任何一个从特定的认识角度、为了特定的认识目的而对“文化”的某一些（甚至一个）侧面内涵所进行的揭示或界定，都应当被认为是合理的。

不过，不论怎么定义“文化”，有一点应当是明确的：“文化”并不意味着

〔1〕《现代汉语词典（增补本）》，第1318页，商务印书馆2002年版。

〔2〕《辞海》（缩印本），第1858页，上海辞书出版社2000年版。

〔3〕储怀植：《犯罪学》，第215页，法律出版社1997年版。

〔4〕［美］克鲁伯，克拉克：《文化，关于概念的定义的检讨》。

就仅仅是“正文化”，还有“负文化”；也并不意味着它就仅仅是“主流文化”（又称“主文化”），还有“非主流文化”（主要是亚文化）。而且，根据不同的认识视角，“文化”还可以有传统文化与现代文化、民族文化与外来文化、中华文化与西方文化、高雅文化与通俗文化、先进文化与落后文化、精英文化与大众文化以及班级文化、校园文化、企业文化、社区文化等等之分。

所谓亚文化（subculture），是一种不同于主文化的群体文化，系外来词，又译为次文化、副文化等。它通常包括两种含义：（1）在一个社会的某些群体中存在的不同于主文化的价值观念和行为模式；（2）由奉行这些不同于主文化的价值观念和行为模式的人组成的社会群体。这种文化可以围绕职业种类、社会经济阶层、年龄、地域等而形成和发展起来。在某一亚文化中，既包含一些主文化的特征，也包括某些独特的文化要素。由于社会的复杂性，并且每个复杂的社会都是由许多亚文化所组成的，因此，社会中的每个人常常在一个以上的亚文化中发挥作用，而且他们在一生中也会经历不同的亚文化。某一群体的亚文化不仅可以传播到该群体之外，从一个亚文化群传播到另一个亚文化群中去，而且也可以影响主文化，成为主文化的组成部分。〔1〕既然在亚文化中包含一些主文化的特征，而且有些亚文化还可影响主文化并成为主文化的组成部分，则亚文化并非都是与主文化在价值观念、行为模式、风俗习惯和其他方面存在着冲突和对立的。在一定社会的文化整体中，存在着许多亚文化，如社区亚文化、企业亚文化、校园亚文化、班级亚文化、寝室亚文化、团伙亚文化、犯罪亚文化等等。这些亚文化中与主文化在价值观念、行为模式、风俗习惯和其他方面存在着冲突和对立的，是负文化，又称不良亚文化，如“玩就玩个心跳”，“过把瘾就死”，“一无二没三拉倒”（“一无”指无所谓；“二没”指干活没劲，玩也没劲；“三拉倒”指一切都拉倒）等等，其所发挥的功能，对于整个文化来说是消极、负面的。不良亚文化是引发犯罪的重要动因之一，故人们常把不良亚文化与犯罪联系在一起。理论上把能引发犯罪的不良亚文化称之为“犯罪亚文化”。

所谓文化冲突是指不同形态的文化或者其文化因素之间相互对立、相互排斥的过程。文化冲突导源于文化变迁、文化传播、城乡文化的差异和不良亚文化等所产生的种种矛盾。犯罪由文化冲突所引发。一定的文化模式及其社会——历史背景，决定了一定的犯罪行为模式及其特点；一定的犯罪现象及其特点，总是受制于特定的文化模式并反映着特定文化模式的蕴涵。〔2〕理论上把那些触引、促发行为主体实施犯罪的、与犯罪现象具有因果关系并作为构成主体生存与活动的

〔1〕 康树华：《犯罪学通论》，第441～442页，北京大学出版社1996年版。

〔2〕 储怀植：《犯罪学》，第222、215页，法律出版社1997年版。

外部文化背景的诸要素及其过程，称为“犯罪的文化原因”。如果说犯罪在本质上是社会与个人的激烈冲突的话，那么这种冲突映射到文化的视野里就表现为文化变迁、文化传播、城乡文化的差异等所引发的种种矛盾以及主流文化与亚文化、正文化与负文化的激励冲突。犯罪的文化预防在本质上就是解决文化冲突问题，就是正文化对负文化、主流文化对不良亚文化的斗争。

二、本论：劣质奶粉违法犯罪问题的文化原因剖析

笔者认为，在文化视角上，劣质奶粉事件的生成及其恶化原因主要表现在内外因两大方面：

从内因上看，劣质奶粉事件的生成及其恶化由一些不良观念等文化冲突所引发。综观劣质奶粉事件，该不良观念的形成主要源于如下相互联系的几个因素：

其一，社会转型期的社会文化变迁及其所导致人们道德感、责任感的下降和广泛穷人市场的形成。这为劣质奶粉事件者扭曲致富观的形成和膨胀提供了心理基础和现实条件。一方面，我国改革开放以来，经济体制的变革与转换、利益群体的分化与重组、思想文化领域的宽松与搞活、外来思想文化的传播和影响、社会心理剧烈冲突、社会不良亚文化大量产生，对社会主文化产生了巨大的冲击力：社会价值观念呈多元化趋向，传统思想观念已发生蜕变，有些人把赚钱作为人生的最大乐趣和终极目标；有些人贪图享受又好逸恶劳，用不正当途径疯狂敛财等等。同时，分配不公和贫富悬殊现象的逐渐出现，使得一部分仅靠土地生活的人的心理上产生“社会财富分配不公”和“贫困”的感觉，并日积月累，最终导致道德感、社会良知、罪责感等的丧失。另外，也由于社会的转型和工业化的冲击，那些应该起到自我检查和约束作用的传统的商业伦理和道德责任，在生存和发展的压力面前，也变得很是软弱。这都为一些人扭曲致富观的形成及其“杀人”劣质奶粉的制售提供了主观心理基础。从这次劣质奶粉事件来看，那些“杀人”劣质奶粉的生产和销售者们不可能不知道这些东西对于嗷嗷待哺的婴儿意味着什么，他们也绝对不会给自己的孩子食用这些所谓的奶粉。另一方面，随着我国工业化的深入，商业发展，贫富剧烈分化，市场也随之分成了富人市场和穷人的市场。在富人的市场，人们有支付能力购买价格高质量好的安全商品；而在穷人的市场，由于人们的收入低，他们的购买力不足，实际消费能力有限，对价格很是敏感，这同时也决定了制售商品的价格无法提高。因此，若在穷人的市场销售富人市场的商品，则出现价格高了卖不出去（没有市场）、价格低了不能赚钱（不够成本）的悖论。由此，要在广阔的穷人市场上实现赚钱的目标，就只有压低成本。可在商品成本的组成中，在本来就是劳动密集型的奶业生产中，压低成本的最大可能就是在原材料成本上做文章。当消费者能够承受的市场价格

已经低到比合格产品的正常成本还低时，要通过压低成本赚取利润的做法就可能是使用伪劣的原材料了。这样，若市场监管等方面存在问题，则劣质奶粉的出现乃至泛滥也就成为必然。从这次劣质奶粉事件来看，我国存在广大的劣质奶粉穷人市场。其中，阜阳地区是其中的典型。劣质奶粉的穷人市场的广泛存在为劣质奶粉事件者扭曲致富观的形成和膨胀提供了现实条件。

其二，高额利润的诱惑。这加剧了劣质奶粉事件者扭曲致富观的形成和膨胀。据调查，每袋400克的劣质奶粉，生产成本很低，一般出厂售价在3－5元，可零售价一般在10元左右，批发价也在8.5元以上，这比国内外名牌奶粉便宜得多，比经营正规合格奶粉的利润高得多。在如此高额利润的诱惑下，无论是劣质奶粉的生产者还是销售者，他们最关心的只是奶粉的成本和价格，只是生产或销售这些奶粉后所获取的利润。至于这些所谓奶粉的质量和婴幼儿食用后的危害以及他们生产或销售行为将要付出的处罚代价，都在他们首要关心的范围之外。这正如马克思所言："如果有100%的利润，就敢于铤而走险；如果有200%的利润，就不惜冒绞首的危险；有300%的利润，就不惜践踏人间的一切法律。"

其三，不良亚文化的影响。不良亚文化的最大影响就是导致人们形成错误的"观念"。观念，在本质上是一种对人的行为活动有着本能指向作用的思想意识。观念有正确和错误之分。正确的观念会支配着人们形成积极的思想活动并指引人们做出正确的行为选择；错误的观念支配着人们形成消极思想活动并指引人们做出错误的行为选择。观念的形成取决于人们的价值取向，且不同的价值取向导致不同观念的形成，并使之有正确与错误之分。而价值取向的选择又是政治、经济、伦理道德，社会变迁甚至特定历史、地理条件等广义文化诸因素作用的结果。观念一旦形成，它会本能地发生作用，而不需要故意支配它。从该视角来看，阜阳劣质奶粉事件的最基本原因也是诸多因素所造就的不良观念指引的结果。据了解，在该地方的工商、食品卫生和质检等部门中，严重地存在"有利大家争，无利大家扔"的观念。这个观念实质上是存在于我国"政出多门、多头监管"类行政公职人员观念中的、严重影响我国行政执法效率和效果的不良亚文化所在。正是这种不良亚文化观念的作用下，这些相关政府部门及其公职人员在履行自己职责的时候大多只对生产销售者的"钱袋子"感兴趣，至于他们生产和销售的产品是否合格、是否不利于人民群众的身心健康等并不"感兴趣"。其结果是"该做得没有做、不该做的做了"，进而"两头受害"：生产销售者与普通民众。对于生产销售者来说，这些机关及其公职人员只不过是只"寄生虫"："作为"地获取利益，"不作为"地"履行"（没有真正履行）实质意义上的监督和服务职责。也就是具有这种亚文化观念的机关部门，他们实际上履行的往往只是通过检查、辅导、服务、咨询、发牌匾、购资料等方式，从生产销售者那里获取利益，而实质意义上的“监督”和“服务”只不过是“形式”或“幌子”罢了，其结果是生产销售者们（特别是那些缺乏良知的）从他们那里获取的除了是“害人”的便利条件外，就是利益的损失。对于普通民众来说，这种观念所作用下的“作为”和“不作为”使他们也就成为劣质奶粉事件的直接和最终受害者了。因此，以上“亚文化”及其观念，若不得到及时和有效遏制，不仅可能在很大程度上腐蚀和渗透进主流文化，而且会加速助长扭曲致富观的生成和膨胀，导致更大的社会危害或生成新的社会公害。

其四，法制观念淡薄。有无法制观念或法制观念高低，将决定一个人的行为是否能在法律范围内进行。有较强法制观念的人，在进行活动时，能时时处处以法律规范为要求，在法律允许的范围内行事；没有法制观念的人，往往由于不知法、不懂法而引起不守法的行为；而法制观念淡薄的人，不仅缺乏罪责感，而且明知故犯，无视法律尊严，肆无忌惮地进行犯罪活动。然而，法制观念的形成及状况是需要“代价”的：一方面，它需有一定的文化等基础，另一方面，在具体行为时，行为人的法制观念常常会在矛盾行为中因价值选择而会发生变化。因此，“法制观念淡薄”既可能由于缺乏必要的生活、文化基础而难以形成，也可能由于具体价值选择而弱视法制的威力。从这次阜阳劣质奶粉事件来看，制假售假及其渎职的市场监管者们明显法制观念淡薄。他们既有明显地缺乏必要的法律知识而表现出的法制观念淡薄，也有为了追求制假售假的高额利润而公然漠视法律，肆无忌惮地实施违法犯罪活动。其中，劣质奶粉的制售者们为了追求高额利润，他们能够漠视法律，以作为的方式肆无忌惮地直接追求其扭曲“致富观”的实现；而相应的渎职市场监管者们，由于法制观念淡薄和责任观念缺失，他们实际上以不作为的方式间接帮助劣质奶粉制售者们扭曲“致富观”的实现。

从外因上看，立法的不完善、地方不良执法环境以及农村、农民自身的因素也为不良观念的形成和膨胀以及劣质奶粉事件的发生提供了便利条件。主要表现在：

其一，立法的不完善。主要表现在：（1）多头管理及相关执法部门之间责、权不清。阜阳的劣质奶粉事件被掀开以后，对于市场销售的劣质奶粉应由谁查处的问题，相关部门都各执一词。工商部门认为虽然根据《产品质量法》等规定，工商部门负责流通领域的商品质量监管，但按《食品卫生法》和特别法优于普通法的原则，奶粉质量监管应是卫生部门的职责，工商部门只负协管责任；而卫生部门则认为其应负责的只是食品市场的质量卫生监管和对一些恶性传染性疾病的统计与上报，这次奶粉事件中大都不存在卫生标准问题，至于蛋白质含量不够的问题，本是技术监督部门的事；但质量技术监督部门则认为，对于那些查出的奶粉全是外地生产的，不是在他们的属地管辖范围内，而且工商部门也没有把查出属于生产领域引起的产品质量问题移交给他们处理，等等。可见，目前我国涉及食品安全监管职责的工商、质检、卫生等部门的职能交叉、责权等立法模糊状况，是劣质奶粉得以在阜阳泛滥的一个重要因素，也是劣质奶粉的制售者扭曲“致富观”得以在阜阳实现和膨胀的重要根源。(2) 相关监管机制的不完善。早在2003年年中，阜阳市就曾展开过劣质奶粉专项整治活动，但不到半年，劣质奶粉销售再次回潮。因此，若有完善的监管机制，使市场监管具有连续性和长期性，不仅劣质奶粉不会再次回潮和继续泛滥，而且制售者扭曲“致富观”也不会因放纵而得逞。

其二，不良的地方执法环境。具体表现在：(1) 执法不到位。据一些销售商介绍，在销售环节，工商部门对奶粉的有限抽查只是查查是否属于“三无”产品或是否过期。即使是在劣质奶粉事件处理过程中，虽在媒体上公布了劣质奶粉的“黑名单”，但并没有到位地去清查和处理，部分“黑名单”上的劣质奶粉在一些市场上仍可买到。在生产环节，生产商所在地的质检卫生部门也没有按规定严查每个批次的产品质量，即使是全国知名品牌，有的奶粉10月份合格，但11月就不合格，12月的产品质量更劣，甚至产品的“卫生合格证”、“质检合格证”等是在产品还没生产出来时就已经标上。(2) 被动执法和责任观念缺失。虽然这是一个非阜阳独有的、带有体制性的地方政府弊病，但它在这次阜阳的劣质奶粉事件中表现得更是突出。据媒体报道，在阜阳出现劣质奶粉事件后，也不断有受害者到工商等部门举报、控告，要求检验劣质奶粉问题，并请求处理和赔偿，甚至该事件已被媒体揭开并被炒得越来越火热之时，当地政府都没能积极主动地采取措施。这反映出我国的一些地方政府根本就缺乏基本责任观念，他们往往是在出现了重大安全事件之后，等靠上级行政机关发布行政条文，之后再进行一阵风式的检查、处理，可风头过后，往往就偃旗息鼓。这种缺乏规范化和连续性的被动打击过程，使得中国的食品安全问题难以摆脱劣质食品一再流入市场的怪圈。同时，这次劣质奶粉事件所显露出来的被动执法和责任观念缺失还表现为地区间相关部门的不配合。据介绍，阜阳市工商局在整顿奶粉市场时，曾向超出管辖范围的劣质奶粉生产商和经销商所在地工商部门提出协查和整改等建议，但大多都没给予回应。即使是在同一地区，因责任观念不强而相关部门也缺乏必要的合作精神。从阜阳劣质奶粉事件来看，如果管流通市场的工商行政管理部门和管生产的技术监督、食品监督部门都具有良好的合作意识和精神，能够互通信息，互相配合，那么也不会使劣质奶粉如此猖獗。(3) 执法腐败。一些生产销售劣质奶粉者为了逃避打击和继续生产销售劣质奶粉，不惜用金钱等手段拉拢、腐蚀相关执法者，一些意志薄弱者成了他们的俘虏；或者，一些执法部门只考虑本部门经济收入，对生产销售劣质奶粉者只罚款不整顿。可如此之罚款，要么因其在高额利润中的较小比例而对劣质奶粉的生产和销售基本上起不到遏制作用，要么制假者为了捞回被罚的款项必然加剧制假售假的程度。（4）执法条件差，包括一些执法人员的执业素质低下，技术装备落后，工作效率不高，客观上造成对生产销售劣质奶粉行为打击不力。（5）地方保护。生产销售劣质奶粉并且泛滥的地区，往往存在片面追求地方经济发展的地方保护主义。这些地方政府关注的是这些企业交纳的税金，甚至有的动用政府权力把一些缴纳的税金相对较多但注册资金并不大的企业包装成“名企”，很少过问它们的产品质量。这在客观上助长了劣质奶粉的泛滥和扭曲“致富观”的膨胀。

第三，贫穷和人口膨胀等所导致的恶性循环。这是劣质奶粉事件生成和恶化的重要因素所在，也是劣质奶粉事件者扭曲“致富观”形成和膨胀的前提条件。在被害因素上，贫穷和人口膨胀等所导致的恶性循环为劣质奶粉事件的生成及其恶化提供了市场，也为这些违法犯罪者扭曲致富观及其他违法犯罪动机的形成提供了可乘之机。从这次劣质奶粉事件来看，受害者全部是人口众多、贫穷落后的农村地区。这样的地区，年轻剩余劳动力大多双双外流打工，因而需要大量奶粉等食品来喂养那些不能生活在父母身边的婴幼儿。在这样的地区，若市场管理存在严重漏洞，则劣质奶粉就会乘虚而入，那些丧失道德感和罪责感的商人们在受高额利润所诱惑时，其“致富观”就会发生扭曲并可能不断膨胀。据报道，阜阳80%的人口为农业人口，人均耕地极少，而乡镇企业又极为罕见，农民在家靠种地和养牛羊等赚的钱都不能真正解决他们的贫困问题，甚至有的连维持生计都很难，因此，出门打工成为许多人必须选择的谋生手段，这其中很多是青壮年夫妻在小孩出世不久就双双外出务工。据调查，阜阳临泉县吕寨镇李老村下属的成庄有240多名村民，其中常年出外打工的占到一半以上，留在村里的是老人和孩子。那些留在家里的婴儿全靠老人用奶粉喂养，而这些农村老人一般都缺乏识别奶粉优劣的能力，更搞不清有着“良好”包装和标注“免检产品”、“保险公司质量承保”等字样奶粉的真假，再加上低的消费能力，使得价格相对低廉的劣质奶粉得以泛滥。[1]另外，这些贫穷落后地区的信息闭塞，也是导致劣质奶粉得以泛滥的一个重要因素。据了解，贫穷落后地区的农民们大多没听说过雀巢、伊利、完达山等这些著名的奶粉品牌，因为没听说过而不知购买质量相对可靠的知名品牌，这样，即使买到被列入黑名单的劣质奶粉也无法知晓。据媒体报道，即使是在全国掀起清剿劣质奶粉风暴之时，在阜阳农村的相当多的农民仍不知道已经屡屡发生的悲剧。

第四，农民自身的封闭性和法律观念淡薄，导致他们维权意识淡薄，也给不

〔1〕 袁凌：《劣质奶粉集中阜阳的背后著：农村老人缺乏辨别力》，载2004年5月1日《新京报》。

法制售劣质奶粉者及其渎职监管者们提供了广阔的生存空间。在已经发生的几百例“杀人”劣质奶粉事件中，真正去工商部门投诉的家长并不多见。他们有的自认倒霉，并不准备投诉经销者，有的觉得投诉麻烦，有的因和经销户比较熟悉，投诉的话怕“伤了交情”。同时，由于农村消费者维权意识淡薄，在当初买奶粉时，他们根本就想不起来索要发票或其他凭证，导致后来的索赔因拿不出有效证据而难以实现。而且，这在客观上也加大了职能部门追查和打击制假售劣者的难度，放纵了这些日益猖獗的违法犯罪行为，助长了他们扭曲致富观的形成和膨胀。

三、推论：加强文化建设，构建和谐社会——防范类似问题的若干文化对策

根据以上分析，防范劣质奶粉事件的基本文化对策应是大力加强文化建设，消除类似事件生成乃至猖獗的内在文化根源和外在诱发因素，构建和谐社会。具体表现：

（1）加强地方文化建设，特别是对不良亚文化进行揭露和批判，引导人们形成正确的致富观和文化价值观。关键在于加强精神文明建设，实现“三个文明”的协调发展。当前出现的劣质奶粉问题，在一定意义上就是在“三个文明”的协调发展上出现的问题。全面建设小康社会和实现社会主义现代化，是包括经济、政治、文化在内的社会不断全面进步的过程。要遏制乃至消灭诸如劣质奶粉事件的再度出现，就不仅要集中力量把经济建设搞上去，还要加强精神文明建设，通过发展社会主义先进文化，特别是倡导和促进勤俭持家的美德和致富观的正确引导，不断提高人们的科学技术水平、劳动生产能力和就业能力，不断提高人们的思想道德素质和科学文化素质，不断丰富人们的精神世界，增强人们的精神力量，推动人的全面发展，构建和谐社会。其中，经常开展对诱惑扭曲“致富观”的形成和膨胀等不良亚文化的揭批活动，使“不良亚文化”失去诱惑力，使那些违法犯罪者失去再次实施违法犯罪的经济能力，让他们意识到无利可图，失大于得，风险高于利益，进而使他们积极约束自己，放弃违法犯罪的企图等，都应是其中的重要内容。

（2）努力发展贫困农村地区的基础教育和增强他们的法制观念和维权意识，提高他们的抗侵害能力。在一定意义上，劣质奶粉在落后农村地区泛滥是由于这些地区的人口膨胀、贫穷、文化水平低下以及由此发生的诸多矛盾及其恶性循环所致。为此，要防范诸如劣质奶粉害人事件的再度发生和泛滥，必须严格国家的计划生育政策，有效地控制人口增长，并通过发展当地的基础教育以提高他们的文化知识水平，增加脱贫致富的门路，积极培植人口—教育—经济—素质的良性

循环，提高他们的抗侵害能力。否则，劣质奶粉的市场空间依然存在，为“唯利是图”的商人带来滚滚利润的劣质奶粉生产作坊还可能卷土重来。另外，积极扩大落后地区市场透明度和增强这些地区的商品信息传播，工商、卫生和质检等部门应当通过地方媒体把对劣质奶粉等伪劣商品的查处情况，及时发布给公众，让他们知道什么样的商品可以买，什么样的不能买，应当到什么样的商场购买商品和不应当到什么样的商场购买商品，等等；同时，积极培养他们的法制观念和维权意识，当发现自己的权益受到侵害的时候，一定要运用法律的武器去揭批违法犯罪现象和请求处理，这不仅是维护自己正当权益的需要，也是遏制劣质奶粉等伪劣商品泛滥和扭曲“致富观”膨胀的需要。

（3）完善相关立法，严厉打击执法腐败现象。在立法上，最关键的是建立跨地区、跨部门的信息资源共享平台、构建积极的协调与合作机制和责任机制，强化责任意识，做到不仅使本部门、本地区的各项工作职责能够得到切实有效的履行，而且使本地或跨地区的管流通市场的工商行政管理部门和管生产的技术监督、食品监督部门间也能互通信息，密切配合；不仅使每个地方工商部门都查市场、每个地方的技术部门都查厂家，而且使任何一个伪劣品牌或任何一个地方的伪劣商品在全国都知道，在全国都被围堵。并且，建立相互约束的责任机制，对于那些没有依法履行职责的部门，其他部门有义务揭发、检举、控告等，否则需要承担连带责任，包括实行相关人员的问责制。其中，对执法中的渎职甚至腐败者应予以严厉打击。

（作者系阜阳师范学院政法系副教授）

欠发达地区固定资产投资与经济增长关系的实证分析[1]

——以阜阳市为例

郇红艳　朱剑峰

一、引　言

投资、消费与出口被视为拉动经济增长的三驾马车，经济发展需要刺激投资需求，最终消费需求的形成也有赖于加大投资力度，因此国民经济的持续增长离不开投资的持续增长。我国欠发达地区不同程度存在资本短缺的现象，有限投资对经济发展的贡献水平就格外受到人们的关注。阜阳市地处安徽省西北部，人口众多，农业人口比重大，工业发展相对滞后，在中部欠发达地区中极具代表性，因此本文以阜阳市为例对固定资产投资与经济增长进行定量分析，测定出二者具体数量关系。

由于应用传统回归分析方法进行估计与检验的前提条件是所研究变量应具备平稳的特性，否则容易产生虚假回归问题，导致回归模型估计结果毫无意义。因此本文在对变量平稳性检验的基础上，利用协整检验对其进行分析，通过建立误差修正模型以找到阜阳市固定资产投资与经济增长之间的关系。

二、数据和方法

（一）数据来源

本文采用1990～2003年的时间序列数据，数据来源于有关年份的《阜阳统计年鉴》，并进行相应的数据处理。

地区生产总值（GDP）。各年数据均来源于《阜阳统计年鉴2004》。

固定资产投资（INV）。由于2000年阜阳行政区划作了调整，将阜阳市管辖的涡阳、蒙城和利辛三县划归新设立的地级亳州市管辖，从统计年鉴上仅能查到各主要年份和1995年以后各年经调整过的固定资产投资数据，1991－1993年的

---

〔1〕 本文系安徽省高校人文社科重点基地“皖北文化研究中心”课题《阜阳经济发展战略研究》（ZX09）阶段性成果。

数据通过估算得到。估算的方法是：从 1994 年固定资产投资总额数据中减去划分出去地区固定资产投资额，作为 1994 年阜阳市固定资产投资额，计算该投资额在原固定资产投资总额中所占比重，用此比重分别乘以 1991 – 1993 年固定资产投资额作为相应年份阜阳市固定资产投资额。

以上两个变量均取其自然对数，以消除可能存在的异方差，分别用 LGDP 和 LINV 表示。

（二）方法

本文采用协整理论来研究阜阳固定资产投资与经济增长的关系。因为协整检验必须是对同阶单整变量序列进行检验，所以在进行协整检验之前必须进行单位根检验，而具有协整关系的变量能够建立误差修正模型（ECM），通过 ECM 可以揭示变量间的长期关系和短期关系。下面就本文使用的单位根检验、协整检验和误差修正模型方法做出说明。

1. 单位根检验

平稳序列围绕一个均值波动，并有向其靠拢的趋势，若一个变量序列是平稳序列，表示为 $I(0)$，若变量序列经一阶差分后变为平稳序列，则称为一阶单整序列，记为 $I(1)$。检验变量序列是否平稳的方法称为单位根检验。常用的单位根检验方法有 ADF 法和 PP 法，本文使用 ADF 检验法。

对于变量序列 $\{x_t\}$，该检验的一般形式为：

$$\Delta x_t = a + bt + rx_{t-1} + \sum_{i=1}^{p} r_i \Delta x_{t-i} + \varepsilon_t$$

其中 a 为常数项，t 为时间趋势项，p 为滞后阶数。该检验的零假设 H_0：$r = 0$，备择假设 H_1：$r < 0$。如果接受假设 H_0，则说明变量序列 $\{x_t\}$ 存在单位根，即它是非平稳序列；否则变量序列 $\{x_t\}$ 不存在单位根，是平稳序列。

2. 协整检验

变量序列之间的协整关系是由 Engle 和 Granger 首先提出的。这一方法的基本思想在于，尽管两个或两个以上变量序列为非平稳序列（即每个变量都存在单位根），但它们的某种线性组合却呈现稳定性，则这些变量之间存在长期稳定关系即协整关系。常用的协整检验方法有 EG 两步法和 Johansen 法。本文采用 EG 两步法，该方法的第一步是用一个变量对其余变量做普通最小二乘回归，得到残差序列，第二步对残差序列进行 EG 或 AEG 检验，若残差序列是平稳的 $I(0)$ 序列，说明各变量间存在协整关系，将协整回归所得到的方程称为协整方程，又称长期均衡方程；若残差序列不平稳，则变量间不存在协整关系。

误差修正模型（ECM）

对单方程情形，若内生变量 y_t 和外生变量（x_{1t}，x_{2t}，…，x_{nt}）是一阶协整的，估计的长期均衡方程为：

$$y_t = \beta_1 x_{1t} + \beta_2 x_{2t} + \cdots + \beta_n x_{nt} + \varepsilon_t,\ \varepsilon_t \sim I\ (0)$$

则与其对应的 *ECM* 模型可表示为：

$$\Delta y_t = c + \sum_{i=1}^{m} \alpha_i \Delta y_{t-i} + \sum_{i=1}^{n} \sum_{j=0}^{m} \beta_{ij} \Delta x_{i,t-j} + \delta ecm_{t-1} + e_t$$

其中 Δ 表示变量的一阶差分，*ecm* 是长期回归方程中的残差。

三、结果检验及模型建立

1. 单位根检验结果

本文采用计量经济软件 Eviews4. 0 对 1990 – 2003 年的阜阳生产总值和固定资产投资数据进行 ADF 检验，所得结果见表 1：

表 1　1990 ~ 2003 年阜阳 GDP 与固定资产投资序列的平稳性检验结果

变量序列	检验形式（C，T，P）	检验统计量值	临界值	DW 值	平稳性
LGDP	（C，T，1）	–3. 2793	–3. 8730	2. 1487	不平稳
LINV	（C，T，1）	–1. 3215	–3. 8730	2.. 3353	不平稳
ΔLGDP	（N，N，2）	–2. 5232	–1. 9791	2. 1464	平稳
ΔLINV	（C，T，0）	–4. 0816	–3. 8730	2. 1035	平稳

注：（C，T，P）表示存在常数项和时间趋势项，（N，N，P）表示不存在常数项和时间趋势项；滞后阶数 P 根据 AIC 准则确定；临界值为 5% 显著性水平下的 Mackinnon 临界值。

由以上检验结果可见，LGDP 与 LINV 检验统计量值大于临界值，说明它们是非平稳序列，而它们的一阶差分序列 ΔLGDP 和 ΔLINV 检验统计量值小于临界值，说明差分序列是平稳序列，因此变量序列 LGDP 与 LINV 为 *I*（1）的单位根过程。

2. 对变量的协整检验

由前面分析可知 LGDP 与 LINV 非平稳，本文采用 EG 两步法检验它们之间的关系，以此找出二者之间的长期均衡关系。先用最小二乘法对 LGDP 与 LINV 进行协整回归，回归结果如下：

$$LGDP_t = 0.\ 4781 LINV_t + 8.\ 2033$$

（16. 9574）　　（23. 3036）

$R^2 = 0.9599 \quad \overline{R^2} = 0.9566 \quad D.W = 1.9358 \quad F = 287.5522$

方程下面圆括号内数据为 t 检验值，回归系数具有显著性。$D.W$ 值为 1.9358 显示方程不存在自相关，R^2 达到 0.9599 说明模型的解释能力是很强的。

如果回归方程中两个变量具有协整关系，则误差项 ε_t 应具有平稳性，ε_t 可表示为

$$\varepsilon_t = LGDP_t - 0.4781 LINV_t - 8.2031$$

对 ε_t 进行 AEG 检验，采用无截距项和无趋势项的模型形式，根据 AIC 准则确定滞后阶数为 0，得到 AEG 值 -3.3593，查 AEG 临界值表，显著性水平 5% 的临界值为 -1.9699，因为 AEG = -3.3593 < -1.9699，可以认为 LGDP 与 LINV 之间存在协整关系。

3. 建立误差修正模型

根据格兰杰定理可知，若非平稳变量之间存在协整关系，则必然可以建立误差修正模型。因此，以 *ecm* 表示长期均衡方程中的误差项建立误差修正模型，结果如下：

$$\Delta LGDP_t = 0.0464 + 0.3039 \Delta LINV_t - 0.7930 ecm_{t-1}$$

$$(1.2435) \qquad (4.2943) \qquad (-2.8433)$$

$R^2 = 0.6741 \quad F = 10.3438 \quad D.W = 1.32$

模型中各变量回归系数都通过了显著性检验，误差修正向系数为负，符合反向修正机制，由于样本区间较短，D.W 检验值较小，通过查表可以认为方程不存在自相关，而且方程整体显著性满足，可以接受该方程。

四、模型经济意义分析

1. 弹性分析

在上述误差修正方程中，△LINV 前面的系数可以看作是 GDP 对 LINV 的弹性系数，因此可以根据方程的系数对它们进行弹性分析。

△LINV 前面的系数为 0.3039，这说明阜阳市生产总值对固定资产投资的弹性系数为 0.3039，既当固定资产投资增长 1% 时，将带动地区生产总值增长 0.3039%。弹性系数定量地给出了固定资产投资对国民经济拉动作用的大小，从本文可以看出，阜阳市生产总值对固定资产投资的弹性系数较大，固定资产投资对国民经济的增长有很大的促进作用。

2. 拉动效率分析

为了进一步分析固定资产投资对国民经济拉动作用的大小，引入一个新的系

数，称为“拉动效率”，它是 GDP 对该变量弹性系数与该变量在 GDP 中所占份额的比值，即 $q_i = \frac{D_t}{S_i}$，其中 D_i 表示在此区间内 GDP 对某一变量的弹性系数，S_i 表示某一变量在此区间内占据 GDP 的平均百分比，该系数可以排除弹性系数大小中不同变量份额因素的影响。如果 $q > 1$，表示某一变量在这一阶段对 GDP 的拉动作用是积极的，超过了自身在 GDP 中所占据的份额，是高效率的；相反，如果 $q < 1$，表示这种拉动作用是消极的，少于变量自身占据的 GDP 的份额，是低效率的。

表 2 阜阳市固定资产拉动效率（1990—2003 年间）

变量	D_i	S_i	q_i
INV（固定资产投资）	0.3039	0.2538	1.1974

由表 2 结果可以看出，固定资产投资对国民经济的拉动作用是很积极的，拉动效率系数超过 1。这说明阜阳市固定资产投资在经济发展中扮演着非常重要的角色，是刺激经济活动的主要手段，能够高效率的拉动国民经济的增长。

3. 误差修正项的分析

ecm 项系数的大小反映了对偏离长期均衡的调整力度，系数的估计值一般是负值。从误差修正模型可以看出，*ecm* 前面的系数是 -0.7930，误差修正项的调整力度是比较大的。调整的过程大致如下：

$$LGDP_t = 0.4781 LINV_t + 8.2033$$

若 t-1 时刻，$LGDP_t > 0.4781 LINV_t + 8.2033$，则 *ecm* 为正，调整项为负，使△LGDP 减少，从而 t 时刻的 LGDP 增长变慢；若 t-1 时刻，$LGDP_t < 0.4781 LINV_t + 8.2033$，则 *ecm* 为负，调整项为正，使△LGDP 增加，从而 t 时刻的 LGDP 增长加速。这一过程体现了长期均衡误差对 LGDP 的控制。

五、简要结论

本文分析了阜阳市固定资产投资与经济增长之间的关系，通过建立误差修正模型得到了反映它们之间长期均衡和短期波动的表达式。从弹性系数可以看出，固定资产投资对当地经济增长的拉动作用是很明显的，地区生产总值对固定资产投资的弹性系数为 0.3039，当固定资产投资增长 1% 时，将带动地区生产总值增长 0.3039%。从拉动效率来看，固定资产投资对国民经济的拉动作用是积极的。

欠发达地区固定资产投资不仅以短期波动的形式来影响当地生产总值的变化，长期均衡所起的作用也比较大，误差修正项的系数达到 -0.7930。以上分析说明，欠发达地区固定资产投资对经济增长的拉动作用是非常强的，投资的短缺势必会影响当地经济增长。当地政府在广开投资渠道，加大投资力度的同时也不能忽视固定资产投资增长的持续性与稳定性，只有这样才能够促进欠发达地区经济更好的发展。

参考文献：

张晓峒：《经济计量分析》，经济科学出版社2000年。

赵彦云：《宏观经济统计分析》，北京：中国人民大学出版社，1999年。

郑思齐，刘洪玉：《中国建设投资与经济增长关系的计量模型与分析》，《清华大学学报》2001年第4期。

高书立，曹学勤：《我国基建投资和经济增长关系的实证分析》，《山西统计》2003年第4期。

（作者系阜阳师范学院政法系副教授）

近十年来淮河流域经济史研究述评

朱正业

淮河流域位于北纬 31^0 ~ 36^0、东经 112^0 ~ 121^0 之间，包括河南省中部和南部、安徽和江苏两省的北部及山东省的南部，流域面积约 27 万平方公里。它是我国南北自然地理和人文地理的最重要分界，在中华文明的形成和发展过程中具有独特地位。长期以来，学术界十分重视对淮河流域经济史的研究，尤其近十年来，在国家社科基金资助和相关学术会议的推动下，学者们从不同的视野对流域经济史进行全方位的探讨，取得了丰硕成果。今就资料所及，对近十余年来淮河流域经济史的研究状况作一评述。

一、综合性研究

关于淮河流域经济的综合研究，出版著作有 4 部。其中淮河水利委员会编撰《淮河志·淮河综述志》（科学出版社，2000 年），分自然地理、淮河水系、社会经济、自然灾害四部分，较为详尽地综述淮河流域自然和社会经济历史状况。王鑫义主编的《淮河流域经济开发史》（黄山书社，2001 年）全面系统地论述了淮河流域自上古到鸦片战争前经济发展的基本面貌，细致探讨了影响淮河流域经济发展的各种因素。该书资料翔实，考证严密，总结历史上淮河流域经济开发的规律及经验教训，颇具历史学经世致用的优良传统。李修松主编的《淮河流域历史文化研究》（黄山书社，2001 年）以近一半的篇幅考察了鸦片战争前淮河流域农业、手工业及商业交通的发展概况。唐元海主编的《淮河 300 问》（黄河水利出版社，1999 年）涉及到与淮河流域经济相关的一些问题。

关于先秦时期淮河流域经济发展状况的研究，成果较多，单篇论文约有十余篇。其中周崇云《淮河流域史前文化形成和发展的基础——关于淮河流域原始经济的探讨》（《安徽大学学报》1999 年第 5 期）认为，史前时期淮河流域原始农业发展相当成熟，并在经济生活中占据主导地位，但渔猎、采集经济和家畜饲养业作为一种补充的经济形式依然存在。同时流域内原始制石、制玉、制陶业及原始建筑业也取得很大成就，这些为史前文化的形成和发展奠定了基础。李修松综合了文献和考古资料，考察不同时期流域经济发展水平及其地位，他与王华娣在《三代时期淮河流域经济发展简论》（《安徽大学学报》1998 年第 2 期）中，描述了夏、商、周三代淮河流域的自然环境，考察当时农业、手工业、商业交通等问题，并考察淮夷与中原的关系。他与张宪平合作的《商代淮河流域经济述论》（《学术界》1997 年第 5 期）则从方国、部族方面着手，探讨淮河流域经济发展水平。他的《西周时期淮河流域工商业及交通简论》（《安徽史学》1999 年第 3 期）、《春秋战国时期淮河流域经济发展简论》（《安徽教育学院学报》1998 年第 2 期）分别考察西周、春秋战国时期淮河流域经济开发的具体情况，认为楚文化的东进及与当地文化和吴越文化融合，是春秋战国时期流域经济开发加速的重要因素。作者另著《先秦秦汉时期淮河流域的历史地位》（《安徽大学学报》2003 年第 6 期），分析淮河流域在我国原始社会、夏商周三代及秦汉时期的重要历史地位。

相对而言，秦汉以后淮河流域经济综合性研究的论文不多。李修松、张宪平《秦汉时期淮河流域经济发展简论》（《安徽史学》1998 年第 2 期）从农业、手工业、商业交通及人口与城市四个方面讨论秦、汉两个时期淮河流域的经济发展情况。杨敏《淮河的命运——淮河流域经济发展纵览》（《决策咨询》2004 年 6 月）简要回顾了淮河流域经济发展的脉络，着重探讨了隋唐和明清最高统治者处理“三河一江”的不同解题思路，该文认为淮河流域经济发展始终受制于两条暗线，一是自然灾害的影响，二是决策的制动。王鑫义《淮河流域经济开发的轨迹及其历史启示》（《安徽大学学报》哲社版 1999 年第 5 期）概述了淮河流域经济发展的历史轨迹，从宏观上对各个历史阶段流域经济的发展水平及其在全国所处地位做出基本估量。吴海涛《历史时期黄河泛淮对淮北地区社会经济发展的影响》（《中国历史地理论丛》2002 年第 1 期）主要考察黄河泛淮的经济影响，作者认为黄河泛淮是导致原本发达的淮北地区沧桑巨变的重要原因，其直接后果是生产条件的恶化、水利设施的毁废、民力资财的劫难和自然灾害的加剧。卞利《明代前期淮河流域社会经济的恢复与发展》（《安徽大学学报》1995 年第 2 期）分析指出，明代前期由于统治者采取一系列恢复和重建淮河流域的措施和优惠条件，使这一区域的社会经济取得长足的进步和发展，农业、副业和商业经济等方面出现短暂的繁荣。我们不能因明清时期淮河流域经济的整体性衰退，就否认明代前期这一地区经济繁荣。此外还有巴兆祥的《明清时期江淮地区经济开发的初步考察》（《安徽史学》1999 年第 2 期）等。

另外，《安徽日报》（理论版 2004 年 1 月 21 日）以“加强淮河研究、促进安徽发展”为主题开辟专栏，刊载相关论文。其中有吴春梅《治理与开发》、徐国利《灾害与防治》、蒲霞《垦殖与生态》、周怀宇《交通与开发》、王鑫义《理论与实践》以及张金铣《芍陂与邗沟》，具有一定的启发性。

二、农业及农田水利研究

淮河流域的农业及农田水利方面备受学者关注，成果颇丰。既有综合性的论述，又有对各时期农业发展的具体研究。著作方面有宁远等人主编《淮河流域水利手册》（科学出版社，2003 年），全面而又比较集中地反映了淮河流域自然地理环境、水资源和水旱灾害特性、治理开发规划及新中国的治淮成就。水利部治淮委员会编撰《淮河水利简史》（水利电力出版社，1990 年），简明扼要地论述从远古到新中国建立前淮河水利发展的历程。康复圣编著的《淮河沧桑》（中国科学技术出版社，2003 年），以历史文献和档案资料为依据，从淮河山川地势的特点，论述了淮河的战略地位。他在《淮河流域古代农田水利》（《古今农业》2000 年第 4 期）一文中按年代先后综合考察了淮河流域自先秦至明清的农田水利建设与发展脉络，并梳理了春秋芍陂及汉代鸿隙陂等著名工程的兴废历程。

关于先秦农业方面，张爱冰《淮河流域史前动物驯化论纲》（《中国农史》2004 年第 2 期）根据新近的贾湖、石山子、尉迟寺及龙虬庄等重要遗址考古发掘资料，对淮河流域史前时期的家畜起源及该流域在史前驯化中的地位做了初步探讨。任重对淮河流域稻作起源提出了新的看法。他在《淮河下游流域史前农业探述》（《中国文物报》1994 年 2 月 6 日）提出江淮稻作起源于本地，与长江下游河姆渡稻作关系不大。他与马绍林、任尔平在《淮河流域稻作起源再探》（《农业考古》1999 年第 1 期）从淮河流域氏族进化发展状况、古动物群化石及野生稻属种源方面入手，说明淮河流域具备稻作起源的条件，并指出淮河流域不仅是我国重要的稻作起源地，还是我国稻作东传日本的源头。任重另著《商周时代淮夷农业生产水平考述》（《古今农业》1996 年第 4 期）从土地、人口、粮食生产及蚕桑和渔牧等方面考述了商周时期淮河流域的农业生产状况。李修松、张宪平《春秋战国时期淮河流域农业生产述论》（《中国农史》1998 年第 1 期）主要从铁器与牛耕、水利兴修、农田开发与农业技术等方面考察这一时期农业发展水平。李修松在《两汉时期淮河流域农业生产述论》（《农业考古》1999 年第 1 期）中指出，铁器的普及与农具的改进，牛耕的进一步推广与耕作水平的提高，农田水利建设的高潮与灌溉能力的增强，稻、麦种植面积的猛增与相关农业技术的进步，是这个时期农业发展的主要标志。

两汉时期是淮河流域农业发展的重要时期。任重《两汉时期淮河流域农业经济在全国国民经济中地位问题探讨》（《农业考古》1999 年第 1 期）将大量遗存发现与史籍相印证，认为两汉时期我国有两个农业经济中心，一个是以关中为代表的黄河流域，另一个是以吴楚为代表的淮河流域。就农业经济的整体水平而言，后者在全国国民经济中居领先地位，远高于前者。领先发展的主要标志是人口增长、庄园经济的繁荣、以画像石刻为代表的璀璨文化。他在《魏晋南北朝两淮农业兴衰原因初探——兼议淮水排蓄之经验教训》(《中国农史》1998 年第 1 期)中，从曹魏两淮屯田的长期效应出发，剖析曹魏蓄水屯田对于魏晋南北朝农业所产生的影响。

关于魏晋到隋唐时期淮河流域农业生产状况，王鑫义先后发表三篇论文。其中《曹魏淮河流域屯田述论》(《安徽大学学报》2000 年第 5 期)介绍淮河流域屯区分布，并阐释了屯田对曹魏政权的巩固、地方经济的恢复以及加强东南边防等都起到积极作用;《东晋南朝时期淮河流域农业生产述论》(《许昌学院学报》2004 年第 1 期)则具体分析南方政府于战争间歇之际所采取的农业生产措施，以及这些措施的原因和影响;《北朝时期淮河流域农业生产的恢复和发展》(《中国农史》2002 年第 2 期)考察北朝淮河流域经济恢复和发展的主要原因。任重著有《唐代淮河流域农业评述》(《古今农业》2000 年第 2 期)、《唐代淮河流域农业持续稳定发展的机遇》(《古今农业》2001 年第 4 期)等论文，概述唐代淮河流域农业发展状况以及政府政治、经济措施对农业产生的积极影响。任重等人还著有《北宋淮河稻作农业对支撑国家统一的作用》(《古今农业》2002 年第 2 期)，考评了北宋时期淮河流域稻作农业的发达及对国家稳定的作用。吴海涛《北宋时期汴河的历史作用及其治理》(《安徽大学学报》2003 年第 3 期)一文着重探讨汴河在北宋时期的历史作用及其治理情况。柴静《两宋时期两淮地区农业经济初探》(《安徽史学》2001 年第 1 期)考察宋代粮食生产、屯垦及两淮地区经济作物的发展状况。另著《宋代两淮地区的水利和漕运》(《华东冶金学院学报》社科版 2000 年第 2 期)，重点探析宋代两淮地区水利和运河漕运情况、水利兴修特点及其作用。

对于金元以后淮河流域农业情况，也发表一些论文。如任重《金元时期黄淮时期中下游农业经济破产成因及后果探析》(《中国农史》1994 年第 3 期)探析了金元时期淮河中下游地区农业经济破产的原因及其带来的社会问题。张金铣《蒙元时期淮河流域的农业生产》(《中国农史》2000 年第 4 期)具体考察了蒙元时期淮河流域农业生产从破坏到恢复发展，再到破坏的曲折历程。任重《明代治黄保漕对徐淮农业的制约作用》(《中国农史》1995 年第 2 期)着重论述了明政府治黄保淮政策的形成、发展以及这一政策对徐淮及其周边地方农业生产的制约作用。他在《康熙治理黄、淮、运对农业发展的影响》(《中国农史》1997 年第 1 期)中，通过探讨康熙治水的宏观决策与微观实践，揭示了治水对发展黄、淮、海大农业区农业生产的积极作用。他的《近代苏北地区务本兴农实践的积极意义》(《古今农业》1997 年第 3 期)一文，探析了近代苏北地区务农兴本的具体措施及其对发展我国民族工业与近代农业的深远影响。他在《饮水思源——治淮兴农成就回顾》(《古今农业》1999年第3期)和《以史为鉴,治淮兴农前进中的反思》中,总结建国后五十多年的治淮兴农成就并进行了认真的反思。

三、手工业研究

淮河流域手工业,臧世骅编纂《中国淮河流域民间工匠习俗》(文史出版社,2001年)一书,共10卷188个条目,作者利用多年"田野作业"获得的第一手资料,从民俗学角度介绍和研究淮河流域匠行、匠人习俗等方面问题。论文方面,李修松、张宪平《春秋时期淮河流域手工业生产述论》(《学术月刊》1998年第5期)从四个方面考察了春秋时期淮河流域的手工业生产情况。第一、铜器制造工艺的发展和铁器制造业的兴起;第二、桑、麻等纺织业的发展;第三、漆器生产的勃兴;第四、玉雕、陶瓷制作技术的进步。在《战国时期淮河流域手工业述论》(《东南文化》1999年第2期)中,两位作者考察战国时期淮河流域包括冶铸、丝织、漆器、玉石及原始青瓷在内的手工业发展状况。李修松另著《两汉时期淮河流域之漆器、纺织、陶瓷及铜器冶铸业》(《安徽大学学报》2000年第5期),首次就两汉时期淮河流域之漆器、纺织、陶瓷及铜器冶铸业发展情况进行了较为系统的论述。作者认为,手工业生产的发展,是两汉时期流域经济迅速发展的重要因素。

王鑫义、周怀宇、张崇望等人考察了魏晋到宋代淮河流域手工业发展状况。其中王鑫义的《魏晋南北朝时期淮河流域的手工业》(《中国历史地理论丛》1999年第4期)以《水经注》记载的淮河干支水系径流区域为依据,详细探讨了魏晋南北朝时期淮河流域纺织业、冶金业、制盐业、酿酒业、制瓷业、造船业曲折而缓慢的发展历程,并分析了各个阶段的兴衰特点。周怀宇著《论隋唐统一对淮河流域手工业的促进》(《安徽史学》2001年第2期),考察了隋唐时期淮河流域各种手工业的生产特点、发展情况、发展规律和经济地位,着重论述了淮河流域手工业生产发展与社会统一之间的辩证关系,指出社会统一是手工业乃至社会经济发展的重要条件。张崇旺的《略论宋代淮河流域的印刷业和文具制造业》(《安徽农业大学学报》2002年第4期)论述了宋代淮河流域印刷业和文具制造业的发展轨迹,并将其发展特点归结为两点:其一,受到社会政治文化、地理自然条件等因素制约,印刷业和文具制造业呈现不平衡发展;其二,由于大部分印刷品及纸墨笔砚都是面向社会需要而生产,文化产品商品化趋势大大加强了。

四、商业和城市研究

关于淮河流域商业和城市的研究专著不多。其中郭学东主编的《淮河文化概观》（安徽文艺出版社，2000 年）一书，部分内容涉及到了淮河流域商业、城市及其治理等问题。论文方面侧重于魏晋及唐宋时期，也有一些论文探讨明清时期淮河流域的市镇问题。

王鑫义在《魏晋南北朝时期淮河流域的商业和城市》（《史学月刊》2001 年第 5 期）一文中，总结这一时期淮河流域商业发展的特点，认为商业和城市屡遭战争破坏，但在每次战争间歇阶段，尤其是进入南北朝时期以后，南北政权统治区内的商业贸易出现不同程度的恢复；南北双方间存在着以缘淮边境互市和以淮河流域为中介地的聘防换货贸易；谷帛、钱币并用是商品交换的媒介。周怀宇的《论隋唐淮河流域商业发展》（《安徽大学学报》2000 年第 5 期）重点阐述三个问题：隋唐的兴商措施对淮河流域商业有积极和消极两方面影响，积极因素为主；淮河流域商业发展有其自身的规律；淮河流域商业中的产生一些新现象，如雇工的使用，柜坊、肆、行、“夜市”、“草市”的出现。周怀宇另有《论隋唐五代淮河流域城市的发展》（《安徽大学学报》2001 年第 3 期），总结出隋唐五代淮河流域城市发育与发展的新特点：扬州、开封等传统大城市焕发新貌，发展成为龙头地位的重要城市；在龙头城市的辐射下，淮河流域城市群迅速崛起；以宿州为代表的一批新城市发育并迅速崛起；两淮地区的州、县治所商业不断发展，向城市迈进。柴静《宋代两淮地区商业论略》（《安庆师范学院学报》2000 年第 1 期）勾画了宋代两淮地区的商业状况，并总结了这一时期两淮商业的特点。

吴海涛、金光较为深入地探讨了明清时期苏北集市镇的状况。《略论明清苏北集市镇的发展》（《中国农史》2001 年第 3 期）运用地方志资料，探讨了明清苏北地区集市镇的发展状况、分布格局、类型及发展原因。吴海涛《清代苏北集市镇发展述论》（《中国社会经济史研究》2002 年第 3 期），从苏北集市镇的发展状况、结构特色和功能作用等方面考察清代淮河流域集市镇的发展，并与江南市镇作比较，认为苏北地区的集市镇大多是流通型集镇，发挥着商品流通职能，并构成了多层次的市场网络体系。在《论明清苏北集市镇的结构特色》（《学海》2002 年第 3 期）中，从明清时期苏北地区集市镇的时间安排、集市镇上商品交易的种类、集市镇的规模等几方面分析其结构和特点。

五、自然灾害等方面的研究

除上述内容外，在灾荒史及交通方面也有一些论著。张秉伦、方兆本主编的《淮河和长江中下游旱涝灾害与旱涝规律研究》（安徽教育出版社，1998 年）考察历史时期淮河流域自然灾害发生及其规律，讨论了厄尔尼诺、太阳黑子活动与淮河流域旱涝灾害的关系，提出了预防旱涝灾害的对策，并辑录正史中水旱灾害的史料。水利部编纂的《清代淮河洪涝资料档案》（中华书局，1988 年），从各类文献中辑录清代淮河流域水灾的史料。在论文方面，吴海涛《历史时期淮北地区涝灾原因探析》（《中国农史》2004 年第 3 期）从自然地理、气候及生态环境等方面探析了历史时期淮北地区涝灾频发的原因。周怀宇《隋唐五代淮河流域蝗灾考察》（《光明日报》2000 年 7 月 14 日）认为流域生态环境的破坏，改变了物种间的平衡，导致蝗虫成灾。

明清是淮河流域自然灾害的多发时期。卞利在《明代中期淮河流域的自然灾害和社会矛盾》（《安徽大学学报》1998 年第 3 期）中认为，自然灾害是制约明代中期淮河流域社会稳定和经济发展的重要因素，而政治腐败所导致的社会矛盾又加重了灾害的程度。天灾与人祸并行，才是明代中期淮河流域社会矛盾激化，在全国经济地位不断下降的主要原因。一些论文在考察自然灾害同时，探讨当局治理政策的得失。如卞利的《论清初淮河流域的自然灾害及其治理对策》（《安徽史学》2001 年第 1 期）对清初淮河流域灾害的类型、特点、清王朝治灾政策等进行了总结。周致元《明代对凤阳府的灾蠲和灾折》（《中国农史》2002 年第 2 期）以凤阳一府为考察对象，总结明代灾蠲制度的发展演变过程。梅兴柱《明代淮河的水患及治理得失》（《烟台大学学报》哲社版 1996 年第 2 期）则探析了明代淮河水患的发生发展状况、原因及明政府的治理措施。

淮河流域地处南北交通的中间地带，交通运输也是人们较为关注的问题。李修松《论春秋时期淮河流域之交通》（《安徽史学》2003 年第 1 期）概述了春秋时期淮河流域水路、陆路、邮驿及交通工具的开发状况。漕运是古代交通的重要组成部分。王鑫义《东晋南北朝时期的淮河流域漕运》（《安徽史学》1999 年第 1 期）详细考察了东晋南北朝时期淮河流域的漕运状况：主要有：邗沟 - 泗水漕路的修治和利用；彭城、四渎口间泗（水）黄（河）漕路的开辟和利用；汴水漕路的浚治与利用；浪荡渠 - 颍水漕路的修治和利用；淮河干流漕路的开发与利用。周怀宇《论隋唐开发淮河流域交通的国策》（《安徽大学学报》，1999 年第 5 期）结合历史背景从决策层面进行分析，认为唐朝顺应历史趋势的决策，淮河流域交通经济的优势，是流域交通开发取得成就，产生良好社会效应的两个重要因素。高荣盛《唐代江淮漕运的历史考察》（《安徽史学》1998 年第 3 期）主要探讨了唐代江淮漕运的兴衰变化过程及其与政局之间的关系。

综上所述，近十年来淮河流域经济史的研究，无论是成果的数量和质量，还是研究的深度和广度，都超过以往任何一个时期。特别是《淮河流域经济开发史》、《淮河水利简史》等几部学术著作，总结了以往研究成果，把淮河流域经济史的研究推向一个崭新阶段。但显而易见，各个时期、各专题研究存在着不平衡的现象，某些历史阶段、某些领域的研究尚显薄弱，尤其近现代流域经济的研究相形较少。其中的原因是相当复杂的，有的是资料问题，淮河流域的资料相当零散；淮河流域经济史研究牵涉多个学科，需要相关学科之间的合作；也有属于认识上的问题，没有给予应有的重视。今后需要加强有关资料的搜集和整理，开展多学科的协作，这样淮河流域经济史的研究会有更多的成果、更高水平的论著问世。

（作者系安徽大学历史系讲师）